生态文明建设司法保障机制研究

孙佑海 等 ◎ 著

中国社会科学出版社

图书在版编目(CIP)数据

生态文明建设司法保障机制研究 / 孙佑海等著. —北京：中国社会科学出版社，2020.8
ISBN 978-7-5203-6830-8

Ⅰ.①生… Ⅱ.①孙… Ⅲ.①生态环境—环境保护法—研究—中国 Ⅳ.①D922.684

中国版本图书馆 CIP 数据核字(2020)第 126174 号

出 版 人	赵剑英
责任编辑	梁剑琴
责任校对	沈丁晨
责任印制	郝美娜

出　　版	中国社会科学出版社
社　　址	北京鼓楼西大街甲 158 号
邮　　编	100720
网　　址	http：//www.csspw.cn
发 行 部	010-84083685
门 市 部	010-84029450
经　　销	新华书店及其他书店

印刷装订	北京市十月印刷有限公司
版　　次	2020 年 8 月第 1 版
印　　次	2020 年 8 月第 1 次印刷

开　　本	710×1000　1/16
印　　张	40.5
插　　页	2
字　　数	685 千字
定　　价	198.00 元

凡购买中国社会科学出版社图书，如有质量问题请与本社营销中心联系调换
电话：010-84083683
版权所有　侵权必究

前　言

党的十八大以来，党中央将坚持人与自然和谐共生作为新时代坚持和发展中国特色社会主义的基本方略之一，将建设美丽中国作为全面建设社会主义现代化国家的重要目标。在习近平生态文明思想指引下，我国社会主义生态文明建设从认识到实践发生了历史性、转折性、全局性变化，生态环境质量持续改善，人民群众获得感、幸福感、安全感显著增强，一幅青山常在、绿水长流、空气常新的美丽中国画卷正逐步展现在世人面前。

建设公正高效权威、符合司法规律和生态环境保护规律的社会主义环境司法机制，既是有力推进生态文明建设的重要保障条件，也是我国全面推进生态文明建设的重要内容之一。当前，我国已经初步建立了具有中国特色的环境司法制度，但是，支撑实践正确发展的理论体系并未形成。各个地方的环境司法探索层出不穷，虽有一定成效，但其合法性、合理性尤其是可持续性受到人们的质疑。因此，对中国特色环境司法制度的基本概念、核心价值理念、理论基础、基本原则等基本问题进行认真研究和科学阐释，是我国环境司法制度健康发展的必然要求，也是环境资源保护法学和司法科学的一项重大学术课题。

本书是国家社科基金重大项目"全面推进生态文明司法保障机制研究"（项目编号：2014ZDA073）的重要研究成果之一。本书系统回应了我国环境司法实践中遇到的各项重大问题，从经典作家的名著和社会实践的宝库中寻找理论根据和实践依据，形成了自己独特的理论概括和逻辑架构。"问题是一切科学研究的逻辑起点"，当一个反复发生的现象挑战了某个现有理论时，一个理论问题便已呈现。本书来源于丰富的司法实践，又高于现实的司法实践，将优秀的理论成果与丰富的司法实践紧密结合，对环境司法实践中折射出的问题进行法学解读并进行理论概括。尤其对环境司法专门化、环境诉讼程序特别化、生态环境损害赔偿制度、环境司法话语权等重大实践问题进行重点研究和概括。本书没有在理论概括后停止前进的步伐，进而对司法如何对全面推进生态文明建设发挥保障作用进行了历史性回应。

我们坚信，任何社会科学尤其是法律科学一定要强调研究经验事实，但同时又重视从经验事实中提出抽象的理论。法学研究者应当具有将问题"概念化"，提炼理论命题，然后提出新理论的能力。本书在历史梳理、现实探索、域外经验介绍的基础上，对全面推进生态文明司法保障机制中的重点环节，包括环境司法实体制度、主体制度、诉讼程序制度、公益诉讼制度和环境司法话语权等问题进行了研究，提出了有针对性的对策建议，尝试建立了一套完整的机制、制度体系。

本书是遵循提出问题、分析问题、提炼理论依据、科学解决问题的总体思路来搭建研究框架的。本书共计十二章，内容依次为：绪论、第一章全面推进生态文明建设概述、第二章全面推进生态文明建设与环境司法保障机制、第三章我国环境司法保障机制的历史沿革、第四章环境审判的实践探索、第五章环境司法保障的域外经验、第六章环境司法保障机制构建的基本理论、第七章环境司法实体制度创新研究、第八章环境司法组织制度创新研究、第九章环境诉讼制度创新研究、第十章环境公益诉讼制度创新研究、第十一章环境司法制度与相关制度衔接的创新研究、第十二章中国特色环境司法保障话语权创新研究。第一章至第三章为课题研究提供法学一般理论的铺垫；第四章和第五章是国内探索和域外经验借鉴；第六章是对环境司法特殊理论的研究和提升，试图构建系统的社会主义环境司法理论框架，回应实践中提出的问题，为环境司法的实践提供有效的理论依据；第七章至第十一章是环境司法制度的创新研究，在分析我国环境司法存在的突出问题的基础上，在环境司法的实体制度、组织制度、诉讼制度、公益诉讼制度等领域，提出制度设计的方案建议；第十二章是中国特色环境司法话语体系的创新研究，针对国际上一些对我国环境司法的非议，根据实事求是的原则，进行摆事实、讲道理的回应，以构建中国特色环境司法的话语权，为中国的环境司法和人类命运共同体的建设创造良好的外部舆论环境。

本书的特色是理论与实践紧密结合，在奠定丰厚理论基石的前提下，致力于发展完善中国特色的环境司法保障制度，以期为全面推进生态文明建设提供有力的司法保障！

二〇二〇年七月二十九日

目　　录

绪论 ·· (1)
 一　研究缘起与意义 ·· (1)
 二　研究思路与研究方法 ·· (8)
 三　研究的总体框架与主要创新 ····································· (13)
第一章　全面推进生态文明建设概述 ····································· (18)
 第一节　生态文明和生态文明建设概述 ····························· (18)
  一　生态文明的基本内涵 ·· (18)
  二　生态文明建设的基本内涵 ···································· (22)
  三　生态文明（建设）与相关概念的关系 ························ (25)
 第二节　中国推进生态文明建设的决策部署 ························ (30)
  一　生态文明建设的政策发展 ···································· (30)
  二　习近平生态文明思想的内涵及意义 ·························· (34)
 第三节　为什么要全面推进生态文明建设 ·························· (39)
  一　生态文明建设是"五位一体"总体布局的重要
    组成部分 ·· (39)
  二　全面推进生态文明建设是落实"四个全面"战略
    布局的需要 ·· (42)
  三　全面推进生态文明建设具有重要战略意义 ··················· (44)
 第四节　如何全面推进生态文明建设 ······························ (47)
  一　促进经济社会各领域全面生态化 ····························· (47)
  二　构建生态文明建设的保障体系 ······························· (49)
  三　构建生态文明建设的法治保障体系 ·························· (51)
第二章　全面推进生态文明建设与环境司法保障机制 ··················· (55)
 第一节　司法保障机制概述 ······································· (55)

一　司法 …………………………………………………………（55）
　　　二　体制、机制与制度 …………………………………………（57）
　　　三　司法保障机制的内涵 ………………………………………（58）
　第二节　全面推进生态文明建设需要司法保障机制 ………………（60）
　　　一　生态文明建设面临的突出问题 ……………………………（60）
　　　二　司法保障机制在生态文明建设中的重要作用 ……………（62）
　　　三　中央关于以司法保障生态文明建设的决策部署 …………（65）
　第三节　全面推进生态文明建设需要完善现行司法保障机制 ……（67）
　　　一　中国司法保障机制的基本情况 ……………………………（67）
　　　二　司法保障机制对推进生态文明建设发挥了重要作用 ……（68）
　　　三　司法保障机制对全面推进生态文明建设的作用发挥
　　　　　不足 ……………………………………………………………（70）
　第四节　全面推进生态文明建设迫切需要相适应的环境司法
　　　　　保障机制 ………………………………………………………（72）
　　　一　环境法是全面推进生态文明建设的基础性法律 …………（72）
　　　二　全面推进生态文明建设对环境司法保障机制提出新
　　　　　要求 ……………………………………………………………（73）
　　　三　环境司法保障机制在生态文明建设中的独特作用 ………（75）

第三章　我国环境司法保障机制的历史沿革 ……………………………（78）
　第一节　我国环境司法保障机制历史回顾 …………………………（78）
　　　一　我国环境司法保障机制总体回顾 …………………………（78）
　　　二　我国环境司法保障机制的改革成果与审判实践 …………（87）
　第二节　环境司法保障机制发展中的问题 …………………………（99）
　　　一　生态文明理念落实不到位 …………………………………（99）
　　　二　环境司法的功能定位不清晰 ………………………………（102）
　　　三　环境司法保障机制体系不完善 ……………………………（103）
　　　四　环境司法组织机构建设及其运行问题突出 ………………（109）
　　　五　环境司法人员匮乏 …………………………………………（113）
　　　六　环境案件裁判难现象普遍存在 ……………………………（116）
　　　七　环境案件执行难问题突出 …………………………………（119）
　　　八　环境司法制度与相关制度的衔接存在障碍 ………………（120）

九　环境司法外部保障制度不健全 …………………………… (121)
第四章　环境审判的实践探索 ……………………………………… (127)
　第一节　环境民事审判的实践探索 …………………………… (127)
　　一　归责：无过错责任、过错责任与风险责任 ……………… (129)
　　二　证据：证据采信与保全 …………………………………… (132)
　　三　因果关系证明：举证责任倒置与主观证明责任 ………… (135)
　　四　责任形态：连带责任与按份责任 ………………………… (136)
　　五　损害赔偿计算：赔偿范围与裁量性计算方法 …………… (138)
　　六　裁判方式：预防型、修复型与惩罚型相结合 …………… (141)
　　七　执行监管：费用支付与第三方监督 ……………………… (143)
　第二节　环境刑事审判实践探索 ……………………………… (144)
　　一　污染环境罪：罪名认定及犯罪构成 ……………………… (145)
　　二　非法占用农用地罪：罪名认定及民刑责任划分 ………… (159)
　　三　盗伐、滥伐林木罪：罪名认定及恢复性司法 …………… (166)
　第三节　环境行政审判的实践探索 …………………………… (171)
　　一　诉讼主体资格 ……………………………………………… (172)
　　二　受案范围：抽象行政行为的审查程度 …………………… (175)
　　三　合法性审查 ………………………………………………… (177)
　　四　合理性审查：自由裁量权的司法审查 …………………… (179)
　　五　利益平衡：环保要求、环境标准的变更与信赖保护 …… (180)
　第四节　审判实践对环境司法制度建设的启示意义 ………… (181)
　　一　兼顾环境公益与私益，聚焦环境公益保护 ……………… (182)
　　二　确立环境恢复责任的环境审判方向 ……………………… (185)
　　三　推进环境司法专门化进程 ………………………………… (186)
　　四　加强环境审判中司法职权主义色彩 ……………………… (187)
第五章　环境司法保障的域外经验 ………………………………… (189)
　第一节　澳大利亚环境司法制度与启示 ……………………… (189)
　　一　澳大利亚环境司法概况 …………………………………… (189)
　　二　澳大利亚环境司法制度的经验与不足 …………………… (200)
　　三　澳大利亚环境司法制度对我国的启示 …………………… (204)
　第二节　新西兰环境司法制度与启示 ………………………… (209)

一　新西兰环境司法概况 ……………………………………（210）
　　二　新西兰环境司法制度的经验与不足 ……………………（219）
　　三　新西兰环境司法制度对我国的启示 ……………………（221）
第三节　美国环境司法制度与启示 ………………………………（223）
　　一　美国环境司法制度概况 …………………………………（223）
　　二　美国环境司法制度的经验与不足 ………………………（231）
　　三　美国环境司法制度对中国的启示 ………………………（234）
第四节　德国环境司法制度与启示 ………………………………（236）
　　一　德国环境司法制度概述 …………………………………（236）
　　二　德国环境司法制度的经验与不足 ………………………（244）
　　三　德国环境司法制度对中国的启示 ………………………（247）
第五节　瑞典环境司法与启示 ……………………………………（248）
　　一　瑞典环境司法制度概况 …………………………………（250）
　　二　瑞典环境司法制度的经验与不足 ………………………（256）
　　三　瑞典环境司法制度对我国的启示 ………………………（261）
第六节　日本环境司法制度与启示 ………………………………（263）
　　一　日本环境司法制度概况 …………………………………（264）
　　二　日本环境司法制度的经验与不足 ………………………（270）
　　三　日本环境司法制度的启示 ………………………………（278）
第七节　我国台湾地区环境司法制度与启示 ……………………（280）
　　一　我国台湾地区环境司法概况 ……………………………（280）
　　二　我国台湾地区环境司法制度的经验与不足 ……………（284）
　　三　我国台湾地区环境司法制度的启示 ……………………（292）

第六章　环境司法保障机制构建的基本理论 ………………………（295）
第一节　环境司法保障机制构建的理论基础 ……………………（295）
　　一　司法为民 …………………………………………………（295）
　　二　建设公正、高效、权威的社会主义司法制度 …………（301）
　　三　美丽中国 …………………………………………………（306）
第二节　环境司法保障机制构建的价值定位 ……………………（313）
　　一　环境司法保障机制构建的正义价值 ……………………（313）
　　二　环境司法保障机制构建的秩序价值 ……………………（316）

三　环境司法保障机制构建的效率价值 …………………… (319)
第三节　环境司法保障机制构建的核心理念 ………………… (322)
　　一　权益救济理念 ……………………………………… (322)
　　二　注重预防理念 ……………………………………… (335)
　　三　生态修复理念 ……………………………………… (340)
　　四　公众参与理念 ……………………………………… (346)

第七章　环境司法实体制度创新研究 ………………………… (350)
第一节　环境损害赔偿制度创新 ……………………………… (350)
　　一　环境损害的含义 …………………………………… (351)
　　二　现行法之于环境损害救济的局限性 ……………… (352)
　　三　环境损害赔偿制度的完善之一——数人环境侵权对外
　　　　责任研究 ……………………………………………… (357)
　　四　环境损害赔偿制度的完善之二——精神损害赔偿的
　　　　适用问题 ……………………………………………… (368)
　　五　环境损害赔偿制度的完善之三——惩罚性赔偿的适用
　　　　问题 …………………………………………………… (373)
第二节　环境诉讼时效制度创新 ……………………………… (375)
　　一　传统诉讼时效制度适用于环境案件的不足 ……… (376)
　　二　环境诉讼时效制度的完善 ………………………… (380)

第八章　环境司法组织制度创新研究 ………………………… (382)
第一节　环境司法组织制度及其构建 ………………………… (382)
　　一　环境司法组织制度界定 …………………………… (382)
　　二　我国环境司法组织制度的实践探索 ……………… (384)
　　三　我国环境司法组织制度建设中存在的问题 ……… (386)
　　四　进一步加强环境司法组织制度建设的必要性 …… (388)
　　五　进一步加强环境司法组织制度建设的有利条件
　　　　及推进思路 …………………………………………… (390)
第二节　环境司法专门化机构的建设与完善 ………………… (392)
　　一　进一步推进环境司法专门化机构建设应坚持的原则
　　　　及考量因素 …………………………………………… (392)
　　二　环境审判专门机构各种模式的比较分析 ………… (396)

三　抓住战略机遇期，设立环境资源专门法院 …………（399）
　　四　环境检察专门化机构的建设与完善 ……………………（401）
第三节　环境法官、检察官专业化建设 ……………………………（403）
　　一　环境法官、检察官专业化的基本标准 …………………（404）
　　二　我国环境法官、检察官专业化存在的问题及制约因素 …（404）
　　三　我国环境法官、检察官专业化建设的对策与建议 ………（410）
第四节　环境警察、律师制度的改革与完善 ………………………（417）
　　一　环境警察制度 ……………………………………………（417）
　　二　环境律师制度 ……………………………………………（423）

第九章　环境诉讼制度创新研究 ………………………………………（430）
第一节　环境案件管辖制度改革 ……………………………………（430）
　　一　环境案件管辖及其现状 …………………………………（431）
　　二　完善环境案件管辖制度的必要性 ………………………（433）
　　三　环境案件管辖制度的创新研究——集中管辖制度的
　　　　构建与指定管辖的适用 …………………………………（435）
　　四　环境案件集中管辖的不足及其克服 ……………………（437）
第二节　环境诉讼证据制度改革 ……………………………………（438）
　　一　举证责任倒置在诉讼实践中的运用 ……………………（438）
　　二　司法实践中环境污染损害证据制度存在的问题与解决
　　　　路径 ………………………………………………………（441）
第三节　环境损害司法鉴定的制度创新 ……………………………（443）
　　一　规范环境损害司法鉴定是提高环境审判质量的
　　　　关键环节 …………………………………………………（443）
　　二　对环境损害司法鉴定应当实施统一登记规范管理 ……（444）
　　三　加快推进环境污染人身损害鉴定制度建设 ……………（449）
第四节　环境案件审理模式的专门化 ………………………………（452）
　　一　当前环境案件审理模式之考察 …………………………（452）
　　二　当前环境案件审理面临的现实问题及成因 ……………（455）
　　三　环境案件审理模式之完善 ………………………………（457）
第五节　环境案件审判和执行的一体化 ……………………………（460）
　　一　环境案件的执行模式现状 ………………………………（460）

二　环境案件执行的特殊性 …………………………………… (463)
　　三　推进环境案件裁决与执行的一体化 …………………… (466)
第十章　环境公益诉讼制度创新研究 ………………………… (472)
　第一节　环境公益诉讼的概念 ………………………………… (472)
　第二节　我国环境公益诉讼的历史发展 ……………………… (475)
　　一　我国环境公益诉讼的历史回顾 ………………………… (475)
　　二　我国环境公益诉讼的现实问题 ………………………… (480)
　第三节　环境公益诉讼的理论反思 …………………………… (484)
　　一　若干重要概念界定不清 ………………………………… (484)
　　二　环境公益的范围不明 …………………………………… (486)
　　三　环境公益诉讼的诉权基础不实 ………………………… (488)
　第四节　环境公益诉讼的证成和定位 ………………………… (490)
　　一　环境公益诉讼的逻辑起点：生态、环境、资源的辨析 … (491)
　　二　环境公益的界定 ………………………………………… (493)
　　三　环境公益诉讼制度创设的必要性：以环境利益的法律
　　　　保护为逻辑主线 ………………………………………… (497)
　　四　环境公益诉讼的功能定位 ……………………………… (506)
　第五节　环境公益诉讼原告制度的创新
　　　　——以环境资源的权利化为路径 ……………………… (506)
　　一　环境公益诉讼的诉权基础 ……………………………… (507)
　　二　环境公益诉讼的原告范围 ……………………………… (517)
　　三　环境公益诉讼的起诉顺位 ……………………………… (519)
　　四　关于环境公益诉讼原告制度的修法建议 ……………… (522)
　　五　健全和完善环境公益诉讼制度的总体建议 …………… (524)
第十一章　环境司法制度与相关制度衔接的创新研究 ……… (526)
　第一节　绪论 …………………………………………………… (526)
　　一　衔接的含义 ……………………………………………… (526)
　　二　环境侦查、环境检察、环境审判和环境执行的含义 …… (527)
　　三　环境司法制度与相关制度衔接研究的主要内容 ……… (528)
　　四　环境司法制度与相关制度衔接的必要性 ……………… (528)
　第二节　环境司法制度与相关制度衔接的历史沿革和现状 …… (531)

一　环境司法制度内部衔接的历史沿革和现状 …………（532）
　　二　环境司法制度与行政执法衔接的历史沿革和现状 ……（539）
　　三　环境诉讼制度与非诉解决衔接的历史沿革和现状 ……（544）
第三节　环境司法制度内部衔接的问题和对策研究 …………（550）
　　一　环境侦查制度与环境检察制度衔接的问题和对策 ……（550）
　　二　环境检察制度与环境审判制度衔接的问题和对策 ……（553）
　　三　环境审判制度与执行制度衔接的问题和对策 …………（555）
　　四　以审判为中心的环境诉讼制度改革的问题和对策 ……（557）
第四节　环境司法制度与行政执法衔接的问题和对策研究 ……（562）
　　一　环境侦查制度与行政执法衔接的问题和对策 …………（562）
　　二　环境检察制度与行政执法衔接的问题和对策 …………（566）
　　三　环境审判制度与行政执法衔接的问题和对策 …………（568）
　　四　环境司法制度与环保垂直管理制度改革的衔接 ………（570）
第五节　环境诉讼制度与非诉解决衔接的问题和对策研究 ……（576）
　　一　环境诉讼制度与人民调解衔接的问题和对策 …………（576）
　　二　环境诉讼制度与行政调解衔接的问题和对策 …………（578）
　　三　环境诉讼制度与信访衔接的问题和对策 ………………（580）

第十二章　中国特色环境司法保障话语权创新研究 …………（583）
第一节　中国特色环境司法保障话语权的概念及历史回顾 ……（583）
　　一　中国特色环境司法保障话语权的解析 …………………（583）
　　二　中国特色环境司法保障话语权的历史回顾 ……………（586）
第二节　环境司法保障话语权的国际经验与教训 ………………（591）
　　一　环境司法保障话语权的国际经验 ………………………（591）
　　二　环境司法保障话语权的国际教训 ………………………（593）
第三节　构建中国特色环境司法保障话语体系的必要性 ………（595）
　　一　生态文明建设的需要 ……………………………………（595）
　　二　积极应对西方国家利用强势话语权 ……………………（596）
　　三　肯定环境司法保障现状的重要举措和基本手段 ………（597）
　　四　环境司法体制的特殊要求 ………………………………（598）
第四节　创新中国特色司法保障话语体系性的基本思路和
　　　　总体要求 ……………………………………………………（599）

一　明确环境司法的价值导向 …………………………………（599）
　　二　遵循司法规律 ………………………………………………（600）
　　三　坚持基本原则 ………………………………………………（602）
第五节　创新中国特色环境司法保障话语体系的现实路径和
　　　　改革建议 …………………………………………………（607）
　　一　创新中国特色环境司法保障话语体系的现实路径 ………（608）
　　二　创新中国特色环境司法保障话语体系的改革建议 ………（622）
　　结语 ………………………………………………………………（623）
主要参考文献 …………………………………………………………（624）
后记 ……………………………………………………………………（632）

绪　　论

一　研究缘起与意义

生态文明建设事关经济社会发展全局和人民群众切身利益，是实现可持续发展的重要基石。习近平指出，我们要努力走向社会主义生态文明新时代。保护生态环境已成为全球共识，但把生态文明建设作为一个执政党的行动纲领，中国共产党是第一个。[①] 多年来，党和国家大力推进生态环境保护，取得了显著成绩。但是也应当看到，我国环境污染严重、资源约束趋紧、生态系统退化的形势仍然非常严峻，并已成为制约我国经济社会持续健康发展的突出矛盾、人民生活水平提高的显著障碍、中华民族永续发展的关键隐患。从目前来看，良好的生态环境成为我国最短缺的产品之一，环境、资源和生态问题成为我国最大的短板。因此，提高环境质量，加强推进生态文明建设，保护好我们的绿水青山，补齐生态环境短板，是当前和今后一段时间的重要任务之一。

（一）环境形势依然严峻

多年来，我国污染治理虽然取得了一定的效果，但环境污染形势依然严峻。我国30多年的时间里，经历了发达国家300年的工业化和污染过程。因此，我国在相同发展阶段面临的环境污染问题更加复杂，治理难度也前所未有。

首先，生产与生活、城市与乡村、工业与交通污染相互交织，传统化石燃料污染与臭氧、PM2.5、挥发性有机物等新老环境问题持续并存。一些主要环境污染物的排放量长期处于高位状态，控制污染物总量和改善环境质量的相互关系愈加复杂。统计数据显示：仅2014年，我国COD排放

[①] 杨伟民：《建设生态文明　打造美丽中国》，《人民日报》2016年10月14日第7版。

总量达 2294.6 万吨,二氧化硫达 1974.4 万吨,氮氧化物达 2078 万吨。[①] 此外,很多尚未纳入总量减排控制的环境污染物的排放量持续上升,其对环境质量的影响越来越凸显。目前我国挥发性有机物(VOCs)的排放量已达 3000 多万吨。2015 年的数据显示,我国第一批开展大气环境监测考核的 74 个城市中,大气污染平均超标天数比例已达到 28.8%。近五年来,我国重污染天气高发,特别是我国华北地区,雾霾困城之势尚未得到缓解。从水环境污染形势来看,我国城市黑臭水体大量存在,不仅影响城市景观,而且给城市的可持续发展带来极大的瓶颈效应。截至 2015 年,我国海河、黄河、辽河流域的水资源开发利用率分别高达 106%、82%、76%,远超国际社会所确定的 40% 水资源开发生态警戒线水平。

其次,重特大环境突发事故不断,环境风险高发态势不减。近年来,一系列重特大环境突发事故不断[如福建漳州古雷石化(PX)项目爆炸、天津港"8·12"特别重大火灾爆炸事故等],给我们敲响了环境安全的警钟,警示世人安全一刻也不能放松,环境安全必须始终牢记在心。造成我国环境安全风险高发的原因,部分是环境自身的因素,也有一部分是衍生因素。例如,我国化工产业结构不合理,布局不科学,靠水源和水体较近。因此,一旦发生安全事故,极容易引发重特大环境灾害。统计数据显示,我国危险化学品企业中有 12% 的企业厂址与饮用水水源保护区、重要生态功能区等环境敏感区域的距离不足 1 公里,10% 的企业厂址与人口集中居住区的距离不足 1 公里。我们必须牢牢守住环境安全底线,不可心存一丝侥幸,来不得半点马虎。

最后,不同区域环境污染形势差异较大,对环境保护的统筹工作提出了更高的要求。我国东中西部的经济社会发展呈现不平衡的态势。一方面,我国东部很多地区已经进入工业化后期,产业结构正在向低污染、低能耗的方向转变,区域环境质量呈现向好的态势。另一方面,我国中西部地区仍然处于工业化发展初期,仍然在重复着"先污染、后治理"的老路。高污染、高能耗产业,特别是重化工产业呈现从东部发达地区向中西部地区转移的趋势。有资料显示:自"十二五"以来,国家环境保护部所审批的重化工项目中,80% 的投资集中于中西部省、自治区、直辖市。

[①] 环境保护部:《2015 中国环境状况公报》,2016 年 6 月 4 日。

然而，中西部地区特别是西部地区，多数或者是环境脆弱区域，或者是环境敏感区。一旦被污染，必将产生连锁和扩散效应，对整个国家的生态安全造成全局性甚至是灾难性的后果。①

（二）生态损害问题突出

山水林田湖草是一个生命共同体，要像保护眼睛一样保护生态环境，像对待生命一样对待生态环境。总体而言，我国自然资源开发利用过度，生态破坏问题非常突出，人和动植物赖以生存的生态空间不断被蚕食侵占，一些地区生态资源破坏严重，生态系统保护的难度持续加大。2015年调查数据显示，我国2591个县域中，生态环境质量为"优""良""一般""较差"和"差"的县域分别有564个、1034个、708个、262个和23个。"优"和"良"的县域占国土面积的45.1%，"一般"的县域占24.3%，"较差"和"差"的县域占30.6%。②超过55%的国家陆地国土面积是中度以上生态脆弱区，尤为严重的是，我国近20%的国土面积是沙漠化、荒漠化、石漠化土地。从森林生态来看，森林建设呈现低质化、纯林化、低效化的发展态势。据统计，我国每年违法、违规所侵占的林地面积达200万亩。从草原生态来看，我国草原生态恶化的总体局面没有从根本上得以扭转，1/3以上面积的草原和草场处于中度和重度退化状态，已恢复的草原生态系统仍然比较脆弱，需要进一步维护。从湿地生态来看，每年我国大约减少的湿地面积约510万亩，造成900多种脊椎动物和3700多种高等植物的生存受到严重威胁。③

截至2014年，我国荒漠化土地面积为261.16万平方公里，沙化土地面积172.12万平方公里。与2009年相比，5年间荒漠化土地面积净减少12120平方公里，年均减少2424平方公里；沙化土地面积净减少9902平方公里，年均减少1980平方公里。④

我国是世界上生物多样性最为丰富的12个国家之一。然而，物种濒

---

① 陈吉宁：《以改善环境质量为核心 全力打好补齐环保短板攻坚战》，《中国环境报》2016年1月14日第1版。
② 环境保护部：《2015中国环境状况公报》，2016年6月4日。
③ 国务院：《国务院关于印发"十三五"生态环境保护规划的通知》，《中华人民共和国国务院公报》2016年第35期。
④ 国家林业局：《中国荒漠化和沙化状况公报》，2017年1月1日，中国林业网（http://www.forestry.gov.cn/main/69/content-831684.html）。

危程度加剧。我国15%—20%的野生高等植物处于濒危状态，特别是裸子植物、兰科植物等，濒危率高达40%以上。我国44%的野生动物数量下降，国家重点保护的233种脊椎动物濒临灭绝，非国家重点保护野生动物种群也呈现明显的下降趋势。[1]

虽然我国持续推进植树造林工作，但我国仍是一个森林覆盖率低、森林资源匮乏、森林生态脆弱的国家。我国森林覆盖率远低于全球31%的平均水平。从人均水平来看，与世界相比，我国人均森林面积仅为世界平均水平的1/4，人均森林蓄积只有世界人均水平的1/7。与退耕还林、还草相悖的是，局部地区毁林开垦问题依然突出。统计数据显示：2009—2013年的5年间，我国违法、违规建设所占用的林地面积每年平均超过100万亩。随着我国城市化、工业化进程的加快推进，我国森林生态建设的空间可能会被持续挤压，森林生态工作压力进一步加大。[2]

2015年统计数据显示，全国重点天然草原的平均牲畜超载率为13.5%。其中，西藏平均牲畜超载率为19%，内蒙古平均牲畜超载率为10%，新疆平均牲畜超载率为16%，青海平均牲畜超载率为13%，四川平均牲畜超载率为13.5%，甘肃平均牲畜超载率为16%。[3] 我国草原生态环境仍很脆弱，加之草原旱灾、火灾、雪灾等自然灾害和鼠虫害等生物灾害频发，确保草原生态持续恢复的压力仍然较大。

截至2013年，我国湿地总面积为5360.26万公顷，湿地率（即湿地占国土面积的比率）为5.58%，其中，自然湿地面积为4667.47万公顷，占全国湿地总面积的87.08%。与五年前比较，我国湿地面积减少了339.63万公顷，减少率为8.82%。自然湿地面积减少了337.62万公顷，减少率为9.33%。[4]

截至2015年年底，全国共建立各种类型、不同级别的自然保护区2740个，总面积约14703万公顷；其中陆地面积约14247万公顷，占全

---

[1] 环境保护部：《关于印发〈中国生物多样性保护战略与行动计划（2011—2030年）〉的通知》，2010年9月17日。
[2] 国家林业局：《国家森林资源报告（2009—2013）》，中国林业出版社2014年版。
[3] 农业部畜牧业司、农业部草原监理中心：《2015年全国草原监测报告》，《农民日报》2016年2月27日第3版。
[4] 国家林业局：《中国湿地资源（2009—2013年）》，2017年1月1日，中国林业网（http://www.forestry.gov.cn/main/58/content-661210.html）。

国陆地面积的14.8%。① 但我国自然保护区在建设和管理中还存在一些问题，面临严峻挑战，如保护与开发矛盾突出、管理机制有待健全、基础工作比较薄弱、区域布局尚需完善等。②

（三）自然资源破坏严重

我国国土资源开发利用方式仍然较为粗放，"十二五"时期全国城镇建设用地增长约20%，远高于同期城镇人口11%的增幅，地均GDP仅相当于欧美等国家的1/4—1/5。③ 截至2015年年末，全国耕地面积为20.25亿亩，2015年全国因建设占用、灾毁、生态退耕、农业结构调整等原因减少耕地面积450万亩，通过土地整治、农业结构调整等增加耕地面积351万亩，年内净减少耕地面积99万亩。④

矿产资源是发展之基、生产之要，矿产资源保护与合理开发利用事关国家现代化建设全局。我国资源总量大，人均少，资源禀赋不佳。多数大宗矿产储采比较低，石油、天然气、铁、铜、铝等矿产人均可采资源储量远低于世界平均水平，资源基础相对薄弱。此外，我国矿产开发集约化、规模化程度不够，小型及以下矿山占比88.4%，但产能占比不足40%。部分矿山采富弃贫、采易弃难，资源浪费现象仍然存在。长年积累的矿山环境问题突出，采矿累计占用、损毁土地超过375万公顷。加快转变资源开发利用方式，推动矿业绿色低碳循环发展的任务十分繁重。⑤

随着经济社会快速发展和气候变化影响加剧，在水资源时空分布不均、水旱灾害频发等老问题仍未根本解决的同时，水资源短缺、水生态损害、水环境污染等新问题更加凸显，新老水问题相互交织，已成为我国经济社会可持续发展的重要制约因素和面临的突出问题。截至2015年，全

---

① 国家环境保护部：《2015中国环境状况公报》，2016年6月4日。

② 陈吉宁：《国务院关于自然保护区建设和管理工作情况的报告——2016年6月30日在第十二届全国人民代表大会常务委员会第二十一次会议上》，2017年1月1日，中国人大网（http://www.npc.gov.cn/npc/xinwen/2016-07/01/content_1992679.htm）。

③ 国土资源部：《国土资源"十三五"规划纲要》，《中国国土资源报》2016年4月15日第5版。

④ 国土资源部：《2015中国国土资源公报》，2017年1月1日，中华人民共和国国土资源部网站（http://www.mlr.gov.cn/zwgk/tjxx/201604/P020160421532279160618.pdf）。

⑤ 国土资源部：《全国矿产资源规划（2016—2020年）》，2017年1月1日，中华人民共和国国土资源部网站（http://www.mlr.gov.cn/zwgk/ghjh/201612/t20161205_1423357.htm）。

国地表水资源量26900.8亿立方米，地下水资源量7797.0亿立方米，地下水资源与地表水资源不重复量为1061.8亿立方米，水资源总量27962.6亿立方米。全国人均综合用水量445立方米，万元国内生产总值（当年价）用水量90立方米。按可比价计算，万元国内生产总值用水量和万元工业增加值用水量分别比2010年下降30%和37%，比2014年下降6%和7%。[①] 全国21个省（自治区、直辖市）地下水超采总面积近30万平方公里，年均超采近170亿立方米。2015年，以流域为单元，对北方17省区市的重点地区地下水水质监测结果显示，2103个测站数据中水质较差和极差的分别占48.4%和32.1%。[②]

海洋是国家战略资源的重要基地。提高海洋资源开发能力，保护海洋生态环境，对实施海洋强国战略、推进生态文明建设具有十分重要的意义。然而，随着用海规模扩大和用海强度提高，在满足工业化、城镇化快速发展对海洋空间需求的同时，海洋资源开发与保护也面临着严峻挑战，如：海洋开发方式粗放、海洋开发不平衡、海洋环境污染问题突出、生态系统受损较重、资源供给面临挑战等。[③] 2002—2014年，围填海造地确权面积达1339平方公里。

习近平指出，要着力解决生态环境方面的突出问题，让人民群众不断感受到生态环境的改善，把生态文明建设纳入制度化、法治化轨道。面对严峻的环境、生态和资源形势，我们大家必须撸起袖子加油干，加快推进生态文明建设，生态文明司法保障机制大有可为。

（四）研究目的与意义

1. 研究目的

本书研究的目的是：为全面推进生态文明建设司法保障机制提供有益的理论引导，健全和发展我国环境司法制度。

建设公正、高效、权威，符合社会发展规律的社会主义环境司法保障

[①] 水利部：《2015中国水资源公报》，2017年1月1日，中华人民共和国水利部网站（http://www.mwr.gov.cn/zwzc/hygb/szygb/qgszygb/201612/t20161229_783347.html）。

[②] 吉炳轩：《全国人民代表大会常务委员会执法检查组关于检查〈中华人民共和国水法〉实施情况的报告——2016年8月29日在第十二届全国人民代表大会常务委员会第二十二次会议上》，《中华人民共和国全国人民代表大会常务委员会公报》2016年第5期。

[③] 国务院：《国务院关于印发全国海洋主体功能区规划的通知》，《中华人民共和国国务院公报》2015年第25期。

机制是全面推进生态文明建设的重要条件,是贯彻绿色发展理念,实现美丽中国梦的重要内容。当前,我国已经初步建立了具有中国特色的环境司法保障制度。但是,中国特色的环境司法保障的理论体系并未形成。对中国特色的环境司法保障制度的理论基础、核心价值理念、指导思想等基本范畴进行研究,是进一步推动我国环境司法保障制度发展和完善的必然要求,是一项重大的学术课题。特别是我国正处于一个奠基和转型的关键阶段,社会发展与环境保护之间存在诸多矛盾。这对环境司法保障提出了重大挑战,也给环境司法保障研究带来了重大机遇。

环境司法保障机制和体制的建设,是一项伟大的系统工程。要从中国现实国情出发,借鉴和吸收世界各国关于环境司法保障制度建设的成果的合理成分,继承和发扬中国固有优秀法律文化,不断总结新中国成立以来,特别是实行改革开放以来环境司法保障制度建设的历史经验,通盘考虑、统筹兼顾、稳步推进。本书通过全面、深入、系统研究我国社会主义环境司法保障的现状和问题,着力解决如何健全和发展我国环境司法保障制度,为推进环境司法保障改革提供可靠的理论支撑。

2. 研究意义

本书具有突出的理论价值和重要的现实意义。本书研究的理论意义首先体现在系统研究了全面推进生态文明司法保障机制问题,有助于丰富和完善我国生态文明司法保障机制的理论架构。本书没有仅仅局限于对现实的法律、司法问题进行简单分析,而是就现实实践中折射出的问题进行法学解读并探寻理论演进的途径。本书总结了我国环境司法的不足困境,拨开迷雾,探求制约我国环境司法功能发挥的深层次因素,敢于进行理论创新,特别是对环境司法专门化、环境诉讼程序特别化、环境损害赔偿制度、环境司法话语权等问题进行了创新性研究。

本书研究的实践意义在于就司法如何对全面推进生态文明建设发挥保障作用进行了独立思考,建立了一套完整的机制、制度体系。本书在历史梳理、现实探索、域外经验介绍的基础上,对全面推进生态文明司法保障机制中的若干重点环节,包括环境司法实体制度、主体制度、诉讼程序制度、公益诉讼制度话语权制度进行了研究,提出了有针对性的对策建议。这些尝试无疑有利于推进生态文明司法保障机制。

二 研究思路与研究方法

本书的研究以问题意识、问题导向为起点，针对生态文明司法保障领域的重大社会需求及现有司法保障制度无法满足该需求这一主要矛盾进行分析、研究。采用多种研究方法对生态文明司法现状、理论和实践难题、域外的有益经验等进行研究，为课题的创新性研究奠定基础。在此基础上进行理论深化和创新，并建立生态文明司法保障的系统理论，在理论指导下创新环境司法保障机制，以期能够解决生态文明建设过程中司法保障的不足，为生态文明建设提供有力的司法保障。

（一）研究思路

本书总体思路为"提出问题—分析问题—解决问题"。从问题出发，以概念和内涵界定为起点，聚焦理论和实践难题，立足于严密的逻辑分析，定位于构建完善的环境司法保障机制，为生态文明建设提供有力的司法保障。

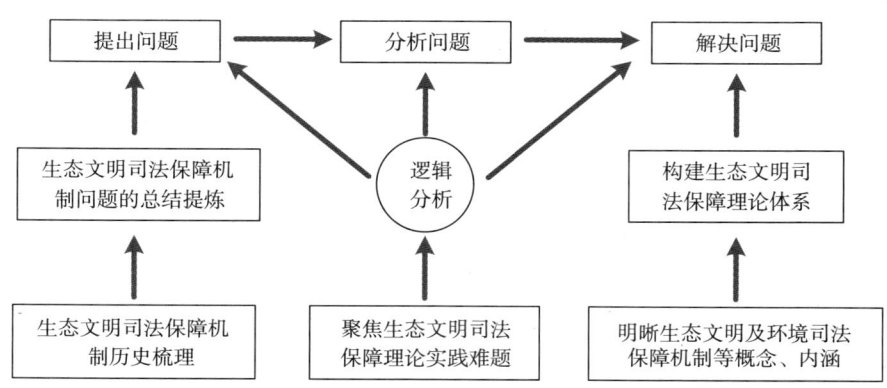

图 0-1 本书研究思路

（1）问题导向。"人类中心主义"主导下的工业文明，人类对自然资源进行掠夺性开采、资源的利用方式粗放，由此造成生态破坏和环境污染逐渐累积，至 20 世纪三四十年代开始爆发。"八大公害事件"使人们开始意识到环境问题的严重性，从 20 世纪后半叶以来，人类面临的环境问题越来越复杂，由环境问题引发的经济问题和社会问题也呈现出快速发展的趋势。人类不断反思对待自然环境的方式，并且寻求改善自然环境的路径，发达国家率先进行了研究，1987 年，世界环境与发展委员会

(WCED)发表了《我们共同的未来》,正式提出可持续发展理念,为世界各国改变经济发展方式提供了重要的指引,自此之后各国对环境问题倍加关注,并进行了大量研究,都力图改善生态环境质量。以法律方式来保护环境成为世界各国共通性的做法,法律作为规范人们行为的规则,对环境问题的解决发挥了重要作用。我国不断更新和完善发展理念,以科学发展观、可持续发展、生态文明建设为指引,转变经济发展方式,注重生态环境保护,并制定了与之配套的政策、法规。但我国生态环境保护过程中司法的缺位和软弱无力是我国生态文明建设至今仍面临的重大难题,与发达国家较为完善的环境保护司法制度与灵活且卓有成效的环境司法保障机制相比,我国的环境司法保障机制还需加强和完善,不论是司法生态化意识方面还是具体的制度设计和实践探索方面。

我国生态文明建设理论提出后,不论在国家政策层面和法律制定层面都做了很多的工作,但我国生态环境严峻形势却没有很大的改善,通过研究发现,我国生态文明建设过程中司法保障机制环节薄弱,存在诸多的问题,未能充分发挥对生态文明建设的司法保障作用。存在的问题包括司法领域的共性问题,也包括生态环境司法领域的个性问题。共性问题体现在司法领域司法不公、司法公信力不足问题突出、执行难问题依然没有得到很好的解决;司法改革落实不到位,存在政策配套不够、解读不够以及分类指导不够等问题;在司法人员方面,面临招聘难、人才流失、队伍管理难等问题。生态环境司法领域存在的个性问题包括,一是生态文明理念落实不到位,部分司法机关和司法人员的司法观念落后,生态文明理念未成为法官的内心确信。二是有关的司法制度不完善,由于生态环境案件与环境科学技术联系紧密,现有的环境司法保障机制在诉讼主体、审判方式、管辖、证据、公益诉讼等方面还不成熟,导致环境案件立案难、取证难、胜诉难、执行难问题比一般的民事案件更为突出。三是司法能力不足,主要表现为生态环境方面的司法组织和人员的专业化程度不高,司法人员的环境相关专业知识不足,无法满足环境审判的需要。这些问题导致环境保护相关法律和政策的落实大打折扣,是当前生态文明建设亟须解决的重要问题。我国生态文明的司法保障机制虽然搭建了基本的框架,但完全不能应对现今经济社会发展引发的环境问题的演变和加剧。因此,生态文明司法保障理念、制度设计等方面成为本书研究的主要内容。

(2)明晰"生态文明司法保障机制"概念和内涵。生态文明司法保障机制研究的首要问题是对概念的界定和内涵的透彻理解,概念和内涵确定研究的边界,是分析问题的前提。对"机制""司法保障机制""生态文明"等相关概念的清晰了解有利于我们对"生态文明司法保障机制"有一个新的认识,基于原始资料的查阅,对概念和理念的重新界定能够避免受已有理论和思维模式的影响。新的概念和内涵引发新的思考,我国生态文明司法保障机制已经经历了一段较长时间的研究,但现实问题依然没有得到解决,我们需要反思研究的基础理论是否存在问题,导致大量研究工作没有产生实际效用。这是我们在本书研究中重点思考的一个问题,因此我们在基础性理论研究时更加谨慎,对概念和内涵等基础性问题重视新的视角研究,避免思维惯性。

(3)生态文明司法保障发展的历史,已有研究的梳理、评价。生态文明司法保障机制研究由来已久,在20世纪中叶环境问题恶化以来学者们就开始进行相关问题的研究,只是在生态文明理念提出前各个研究阶段的名称有所不同,但都是对通过司法途径解决环境问题的研究,这与我们当前的生态文明司法保障机制研究是一致的。任何重大的发现和历史进步都是"站在巨人的肩膀上",对前人研究成果的梳理和总结是研究的起点与基础,我国生态文明司法保障机制的发展也都是在前人研究成果的推动下进行的,因此其梳理工作异常重要。梳理的内容不仅包括该问题发展的历史、前人的研究成果,还要对该问题的最新发展动向进行了解和梳理,对该领域的前沿理论进行学习。梳理后要对已有的研究成果进行辩证的认识,得出自己的认识和评价。

(4)问题成因分析。在对问题的凝练和历史已有成果梳理之后,下一步就要分析出现问题的原因。问题的成因分析是一项艰巨的工作,需要对问题脉络有充分的把握,结合实证研究,提炼升华。问题的成因分析关系到整个问题研究的靶心,因为研究出现问题的原因是我们下一步将要解决的问题,是实现研究目标的关键。

(5)域外经验借鉴。针对我国生态文明司法保障机制存在的问题,国内很多学者已经关注且进行了大量的研究,为本书的研究提供了可借鉴的经验。发达国家首先步入工业革命,其环境问题凸显得也较早,其环境治理方面的法治经验更加丰富、生态环境现状良好,说明其解决方法是有效的,值得我们学习借鉴。国内外经验借鉴是我们探索生态文明司法保障机制完善新路径的重要基础,发达国家在环境法治方面成果卓著,对我国环境问题的解决具有重大启发作用。

(6) 树立理论体系，创新体制、机制。在进行大量理论和实证研究的基础上，本书研究的最终目的是使司法能够更好地为生态文明建设提供机制保障，因此研究的最后就是对现有的生态文明司法保障机制进行改进、完善，使其发挥应有的功效。本书的研究首先进行生态文明司法保障机制的理论建设，原有机制在司法实践中问题重重的本质原因是理论建设不足，导致其具体操作存在诸多的困难。理论体系搭建起来后，在理论的指导下进行具体机制的设计，会使机制的实行具有理论支撑，避免引发争议阻碍实行。该部分的研究重在创新，创新不仅包括从未出现过的新理念、新形式，也包括对原有理论、机制的改进和完善。

(二) 研究方法

(1) 历史分析法。历史制度主义重视制度变迁的历史因素，认为制度发展的关键分叉点的制度变迁决定了各自制度发展的历史轨迹并一直影响以后的制度发展。因此，本书通过历史分析法对生态文明司法保障机制的产生、发展及现状进行梳理，把握制度发展的轨迹，总结司法在生态文明建设中发挥的作用。

(2) 系统分析法。将生态文明司法保障机制作为一个系统工程，通过对系统目标、系统的各要素及系统环境等进行研究，能够准确定位生态文明司法保障机制问题的本质和原因，提出各种可行性解决方案。本书采用系统分析法对生态文明司法保障机制进行深度剖析，统筹机制各个关节点，保证机制的良好运行，达到预期目标。

(3) 文献研究法。本书通过梳理和分析生态文明司法保障相关学术研究成果，了解和掌握生态文明司法保障的发展历程，接触该研究领域的前沿理论，为研究奠定理论基础。除了对学术研究成果进行搜集和分析，还对生态文明司法保障相关的政策、法规进行梳理，有利于明确发展条件、方向和目标。

(4) 实证分析法。生态文明司法保障不是停留在制度层面的理论，是为司法实践提供指引和服务而产生和不断发展的。理论研究的问题来源于生态文明司法实践的重大需求，制度只有在实践中运行才会暴露其存在的问题，因此，我们要将生态文明司法保障机制置于实践活动中进行动态观察，才能发现其真正的问题所在，也能够有针对性地研究问题、回应实践的需求。

（5）比较分析法。"用新的诉讼方式来满足新的社会需求，比较研究证明了它绝不是孤立现象，而是一种更具广泛性的全球现象。"本书的研究有两大类，其一是国内比较，在国内，我国目前有环境案件专门审与环境案件普通审并存的现象，对它们不能简单地采取非此即彼、全是或全非的态度，而需要对各自的优缺点进行比较；其二是国际的比较。将大陆法系和英美法系国家的环境司法状况与中国进行比较，找出差距、取长补短。

（6）问卷调查法。调查研究是一种在社会科学中经常使用的观察方法。在一个典型的调查中，研究者选择调查对象作为样本，然后利用标准化的问卷来进行调查。尽管问卷这个词语意味着一组问题的汇总，但是典型的问卷中所包含的陈述可能和问题不一样多。在提问时，研究者有两种可行性选择，一种是开放式问题：受访者要求针对问题作出自己的回答；另一种是封闭性问题：受访者被要求在研究者提供的答案中选择一个答案。封闭式问题能够保证回答具有更高的一致性，并且比开放式问题更容易操作，因而在调查研究中相当流行。问卷中的问题必须清楚明确，避免带有倾向性的问题和词语，保证受访者能够回答并且愿意回答。

（7）案例分析法。本书按照民事、刑事、行政三个部分对我国已有的环境司法典型案例进行归类分析，总结我国环境审判探索中的有益经验，为完善我国环境司法保障机制提供支撑，同时注重对审判实践中存在的问题进行分析，使研究更加具有针对性。

（三）研究路径

本书在研究路径上，基本上遵循"提出问题—分析问题—解决问题"的三段式展开层层论证。环境司法制度往往反映了一国的环境诉讼规则和程序的设置和运作，诉讼权力与责任、诉讼权利与义务等司法资源的配置，既是一个静态的过程，更是一个动态的发展过程，因此，本书既有静态的关于环境司法保障基本理论问题及体制机制等问题的研究，也有动态的环境司法民事审判、行政审判、刑事审判等问题的研究，同时考虑到在现代环境司法理念下，各国的环境司法体制越来越趋向于方便国民接近司法正义之门，一般民众正在经历从司法作用客体向主体的转化，并积极动用司法来实现对环境事务的参与管理，我们又将视角拉到了环境司法的"话语权"这一领域，较好地诠释了富勒说过的一段话："使审判区别于其他秩序形成原理的内在特征在于承认审判所作决定将对之产生直接影响的人能够通过一种特殊的形式参加审判，即承认他们为了得到对自己的有利的决定而提出证据并进行理性的说服和辩论。"而本书研究的宗旨无外乎是如何在当前有限的环境司法资源下，构建出合理、科学的环境司法体制机制，发挥司法在生态文明建设中的功效。

三 研究的总体框架与主要创新

（一）研究的总体框架

本书研究遵循问题意识、问题导向，提出问题、分析问题、解决问题的总体思路来搭建研究框架。本书研究共十二章，第一章至第三章为本书提供理论铺垫，是基石；第四章和第五章属于国内探索和域外借鉴，介绍国内在环境司法领域的有益探索和域外的有益经验，为解决问题提供参考；第六章属于基本理论的构建，在已有生态文明司法保障理论基础上根据最新国策、法规及社会需求进行理论突破，建立系统、完整、科学的新型生态文明司法保障理论，为本书的创新性研究奠定基础；第七章至第十一章属于环境司法保障制度创新研究，分析了环境司法实体制度、环境司法组织制度、环境诉讼制度、环境公益诉讼制度等存在的问题，并提出制度设计的建议；第十二章是中国特色环境司法保障话语体系创新研究，构建中国特色环境司法保障话语权，为中国在环境保护和生态文明建设方面掌握话语权，发出自己的国际声音。

（二）研究的主要创新

梳理了生态文明（建设）与可持续发展、科学发展观、绿色发展理念等概念的关系。生态文明建设涉及"五位一体"总体布局各方面的全过程，是全域的、全民的、全过程的、全方位的、全手段的；生态文明建设是落实"四个全面"战略布局的应有之义，是全面深化改革的重点领域、全面依法治国的重要领域、全面建成小康社会的重要内容、全面从严治党的重要方面。全面推进生态文明建设，重点是"全面"，要促进经济、政治、文化、社会各领域全面生态化；关键是"推进"，应健全由宏观、中观、微观等不同层次、不同类型的保障手段所构建的完整的保障体系，特别是要构建由立法、执法、司法、守法等活动组成的完整统一的法治保障体系。全面推进生态文明建设需要司法保障机制，这是解决我国生态文明建设面临突出问题的客观要求，是司法保障机制发挥应有功能的必然反映，是贯彻中央有关决策部署的重要举措。

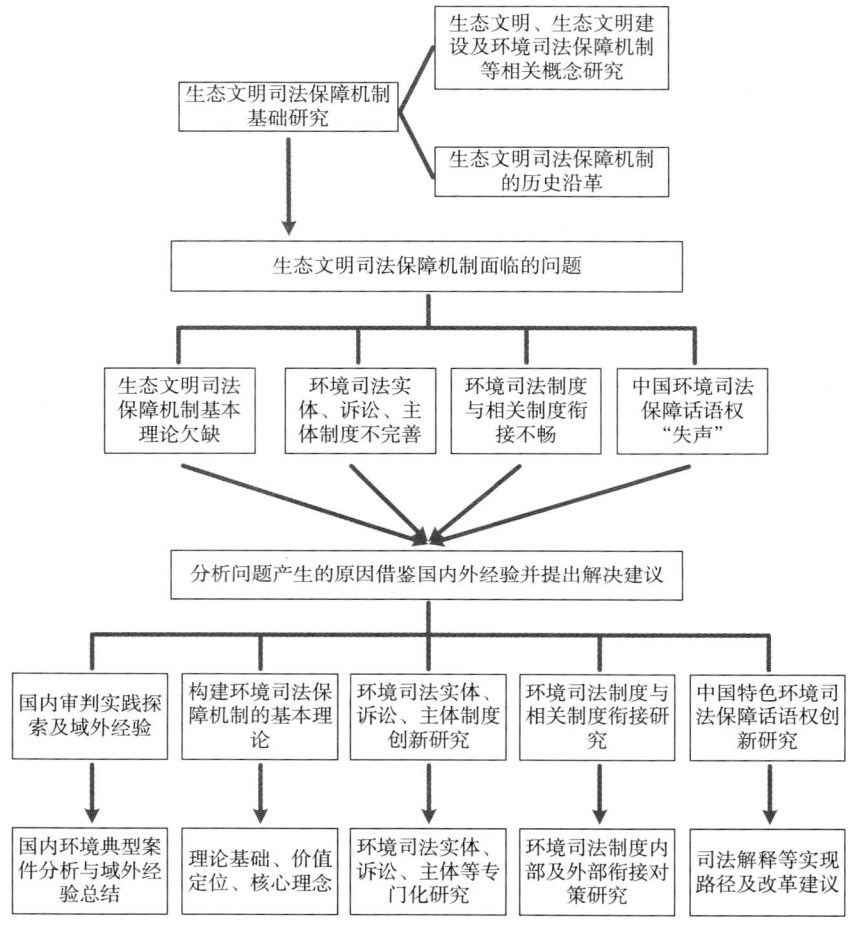

图 0-2 本书的总体框架

全面梳理了我国环境司法保障机制在实践中的探索和创新举措。关于环境民事审判，从归责、证据、因果关系证明，多数人环境侵权的责任形态、损害赔偿计算、裁判方式及执行监管等方面结合典型案件深入分析了其中的实践难点。尤其在多数人环境侵权的责任形态上，除连带责任和按份责任外，半叠加的分别侵权行为承担责任适用部分连带责任规则。环境刑事审判具有更为丰富的理论和实践经验，恢复性司法是指在审理破坏环境的刑事案件中，由被告人对污染环境的后果承担处置、修复的责任。环境行政审判中各地法院尝试放宽对"法律上利害关系"的界定，逐步将视野扩展到环境影响评价、城市规划等原先未纳入行政诉讼范围的抽象行政行为，主动控制审查的深度和尺度，专业问题交由环保专业机关把控，专注于公众参与等行政行为的程序审查，同时关注自由裁量权行使是否得当，以及环境要求、标准的变更与信赖保护而引发的利益平衡。环境审判的实践探索聚焦环境公益保护，以环境公共利益能否获得司法保护作为司法审判工作的目标，确立环境恢复责任为环境审判方向，加强司法职权主义的色彩，推进环境司法专门化进程。

推进环境司法专门化机构建设应坚持合法、合理和分步推进的原则，同时应充分考量各种环境司法专门化机构模式的优势与不足、环境资源的自然属性、当地的环境保护及司法情况，以及地方保护和行政干预等因素，因地制宜、因需设置。现阶段应抓住战略机遇期，设立环境资源专门法院。在完善环境司法人员的专业化配置方面，提出应进一步完善法官、检察官的选任机制，建立法官、检察官的定期轮训制度和单独考核管理机制。对于环境警察，应立法确立环境警察制度，科学选择环境警察机构模式，进一步明晰环境警察职责，规范其执法办案程序，提高环境警察的执法能力。对于环境律师制度，提出应创建中国的"半公职"环境律师制度。

进一步探索完善"三审合一"模式，推进环境案件审判和执行的一体化；对环境资源案件的管辖，建议构建环境资源案件跨区域集中管辖与指定管辖相结合的制度。举证责任倒置的规定为环境诉讼的原告减轻了举证负担，但环境损害的证据难题依然存在。因此，一是要构建环境污染损害鉴定制度，规范与完善鉴定机构、程序、评估等规则体系。二是要重视专家意见在定案中的作用，并明确其程序、方法、诉讼地位与效力。三是要明确诉讼时效起算点应当自当事人能够行使权利之日起计算，这将有助于破解环境案件诉讼时效的现实困境。对旨在保护环境公共利益的环境公益诉讼则不应受诉讼时效的限制。四是要弥补、解决中国环境损害赔偿法律体系缺失的问题。就具体制度层面而言，对无意思联络的污染者，原则上对外应承担连带责任；对于环境侵权行为，可以适用精神损害赔偿；惩罚性赔偿可以适用于环境侵权领域，但应严格规范其适用条件。

关于不同主体提起环境公益诉讼的正当性，从环境公益诉讼的诉权依据和理论基础来看：（1）公益性环境权（清洁空气权、清洁水权、景观权等）为公民提起环境公益诉讼提供了正当性；（2）环境权和诉讼信托为环保组织提起环境公益诉讼提供了正当性；（3）自然资源国家所有权和诉讼担当为自然资源资产管理机关提起环境公益诉讼提供了正当性；（4）检察监督权为检察机关提起环境公益诉讼提供了正当性。应当从健全环境公益诉讼原告制度、举证责任制度和环境损害赔偿制度等，以及构建环境行政公益诉讼制度、环境公益诉讼赔偿资金管理制度等方面入手，健全和完善环境公益诉讼制度。

司法机关和行政机关、有关社会组织的定位不同，在各自领域发挥着独特作用，要解决综合性、专业性较强的环境问题，单靠哪一个部门单打独斗均难以奏效。为此提出：第一，建立检察机关环境犯罪案件案前审查等制度，细化环境犯罪案件审前程序，明确批捕、移送起诉、审判的规则和标准，在环境司法领域加快推进以审判为中心的诉讼制度改革。第二，建立专职化的环境警察队伍，同时受同级公安机关业务指导。通过立法授权环境警察协助进行环境执法，对环境污染刑事案件独立进行侦查，直接向检察机关移送起诉，接受检察机关监督。第三，参考日本公害纠纷行政处理制度，构建环境民事纠纷的行政裁决制度。对特定的环境民事纠纷，经双方当事人同意，环保部门可以进行行政裁决，认定污染事实，判定责任大小，判令污染者进行赔偿。一方或双方不服裁决的，当事人就环境纠纷可以直接向人民法院提起诉讼，裁决当然失效。法定期限后双方无异议，该裁决具有强制执行力，当事人可申请强制执行。

中国司法在保障环境权益中还存在诸多问题，如环境司法话语权严重缺失，在新媒体时代和国际斗争中处于不利地位。为此提出：首先，环境司法保障话语权是指人民法院在全面建设生态文明过程中展现的独一无二的话语权，它是人民法院在保障与实现生态文明建设中的一种资格，既包括调查事实、查明证据等言语资格，也包括予以立案、进行审理、作出判决等行为资格，是人民法院在其立案之后，从介入到推出一个法律事件的全过程。在法律范围内，任何机关、组织或个人都无权干预或剥夺这种资格。其次，吸取国际司法话语权经验和教训，美国对环境司法话语权的强势控制、欧盟在国际平台上对环境话语权的争夺都可看出话语权作为国家利益的一部分对国家发展至关重要。相比发达国家，发展中国家环境话语权严重缺失，特别是在跨界环境事件谈判中处于劣势，对国家利益的损害巨大。作为发展中国家的中国在国际环境司法话语权体系中缺位的现状，非常不利于维护本国环境利益。因此，随着我国生态文明建设的进一步发展，亟须大力增强我国的环境司法保障话语权。最后，结合国际有益经验和我国的实际情况，提出创新中国特色司法保障话语体系的基本思路、总体要求、现实路径和改革建议。

第一章 全面推进生态文明建设概述

生态文明是区别于传统农业文明和工业文明的更高阶段的文明形态，生态文明建设是中国率先提出的一种治国理念和发展战略。全面推进生态文明建设，是由中国的国情决定的，是经济社会发展的必然要求。全面推进生态文明建设，重点是促进经济社会发展全面生态化，关键是构建相应的法治保障体系。

第一节 生态文明和生态文明建设概述

生态文明和生态文明建设是近年来国内外广泛热议的话题，也是本书的两个关键词。把握生态文明（建设）的内涵及其政策发展，是回答为什么以及如何全面推进生态文明建设的前提。

一 生态文明的基本内涵

人类社会文明经历了原始文明、农业文明和工业文明三个阶段。[1] 在原始文明和农业文明这两个相当长的时期内，人类与自然的关系是比较和谐的，对自然基本没有伤害或者伤害较小且可以恢复。而到了工业文明时代，人类创造了前所未有的经济奇迹，同时也产生了一系列意想不到的生态环境问题。这些问题促使人们重新思考人与自然的关系，重新思考人类行为的准则。在这样的时代背景下，产生了生态文明的概念。

（一）生态文明概念的提出和研究

生态文明是由生态和文明构成的复合概念。生态，通俗地理解就是自然环境的意思，是指自然环境的整体系统。比较而言，环境是一个局部概念，而生态是一个系统概念，是动物、植物和其他生物共同生长、发展、

---

[1] 《十八大报告辅导读本》，人民出版社2012年版，第317页。

繁衍的空间。文明一词，早在《周易》中就有记载，是指社会状态的开化程度和进化状态，是人类改造自然和改造自己的结晶。文明是相对于野蛮而言的。[1] 将生态与文明两个概念放在一起，则是近几十年发生的事情。

从公开的出版物考证来看，苏联环境学家在《莫斯科大学学报·科学共产主义》1984年第2期发表的《在成熟社会主义条件下培养个人生态文明的途径》一文中首先采用"生态文明"的概念，并提出培养生态文明是共产主义教育的内容和结果之一。1985年中国的《光明日报》将该文刊载于"域外研究动态"栏目，生态文明概念第一次以转载的形式出现于中国。[2]

1987年，中国著名生态学家叶谦吉先生在国内学术界首次明确使用生态文明概念。叶谦吉教授认为：所谓生态文明就是人类既获利于自然，又还利于自然，在改造自然的同时又保护自然，人与自然之间保持着和谐统一的关系，这是从生态学及生态哲学的视角来看生态文明。[3] 在当年召开的全国生态农业问题讨论会上，叶谦吉提出应该"大力建设生态文明"，并于同年4月23日在《中国环境报》发表了《真正的文明时代才刚刚起步——叶谦吉教授呼吁开展生态文明建设》，还在其所著的《生态农业——未来的农业》一书中进一步阐述了生态文明建设问题。[4] 同年，刘思华教授提出了"现代文明"是"物质文明、精神文明、生态文明的内在统一"的观点。[5]

在此之后，"生态文明"一词被越来越多的国内专家学者在相关领域的论文中提及，出现的频率明显增加。1996年，国家社会科学基金委员会将"生态文明与生态伦理的信息增殖基础"列为国家哲学社会科学"九五"规划重点研究项目，首开中国系统研究生态文明理论的先河。[6]

到1997年，出版的《生态文明观与中国可持续发展走向》一书，提

---

[1] 孙佑海：《生态文明与法治建设》，《法制日报》2012年8月29日第12版。
[2] 潘岳：《生态文明知识读本》，中国环境出版社2013年版，第4页。
[3] 徐春：《对生态文明概念的理论阐释》，《北京大学学报》（哲学社会科学版）2010年第1期。
[4] 潘岳：《生态文明知识读本》，中国环境出版社2013年版，第4页。
[5] 周宏春：《生态文明建设应成为重要任务》，《中国发展观察》2012年第9期。
[6] 贾卫列：《生态文明的由来》，《环境保护》2009年第13期。

出了"在工业文明的形成中已经孕育了生态文明,生态文明将成为21世纪人类的主导文明,人类将最终走向生态文明时代""生态文明的价值观是一种'自然—经济—社会'的整体价值观和生态经济价值观"① 等重要观点。

2000年,王如松教授在《当代生态农业》第1期发表《论生态革命走向生态文明》② 一文,对生态学与文化学相互关系进行深入研究,提出了"在新一轮生态革命中,现代化的内涵不是解放人们体力和智力的高能耗、高消费、高自动化、高生态影响的物质文明,而是高效率、低消耗、高活力的生态文明"等思想见解。

之后,原环保部副部长潘岳从中华文明传承、社会主义生态伦理及生态价值观等方面对生态文明进行了系统梳理,发表了一系列文章。国内还出版了多套"生态文明丛书"《生态文明绿皮书》等具有较大影响的生态文明研究成果。

2003年,经北京市批准,北京生态文明工程研究院成立。有专家认为,这是国内首家关于生态文明的专门研究机构,为生态文明建设和生态产业的发展发挥了积极作用。③ 2011年,中国生态文明研究与促进会成立。这是我国第一个以生态文明研究与实践为主要工作职能的全国性社团组织,为推动生态文明研究和实践做出了重要贡献。在此时期,包括清华大学、北京大学、北京林业大学等很多高校和科研单位也纷纷成立了关于生态文明的专门研究机构。各类研究机构的成立,为推动生态文明理论研究和实践进展发挥了积极作用。

在国际上,1995年,美国著名作家、评论家罗伊·莫里森在其出版的《生态民主》一书中,明确使用了"生态文明"(ecological civilization)这一概念,并将"生态文明"作为"工业文明"之后的一种文明形式。④ 在该书的序言中,莫里森写道:"对我们和后代来说,重要的不是'限制增长',而是停止污染和破坏。我们的目标是将经济增长转变为改善生态

---

① 刘宗超:《生态文明观与中国可持续发展走向》,中国科学技术出版社1997年版,第11、31页。
② 王如松:《论生态革命走向生态文明》,《当代生态农业》2000年第1期。
③ 贾卫列:《生态文明的由来》,《环境保护》2009年第13期。
④ 徐春:《对生态文明概念的理论阐释》,《北京大学学报》(哲学社会科学版)2010年第1期;徐春:《生态文明是科学自觉的文明形态》,《中国环境报》2011年1月24日第2版。

的积极力量，通过可持续的全球生态文明消除贫困。"① 莫里森的研究，对推动生态文明在全世界的传播发挥了积极作用。

国际上具有代表性的生态文明研究及其思想，可以归纳为三个主要流派。一是基于生态系统与经济系统良性互动的角度提出的生态文明思想，这一思想的代表性观点有肯尼斯·博尔丁的"宇宙飞船"地球经济、戴维·W. 皮尔斯和 R. 凯利·特纳的"循环经济"模型等。二是从马克思主义哲学思维的角度提出的生态文明思想，包括生态学马克思主义、生态社会主义等流派及其观点。三是从国家战略实施的角度提出的生态现代化思想，其代表性人物是德国学者胡贝尔，他认为生态现代化可以被视为绿色转向的工业结构调整。总的来看，国际上关于生态文明的研究及其思想对我国生态文明的研究和实践具有参考启示意义。

(二) 生态文明的理论内涵

综合理论界对生态文明概念内涵的探讨来看，存在不同的理论认识，目前主要有两种理论视角和两种文明维度。

两种理论视角，一种是自然生态系统的视角，它把人及社会系统看成自然生态系统的一个子系统，从自然生态系统的角度来探讨人与自然的和谐关系。另一种是人类社会发展的视角，它从人类生存发展的需要出发，来探讨人与自然的和谐关系。

两种文明维度，一种是从文明发展的历史形态来看，把生态文明理解为是继采猎文明、农耕文明、工业文明之后又一种新的文明形态。另一种是从文明构成的成分来看，把生态文明理解为与物质文明、精神文明、政治文明并列的一种新的文明成分。

从已有研究来看，大家更多从两种文明维度来认识生态文明。不少学者从与农耕文明、工业文明并列的角度，来认识生态文明。也有不少学者从文明成分的角度来理解生态文明。譬如，有学者认为，生态文明是指人类在改造自然、促进社会进步和发展的过程中，实现人与自然、人与人、人与社会之间和谐共生的全部努力和成果，生态文明在人与自然关系方面所创造的生态环境为物质文明、精神文明、政治文明建设提供了必不可少

---

① 《专访美国生态文明专家罗伊·莫里森》，2016 年 4 月 10 日，新华网（http://news.xinhuanet.com/world/2013-11/17/c_ 118172033.htm）。

的生态基础，四种文明共同构成文明建设的体系。① 这种观点把生态文明与物质文明、精神文明、政治文明作为并列的文明成果加以看待。

也有学者指出，生态文明是人类自觉遵循自然规律、社会规律和经济规律，在改造客观物质世界的过程中，通过采取生态化的生产方式和生活方式，改善和优化人与自然、人与人关系所取得的物质、精神、制度等方面成果的总和。这是经济社会发展理念、道路和模式的重大进步，是人类文明的一种新境界。同时，就具体内容来说，生态文明应该包括生态物质文明、生态道德文明、生态行为文明、生态制度文明、生态文化文明等方面。② 这种观点把生态文明当作包括物质、精神、政治（制度）等各种文明成分在内的新的文明成分。

我们认为，从文明形态（形式）和文明成分（内容）的角度来理解生态文明均具有合理性，而且从两个方面来理解更为全面。从文明形态的角度看，生态文明是在对工业文明反思的历程中提出来的，应作为工业文明之后的一种新型文明形态。从文明成分的角度来看，生态文明是人类遵循人、自然、社会三者相互和谐发展这一客观规律，为保护和建设美好生态环境而取得的物质成果、精神成果和制度成果的总和，是以人与自然、人与人、人与社会和谐共生、良性循环、全面发展、永续繁荣为基本宗旨的社会形态。

总而言之，生态文明可以理解为是人类积极改善和优化人与自然关系，建设相互依存、相互促进、共处共融生态社会而取得的物质成果、精神成果和制度成果的总和，是从古代农业文明、近代工业文明发展而来的更高阶段的现代文明形态。

二 生态文明建设的基本内涵

生态文明建设是在生态文明概念的基础上发展来的。从国内外文献来看，首先在国家层面明确提出生态文明建设的概念并将其上升为国家战略的国家是中国。同时，关于生态文明建设的内涵等方面的理论和实践研

---

① 包庆德：《绿色视界：生态思维与节约型社会》，《自然辩证法研究》2006年第3期。
② 程红：《生态文明的发展历程和基本内涵——关于发展现代林业与建设生态文明的思考之一》，2016年4月10日，中国林业网（http://www.forestry.gov.cn/portal/lyxx/s/2916/content-441337.html）。

究，也主要是在中国开展。

从理论上来看，生态文明建设，是指以生态规律为行为准则，综合运用政治、经济、文化、社会和自然的方法，依照生态系统管理的原理，建设以资源环境承载力为基础，以增强可持续发展能力和维护生态正义为根本目标的资源节约型、环境友好型和生态健康型文明社会。[①] 所以，生态文明建设本质上是关于人类文明的建设，而非对自然生态系统的建设。生态文明建设归于社会属性，即以文明的方式对待自然的自身建设，对于生态系统，人类不可以建设，必须在尊重自然规律的前提下，去适应、保护和合理利用。[②]

从党的十八大报告、中共中央国务院《关于加快推进生态文明建设的意见》《生态文明体制改革总体方案》等一系列文件和中央领导有关重要讲话论述来看，虽然没有对生态文明建设进行直接定义，但却非常清晰地勾画了生态文明建设的具体内涵。生态文明建设作为一项系统工程，内容十分丰富。我们结合有关文件，从以下六个方面来界定生态文明建设的基本内涵。

一是在发展理念上，树立先进的生态文明理念。理念是对事物的基本看法或思想，生态文明理念是人对自然生态环境及其与人、社会等相互关系的看法和思想。生态文明理念认为，人类是自然生态系统的重要组成部分，要尊重自然、顺应自然、保护自然。绿色发展理念是生态文明理念的内在要求。生态文明理念包含文化、道德、意识、伦理等维度。树立生态文明理念，就是要在经济社会发展全过程尊重自然规律，推动生态文化、生态意识、生态道德等符合生态文明理念要求的文化、意识、道理和伦理等观念牢固树立，使之成为中国特色社会主义核心价值观的重要组成部分。

二是在发展目标上，确立以人为本的生态环境目标追求。在建设目标上，必须坚持以人为本，坚持以人民为中心的发展思想，着眼于维护人民群众生命健康和正常生产生活，持续改善生态环境质量。要让人民群众喝上干净的水、呼吸上新鲜的空气、吃上放心的食物。要保障可靠的生态安全。要有效防范生态环境风险，及时妥善处置突发资源环境事件和自然灾

---

① 杨朝霞：《生态文明建设的内涵新解》，《环境保护》2014 年第 4 期。
② 翟勇：《生态文明建设基本概念辨析》，《中国环境法治》2012 年卷（下）。

害，维护生态环境状况稳定，避免重大生态危机发生。

三是在发展方式上，推进绿色发展和生态发展。生态文明建设在经济形态上要求发展绿色经济。要立足生产和再生产全过程，以节约为主，加强生产、流通、分配、消费等各个领域的综合治理，把节约环保的要求全面体现到经济发展的各个领域和每个环节。要突出对传统产业进行生态化改造，大力发展节能环保等战略性新兴产业，使绿色经济、循环经济和低碳经济在整个经济和产业结构中占有较大比重，推动经济绿色转型。

四是在发展布局上，优化国土空间开发格局。在空间结构上，必须按照人口、资源、环境与经济社会生态相统一的原则，着力加快建设不同类型的主体功能区，调整空间结构，合理开发国土空间，进一步加强对自然资源开发、环境保护和生态系统维护的宏观调控和综合管理，从而使生产空间更为高效、生活空间更为宜居、生态空间更为山清水秀。

五是在发展措施上，全面促进资源能源节约高效利用和生态环境保护。要按照生态文明的要求，结合供给侧结构性改革，进一步丰富生态产品供给，进一步提升生态产品服务能力。要加强全过程节约管理，大幅降低各类资源和能源的消耗强度，提高资源能源的利用效率和效益，推动资源能源利用方式根本转变。要大力发展循环经济，促进生产、流通、消费等全过程的减量化、再利用、资源化。要推动能源生产和消费革命，促进节能低碳产业和新能源、可再生能源发展，促进和确保国家能源安全。同时要加大生态修复和环境保护力度，有针对性地实施一批重大生态修复工程，推进荒漠化、石漠化、水土流失综合治理，扩大森林、湖泊、湿地面积，保护生物多样性，全面提高国家综合防灾、减灾、救灾能力，增强生态产品生产能力，保障生态安全。还要坚持预防为主、综合治理等原则，以解决损害群众健康的突出环境问题为重点，强化水、大气、土壤等污染防治，积极应对全球气候变化。

六是在发展制度上，健全生态文明制度体系。国内外生态环境保护的历史和经验实践表明，保护生态环境，必须依靠制度，制度是生态文明建设的重要内容和根本保障。在制度层面，必须把生态环境公平正义的要求体现到经济社会发展的各方面决策和管理过程中，加大制度创新力度，建立健全生态文明的法律、政策和体制机制，强化对生态文明友好行为的激励机制和对反生态文明行为的约束机制，实行最严格的源头保护制度、损害赔偿制度和责任追究制度等，完善环境治理和生态修复制度，从而构建起系统完整的生态文明制度体系和生态安全保障机制。

总之，生态文明建设是贯穿于经济建设、政治建设、文化建设、社会建设各方面和全过程的系统工程，是一项新的重大建设任务，反映了社会文明进步的新阶段、新状态和新成果。推进生态文明建设，是涉及生产方式和生活方式根本性变革的重要战略性任务。必须把生态文明建设的理念、原则、目标、制度和措施等内容及要求深刻融入和全面贯穿到我国经济、政治、文化、社会建设的各方面和全过程，坚持节约资源和保护环境的基本国策，着力推进绿色发展、循环发展、低碳发展，为人民创造良好生产条件、生活空间和生态环境。

三 生态文明（建设）与相关概念的关系

"生态文明"一般作为名词使用，主要是指一种文明形态，区别于传统农业文明和近代工业文明等，同时它又是一定物质文明、制度文明和精神文明等成果的总和。生态文明建设一般与建设生态文明作同等理解，主要是指体现生态文明要求的一系列建设活动及其过程。在这个意义上，明晰生态文明（建设）与可持续发展、科学发展观、绿色发展理念等概念的关系，对进一步理解生态文明建设是十分必要的。

1. 生态文明与可持续发展

可持续发展是面向后代与未来的全新的发展。1980年3月，联合国大会第一次使用了可持续发展的概念。之后，这个概念逐渐被越来越多的官方文件使用。联合国世界环境与发展委员会在《我们共同的未来》研究报告中，首次清晰地表达了可持续发展观，即"既满足当代人的需求，又不对后代人满足其需求的能力构成危害的发展"。

可持续发展的重要特点是研究了人类的代际关系，即这一代与后一代人的关系问题。总体上，可持续发展包括以下主要内容：一是肯定发展的必要性；二是显示了发展与环境的辩证关系；三是提出了代际公平的概念；四是在代际公平的基础上提出了代内公平的概念。[①]

从生态文明与可持续发展的关系来看。生态文明是在可持续发展思想的基础上提出来的，继承和发扬了可持续发展思想的基本内核。生态文明与可持续发展均承认发展的必要性和正当性，要求正确处理发展与环境的

[①] 王伟光主编：《科学发展观概论》，人民出版社2009年版，第54—56页。

关系，并且以永续发展为目标，指出发展须以自然资源禀赋为基础和条件，同生态环境系统的承载力相适应，为子孙后代留下美好的地球空间。所以，生态文明与可持续发展是一脉相承的。

同时，生态文明作为一种新思想和新理论，又结合新形势、新要求，进一步丰富、完善和创新了可持续发展思想。无论是在立意的高度、视野的广度还是内涵的深度等诸多方面，生态文明无疑超越了可持续发展，具有显著的优越性。①

首先，理论高度不同。可持续发展以主客二分为哲学基础，以发展为中心，来看待和处理人与自然以及发展与环境的关系问题，并未真正走出传统物质中心主义的狭隘视界。而生态文明则以主客一体化为其哲学基础，以生态学为其科学基础，在坚持人的主体性及其需求得到满足的同时，要求把人视为生态系统的不可分割的组成部分，要站在整个生态系统管理的高度，来看待和处理人与其他生态要素以及发展和环境的关系。②显然，生态文明具有更高的理论要求。

其次，目的任务不同。可持续发展重在强调历时性上发展的可持续性，旨在要求发展不超出资源环境生态的承载力范围。而生态文明除关注历时性的发展之外，还关注和强调共时性上环境资源分配的公平性。简言之，可持续发展侧重于上下代人环境资源利用的代际公平，生态文明则既强调上下代人的代际公平，也关注同时代人的代内公平。③ 这表明，生态文明的目的任务更全面。

再次，价值追求不同。可持续发展站在发展的高度，强调以经济建设之物本主义为出发点和立足点，重在解决自然资源和生态环境支撑经济社会发展的可持续性，并未突出以人为本的价值取向和以人为中心的发展价值；生态文明则站在生态系统和人类文明的高度，以人与自然的协调为出发点和着力点，特别重视对处于弱势地位的公民的环境权、自然保护地原住民的生存权和发展权乃至动物福利的保护，并坚持以人为本的价值准则。④ 这表明，生态文明的价值追求更科学、更丰富。

---

① 杨朝霞：《生态文明建设的内涵新解》，《环境保护》2014年第4期。
② 同上。
③ 同上。
④ 同上。

最后,功能作用不同。可持续发展重在从时间角度,解决发展的可持续性或永续性,不太关注发展本身的高质性或高效性。生态文明不仅关注发展的永续性,还强调要提高发展的水平和效益,通过优化国土空间利用格局、发展生态经济和集约经营等方式方法,力求实现经济的又好又快和可持续发展。① 可见,生态文明的功能更强、作用更大。

2. 生态文明与科学发展观

2002年,党的十六大认真总结中国经济社会发展的经验,深入分析21世纪新阶段的特征,在理论创新与实践创新的互动中,提出了科学发展观等一系列重大战略思想。2003年,党的十六届三中全会明确提出:"坚持以人为本,树立全面、协调、可持续的发展观,促进经济社会和人的全面发展。"② 2007年,党的十七大报告深刻阐述了科学发展观的科学内涵,即科学发展观,第一要义是发展,核心是以人为本,基本要求是全面协调可持续,根本方法是统筹兼顾。③ 2012年,党的十八大将科学发展观上升为党的指导思想。报告指出:"科学发展观是中国特色社会主义理论体系最新成果,是中国共产党集体智慧的结晶,是指导党和国家全部工作的强大思想武器。科学发展观同马克思列宁主义、毛泽东思想、邓小平理论、'三个代表'重要思想一道,是党必须长期坚持的指导思想。""必须把科学发展观贯彻到我国现代化建设全过程、体现到党的建设各方面。"④

生态文明建设与科学发展观的关系体现在以下三个方面。

首先,生态文明建设必须以科学发展观为指导。科学发展观是同马列主义、毛泽东思想、邓小平理论和"三个代表"重要思想既一脉相承又与时俱进的科学理论,是中国特色社会主义理论体系的重要内容。生态文明建设是中国特色社会主义"五位一体"总体布局的一个重要组成部分,建设生态文明必须以科学发展观为指导。离开科学发展观的指导,生态文明建设必然失去思想、失去灵魂,成为无源之水、无本之木。

---

① 杨朝霞:《生态文明建设的内涵新解》,《环境保护》2014年第4期。
② 《中共中央关于完善社会主义市场经济体制若干问题的决定》,2003年10月。
③ 胡锦涛:《高举中国特色社会主义伟大旗帜 为夺取全面建设小康社会新胜利而奋斗——在中国共产党第十七次全国代表大会上的报告》,2007年10月。
④ 胡锦涛:《坚定不移沿着中国特色社会主义道路前进 为全面建成小康社会而奋斗——中国共产党第十八次全国代表大会报告》,2012年11月8日。

其次，建设生态文明是贯彻落实科学发展观的重要内容和必然要求。科学发展观的核心是以人为本，基本要求是全面协调可持续，根本方法是统筹兼顾。"以人为本"包括人的物质、精神、生态环境等各方面的利益和需求；"全面"包括经济、政治、文化、社会和生态建设等各个方面；"协调"包含人与人的协调以及人与自然的协调；"可持续"主要着眼于解决人与自然的矛盾，推动经济发展与资源环境承载能力相适应，促进人与自然和谐。生态文明建设充分体现了科学发展观的上述内容。良好生态环境是最普惠的民生福祉，这体现了"以人为本"的核心。生态文明建设是"五位一体"总体布局和"四个全面"战略部署的重要内容，是推动协调可持续发展的重大战略，这体现了全面、协调、可持续的基本要求。生态文明建设要贯穿经济社会发展全过程，统筹经济、资源、环境、生态等各要素，把山水林田湖草作为一个生命共同体来对待，这些方式、方法体现了统筹兼顾的根本方法。因此，建设生态文明是贯彻落实科学发展观的重要战略举措和必然要求。

最后，生态文明建设赋予了科学发展新内涵、新要求。作为人类文明的一种高级形态，生态文明是人与自然关系的一种新型状态，是以人与自然、人与社会和谐共生、持续繁荣为基本宗旨的社会形态。生态文明建设不仅追求生产发展、生活富裕，还追求生态良好，追求绿色的生活理念和生活方式，追求生态的道德伦理和价值文化，追求人与自然和谐的治理结构和制度体系。这些内容，赋予了科学发展以新的时代内涵，对科学发展提出了新的更高要求。

3. 生态文明建设与绿色发展

2015年，党的十八届五中全会提出，必须牢固树立创新、协调、绿色、开放、共享的发展理念。2016年，全国人大审议通过的国家《国民经济和社会发展第十三个五年规划纲要》在"指导思想"一章提出："牢固树立和贯彻落实创新、协调、绿色、开放、共享的发展理念，以提高发展质量和效益为中心，以供给侧结构性改革为主线，扩大有效供给，满足有效需求，加快形成引领经济发展新常态的体制机制和发展方式。"[①] 在"发展理念"一章对绿色发展理念及其要求作了进一步阐述。

中央提出创新、协调、绿色、开放、共享"五大发展理念"，将绿色

---

① 《中华人民共和国国民经济和社会发展第十三个五年规划纲要》，2016年3月。

发展作为关系我国发展全局的一个重要理念,作为"十三五"乃至更长时期我国经济社会发展的一个基本理念,体现了我们党对经济社会发展规律认识的深化。绿色发展理念是马克思主义生态文明理论同我国经济社会发展实际相结合的创新理念,是深刻体现新阶段我国经济社会发展规律的重大理念。①

绿色发展作为我国经济社会发展的重要理念,与生态文明建设的关系体现在以下三个方面。

首先,生态文明建设必须牢固树立和贯彻落实绿色发展理念。理念作为思想理论的"头",是规律性认识的凝练与升华。发展理念是发展行动的先导指南,是管全局、管方向、管根本、管长远的东西,是发展思路、发展方向、发展着力点的集中体现。绿色发展理念以人与自然和谐相处为价值取向,以绿色低碳循环为主要原则,是对科学发展观的继承、发展和具体化。生态文明建设,应当坚持和落实绿色发展理念及其体现的价值取向和主要原则。

其次,生态文明建设是贯彻落实绿色发展理念的基本抓手。绿色发展理念是在深刻反思我国资源、环境、生态等一系列问题以及高投入、高消耗、高污染的传统发展方式不合理性的基础上,理性总结生态文明建设实践规律后得出的科学结论。生态文明建设的基本目标是改善生态环境、建设美丽中国,具体措施包括建设主体功能区、推进资源节约集约利用、实施环境综合治理、开展生态保护修复、发展绿色环保产业等。这些目标和举措,都是绿色发展理念的必然要求和应有之义,要落实绿色发展理念,必然要求推进生态文明建设。

最后,绿色发展理念对生态文明建设提出了新思路、新要求。党的十八届五中全会和"十三五"规划纲要指出,绿色是永续发展的必要条件和人民对美好生活追求的重要体现。十八届五中全会提出:"坚持绿色富国、绿色惠民,为人民提供更多优质生态产品,推动形成绿色发展方式和生活方式,协同推进人民富裕、国家富强、中国美丽。"② 在此基础上,

---

① 任理轩:《坚持绿色发展——"五大发展理念"解读之三》,《人民日报》2015年12月22日第7版。

② 《中共中央关于制定国民经济和社会发展第十三个五年规划的建议》,2015年10月29日。

进一步提出，构建科学合理的城市化格局、农业发展格局、生态安全格局、自然岸线格局；设立统一规范的国家生态文明试验区；实行绿色规划、设计、施工标准；设立绿色发展基金；以市县级行政区为单元，建立由空间规划、用途管制、领导干部自然资源资产离任审计、差异化绩效考核等构成的空间治理体系；建设清洁低碳、安全高效的现代能源体系；实行能源和水资源消耗、建设用地等总量和强度双控行动；实行省以下环保机构监测监察执法垂直管理制度；探索建立跨地区的环保机构。① 这些内容，在以往有关文件中是没有的。所以，绿色发展理念赋予了生态文明建设以新的思路，对生态文明建设提出了一系列新举措、新要求。

当然，生态文明建设与绿色发展理念也存在一定的区别。首先，从提出时间来看，生态文明建设提出时间相对较早，绿色发展理念提出时间相对较晚。其次，从性质定位来看，生态文明建设属于国家发展布局和战略部署的一部分，而绿色发展理念属于"五大发展理念"之一，具有战略性、纲领性、引领性。最后，从发挥的作用来看，绿色发展理念是指导"十三五"乃至更长一个时期经济社会发展和生态文明建设的重要理念，引领生态文明建设；生态文明与绿色发展理念一脉相承、各有侧重。

第二节 中国推进生态文明建设的决策部署

从全世界范围来看，生态文明建设作为国家战略的重要组成部分，是中国率先提出来的，中国是世界上第一个并且目前唯一一个将生态文明建设作为治国理念和发展战略的国家。中国关于生态文明建设的决策部署，经过数十年的探索实践，逐步发展、丰富和完善。

一 生态文明建设的政策发展

新中国在探索中国特色工业化现代化道路、推进现代化建设中，对工业文明发展困境进行了反思，对环境保护和生态建设进行了有益的探索。1992年里约热内卢召开联合国环境与发展大会后，我国在世界上第一个制定了国家层面的《中国21世纪议程》，构筑了一个指导我国经济社会

---

① 《中共中央关于制定国民经济和社会发展第十三个五年规划的建议》，2015年10月29日。

发展的综合性长期性可持续发展战略框架。

1999年5月，时任国务院副总理的温家宝在全国绿化委员会第18次全体会议上所作的《巩固成果加快发展，提高国土绿化水平》报告中，首次提出了"21世纪将是一个生态文明的世纪"重要命题。

进入21世纪以来，我们对走什么样的工业化、现代化道路的认识更加清晰。2003年，党的十六届三中全会提出"以人为本，全面协调可持续的科学发展观"，要求以此来统领改革发展的各项事业，指导现代化建设的各项工作。这标志着科学发展观成为中国文明发展道路的行动纲领。

2005年12月，《国务院关于落实科学发展观加强环境保护的决定》出台。文件指出："倡导生态文明，强化环境法治，完善监管体制，建立长效机制，建设资源节约型和环境友好型社会"，"弘扬环境文化，倡导生态文明，以环境补偿促进社会公平，以生态平衡推进社会和谐，以环境文化丰富精神文明"。这一重大决定为中国建设生态文明奠定了重要的政策基础。

2007年10月，党的十七大报告提出，建设生态文明，基本形成节约能源资源和保护生态环境的产业结构、增长方式、消费模式，生态环境质量明显改善。生态文明观念在全社会牢固树立；到2020年，我国将成为生态环境良好的国家。[①] 这标志着，生态文明正式成为中国现代化建设的重要战略目标，成为中国特色社会主义事业的崇高追求。从这里也可以看出，生态文明是在科学发展观的指导下提出来的。

党的十八大以来，以习近平为核心的党中央对推进生态文明建设作出一系列新部署、新安排。2012年11月，党的十八大把生态文明建设放在更加突出的位置。报告指出，建设生态文明，是关系人民福祉、关乎民族未来的长远大计。报告强调，把生态文明建设放在突出地位，融入经济建设、政治建设、文化建设、社会建设各方面和全过程，努力建设美丽中国，实现中华民族永续发展。[②] 报告首次把"美丽中国"作为未来生态文明建设的宏伟目标，把生态文明建设摆在总体布局的高度来论述，表明我

---

① 胡锦涛：《高举中国特色社会主义伟大旗帜　为夺取全面建设小康社会新胜利而奋斗——在中国共产党第十七次全国代表大会上的报告》，2007年10月15日。

② 胡锦涛：《坚定不移沿着中国特色社会主义道路前进　为全面建成小康社会而奋斗——中国共产党第十八次全国代表大会报告》，2012年11月8日。

们党对中国特色社会主义总体布局认识的深化,也彰显出中共中央对中华民族子孙后代、对世界负责的精神。

党的十八大还通过了新修订的《中国共产党章程》。在党章的总纲中,专门用一段话规定生态文明:"中国共产党领导人民建设社会主义生态文明。树立尊重自然、顺应自然、保护自然的生态文明理念,坚持节约资源和保护环境的基本国策,坚持节约优先、保护优先、自然恢复为主的方针,坚持生产发展、生活富裕、生态良好的文明发展道路。着力建设资源节约型、环境友好型社会,形成节约资源和保护环境的空间格局、产业结构、生产方式、生活方式,为人民创造良好生产生活环境,实现中华民族永续发展。"① 这表明生态文明建设获得党内根本大法的确认,上升为党的整体意志和根本利益的重要部分。

2015年4月,中共中央、国务院出台《关于加快推进生态文明建设的意见》,提出:"坚持以人为本、依法推进,坚持节约资源和保护环境的基本国策,把生态文明建设放在突出的战略位置,融入经济建设、政治建设、文化建设、社会建设各方面和全过程,协同推进新型工业化、信息化、城镇化、农业现代化和绿色化,以健全生态文明制度体系为重点,优化国土空间开发格局,全面促进资源节约利用,加大自然生态系统和环境保护力度,大力推进绿色发展、循环发展、低碳发展,弘扬生态文化,倡导绿色生活,加快建设美丽中国,使蓝天常在、青山常在、绿水常在,实现中华民族永续发展。"② 在此基础上,该意见进一步明确了生态文明建设的总体要求、主要目标、具体任务和保障措施。建设生态文明、走向生态文明新时代已成为我国进入发展新阶段的必然选择。

2015年9月,中共中央、国务院联合印发《生态文明体制改革总体方案》,提出到2020年,构建起产权清晰、多元参与、激励约束并重、系统完整的生态文明制度体系,推进生态文明领域国家治理体系和治理能力现代化。方案提出,要构建充分反映资源消耗、环境损害和生态效益的生态文明绩效评价考核和责任追究制度,着力解决发展绩效评价不全面、责任落实不到位、损害责任追究缺失等问题。与《生态文明体制改革总体方案》相配套的《环境保护督察方案(试行)》《生态环境损害赔偿制度

---

① 参见《中国共产党章程》。
② 《中共中央国务院关于加快推进生态文明建设的意见》,2015年4月25日。

改革试点方案》《关于开展领导干部自然资源资产离任审计的试点方案》《党政领导干部生态环境损害责任追究办法（试行）》《生态环境监测网络建设方案》《编制自然资源资产负债表试点方案》（统称生态文明体制改革"1+6"方案）等重要改革文件也纷纷出台，生态文明建设的制度体系正在不断完善。

2015年11月，党的十八届五中全会提出创新、协调、绿色、开放、共享五大发展理念。这五大发展理念，是改革开放30多年来我国发展经验的集中体现，反映出我们党对我国发展规律的新认识，是"十三五"乃至更长时期我国发展思路、发展方向、发展着力点的集中体现。关于绿色发展理念，全会指出，坚持绿色富国、绿色惠民，为人民提供更多优质生态产品，推动形成绿色发展方式和生活方式，协同推进人民富裕、国家富强、中国美丽，为全球生态安全做出新贡献。将绿色发展作为关系我国发展全局的一个重要理念，作为"十三五"乃至更长时期我国经济社会发展的一个基本理念，体现了我们党对经济社会发展规律和生态文明建设规律认识的深化，将指引我们更好实现中国美丽、人与自然和谐，实现中华民族永续发展。

2016年3月，全国人大审议通过《国民经济和社会发展第十三个五年规划纲要》，明确了"十三五"时期国家发展的指导思想、主要目标、发展理念和基本任务等。规划纲要设"加快改善生态环境"专篇，从加快建设主体功能区、推进资源节约集约利用、加大环境综合治理力度等七个方面作出专门部署。

2017年10月，党的十九大在北京召开。党的十九大报告指出，我国社会主要矛盾已经转化为人民日益增长的美好生活需要和不平衡、不充分的发展之间的矛盾。人民美好生活需要日益广泛，在环境等方面的要求日益增长。党的十九大确立了习近平新时代中国特色社会主义思想，将"美丽"二字纳入社会主义现代化发展目标，将"坚持人与自然和谐共生"作为新时代坚持和发展中国特色社会主义的十四条基本方略之一。报告提出了"像对待生命一样对待生态环境""实行最严格的生态环境保护制度""打赢蓝天保卫战""要提供更多优质生态产品以满足人民日益增长的优美生态环境需要"等一系列生态文明建设的新理念、新论断。报告还对改革生态环境监管体制、建立绿色生产和消费政策制度、提高污染排放标准、健全严惩重罚制度、参与全球环境治理等作出明确部署，为生态文明建设谋划了路线图，体现了以习近平为核心的党中央推进生态文明建设的坚强意志和坚定行动。

2018年3月，十三届全国人大一次会议表决通过宪法修正案，把新发展理念、生态文明和建设美丽中国等要求写入宪法，以国家根本大法的形式进一步巩固了生态文明建设在国家发展大局中的重大战略地位，丰富和完善了生态文明建设的理念、目标、举措和要求。5月，国家召开了全国生态环境保护大会，习近平出席会议并发表重要讲话。这次会议的一个最大成果，就是正式确立了习近平生态文明思想，全面阐述了其丰富内涵和精神实质。6月，中共中央、国务院印发了《关于全面加强生态环境保护 坚决打好污染防治攻坚战的意见》，对打好污染防治攻坚战作出全面部署和系统安排。在这一年的党和国家机构改革中，中央对生态文明体制机制进行了系统性重构和优化，新组建了生态环境部、自然资源部、应急管理部、国家林业和草原局等部门，重组了水利部等部门，组建了生态环境保护综合执法队伍和流域（海域）生态环境监管局。

近三年来，国家还先后出台了《关于划定并严守生态保护红线的若干意见》《关于深化环境监测改革提高环境监测数据质量的意见》《关于建立资源环境承载能力监测预警长效机制的若干意见》《关于统筹推进自然资源资产产权制度改革的指导意见》《中央生态环境保护督察工作规定》《关于建立以国家公园为主体的自然保护地体系的指导意见》《天然林保护修复制度方案》等重要文件，进一步深化了生态文明体制改革和制度建设。这一系列重大变化和改革，推动并标志着我国生态文明建设迈向新的更高阶段。总之，生态文明建设是中国就如何实现科学发展、社会和谐和可持续发展所作出的科学回应和理性抉择，是中国特色社会主义事业总体布局的重要组成部分。生态文明建设是中国共产党遵循经济社会发展规律和自然规律，主动破解经济发展与资源环境矛盾，推进人与自然和谐，实现中华民族永续发展的重大理论和实践成果。

二 习近平生态文明思想的内涵及意义

党的十八大以来，习近平以宽广的全球视野、厚重的使命担当，对生态文明建设作出全面、系统、深入的谋划和部署，提出了关于生态文明建设的一系列新理念新思想、新战略。2018年5月召开的全国生态环境保护大会，正式确立了习近平生态文明思想，这是我们党的重大理论创新和实践创新成果，是习近平新时代中国特色社会主义思想的重要组成部分。习近平生态文明思想具有丰富的科学内涵，具体可以概括为"八个坚持"。①

一是坚持生态兴则文明兴。早在 2003 年，习近平在《求是》杂志上发表的署名文章《生态兴则文明兴——推进生态建设打造"绿色浙江"》，就提出了"生态兴则文明兴，生态衰则文明衰"的论断。② 2013 年 5 月，习近平在主持中央政治局第六次集体学习时再次重申这一论断，明确提出，建设生态文明，关系人民福祉，关乎民族未来。他还引用恩格斯《自然辩证法》中的一段话："美索不达米亚、希腊、小亚细亚以及其他各地的居民，为了得到耕地，毁灭了森林，但是他们做梦也想不到，这些地方今天竟因此而成为不毛之地。"③ 他强调，生态文明建设是关系中华民族永续发展的根本大计。④ 这些论述，体现了习近平生态文明思想的深邃历史观，是对古今中外文明兴衰历史的规律性总结，科学回答了生态环境与人类文明之间的辩证关系，深刻阐述了生态文明建设对中华民族乃至人类文明发展的重大意义。

二是坚持人与自然和谐共生。习近平指出，自然是生命之母，人与自然是生命共同体，人类必须敬畏自然、尊重自然、顺应自然、保护自然。⑤ 他告诫我们："你善待环境，环境是友好的；你污染环境，环境总有一天会翻脸，会毫不留情地报复你。这是自然界的规律，不以人的意志为转移。"⑥ 上述论述，是对当前一些地方生态环境问题突出的深刻检视，反映了人与自然相互依存、共生共荣的内在特征，体现了习近平生态文明思想的科学自然观，丰富和发展了马克思主义生态观，为全面推进生态文

---

① 全国干部培训教材编审指导委员会：《推进生态文明 建设美丽中国》，人民出版社、党建读物出版社 2019 年版，第 8 页。

② 习近平：《生态兴则文明兴——推进生态建设打造"绿色浙江"》，《求是》2003 年第 13 期。

③ 《马克思恩格斯全集》（第 4 卷），人民出版社 1975 年版，第 381 页。

④ 习近平：《推动我国生态文明建设迈上新台阶》，《求是》2019 年第 3 期。

⑤ 《习近平在纪念马克思诞辰 200 周年大会上的讲话》，《人民日报》2018 年 5 月 5 日第 2 版。

⑥ 转引自王丹《生态兴则文明兴 生态衰则文明衰——生态文明建设系列谈之五》，《光明日报》2015 年 5 月 8 日第 2 版。

明建设提供了科学依据。

三是坚持绿水青山就是金山银山。习近平指出，绿水青山既是自然财富、生态财富，又是社会财富、经济财富。① 他强调，既要绿水青山，也要金山银山。宁要绿水青山，不要金山银山，而且绿水青山就是金山银山。从内涵来看，"绿水青山"就是优质的生态环境，就是与优质生态环境关联的生态产品；"金山银山"就是经济增长或经济收入，就是与收入水平关联的民生福祉。② "既要金山银山，又要绿水青山"强调生态环境和经济社会发展相辅相成、不可偏废，要把生态优美和经济增长"双赢"作为科学发展的重要价值标准；"宁要绿水青山，不要金山银山"强调绿水青山是比金山银山更基础、更宝贵的财富；当生态环境保护与经济社会发展产生冲突时，必须把保护生态环境作为优先选择；"绿水青山就是金山银山"强调优美的生态环境就是生产力、就是社会财富，凸显了生态环境在经济社会发展中的重要价值。③ 上述理论，更新了关于生态环境的传统认识，打破了把经济发展与生态环境保护简单对立的思维束缚，确立了保护生态环境就是保护生产力、改善生态环境就是发展生产力的科学理念，指明了实现发展和保护内在统一、相互促进和协调共生的方法论，充分体现了习近平生态文明思想的绿色发展观，为正确处理经济发展同生态环境保护的关系，更加自觉地推动生态文明建设提供了根本遵循。

四是坚持良好生态环境是最普惠的民生福祉。习近平指出，生态环境是关系党的使命宗旨的重大政治问题，也是关系民生的重大社会问题。④ 他曾严肃地指出："这些年，北京雾霾严重，可以说是'高天滚滚粉尘急'，严重影响人民群众身体健康，严重影响党和政府形象。"生态环境恶化已成为突出的民生问题，搞不好还可能演变成社会政治问题，"这里面有很大的政治"。他反复强调，良好生态环境是最公平的公共产品，是最普惠的民生福祉。环境就是民生，青山就是美丽，蓝天也是幸福。生态环境一头连着人民群众生活质量，一头连着社会和谐稳定。他强调，坚持

---

① 习近平：《推动我国生态文明建设迈上新台阶》，《求是》2019年第3期。
② 沈满洪：《"两山"重要思想的理论意蕴》，《浙江日报》2015年8月12日第4版。
③ 任理轩：《坚持绿色发展——"五大发展理念"解读之三》，《人民日报》2015年12月22日第7版。
④ 《坚决打好污染防治攻坚战 推动生态文明建设迈上新台阶》，《人民日报》2018年5月20日第1版。

生态惠民、生态利民、生态为民，重点解决损害群众健康的突出环境问题，不断满足人民日益增长的优美生态环境需要。① 上述论断，明确了生态文明建设与人民福祉和政府公共服务的内在联系，阐述了生态文明建设的根本价值取向，充分体现了习近平生态文明思想的基本民生观，那就是绿色惠民，为人民提供干净的水、清新的空气和优美的环境。

五是坚持山水林田湖草是生命共同体。习近平生动地指出，生态是统一的自然系统，是相互依存、紧密联系的有机链条。人的命脉在田，田的命脉在水，水的命脉在山，山的命脉在土，土的命脉在林和草，这个生命共同体是人类生存发展的物质基础。② 如果种树的只管种树、治水的只管治水、护田的单纯护田，很容易顾此失彼，最终造成生态的系统性破坏。所以，习近平强调，在生态环境保护上，一定要树立大局观、长远观、整体观，不能因小失大、顾此失彼、寅吃卯粮、急功近利。这些重要论述充分体现了习近平生态文明思想的整体系统观，为推进生态文明建设提供了科学方法，要求统筹生态环境各要素，全面考虑、整体施策、多措并举，以系统性、整体性的方法实施保护和修复。

六是坚持用最严格制度、最严密法治保护生态环境。党的十八大提出，法治是治国理政的基本方式，要更加注重发挥法治在国家治理和社会管理中的重要作用，加快建设社会主义法治国家，全面推进依法治国。习近平指出，制度是关系党和国家事业发展的根本性、全局性、稳定性、长期性问题。③ 他强调，只有实行最严格的制度、最严密的法治，才能为生态文明建设提供可靠保障。他要求，加快制度创新，增加制度供给，完善制度配套，强化制度执行，让制度成为刚性的约束和不可触碰的高压线，保证党中央关于生态文明建设决策部署落地生根见效。④ 上述论述，是习近平法治思想在生态文明领域的具体体现，彰显了习近平生态文明思想的严密法治观，为建立健全生态文明法律制度，推进生态环境治理体系和治理能力现代化指明了方向。

---

① 《坚决打好污染防治攻坚战　推动生态文明建设迈上新台阶》，《人民日报》2018 年 5 月 20 日第 1 版。

② 习近平：《推动我国生态文明建设迈上新台阶》，《求是》2019 年第 3 期。

③ 《习近平在庆祝改革开放 40 周年大会上的讲话》，《人民日报》2018 年 12 月 19 日第 2 版。

④ 习近平：《推动我国生态文明建设迈上新台阶》，《求是》2019 年第 3 期。

七是坚持建设美丽中国全民行动。党的十八届五中全会提出共享发展理念，强调人人参与、人人尽力、人人享有。落实共享发展理念，就是要充分调动人民群众的积极性、主动性、创造性。习近平指出，生态文明建设同每个人息息相关，每个人都应该做践行者、推动者。① 他强调，要构建全社会共同参与的环境治理体系，让生态环保思想成为社会生活中的主流文化。② 上述论述，表明生态文明建设是全民的，需要政府、企业、社会组织及公民等所有主体的共同努力和协调行动。这充分体现了习近平生态文明思想的全民行动观，为进一步加强生态文明宣传教育，强化全民环境意识和参与意识，促进全社会共同参与建设美丽中国提供了根本遵循。

八是坚持共谋全球生态文明建设。宇宙只有一个地球，人类共有一个家园。习近平指出，面对生态环境挑战，人类是一荣俱荣、一损俱损的命运共同体，没有哪个国家能独善其身。他强调，唯有携手合作，我们才能有效应对气候变化、海洋污染、生物保护等全球性环境问题。只有并肩同行，才能让绿色发展理念深入人心、全球生态文明之路行稳致远。③ 他提出，要推动和引导建立公平合理、合作共赢的全球气候治理体系，彰显我国负责任大国形象，推动构建人类命运共同体。④ 上述论述，彰显了习近平生态文明思想的全球共赢观，为我国参与全球环境治理提供了根本指针，也为全球生态文明建设贡献了中国智慧、中国方案和中国力量。

习近平生态文明思想，是习近平新时代中国特色社会主义思想的重要内容，是中国特色社会主义理论体系的新成果，彰显了以习近平为核心的党中央推进生态文明建设的深邃思考和历史担当，是关于生态文明建设决策部署的顶层设计和战略谋划，为中国在统筹推进"五位一体"总体布局和协调推进"四个全面"战略布局中全面推进生态文明建设，构建人与自然和谐发展的现代化建设新格局提供了根本遵循和行动指南。

---

① 全国干部培训教材编审指导委员会：《推进生态文明　建设美丽中国》，人民出版社、党建读物出版社 2019 年版，第 15—16 页。
② 《习近平：共谋绿色生活，共建美丽家园——在二〇一九年中国北京世界园艺博览会开幕式上的讲话》，《人民日报》2019 年 4 月 29 日第 2 版。
③ 同上。
④ 《坚决打好污染防治攻坚战　推动生态文明建设迈上新台阶》，《人民日报》2018 年 5 月 20 日第 1 版。

第三节　为什么要全面推进生态文明建设

全面推进生态文明建设，是习近平生态文明思想的集中体现，是生态文明建设的综合性、系统性特征的必然反映，是贯彻落实"四个全面"战略布局的客观要求，是由中国国情决定的，对经济、社会和生态等各方面具有重要意义。

一　生态文明建设是"五位一体"总体布局的重要组成部分

从理论层面来看，生态文明建设是一场史无前例的经济、社会和文化体制与观念的深层变革，或者说一个文明形态与内在机制的革新过程。在这个过程中，要从过去的、片面的经济增长（或经济理性）转向更加全面与平衡的综合协调发展（从而能够同时涵盖社会理性和生态理性），其中包括经济活动与周围自然世界的健康关系，物质消费与内心世界的健康关系等。这涉及物质文明、精神文明和制度文明等各方面变革。

从实践层面来看，生态文明建设融合了经济建设、政治建设、文化建设和社会建设等各个领域，涉及"五位一体"总体布局各方面全过程。党的十八大提出，全面落实经济建设、政治建设、文化建设、社会建设、生态文明建设五位一体总体布局，促进现代化建设各方面相协调，促进生产关系与生产力、上层建筑与经济基础相协调，不断开拓生产发展、生活富裕、生态良好的文明发展道路。生态文明建设不只是涉及资源、环境、生态等生态建设领域，还涉及经济建设、政治建设、文化建设和社会建设等各方面。这些领域，都需要按照生态文明的理念和要求进行建设、发展、变革和完善。正是在这个意义上，中央提出要把生态文明建设融入经济建设、政治建设、文化建设、社会建设各方面和全过程，协同推进人民富裕、国家富强、中国美丽。

从更具体的层面来看，生态文明建设是一项涉及所有主体、多个层面、多项任务、多种手段的全面、综合的系统工程，具体体现在以下几个方面。

从区域看，生态文明建设是全域的。生态文明建设涉及不同范围的区域。小到社区、村庄、工厂、街道、乡镇，中到省、市、县等各级行政区域和不同大小的流域,大到跨行政区、一个民族、整个国家甚至全世界。所以,建设生态文明关乎每个人、每个家庭、每个城市、每个国家以及全人类。这些区域,既有经济区域,也有政治区域,还有文化区域和社会区域。所以,生态文明建设是全域的,而不是个别区域的。

从主体看,生态文明建设是全民的。生态文明建设需要政府、企业、社会组织及公民等所有主体的共同努力和协调行动。各类主体的基本角色定位是:政府(及其各部门)——生态文明建设的管理、指导、示范、服务和监督主体;企业——节约资源、保护环境、维护生态的基本行动主体;公众——包括普通公民、NGO 等社会组织、专家学者和新闻媒体等,他们是对企业和政府环境违法行为进行监督的参与者;法院等司法机关——为生态文明建设提供司法保障和服务的主体。其中,公众是推动生态文明建设的原初驱动力,是环境资源保护事业的生力军。[①] 这些主体,既有经济主体,又有政治主体、文化主体、社会主体,还有一类特殊意义的主体——生态人。这里的生态人,是指具有生态文明理念,体现生态文明要求的自然人、企业、政府和其他组织。所以,生态文明建设是全民的,不只是涉及政府,还涉及企业、公众及全社会各方面主体,并且对这些主体提出了生态化要求。

从环节看,生态文明建设是全过程的。生态文明建设涉及经济、政治等各个领域的全过程,这里的全过程,是指各领域的所有环节。以经济领域为例,生态文明建设涵盖生产、流通、消费等整个经济链条,需要上、中、下游等全产业链实现绿色化。在生产环节,要求企业以节能、降耗、减污为重要目标,以相关管理和技术等为手段,在生产全过程实施污染控制,使污染物的产生量最少化,实现绿色生产。在流通环节,要求有关主体在商品自离开生产领域至进入消费领域之前的整个所有权转移和实体位移的过程中,要以环境保护为基本导向,直接或间接促成污染消减的环境友好型商品流通。绿色流通包括绿色商流和绿色物流两大部分。其中,绿色商流一般是指环境友好型绿色商品的经营销售,绿色消费的引导推动,节能环保型交易方式和流通方式,绿色环保的经营网络等。绿色物流一般是指科学环保的流通设计、管理和实施,生态化的商品运输方案,环保运输包装和销售包装的选用,包装物的回收再利用,促进资源循环利用的流

---

① 杨朝霞:《生态文明建设的内涵新解》,《环境保护》2014 年第 4 期。

通加工等。绿色流通与传统商品流通不同的是，在追求经济利益目标的同时还要充分兼顾节约资源、保护环境和改善生态，其核心内容是绿色产品的流通、消费、使用，追求经济效益、社会效益和生态环境效益的协调统一。在消费环节，要求消费者从满足生态需要出发，以有益健康和保护生态环境为基本要求，实行符合人的健康和生态环境保护标准的消费行为和消费方式，主要表现为在消费活动中崇尚勤俭节约、减少损失浪费、选择高效环保的产品和服务，降低消费过程中的资源消耗、污染排放和生态损害。

从任务看，生态文明建设是全方位的。生态文明建设涉及经济社会发展各方面的任务和措施。生态文明建设表面上是改善生态环境，实际上是包含了一系列的问题、任务和措施。从问题来看，生态环境问题涉及所有的生态、环境、资源要素，各类不同形式的问题。从任务措施来看，包括建设主体功能区、推进资源节约集约利用、加大环境综合治理力度、加强生态保护修复、积极应对全球气候变化、健全生态安全保障机制、发展绿色环保产业。而上述任务和措施又分了很多小的方面，以环境综合治理为例，包括大气环境、水环境、土壤环境等各类环境要素的治理。从任务的性质来看，生态文明建设涉及理念、目标和动力等各个层面的任务。首先是发展理念变革，要从传统的片面发展观、片面经济增长方式转变为绿色发展理念、生态文明理念、意识和思维，来处理经济社会发展中的人与自然关系。其次是发展目标进化，要把经济增长、生态环境保护、社会建设、文化建设等目标有机结合起来。最后是发展动力机制变迁，要从主要依靠党和政府的力量向多种力量综合运用转变，把党政主导力量和公众参与等社会力量有机结合起来。这些任务，既涉及经济的，也涉及政治的，还涉及文化和社会的。

从措施看，生态文明建设是全手段的。生态文明建设需要多种手段综合运用。正是由于生态文明建设领域、区域、层次的多样性，主体、问题和任务的多元性，决定了生态文明建设不可能只是依靠某一种手段，还是需要综合运用环境科学、生态学、政治、经济、法律、工程、技术、管理、道德、国际关系等各种手段。只有各种手段综合运用统筹施策，才能从根本上彻底解决生态环境问题，建设生态文明。这些措施，也是涵盖了经济、政治、文化、社会、生态等各方面的方式和方法。

以上各方面，充分体现和反映了生态文明建设的综合性、系统性特征。正是基于这样的特征,我们必须站在统筹推进"五位一体"总体布局的战略高度,从全领域、全区域、全主体、全环节、全方位、全手段的广度和深度,全面推进生态文明建设。

二 全面推进生态文明建设是落实"四个全面"战略布局的需要

协调推进"四个全面"战略布局,是党的十八大以来党中央从实现"两个一百年"奋斗目标、实现中华民族伟大复兴的中国梦的战略高度,统筹国内、国际两个大局,把握我国发展新特征确定的治国理政新方略,是新的时代条件下推进改革开放和社会主义现代化建设、坚持和发展中国特色社会主义的战略抉择。

几年来,党的十八届三中、四中、五中、六中全会相继就全面深化改革、全面依法治国、全面建成小康社会、全面从严治党进行了专题研究。

"四个全面"战略布局是一个整体,既有战略目标,也有战略举措,每一个"全面"都具有重大战略意义。其中,全面建成小康社会是实现社会主义现代化和中华民族伟大复兴中国梦的阶段性战略目标,是现阶段党和国家事业发展的战略统领。全面深化改革是实现战略目标的关键一招、根本路径。全面依法治国是实现战略目标的基本方式、可靠保障。而全面从严治党是发挥党的坚强领导核心作用,为实现战略目标提供坚强组织保证的根本前提。必须把每一项战略举措放在"四个全面"的总体布局中来把握,才能正确认识每一项举措同其他三个"全面"的关系,把习近平提出的"四个全面"相辅相成、相互促进、相得益彰的总要求贯穿各项工作的全过程、各环节,为协调推进"四个全面"凝聚起更为强大的正能量、推动力。[①]

2015年4月,中共中央、国务院作出《关于加快推进生态文明建设的意见》,对生态文明建设的总体要求、主要目标和重点任务作出总体布置和明确安排。该意见实施一段时间以来,生态文明建设各领域取得新的重要进展和成效。我们认为,生态文明建设从"加快推进"到"全面推进",是贯彻落实"四个全面"战略布局的必然要求。

---

① 新华社评论:《准确把握战略布局,统筹推进"四个全面"》,2016年10月16日,新华网(http://news.xinhuanet.com/mrdx/2015-02/09/c_133979396.htm)。

首先，生态文明建设是全面深化改革的重点领域。党的十八届三中全会公报提出，紧紧围绕建设美丽中国深化生态文明体制改革，加快建立生态文明制度，健全国土空间开发、资源节约利用、生态环境保护的体制机制，推动形成人与自然和谐发展现代化建设新格局。党的十八届三中全会审议通过的《中共中央关于全面深化改革若干重大问题的决定》明确提出，建设生态文明，必须建立系统完整的生态文明制度体系，用制度保护生态环境。要健全自然资源资产产权制度和用途管制制度，划定生态保护红线，实行资源有偿使用制度和生态补偿制度，改革生态环境保护管理体制。可见，全面深化改革，必然要求深化生态文明领域改革。

其次，生态文明建设是全面依法治国的重要领域。党的十八届四中全会提出，用严格的法律制度保护生态环境，加快建立有效约束开发行为和促进绿色发展、循环发展、低碳发展的生态文明法律制度，强化生产者环境保护的法律责任，大幅度提高违法成本。建立健全自然资源产权法律制度，完善国土空间开发保护方面的法律制度，制定完善生态补偿和土壤、水、大气污染防治及海洋生态环境保护等法律法规，促进生态文明建设。

再次，生态文明建设是全面建成小康社会的重要内容。党的十八届五中全会对全面建成小康社会作出专题部署，明确提出了到2020年全面建成小康社会的指导思想、主要目标、基本理念、重大任务、重大政策和重大举措。其中明确提出绿色发展理念，并对生态文明建设的重点任务作出明确安排。有关生态文明建设的发展理念、目标和任务，构成了全面建成小康社会战略部署的重要组成部分。

最后，生态文明建设是全面从严治党的重要方面。党的十八届六中全会对全面从严治党作出专题部署，审议通过的《关于新形势下党内政治生活的若干准则》明确提出，坚定理想信念，必须加强学习。广泛学习经济、政治、文化、社会、生态文明等各方面知识，提高战略思维、创新思维、辩证思维、法治思维、底线思维能力，提高领导能力专业化水平。审议通过的《中国共产党党内监督条例》规定党内监督的一项重要内容是贯彻落实党的理论和路线方针政策情况。而生态文明建设是党的一项重大方针政策。党章也明确规定，中国共产党领导人民建设社会主义生态文明。可见，全面从严治党，对党组织和党员在生态文明建设中的工作也有明确要求。

综上所述，"四个全面"战略布局，从深化改革、依法治国、建成小康社会、从严治党等不同方面,对生态文明建设作出部署、提出要求。这就表明,从改革、法治、党建等各方面全面推进生态文明建设,是落实"四个全面"战略布局的应有之义和必然要求。

三 全面推进生态文明建设具有重要战略意义

全面推进生态文明建设,是对人与自然关系的科学认识和选择,是贯彻落实绿色发展理念的具体体现,是应对我国严峻资源环境问题的迫切需要,是加快转变经济发展方式、推动绿色发展的必然要求,是全面建成小康社会的重要内容,是实现中华民族伟大复兴的时代抉择,是维护全球生态安全的重大举措。

(一)全面推进生态文明建设是正确认识和处理人与自然关系、维系人类文明永续发展的科学选择

生态环境是万物产生之源、人类生存之基、文明进步之根。《人类环境宣言》明确指出:"环境给予人以维持生存的东西,并给他提供了在智力、道德、社会和精神等方面获得发展的机会。"生态文明是人类在尊重自然、顺应自然、保护自然的新型理念下,通过合理开发利用自然资源、有效保护生态环境、科学协调经济社会发展与自然关系、推动自然生态环境系统与人类经济社会系统良性循环的文明形态。生态文明是人类克服人类中心主义和人类绝对理性,打破人与自然对立观念,遵循自然规律、经济规律和社会规律的必然结果,表明人与自然和谐相处,人类社会进入可持续发展的新阶段。"生态兴则文明兴,生态衰则文明衰。"全面推进生态文明建设,是关系人类生存发展、关乎社会文明进步的大计,是维系、传承、发展人类文明的重要途径。

(二)全面推进生态文明建设是贯彻绿色发展理念、推动经济社会可持续发展的具体体现

党的十八届五中全会提出,必须牢固树立创新、协调、绿色、开放、共享的发展理念。"绿水青山就是金山银山。"绿色是永续发展的必要条件。必须坚持节约资源和保护环境的基本国策,坚持可持续发展,坚定走生产发展、生活富裕、生态良好的文明发展道路,加快建设资源节约型、环境友好型社会,逐步形成人与自然和谐发展的现代化建设新格局。全面推进生态文明建设,促进发展模式从高生态环境代价的粗放模式向低生态环境代价的绿色发展模式转变,资源能源利用从低效

率、高排放向高效、低排放、绿色转型,这是自觉贯彻落实绿色发展理念的必然要求。

(三) 全面推进生态文明建设是应对我国资源环境生态严峻形势、建设美丽中国的迫切需要

经过 30 多年的经济高速发展,我国的资源能源消耗、环境污染、生态破坏形势日趋严峻,生态环境问题是全面的。据《2018 中国生态环境状况公报》显示,2018 年,空气质量方面,全国 338 个地级以上城市中,217 个城市环境空气质量超标,占 64.2%;地表水水质方面,544 个重要省界断面中,Ⅳ—Ⅴ类和劣Ⅴ类水质断面比例分别为 21.1% 和 9.0%;按照水源地数量统计,871 个在用集中式生活饮用水水源地中,还有 9.1% 的水源地未达标;全国 10168 个国家级地下水水质监测点中,Ⅳ类和Ⅴ类分别占 70.7%、15.5%,个别监测点铅、锌、砷、汞、六价铬和镉等重(类) 金属超标;全国 2833 处浅层地下水监测井水质总体较差,其中Ⅳ类和Ⅴ类分别占 46.9%、29.2%,合计达到 76.1%;生态环境质量"较差"和"差"的县域占 31.6%,这个比例比 2015 年增加 1 个百分点。[①] 根据第一次全国水利普查水土保持情况普查成果显示,中国现有土壤侵蚀总面积 294.9 万平方千米,占普查范围总面积的 31.1%。总体来看,资源环境和生态保护的形势依然严峻,已成为经济社会发展的突出短板。破解资源、环境、生态问题的瓶颈约束。建设"天蓝、水清、地绿"的美丽中国,必须全面推进生态文明建设。

(四) 全面推进生态文明建设是不断满足人民群众生态需求、实现绿色惠民的必然要求

绿色是人民对美好生活追求的重要体现。习近平指出,良好生态环境是最公平的公共产品,是最普惠的民生福祉。生态环境事关人民群众生活质量的全面提升,保护生态环境就是保障民生,改善生态环境就是改善民生。随着经济社会发展和人民生活水平提高,人们对生态环境的要求越来越高,生态环境质量在幸福指数中的地位不断凸显。但是,当前我国生态环境质量还不尽如人意,成为影响人们全面改善生活质量、提升幸福指数的一块短板。全面推进生态文明建设,为广大人民群众提供干净的水、清新的空气、安全的食品、优美的环境,是以人民为中心的发展思想的必然

---

① 生态环境部:《2018 中国生态环境状况公报》。

要求，是广大人民群众根本利益的重要体现，是保障改善民生、增进民生福祉的科学抉择。

（五）全面推进生态文明建设是维护全球生态安全、树立中国负责任大国形象的客观需要

一个时期以来，全球温室气体排放、臭氧层破坏、生物多样性减少、自然灾害频发、能源危机影响加剧等问题日益严重，全球生态安全遭遇前所未有的威胁。我们只有一个地球，地球的资源和环境容量是有限的，维护全球生态安全是世界各国的共同责任。建设生态文明成为越来越多国家和人民的共识。在很多重要的国际、国内场合，习近平反复强调，"中国将继续承担应尽的国际义务，同世界各国深入开展生态文明领域的交流合作，推动成果分享，携手共建生态良好的地球美好家园"，"建设生态文明关乎人类未来。国际社会应该携手同行，共谋全球生态文明建设之路"。① 中国是一个负责任的发展中大国，多年来一直在为应对全球气候变化做出不懈努力。我们只有建设生态文明，才能践行好对国际社会的承诺，才能为维护全球生态安全做出应有贡献。② 同时还要看到，中国提出的生态文明建设战略及其实践，对全世界产生了重要而深远的影响。全面推进生态文明建设，代表了人类创造新型文明的最新实践成果，代表了人类谋划经济社会发展方向的重要努力，代表了人类命运共同体的重要载体，是中国对人类当前和未来发展理念与方向作出的重大贡献。

总之，生态文明建设是保障我国经济社会持续健康发展的唯一出路。它是中国共产党在领导我国经济社会发展长期实践中所作的经验总结，是对我国经济社会发展前景经过深思熟虑后作出的战略性选择。只有坚持生态文明建设才能保障中华民族的伟大复兴和永续发展。③ 只有从这个层面，我们才能够更深刻地认识和理解中央把生态文明建设纳入中国特色社会主义事业"五位一体"总体布局的重大意义和深远影响。

---

① 钱坤：《生态文明 美丽中国——党的十八大以来习近平总书记关于生态工作的新理念、新思想、新战略》，2016年8月10日，求是网（http://www.qstheory.cn/2016-02/01/c_1117955135.htm）。
② 李佐军：《推进供给侧改革 建设生态文明》，《党政研究》2016年第2期。
③ 王树义：《论生态文明建设与环境司法改革》，《中国法学》2014年第3期。

第四节　如何全面推进生态文明建设

以习近平生态文明思想为指导，全面推进生态文明建设，重点是"全面"，关键是"推进"。如何实现"全面"？根本的就是要按照中央提出的"五位一体"总体布局的要求，把生态文明建设融入经济建设、政治建设、文化建设、社会建设各方面和全过程，协同推进人民富裕、国家富强、中国美丽，促进经济社会发展全面生态化。如何有效"推进"？根本的就是要按照中央提出的"四个全面"战略布局要求，深化生态文明体制机制改革、健全生态文明治理体系和法律制度，建立健全由各方面手段和制度构成的生态文明建设的保障体系；而在保障体系中，关键是构建全面推进生态文明建设的法治保障体系。

一　促进经济社会各领域全面生态化

所谓生态化，是指牢固树立绿色发展理念，坚持绿色富国、绿色惠民，尊重自然、顺应自然、保护自然，以生态文明为导向，以生态学基本原理为理论基础，以维护环境权益和促进可持续发展为基本目标，按照生态系统管理的基本要求，对经济建设、政治建设、文化建设、社会建设、生态建设等所有领域的思想和活动进行相应的改造，从而形成绿色发展方式和生活方式的趋势与过程。全面推进生态文明建设，就是要促进经济社会发展各方面全过程的生态化。具体包括以下五个方面的具体任务和措施。

一是经济建设的生态化。资源、环境、生态问题，归根结底是关于发展方式、经济布局、产业结构和消费模式的经济问题。人类的经济活动，无论是在工业、农业和服务业等各个领域，还是在生产、流通、仓储、销售、消费等各个环节，都会不同程度或直接或间接地影响资源、环境和生态。因此，片面、孤立地在某一领域或某一环节开展生态环境保护工作，难以在整体上和根本上系统解决资源环境生态问题。这就要求我们必须牢固树立和贯彻落实绿色发展理念，以资源环境承载力和自然规律为依据，对传统经济发展模式进行生态化的改造，大力发展生态经济，发展绿色环保产业，实现经济系统和生态系统的协调融合。①

---

① 杨朝霞：《生态文明建设的内涵新解》，《环境保护》2014年第4期。

二是政治建设的生态化。政治思想和政治活动对资源、环境、生态具有重要影响,不合理的政治思想和行动是产生资源环境问题的重要原因。推进政治建设生态化,最重点的是要做好如下几件事:以生态文明建设为约束,优化国家的发展决策,力求从源头上预防和减少环境资源问题的发生;改革环境资源保护的监管体制,按照生态系统管理的要求,建立山水田林湖统筹管理的环境行政监管体制;确立党委的环境责任,建立党政同责、一岗双责、齐抓共管的党政协同监管体制;改革政绩考核和干部选拔制度,按照《关于改进地方党政领导班子和领导干部政绩考核工作的通知》的要求,摒弃单纯的 GDP 考核指标,将环境成本、资源消耗和生态效益纳入考核内容,以《全国主体功能区规划》为基础,设置各有侧重、各有特色的政绩考核指标体系;强化环境资源保护的公众参与,加强社会公众对政府发展决策行为和行政监管行为的监督。[①]

三是文化建设的生态化。文化建设是包括发展教育、科学、文学艺术、新闻出版、广播电视、卫生体育等各项文化事业的活动。它既是物质文明建设的重要条件,也是精神文明建设的重要内容。文化建设的生态化,重点是要在"物质产品"和"精神产品"的基础上,树立"生态产品"的理念;确立尊重自然、爱护环境的生态伦理道德;发展有利于资源节约和环境友好的科学技术;创造面向生态文明的文学、体育、艺术作品;加强环保方面的宣传和教育等。就当前而言,最重要的是在思想观念层面,实现"两种生产"(人口和物资的再生产)之间的动态平衡向"三种生产"(人口、物资和环境的再生产)之间的动态平衡的思维转变。[②]同时在行动上努力追求人口、资源和环境三者之间再生产的动态协调。

四是社会建设的生态化。社会建设生态化是生态文明建设的重要内容,其基本要求有以下几个方面。第一,优化社会结构,尤其是保持适度的人口规模和合理的年龄、性别结构,以保持人口再生产和环境再生产之间的动态平衡。第二,进行利益平衡,维护生态正义。重点是通力维护区域之间、城乡之间、行业之间和个体之间在环境资源分配和矫正领域的社会公平,建立和完善生态效益补偿机制,加强对环境受害者的法律救济,

---

① 杨朝霞:《生态文明建设的内涵新解》,《环境保护》2014 年第 4 期。
② 杨朝霞:《环境权:生态文明时代的代表性权利——以人类文明的变迁和新型权利的兴起为视角》,载高鸿钧、王明远主编《清华法治论衡》,清华大学出版社 2013 年版。

发展环境损害责任保险和环境损害赔偿基金。第三，加强社区建设，充分发挥村委会和居委会在环境保护中的作用。第四，促进环保社会组织的发展，提高其参与环境保护工作的规模、能力和水平。①

五是生态建设的生态化。生态建设不同于生态文明建设，它是指以生态学原理和现代科学技术为基础，对受人类活动污染、干扰和破坏的生态系统进行恢复和重建的活动。生态建设的生态化，重点是遵循自然规律，尽量利用自然自身的力量，通过规划、工程和技术的手段，加强污染防治、资源保护和生态保育。最终目标是确保向全社会提供的生态产品的丰富性和生态服务功能的良好性。②

二 构建生态文明建设的保障体系

保障，从词义理解，有两个意思。一是作为动词理解，意思是"保护（生命、财产、权利等），使不受侵犯和破坏"。二是作为名词理解，意思是"起保障作用的事物"。③ 本书关于生态文明建设的保障的理解，也从上述两个层面加以理解。一方面，生态文明建设需要一定的力量和手段来保护，从而使生态文明建设能够有效、顺利地推进。另一方面，这个起保护作用的力量和手段，可以称为生态文明建设的保障。所以，在本书中，保障有时作为动词使用，有时作为名词理解。

生态文明建设的保障手段多种多样。2015年，中共中央、国务院《关于加快推进生态文明建设的意见》提出的生态文明制度体系、统计监测和执法监督、良好社会风尚、组织领导等方面，均属于生态文明建设的保障手段。

体系，是指若干有关事物或某些意识互相联系而构成的一个整体,④如防御体系、思想体系。生态文明建设的保障体系，是指保障生态文明建设的各种手段构成的一个整体和系统。从全面推进生态文明建设的实践和要求来看，应建立健全由宏观、中观、微观等不同层次、不同类型的保障

---

① 杨朝霞：《生态文明建设的内涵新解》，《环境保护》2014年第4期。
② 同上。
③ 中国社会科学院语言研究所词典编辑室编：《现代汉语词典》（第6版），商务印书馆2012年版，第47页。
④ 同上书，第1281页。

手段所构建的完整的保障体系，具体包括以下几个方面。

从宏观层面来看，生态文明建设的保障手段应包括经济保障、政治保障、文化保障和社会保障。这种体系分类，是着眼于"五位一体"总体布局，从中央关于"把生态文明建设放在突出地位，融入经济建设、政治建设、文化建设、社会建设各方面和全过程"的角度来把握的。其中，经济保障主要是指物质层面的保障，政治保障主要是指党的领导、民主政治和法治等方面的保障，文化保障主要是指思想道德和意识形态等精神文明层面的保障，社会保障主要是指社会治理和公众参与等方面的保障。

从中观层面来看，经济保障、政治保障和文化保障等手段又细分为若干种手段。其中，经济保障主要包括财政支持、科学研究、技术创新等手段；政治保障主要包括党的领导、组织人事安排、法治建设、政策管理等手段；文化保障主要包括思想道德建设、宣传教育、文化生产等；社会保障主要包括公众参与、良好社会风尚建设、健康生活方式培养等。

从具体的层面，生态文明建设的保障手段还可以进一步划分。譬如，政治保障中的法治保障又可以细分为立法、执法、司法、守法、法律监督等不同环节的保障手段。

从微观的层面，有关保障手段还可以细分。譬如，立法保障可以分为不同领域的立法，司法保障可以分为侦查、检察、审判等不同环节的保障。

不同的保障手段，在生态文明建设保障体系中发挥的作用是不一样的。从宏观层面来看，经济保障主要为生态文明建设提供经济基础、物质支撑和科技扶持；政治保障主要为生态文明建设提供政治保障、制度规范、法治权威和政策支持；文化保障主要为生态文明建设提供价值引领、精神动力、道德感召和智力支持；社会保障主要为生态文明建设提供社会基础、群众支持等。这些手段相对独立、相互配合、相辅相成，共同发挥作用。

正是上述不同层次、不同类型的手段的组合，为全面推进生态文明建设提供了全方位的保障。在实践中，还需要针对不同环境问题的特点，结合不同时期、不同区域、不同要求等具体因素，进一步协调、完善各种保障手段的功能作用，从而优化健全保障体系。

三　构建生态文明建设的法治保障体系

在生态文明建设的保障体系中,法治保障是其中的一个重要保障手段。与其他手段相比,法治手段具有独特而重要的价值。这种独特性是由法律的特点和作用所决定的。

一般认为,法律①是由国家制定或认可并依靠国家强制力保证实施的,反映由特定社会物质生活条件所决定的统治阶级意志,以权利和义务为内容,以确认、保护和发展对统治阶级有利的社会关系和社会秩序为目的的行为规范。②而法治,其经典定义是,"已成立的法律获得普遍的服从,而大家服从的法律又应该本身是制定得良好的法律"③。从实质意义来看,法治即"法的统治",它是以民主为前提,以严格依法办事为核心,以确保权力正当运行为重点的社会管理机制、社会活动方式和社会秩序。④与其他保障手段相比,法律具有四个方面的基本特征。

首先,法律是调整社会关系的行为规范。作为社会规范,法律既区别于思想意识和政治实体,又区别于技术规范。作为由国家制定的行为规范,法律具有指引、评价、预测、教育和强制等规范作用。其次,法律是由国家制定或认可的行为规范。社会规范有法律规范、道德规范、政治规范等。法律规范区别于其他社会规范的首要之点在于:法律规范是由国家制定或认可的普遍适用于一切社会成员的规范。所以,法律具有国家意志的属性,具有高度的统一性、极大的权威性。最后,法律是规定权利义务的社会规范。这也使它与道德、宗教、习惯相区别。同时,法律是由国家强制力保证实施的社会规范。对违法和犯罪行为,国家将通过一定的程序对行为者进行强制制裁。这与道德依靠人们的内心信念、社会舆论保证实施是不一样的。⑤

法律既具有评价、指引等规范作用,还具有社会作用,对政治、经

---

① 这里所指的法律是广义上的法律,包括宪法、法律、行政法规、地方性法规和规章等。
② 张文显主编:《法理学》(第四版),高等教育出版社、北京大学出版社2011年版,第47页。
③ [古希腊]亚里士多德:《政治学》,吴寿彭译,商务印书馆1965年版,第199页。
④ 张文显主编:《法理学》(第四版),高等教育出版社、北京大学出版社2011年版,第330页。
⑤ 同上书,第45—47页。

济、文化、社会等具有相应的功能或价值。法律能够协调政治关系、规范政治行为、促进政治发展、解决政治问题。法律是实现执政党政策的一种重要的、必不可少的工具。法治是民主的保障，民主的成果必须经由法治来加以确认和巩固。法律能够为市场经济的发展提供保障作用，引导市场经济沿着合法路线前进，服务市场经济的发展，规制市场经济的消极方面。法律能够促进文化事业的发展，强化主文化的价值准则和行为模式。法律还对人与人的和谐、人与社会的和谐、人与自然的和谐、中国与世界的和谐具有引导和维护作用。[①] 这些作用，都在生态文明建设实践中有不同程度的体现。

从法治的角度来看。权威观点认为，法治具有五个方面的基本内涵。一是法律至上。这是法治的首要内容，即法律应是社会治理的最高准则，任何个人和组织都不享有法律之外的特权。二是良法之治。所谓良法，应当是制定完备的法律，即法律应当是类别齐全、规范系统、大体涵盖社会生活的主要方面，且各项制度相互之间保持总体协调的一套制度体系；应当能够有效规范社会生活，并在制定过程中吸纳大多数社会成员的关注和参与，进而符合全社会和广大人民的共同需要，符合社会一般公平正义的观念和要求；应当保持内在的一致性，立法者应当不断通过修改、补充、解释等方法来使法律符合社会的需求与时代的发展。三是人权保障。法治只有建立在充分尊重和保障个人人权的基础上，才能充分肯定人在法律上的主体地位，法律的存在才具有合目的性及"合法性"。四是司法公正。法治不仅意味着法律的至高无上和依靠良法治理，还应经由公正的司法活动来贯彻实施和执行。五是依法行政。在法治社会，任何政府的权力或公权力都必须要由法律作出明确规定，法律无明文允许即为禁止，公权力的内容、行使等必须都纳入法治的轨道。[②]

从对生态文明建设的作用来看，法治对生态文明建设的根本作用在于为生态文明建设提供法律引导、促进和保障作用，推动和促进生态文明建设进程。首先，法治以法律规范形式提供行为模式，引导各类主体朝着有利于生态文明法律规范目标的方向努力，并为他们的行为提供合理而稳定

---

① 张文显主编：《法理学》（第四版），高等教育出版社、北京大学出版社 2011 年版，第 338—344 页。

② 王利明：《厘清"法治"的基本内涵》，《北京日报》2013 年 1 月 28 日第 17 版。

的预期。其次,法律对有关生态文明建设的各项重大政策和措施直接做出规定,从而促进政策法治化特别是政治的贯彻实施。最后,法律对生态文明建设领域各类违法行为作出有关惩罚和制裁的责任规定,并通过相应的法律程序来执行相应的规定,以排除与生态文明立法目标相悖的各种障碍。

正是因为法律和法治具有上述作用和功能,在生态文明建设实践中,我们必须完善法律制度,构建法治保障体系。从法律的运行环节和过程来看,就是要构建由立法、执法、司法、守法等活动组成的完整统一的法治保障体系。

其中,立法是法治保障体系的首要环节。在生态文明立法中,要按照全面推进依法治国战略实施和生态文明建设的要求,坚持立法先行,发挥立法的引领和推动作用,抓住提高立法质量这个关键;要把以民为本、立法为民的法治理念和绿色发展的生态文明理念贯穿于立法全过程,建立系统、完整的生态环境法律体系,完善法律制度,使每一项立法和制度都符合法治精神、反映人民意志、符合生态要求,不断增强法律法规的科学性、生态性和有效性。

守法是法治保障体系的基础环节。法律的权威源自人民的内心拥护和真诚信仰。生态环境关乎每个人的切身利益,生态文明要靠法律保障,而法律权威要靠人民遵守和维护。在生态文明建设中,也要按照全面推进依法治国战略实施和生态文明建设的要求,在全体公民中弘扬生态环境法治精神,建设生态环境法治文化,增强全民生态环境法治观念,增强全社会厉行生态环境法治的积极性和主动性,使全体人民都成为生态文明法治的忠实崇尚者、自觉遵守者和坚定捍卫者,从而为全面推进生态文明建设创造更加良好的法治环境。

执法是法治保障体系的重要环节。法律的生命力在于实施,法律的权威也在于实施,而执法正是法律实施的基本形式。在生态文明执法中,要按照全面推进依法治国战略实施和生态文明建设的要求,创新生态环境执法体制,完善执法程序,推进综合执法,严格执法责任,建立权责统一、权威高效的生态环境执法体系,努力实现依法执法、严明执法、公正执法、高效执法。

司法是法治保障体系的最后环节。公正是法治的生命线,司法公正对环境正义具有重要的引领和保障作用,司法不公对生态文明和环境正义具有致命破坏作用。要按照全面推进依法治国战略实施和生态文明建设的要求，完善生态文明的司法管理体制和司法权力运行机制，健全生态环境司法制度，规范生态环境司法主体及其行为，加强对生态环境司法活动的监督，努力让人民群众在每一个生态环境案件中感受到公平正义。

第二章　全面推进生态文明建设与环境司法保障机制

司法保障机制是生态文明建设法治保障体系中的重要一环，在生态文明建设中具有重要作用，同时又是生态文明法治建设中的薄弱环节。环境法是生态文明建设的最主要法律部门，环境司法是生态文明建设司法保障机制的最主要手段。在当前形势下，迫切需要按照中央要求，完善和加强环境司法保障机制，全面推进生态文明建设。

第一节　司法保障机制概述

党的十八届四中全会对全面推进依法治国作出专门部署，提出要"形成完备的法律规范体系、高效的法治实施体系、严密的法治监督体系、有力的法治保障体系"，并把司法作为法治实施体系的重要内容，对有关司法的体制、机制和制度等方面要求作出总体安排。准确把握司法、体制、机制、制度等有关概念内涵，对深刻理解司法保障机制在全面推进生态文明建设中的重要地位，改革完善司法保障机制具有重要意义。

一　司法

司法是法治的重要组成部分，是法律实施的重要环节和过程。从前面关于法治的内涵可以看出，司法公正是法治的题中应有之义。而关于司法的定义、内涵及范围，国内外存在不同的认识。英国《布莱克威尔政治学百科全书》的定义是，"法院或者法庭将法律规则适用于具体案件或争议"，并指出，司法裁判是"在诉讼案件中，对有关当事人之间的权利分配问题作出有约束力的裁决；而这些权利被认为在原则上已为现行的法律所确定"①。该定义将司法权界定为法院的审判权，司法主要是法院的审判活动。

在国内，司法又称法的适用，通常指拥有司法权的国家机关按照诉讼程序应用法律规范处理案件的活动。② 我国宪法在"国家机构"一章中规定了人民法院和人民检察院，并没有司法机关的表述，而很多宪法学教材将二者统称为司法机关，理论界也认为司法机关主要指法院和检察院。③《刑法》第94条将"司法工作人员"定义为"有侦查、检察、审判、监管职责的工作人员"，此处的"司法"不仅包括检察、审判活动，还包括侦查活动和监狱等场所执行刑罚的活动。

理论上，司法有狭义和广义之分。组织层面，狭义的司法组织仅指法院和检察院，广义上包括法院、检察院和司法行政机关。④ 制度层面，狭义的司法制度指审判制度及法院制度，广义的司法制度不仅包括审判制度和检察制度，而且包括侦查制度、监狱制度、律师制度、调解制度、仲裁制度、公证制度。⑤ 可见，广义的司法不仅包含侦查、检察、审判等制度，还包括调解、仲裁、公证、律师等制度。当然，还有一种中义的理解，即司法主要指侦查、检查和审判等制度，是国家司法机关及其工作人员依照法定职权和法定程序，具体运用法律处理案件的专门活动。

本书所指的司法，作广义上的理解，即涵盖了侦查、检察、审判以及与之相关的调解、仲裁、律师等活动和制度，包括法院、检察院、公安机关和司法行政机关等组织。作这样的理解，一方面符合刑法等法律和中央有关文件的规定，另一方面也与本书的研究对象及内容相契合。

在全面理解司法内涵的基础上，本书对审判或裁判意义上的司法作相对侧重的分析研究。正如有学者指出的，司法是与裁判有着内在联系的活动，司法权在狭义上往往被直接称为司法裁判权。作为裁判权，司法权与国家其他权力有一些相似的特征，如由国家宪法或其他基本法进行授权，有国家强制力加以保证，有国家提供的人力、物力、财力作为资源保障，

---

① ［英］戴维·米勒、韦农·波格丹诺编：《布莱克威尔政治学百科全书》，邓正来等译，中国政法大学出版社1992年版，第6页。
② 《法律小辞典》，上海辞书出版社2002年版，第10页。
③ 《法学词典》（增订版），上海辞书出版社1984年版，第242页。
④ 《中国大百科全书·法学》（修订版），中国大百科全书出版社2006年版，第470页。
⑤ 熊先觉：《中国司法制度新论》，中国法制出版社1999年版，第1—5页。

等等。但在这里，我们所要关注的是司法权相对于国家其他权力的特殊性，也就是这一权力在行使机构和方式上的特点。从权力行使过程上来看，司法裁判无疑就是享有司法权的机构、组织或者个人，针对申请者向其提交的诉讼案件，按照事先颁行的法律规则和原则，作出一项具有法律约束力的裁决结论，从而以权威的方式解决有关各方业已发生的利益争执的活动。①

司法具有两个方面的基本功能，一是保障公民、法人和其他组织的合法权利，二是保障和规范国家公权力依法正确行使。在这两个基本功能的基础上，产生了民事审判、行政审判和刑事审判等不同类型的司法裁判活动。

二 体制、机制与制度

体制、机制与制度三个概念在理论和实践中应用非常普遍，也比较容易混淆。正确界定三个概念的内涵与外延，对准确定位本书的研究对象及研究内容是十分必要的。

关于体制，按照《辞海》的解释，体制是指国家机关、企事业单位在机构设置、领导隶属关系和管理权限划分等方面的体系、制度、方法、形式等的总称。体制具有结构和规则两个方面的含义。如管理体制，首先是指一定的组织结构；其次，这个组织结构蕴含着为实现某种管理功能而进行运作的规则。体制可以是某些社会分系统方面的制度，如政治体制、经济体制、文化体制等；也可以是国家机关、企业、事业单位整体意义上的组织制度，如领导体制、学校体制等。② 所以，从法律、政治、行政管理等角度来看，体制主要是指组织机构的设置、权限划分及其运行规则。本书关于司法体制的分析，也是从组织机构管理及其运行的角度来理解的。

关于机制，有研究指出，机制有四种含义：一是指机器的构造和工作原理；二是指机体的构造、功能和相互关系；三是指某些自然现象的物理、化学规律；四是泛指一个工作系统的组织或部分之间相互作用的过程

---

① 陈瑞华：《司法权的性质——以刑事司法为范例的分析》，《法学研究》2000 年第 5 期。
② 孔伟艳：《制度、体制、机制辨析》，《重庆社会科学》2010 年第 2 期。

和方式，如工作机制、激励机制、动力机制和监督机制等。① 从上述定义可知，机制一词的应用范围较为广泛，既可用于自然科学和工程技术领域，指自然规律或机械和机能的互相作用、过程、功能等，也可用于社会科学，常指机构及其组成部分的运行过程和方式。从组织管理的角度来看，机制侧重反映了机构（活动）的相互关系及其动态运行方式。本书所指的司法保障机制，应从组织管理层面加以理解，在社会科学的意义上进行分析。

关于制度，有研究认为，制度可分为两个层次：根本制度和具体制度。根本制度属宏观层次，是指人类社会在一定历史条件下形成的经济、政治、文化等方面的规则和程序体系，如社会制度、经济制度、政治制度等。具体制度属微观层次，是指某个单位或某项重复进行的活动，要求成员共同遵守的办事规程或行动准则，如财务制度、工作制度等。② 这个定义较好地界定了制度的层次及内涵。从组织管理的角度来看，制度侧重于行为准则、管理规则和程序等内容。按照这个定义，司法制度属于较为宏观的规则和程序体系，而立案制度、诉讼制度、证据制度等，则是司法制度下的具体制度，是有关主体在立案、诉讼、举证质证等活动中应当遵守的规程或行为准则。

从上述定义也可以看出，体制、机制和制度三个概念既相互区别，同时也具有密切联系。一般来说，体制侧重于组织机构层面，机制侧重于动态运行层面，制度侧重于规则规章层面。制度是蕴含于体制和机制当中的，是管理体制和运行机制的重要内容；而体制和机制是制度形之于外的具体表现和实施形式。机制是体制的机制，反映了特定组织体制的运行方式和过程；机制是动态的制度，反映了制度之间的相互关系及其实施过程。

三 司法保障机制的内涵

基于前面对司法、机制等概念内涵的界定，我们认为，司法保障机制是国家权力体系的重要组成部分，是关于侦查、检察、审判等司法机构的职能、设置、组织与活动的原则、工作制度及其运行方式，不同司法机构

---

① 孔伟艳：《制度、体制、机制辨析》，《重庆社会科学》2010年第2期。
② 同上。

之间的相互关系，司法与其他社会主体（力量）的关系等的总称。司法保障机制，是静态意义上的司法主体和司法规范与动态意义上的司法活动运行及其互动关系的总称，也是司法内部关系和外部关系的总称。司法保障机制在功能上体现为通过司法手段为各类活动及行为提供的规范和保障作用，所以称为司法保障机制。

具体来看，司法保障机制涉及司法组织、司法人员、司法制度、司法关系及外部保障等不同层面。

从司法组织来看，司法保障机制的内容包括侦查机关、检察机关、审判机关等司法机关及相关机构的设置及其职能；司法机关的内部组织设置及其职责，司法机关与政党、立法机关、行政机关及其他社会主体的关系等。在法律层面，司法组织主要由法院组织法、检察院组织法等加以规范。

从司法人员来看，司法保障机制包括侦查人员、检察官、法官、律师等司法相关人员的准入、退出、奖惩管理等，如法官的选拔、任用、能力建设、日常管理与职业保障。司法人员主要由法官法、检察官法、警察法等予以规范。司法人员与司法组织都属于司法主体的范畴。

从司法制度来看，司法保障机制涉及司法的行为准则、管理规则和程序等方面内容，大体可以分为两个层面的制度。一是关于司法主体的制度，涉及司法机关和司法人员，主要在法院组织法、检察院组织法、法官法、检察官法等法律中予以规定。二是关于司法活动的制度，包括司法活动的基本原则、基本制度和具体制度、工作规则、运行方式及其程序规范等，如公开审判、合议制、独任审判、两审终审、公益诉讼等。在法律层面，司法活动的制度主要体现在刑事诉讼法、行政诉讼法、民事诉讼法等程序性法律当中。

从司法关系来看，司法保障机制涉及内部关系和外部关系两个层面。内部关系主要是指各类司法机关内部的相互关系，如审判机关内部立案、审判、执行等方面主体、制度、程序之间的关系。外部关系是指司法机关之间的关系以及司法机关与立法机关、行政机关、社会公众等方面的关系。本书关于司法保障机制与生态文明建设的关系，属于司法外部关系的范畴之一，它体现为司法保障机制与生态文明建设的相互关系，重点是司法对生态文明建设的保障任用。

从外部保障来看，司法保障机制也需要其他外部力量的支撑和保障，包括为司法活动提供的政治、宣传、教育、财务、技术等方面的保障。本书研究的中国特色环境司法保障话语权，即是从宣传层面研究如何为司法提供更好的服务和保障的问题。

从司法机关来看，司法机关主要是检察机关和审判机关，司法保障主要是检察保障和审判保障。所以，本书在全面分析有关司法保障机制的基础上，主要对检察保障机制和审判保障机制作相对侧重的分析。

第二节 全面推进生态文明建设需要司法保障机制

全面推进生态文明建设需要司法保障机制，这是解决我国生态文明建设面临突出问题的客观要求，是司法保障机制发挥应有功能的必然反映，是贯彻中央有关决策部署的重要举措。

一 生态文明建设面临的突出问题

改革开放特别是党的十八大以来，在中央一系列关于生态文明建设的新理念、新战略、新决策和新部署的指引下，中国对可持续发展和生态文明建设的重视程度不断提高，全社会生态文明意识不断增强，生态文明建设各领域取得积极进展和显著成效。但也面临不少突出问题和挑战，环境污染严重，资源约束趋紧，生态系统退化，发展与人口资源环境之间的矛盾日益突出，已成为经济社会可持续发展的重大瓶颈制约。

一是环境治理任务依然艰巨复杂。对比发达国家的发展历程，我国在相同发展阶段面临的环境问题更加复杂，难度前所未有。传统煤烟型污染与臭氧、PM2.5、挥发性有机物等新、老环境问题并存，生产与生活、城市与农村、工业与交通环境污染交织。我国一些主要污染物排放量仍处于高位，总量减排与环境质量改善的关系更趋复杂。2015年，全国化学需氧量排放总量为2223.5万吨，氨氮排放总量为229.9万吨，二氧化硫为1859.1万吨，氮氧化物1851.8万吨。[①] 据测算，要实现环境质量根本好转，二氧化硫、氮氧化物等总量排放至少要下降到百万吨级水平。一些没有纳入总量减排控制的污染物排放量依然在持续上升，对环境质量的影响进一步显现。据测算，全国挥发性有机物（VOCs）排放量高达3000多万

---

① 环境保护部：《2015中国环境状况公报》。

吨，对区域复合型大气污染影响较大。近年来，国家推进"蓝天保卫战"，全国城市空气质量有所改善，但监测结果显示，2018 年，全国 338 个地级以上城市中，仍有 217 个城市环境空气质量超标，占 64.2%。① 同时，全国水环境保护压力仍然很大，地下水水质状况堪忧，城市黑臭水体治理任务依然艰巨，土壤污染防治形势严峻。

二是资源和生态保护任务依然繁重。2018 年，全国水资源总量为 27462.5 亿立方米，比 2017 年减少 4.5%；其中用水总量 6015.5 亿立方米，② 接近国务院确定的 2020 年用水总量控制在 6700 亿立方米以内的红线目标。流域层面，海河、黄河、辽河等流域长期以来水资源开发利用率均在 75%以上，远远超过国际公认的水资源开发生态警戒线（40%）。全国已发现 560 多种外来入侵物种，且呈逐年上升趋势，其中 213 种已入侵国家级自然保护区。③ 我国生态足迹增加的速度远高于生物承载力的增长速度，是生物承载力的 2 倍以上。④ 有效应对和解决这些问题，压力巨大，任务繁重。

三是生态环境进入高风险期。松花江水污染事件、甘肃陇星锑污染事件、福建漳州古雷石化（PX）项目爆炸、天津港"8·12"特别重大火灾爆炸事故、江苏响水化工厂爆炸事故等一系列重特大事故相继发生。当前和今后一段时期是我国环境高风险期，有的是环境自身的问题，有的是衍生出来的问题，区域性、布局性、结构性环境风险更加突出，环境事故呈高发、频发态势。我国化工产业结构和布局不合理，布局总体呈现近水靠城的分布特征，12%的危险化学品企业距离饮用水水源保护区、重要生态功能区等环境敏感区域不足 1 公里，10%的企业距离人口集中居住区不足 1 公里。⑤ 污染风险大的重化工等项目自东向西转移趋势已经比较明显，西部有可能重复东部一些地区污染严重、生态受损的状况。

四是生态环境问题的严重程度在国际范围比较突出。北京林业大学的

---

① 生态环境部：《2018 中国生态环境状况公报》。
② 水利部：《2018 年中国水资源公报》。
③ 生态环境部：《2018 中国生态环境状况公报》。
④ 陈吉宁：《以改善环境质量为核心全力打好补齐环保短板攻坚战——在 2016 年全国环境保护工作会议上的讲话》，2016 年 4 月 12 日，环保部网站（http://www.zhb.gov.cn/gkml/hbb/qt/201601/t20160114_326153.htm）。
⑤ 同上。

一项研究成果表明，根据具有可比性的公开数据分析，在111个国家的生态文明指数排名中，中国生态文明水平排名倒数第三位，略高于孟加拉国和巴基斯坦，未达到111个国家的平均水平，其中环境质量指标得分排名倒数第一。[①] 这项研究表明，中国与西方发达国家最大的差距已经不是经济上的差距，而是优美生态环境产品供给能力的差距，中国的生态文明水平与经济发展水平严重不匹配。生态环境问题已经在一定程度上影响了我国的国际形象。

当前我国严峻的生态环境问题，原因是多方面的。但不可否认，体制不完善是其中的重要方面。习近平指出："我国生态环境保护中存在的一些突出问题，一定程度上与体制不健全有关。"[②] 体制不健全也体现在司法保障机制方面，由于理论研究和实践都比较晚，在应对不断产生的生态环境问题方面，司法保障机制存在滞后性。

总之，与人民群众对美好生活环境的期待及经济社会发展要求相比，我国生态文明建设依然面临严峻挑战和巨大压力，推进生态文明建设依然任重道远。解决上述问题，迫切需要政府、企业和全社会共同努力，需要经济、技术、行政、法律等多种手段，需要立法、执法和司法等综合施策。

二 司法保障机制在生态文明建设中的重要作用

如前所述，生态文明建设涉及经济、政治、文化、社会等各个层面，资源、环境、生态等各个领域，生产、生活、消费等各个环节。因此，全面推进生态文明建设，需要思想道德、政治、经济、技术、行政、法律等一整套的手段和措施。在思想道德上，需要树立生态文明理念，培养生态道德，养成生态习惯；在政治上，需要改革完善生态文明的治理体系、管理体制和政绩考核体系等；在经济上，需要采取财政、税收、投资、金融、产业等多种手段；在技术上，需要开展相关科学技术研究、开发和应用，促进信息化建设，提高生态文明建设的科学技术水平；在行政上，需

---

① 严耕主编：《生态文明绿皮书：中国省域生态文明建设评价报告（ECI 2015）》，社会科学文献出版社2015年版，第2—4页。

② 习近平：《关于〈中共中央关于全面深化改革若干重大问题的决定〉的说明》，2013年11月。

要运用规划、标准、监测、行政许可、信息公开等多种方式；在法律上，需要运用立法、执法、司法和法律监督等多种手段。此外，还需要加强宣传教育、推动公众参与、开展国际合作等。

从实践来看，我国一直重视运用多种手段解决生态环境问题，并且取得积极成效。但是，我们也要看到，虽然综合运用了经济、技术、法律等多种手段，但由于每种手段具有一定的局限性，所以资源、环境、生态问题依然很严峻。

从法治层面来看，法治是生态文明保障体系的重要组成部分，大力加强生态文明建设迫切需要法治力量的推进。[①] 而法治保障又包括立法、执法和司法等多种机制和手段。在较长一个时期，国家对立法、执法等机制运用得相对较多，制度建设和执法力度不断加强，主要体现在以下两个方面。

一方面，我国已形成以宪法为核心，以环境保护、资源开发利用、能源开发利用和应对气候变化等方面的法律为主干，相关配套法规和地方性法规为重要组成部分的生态文明法律体系，并确立了环境侵权救济、生态环境保护责任追究和生态环境损害赔偿等一系列基本制度，为生态文明建设发挥了制度性保障作用。国家和地方各级政府及有关部门在资源、环境、生态等方面出台了一大批相关规划、技术标准和政策性文件，生态文明的政策体系不断完善。

另一方面，在制度建设的同时，执法监管力度不断加强，环保、国土、水利、林业等领域的专项整治行动持续开展。以环保领域为例，2011—2014年全国共出动执法人员924万余人（次），查处环境违法问题3.7万件。[②] 2015年，环境保护部对33个市（区）开展综合督查，公开约谈15个市级政府主要负责人。全国实施按日连续处罚、查封扣押、限产停产案件8000余件。开展环境保护大检查，全国共检查企业177万家（次），查处各类违法企业19.1万家，责令关停取缔2万家、停产3.4万

[①] 孙佑海：《生态文明建设需要法治的推进》，《中国地质大学学报》（社会科学版）2013年第1期。

[②] 陈吉宁：《以改善环境质量为核心全力打好补齐环保短板攻坚战——在2016年全国环境保护工作会议上的讲话》，2016年4月12日，环保部网站（http://www.zhb.gov.cn/gkml/hbb/qt/201601/t20160114_326153.htm）。

家、限期整改8.9万家。① 2018年，中央分两批对河北等20个省份开展中央生态环境保护督察"回头看"，全国实施行政处罚案件18.6万件，各地侦破环境犯罪刑事案件8000余起。② 通过环保督察和执法，进一步压实了地方党委和政府及有关部门生态环境保护责任，推动解决了一大批长期难以解决的流域性、区域性突出环境问题。

但同时必须认识到，法治是由立法、执法、司法等共同构成的完整体系，司法是法治的重要内容，是法律实施的重要环节，是生态文明建设法治保障的重要组成部分。在法治建设的初期，我国高度重视立法，中国特色社会主义法律体系已经基本形成，生态文明的法律规范体系基本健全，"有法可依"的目标已经基本实现。同时，我国一直有"重行政、轻司法"的传统，③ 行政的力量比较强大，实践中也主要或侧重于运用行政手段解决生态文明建设领域有关问题。而与立法和执法相比，司法的力量相对偏弱。从生态文明建设的实践来看，光靠立法和执法是不够的，还必须充分发挥司法的作用，才能圆满、有效、彻底地解决生态文明建设中的有关问题。

一方面，立法离不开司法。立法层面的法律规范，必须通过司法加以实现。法谚有云，"无救济则无权利"。司法是权利保障和法律救济的重要渠道，也是最后一道途径。只有通过司法，才能把"纸面上的权利"变成"现实的权利"。另一方面，执法离不开司法。执法层面的行政管理，需要通过司法予以规范或者保障。行政执法需要司法的监督，"权利的实现"是司法权监督行政执法的初衷和目的，④ 没有司法监督的行政执法，可能会导致行政权的恣意和滥用，进而损害公民、法人和其他组织的合法权益。同时，依法开展的行政强制、行政处罚等执法活动，在遭遇"抗法"行为时，需要司法加以保障。

所以，与立法和执法相比，司法具有独特的价值和功能。从一般意义来看，司法的基本功能是以权威的方式解决那些业已发生的纠纷或者争

---

① 环境保护部：《2015中国环境状况公报》。
② 生态环境部：《2018中国生态环境状况公报》。
③ 高鸿钧、王明远主编：《清华法治论衡 生态法治文明》，第22辑，清华大学出版社2014年版，第417页。
④ ［美］E. 博登海默：《法理学：法律哲学与法律方法》，邓正来译，中国政法大学出版社1999年版，第356页。

端,并使各项法律透过具体案件得到实施。司法权一方面为各种各样的权利提供一种最终的救济机制,另一方面为国家权力施加一种特殊的审查和控制机制,防止国家权力出现滥用和专横。① 司法权给那些受到威胁、限制、剥夺的权利提供了一种法律上的救济,同时也给国家公权力的行使施加一种法律上的限制、约束和保障。

司法还具有以法律手段调整经济社会关系的特定优势,通过制定裁判规则和执法办案等司法活动,来致力于推进全面深化改革、促进社会公平正义、保障人民安居乐业、维护社会秩序稳定等社会发展目标和价值追求的实现。

另外,司法公正对社会公正具有重要的引领作用,有助于引导全社会确立法治信仰、树立规则意识、尊重公共秩序。

综上所述,在生态文明建设的法治保障体系中,立法和执法不足以起到全面保障生态文明建设的作用。还必须依靠司法,把司法作为生态文明法治保障体系的重要内容及不可分割的组成部分,不断加强司法的作用。

三 中央关于以司法保障生态文明建设的决策部署

近年来特别是党的十八大以来,中央高度重视生态文明建设,并把司法作为推进生态文明建设的重要保障机制予以明确和强调。

党的十八大报告提出,法治是治国理政的基本方式,要加快建设社会主义法治国家,全面推进依法治国。报告强调中国特色社会主义制度是根本保障,把包括司法在内的法治作为中国特色社会主义制度的基础性制度之一,报告有12处提到"法治",9处提到"司法"。报告不仅指出执法、司法等关系群众切身利益的问题较多,而且提出不断提高司法公信力的奋斗目标,并对公正司法、进一步深化司法体制改革、完善司法公开、司法公信建设、司法调解等提出明确要求。报告明确指出,保护生态环境必须依靠制度,要健全生态环境保护责任追究制度和环境损害赔偿制度。② 党的报告对法治作如此频繁的阐述,对生态文明的法治建设作如此明确的要求,彰显了我们党推进依法治国、建设法治国家的决心和行动,

---

① 陈瑞华:《司法权的性质——以刑事司法为范例的分析》,《法学研究》2000年第5期。
② 胡锦涛:《坚定不移沿着中国特色社会主义道路前进 为全面建成小康社会而奋斗——中国共产党第十八次全国代表大会报告》,2012年11月8日。

体现了我们党对法治在生态文明建设中重要地位的充分认识。

党的十八届三中全会对全面深化改革作出全面部署和系统安排，并将司法与生态文明法治建设作为改革的重要内容进行部署。全会报告17处提到"司法"，专篇提出"推进法治中国建设"，强调深化司法体制改革，加快建设公正、高效、权威的社会主义司法制度，维护人民权益，让人民群众在每一个司法案件中都感受到公平正义。报告要求完善行政执法与刑事司法衔接机制、确保依法独立公正行使审判权检察权、健全司法权力运行机制、完善人权司法保障制度。报告还对生态文明的司法保障问题提出要求，要求"实行最严格的源头保护制度、损害赔偿制度、责任追究制度，建立生态环境损害责任终身追究制""对造成生态环境损害的责任者严格实行赔偿制度，依法追究刑事责任"等。①

党的十八届四中全会对全面推进依法治国作出系统部署，并把司法摆在中国特色社会主义法治体系更加突出的位置，报告强调"公正是法治的生命线。司法公正对社会公正具有重要引领作用，司法不公对社会公正具有致命破坏作用"②，进一步突出了司法在法治与社会公正中的重要地位。报告七章中设"保证公正司法，提高司法公信力"专章，有75处提到"司法"。报告从六个方面，分别对完善确保依法独立公正行使审判权和检察权的制度、优化司法职权配置、推进严格司法、保障人民群众参与司法、加强人权司法保障、加强对司法活动的监督等方面提出明确要求。报告强调用严格的法律制度保护生态环境，加快建立有效约束开发行为和促进绿色发展、循环发展、低碳发展的生态文明法律制度，强化生产者环境保护的法律责任，大幅度提高违法成本。

党的十八届五中全会进一步强调，要深化司法体制改革，尊重司法规律，促进司法公正，完善对权利的司法保障、对权力的司法监督。五中全会实际上提出了"绿色"法治思维，要求用法治思维和法治方式谋划绿色发展，以科学立法、严格执法、公正司法、全民守法引领、规范、促进、保障生态文明建设。

党的十九大确立了习近平新时代中国特色社会主义思想，把坚持全面依法治国作为新时代坚持和发展中国特色社会主义的十四条基本方略之

---

① 《中共中央关于全面深化改革若干重大问题的决定》，2013年11月12日。
② 《中共中央关于全面推进依法治国若干重大问题的决定》，2014年10月23日。

一。报告提出,深化司法体制综合配套改革,全面落实司法责任制,努力让人民群众在每一个司法案件中感受到公平正义;实行最严格的生态环境保护制度;强化排污者责任,健全严惩重罚等制度。党的十九大报告站在全面依法治国的战略高度,对强化生态文明建设的司法保障机制提出了新的更高要求。

综上所述,以法治的思维和方式,以司法的力量和手段,保障生态文明建设,是党中央在"四个全面"战略布局中作出的重大决策部署,是全面深化改革和全面推进依法治国的重要内容,是全面推进生态文明建设的必然要求。

第三节 全面推进生态文明建设需要完善现行司法保障机制

司法是维护社会公平正义的最后一道防线。如果司法这道防线缺乏公信力,社会公正就会受到普遍质疑,社会和谐稳定就难以保障。当前,司法在推进生态文明建设中的保障作用正在逐步加强,但也存在一些问题,迫切需要改革完善现行司法保障机制。

一 中国司法保障机制的基本情况

新中国成立后,特别是改革开放40多年来,中国经济、社会发生了翻天覆地的深刻变化,具有中国特色的社会主义法治建设取得举世瞩目的巨大成就。与之相伴并互为促进,中国司法保障机制也经历了从初创到成长、从相对粗疏到不断完善的历史性变革,取得了重大进步和发展,对保障和促进改革开放顺利实施、经济社会健康发展以及公民法律意识不断提高起到了重要推动作用。

中国逐步建立完善了刑事、民事、行政三大司法审判体系,构建、确立了更加符合审判规律的立审(立案与审判)分立、审执(审判与执行)分立、审监(审判与审判监督)分立的制度格局。制定实施了《法院组织法》,建立了由最高人民法院、地方各级人民法院及军事、海事等专门人民法院组成的法院组织体系;制定实施了《检察院组织法》,建立了由最高人民检察院、地方各级人民检察院及有关专门检察院组成的检察院组织体系。同时,刑事、民事、行政各项审判制度规范,包括公开审判、辩护、代理、回避、调解、合议、审判委员会、二审终审、死刑复核、审判监督、执行等相关制度全面建立，且处于渐进完善之中。

近些年来，人民法院还制定出台刑事、民事、行政案件证据规则，改革和完善庭前程序，不断强化审判管理和司法政务管理，不断完善审判监督制度、审判委员会制度等具有中国特色的审判制度等。全面实施立案登记制改革，解决立案难问题；推进最高人民法院巡回法庭建设，实现工作重心下移；深化执行体制机制改革，努力破解执行难问题；完善法律统一适用机制，针对一些案件审理程序不规范、类案不同判等问题，健全审判监督指导机制，统一裁判标准，提高司法公信力。适应经济社会发展和生态文明建设等新形势要求，修订实施《民事诉讼法》《环境保护法》等法律，初步建立了公益诉讼、环境司法审判等具有自身特色的审判组织或审判制度。

审判能力建设不断加强，法官队伍整体素质不断提高。制定实施了专门规定法官管理制度的《法官法》，对法官的职责、义务和权利、任职条件、任免程序、法官等级、考核奖惩等作出了全面系统的规定。最高人民法院深化法官职业化建设，大力推进法官、法官助理、书记员、执行员等分类管理制度，进一步提升法院队伍正规化、专业化、职业化水平。推行审判长选任制度和法官员额制改革。推进法官逐级遴选制度改革，拓宽选人渠道，优化队伍结构。推进法官助理制度改革；推进人民陪审员制度改革，促进司法民主。深化司法公开，深入推进审判流程、裁判文书、执行信息三大公开平台建设，实现全国法院全覆盖、各项工作全覆盖、人员岗位全覆盖。制定出台《法官职业道德基本准则》和《法官行为规范（试行）》等。建立法律研修学者和实习生制度，创新人才培养机制。[①] 这些改革措施的推进实施，对促进法官队伍整体素质的提高，对保障审判公正、提高审判效率，发挥了积极而重要的作用。

二 司法保障机制对推进生态文明建设发挥了重要作用

改革开放特别是党的十八大以来，我国对司法的重视逐步增强，司法在经济社会发展和生态文明建设中的重要作用也在逐步增强。检察院、法院等司法机关积极履行为生态文明建设保驾护航的司法职责，在资源、环

---

① 参见2011年以来的最高人民法院工作报告；张军《中国审判制度的发展》，《中国法学》2008年第5期。

境、生态等领域制定完善有关司法规则，开展相关司法活动，推进侦查、检察、审判等司法工作。

从检察机关情况来看。各级检察机关依法履行检察职能，通过办理刑事案件、开展公益诉讼、完善工作机制等方式，积极参与生态文明建设。2015年7月，按照全国人大常委会有关决定，最高人民检察院在生态环境和资源保护等领域开展提起公益诉讼试点，试点地区为北京、内蒙古、江苏等13个省（自治区、直辖市）。之后，有关部门相继出台了《检察机关提起公益诉讼试点方案》《人民检察院提起公益诉讼试点工作实施办法》等重要文件，为各级检察机关具体开展环境公益诉讼试点工作、加强对环境公共利益的保护提供了重要制度保障。2018年，检察机关起诉破坏环境资源保护犯罪42195人，同比上升21%。[1] 最高人民检察院还会同水利部组织黄河流域9省区检察机关与河长制办公室开展了"携手清四乱、保护母亲河"专项行动。还建立了长江沿线11省市检察机关协作机制，指导沿线检察机关办理了一批非法排污、非法采砂等案件，为共抓长江大保护提供了有力的司法保障。

从法院情况来看。2014年以来，最高人民法院先后发布《关于全面加强环境资源审判工作为推进生态文明建设提供有力司法保障的意见》《关于深入学习贯彻习近平生态文明思想为新时代生态环境保护提供司法服务和保障的意见》等文件，对法院环境司法审判工作作出部署和指导。出台办理环境污染刑事案件、环境侵权责任纠纷案件、海洋自然资源与生态环境损害赔偿纠纷案件、环境民事公益诉讼案件、生态环境损害赔偿案件等方面的司法解释，积极推进环境资源案件集中管辖机制，探索实施禁止令和适用"补种复绿""增殖放流""劳务代偿"等生态修复方式，不断完善审判机制和规则。推进专门审判机构建设，截至2019年6月，全国共有环境资源审判机构1201个，其中环境资源审判庭352个，合议庭779个，巡回法庭70个，福建、贵州等省已基本建立三级法院环境资源审判组织体系，[2] 环境资源审判专门机构体系逐步完善。

---

[1] 张军：《最高人民检察院工作报告》（2019年3月12日），最高人民检察院网站（http://www.spp.gov.cn/spp/gzbg/201903/t20190319_412293.shtml）。

[2] 《最高人民法院环境资源审判庭成立五周年新闻发布会》，2019年8月6日，中国法院网（https：//www.live.chinacourt.org/article/subjectdetail/id/MzAwNMhON4ABAA.shtml）。

司法在生态文明建设中发挥的作用越来越大。2014年6月以来，各级人民法院共受理各类环境资源一审案件108万余件，审结103万余件；依法受理社会组织提起的民事公益诉讼案件298件，审结119件。从2015年7月检察机关提起公益诉讼试点开展以来，依法受理检察公益诉讼案件3964件，审结2796件。① 各级司法机关通过依法有效发挥司法职能，有力地促进了经济绿色发展，保护了生态环境，维护了人民群众的合法权益，推动了美丽中国建设。

三 司法保障机制对全面推进生态文明建设的作用发挥不足

尽管如此，在生态文明建设实践中，司法应有的保障作用和价值还没有完全或充分地发挥出来，还存在一些与生态文明建设的要求不相适应的地方和问题。这些问题，既有一般性的共性问题，也有生态文明建设领域的特殊问题。

从共性问题来看，司法领域存在的主要问题是：司法不公、司法公信力不高等问题十分突出，一些司法人员作风不正、办案不廉，办金钱案、关系案、人情案，"吃了原告吃被告"。② 一些案件裁判效率不高、裁判尺度不统一。人民法院受理案件数量持续增长，新类型案件大量增加，办案压力和难度越来越大。执行难问题仍然存在。在推进司法改革过程中，存在政策配套不够、解读不够以及分类指导不够等问题。一些法院出现人员招聘困难、人才流失现象，队伍管理面临新情况。③ 产生这些问题的深层次原因在于司法体制不完善、司法职权配置和权力运行机制不科学、司法保障机制不健全。

具体到生态环境司法这个领域来看，主要有以下几个方面的问题。一是部分司法机关和司法人员的司法观念还比较落后。生态文明和环境保护

---

① 《最高人民法院环境资源审判庭成立五周年新闻发布会》，2019年8月6日，中国法院网（https://www.live.chinacourt.org/article/subjectdetail/id/MzAwNMhON4ABAA.shtml）。

② 习近平：《关于〈中共中央关于全面推进依法治国若干重大问题的决定〉的说明》，2014年10月28日。

③ 周强：《最高人民法院工作报告》（2016年）；谭世贵：《中国司法制度》，法律出版社2008年版，第100—102页。

意识未成为法官的内心确信。① 有的认为司法工作要为"地方经济保驾护航",不惜牺牲环境利益来促进经济增长,最后演变成为某些环境违法行为"保驾护航",成为违法排污者的"保护伞"。

二是有关司法制度还不完善。由于生态环境案件本身具有科学技术上的复杂性,环境司法保障机制在诉讼主体、审判方式、管辖、证据、公益诉讼等方面还不成熟。这使得立案难、取证难、胜诉难、执行难的问题较一般民事诉讼更为突出。② 环境案件进入司法程序的极少,环境司法专门化往往流于形式。③ 有的法院对生态环境等新类型、敏感、疑难案件实行慎重受理、适时立案、上下协调和统筹兼顾的原则,采取一般不予受理、应当谨慎受理和可以不予受理等不同方式,将环境纠纷的当事人拒之门外。④ 生态环境司法与执法等方面制度的衔接还不顺畅。行政处罚案件难以得到有效执行的现象也在一定范围内存在,有些地方的环保部门面临行政处罚案件不能被司法部门受理的尴尬局面。⑤

三是司法能力不足。生态环境方面司法组织和司法人员的专业化程度不高,司法人员相关专业知识不足,不能适应审判工作的需要。即使是科班出身的法学院毕业生,很多也没有专门学习过生态环境等方面的法律知识,对生态环境审判的特殊规则缺乏正确理解和认知。另外,与环境司法诉讼相关的法律法规以及司法解释颁布时间不长,准确理解和正确适用还需要一个过程。

这些问题的存在,反映了司法在解决生态环境问题方面的作用没有得到充分发挥,生态环境领域的司法公信力不足。因此,适应生态文明建设要求,迫切需要改革现行司法保障机制。

---

① 高鸿钧、王明远主编:《清华法治论衡》(第 22 辑),清华大学出版社 2014 年版,第 419 页。

② 孙佑海:《生态文明建设需要法治的推进》,《中国地质大学学报》(社会科学版)2013 年第 1 期。

③ 高鸿钧、王明远主编:《清华法治论衡》(第 22 辑),清华大学出版社 2014 年版,第 418 页。

④ 张晏:《中国环境司法的现状与未来》,《中国地质大学学报》(社会科学版)2009 年第 5 期。

⑤ 侯兆晓:《何时不再面对执行尴尬》,《中国环境报》2008 年 11 月 13 日第 3 版。

第四节　全面推进生态文明建设迫切需要相适应的环境司法保障机制

环境法是生态文明建设领域的主要法律，全面推进生态文明建设，最主要的是需要环境司法的保障，这是生态文明建设的实践要求，也是环境司法的功能所在。

一　环境法是全面推进生态文明建设的基础性法律

关于环境，一般是指围绕某一中心事物的外部条件的总和或者作用于某一对象的所有外界影响力与力量的总和。[1] 本书关于环境的界定，遵循《环境保护法》的有关界定，即"环境，是指影响人类生存和发展的各种天然的和经过人工改造的自然因素的总体，包括大气、水、海洋、土地、矿藏、森林、草原、湿地、野生生物、自然遗迹、人文遗迹、自然保护区、风景名胜区、城市和乡村等"[2]。从上述法律上的界定可以看出，环境在广义上是一个包括自然资源、环境要素、生态系统等在内的一个集合概念，这实际上也构成了生态文明建设的主要领域和方面。

从上述定义出发，我们认为，生态文明建设领域的法律主要是指环境法。正如有学者指出的，生态文明建设过程中面临的最主要问题和最突出矛盾是"人—天"矛盾。处理"人—天"矛盾并不需要这个法律体系的所有法律一起上阵。在这个法律体系中，主要是依靠环境法（或称环境保护法、环境与资源保护法等）这个部门法来处理"人—天"矛盾。[3] 或者说，环境法就是保障实现科学发展的最重要的法律武器。[4] 当然，这里的环境法，是包括污染防治法（狭义环境法）以及自然资源法、生态保护法等在内的广义环境法，这是生态文明建设领域的最主要法律。因此可以说，环境法是生态文明建设的最主要的法律保障机制，环境司法是生态文明司法保障机制的最主要手段。

---

[1] 王灿发主编：《环境法学教程》，中国政法大学出版社1997年版，第1页。
[2] 参见《环境保护法》第2条。
[3] 徐祥民：《从科学发展看环境法的使命》，《中州学刊》2016年第6期。
[4] 同上。

另外，从部门法的角度来看，有关生态文明建设的法律保障机制涉及多个部门法，既有环境法，还有传统的民法、行政法、经济法、刑法、诉讼法等。但实际上，环境法是一个跨部门的法律，与传统部门法以调整的社会关系为主要导向不同，环境法是以问题为导向的法律部门，它融合了民法物权法、侵权法、行政法、刑法、诉讼法等其他部门法的诸多元素。所以，环境法包括民事侵权、环境行政法、环境诉讼等多方面的规则和制度。从这个角度来看，将环境法作为生态文明建设领域最主要的法律保障机制，实际上包含了其他部门法的内容，并没有排斥或否定其他部门法在生态文明建设中的作用。

二　全面推进生态文明建设对环境司法保障机制提出新要求

（一）环境司法保障机制的基本内涵

根据对环境、司法、机制等概念的理解，环境司法可以定义为：法院、检察院、公安机关等司法机关及相关司法人员根据法定职权和法定程序，具体应用相关法律处理生态环境类案件的活动。而环境司法保障机制是司法保障机制在生态文明建设领域的具体体现，是适用于生态环境保护案件的司法保障机制。按照前文对司法保障机制概念的界定，我们认为，环境司法保障机制是关于环境司法机构的职能、设置、组织与活动的原则、工作制度及其运行方式，不同司法机构之间的相互关系，司法与其他社会主体（力量）的关系等的总称。

环境司法保障机制也涉及司法组织、司法人员、司法活动的原则与制度、外部保障等多个方面。具体来说，环境司法保障机制一般包括环境案件侦查、检察、审判组织及相关组织的设置及其职能、环境司法人员的选拔任免及能力建设、环境司法制度与规则以及相关的宣传、教育、技术等方面内容。从研究对象和内容来看，本书所指的环境司法保障机制，主要包括有关环境司法组织、环境司法人员、环境司法制度、环境司法与立法执法的关系等内容。

本书关于环境司法保障机制的研究，以环境案件侦查、检察、审判等内容为主，以环境检察和环境审判为重点，也不同程度涉及环境立法、环境行政执法等。这样安排，主要基于以下两个方面的考虑。一是统筹兼顾，将环境立法、行政执法等方面内容纳入环境司法保障机制研究范畴，既遵循司法与立法、执法等密不可分的客观规律，也有助于更好地研究和发挥环境司法保障机制的作用。二是突出重点，将环境司法保障机制的核心聚焦于环境检察、环境审判与诉讼方面，这既体现了党的十八大以来司法改革的总体方向和基本要求，也契合解决当前环境司法保障机制突出问题的现实需要。

环境司法保障机制是生态文明建设司法保障机制的重要组成部分。从实践来看，一个时期特别是党的十八大以来，中国环境司法保障机制经过持续不断的努力探索，逐步发展完善。环境资源方面的侦查、检察、审判规则初步建立，专门化司法组织机构不断壮大，司法能力和水平不断提高，为推进生态文明建设与绿色发展提供了较为有力的司法服务和保障。

（二）全面推进生态文明建设对环境司法保障机制提出新要求

与传统的民商事、行政、刑事等领域司法活动相比，生态环境领域的问题具有鲜明的个性特征。首先，环境司法涉及的法律问题非单纯涉及私人或单纯涉及公共利益，而表现出一种多方面利益的交织状态。此时，传统司法强调的消极中立的被动性特点显然会造成保障的缺位。其次，生态环境问题具有专业性特点，其包括法学、生态学、物理学、化学等多学科知识，而传统司法保障体制面向的是普遍化问题，针对专业的生态领域，就会出现相关人员知识储备和素养不足等问题。最后，生态环境问题具有易扩散、难逆转、跨地域等特性，故必须做到早预防、早介入，而传统的司法保障机制侧重于纠纷的最后解决，对生态环境问题介入的时机与效率明显滞后。[1]

生态文明建设的这些新特征、新问题，以及生态文明建设发展的社会化、专业化等特征，对环境司法保障机制提出了全方位的新要求。这些新要求主要是：应将生态文明理念和绿色发展理念作为环境资源司法活动的行动指南；应严格执行环境资源生态方面的法律制度，结合主体功能区等制度分类施策，正确处理好生态环境保护与经济发展的关系；应依法保护人民群众的正当环境权益，协调环境公共利益和个体利益，保障人民群众在健康、舒适、优美环境中生存和发展的权利；应加大预防原则在环境司法实践中的适用力度，依法及时采取行为保全、先予执行措施，预防环境损害的发生和扩大；应依法落实以生态环境修复为中心的环境损害救济制度，统筹适用刑事、民事、行政责任，最大限度地修复和保护生态环境；

---

[1] 胡铭、曹怡骏：《论生态文明建设的司法保障机制》，《学习论坛》2014年第7期。

应坚持专业司法与公众参与相结合的原则,全面推行人民陪审员、专家学者等参与环境案件审理,加大环境案件的司法公开和宣传教育力度,引导公众有序参与环境治理。① 落实上述新要求、新任务,迫切需要创新和加强环境司法保障机制建设,为加快推进生态文明建设保驾护航。

三 环境司法保障机制在生态文明建设中的独特作用

保护生态环境必须依靠制度。② 习近平强调:"要牢固树立生态红线的观念。在生态环境保护问题上,就是要不能越雷池一步,否则就应该受到惩罚。""要建立责任追究制度,主要对领导干部的责任追究。对那些不顾生态环境盲目决策、造成严重后果的人,必须追究其责任,而且应该终身追究。真抓就要这样抓,否则就会流于形式。不能把一个地方环境搞得一塌糊涂,然后拍拍屁股走人,官还照当,不负任何责任。"③

在生态文明建设的各项任务中,制度建设是生态文明建设的重要任务。而环境司法保障机制,是制度建设的重要内容。环境司法保障机制在国家治理体系和治理能力现代化中具有重要地位,是生态文明体制改革的重要内容。

完善环境司法保障机制,包括专门化的环境检察和审判组织、专业化的检察审判机制和规则、专家型的检察和审判队伍、环境司法与执法有效衔接机制等。这些,都是生态文明制度建设的重要内容。只有完善这些制度,才能真正推动生态文明建设纳入法治化轨道,实现以法治理念和法治方式推进生态文明建设。

环境司法保障机制作为生态文明制度的重要组成部分,是生态文明建设领域协调冲突、定纷止争的最后一道防线,也是保护生态环境、实现环境正义的最后一道防线。现代环境司法要求法院不得拒绝环境案件的受理,要充分发挥司法在环境保护中不可替代的作用,向环境污染受害者提供积极的司法救济,使其利益得到有效保护,减少群体性环境事件的发

---

① 最高人民法院:《关于充分发挥审判职能作用为推进生态文明建设与绿色发展提供司法服务和保障的意见》,2016 年 5 月。

② 习近平:《生态兴则文明兴——推进生态建设打造"绿色浙江"》,《求是》2003 年第 13 期。

③ 参见《绿水青山就是金山银山——关于大力推进生态文明建设》,《人民日报》2014 年 7 月 11 日第 12 版。

生。同时，保护社会环境公共利益，也是环境司法的应有之义和现代环境司法的重要内容。① 即使是在非常注重个人自由与权利的国家，法院也常常要为环境保护等公共政策目标的实现而限制个人自由。在许多判决中，有关个人权利范围的司法评估都是依据公共政策和共同体一般目标作出的。在美国，现在人们对生态问题等公共利益的考虑日益重要，在这样一个时代，让法院在审理争讼案件中放弃重视这些公益考虑的权力，是不可能的。② 可见，司法保障机制不仅具有保护私益的作用，还具有维护环境保护等公益的价值和社会功能。

司法是社会公平正义的守护神。环境司法作为生态文明建设的重要保障、作为环境正义的最后防线，在生态文明建设中具有重要而独特的作用，具体表现在以下几个方面。

首先，从环境刑事司法来看，依法追究、打击和惩治污染生态环境，破坏土地、森林、草原、矿产、生物等各类资源的违法犯罪行为，是环境司法的重要使命。通过对各类环境资源生态刑事案件的侦查、公诉和审判，有力地维护国家环境资源能源等领域的管理秩序，促进依法管理。

其次，从环境民事司法来看，追究资源损害、环境污染、生态破坏等侵权行为人的民事责任，确保侵权受害人的人身、财产权益及时得到全面有效的救济，是环境司法的重要职能。通过对环境资源类的侵权案件和其他案件的调解及审判，促进民事纠纷的有效解决，保护受害人的合法权益，维护社会和谐稳定。

最后，从环境行政司法来看，通过行政诉讼和反渎职等渠道，支持和监督政府及其有关部门在环境资源生态保护方面依法正确履行相应的职能，是环境行政审判和行政检察监督的重要工作。通过行使行政审判权和检察监督权，解决某些行政机关在环境执法方面的不作为和乱作为等问题，促使各级行政机关依法履行监管职能，切实保护生态环境、促进资源能源的合理有效利用。

正是基于环境司法在生态文明建设中的特有功能和重要作用，我们认为，在重视立法和执法的同时，应当更加重视司法保障的作用，不断完善

---

① 王树义：《论生态文明建设与环境司法改革》，《中国法学》2014 年第 3 期。
② ［美］E. 博登海默：《法理学：法律哲学与法律方法》，邓正来译，中国政法大学出版社 1999 年版，第 586 页。

环境司法保障机制。

完善环境司法保障机制，直接目的是要解决生态文明建设责任不落实、守法成本高、违法成本低等问题，救济受害者合法权益，保障公众生态环境利益，维护良好生态环境，根本目的是促进经济社会永续发展、人与自然和谐发展。完善环境司法保障机制，要树立现代环境司法理念，实行环境司法专门化，探索和规范环境公益诉讼案件的审理，① 要完善环境案件立案、审判、执行等各项诉讼制度，完善执行方式和措施等。②

通过环境司法保障机制，建立健全环境侵权救济及生态环境损害赔偿和责任追究等方面的司法制度和规则，对他人人身、财产权益或者生态环境造成严重后果的，不仅责令其对受害人进行损害赔偿，还应依法追究相关责任人对生态环境损害的责任，而且在有的情形下要实行终身追究。这样，才能真正推动地方各级政府对本辖区生态环境质量负责，推动各部门对本行业和本系统生态环境保护工作负责，推动公民、企业和其他组织切实履行法定的生态环境保护义务及责任。由此，环境司法保障机制作为生态文明建设重要制度保障的作用才能更加有效地发挥。

---

① 王树义：《论生态文明建设与环境司法改革》，《中国法学》2014年第3期。
② 周珂、于钧泓：《绿色司法是环境保护新机制的重要保障》，《人民司法》2016年第1期。

第三章　我国环境司法保障机制的历史沿革

第一节　我国环境司法保障机制历史回顾

一　我国环境司法保障机制总体回顾

环境司法是环保法律实施的关键节点，也是生态环境保护法治的最后防线。而环境司法保障作用的发挥需要有政策支持、理念先导、组织保障、立法支撑、工作机制等共同推进。自20世纪70年代末，在借鉴发达国家经验的基础上，我国开启了环境保护的法治建设。随着我国经济发展及与之相应的环境法律体系的形成，环境司法随之产生并发展。在宏观层面上，以环境立法为轴心，环境司法对生态文明建设的保障经历了一个从无到有、由小到大、不断探索和逐步发展的过程，其历史进程可以大致分为以下四个阶段。

（一）环境司法保障机制的起步阶段（1973—1993年）

中国环境立法始于20世纪70年代。经过20年的发展，1993年3月成立的全国人大环境与资源保护委员会积极推进中国环境与资源保护的法律体系建设，环境资源立法很快进入了一个新的阶段，环境法律体系已初步成形。该阶段正是我国计划经济时期，其间由于对环境污染认识不到位，政府重经济发展轻环保的观念影响，环境立法的缺失与不足以及司法行政化浓厚等因素，致使现实中大量环境纠纷难以进入诉讼程序，司法部门受制于政府地方保护；即使受理的环境案件极少，也力不从心、举步维艰，面临"无法可依"的障碍。

1973年8月5日，国务院召开第一次全国环保会议，原则通过了全国第一部环保法规《关于保护和改善环境的若干规定（试行草案）》，

1978年3月，五届全国人大一次会议通过《宪法》修正案，首次将环保要求纳入国家的根本大法。从1979年9月13日通过的我国第一部《环境保护法（试行）》，到1989年12月26日修改后的《环境保护法》颁布并实施，环境资源立法进入快速发展阶段，确立了"环境与经济、社会协调发展原则；环境保护公众参与原则；环境保护预防为主，防治结合原则；环境治理污染者负担原则"[1]。自此，我国环境司法形式上有了宪法依据和法理依据。

由于环境立法的缺失与不足，如环境保护法规定过于抽象和原则，原告资格受到限制，环境司法被束缚了手脚。如1989年的《环境保护法》规定了一切单位和个人都有权对污染和破坏环境的单位和个人进行检举和控告。[2] 有观点认为，这里的"控告权"，应理解为起诉权，但由于中国诉讼法中没有相应的规定，环保法的这一规定在法律适用中被冷处理。如果公民依据这一规定向法院提起环境公益诉讼，法院会以诉讼法没有规定为由不认可起诉人的诉讼资格。[3]

1979年《刑法》之前，环境保护主要侧重行政制裁手段。1979年《刑法》将部分严重破坏环境的行为纳入刑事处罚。并通过单行刑法和附属刑法对刑法典予以补充，如1988年全国人大常委会制定的《关于惩治捕杀国家重点保护的珍贵、濒危野生动物犯罪的补充规定》，国家先后颁布的《海洋环境保护法》《渔业法》《大气污染防治法》等都规定了关于环境犯罪的刑事责任条款，对规制环境犯罪起了很好的补充作用。本阶段关于环境犯罪的规定并没有独立成块，而是分布在其他章节中，且立法的出发点不是基于环境保护的角度；虽然环境刑事诉讼案件不多，但客观上起到了保护环境的作用，不能否定它开启了刑事司法手段保护环境的大门。

（二）环境司法保障机制的徘徊阶段（1993—2006年）

1993年，我国确立实行社会主义市场经济，改革开放的同时带来了

---

[1] 薛惠锋、张强：《中国环境资源立法的现状、问题与发展趋势》，《环境资源法论丛》2010年第8卷。

[2] 《环境保护法》（1989年）第6条。

[3] 王灿发：《公益诉讼不会导致滥用诉权》，载别涛主编《环境公益诉讼》，法律出版社2007年版，第90页。

严重的环境问题。伴随该阶段经济的粗放式发展，环境污染呈加剧趋势，生态环境遭到破坏，部分地区的环境污染和生态破坏已严重阻碍了经济社会可持续发展，甚至威胁到公众健康。21世纪初，我国一些流域的水污染从局部河段开始向全流域蔓延，重大污染事件不断爆发。该时期加强防范突发环境事件成为环境保护的重要内容，环境保护的立法理念有所改观，环境立法也进一步合理化，但环境保护依然主要依靠行政手段；环境司法组织机构、审判组织、诉讼程序、司法鉴定、责任认定等都沿用传统法律规定，不能适应生态环境的独特价值追求，环境司法难有大作为。据2002—2011年的统计数据可以推断，①该时期，在各级人民法院受理的全部环境诉讼案件中环境刑事诉讼案件占据了70%以上，足以说明环境司法对生态文明建设的保障作用远远没有到位。

20世纪90年代末期，我国对80年代的环境与资源立法进行了大面积修订，修订的主要内容是更加注重资源的合理利用和保护、恢复原状。1995年对《大气污染防治法》的修改因诸多控污制度遭到国家经济主管部门的强烈反对而未有实质进步。其间，环境保护与经济发展角力，环境保护和管理经历了由单纯治理为主（先污染后治理）、边污染边治理的历史过程；国家长期实行"政府主导型"的环境法治，"重行政管理，轻公众参与；重行政包揽，轻司法监督"。在以经济发展为中心的大背景下，环境司法没有受到应有的重视，环境（行政）审判缺乏内在动力。

该阶段环境案件诉讼经历了尴尬时期，即"受理率低，质效差"，环境污染损害赔偿案件尤为突出。据原国家环保总局2002—2006年统计的环境诉讼案件数据资料显示，对于环境问题举报的平均增长率大约为87%，但审结的数量并未呈现相应的增长，2004年环境污染损害赔偿案件审结4454件，2005年审结仅有1545件，2006年略有上升，但也只有2146件。②

在经济改革大潮中，环境纠纷多依赖政府通过行政手段解决，法院对环境案件经常要么不受理，要么草草结案息事宁人，要么久拖不决。有的

---

① 王灿发主编：《中国环境诉讼——典型案例与评析》，中国政法大学出版社2015年版，第4页。

② 宗边：《建议设立环境审判庭》，《中国环境报》2008年3月10日第1版。

环境诉讼案件历经十几年,甚至更长时间仍未能获得最终判决。① 有时,环境司法要服从于政府经济政策,不敢独断介入环境纠纷之中。另有调查数据显示:2003—2007 年环境案件再审率与上诉率分别为全国各类案件平均水平的 4.04 倍及 5.67 倍。② 从另一个侧面反映出该时期环境案件司法能力的不足。

2002 年颁布的《环境影响评价法》③ 提出了"环境权""公众环境权益"的概念,明确了公众参与与环境影响评价的要求。《固体废物污染环境防治法》第 9 条、《大气污染防治法》第 5 条、《水污染防治法》第 88 条等,都在一定程度上对社会公众所拥有的环境参与权与管理国家环境事务的权责进行了肯定。"科学发展观""绿色奥运""和谐社会"和"生态文明建设"等理念相继提出,为我国环境资源立法工作注入新的活力。

我国在 2010 年《侵权责任法》发布实施之前,环境民事责任的立法总体上还较简单。关于环境保护公民诉权的规定,仅分散于《环境保护法》《海洋环境保护法》《大气污染防治法》等法律中。④ 2001 年 12 月,最高人民法院发布《关于民事诉讼证据的若干规定》,明确了因环境污染引起的损害赔偿诉讼实行举证责任倒置。但一些制度措施,如举证责任倒置如何适用、举证责任的证明标准等关键问题缺乏详尽规定,仍缺乏操作性,很难具体地规范环境诉讼。

我国环境公益诉讼的立法经历了一个比较曲折的过程,由于环境公益诉讼制度的缺少、缺失,许多环境污染纠纷被阻却在了诉讼之外。最早提出推动环境公益诉讼立法的是 2005 年 12 月 3 日发布的《国务院关于落实

---

① 例如,浙江省平湖师范农场特种养殖场诉嘉兴市步云染化厂等 5 家企业水污染损害赔偿案,自 1995 年 12 月提起诉讼以来,历经 14 年来四级法院的 4 次审理,两级检察院的抗诉才于 2009 年 4 月经最高人民法院做出终审判决。载张俊《这不是我一个人的胜利》,《中国环境报》2009 年 6 月 30 日第 3 版。

② 吕忠梅、张忠民、熊晓青:《中国环境司法现状调查——以千份环境裁判文书为样本》,《法学》2011 年第 4 期。

③ 《环境影响评价法》第 5 条规定:"国家鼓励有关单位、专家和公众以适当方式参与环境影响评价。"

④ 如 1989 年《环境保护法》第 41 条规定:"造成环境污染危害的,有责任排除危害,并对直接受到损害的单位或者个人赔偿损失。赔偿责任和赔偿金额的纠纷,可以根据当事人的请求,由环境保护行政主管部门或者其他依照法律规定行使环境监督管理权的部门处理;当事人对处理决定不服的,可以向人民法院起诉。当事人也可以直接向人民法院起诉……"

科学发展观加强环境保护的决定》,该决定第19、27条①似乎赋予了社会团体环境公益诉讼权,但没有明确环境公益诉讼公民个人是否有权提出。但一直以来,我国环境公益诉讼制度,特别是关于环境公益诉讼原告资格的界定没有任何实质性的进展。

环境刑事诉讼方面,1997年《刑法》的制定是刑事司法手段介入环境保护的一个里程碑。在《刑法》第六章以专节的形式设立"破坏环境资源保护罪",还将单位犯罪纳入规制范围,使环境犯罪有了自己的领地和名号;但像"走私废物罪"等一些罪名仍散布于其他章节。除此之外,我国的环境行政立法几乎无一例外地都在"法律责任"一节中规定了刑事责任条款,组成了"污染环境罪"的附属刑法。② 但我国附属刑法中的刑事责任条款一般与刑法典条文相同,或直接用"比照""依法追究刑事责任"等词语,失去了衔接定罪行为规范与刑罚制裁法的功能,失去了其独立性价值。相反,还会出现因刑法修正与附属刑法修订不同步而导致的冲突。如《刑法修正案(八)》将污染环境罪的构成要件修改后,而1989年《环境保护法》③并未作出相应修改。

2006年4月,国务院第六次全国环保大会提出了"三个转变"的战略思想,即"从重经济增长轻环境保护转变为保护环境与经济增长并重,从环境保护滞后于经济发展转变为环境保护和经济发展同步推进,从主要用行政办法保护环境转变为综合运用法律、经济、技术和必要的行政办法解决环境问题"。随着经济政策、环保政策指导思想的转变,我国环境保护进入了以保护环境优化经济发展的全新阶段。

(三) 环境司法保障机制的探索成长阶段(2007—2012年)

2005—2009年,我国先后发生吉林松花江重大水污染、广东北江镉污染、江苏无锡太湖蓝藻暴发、云南阳宗海砷污染等一系列重大环境污染事件,环境污染事故进入高发期,呈频度高、影响大、涉及面

---

① 第19条明确提出,要"完善对污染受害者的法律援助机制,研究建立环境民事和行政公诉制度"。第27条中明确规定:"发挥社会团体的作用,鼓励检举和揭发各种环境违法行为,推动环境公益诉讼。"

② 如《环境保护法》《大气污染防治法》《环境噪声污染防治法》等都规定了刑事责任条款。

③ 1989年《环境保护法》第43规定:"违反本法规定,造成重大环境污染事故,导致公私财产重大损失或者人身伤亡的严重后果的,对直接责任人员依法追究刑事责任。"

广的态势。环境污染损害人体健康问题日益突出，环境问题引发的群体性事件呈快速上升趋势。此背景下，"绿色奥运"理念的适时提出体现中国作为大国对世界的承诺；"和谐社会"和"生态文明"理念的提出为环保法治创造了良好氛围，我国环境保护进入保护环境与经济增长并重的阶段。环境司法专门化、环境公益诉讼的地方探索和理论界对环境法理论的深入研讨推动了环境司法，也为环境立法活动提供了宝贵经验。

2007年11月，贵州省清镇市人民法院正式成立我国第一个跨区域专属管辖环境案件的法庭。作为应对环境污染和生态破坏日益严重状况下解决环境纠纷的司法回应，地方法院纷纷探索成立环境保护合议庭、审判庭、环保法庭、环境保护巡回法庭。2007年太湖蓝藻污染事件发生后，无锡市中级人民法院于2008年5月正式组建了全国第二家环境资源保护审判庭。2008年，云南省昆明市成立了环境保护审判庭，紧接着，玉溪市中级人民法院、玉溪市澄江县人民法院、通海县人民法院的环境保护专门机构庭也相继成立。尤其是昆明市公检法成立了环保公安分局（后改称"水上分局"）、环境资源检察处和环境保护审判庭，在全国尚属首创，为环保能动司法和联动执法提供了组织保障。2007年最高人民法院发布的《关于为构建社会主义和谐社会提供司法保障的若干意见》，以规范性文件的方式对各级法院依法审理生态环境纠纷案件的工作提出要求，要妥善、依法受理、审理各类因环境污染引起的纠纷案件。2010年最高人民法院制定的《为加快经济发展方式转变提供司法保障和服务的若干意见》再次强调，针对环境保护纠纷案件审理的特点和法院具体情况，可以设立环保法庭，实行环境保护案件专业化审判。2010年年底，我国首家在高级人民法院设置并获得正式编制的环境法庭——海南省高级人民法院环境法庭正式挂牌设立。随后，海南第一、第二中级人民法院，三亚、海口中级人民法院等相继设立环境法庭。

自2007年以来，贵州、福建、江苏、云南、山东等地人民法院、人民检察院等围绕环境公益诉讼进行了积极探索，并纷纷出台关于环境公益诉讼的意见，探索支持检察院及公益性社会团体作为原告向法院提起环境公益诉讼等制度。如2008年江苏无锡出台了《关于办理环境民事公益诉讼案件的试行规定》；2009年，云南省高级人民法院通过的《全省法院环境保护审判建设及环境保护案件审理工作座谈会纪要》,① 为环境公益诉讼制度的立法通过了可资借鉴的宝贵经验。

我国 2010 年 7 月 1 日实施了《侵权责任法》,该法是环境诉讼立法发展的一个里程碑。主要体现在《侵权责任法》第八章以专章的形式对环境污染民事责任作出了较为全面的规定,确立了环境污染责任的归责原则、举证证明责任分配、两人以上污染环境以及因第三人过错污染环境的承担等特别规则,使我国的生态环境保护民事司法得到了强化。

2011 年,《刑法修正案(八)》对 1997 年《刑法》第 338 条进行了大幅修改,扩展了适用范围,降低了入罪门槛,变更重大环境污染事故罪罪名为污染环境罪,不再要求造成财产和人身损害,而是只要造成了重大环境污染就可以构成犯罪,更注重对环境本身的保护,极大地增强了《刑法》的威慑力。刑法几经修改,为环境保护提供了有力的刑事法律保障。但反观我国环境刑事司法现状,环境刑法立法的观念、环境犯罪处罚方式和追诉时效等都未区别于传统刑法,刑法立法缺失的,很难靠司法来弥补;只有与现行环境法结合起来,进一步完善,才能充分发挥其对环境利益的保护作用。

尽管环境法在我国发展迅速,像经济发展一样取得了令世人瞩目的成就,且《刑法》《侵权责任法》及地方法规、部门规章等也积极跟进,为我国的环境保护管理提供了比较全面的法律保障。然而,我国的环境状况并没有随着环境法的健全和完善而得到根本改善,我们面对日益严峻的环保形势,不能满足于环保法律"量"的覆盖,必须对环保法律的"质"进行重新审视。正如专家所言,环境司法要"立足于用司法审查来对抗行政权的滥用,立足于用社会公共利益限制市场经济条件下不断膨胀的环

---

① 2008 年江苏无锡出台的《关于办理环境民事公益诉讼案件的试行规定》提出:"本规定所指的环境民事公益诉讼是指人民法院、人民检察院为了遏制侵害环境公益的违法行为,保护环境公共利益,根据职能分工,通过办理支持起诉、督促起诉、提起民事公益诉讼案件等方式所实施的诉讼活动。"2009 年,云南省高级人民法院通过《全省法院环境保护审判建设及环境保护案件审理工作座谈会纪要》规定:"检察院及在中国境内经依法设立登记的、以保护环境为目的的公益性社会团体,可作为原告向法院提起环境公益诉讼;公民个人可以向有关部门举证反映,通过有关部门和组织来提起公益诉讼。"

境民事权利,来实现预防和解决环境问题的目的"①。

(四)环境司法保障机制的发展完善阶段(2012年至今)

随着环境公益诉讼制度步入规范化,各地对环境司法探索的深入、专业化发展,一批规范性文件诞生,一些经验得到推广,迎来了环境法治与环境司法的春天。

环境公益诉讼制度入法始于 2012 年 8 月修正通过、2013 年 1 月开始施行的《民事诉讼法》。该法第 55 条规定:"对污染环境、侵害众多消费者合法权益等损害社会公共利益的行为,法律规定的机关和有关组织可以向人民法院提起诉讼。"该规定建立起了环境公益诉讼的初步框架。2014 年 12 月 18 日通过的《最高人民法院关于适用〈中华人民共和国民事诉讼法〉的解释》,对公益诉讼进行了专章详细规定。2014 年新修订的《环境保护法》第 58 条也作了上述规定,社会组织的诉讼资格被确认,也为进行公益诉讼提供了有法可依的条件。随之在 2015 年 1 月 7 日,最高人民法院发布《关于审理环境民事公益诉讼案件适用法律若干问题的解释》,对环境民事公益诉讼的相关规则进一步细化为:"法律规定的机关和有关组织依据民事诉讼法第 55 条、环境保护法第 58 条等法律的规定,对已经损害社会公共利益或者具有损害社会公共利益重大风险的污染环境、破坏生态的行为提起诉讼,符合民事诉讼法第 119 条第 2 项、第 3 项、第 4 项规定的,人民法院应予以受理。"该解释明确了我国司法实践承认的、享有环境公益诉权的主体类型,对环境民事公益诉讼案件可跨行政区划管辖、社会组织可提起环境民事公益诉讼、同一污染环境行为的私益诉讼可搭公益诉讼"便车"、减轻原告诉讼费用负担四个方面内容作出了规定。最高人民法院在制定该解释的同时,还与民政部、环境保护部联合制发了《关于贯彻实施环境民事公益诉讼制度的通知》。至此,我国有关环境民事公益诉讼制度的法律框架已基本形成,环境公益诉讼逐步走上有章可循的规范化之路。

2015 年 7 月 1 日,全国人大常委会通过《关于授权最高人民检察院在部分地区开展公益诉讼试点工作的决定》。7 月 2 日,最高人民检察院

---

① Alan Murdie, *Environmental Law and Citizen Action*, London: Earthscan Publications Ltd., 1993, p. 83. 转引自李恒远、常纪文《现状、问题与走向:中国环境法治 30 年之评析》,《中国环境法治》2007 年第 1 期。

正式发布《检察机关提起公益诉讼试点方案》，在北京、贵州、福建等13个省、自治区、直辖市的检察院开展公益诉讼试点。2016年2月25日，最高人民法院发布《人民法院审理人民检察院提起公益诉讼案件试点工作实施办法》，明确了人民检察院提起民事和行政公益诉讼的案件范围、案件管辖、案件当事人、调解、撤诉、审理规则等方面的规定，并结合人民法院当前正在推进的其他司法改革，规定在审理人民检察院提起的公益诉讼案件中，落实司法公开、人民陪审员制度等改革措施，使环境公益诉讼的制度建设进一步升级。

从立法速度看，环境立法居各部门法之首。40多年来，我国先后制定了环境保护方面的法律30余部，同时出台实施了行政法规90余部以及一大批环境保护地方性法规。此外，我国还制定了国家环境标准近1500项。从运行机制来看，环境立法没有大错也无大用。[①] 环境立法给环境司法带来的最大变化是"注重保护优先、维护环境权益、坚守法律底线、预防惩治并重、绿色惠民、保障公众参与的现代环境司法理念"[②] 的确立。

2014年4月24日，第十二届全国人大常委会第八次会议通过并于2015年1月1日起正式实施的《环境保护法》，在立法理念和制度设计层面都得到一定程度上的突破。该法以可持续发展为立法指导思想，首次将生态文明纳入立法目的之中，并创设完善了适宜我国国情的环境监管与公众参与机制，包括按日计罚制、环境污染监测预警机制、环境公益诉讼制度等。被外界誉为"史上最严"的、"长牙齿"的环境法，北京大学汪劲教授如是说："新修订的环保法有利于打破目前环保执法不力的怪圈，把监管力量纳入整个监管体系中去，使环境执法进入法制化的渠道。"[③]

2015年实施的《环境保护法》第64条规定："因污染环境和破坏生态造成损害的，应当依照《中华人民共和国侵权责任法》的有关规定承担侵权责任。"在2015年2月4日，新民诉法司法解释相继施行，其中对公益诉讼进行了专章详细规定。2015年2月9日由最高人民法院通过的《最高人民法院关

---

① 汪劲：《中国环境法治三十年：回顾与反思》，《中国地质大学学报》（社会科学版）2009年第5期。

② 参见《第一次全国法院环境资源审判工作会议》，《人民法院报》2015年11月9日第1版。

③ 汪劲：《中国环境法治三十年：回顾与反思》，《中国地质大学学报》（社会科学版）2009年第5期。

于审理环境侵权责任纠纷案件适用法律若干问题的解释》（2015年6月3日起施行），进一步对环境侵权纠纷的归责原则、举证证明责任分配、数人排污的责任承担、环境服务机构的责任以及行为保全、专家意见等作出规定，同时明确审理因破坏生态造成损害的民事案件与环境污染案件适用同一规则。尽管依然存在审理时间长、举证难、执行难等问题，但生态环境保护民事司法已经成为生态环境保护司法的重要组成部分，呈现出强大的活力。

在刑事司法领域，最高人民法院、最高人民检察院于2013年6月18日联合发布了《关于办理环境污染刑事案件适用法律若干问题的解释》，对《刑法》第383条规定的"严重污染环境""后果特别严重"的具体标准和情形、从重与从宽处罚情节、有毒物质范围与界定标准、污染环境专门性问题的鉴定等皆作出规定；降低了入罪门槛，对很多环境污染犯罪从过去的结果犯修正为行为犯，破解了原告主体资格、取证难、鉴定难、认定难等一系列难题。使环境污染犯罪在司法实践中的可操作性大大增强，环境刑事司法理念进一步更新，也向社会表明了严厉打击环境污染刑事犯罪的决心。

二 我国环境司法保障机制的改革成果与审判实践

在微观层面上，我国环境司法以环境资源审判为核心，依据环境保护法律法规、民法通则、刑法、行政处罚法等实体法，依照民事诉讼法、刑事诉讼法和行政诉讼法的规定，参照地方性法规逐步展开，各级人民法院、人民检察院为环境司法的顺利开展作出了积极努力。中共中央、国务院、最高人民法院和最高人民检察院都高度重视司法在生态文明建设中的保障作用，环境司法的现状虽然未达到令公众满意的程度，但成绩还是有目共睹的，主要体现在以下方面的探索创新。

（一）环境司法专门化改革取得成效

环境司法专门化的法律依据，根据我国《宪法》第124条、2006年修订的《人民法院组织法》第18条第2款、第23条第2款规定[①]可知，在能否自主设立环保审判专门机构的问题上，法律并没有明确授权基层人

[①] 《宪法》第124条规定："中华人民共和国设立最高人民法院、地方各级人民法院和军事法院等专门人民法院。" 2006年修订的《人民法院组织法》第18条第2款规定："基层人民法院可以设刑事审判庭、民事审判庭和经济审判庭。"《人民法院组织法》第23条第2款规定："中级人民法院设刑事审判庭、民事审判庭、经济审判庭，根据需要可以设其他审判庭。"

民法院。但 2006 年《法院组织法》同样没有明确规定的行政庭已在各个基层法院设立，这表明在设置专门审判庭的问题上，法律具有一定灵活性。并且 2006 年《法院组织法》第 2 条第 1 款第 2 项关于专门法院的规定是采用了"军事法院等专门人民法院"的表述，第 19 条也规定："基层人民法院根据地区、人口和案件情况可以设立若干人民法庭。"①。据此，环境司法机构专门化虽然没有明确法律规定，但于法并不矛盾。②

2014 年，最高人民法院发布文件，③ 进一步就"合理设立环境资源专门审判机构"提出意见，指导各级人民法院根据各自审级特点及审判业务量等情况，合理设立环境资源审判机构。2014 年 6 月，最高人民法院设立环境资源审判庭。2015 年 11 月，第一次全国法院环境资源审判工作会议明确了构建环境资源审判"五位一体"的专门化机制。2016 年 6 月，最高人民法院发布《关于充分发挥审判职能作用为推进生态文明建设与绿色发展提供司法服务和保障的意见》，明确了环境资源案件的基本类型和审理原则，为界定环境资源审判机构职责，统筹协调发挥环境资源刑事、民事、行政审判功能奠定了基础。

各级人民法院环境资源审判机构建设成效显著。据最高人民法院环境资源审判庭相关负责人介绍，截至 2016 年 6 月，全国各级人民法院设立环境资源审判庭或者合议庭、巡回法庭共计 558 个，其中审判庭 191 个。贵州等 15 个高级人民法院设立了环境资源审判庭，其他高级人民法院均指定专门组织负责环境资源审判工作。福建、贵州、江苏、海南、重庆等地建立了三级法院环境资源审判组织体系。环境资源专门审判机构的设立和运行，促进了环境资源审判职能作用的有效发挥，也标志着我国环境资

---

① 《人民检察院组织法》关于组织机构设立的规定与人民法院基本相同，不再陈述。

② 2018 年修订的《人民法院组织法》第 27 条第 1 款规定："人民法院根据审判工作需要，可以设必要的专业审判庭……"不再只规定刑事、民事和经济审判庭。

③ 《最高人民法院关于全面加强环境资源审判工作为推进生态文明建设提供有力司法保障的意见》提出："本着确有需要、因地制宜、分步推进的原则，建立环境资源专门审判机构，为加强环境资源审判工作提供组织保障。高级人民法院要按照审判专业化的思路，理顺机构职能，合理分配审判资源，设立环境资源专门审判机构。中级人民法院应当在高级人民法院的统筹指导下，根据环境资源审判业务量，合理设立环境资源审判机构，案件数量不足的地方，可以设立环境资源合议庭。个别案件较多的基层人民法院经高级人民法院批准，也可以考虑设立环境资源审判机构。"

源审判工作已跨入专门化审判的崭新历史阶段。

(二) 环境司法工作机制改革取得成效

对应每个时期的环境保护政策可以发现，环境司法理念具有很强的时代烙印。当前，生态环境所特有的价值追求，要求环境司法在发挥好维护社会公平正义作用的同时，必须高度重视人与自然的和谐发展，把生态环境价值作为环境司法中应遵循的首要和独立的追求，将绿色发展理念作为环境司法的行动指南。2016年6月，最高人民法院《关于充分发挥审判职能作用为推进生态文明建设与绿色发展提供司法服务和保障的意见》提出，要树立"严格执法、维护权益、注重预防、修复为主、公众参与"等现代环境资源司法理念。这一理念的树立，推动了环境司法工作机制改革，提高了审判质效，加强了对生态环境的保护力度。

1. 环境资源案件管辖制度改革

党的十八届四中全会通过的《中共中央关于全面推进依法治国若干问题的决定》提出，"探索设立跨行政区划的人民法院和人民检察院，办理跨地区案件"。探索实行污染环境或破坏生态、损害后果跨行政区划的部分案件的集中管辖。根据环境的自然区分，通过上级法院进行司法资源整合，划定法院管辖的范围。如，贵州高级人民法院制定《关于环境保护案件指定集中管辖的规定》，根据省内主要河流的流域范围，将全省划分为四个生态司法保护板块，由4个中级人民法院、5个基层人民法院集中管辖环境保护案件，形成了"145"生态环境保护案件集中管辖格局。江苏省高级人民法院指定全省31个基层人民法院跨行政区划集中管辖环境资源案件；湖北、广东、河北、青海等高级人民法院确定辖区内部分中级人民法院就环境民事公益诉讼案件实行跨行政区划集中管辖。"跨区司法""集中管辖"充分考虑了自然环境的连续性、整体性等特点，不仅提升了工作效率，也有利于克服地方保护主义的影响。

2. 环境资源案件归口审理模式改革

各级人民法院积极探索将涉及环境资源的民事、行政案件，乃至刑事案件实行统一归口管理，即在受理案件范围上由一个审判庭审理的工作模式。

在最高人民法院指导下，各地人民法院根据本地实际，积极探索环境资源案件归口审理模式,积累了很好的经验,目前大体有四种模式。(1)受理范围限于某一类环境案件。例如,湖南省茶陵法院就只受理环保行政诉讼和非诉行政执行案件。最高人民法院在2016年4月之前,其环境资源审判庭只受理涉环境资源民事诉讼案件;于2016年4月决定将以环境保护主管部门为被告的第二审、申请再审的行政案件及其业务监督指导工作,调整由环境资源审判庭负责,开始了审理环境资源案件民事、部分行政"二合一"的工作模式。(2)受理范围既包括民事案件,也包括行政案件,实行"二合一"归口管理模式;如贵州等地在全省三级法院全面实行环境资源民事、行政案件"二合一"归口管理模式。(3)集中受理民事、行政、刑事三种类型环境资源案件的"三合一"归口管理模式;如福建、江苏、河南、重庆等地法院实行"三合一"模式。(4)在"三合一"归口管理模式基础上,将民事、行政、刑事案件加执行职能在内的"三加一"模式;如山东兰陵、贵州清镇、重庆万州等地法院实行该种管理模式。刑事、民事、行政环境资源案件的归口审理,可以最大限度整合优化审判资源,准确把握各类诉讼案件的审理情况和彼此联系,推动生态环境资源案件的专业审理,统一裁判尺度,有效提升环境资源司法的保障能力和水平。

3. 环境资源保护协调联动机制改革

在把握好司法权边界的前提下,法院、检察院积极探索与公安机关、环境资源行政主管部门之间的执法协调机制;不断加强法院与环境资源行政主管部门及司法鉴定主管部门的沟通,逐步推动和完善环境资源司法鉴定与损害结果评估机制。

关于各级环保行政部门与公检法部门的衔接协作问题,国务院、公安部等发布多个规定,意见较为原则。为实现环境行政执法与司法的有效互补,全国多个地区的司法机关、行政机关进行了环境司法与环境执法协同的有益探索,加强执法监督,推进信息平台建设,建立联动机制,系统推动环境司法工作。

辽宁、吉林、黑龙江、福建、湖南、四川、贵州、云南等地区,加强环境资源协同执法,健全环境资源行政主管部门与司法机关之间的案件移送与信息横向交流机制。河北、江苏、江西、浙江、河南、广东、新疆等地根据需要,协调检察机关、公安机关与环境保护主管部门统一部署,有效衔接，强化协调配合。① 建立环境执法联动联席会议制度、联动联络员制度，密切联系与沟通，各司其职，形成立体化联动工作合力。

针对环境污染、生态破坏案件中存在引发跨行政区划损害结果发生的情况，探索强化环境资源案件跨行政区划执行协作，推动建立统一执行联动工作机制。最高人民法院与民政部、环境保护部于 2014 年 12 月联合下发《关于贯彻实施环境民事公益诉讼制度的通知》，针对人民法院审理民事公益诉讼案件需要查询社会组织基本信息、调取证据材料以及组织修复生态环境等方面的协调配合问题，共同对地方各级人民法院、民政部门和环境保护主管部门提出要求；2014 年，上海、安徽、江苏、浙江四地高级人民法院签署《关于加强长江三角洲地区人民法院执行联动信息共享合作的协议》。2015 年，北京、天津、河北三地高级人民法院签署《京津冀法院执行联动协作协议》；湖南、内蒙古、辽宁、江西等 16 个高级人民法院签署《关于建立异地执行相互协作协助工作机制备忘录》，通过联动机制震慑了包含环境资源在内的失信被执行人，健全完善惩戒机制。最高人民法院、最高人民检察院、司法部于 2015 年 12 月印发《关于将环境损害司法鉴定纳入统一登记管理范围的通知》，统一了环境损害司法鉴定的登记管理。

4. 实行禁止令制度

根据《民事诉讼法》第 100 条规定，人民法院可以裁定对当事人的财产进行保全、责令其做出一定行为或者禁止其做出一定行为。新修订的《民事诉讼法》已明确提出了行为保全制度，对创新的环保禁止令制度进行了肯定。鉴于环境损害结果往往具有难以逆转或者修复成本高、周期长的特点，各地法院纷纷依据该条试行"禁止令"制度。如，云南省昆明

---

① 2013 年，江苏省高级人民法院与江苏省人民检察院、江苏省公安厅、江苏省环境保护厅联合发布《关于建立实施环境执法联动工作机制的意见（试行）》，设立环境执法联动联络员，建立环境执法联动联席会议制度，形成环境违法案件联动办理机制，实行环境执法联动工作制度，密切与环境保护行政职能部门的联系与沟通，形成打击违法犯罪与保护环境的工作合力。"常州、无锡、扬州中院与检察、公安、环保机关建立起环境执法与司法联动工作机制，在有关污染事件发生后，法院与环保、公安、检察等机关各司其职，协调配合，使严重污染环境行为人和行政监管失职者的责任得到依法有效追究，并形成连锁连制裁效应，实现了生态环境保护的立体化。"《司法提前介入：环境审判的无锡探索》，《法治周末》2014 年 8 月 27 日，法制网（js. legaldaily. com. cn）。

中级人民法院在 2010 年 11 月创设了环保禁止令这一全新的做法，制定了《关于在环境民事公益诉讼中适用环保禁止令的若干意见（试行）》《关于公安机关协助人民法院执行环保禁止令的若干意见（试行）》等规范性文件。贵州省清镇市法院则对引起环境进一步恶化的"紧急情况"进行了细化，2012 年制定《贵阳市中级人民法院环保审判庭、清镇市人民法院环境保护法庭环保司法诉前禁令试行办法》规定：适用于民事、行政公益诉讼案件及行政处罚案件，环境公益诉讼原告人在被告存在规定行为并确需立即制止的，须以书面形式向法院申请环境司法诉前禁止令；如被告行为可能严重危及自然资源、生态、生活环境安全的，可能造成损害后果难以恢复的，可能加重对环境破坏的；等等。山东省东营中级人民法院也积极探索建立环保"禁止令"制度，允许原告起诉时申请人民法院先予禁止排污行为，防止环境污染者利用程序权利拖延时间，扩大污染。

5. 修复性裁判机制

生态环境受到破坏，其损害往往具有难以乃至无法恢复、影响结果不能立即显现、广泛、鉴定难且系统复杂等特征。环境司法保护既要注重防治、事前调整和风险预防，更要保护和改善环境。在生态环境案件中，被告除了承担刑事、民事等传统法律责任外，还承担生态环境的修复责任。基于此，各地探索建立环境公益诉讼生态修复机制，通过让污染者承担"修复"遭破坏生态环境的责任，为科学解决生态环境诉讼案件，修复生态环境提供了可供借鉴的模式。

福建法院对部分破坏林木、矿产、水等生态环境刑事案件，责令被告人通过补种林木、恢复植被等方式修复受损生态，法院将被告人"复植补种"情况作为量刑情节。贵州法院坚持"重罚更重修复"的优化目标，损害赔偿从"原地恢复"拓展到"异地恢复"，行政违法责任从"简单惩罚"导向"替代恢复补偿"，刑事责任从"金钱罚"导向"行为罚"，努力形成民事赔偿、生态补偿、刑事裁判的有机衔接。山东东营中级人民法院尝试实行第三方"替代执行"，由符合条件的个人、企业或国家机关代替被告履行修复或恢复责任，产生的费用由被告负担，如在审理破坏林木的公益诉讼案件中，追加树木国有资产管理单位为第三人，判决将赔偿款支付给该第三人，由其负责受损树木的补种工作。云南省昆明市建立了保障环境民事公益诉讼实现的"环境民事公益诉讼生态修复机制"；还有昆明市首个"环境公益诉讼林"，由昆明中级人民法院与市环保局、法院、林业局等单位联合建成,集中植树,涵养水源,修复生态环境。江苏法院在实践中,积极探索建立生态恢复性司法机制,解决执行难问题,对能够采取一定措施恢复原状的,在判决污染者承担赔偿责任的同时,责令其或者由第三方机构代替进行恢复原状,并尝试运用替代性修复、补种复绿等方式恢复生态环境,这是环境司法审判的工作创新,对生态环境进行了有效保护。无锡中级人民法院赵卫民庭长认为:"环境司法的最终目的,就是修复环境、恢复环境,保障环境的健康与安全。"无锡法院审理的"NGO组织环境公益诉讼全国第一案""异地生态修复全国第一案"等一批具有典型示范性的环境公益诉讼案件都已对环境进行了修复。

6. 司法提前介入制度

2006年7月,无锡中级人民法院创立了环境司法提前介入制度,是环境司法审判实践中较早作出的一项探索,即"环保行政部门在立案查处环境违法行为初期阶段,根据行政相对人违法行为状态,可以在行政处罚作出或者生效之前的任何阶段,申请人民法院对行政相对人的违法行为采取强制措施,制止行政相对人继续实施环境违法行为"[①]。换言之,要求法院在环境案件审判过程中贯穿司法能动理念,以临时救济的形式保护环境公益,是法院主动采取灵活、高效的审判方式来保障生态环境保护的制度。这一工作机制经过无锡法院数年来的司法实践,被修改后的行政强制法所吸收。

2008年5月,滨湖区法院受理的环境保护局对无锡市大浮铸件厂责令停工申请强制执行案就是一个很好的例证。在该案件中,由于法院提前介入行政执法领域,及时制止了行政相对人的违法排污行为。向行政相对人传递了明确的环境司法态度,促使行政相对人在行政主管部门查处或行政处罚决定作出后,能够及时履行法定义务。

7. 环境司法专家咨询机制改革

为了更好地解决在查明事实中遇到的专门性问题,环境资源审判注重发挥专家作用,主动向环境科学技术专家借力。《最高人民法院关于全面加强环境资源审判工作为推进生态文明建设提供有力司法保障的意见》以文件形式确定了要充分发挥专家在环境资源审判工作中的作用。建立环

[①] 《司法提前介入:环境审判的无锡探索》,《法治周末》2014年8月27日,法制网(js.legaldaily.com.cn)。

境资源审判专家库,在审理重大疑难案件、研讨疑难专业问题、制定规范性文件时,可以聘请环境资源领域的专家担任特邀调解员,运用专业技术知识促使当事人自觉认识错误,修复环境,赔偿损失。

"各级法院可以在不同层次、不同方面较好地发挥了技术专家的支持、帮助作用。通过建立专家库、聘请技术专家作为人民陪审员、聘请环境资源领域的专家担任特邀调解员,运用专业技术知识促使当事人自觉认识错误,修复环境,赔偿损失,化解原被告间的诉讼争议。此外,还可以借鉴知识产权审判领域直接聘请技术专家担任法官助理或技术调查官的做法,与法官共同组成审判团队,弥补法官技术判断能力不足的问题。"[1]

司法实践中,专家意见已经发挥了良好的作用。贵阳市中级人民法院、清镇市人民法院于2009年联合制定的《环境保护审判专家咨询的委员会工作规则》规定,面向社会聘请农业、林业、环保、土地等方面的专家,成立贵阳市环保审判专家咨询委员会,对审理案件中所涉及专业问题提供咨询意见;就建设生态文明、保证正常工作等问题,向两级法院提供专家咨询意见、建议或有关信息等。贵州省高级人民法院于2014年4月出台的《关于环境专家证人参与诉讼的规定(试行)》和《关于环境专家陪审员参与案件审理的规定(试行)》规定,人民法院在相关案件中可以通知环境专家证人出庭,就鉴定意见或者专业问题提出意见,也可以由环境专家陪审员和法官组成合议庭进行审理。江苏法院在全国率先建立起环境资源司法保护专家库,聘请近三十名知名专家、学者,为环境纠纷提供咨询意见、作为专家辅助人参加庭审或担任人民陪审员,解决相关技术问题,提高了环境资源司法保护的专业化水平。[2]

(三)环境公益诉讼制度改革取得成效

环境公益诉讼从无到有,从实践突破创新到试点探索,亦受民事诉讼原告主体资格等的限制,经历了很多周折。

贵州、云南、江苏、四川、山东、广东等地法院都开展了生态环境公

---

[1] 王旭光:《环境损害司法鉴定中的问题与司法对策》,《中国司法鉴定》2016年第1期。
[2] 被称为"天价"环境污染赔偿案并引起社会广泛关注的泰州市环保联合会与江苏常隆农化有限公司等6家单位被告环境污染侵权公益诉讼案的审理中,专家辅助人东南大学能源与环境学院吕锡武教授出庭发表意见。一审法院采信专家意见,专家的观点就被写入法院判决,展示了专家辅助人在案件事实认定中所起的作用。参见江苏省泰州市中级人民法院(2014)泰中环公民初字第00001号民事判决书。

益诉讼的积极探索，审理了一些环境公益诉讼案件，开创了环境公益诉讼的新局面，其实践探索主要表现在以下几个方面。一是积极拓展公益诉讼主体，确定专门的原告范围，为通过司法途径监督环境违法行为提供了程序保障。如贵州法院采取"关联性"原则来审查甄别是否属于"法律规定的机关和有关组织"。如2009年中华环保联合会诉江苏某集装箱有限公司环境污染侵权案，由无锡法院受理并审理，在全国首次确认环保社团具有提起环境民事公益诉讼的原告主体资格，开环境民事公益诉讼的先河。二是规范公益诉讼审理程序，制定了专门的规章制度。昆明中级人民法院与市检察院联合制定了《关于办理环境民事公益诉讼案件若干问题的意见（试行）》等文件，对环境民事公益诉讼制度的构架、程序、诉讼利益归属等重要问题的设置作出规定。三是推动设立公益诉讼基金。2010年10月，在昆明中级人民法院与市环保局的共同推动下，昆明市政府协调制定《昆明市环境公益诉讼救济资金管理暂行办法》，设立了环境公益诉讼救济资金。贵阳市生态文明建设局也设有生态文明建设基金。四是探索实践行政公益诉讼。《贵阳市建设生态文明城市条例》和贵阳中级人民法院《关于贵阳市生态文明建设提供司法保障的若干意见》都对行政公益诉讼作出了规定。

"两高"相继制定颁布了一系列准司法解释或文件，进一步推动环境司法实践的创新与发展。最高人民法院于2010年出台《关于为加快经济发展方式转变提供司法保障和服务的若干意见》规定："人民法院应当依法受理环境保护行政部门代表国家提起的环境污染损害赔偿纠纷案件"；2014年7月制定《关于全面加强环境资源审判工作为推进生态文明建设提供有力司法保障的意见》以及《关于在部分地方人民法院推进环境民事公益诉讼审判工作的指导意见》，推动各地生态环保审判工作有序发展；2015年1月颁布《关于审理环境民事公益诉讼案件适用法律若干问题的解释》，鼓励社会组织提起环境民事公益诉讼的一系列制度，确定江苏、福建、云南、海南、贵州5省试点开展环境民事公益诉讼，下发指导意见，明确试点法院推进环境民事公益诉讼的主要内容和工作程序。截至2015年年底，检察机关排查案件500多起，大部分通过诉前程序纠正行政机关违法或不依法履职保护生态环境的行为，提起8起环境公益诉讼，审结的检察机关已胜诉。

在《民事诉讼法》确立了民事公益诉讼制度、《环境保护法》进一步明确了环境公益诉讼制度后,各试点法院抓住有利时机,以公益诉讼作为强化环境司法保护的突破口,采取多种措施畅通诉讼渠道,拓展社会组织参与环境公益的诉讼空间,完善环境公益诉讼审判机制,进一步加大环境公共利益的司法保护力度。

全国人大常委会于2015年7月通过《关于授权最高人民检察院在部分地区开展公益诉讼试点工作的决定》以后,最高人民检察院、最高人民法院先后发布提起公益诉讼试点方案、人民法院审理人民检察院提起公益诉讼案件试点工作实施办法,环境公益诉讼的实践进一步升级。2015年1月至2016年6月,全国法院共受理环境公益诉讼一审案件116件,审结16件。在最高人民法院的监督、指导下,环境公益诉讼审判工作有序开展、稳步推进。2014年7月、2015年12月和2016年3月,最高人民法院先后3次发布6起环境民事、行政公益诉讼典型案例,起到了较好的裁判宣示效果和示范意义,展示了环境行政公益诉讼在督促行政机关履行法定职责、保护环境公共利益方面的积极作用。

(四)环境司法职能作用得到有效发挥

多年来,全国各级法院认真受理各类生态环境保护案件,为依法保护生态环境、促进生态文明建设发挥了积极作用。为解决环境司法中的疑难问题,确保法律适用的统一,最高人民法院、最高人民检察院加强对地方环境资源案件的指导,及时总结经验,公布典型案例,为地方各级人民法院、检察院充分发挥环境司法的作用提供了参照标准。通过个案的审理,发挥了对环境司法的评价、指引作用;通过对一批典型案例的总结发布,更起到加强监督指导、统一裁判尺度的作用。禁止令制度的创设、公益诉讼提起主体的尝试、修复性司法的判决等一个个鲜活的案例丰富了司法经验,也推动了立法活动的进程。

1. 依法审理环境资源案件

最高人民法院于2016年6月发布《关于充分发挥审判职能作用为推进生态文明建设提供司法服务和保障的意见》。该意见根据环境资源权益以及环境要素,明确了人民法院在保护生态环境、保障自然资源合理开发利用中的职责范围和受理案件类型,为界定环境资源审判机构职责,统筹协调发挥环境资源民事、行政、刑事审判功能奠定了基础。

2004—2015年,全国法院共审结一审破坏环境资源犯罪、环境污染侵权损害赔偿案件、环保行政案件共计134166件(见表3-1)。2012年1

月至 2016 年 6 月，全国法院受理环境资源民事、行政和刑事一审案件 575777 件，审结 550138 件，数量之和是之前十年总和的五倍。[①]。2015 年，全国检察系统共起诉污染环境、非法采矿、盗伐滥伐林木等破坏环境资源犯罪 27101 人。

表 3-1　　2004—2015 年全国法院审结涉生态环境案件情况统计　　单位：件

年份	破坏环境资源保护罪	重大环境污染事故罪[②]	环境监管失职罪	环境刑事案件	环境污染损害赔偿案件	环保行政案件结案
2004	5490	6	1	5497	4454	698
2005	6204	13	4	6221	1545	1220
2006	7885	7	3	7895	2146	1183
2007	9030	2	10	9042	1086	2585
2008	10075	11	13	10099	1509	1601
2009	9904	18	23	9945	1783	2628
2010	9985	19	15	10019	2033	1894
2011	11732	24	11	11767	1883	2220
2012	13208	32	14	13254	2306	1673
2013	13210	104	12	13326	1906	1090
2014	—	988	23	—	2881	—
2015	—	1691	16	—	—	—
合计	96723	2924	145	97074	23532	16792

最高人民法院发布的《中国环境资源审判》白皮书显示，2014 年 1 月 1 日至 2016 年 6 月，全国法院共受理各类环境资源一审民事案件 227690 件，审结 195141 件，生效判决人数 47087 人。其中，共审结涉及大气、水、土壤等环境污染损害赔偿纠纷一审案件 5589 件；审结涉及采矿权等自然资源使用权的权属、侵权纠纷和土地使用权出让、转让、租赁合同，农村土地承包合同，供用电、水、气、热力合同纠纷一审案件 189353 件。标志着环境侵权案件的诉讼出现质的飞跃，进入一个崭新的时期。共受理各类环境资源一审刑事案件 39594 件，审结 37216 件，生效判决人数 47087 人。其中，共审结破坏土地、矿产、森林、草原以及野生动植物资源犯罪案件 33728 件，生效判决人数 41569 人；共受理各类环境

---

① 《最高人民法院发布中国首部环境资源审判白皮书》，《中国环境报》2016 年 8 月 3 日。
② 2011 年《刑法修正案（八）》出台之前罪名为"重大环境污染事故罪"，之后修改为"污染环境罪"。

资源一审行政案件68489件，审结57738件。其中，共审结涉及环境保护类一审行政案件2246件；审结涉及土地、矿产、林业、草原等自然资源类一审行政案件53464件（见表3-2）。①

表3-2　　　　　2014年1月至2016年6月全国法院受理
环境资源类案件数量统计　　　　　　　　单位：件

案件类型	刑事案件	民事案件	行政案件
一审	39594	227690	68489
审结	37216	195141	57738

2. 及时发布环境资源审判的典型案例

最高人民法院、最高人民检察院通过制定司法解释、发布环境资源审判典型案例、司法解释为环境司法统一法律适用提供了有力指导。如最高人民法院于2011年5月发布《关于审理船舶油污损害赔偿纠纷案件若干法律问题的规定》；各级人民法院、人民检察院、公安机关和环保部门以2013年《关于办理环境污染刑事案件适用法律若干问题的解释》的出台为契机，保持对环境污染犯罪行为的高压态势，坚决依法惩处环境污染犯罪活动，取得了良好的社会效果。2015年5月，最高人民法院发布《关于审理掩饰、隐瞒犯罪所得、犯罪所得收益刑事案件适用法律若干问题的解释》，明确了该罪的入罪标准，即"明知是非法狩猎的野生动物而收购的，数量达到五十只以上的，以掩饰、隐瞒犯罪所得罪定罪处罚"等。

最高人民法院于2014年7月、2015年12月、2016年7月相继发布9起环境资源审判典型案例、10起侵权典型案例和10起矿业纠纷典型案例，明确人民法院对环境资源案件的归责原则、举证证明责任、责任承担以及专业技术问题的判断方法等方面的裁判意见，充分发挥了评价指引作用②。

---

① 数字来源于最高人民法院《中国环境资源审判》白皮书，2016年7月。
② 在江苏泰州"天价"水污染环境公益诉讼再审审查案中，最高人民法院明确了"不能以部分水域的水质得到恢复为由免除污染者应当承担的环境修复责任"的裁判规则；在新疆临钢资源投资股份有限公司与四川金核矿业有限公司合作勘查合同纠纷一案中，对于在自然保护区内为合作开发矿产资源所缔结的合同，依法认定因损害环境公共利益而宣告合同无效；依法审查腾格里沙漠污染系列环境公益诉讼申请再审案，在裁定指令下级法院依法受理的同时，对于社会组织是否属于"专门从事环境保护公益活动"的判断标准进行了明确。

最高人民法院于 2013 年 6 月发布 4 起环境污染犯罪典型案例,有效规范和指引法官办案,依法震慑和惩治污染环境犯罪。污染环境犯罪门槛降低,此类案件的收案呈大幅上升趋势,2013 年一个年度重大环境污染事故罪的收案占近十年收案的 50%。2014 年审结污染环境犯罪案件 988 件,数量是 2004—2013 年审结总量的 4 倍,2015 年较 2014 年又增长了 70%多。人民法院、人民检察院依法加强对环境行政执法部门及其工作人员的监督制约,严厉惩处环境监管失职犯罪,2004—2013 年,全国法院共审结一审环境监管失职犯罪 106 件。与反腐的高压态势相适应,近两年环境监管失职犯罪并没有出现大的变化。在惩治污染环境犯罪中,江苏等地法院试行"劳役代偿""异地补植"等责任承担方式,增强了环境资源案件的审判效果。

2014 年 12 月和 2016 年 3 月,最高人民法院先后两次发布 20 起环境资源保护行政典型案例,体现了人民法院充分发挥审判职能,既依法监督也通过对合法行政行为的确认和支持引导行政相对人遵守环境保护法律法规。

第二节 环境司法保障机制发展中的问题

综观我国环境司保障机制的历史进程,加强环境司法有效地弥补了环境行政执法的不足,一定程度上实现了生态文明建设中行政手段与司法手段相结合的局面,有利于从根本上遏制环境侵权和环境犯罪等违法犯罪活动。但是,从环境司法的角度来看,面对不断恶化的生态自然环境,环境司法保障作用的发挥还不够充分,阶段性的问题仍然十分突出。

一 生态文明理念落实不到位

生态兴则文明兴,生态衰则文明衰。面对生态破坏严重、生态灾害频繁、生态压力巨大等突出问题,党的十八届三中、四中全会对生态文明建设作出顶层设计和总体部署,特别是党的十八届五中全会提出了"创新、协调、绿色、开放、共享"五大发展理念,将生态文明建设首次加入"十三五"规划,表明党和国家对环境保护、生态文明的重视和推进已经达到了一个新高度,并将生态文明建设从决策变为落地的规划。而"建设生态文明,是一场涉及生产方式、生活方式、思维方式和价值观念的革命性变革"①。这一文明形态必然会对传统法治观念和制度构建产生冲击。反映在司法活动中,则表现为涉生态环境案件对传统司法理念、诉讼模式和司法能力等所带来的一系列挑战。生态环境司法需要以生态环境的独特价值作为指引,这就要求司法的目的不仅在于惩罚侵害人、提高破坏生态环境成本,还要修复被损坏的社会关系,更重要的是要修复人与自然的关系,不仅要着眼于矛盾纠纷的化解,实现案件的"定纷止争",还要注重裁判的法律效果和社会效果。但是,环境司法保障机制建设过程中,生态文明理念落实不到位现象十分突出。

(一) 环境司法遭遇不正当干预

长期以来,司法工作不同程度地受制于地方已经是一个不争的事实。尽管我国已经确认了经济、社会和环境可持续发展的战略,并大力推进生态文明建设,但是地方政府依然特别注重 GDP 增长的政绩观,使环境保护的目标在经济发展的大背景下大打折扣,并在一定程度上干预环境司法的开展。其原因主要在于:"一是中央政府与地方政府在推进生态文明建设中的目标并不一致。中央政府以长远利益和全局利益为导向,考虑国家经济社会发展战略目标,注重经济社会发展与资源生态环境相协调;地方政府则以地方经济增长为导向,追求地方利益和短期内经济的快速发展。在生态文明建设过程中,由于中央政府作为委托人将实际执行权和控制权移交到地方政府这一代理人手中,地方政府便会以经济实权和信息不对称的信息资源强势,扭曲和偏离中央政府的政策目标,谋取自身利益最大化。"② "二是政府与微观主体之间以及各级政府之间的利益矛盾客观存在。一方面,政府作为生态文明建设的推动者和政策的制定者,将会引导与改变微观主体包括消费者和企业的利益诉求与利益关系,符合生态文明建设要求的微观主体或受益者出于自身利益的考虑,将会积极支持政府的有关政策和措施,利益受损者则会选择消极排斥和抵触。另一方面,中央政府和地方政府在一定程度上存在目标与职责不对应问题,在生态文明建设上存在利益矛盾。同时,不同地区的政府从本地区利益出发,偏向本地

---

① 张高丽:《大力推进生态文明,努力建设美丽中国》,《求是》2013 年第 24 期。
② 何爱平、石莹、赵涵:《生态文明建设的经济学解读》,《经济纵横》2014 年第 1 期。

区的利益诉求，往往会损害其他地区利益[①]。"例如在 2004 年沱江污染案件中，当地律师和老百姓积极推进环境诉讼，但这个案件最终没能进入法院，因为政府司法行政部门下发文件，限制律师代理沱江污染纠纷。在这种情况下，地方政府直接阻碍了生态环境纠纷进入诉讼程序。有些案件虽然进入了诉讼程序或者执行程序，但由于外部权力的干扰，难以依法作出裁判，或者得不到及时执行。

生态环境案件往往存在着诸多法律关系的交叉，就环境司法审判而言，是有别于传统刑事、民事、行政审判思路的综合性审判活动，应与刑事、行政、民事司法理念相区分。目前，对生态环境类案件的法律责任追究，总体上呈现重刑事处罚、轻生态修复和民事赔偿的特点。在一些重大污染事件中，往往追究了污染者的刑事责任，民事责任赔偿缺位。如云南阳宗海砷污染事件，对造成砷污染的主要责任者——云南澄江锦业工贸有限公司及其法定代表人、总经理等主要责任人追究了刑事责任，但却没有要求其承担环境治理责任。[②] 再如 2005 年松花江苯类污染事件，国家投入近 80 亿元的治理费用，但污染者却没有为此承担民事赔偿责任。[③] 对环境民事案件，部分法官往往拘泥于当事人赔偿损失的诉讼请求，而对因污染行为造成的生态环境不可逆转的破坏后果认识不足。在环境民事纠纷兼具个人私益和环境公益性质的情况下，部分法官往往忽略后者，存在一赔了之的审判思路，只关注赔偿结果而非环境法律秩序的维护，不仅不利于环境法律秩序的维护，同样不能有效遏制各类环境污染行为的频繁发生。从当前来看，生态文明理念在案件的裁判和执行过程中并未得到有效贯彻，影响了生态环境案件的裁判和执行效果。

(二) 环境司法保障被弱化

"生态环境纠纷所涉及的利益关系呈现复杂、多元、多层次的特征，既要调整人与人之间的利益关系，又要调整人与自然之间的关系；既要保障公民个人的权利，又要考虑社会利益和国家利益；既要保障强者的经济

[①] 何爱平、石莹、赵涵：《生态文明建设的经济学解读》，《经济纵横》2014 年第 1 期。

[②] 李映青、郭安菲：《云南阳宗海砷污染事件回放》，2009 年 6 月 3 日（http://www.chinadaily.com.cn/dfpd/2009-06/03/content_9169588.htm）。

[③] 李春莲：《松花江污染事件国家买单 80 亿 中石油始终不言赔》，2011 年 6 月 8 日（http://www.chinanews.com/ny/2011/06-08/3096618.shtml）。

发展权利，又要保护弱者的基本人权和生存权。这些都是生态环境司法所要考量的因素。"① 而司法活动需要在法律的框架内进行。

而在当前严峻的生态环境形势下，生态环境司法走向了前台，有些举措缺乏充足的法律规范依据和法学理论基础。例如，关于环保审判庭的设立问题，根据 2006 年修改的《人民法院组织法》第 23 条规定，中级人民法院根据需要可以设其他审判庭，对于基层法院设立环保审判庭却没有相应的规定。2018 年修订的《人民法院组织法》第 27 条才明确，人民法院根据审判工作需要，可以设立必要的专业审判庭。从全国环境保护审判组织的设立来看，分布比较集中，其中大多集中在贵州、江苏、云南、福建、湖北等地法院。在这些环保审判组织设立比较集中的地区，环保审判工作已经全面铺开，基本上覆盖了全省三级法院，工作机制也相对比较完善，对当地的生态环境保护发挥了积极作用。例如，福建法院已经设立生态庭 50 个，专门合议庭 15 个，生态审判人员达 285 人，"近五年来，全省法院审理毁林案件适用'补种复绿'516 件，发出'补植令''管护令'等 500 余份，责令涉林刑事被告人、补种管护林木面积 6 万余亩"。② 但是，与此同时，许多法院，对环境公益诉讼案件仍持审慎态度。例如，中华环保联合会 2013 年"共开展了 8 起环境公益诉讼，法院均以原告主体不适格为由未予立案"③。

可以肯定的是，近年来，我国在环境管理监督机制方面可谓动作频频：先是区域限批和流域限批，后是环境保护总局升格为环境保护部并改组为生态环境部，再是环保部门约谈制度，等等。这些措施无疑对环境污染和生态破坏起到一定的抑制作用。然而，环保部门作为政府的组成部门，其环保监管职能与政府经济发展目标难免存在冲突，从而导致环保部门职能难以充分发挥甚至异化，其监管效果也将大打折扣。

二 环境司法的功能定位不清晰

生态文明建设关乎人们的切身利益，直接决定着人们的身体健康和生

---

① 白泉民：《生态环境司法的发展趋势》，《人民司法》2015 年第 1 期。
② 郑良：《福建高级法院成立生态环境审判庭 探索司法保护青山绿水》，新华网，2014 年 5 月 23 日。
③ 郑巧：《环保组织：去年提起 8 起环境公益诉讼无一被受理》，中国新闻网，2014 年 2 月 28 日。

存状态。分析生态环境纠纷不难看出，其是以环境资源为媒介而发生的，是因为人类不合理的开发利用、向环境过量索取物质能量或者将物质能量不当排向环境，从而导致生态环境的污染和破坏。生态环境的破坏对于人的财产权和人身权的损害往往是间接的、隐性的、潜在的、无形的。但是，长期以来，在司法实践中，环境纠纷案件往往很难得到应有的重视和有效的解决。通常在一个环境纠纷案件中，某种环境违法行为很可能不仅仅触犯民事法律法规、行政法律法规或是刑事法律法规。通常的情形是环境违法行为可能既是民事侵权行为，又是刑事犯罪行为，还可能同时是行政违法行为。原有的民事、行政与刑事分立的环境司法救济路径，不适应环境纠纷案件的特点。近年来，雨后春笋般出现的"环保公安分局""环境资源检察处"和"环境保护审判庭"，形成了有利于环境资源保护专门化的司法机制，为生态文明建设提供了坚强的司法保障。与此同时，在环境司法功能定位方面，出现了很多新的、现实的问题。在一些地方，环境司法专门机构的设立流于形式。

以环境资源审判机构的情况为例，首先，从设立动机看，很多环境资源审判机构的设立多是由于当地党委政府重视，为了解决短期内的环境污染问题，缺乏长远的目的考量。有的环境资源审判机构设立之后，依法审理一批当地经济社会发展的棘手案件，然后就长期处于无案可审的状态。其次，从机构设立的层级分布看，环境资源审判机构设置广泛分布于全国四级法院，缺乏统一标准。再次，从人员配备看，环境资源审判机构的法官主要来自民庭、刑庭、行政庭，有的人员是固定的，有的是临时借用，导致环境资源审判人员流动、变动较大。最后，从工作运行看，有的环境资源审判机构形同虚设，人员不到位、案件少，特别是基层法院的此类案件更少；有的侧重宣传、重视争取编制职数，轻视实际需求。

目前，我国应对环境生态环境问题的立法模式并未将司法保护作为首选考虑，而是优先选择更为刚性的方式，即强化政府应急管理能力和强化政府环境执法权的方式。这就导致在司法实践中，环境司法有赖于行政权的支持，法院更倾向于通过与政府合作的方式来实现对生态环境的保护，地方政府对司法机关独立行使审判权的制约依旧存在。

三 环境司法保障机制体系不完善

司法是维护生态环境法治、解决生态环境纠纷、维护生态环境公平正义的基本的、最终的保障。我国环境司法保障机制在理论研究和实践探索中不断发展并完善,环境资源案件管辖制度、环境司法专家咨询机制、环境资源保护协调联动机制、环境资源案件归口审理模式等环境司法工作机制,在保障和促进生态文明建设中正发挥着越来越重要的作用。与此同时,在司法体制改革大背景下,环境资源审判面临着很多新的、突出的问题。

(一)环境污染损害鉴定评估机制缺失

环境问题具有很强的专业性。"目前,我国的环境损害司法鉴定体系主要包括农业环境污染损害鉴定、养殖和野生渔业环境污染损害鉴定、海洋生态环境损害司法鉴定、室内环境质量检测、林业环境破坏评估鉴定、危险废弃物认定等。不同领域的技术要求不同,专家跨领域开展司法鉴定的难度很大。"[①] 我国环境损害评估工作刚刚起步,有关的法律法规不健全。尽管中国环境科学学会于2006年成立了"环境损害鉴定评估中心",并开展了环境损害鉴定评估工作,但在各地,环境损害鉴定评估机构存在专业性不强、权威性不足的问题,也导致了多头鉴定、重复鉴定等问题。同时,我国当下的鉴定机构多是环境行政机关的下属机构,往往难以在行政与司法保护之间保持客观、中立立场,不利于环境正义的实现。司法鉴定工作的不规范,司法鉴定结果的权威性和客观性不足,直接影响法官对生态环境案件中的专业性问题作出客观判断,也影响了案件的审理效率。

综观我国法律法规对环境污染损害行为的行政责任、民事责任和刑事责任,不乏原则规定,而缺乏具体可操作的环境污染损害鉴定评估技术规范和管理机制,致使环境污染案件在审理时不可避免地存在诸多技术难题。从我国当前的实际情况看,人民法院普遍面临着环境审判专业人员不足、专业知识欠缺等问题;法官又难以凭借日常形成的经验自如地对损害事实、损害后果以及损害事实和环境污染之间的因果关系直接作出推定,使法院在处理环境案件时常常遇到专业技术判断困难。再加上环境损害司法鉴定周期长、鉴定费用高等因素,一定程度上成为制约环境侵权被害人提起损害赔偿诉讼的拦路虎。虽然,2011年发布的《关于开展环境污染损害鉴定评估工作的若干意见》就已明确:"开展环境污染损害鉴定评估工作,研究建立环境污染损害鉴定评估技术规范和工作机制,可以为司法

[①] 王旭光:《环境损害司法鉴定中的问题与司法对策》,《中国司法鉴定》2016年第1期。

机关审理环境污染案件提供专业技术支持,将有助于推动环境司法的深入开展,切实维护群众合法环境权益,依法严厉惩治环境违法犯罪行为。"但是,时至今日,相对于所面临的环境形势和环境保护工作的要求,环境污染损害鉴定评估机制的缺失,仍影响着污染者负担原则的有效落实。

(二) 环境公益诉讼制度建设滞后

新《环境保护法》进一步明确了环境公益诉讼主体,拓宽了环境公益诉讼范围,并推动了全社会对生态文明建设和绿色发展事业所进行的实践探索。但显在的问题是,环境公益诉讼具体规则依然缺乏,提起公益诉讼"法律规定的机关"尚待明确,环境行政公益诉讼未能作为一种诉讼类型,民间环保组织是否会积极提起公益诉讼,人民法院能否积极立案,环境公益诉讼相关制度难以衔接等,难以回避。

1. 理论研究层面的不足

环境公益诉讼所遭遇的起诉少和受理难等一系列问题,除了有地方保护严重等非法治的原因外,"也有环境公益诉讼立法设计不合理、司法理解不科学等法治内的原因。就后者而言,究其根源,主要在于环境公益诉讼理论研究薄弱,难以为立法和司法提供坚实的理论支撑和智力支持"[①]。而"解决环境污染、资源短缺和生态破坏三大危机,是生态文明建设的三大任务。因此,环境、资源和生态三大概念无疑构成了生态文明法治建设的逻辑起点,自然也是环境公益诉讼研究的核心范畴。然而,纵观我国学界对环境公益诉讼的研究成果,鲜有对环境、资源和生态这三大概念及其相互关系这样最为基础的学术议题进行探究的"[②]。例如,据 2013 年报送的法院系统关于环境问题的学术成果来看,"关于环境法及环境司法学术成果的研究范围较为广泛,主要围绕环境公益诉讼、环境侵权、环境审判实务及环境司法研究等,但数量不多,质量不高,刊登在 CSSCI 期刊上的更为鲜见;对于环境公益诉讼及环境司法实务研究热度较高,但是,关于环境法基本理论的研究不够深入,研究广度和深度都需要加强。即使是研究较为突出和有一定成果的环境公益诉讼部分,也主要是围绕主体资格展开,对于其他问题,如受案范围、审判机制、审判模式的探讨有所欠

---

① 杨朝霞:《环境司法主流化的两大法宝:环境司法专门化和环境资源权利化》,《中国政法大学学报》2016 年第 1 期。

② 同上。

缺，非诉执行方面的研究有待加强，环境资源审判基本理论和理念的研究成果更为缺乏"①。

2. 立法层面的不足

（1）立法简单粗疏。我国的环境保护事业起步较早，1978年《宪法》第11条规定："国家保护环境和自然资源，防治污染和其他公害。"1979年的《环境保护法（试行）》成为当时仅有的十部全国人大立法中的一部。之后的近40年，我国环境法治建设一直行驶在"快车道"上，环保法律"批量产出"，特别是2015年1月1日施行的新《环境保护法》，不仅设立了诸多制度，还创立了诸多机制。但是，我国现有立法关于环境公益诉讼的规定简单粗疏，例如未将"公民"纳入原告主体范围、"有关机关和组织"的界定过于模糊、环境民事公益诉讼程序设计不足、未确立行政公益诉讼制度等，一定程度导致了环境公益诉讼的无法可依。

（2）未将"公民"纳入原告主体范围。虽然我国现行《环境保护法》和相关的司法解释大致构建了环境公益诉讼制度，使有权提起环境民事公益诉讼的主体资格范围逐渐放宽，但是基于防范滥诉的考量，对于环境公益诉权，我国法律是将其赋予特定的社会组织，并未规定公民个人可以提起环境公益诉讼，环境公益诉讼中的适格原告范围因此而变得狭窄，不利于环境的保护。

（3）"有关机关和组织"的界定过于模糊。"有关机关和组织"是否涵盖检察机关和环境主管机关，二者的诉讼地位如何，二者提起诉讼是否有先后之分；"有关机关和组织"若同时起诉可能导致的冲突应如何处理；环保组织提起民事环境公益之诉时有无限制条件等，法律尚无明确规定。

（4）环境民事公益诉讼程序设计不足，阻碍了民事公益诉讼的发展。①举证责任分配的不具备灵活可操作性，导致公民或其他社会组织作为原告起举证责任压力过大，违背公平经济原则。②案件管辖存在局限性。由中级人民法院不具有环保专业知识的民事法官审理是否能胜任，以及如何排除地方政府的行政干预，都是现实存在的问题。③诉讼时效的限制。我国法律规定的最长时效为二十年，但由于环境污染及侵害的后果具有潜伏性，不容易被发现，若受诉讼时效限制，不能追究环境污染行为人的责

---

① 韩德强：《环境资源审判工作的现状分析及建议》，《人民司法》2014年第19期。

任，显然与保护环境公共利益的本意相背离。④执行程序的制度设计问题。执行程序的启动一般是以当事人申请为主，民事公益诉讼的执行问题没有具体规定。现行的执行程序不能取得制止污染环境的不法行为的积极效果。

3. 司法层面的不足

（1）人民法院环境公益诉讼问题复杂多样。①以某种借口对环境污染案件不予以受理。关于公益诉讼案件的受理，在新《民事诉讼法》修订以前，虽然我国法律并未确立民事公益诉讼制度，许多法院却进行了生态环境公益诉讼的实践探索，受理了公益诉讼案件。有些法院还在尝试受理行政公益诉讼案件，而时至今日，我国立法并未确立行政公益诉讼制度，这无疑是对现有立法的挑战。人民法院主动介入一些重大环境污染案件的处理，会遭遇对司法工作被动性的质疑。②某些已受理案件不能在法定期限内审结。我国现行《民事诉讼法》第149条规定："人民法院适用普通程序审理的案件，应当在立案之日起六个月内审结。有特殊情况需要延长的，由本院院长批准，可以延长六个月；还需要延长的，报请上级人民法院批准。"但是，司法实践中，由于法院普遍缺乏相对专业的审判队伍，再加上环境污染损害结果不易鉴定、取证困难等问题，环境诉讼案件很难在法定期限内审结。③法院应对环境公益诉讼案件的能力不足。环境案件的专业性和技术性强。很多环境诉讼案件的核心争点都是事实认定问题，比如排污行为与损害之间是否存在因果关系就是一个非常复杂的科学认定问题。从知识构成的角度来看，法官是很难对此事实作出认定，相关工作开展难度非常大。

（2）检察机关提起民事环境公益诉讼面临的难题。2015年之前，检察机关在获得明确授权之前，其作为公益诉讼原告的法律依据不明确，存在广泛的争议，但检察机关依然以审慎坚定的态度在环境民事公益诉讼方面进行了积极的探索。检察机关主要通过支持起诉和直接起诉的方式提起环境民事公益诉讼。2015年7月1日，十二届全国人大常委会第十五次会议通过决定，授权最高人民检察院在北京等13个省、自治区、直辖市开展为期两年的提起公益诉讼试点。"至2016年9月，各试点地区检察机关共在履行职责中发现公益案件线索2982件，办理公益诉讼案件1710件，其中办理诉前程序案件1668件、提起诉讼案件42件。在试点地区检察机关发现的2982件案件线索中，生态环境和资源保护领域2221件，国有土地使用权出让领域 371 件，国有资产保护领域 280 件，食品药品安全领域 110 件。"① 但是，检察机关提起公益诉讼制度处于试点阶段，对如何运用调查核实权把握不准，如何适用法律理解不一，难免会造成部分程序和具体工作不够规范、严谨。例如，检察机关调查核实权的功用难以得到充分的发挥。①法律规定范围不明确，导致调查核实权行使边界难以界定。2015 年 12 月 24 日最高人民检察院公布的《人民检察院提起公益诉讼试点工作实施办法》（以下简称《实施办法》）明确规定，检察机关可以通过相关方式调查核实污染环境、侵害众多消费者合法权益等违法行为、损害后果涉及的相关证据及有关情况和有关行政机关违法行使职权或者不作为的相关证据及有关情况。而检察机关作为法律监督机关，在公益诉讼中承担的角色具有双重属性，不仅仅是公益诉讼人，也是法律监督者，调查核实权应当有一定的边界，不能泛泛无边，否则将导致诉讼失衡、损害司法公正，影响检察机关的公信力。②程序性保障措施缺乏，导致调查核实权不具有刚性法律强制力。② 虽然新《民事诉讼法》和《实施办法》对人民检察院在公益诉讼中调查核实权进行了规定，也明确了行政机关及其他有关单位的配合义务，但是这样的规定缺乏刚性。对行政机关和相关机关不予配合的情形，并未提供救济性保障措施。③监督制约不足，容易引起公众对公平的质疑。检察机关提起公益诉讼本身就是自己调查核实、自己起诉、自己抗诉监督，在整个程序上检察机关权力的行使缺乏有效的监督。在一定程度上会引起公众对检察机关调查核实工作公平性的质疑，降低检察机关作为公益诉讼人工作的社会公信力。

（3）环保组织提起民事环境公益诉讼面临的难题。新《环境保护法》在第 58 条明确了环保组织在环境公益诉讼中的原告资格。综观我国环保组织提起民事环境公益诉讼的历史，2009 年 7 月，中华环保联合会作为原告提起首例环境民事公益诉讼案。2015 年，9 家环保组织共提起 37 起环境公益诉讼。③ 江苏、贵州、山东、福建、浙江、天津、北京、四川等

---

① 曹建明：《最高人民检察院关于检察机关提起公益诉讼试点工作情况的中期报告》，2016 年 11 月 5 日（http://www.npc.gov.cn/npc/xinwen/2016-11/05/content_2001150.htm）。

② 张贵才、董芹江：《公益诉讼调查核实程序有待完善》，《检察日报》2016 年 9 月 18 日第 3 版。

③ 郄建荣：《9 家环保组织一年提起 37 起环境公益诉讼》，2016 年 3 月 20 日（http://www.legaldaily.com.cn/index_article/content/2016-03/20/content_6531732.htm?node=5955）。

14个省（直辖市）的法院受理了环保组织提起的环境民事公益诉讼。环保组织提起民事环境公益诉讼面临以下难题。①诉讼成本高。经费短缺是环保组织面临的普遍问题，诉讼过程漫长，时间成本、鉴定成本高都是需要考虑的问题；②专业举证难。由于缺乏专业人员的技术支持和法律支持，环境污染证据的收集以及组织法律诉讼的能力及取证时的阻力都是环保组织的短板。③立案难、胜诉难、执行难。由于环境司法机构设置问题、政府及司法系统对环保组织提起公益诉讼态度等，存在即便胜诉也很难得到有效执行的问题。

四 环境司法组织机构建设及其运行问题突出

我国环境司法专门化在实践中已经取得了一定的进展，最高人民法院也已经设立了专门的环境资源审判庭，但是在理论界和实务界，对于环境司法专门化建设是否有必要，仍然有不同的声音。一定程度上看，可以说，"环境司法专门化的推进受到明显的政治驱动，如社会管理创新、司法能动、生态文明建设等理念先后成为环境司法专门化的强大助力，环保法庭数量逐年增加"[①]，但是环境司法专门化的制度期待远未实现，案件管辖区域化、诉讼机制传统化、组织形式不统一、审级上下不对应等现象广泛存在。

（一）环境司法专门化推进思路模糊

环境司法是环境保护不可或缺的重要手段，但是司法机关不可能包揽所有环境纠纷的处理，同理，也不能简单地以环保法庭受理的案件数量来决定其存废，进而否定环境司法专门化。问题的关键在于，要结合环境日益恶化的客观实际，合理定位环境司法组织的职能，并不断予以完善。

多年来，检察机关充分发挥检察职能，以生态环境保护为检察工作切入点，及时主动向地方党委、政府、人大、政协汇报，积极争取党委、政府、人大、政协的关心和支持，主动将生态环境保护检察工作融入地方社会经济建设工作和生态文明建设工作大局去谋划、去推进，并自觉接受监督，为地方生态文明建设提供坚强的司法保障。例如，1983年2月设立

[①] 张宝：《环境司法专门化的建构路径》，《郑州大学学报》（哲学社会科学版）2014年第6期。

的西双版纳州森林检察院；2016年3月，湖南省泸溪县检察院在司法改革试点中牢固树立绿色发展理念，将原有的林业检察工作拓展至生态环境资源保护领域，专门成立了生态环境检察局，该局突出生态环境资源保护的专业性特点，承担对林业、环保、国土、规划等生态环境资源保护部门行政执法活动的法律监督，严厉打击危害生态环境资源刑事犯罪，查办和预防生态环境领域的职务犯罪等职能，为守护泸溪县生态环境提供有力司法保障。

从人民法院环境资源审判机构的成立看，环保法庭在地方法院试点的工作早在1989年就已经开始。"2007年，贵州省清镇市人民法院生态保护法庭成立，这是我国第一个跨区域专属管辖环境案件的法庭。2010年，海南省高级人民法院成立环境保护审判庭，这是全国第一家设立环境司法专门机构的高级人民法院。2014年7月，最高人民法院成立环境资源审判庭，这是最高人民法院首次就环境资源设立审判法庭。"[①] 截至2015年9月，全国共有24个省、自治区、直辖市人民法院设立环境资源审判庭、合议庭、巡回法庭共计456个。2015年年底又在15家中基层法院设立最高人民法院环境资源审判实践基地。"这在世界范围内创了新高，像我国这样在全国范围内大量存在环境资源审判庭的情况在其他国家是鲜有的。"[②] 从机构设立的名称看，法院设立的名称有环境保护审判庭、生态保护审判庭、生态资源审判庭、环境资源审判庭等。2016年5月31日上午，厦门市中级人民法院民事第六庭成立及授牌，该庭的主要职能包括四个方面，其中之一即依法审理环境资源类民事案件。

我国已先后建立过军事法院、海事法院、铁路法院、农垦法院、林业法院、石油法院等专门法院。目前在我国设立专门环保法院还缺乏法律依据。有必要由全国人大环境资源保护委员会会同最高人民法院、环境保护部等有关部门，研究起草有关设立环保法院的决定，明确规定环保法院的组织和职权等问题和事项。[③] 近年来，设立环保法院的呼声日渐强烈。现实的问题是，环境案件总体数量偏少，且呈现出案件类型多样性、地区性特征明显、地区分布不均衡等特点。"在《人民法院组织法》没有修改的

---

① 黄娜：《环保非政府组织参与环境司法的现状研究》，《中国环境法治》2015年第2期。
② 常纪文：《新环保法遭遇实施难题》，《经济参考报》2015年4月8日第6版。
③ 吴勇：《我国环境审判机构专门化的路径选择》，《南京大学法律评论》2015年第1期。

情况下，地方试点设立环保法庭事实上已是规范意义上的超前。法律是对社会现实的反映，法律本身的稳定性注定了自身的滞后性。"① 法律的生命在于经验，环境法院设立与否，关键在于是否有法律的支持，在没有法律支持的情形下，设立环境法院将遭遇尴尬和局限。从环境资源与污染的跨行政区域性来看，应当设置与整个环境资源相吻合的专门环境司法机关或机构，对环境资源进行相应的司法保障，例如实现环境司法活动的"跨区司法"，通过"跨区司法"实现环境司法的统一化。

2014年7月，最高人民法院环境资源审判庭正式成立，标志着我国环境资源审判专门化进入了一个新阶段。但是，我国现行的设置环保法庭的制度创新在法律依据上有瓶颈，在操作上有困难，在实践中有争议。特别是我国的环境资源审判法庭从域外引入时，没有立足我国国情加以深入的调研和考察，而是侧重强调其优点，淡化了其缺点，难免水土不服。环境司法审判是区别于传统刑事、民事、行政审判思路的综合性审判活动，在机构设置时，应立足环境司法的特点，适用不同于传统刑事、民事、行政的司法理念。但是，就现有的环境司法专门机构的设置情况分析，在案件管辖、诉讼机制、组织形式等方面并没形成环境司法专门机构自身的特点。

（二）环境司法审级制度设置缺乏统一标准

"审级制度是一国司法制度的重要组成部分，是指法律规定的审判机关在组织体系上设置的等级，当事人可以上诉或检察机关可以抗诉几次，一个案件经过多少级法院审判后，判决、裁定即发生法律效力的一种诉讼法律制度。"② 审级制度担负着多样化的司法功能，并且需要在不同的价值目标之间进行平衡与取舍。我国的法院审级制度基本是四级二审制，即二审终审制。近年来，虽然我国环境司法专门机构如雨后春笋般地迅速发展，并在生态环境审判工作形成了"贵阳模式""昆明模式""无锡模式""东营模式"③ 等成型的模式，但是，从审级方面看，上下不对应现

---

① 丁岩林：《超前抑或滞后——环保法庭的现实困境及应对》，《南京大学法律评论》2012年第2期。

② 程荣斌、邓云：《审级制度研究》，《湖南省政法管理干部学院学报》2001年第5期。

③ 余东明、孟伟阳、唐志美：《"东营模式"创司法保护环境新路》，《法制日报》2013年1月15日第5版。

象严重。"从全国环境资源审判机构的级别设置情况看，从设置级别看，在全国的环境资源审判机构中，有的地区三级法院均设立了环境资源审判机构，如福建、贵州、海南、陕西；有的地区在基层和中级人民法院设立了环境资源审判机构，如江苏、云南等地区；有的地区仅在基层法院设立了环境资源审判机构，如北京、安徽、浙江、辽宁、江西、甘肃、山西。这些审判机构组织形式多样，既有与传统民事审判庭、行政审判庭、刑事审判庭平起平坐的环境资源审判庭，也有环境资源审判巡回法庭，也不乏环境资源审判合议庭；有的具有行政编制，有的没有，有的法院是受理环保案件后临时组建合议庭，案件审结后，合议庭即解散。"[1]

（三）环境司法专门机构的职能作用差异性大

据2016年7月最高人民法院发布的《中国环境资源审判》白皮书，"2002年至2011年，全国法院受理环境资源刑事、民事、行政一审案件118779件，审结116687件。2012年1月至2016年6月，全国法院受理环境资源刑事、民事、行政一审案件575777件，审结550138件。2012年1月至2016年6月受理和审结的环境资源类案件总数几乎是2002年至2011年同类案件总数的5倍"。尽管环境污染、自然资源破坏日趋严重，重大突发环境事件时有发生，但生态环境纠纷案件总体数量仍然偏少。同时存在的问题是，环境司法专门机构的职能作用在不同的区域甚至同一区域不同的时期存在较大差异。以2015年为例，全国各级法院从严惩治污染环境犯罪，"审结污染环境、破坏资源等犯罪案件1.9万件，同比上升18.8%；全国各级法院审结涉环保民事案件7.8万件，着力服务保障绿色发展。其中，江苏等地法院试行'劳务代偿''异地补植'等责任承担方式，增强环境资源案件审判效果；福建法院审结新环保法施行后首例环境民事公益诉讼案件"[2]。据2016年6月5日法制网的《盘点全国各地环境资源审判法庭设立情况》文章介绍，自环境资源审判法庭设立以来，福建省自2008年至2016年，审结涉生态环境资源各类案件1.9万余件；山东省自2013年至2016年，审理涉环境资源民商事案10695件、环保行政案8809件、刑事案1285件。而云南省自2008年至2016年，昆明中级人

---

[1] 韩德强：《环境资源审判工作的现状分析及建议》，《人民司法》2014年第19期。
[2] 周强：《最高人民法院工作报告》，2016年3月21日，http://www.court.gov.cn/zixun-xiangqing-17712.html。

民法院共审结环境资源类案 280 余件，审理 6 件环境民事公益诉讼案件；玉溪中级人民法院审理各类环境资源案 160 余件；大理两级法院共审理环境资源案件 650 余件；曲靖中级人民法院审理环境资源类案 220 余件。从统计情况看，全国环境资源审判机构的设置呈现一定的区域性，职能作用的发挥也存在较大的差异性。

就检察机关而言，有统计资料显示，2015 年 1 月至 12 月，全国检察机关共批捕污染环境、非法采矿、盗伐滥伐林木等破坏环境资源犯罪嫌疑人 8365 人，起诉 27101 人；全国检察机关共查办生态环境领域贪污贿赂犯罪案件 482 人，查办渎职犯罪 603 人。但是，检察机关在保护生态环境安全、有效打击犯罪的过程中，如何充分发挥检察职能作用、整合资源力量、积极主动作为、强化法律监督、建立完善机制等方面，仍然存在很多问题。

五　环境司法人员匮乏

在环境污染事件频发的中国，如何有效遏制日益恶化的生态环境，已成为社会各界广泛研讨的焦点问题。而环境污染是一个复杂的过程，在立案侦查时，在案件审理中，涉及多学科的专业知识，而法院和检察机关往往缺乏相应专业的人员，致使纠纷处理起来更加困难。

（一）环境司法人员遴选机制存在缺陷

法官、检察官遴选制度是法官、检察官制度的重要组成部分，主要包括两个方面的内容，即任职资格和选任机制。"严格、科学、合理的遴选程序是选出高素质法官、检察官的保障，它对司法权的正确行使，保障法律的正确实施，维护社会正义，促进社会和谐进步具有重要的意义。"[①] 当下正在进行的司法体制改革，使法官、检察官遴选（惩戒）委员会这一司法改革中的新设机构在争议中进入运行。例如上海遴选委员会的办公室分别设在上海"两院"，秘书处则设在政法委，遴选委员会并不改变过去的任免权归属，而是相当于在法院检察院提名、人大任免程序之间增加一项否决权。遴选（惩戒）委员会主要是从专业角度、司法规律角度来遴选优秀的法官、检察官，或者惩戒、处理、调离专业水准能力不合格的法官、检察官。现行的环境司法人员遴选机制，对法律专业学习资历要求

---

① 王琦：《我国法官遴选制度的检讨与创新》，《当代法学》2011 年第 4 期。

过低,弹性过大,不利于法官、检察官整体素质的提高;法律工作经历认定范围过宽,难以体现环境司法的职业特点等。

(二) 环境司法人员职业保障不明确

党的十八届四中全会明确提出:"建立健全司法人员履行法定职责保护机制。非因法定事由,非经法定程序,不得将法官、检察官调离、辞退或者作出免职、降级等处分。"[1] 环境司法人员职业保障包括身份保障、经济保障以及安全保障。目前我国环境司法人员职业保障与其岗位要求严重脱节。以法官为例,主要表现在法官政治和经济待遇低、法官参与的非审判事务多、法官心理压力和人身风险大,等等,具体表现在:①法官的薪金待遇问题,法官工资低、工作量大,却与一般公务员工资差不多,职业特点难以体现;②法官等级制度问题,法官等级制度尽管已经确立,但没有真正运用等级制度去管理法官,法官的权利、义务、待遇没有与法官等级相挂钩;③法官任职期限问题,很多国家实行的法官任职终身制有效地保障了法官的职业安全,法官的职业安全体现在未经法定程序不能把一个法官从一个岗位随意调离到其他岗位,也不能随意去免职一个法官;④法官责任问题,法官有可能办错案,办了错案就要承担错案责任,这使法官职业充满风险。目前这种高风险、低保障的职业难以吸引最优质的人才,法官的流失也就在所难免。

(三) 环境司法人员环境法律专业知识弱

"生态环境问题具有很强的专业性,涉及环境、水文、地质等多学科领域。生态环境案件中,对于侵权行为是否存在、生态环境损害的程度如何评定、因果关系如何推定等,都是此类案件审理的难题,需要很强的专业技术作支撑"[2],由此对环境司法人员的司法能力提出了挑战,加强环境司法队伍的专业化建设显得尤为重要。同时,环境司法要求"对应的公安机关、检察机关、专业律师、鉴定机构、公证机构、政府环境资源行政管理机关、诉讼当事人及其代理人等各类环境诉讼参与人均需具备相应的专业知识储备和诉讼参与能力,没有法律职业共同体的环境司法专业化

---

[1] 《中共中央关于全面推进依法治国若干重大问题的决定》(2014年10月23日中国共产党第十八届中央委员会第四次会议通过),2014年10月28日,http://news.xinhuanet.com/politics/2014-10/28/c_1113015330.htm。

[2] 白泉民:《生态环境司法的发展趋势》,《人民司法》2015年第1期。

水平的同步提升，再好的制度设计和审判模式建构都将会是流于形式"①。但是，我国环境法学教育的起步较晚，配备到环境审判组织的人员几乎没有接受环境法学方面的专业训练，无法满足环境司法"专业化"的要求。以 2016 年 5 月 31 日成立的厦门市中级人民法院民事第六庭为例，该庭的主要职能包括四个方面，统筹协调和指导厦门市金融、破产案件的审理工作；依法审理企业破产、司法重整、重组改制、强制清算等案件；依法审理涉银行金融案件；依法审理环境资源类民事案件，目前配备的三名法官和一名书记员，要在审理其他案件的基础上再分配精力来进行环境类案件的审判、调研工作。

（四）配置的环境司法人员知识结构不合理

近年来，通过设立环境法庭、生态环境检察局等专门性机构，配置专门性的环境资源类审判诉讼模式，极大地提高了环境资源类司法的专业性。从整体发展过程不难看出，专门性的审判组织形态呈现多样化的趋势，同时也打破了传统审判组织的模式，环境刑事案件、环境民事案件与环境行政案件也从原先的审判职能部门划分给专门的环境审判组织进行审理。从环境审判组织的人员配备情况看，因为大多数人员是从其他业务庭室转岗而来的，又缺少必要的岗前培训，仅是增加了一项"专门审理"环境资源类案件的工作而已，其环保法律知识与环境科学知识的专业化水平不容乐观。有资料显示，截至 2014 年 7 月 15 日，"全国环境资源审判机构共有人员 476 名，主要集中在基层和中级法院。其中，基层法院有 265 人，中级法院有 113 人，高级法院有 66 人，最高法院有 32 人。476 名人员中法官有 413 名。全国环境资源审判机构组成人员（因最高法院法官的专业背景没有统计，按照 444 人计算）学历以本科为主，约占 69.6%，大专学历约占 12.6%，研究生学历约占 17.8%（以硕士研究生为主，博士生 2 名），环保审判队伍整体素质较高。但是，444 人中环境法专业的只有 7 人，只占 1.6%"②。因此，要想成为环境司法队伍的一员，除了具备司法经验外，还要熟练掌握各项环境法律法规，培养环境法律思维，才能针对纷繁复杂的环境案件作出准确合理的法律判断。

基于环境纠纷原因的复杂性，特别是环境问题在因果关系的证明方面

---

① 杨凯：《关于构建"三审合一"审判模式的法理学思考》，《环境保护》2014 年第 16 期。
② 韩德强：《环境资源审判工作的现状分析及建议》，《人民司法》2014 年第 19 期。

极为困难，动辄牵涉医学、生物学等高科技知识的综合运用，且经常超越现有科技知识的极限，对此，可以通过建立环境问题专家人才库，有针对性地将其遴选为人民陪审员，以此弥补司法队伍专业化不足的短板。

六 环境案件裁判难现象普遍存在

近年来，环境污染问题多发多见，重大污染事故频发，每年环境行政机关都作出大量的环境行政处罚决定、受理大量的环境行政复议案件，但进入司法程序的诉讼案件比例却不高。事实上，进入司法程序的诉讼案件比例与生态文明建设理念、绿色发展理念相关联。

（一）环境案件审判难度大

伴随"十三五"以及社会经济发展的不断推进，生态文明建设急需有匹配的环境司法制度，以强化对环境不法行为的查处和审判。目前，我国环境案件裁判中的主要问题表现在以下几个方面。

1. 案件数量少。以下几组数据可见一斑。①2004—2013年，全国法院共受理一审生态环境案件135145件，平均每年仅有一万件左右的案件；全国一审生态环境案件数量增长缓慢，甚至个别年份案件数量明显下降，年均增长率为5.8%，低于全国法院一审案件7.4%的年均增长率；环境污染损害赔偿民事案件呈总体下降趋势，年收案徘徊在2000件左右，没有大的变动。②2013年，"河北11个环境资源审判机构有24名法官，一年环境案件结案量为24件，平均每人一年结一个案子；江苏省5个环境资源审判机构一年审结5个案子；浙江2个环境资源审判机构一年审结3个案子"[①]。③2013年，很多环境资源审判机构普遍面临无案可审的尴尬境地，例如"北京市延庆法院，广西壮族自治区鱼峰法院、梧州中院，河北省邢台中院，江苏省淮安市清浦区法院和宿迁市宿城区法院等十余个法院的环境资源审判机构；有的省、市、自治区环境资源审判机构年度结案量为零，例如北京、上海、天津、广西、河南、山西、陕西、广东、内蒙古、湖南、新疆、宁夏、西藏、湖北等"[②]。

自立案登记制施行以来，大量环境污染纠纷仍然未进入诉讼程序，生态环境诉讼案件数量较少，占全部案件的比重小等状况并未得到根本

---

① 孙佑海：《环保法庭真的无事可做吗?》，《环境经济》2014年第9期。
② 韩德强：《环境资源审判工作的现状分析及建议》，《人民司法》2014年第19期。

改变。

2. 主体难确定。环境资源包括大气、水、海洋、土地、矿藏、森林、草原等，与人类的生产、生活息息相关。"人类是环境的产物，人类要依赖自然环境才能生存和发展；人类又是自然的改造者，通过社会生产活动来利用和改造环境，使其更适合人类的生存和发展。"[1] 但是，人类也在不同程度上破坏了环境资源，且破坏环境的主体难以确定。与主体比较明确的一般民事纠纷，例如甲拖欠乙的货款，以及刑事纠纷，与丙将丁打成重伤不同，环境纠纷的主体往往难以确定。主要表现为以下两个方面。一是加害主体的多元性。由于环境污染的原因多种多样，导致在某一环境事故发生之后，找不到确定的加害人，而只能由果溯因到一定范围内可能施加过污染行为的数个"嫌疑人"。例如，污染事故发生地的上游河段附近有工厂若干，究竟是哪家工厂实施的污染行为以及各自污染行为的程度分别如何，很难准确判定。二是受害人的不确定性。由于环境污染或破坏属于社会公害，危害范围较广，受害者往往是多数人。加之因环境破坏而在特定受害者人身或者财产上的表现不完全一样，或者说由于多种原因导致损害表征复杂化，受害人的范围就更加难以确定。此外，如果某环境污染并未造成任何私人人身或者财产权益受到损害，而仅造成公共环境的破坏，这种情况下，环境纠纷的受害人更加不确定，是全体公民还是某些热心于公益事业的人士？是当代人民还是子孙后代？[2] 问题更加复杂。

3. 当事人举证难。以生态环境民事侵权案件为例，原告经常遭遇举证困难问题。虽然最高人民法院司法解释明确规定环境污染所引致的环境侵权诉讼适用"举证责任倒置"原则，但原告仍然要承担基础的举证责任，即要证明被告的侵权行为以及受到损害的事实，这对于原告来说仍然有很大难度。一是原被告双方当事人力量悬殊，通常一方是经济实力雄厚的企业集团，另一方却是势单力薄的普通公民，环境信息掌握的不对称性，再加上专业技术的欠缺，使原告在举证上处于弱势地位。二是生态环

---

[1] 罗利：《人与自然和谐发展探析》，《金陵科技学院学报》（社会科学版）2010年第4期。

[2] 齐树洁：《论我国环境纠纷诉讼制度的完善》，《河南省政法管理干部学院学报》2007年第1期。

境侵权具有即时性、动态性,证据难以保存等特点,再加上受害者对法律和环境知识的缺乏,使得他们很难提供有力的证据。即使是采用了录音、录像等视听资料作为证据,但证明效力比较低,[1] 容易为侵权一方所否认。正是由于环境民事诉讼在举证上的障碍,诉讼中也往往因缺乏必要的诉讼要件被驳回起诉。

4. 法院审理难。一是环境污染具有复杂性、多因性和长期性,其侵权的认定不仅需要法律专业知识,往往还需要专业技术知识,导致案件事实认定难。二是大多数的环境侵权案件中,原、被告双方在损失的数额上存在分歧,损失较难量化,成为案件审理的难点,例如浙江省高级人民法院随机抽取了20份环境民事判决书,其中11个案件的原、被告对损失数额存有争议。三是环境法律法规纷杂、效力层级不明使法官对环境行政案件的审理陷入困境,例如《水法》《水污染防治法》《水土保持法》三者之间既有冲突之处,又有重叠之处。四是审理时限与鉴定时限长,例如浙江法院环境民事一审案件平均审理周期为120天,上海法院环境类案件的平均审理期限为103天,高于上海法院近年案件平均审理期限一倍。其中,民事环境案件平均审理期限为141天,行政环境案件平均审理期限为62天。这说明环境案件审理期限的瓶颈在于民事环境案件,这与司法鉴定基本集中于民事环境案件的情况相吻合。从上海某法院涉及司法鉴定案件的抽样情况看,鉴定案件平均审理期限为305天,远高于普通民事案件的平均审理期限,表明环境司法鉴定已经成为严重影响司法效率的重要因素。[2]

(二) 司法不公问题依然突出

除了事实认定方面的原因,多年来,各级人民法院严格依照法律法规规定,公正高效审理了大量的环境案件,但是,基于环境立法的滞后、环境法律法规之间的冲突、法条的模糊等因素,实践中,仍存在一些案件法律适用不统一的现象。其中,既有刑事案件,例如对盐城市"2·20"特大水污染事故案以"投放危险物质罪"判决引发的争议;也有民事案件,例如对环境侵权责任要件的判断,绝大多数法院不再以"违法性"作为

---

[1] 白泉民:《生态环境司法的发展趋势》,《人民司法》2015年第1期。
[2] 袁春湘:《2002—2011年全国法院审理环境案件的情况分析》,《法制资讯》2012年第24期。

判断污染企业承担民事责任的标准,即排污达标或符合法律规定标准未必就可以免责,例如污染企业尽管都是达标排放,但有的法院判企业仍要承担责任,有的法院则判不承担责任或驳回起诉,甚至裁定不予受理。尽管这只是个案,却很大程度上影响了环境司法的公信力。[①]

如前所述,环境案件发生的原因和过程往往具有隐蔽性,一般不易察觉,证据收集相对困难,因而其损害后果的确定往往难以界定;环境案件中行为与后果之间的因果关系往往具有间接性,损害后果是否发生、何时发生、在哪些范围内发生等方面往往具有不确定性,因而侵权责任的因果关系往往难以认定;尽管环境案件的影响范围具有不特定性,但其整体的影响范围往往跨省、跨市等传统受案区域,受害人数众多,社会关注度高,因而程序繁杂、审理期限较长;环境法体系中包含有大量其他类型案件所不具备的环境标准、环境指标等技术性规范,这也增加了环境纠纷案件的审理难度。此外,我国的《民法通则》《侵权责任法》《民事诉讼法》及最高人民法院针对环境刑事、民事、行政案件的相关司法解释对环境案件的审理做了大量特别的规定,也使环境纠纷案件的审理具有较大的特殊性,[②] 进一步制约着环境司法工作的顺利开展,并一定程度上影响了环境司法救济效果。

七　环境案件执行难问题突出

环境资源及其污染具有跨区域性特征。自然边界是生态环境、自然资源的边界,是成年累月自然形成的,而行政边界是为了便于管理一定范围内的经济、社会事务人为划分的,两者的范围常常不一致。自然环境的连续性、整体性和不可分割性等特点,决定了土壤污染、水污染和空气污染等流动性污染事件很容易超出一个行政领域。因此,对一个完整的生态系统或一类环境资源的保护,不以行政区划为界是合理的。例如,水资源流域的空间整体性极强,流域内自然要素间不仅联系极为密切,且在一定范围内相互制约、相互影响,流域管理已经成为包括世界上大多数发达国家、发展中国家和地区在内的一种国际性水资源管理模式。

---

① 袁春湘:《2002—2011 年全国法院审理环境案件的情况分析》,《法制资讯》2012 年第 24 期。

② 峥嵘:《环境司法专门化的困境与出路》,《甘肃政法学院学报》2014 年第 4 期。

而各个行政地区更多地考虑自身利益。在地方政治体制和环境考核制度等因素影响下，地方政府特别是地市级政府曾经长期存在"以经济建设为中心"的思想，有时会不惜牺牲环境来换取当地经济的发展，有的限于有关领导者的能力水平而认识不到环境资源保护的重要性，无意识地作出破坏生态、污染环境的决策。地区之间还存在相互比较和竞争，导致不少地方政府和领导在利益驱动下，考虑本地区的经济发展和环境保护为主，不考虑或者很少考虑对其他地区的环境资源的不利影响，甚至将对环境资源有影响的建设项目、开发项目设置在流经本地区的河流下游或边界处。有不少社会公众也存在地区利益意识，例如已经发生的某市居民跑到相邻地市的土地上倾倒废水，造成重大环境污染的事件。因此，环境资源和污染的跨区域性与各行政地区的利益是存在矛盾的。环境资源与污染的跨区域性，要求对环境资源的治理和保护应具有整体性，这需要通盘考虑才能真正治理和保护好。而各地出于对自身利益的考虑，往往不能兼顾其他地区的，但又属于整体的环境资源的保护和治理。

现有的普通法院都是按照行政区划设置的，其人、财、物都受制于地方，在相应的环境案件中同样不能免除地方利益的干扰和掣肘，更加重了环境案件的执行问题。执行难问题在环境污染侵权案件中体现得较为突出。生态环境侵权案件执行难，除了被执行人无财产可供执行这一普遍的原因外，还有环境案件自身的特殊原因。表现在：一是环境案件造成损害容易、恢复困难甚至永远无法恢复的特性，决定了一些案件必然产生执行难问题，有些案件到了申请执行环节可能已经丧失了执行的最佳时机；二是很多环保违法企业是当地的大型骨干企业，是地方的纳税大户和经济支柱，执行中易受到源自各方面的干扰，特别是涉及关停企业的案件；三是一些污染企业吸纳了大量社会劳动力，如果对其进行强制执行或者因判决停止侵害而强行关闭时，容易遭到企业职工的抵制，甚至引发群体性上访问题，激化社会矛盾。

八 环境司法制度与相关制度的衔接存在障碍

生态文明建设是一项系统工程，不能依靠某个群体或某个部门的"单打独斗"来实现。规范和指引社会行为、督促行政执法、推动立法完善，推动形成生态环境保护的整体氛围，司法的作用不可或缺。① 在环境司法制度建设的推进中，如何与相关制度相衔接，存在设计上的缺憾，表现在环境侦查与环境检察衔接、环境检察与环境审判衔接、环境审判与执行衔接等环境司法制度内部衔接机制，环境司法制度与环境行政执法衔接机制，环境诉讼制度与环境非诉制度衔接机制等多个方面。以环境司法制度与环境行政执法的衔接为例，环境执法与司法未能实现有效衔接。一是环境行政执法体系自身存在缺陷。目前，我国环保领域实行的是统管与分类相结合的多部门、分层次的执法体制。环保、海洋、渔政、公安、土地、矿产、林业、农业、水利等部门可依照法律的规定，对资源、污染防治实施监督管理。这种机制易造成各行政机关之间的职责划分不清，出了问题各部门之间相互推诿扯皮。二是各职能部门缺乏移送动力。一个地方出现了环境污染事故，环保部门就有被追究环境监管失职的危险，为此，基于政绩和前途的考量，环保部门往往缺乏移送的动力。虽然国务院颁行的《行政执法机关移送涉嫌犯罪案件的规定》规定了行政机关不移送的补救和监督措施，但公安机关和检察机关对于此类案件也缺乏积极履行职责的动力。

九　环境司法外部保障制度不健全

遏制环境污染，除了资金投入，更重要的还是制度投入；换言之，如果没有制度投入的跟进配套，单纯的资金投入是无法根本解决环境污染问题的。例如，人们早已认识到，"公共财政体制的建立，有利于确保政府环保投入的刚性；环保产业政策、法律制度的完善，能促进民间资本、非政府组织资金不断向环保领域汇集，使市场机制在环境污染治理过程中充分发挥引导和优化资源配置的作用"②。

（一）财政支持制度不健全

改革开放 40 多年来，伴随国民经济和社会的快速发展，我国政府的财政收入一直保持着高速、稳定的增长，环保投资力度也不断增加。问题是，从绝对规模来看，2000—2012 年中我国的环保投资绝对量稳步提升，

---

① 白泉民：《生态环境司法的发展趋势》，《人民司法》2015 年第 1 期。
② 朱裴：《环保投入缘何流失？——资本冲动遭遇制度冷水》，《环境经济》2006 年第 16 期。

由 2000 年的 1062 亿元上升至 2012 年的 8253.5 亿元，增长了 7.77 倍，其中 2007 年、2008 年、2010 年增长较快，尤其是 2010 年较 2009 年绝对量增长了 2353.8 亿元。但是，环保投资额占财政收入的比重基本保持在 7%—8%左右，环保投资占财政支出的比重也一直比较稳定，保持在 6.5%—8.5%左右。[①] 详见表 3-3。

表 3-3　　　　　　　　2000—2012 年我国环保投资规模

年份	环保投资额（亿元）	环保投资占GDP比重（%）	环保投资占财政支出比重（%）	环保投资占财政收入比重（%）	环保投资占全社会固定资产投资比重（%）
2000	1062.0	1.02	6.68	7.93	3.23
2001	1166.7	1.06	6.17	7.21	3.14
2002	1456.5	1.21	6.60	7.70	3.35
2003	1750.1	1.29	7.10	8.06	3.15
2004	2057.5	1.29	7.22	7.79	2.92
2005	2565.2	1.39	7.56	8.11	2.89
2006	2779.5	1.28	6.88	7.17	2.53
2007	3668.8	1.38	7.37	7.15	2.67
2008	4937.0	1.57	7.89	8.05	2.86
2009	5258.4	1.54	6.89	7.67	2.34
2010	7612.2	1.90	8.47	9.16	3.02
2011	7114.0	1.50	6.51	6.85	2.28
2012	8253.5	1.59	6.55	7.04	2.20

数据来源：《中国统计年鉴》（2001—2013）、《中国环境统计年鉴》（2001—2013），中国产业信息网。

根据一些国际组织和经济专家的研究结果，当一个国家的环保投资占其同期 GDP 的 1%—2%时，才能大体上控制环境污染的发展；而要使环境质量发生明显的好转，则花费在环保上的投资需占其同期 GDP 的 3%—5%。从世界各国的现状来看，发达国家环保投资占 GDP 比例大都在 2%—3%。我国的环保投资占 GDP 的比重虽然总体上呈现增长趋势，从 2000 年的 1.02%上升至 2012 年的 1.59%。但是，总体上呈现增长乏力、上下反复的特点，表明我国刚达到可以控制环境恶化的水平，距离可

---

① 张悦、林爱梅：《我国环保投资现状分析及优化对策研究》，《技术经济与管理研究》2015 年第 4 期。

以改善环境状况的水平还相差甚远。

我国各级政府用于环境保护事业方面的财政预算支出要远远落后于其他项目。2006年以前,在财政预算的科目设置上,环境保护投资这一项并非像基本建设支出、文教科卫支出等那样作为一个独立的支出科目,这种预算设置体制的结果是很难对政府在环境保护方面的投资资金进行有效的监督和管理,中央政府和各级地方政府的环保投资也就得不到充分保证。虽然2006年以后将环境保护作为独立科目纳入了政府预算,但在各级财政预算内资金拨付的各项目中,环境保护都是数量最小的一个,反映了环境问题没有引起政府部门的足够重视,也不是当前政府投资建设的重中之重。

环保投资的多少在一定程度上反映了一国对环境保护的重视程度,环保投资是改善环境质量的有效手段。这种趋势的变化与经济发展观念的转变有很大关系。2015年6月25日,财政部、国家发展改革委、工业和信息化部及环境保护部联合发布《环保"领跑者"制度实施方案》,其基本思路:建立环保"领跑者"制度,以企业自愿为前提,通过表彰先进、政策鼓励、提升标准,推动环境管理模式从"底线约束"向"底线约束"与"先进带动"并重转变;制定环保"领跑者"指标,发布环保"领跑者"名单,树立先进典型,并对环保"领跑者"给予适当政策激励,引导全社会向环保"领跑者"学习,倡导绿色生产和绿色消费。2016年3月18日公布的2016年全国预算草案提出了推动生态环保等九大支出政策,在生态环保方面,明确提出:加大大气污染治理力度,推进实施水污染防治行动计划,加大新能源汽车推广力度,加快充电基础设施建设,完善可再生能源发电补贴机制,推进环境监测体制改革。新时期,一系列政策的推出,对激发市场主体节能减排内生动力、促进环境绩效持续改善、加快生态文明制度体系建设具有重要意义。

(二)政府环境信息公开制度不健全

"政府环境信息公开,是指公民、法人或其他组织通过一定的法定程序来申请政府行政机关公开其持有的环境信息,或者政府行政机关依据法定程序主动公开一定范围的环境信息。"[1] 只有政府环境信息公开,社会公众环境知情权才能得以保证。我国《政府信息公开条例》和《环境信

---

[1] 吴玉萍:《试析中国政府环境信息公开制度》,2012年7月12日(http://www.lunwen-tianxia.com/product.free.10060985.1)。

息公开办法（试行）》的实施，标志着我国环境信息公开迈进法治轨道。新《环境保护法》信息公开与公众参与一章，扩大了环保部门主动公开政府环境信息的范围和系统性，明确了公民、法人和其他组织依法享有获取环境信息、参与和监督环境保护的权利，把环境信息的公开与公众参与和监督紧密联系起来，为健全和完善我国政府环境信息公开制度提供了基本依据。但是，与国家现代环境治理的要求和公众遏制污染的强烈诉求相比较，依然存在诸多不足，[①] 集中表现在以下几点。

1. 政府怠于主动公开环境信息

政府环境信息公开应以公开为原则，不公开为例外。一般来说，除涉及国家秘密和商业秘密及个人隐私的信息外，其他的环境信息都应公开。目前，公众最为密切关注的与环境治理息息相关的环境信息主要有五类：空气、水、土壤等环境质量信息；与环境有关的发展和保护规划及规划环评；建设项目的环境影响评价相关文件；污染源及污染物排放的信息；环境突发事件的应急信息。其中，除了空气质量信息的主动公开做得比较好之外，其他方面都相差甚远。以环境影响评价信息与污染源监测信息公开为例，目前环保部没有建立环境影响评价文件公开的全国平台，公众需要到各地环保局查找。重庆两江志愿服务发展中心自《建设项目环境影响评价政府信息公开指南（试行）》实施以来观察环保部、31个省级环保部门和119个地级市环保部门落实指南情况，发现截至2014年3月28日，只有北京市、河北省和广东省等13家省级环保部门和珠海、成都、昆明等12个城市的环保部门在其官方网站上就环评全本、拟审批环评、环评批复文件、验收全本、拟审批验收、验收批复文件六个方面全部实现了公开。在其观察的范围内，超过1/4的环保部门在落实指南情况方面没有任何行动，也就是环评信息在中国大部分地区还没有得到实质的公开。作为政府环境信息公开最主要的方式——主动公开整体上都是单向度的，与公众参与的对应性不强；信息分享零散、不成系统，难以成为监督污染源、促进污染企业减排的有效工具。

2. 依申请公开的环境信息缺乏程序保障

"重实体，轻程序"的现象至今仍然很普遍。由于政府环境信息主

[①] 王灿发、林燕梅：《我国政府环境信息公开制度的健全与完善》，《行政管理改革》2014年第6期。

动公开得不充分，公众需要向环保部门和其他行政机关依据《政府信息公开条例》申请政府环境信息，但在现实中不少行政部门缺乏公开的意愿，在处理政府环境信息公开申请时，在提出申请、获得回复以及寻求救济三个环节都设置了一些不合理的障碍。在依申请公开的申请阶段，行政机关通过对申请人申请资格的限定来减少信息公开申请，例如以申请人与所申请的信息无关不予回复，但又不提供"无关"的证据和解释；有的通过电话询问申请人申请信息的目的，在得知申请是用于科研用途后，又要求申请人提供其所在单位或学校的证明，否则将不予答复；有的行政机关还通过告知申请人所在的学校施加压力，要求申请人撤回申请。

在依申请公开的回复阶段，不少行政机关采用拖延回复或不回复，滥用豁免理由，以"信息不存在"或"不属于其审批或保存"为由拒绝公开，以要求申请人当场查阅不得复印等各种"技巧"为公开设置路障，违背《政府信息公开条例》所规定的公开政府信息必须遵循的"公正、公平、便民"的原则。例如安徽芜湖生态中心在 2013 年向全国 31 个省环保厅申请致癌污染物二噁英排放企业名单和排放信息，其中有 21 个省环保厅以上述列举的各种"技巧"不予公开，直到申请人向环保部申请行政复议后，才主动联系申请人，在要求申请人撤回行政复议的前提下，愿意"妥善解决二噁英信息公开事宜"。行政机关不仅应该公开其制作的环境信息，其获取的信息也应该公开，但在现实中，不少环保部门以该信息非其审批为理由"踢皮球"，增加了申请人获得信息的难度。

3. 政府环境信息公开的救济和监督渠道存在障碍

"公民、法人或者其他组织认为行政机关在政府信息公开工作中的具体行政行为侵犯其合法权益的，可以依法申请行政复议或者提起行政诉讼。"[①] 但是，实践中，无论是行政复议还是行政诉讼，使用率、纠错率均偏低。据 2014 年 5 月 1 日公益组织"广州众一行"发布的《政府信息公开条例执行情况民间观察报告》指出，"与公众对政府信息知情权的强烈需求相比，行政机关的回复率普遍偏低，作为保障机制的行政复议，更是在实践中遭遇梗阻——有 22 个省市的行政复议数量均在一百件以内，其中宁夏、新疆、黑龙江、海南四地行政复议数量为零"。"广东全省法

---

① 《政府信息公开条例》第 33 条第 2 款。

院 2014 年受理一审政府信息公开类行政诉讼案件共 379 件,申请人胜诉的仅占了 12%。申请人的高起诉率与低胜诉率形成较大反差。"①

另外,根据《政府信息公开条例》第 29 条和第 30 条的规定,各级人民政府应当建立健全政府信息公开工作考核制度、社会评议制度和责任追究制度。但是,实践中,这些制度仍然没有被"激活",主要表现在没有具体的公民监督举报途径,对于那些用各种"技巧"不公开或不有效公开的政府部门和官员,没有明确的责任追究和惩罚办法。

因此,政府仅仅公开环境信息是不够的,还应建立相应的救济渠道和监督机制,否则会使政府公开环境信息的行为带有随意性,也会使政府公开环境信息产生惰性。

(三) 环境保护的激励机制不健全

改革开放以来,以经济总量和增长速度为中心的政府绩效考核体系,使我国经济在较短时间内取得举世瞩目的成绩,但这种经济增长采取的是"高资本投入、高资源消耗、高污染排放"模式,过度消耗资源,破坏了生态平衡和生态环境。环境质量是一种公共产品,是政府必须提供的基本公共服务。作为公共产品的良好的生态环境,包括清新空气、清洁水源,这些都是人类生产生活的必需品、消费品,政府理应成为第一生产者和提供者。② 但是,长期以来,地方政府仍然执行以经济总量和增长速度为中心的考核,没有将环境损害、资源消耗及生态效益纳入经济社会发展的评价体系中,没有建立起一套有利于环境保护的激励机制。任何行为的背后必然是以内在动机和外在激励为基础的,完善地方政府的激励机制是环境保护取得实质进展的关键环节,建议增加反映生态文明建设的各项指标在政府绩效考核中的权重,通过对生态文明建设活动的全过程跟踪,客观反映区域生态文明程度,加快推进中国环境治理体系和治理能力现代化。

---

① 《广东政府信息公开诉讼案申请人胜诉率仅一成二》,2015 年 1 月 22 日(http://www.chinanews.com/fz/2015/01-22/6996431.shtml)。

② 何爱平、石莹、赵菡:《生态文明建设的经济学解读》,《经济纵横》2014 年第 1 期。

第四章　环境审判的实践探索

从世界范围看，环境审判一直是当代环境法发展的重要内容，特别是在环境专门立法不完善、环保行政执法不力的早期，西方环境保护先行国家大都通过司法审判先于立法甚至行政执法来处理环境污染问题，可以说司法在环保领域的先试先行是一个世界性命题。

我国改革开放40多年来的高速发展，创造了经济社会发展的世界奇迹，也使环境问题集中式爆发。从我国早期环境审判的发展来看，无一例外均起步于当地发生的重大环境污染事件。如2002年天津海事法院、天津市海洋局、天津市渔政渔港监督管理处诉英费尼特航运公司、伦敦汽船互保协会的"塔斯曼海"油轮溢油事故案，天津市海洋局请求赔偿海洋生态损失9830余万元，天津市渔政渔港监督管理处请求赔偿渔业资源损失1830余万元。[①] 以较早成立环保法庭的几个地区为例，2007年贵阳清镇法院环保法庭的成立是因为贵阳市饮用水源"两湖一库"被严重污染，无锡中级法院成立环保庭是因为2007年太湖蓝藻事件的爆发，昆明中级人民法院和玉溪中级人民法院成立环保法庭则是因为滇池污染和阳宗海污染。基于当时环保立法、行政执法供给不足的现状，这些地方法院开始探索环境诉讼的司法实践之路，其中的成功经验陆续被人大立法和最高人民法院制定的司法解释所吸纳。

本章将按照民事、刑事、行政三部分对我国已有的环境司法典型案例进行归类分析，探索环境审判实践中存在的问题并总结其启示意义。

第一节　环境民事审判的实践探索

环境民事诉讼包括私益诉讼与公益诉讼，最高人民法院2015年1月

---

① 王社坤：《中国环境公益诉讼司法实践与制度构建调查报告》，《中国环境法治》2011年下卷。

6 日发布了《关于审理环境民事公益诉讼案件适用法律若干问题的解释》（以下简称《环境民事公益诉讼司法解释》），2015 年 6 月 1 日发布了《关于审理环境侵权责任纠纷案件适用法律若干问题的解释》（以下简称《环境侵权司法解释》），力图为审理环境民事诉讼案件提供可操作的司法规则。本节将结合两个司法解释，梳理近年来我国环境民事诉讼发展进程中具有重要意义的典型案件，总结出现阶段司法实务中存在的主要难点。

表 4-1　　　　近年来我国环境民事诉讼典型案件基本情况一览

案件来源	当事人		受理时间	诉讼性质
	原告	被告		
最高人民法院发布的 9 起环境资源审判典型案例（2014 年 7 月 4 日）	中华环保联合会、贵阳公众环境教育中心	贵阳市乌当区定扒造纸厂	2010 年	公益
	朱正茂、中华环保联合会	江阴港集装箱公司	2009 年	公益
	中华环保联合会	无锡市蠡湖惠山景区管理委员会	2012 年	公益
最高人民法院发布的 10 起环境侵权典型案例（2015 年 12 月 29 日）	北京市朝阳区自然之友环境研究所、福建省绿家园环境友好中心	谢知锦等四人	2015 年	公益
	中华环保联合会	德州晶华集团振华有限公司	2015 年	公益
	常州市环境公益协会	储卫清、常州博世尔物资再生利用有限公司等	2014 年	公益
	曲忠全	山东富海实业股份有限公司	2009 年	私益
	沈海俊	机械工业第一设计研究院	2015 年	私益
	梁兆南	华润水泥（上思）有限公司	2011 年	私益
	周航	荆门市明祥物流有限公司、重庆铁发遂渝高速公路有限公司	2012 年	私益
江苏省高级法院	泰州市环保联合会	常隆公司等六家公司	2014 年	公益
无锡市两级法院	中华环保联合会	江苏宁沪高速公路股份有限公司	2014 年	公益
	江阴市环境保护局	刁胜先、王文峰、马正勇	2013 年	公益
	杨玲	吴桂生、无锡市惠山区洛社镇绿化村民委员会	2013 年	私益
	吴轶、张婴芝	江苏沿江高速公路有限公司	2014 年	私益

续表

案件来源	当事人		受理时间	诉讼性质
	原告	被告		
贵州省清镇法院	中华环保联合会	贵州好一多乳业股份有限公司	2011年	公益

一 归责：无过错责任、过错责任与风险责任

（一）无过错责任为原则，过错责任为例外

《环境侵权司法解释》第1条即规定了一般环境侵权适用无过错责任，① 环境污染民事责任的承担无须违法性要件，即便企业合法排污（达标排污），仍需承担环境民事责任，关于环境污染侵权采无过错责任归责原则的正当性解释有后果严重说、过错难以证明说、污染者获利补偿说、高风险说、合理分配不幸损害说等，实际上，之所以适用无过错归责原则，实因我国污染物排放标准制定不合理，标准要求普遍偏低，加之企业工业污染源布局集中，通常致使虽达标排污，但仍造成较为严重的污染现象，甚至导致公民人身权、财产权受到严重损害。但司法实践中值得注意的是，与一般环境侵权适用无过错责任原则不同，环境噪声侵权适用过错责任。根据《环境噪声污染防治法》第2条规定，② 过错和超过国家规定的噪声排放标准的违法性是承担噪声侵权的两个必备条件，潜台词在于低于国标的噪声可视为声环境中人类可以容忍且无法避免的副产品。

在沈海俊诉机械工业第一设计研究院噪声污染责任纠纷案中，沈海俊系机械设计院退休工程师，住该院宿舍。为增加院内暖气管道输送压力，机械设计院在沈海俊的住宅东墙外侧安装了增压泵。2014年，沈海俊认为增压泵影响其休息向法院提起诉讼。后双方达成和解，沈海俊撤回起诉，机械设计院将增压泵移至沈海俊住宅东墙外热交换站的东侧。2015年，沈海俊又以增压泵影响其睡眠、住宅需要零噪声为由，再次诉至法

---

① 《环境侵权司法解释》第1条："因污染环境造成损害，不论污染者有无过错，污染者应当承担侵权责任。污染者以排污符合国家或者地方污染物排放标准为由主张不承担责任的，人民法院不予支持。"

② 《环境噪声污染防治法》第2条："环境噪声污染是指所产生的环境噪声超过国家规定的环境噪声排放标准，并干扰他人正常生活、工作和学习的现象。"

院，要求判令机械设计院停止侵害，拆除产生噪声的增压泵，赔偿其精神损害费1万元。根据沈海俊的申请，法院委托蚌埠市环境监测站对增压泵进行监测，结果显示沈海俊居住卧室室内噪声所有指标均未超过规定的限值。[①] 法院认为沈海俊关于增压泵在夜间必须是零噪声的诉讼主张没有法律依据并判决驳回其诉讼请求。

在中华环保联合会诉江苏宁沪高速公路股份有限公司噪声污染责任纠纷环境民事公益诉讼案中，中华环保联合会接到群众举报，反映宁沪高速公路工程竣工后，周围三个行政村数百户村民因交通噪声污染，严重影响生活。其于2014年提起环境民事公益诉讼，要求宁沪高速公路公司控制噪声，排除危害。法院委托无锡市锡山区环境监测站作出监测报告，并就监测报告中的噪声数据，向交通部公路科学研究所、无锡市环境监测站有关专家进行了咨询，涉案村落环境噪声的确存在夜间超标现象，宁沪高速公路股份有限公司构成侵权。

构成噪声侵权的前提是超过国家明文规定的噪声排放标准，噪声污染侵权适用过错责任，是公众实现自身合法权利和履行一定容忍义务的体现，目的在于权利与义务相一致，衡平各方利益。但就后一案件来说，过错责任的适用也面临着一个更大的争议：该类居民区应适用何种环境噪声标准。按照国家声环境质量标准，农村居民聚集区等声环境敏感区域应适用1类标准，而铁路、高速公路等交通干线周围应适用4类标准。该案中，先有村庄，后有高速公路，按照一般逻辑，附近村民不应因高速公路的公共利益而损害自身利益，除非得到某种程度的补偿。但是，在高速公路提交的环评报告中，政府批准适用的环境噪声标准依然是4类，导致法院在标准适用问题上难以定夺。事实上，标准、规划的滞后很大程度上有赖于环保行政执法，特别是可能涉及行政不作为等敏感领域，这些问题很难通过民事诉讼从根本上加以解决。笔者认为，只有从环保行政执法或行政诉讼的角度出发，才能更好地解决这一问题。

（二）介于无过错责任与过错责任之间的风险责任

无过错责任的适用难点在于"污染者"的认定，结合《侵权责任法》第八章和相关环境保护法律的规定，"污染者"是指污染源的控制

---

① 最高人民法院发布的10起环境侵权典型案例，2015年12月29日。

者与排放者。① 司法实践中，有些案件的侵权人难以被界定为"污染者"，其归责的原则更倾向于是一种介于无过错责任与过错责任之间的风险责任，因未尽到防范环境污染风险的义务而承担的风险责任。

在 2014 年轰动全国的泰州市环保联合会诉常隆公司等六家公司环境污染侵权赔偿纠纷一案中，常隆公司等六家公司与无危险废物处置资质的江中公司签订副产酸买卖合同，名义上已经转移了副产酸的所有权，很难直接被界定为具有"污染源的控制者与排放者"之含义的"污染者"，无法简单适用无过错责任，但其以支付每吨副产酸 20—100 元不等的价格这种补贴的形式，交无资质的江中公司非法处置，补贴费用远远不及正常处理费，导致江中公司直接倾倒副产酸，严重污染水体。常隆公司等六家公司作为副产酸的生产厂家，在明知副产酸的市场需求弹性不足的情况下，应当预见到相当数量副产酸不可能作为原料进入生产领域，过剩副产酸的无序流转存在极大环境风险。其向无资质的企业销售副产酸，是不作为的体现，未防范污染物对环境的损害，因未尽到谨慎注意义务及防范其生产的副产酸污染环境风险的义务而承担责任。

在江阴市环境保护局诉刁胜先、王文峰、马正勇水污染责任纠纷一案中，2010 年年初，刁胜先向 A 贸易公司租用四只罐体经营煤焦油生意。2012 年，刁胜先委托王文峰（无危险废物处置资质）处理其经营中产生的煤焦油分离废液，约定处理价格为每吨 180 元（委托固废处理中心焚烧处理费用为物价部门核准的 2500 元/吨）。其后，王文峰以拖油为名向 B 化工公司负责人借用该公司装运危化品的槽罐车。B 化工公司驾驶员马正勇受公司负责人指派驾驶公司危化品运输槽罐车，根据王文峰的指引，将车开至 A 贸易公司，从刁胜先租用的罐体内，装载了 30.24 吨煤焦油分离废液，后将车辆开至王文峰事先踩点确定的倾倒地点。当晚 21 时许，王文峰、马正勇趁无人之际，将车内煤焦油分离废液倾倒至冯泾河，致使水体大面积污染。关于上述倾倒废液之事马正勇事前未向 B 化工公司汇报，B 化工公司和 A 贸易公司事前均不知情。② 此案的一个难点在于 A 贸易公司和 B 化工公司作为资质出借者既非污染物的制造者，亦非污染源

---

① 顾铮铮、周科、刘英：《资质出借者环境侵权之责任承担》，《法律适用》2016 年第 2 期。

② 同上。

的控制者和排放者，难以就此认定为"污染者"。但从风险责任的角度分析，其归责的合理性在于，两公司有预见自己的出租、出借行为将导致环境侵权结果发生的可能性，尽管可能不会预见到他人利用资质直接实施倾倒等更为严重的环境侵权行为，但明知危险品储存专用容器和运输专用车不得转借他人而以营利为目的故意为之，构成对资质要求的注意义务的违反，① 因未尽到特许经营资质要求的防范环境损害风险的义务而承担责任。

二 证据：证据采信与保全

（一）鉴定意见、调查报告、专家意见等证据的采纳

环境污染易逝且容易扩散，因此，收集、保全证据要即刻而行。而环境侵权问题科学且专业，鉴定和专家论证尤为重要，裁判结果对其有很强的依赖性。司法实践中，因环境基础数据缺乏、环境损害评估鉴定技术规范缺失、政出多门、环境侵权固有特点带来的证据固定困难、专家水平不一、主观认识差别大等，往往造成鉴定意见、专家意见等受到一方甚至双方当事人的质疑，鉴定意见等固然有其专业性，但仍需接受证据规则等法定程序的检验，不能当然作为诉讼证据使用，经当事人质证后，法院认为有必要的，可依职权对其进行调查与论证，进而最终决定是否将其作为认定案件事实的根据。《环境侵权司法解释》第9、10条及《环境民事公益诉讼司法解释》第15条均规定了鉴定意见、调查报告、检验报告、检测报告、评估报告、监测数据以及专家意见等，经当事人质证，可以作为认定案件事实的根据。②

在梁兆南诉华润水泥（上思）有限公司水污染责任纠纷案中，上思县水产畜牧兽医局接到梁兆南报告，梁兆南所承包的下走水库因华润水泥（上思）有限公司（以下简称华润公司）所属华润水泥厂排入的污水污染致使大批鱼类死亡。该局与县环境监测大队、思阳镇政府等单位组成联合调查组多次前往现场调查，调查报告显示，下走水库水质发黄混浊，水库周围靠近岸边的水面及其他水面出现死鱼；华润水泥厂的排水沟有水泥、

---

① 顾铮铮、周科、刘英：《资质出借者环境侵权之责任承担》，《法律适用》2016年第2期。

② 《环境侵权司法解释》第9、10条及《环境民事公益诉讼司法解释》第15条。

煤炭等粉灰不断排入水库。梁兆南提起诉讼，主张华润公司承担侵权责任。① 此案的审理重点和难点在于调查报告是否可以并经何种司法程序审查后，可以作为认定案件事实的根据。调查报告经当事人质证后，法院认为其是在联合调查组三次现场勘察、对周边群众进行询问后形成的，并无违法情形，调查报告得出下走水库鱼类死亡与华润公司排污有因果关系的结论，予以采信。②

在杨玲诉吴桂生、无锡市惠山区洛社镇绿化村民委员会环境污染责任纠纷中，因对受到污染的茭白产量减损的数额无法确定，法院委托江苏某农科院对该损失进行鉴定。鉴定意见认为涉案茭白一年损失一季的收入。然而，该鉴定意见却成为双方最大的争议，种植户杨玲认为无锡地产茭白一年两熟，鉴定意见对其一年收一季茭白的认定严重低估了其市场收入。一审法院则以当事人举证不足来反驳鉴定意见的证明效力为由，采信了鉴定意见。二审法院辗转于农林部门、茭白种植户、农贸市场之间，经走访和实地调查发现，无锡地产茭白的种植模式确实与鉴定意见的认定不同，虽然鉴定机构坚持认为我国茭白种植行业标准，南京、无锡等地的地方茭白种植规程，茭白种植书籍中对双季茭均认为当年种植当年只收获一季秋茭，但鉴定意见的正确与否应建立在实地客观反映涉案茭白种植模式的基础上，而不是机械援引行业标准等书面规定。只要有足以反驳的相反证据和理由，鉴定意见并非不可推翻。二审法院最终因查清了涉案茭白确如种植户所讲一年两熟的事实，从而否定了鉴定意见。

环境污染事实的认定、修复方案的制定等均是相当专业的审理重点，直接涉及排污者责任以及赔偿数额的认定，鉴定意见、调查报告、专家意见等专业技术意见可以作为认定案件事实的根据，但必须经过严格的当事人质证及法院认证程序，如有足以反驳的相反证据和理由的，可以推翻。

（二）及时有效的证据保全

及时、有效的证据保全对环境民事诉讼案件能否顺利审理完结关系重大，而法院能否采取积极的证据保全措施对案件的结果会产生直

---

① 最高人民法院发布的10起环境侵权典型案例，2015年12月29日。

② 同上。

接而显著的影响。《环境侵权司法解释》第 11 条①和《民事诉讼法》第 81 条第 1 款②均作出规定，可见，环境民事诉讼中为了防止发生证据灭失难以取得的情况，法院可依当事人的申请采取证据保全措施，也可依司法职权主动采取证据保全措施。保全措施能否及时实施，关系着案件审理的进度及最终的裁判结果。

在中华环保联合会、贵阳公众环境教育中心诉贵阳市定扒造纸厂水污染责任纠纷案中，定扒造纸厂自 2003 年起经常将生产废水偷偷排入南明河或超标排放锅炉废气，多次受到当地环境保护行政主管部门处罚。但该造纸厂仍采取夜间偷排的方式逃避监管，向南明河排放污水。2010 年 10 月中旬，中华环保联合会接到群众举报后展开调查。2010 年 11 月，中华环保联合会、贵阳公众环境教育中心提起诉讼，请求法院判令定扒造纸厂立即停排污水，消除危险并支付原告支出的合理费用。贵州省清镇市人民法院受理案件的同时，即依原告申请采取了拍照、取样等证据保全措施，固定了证据，并裁定责令定扒造纸厂立即停止排污。经法院委托贵阳市环境中心监测站对定扒纸厂排放的废水取样检测，废水中氨氮含量等指标均严重超过国家允许的排放标准，其排污口下游的南明河水属劣五类水质。最终判令定扒造纸厂立即停止向南明河排放污水，消除对南明河产生的危害，并承担原告合理支出的律师费用及贵阳市"两湖一库"基金会垫付的检测费用。③

环境案件对证据的时效性要求非常严格，本案中原告在起诉时只有初步的表面证据：排污照片、视频和查询到的相关行政处罚材料。进入案件审理阶段后，因这些证据的证明效力较弱，一旦被告停止排污，原告将处于非常被动的地位。因此，环境案件的证据保全就显得极为重要，原告根据已掌握的证据线索向法院申请证据保全，由法院依职权委托相应机构在案件正式审理前就及时进行取证检测、鉴定，这样就杜绝了被告灭失证据的可能性。正是因为环境案件证据极易灭失且不断变化的特点，其固定搜

---

① 《环境侵权司法解释》第 11 条规定："对于突发性或者持续时间较短的环境污染行为，在证据可能灭失或者以后难以取得的情况下，当事人或者利害关系人根据《民事诉讼法》第 81 条规定申请证据保全的，人民法院应当准许。"

② 《民事诉讼法》第 81 条第 1 款规定："在证据可能灭失或者以后难以取得的情况下，当事人可以在诉讼过程中向人民法院申请保全证据，人民法院也可以主动采取保全措施。"

③ 最高人民法院发布的 9 起环境资源审判典型案例，2014 年 7 月 4 日。

集工作必须机动灵活，在诉前、诉中乃至诉后执行中均有可能因案件审判、执行需要而保全证据，因此必须赋予环境司法更大程度上的主动权，即依照司法职权主义，无论当事人是否申请，法院均可视情况主动采取证据保全强制措施，固定、搜集有关证据。①

三 因果关系证明：举证责任倒置与主观证明责任

举证责任倒置规定在《侵权责任法》第66条②，对该条款的性质，我国学术界和司法实践中一直有因果关系推定与举证责任倒置之争。实际上，举证责任倒置只是帮助法官在真伪不明状态下作出裁决，不应当影响原被告双方在诉讼中的主观具体证明责任。③ 意即，受害方应当提供初步证据证明污染行为与损害之间存在因果关系的可能性。《环境侵权司法解释》第6条对此作出明确解释，被侵权人应当提供证据证明污染者排放的污染物或者其次生污染物与损害之间具有关联性。所谓"关联性"即指在通常情况下，特定污染行为的实施一般会导致特定损害结果的发生。

在曲忠全诉山东富海实业股份有限公司大气污染责任纠纷案中，最高人民法院审查认为，曲忠全提交的公证勘验笔录和检测报告，与相关科普资料、国家标准以及一审法院委托专业机构出具的检测报告等证据相互印证，足以证明曲忠全的樱桃园受到损害及富海公司排污的事实，排污和损害之间具有关联性，曲忠全已完成举证证明责任。富海公司作为侵权人，其提交的樱桃树叶氟化物含量检测报告中距离厂区越近浓度越低的结论有悖常识；厂区大气氟化物含量检测报告系2010年5月7日作出，与本案待证事实不具有关联性；天气原因亦不能否定排污行为和损害之间的因果关系。④

对举证责任倒置下因果关系的证明来说，加害方和受害方均存在证明责任，受害方对因果关系负主张责任，应当提交证据证明其所主张的环境

---

① 赵卫民、郭继光：《程序框架：环境公益民事诉讼的特殊制度设计》，《中国环境法治》2014年第2期。

② 《侵权责任法》第66条："因污染环境发生纠纷，污染者应当就法律规定的不承担责任或者减轻责任的情形及其行为与损害之间不存在因果关系承担举证责任。"

③ 施珵：《从证明责任角度看我国〈侵权责任法〉第66条》，载吕忠梅主编《环境资源法论丛》第10卷，法律出版社2015年版，第58页。

④ 最高人民法院发布的10起环境侵权典型案例，2015年12月29日。

污染行为与其所遭受的侵害之间有存在因果关系的可能性。不过，其只需初步证明存在因果关系即可，法院不能对受害方设置过高的证明标准。加害方对不存在因果关系负举证责任，不能举证的推定因果关系存在。一方面，这种证明对于受害方的证明要求不需很高，只需达到动摇法官心证程度即可；另一方面，这也体现了对企业利益的保护，通过对受害方设置因果关系证明阻碍，避免企业疲于应付环境诉讼，① 更好地体现了加害方和受害方利益的平衡。

四 责任形态：连带责任与按份责任

司法实践中，环境侵权单独责任承担相对简单，但是两个或两个以上的侵权人对损失承担何种责任的司法问题较相对为复杂。根据法律规定，在多主体环境侵权责任承担中，连带责任的适用情形包括三种：一是两人以上有意思联络或者共同过错，共同实施污染行为造成损害的环境共同侵权行为；二是其中一人或数人的污染行为造成损害，不能确定具体侵权人②的环境共同危险行为；三是两个以上污染者分别实施污染行为造成同一损害，每一个污染者的污染行为都足以造成全部损害③的环境聚合危害行为。按份责任只规定了一种情形，两个以上污染者分别实施污染行为造成同一损害，每一个污染者的污染行为都不足以造成全部损害。④ 司法实践中，适用何种责任形态的难点在于要综合考量多方面因素：一是行为人主观过错联系状态，有无意思联络；二是因果关系形态，是择一因果关系、聚合因果关系，还是加算因果关系；三是要均衡加害方、受害方利益及环境利益。

在常州市环境公益协会诉储卫清、常州博世尔物资再生利用有限公司等土壤污染民事公益诉讼案中，储卫清经常州市博世尔物资再生利用有限公司同意，使用该公司场地及设备，从事"含油滤渣"的处置经营活动。其间，无锡金科化工有限公司明知储卫清不具备处置危险废物的资质，允

---

① 施珵：《从证明责任角度看我国〈侵权责任法〉第66条》，载吕忠梅主编《环境资源法论丛》第10卷，法律出版社2015年版，第56页。

② 《环境侵权司法解释》第3条。

③ 同上。

④ 同上。

许其使用危险废物经营许可证并以该公司名义从其他公司违规购置油泥、滤渣,提炼废润滑油进行销售牟利,造成博世尔公司场地及周边地区土壤受到严重污染。博世尔公司明知储卫清无危险废物经营许可证,提供了场地及设备,金科公司违法出借危险废物经营许可证,为储卫清持续实施环境污染行为提供了场所和便利,法院认为被告之行为相互结合导致损害结果的发生,构成共同侵权,应当共同承担侵权责任。① 此案中虽博世尔公司与金科公司不是污染行为的直接实施者,但与储卫清的实施行为相结合,主观上有共同过错,两公司均有污染环境的间接故意,是承担连带责任之共同侵权人。此即主要从行为人主观过错联系状态上决定适用连带责任还是按份责任。

在周航诉荆门市明祥物流有限公司、重庆铁发遂渝高速公路有限公司水污染责任纠纷案中,法院认为,遂渝高速公司作为事故路段的管理者,在事故发生后仅应急处理路面交通情况,并未对该路段周围油污进行清理,未及时启动应急预案并采取有效措施控制污染源,致使油污流入周航承包的鱼塘造成进一步损害,应根据其过错程度承担次要的赔偿责任。遂判令明祥物流公司承担70%的赔偿责任,遂渝高速公司承担30%的赔偿责任。② 此案中,明祥物流公司和遂渝高速公司对造成周航鱼塘损失的后果没有意思联络,其单独的行为都不足以造成全部损害,构成加算因果关系,承担按份责任。此即主要从因果关系形态上决定适用连带责任还是按份责任。

实际上,从利益平衡角度看,按份责任与连带责任各有利弊:按份责任优先考虑对加害方的公平,但在加害人较多的场合,按份责任实则弱化了单个责任人的压力,同样也弱化了其提高注意的动力,更为重要的是,因受害方需证明数人侵权行为在损害结果中所占的份额,增加了诉讼难度,并且可能存在部分加害人查找不到或没有足够赔偿能力的情况,对受害方难以提供有效充分的保护。相反地,在环境污染形势日益严峻和环境污染责任保险尚不健全的背景下,连带责任增加责任主体数量,有助于预防数人环境侵权,救济受害方,但也可能以牺牲加害方的利益为代价,哪怕其中一个污染者本身只需承担小部分份额,他也必须首先对外承担全部

---

① 最高人民法院发布的10起环境侵权典型案例,2015年12月29日。

② 同上。

责任，且要面临无法从其他行为人处获得相应清偿的风险，可能使其承担本不应承担的份额，蒙受不公平，反而使本应承担更多份额的污染者得以逃脱。① 基于对连带责任与按份责任弊端的认识，《环境侵权司法解释》第 3 条第 3 款对《侵权责任法》第 11 条分别侵权行为规则进行了创造性发挥，将隐藏在《侵权责任法》第 11 条和第 12 条规定之间的 "100 + 50 = 100 原因力的分别侵权行为" 挖掘出来，即部分人的行为具有 100% 的原因力，部分人的行为不具有 100% 的原因力，但是原因力相加，仍然高于百分之百。② 即适用部分连带责任规则，具有创造性，也适应了环境侵权司法实践的需要，其适用性和可操作性有待实践案件的检验。

五 损害赔偿计算：赔偿范围与裁量性计算方法

（一）赔偿范围扩大到生态性损害

传统民事侵权遵循同质赔偿原则，赔偿范围以受害方遭受的实际损失为限，受害方只能获得与其损失相当的赔偿，不存在额外补偿。但在环境侵权中，除了受害人的实际损失外，还存在环境生态的长期性、潜在性损害，即生态性损害，同质赔偿难以补偿遭到破坏的生态环境，难以实现社会实质正义，也难以实现法律的惩罚和预防功能。为切实改变当前环境领域违法成本低的局面，《环境民事公益诉讼司法解释》将赔偿损失的范围扩大到生态性损害，包括生态修复费和期间损失。各级法院在审理中也严格落实损害担责、全面赔偿原则，使加害人受到了应有的惩罚，亦使遭受破坏的生态环境得以修复。在司法实务中值得注意的是，生态修复费用是恢复原状的替代性责任承担方式，受害方可以同时主张期间损失和生态修复费用，二者并不矛盾，内容也没有重合。

在北京市朝阳区自然之友环境研究所、福建省绿家园环境友好中心诉谢知锦等四人破坏林地民事公益诉讼案中，法院认为，区别于生态环境修复费用，此案中期间损失经资产评估公司评估为 134 万元，包括损毁林木

---

① 顾铮铮、周科、刘英：《资质出借者环境侵权之责任承担》，《法律适用》2016 年第 2 期。

② 杨立新：《环境侵权司法解释对分别侵权行为规则的创造性发挥——〈最高人民法院关于审理环境侵权责任纠纷案件适用法律若干问题的解释〉第 3 条解读》，《法律适用》2015 年第 10 期。

价值 5 万元，推迟林木正常成熟的损失价值 2 万元，植被破坏导致碳释放的生态损失价值、森林植被破坏期生态服务价值、森林恢复期生态服务价值 127 万元，[①] 法院对此认为损毁林木价值 5 万元和推迟林木正常成熟的损失价值 2 万元属于林木所有者的权利，不属于对植被生态公共服务功能的损失，支付了 127 万元的期间损失。

（二）鉴定评估与裁量性计算方法相结合

在国内外司法实践中，针对环境污染损害赔偿的具体数额主要有直接损失计算法、危险消除计算法、基于环境违法所得的经济利益计算等多种计算方式，可针对案件具体情况采用适合的计算方法。但因期间损失与生态环境修复费用的计算专业性较强，往往较为依赖专业环境损害评估机构根据损害评估方法和规范作出评估结论。根据环境保护部办公厅发布的《环境损害鉴定评估推荐方法》（第 Ⅱ 版），期间损失的计算方法包括资源等值分析方法、服务等值分析方法、价值等值分析方法和环境价值评估方法等。而生态修复费用的计算方法可以参考《环境损害鉴定评估推荐方法》（第 Ⅰ 版）的规定，即如果环境污染事故和事件发生后，制定了详细的污染修复方案，以实际工程费用作为污染修复费用。如果无法得到实际修复工程费用，推荐采用虚拟成本治理法和/或修复费用法计算，并根据受污染影响区域的环境功能敏感程度分别乘以 1.5—10 以及 1.0—2.5 的倍数作为这部分费用的上下限制。

在泰州市环保联合会诉常隆公司等六家公司环境污染侵权赔偿纠纷一案中，被告赔偿的环境修复费用的计算就运用了《环境损害鉴定评估推荐方法》（第 Ⅰ 版）所推荐的虚拟成本治理法。根据该方法的计算，最后六家被告单位共同承担的环境修复费用总计为 160666745.11 元。

司法实践中，损害赔偿数额的认定完全依赖司法鉴定和评估也逐渐显现不足。环境损害评估和鉴定自身存在诸多问题，比如因环境基础数据缺乏造成鉴定结果定量化依据不足，因证据固定困难造成鉴定依据不足无法下结论，因环境修复方案选择不同带来损失鉴定金额的反差过大，因评估方法不同造成鉴定结果金额差异明显。更不用说鉴定费用过高或者根本无法鉴定的情况。破解此难题，法官可充分发挥自由裁量的作用，以《环

---

① 最高人民法院发布的 10 起环境侵权典型案例，2015 年 12 月 29 日。

境民事公益诉讼司法解释》第 23 条为依据，探索裁量性计算方法。[1] 即环境修复费用的计算原则上需要运用鉴定等方法，根据模型予以计算。但"生态环境修复费用难以确定或者确定具体数额所需鉴定费用明显过高的，法院可以结合污染环境、破坏生态的范围和程度、生态环境的稀缺性、生态环境恢复的难易程度、防治污染设备的运行成本、被告因侵害行为所获得的利益以及过错程度等因素，并可以参考负有环境保护监督管理职责的部门的意见、专家意见等，予以合理确定"[2]。对于难以计算的期间损失，我们建议可根据修复期间的长短，在修复费用的 10%—100%之间确定。

在中华环保联合会诉德州晶华集团振华有限公司大气污染民事公益诉讼案中，被告是生产玻璃的企业，虽投入资金建设脱硫除尘设施，但仍有两个烟囱长期超标排放污染物，造成大气污染，严重影响了周围居民的生活。中华环保联合会提起诉讼，诉讼请求之一是赔偿因超标排放污染物造成的损失 2040 万元及因拒不改正超标排放污染物行为造成的损失 780 万元，并将赔偿款项支付至地方政府财政专户，用于德州市大气污染的治理。[3] 这也是本案的一大审理难点。由于排放污染物种类、数量数据的缺乏，再加上鉴定的难度，即使在有关环保专家的支持下，仍无法计算出有关治理、修复费用的具体数额。原告代理律师基于《环境民事公益诉讼司法解释》第 23 条规定，结合被告正常购置脱硫、脱硝设备的成本及运营成本计算得出有关损失的数额。[4] 山东省德州市中级人民法院于 2016 年 7 月 20 日依法公开作出一审宣判，并未完全采纳鉴定结论认定的赔偿数额，而是采用了裁量性的计算方法，根据大气污染侵权行为的特征，遵循大气污染侵权损害结果评估规律，结合生态环境恢复的难易程度、过错等因素综合确定损害赔偿金额，认定按虚拟整理成本的 4 倍计算，即判决被告赔偿因超标排放污染物造成的损失 2198.36 万元。

---

[1] 江苏省高级人民法院课题组：《建立环境侵权损害赔偿金额的路径与刻度——关于破解环境侵权损害赔偿金额确定难题的建议》，《审判研究》2015 年第 10 期。
[2] 《环境民事公益诉讼司法解释》第 23 条。
[3] 最高人民法院发布的 10 起环境侵权典型案例，2015 年 12 月 29 日。
[4] 李树森、张猛：《大气污染公益诉讼第一案的"四大难"——以"中环联诉德州振华案"为视角》，《中华环境》2015 年第 5 期。

六 裁判方式：预防型、修复型与惩罚型相结合

对环境民事诉讼应当"怎么裁、怎么判"也是司法实践中的一大难点，尤其是环境民事公益诉讼，与私益诉讼具有巨大差异，极具特殊性，基于防止环境污染或生态破坏继续或扩大并及时进行环境修复的必要性，法官在审理环境民事案件时，通常采用多样化的裁判方式。

（一）预防型裁判方式：禁止令与先行判决

禁止令的裁判方式虽有别于最终的实体性判决，但在环境民事诉讼中作用显著。被申请人具有《环境保护法》第63条规定情形之一，当事人或者利害关系人根据《民事诉讼法》第100条或者第101条规定申请保全的，法院可以裁定责令被申请人立即停止侵害行为或者采取污染防治措施。在朱正茂、中华环保联合会诉江阴港集装箱公司环境污染责任纠纷案中，江阴集装箱公司自行增设铁矿石（粉）港口接卸作业，对周边大气环境和地表、水域造成了污染侵害，影响了周边居民的正常生活。鉴于环境污染具有不可逆性、地域广阔性、潜在受害人不确定性和社会公共利益受损的广泛性，江苏省无锡市中级人民法院于受理本案的次日，即进行了现场勘验，裁定责令被告立即停止污染侵害行为，防止了损害扩大。在其后进行的审理过程中，合议庭认为被告的环境违法行为应依法承担责任。后经调解，被告承诺做到无尘化作业。[①]

《民事诉讼法》第153条关于"先行判决"的规定在司法实践中极少适用，[②] 但在环境民事诉讼中，为及时制止污染侵害行为，防止损害扩大，"先行判决"的适用效果显著。在吴轶、张婴芝诉江苏沿江高速公路有限公司噪声污染责任纠纷一案中，吴轶、张婴芝的房屋建成于1990年，高速公司公路于2004年建成通车，两者距离最近约18米，鉴定机构进行的噪声监测显示，吴轶居住的房屋处，存在夜间环境噪声超标和夜间突发噪声最大声级超过环境噪声限值的幅度15分贝的现象。为尽快消除交通噪声污染，江苏省江阴市人民法院遂决定就消除噪声污染部分先行判决高速公路公司限期采取安装声屏障等有效措施降噪。吴轶、张婴芝关于赔偿

[①] 最高人民法院发布的9起环境资源审判典型案例，2014年7月4日。

[②] 《民事诉讼法》第153条："人民法院审理案件，其中一部分事实已经清楚，可以就该部分先行判决。"

噪声污染损失等主张，待查明相关事实后再行裁判。此案中，鉴于环境污染不可逆的特点，为及时制止污染，作出先行判决，尽早减轻了噪声污染对身心健康造成的损害，还人们一个安静、舒适的生活环境。

（二）修复型裁判方式：给付判决与调解

给付判决包括鉴定费、专家费、修复费等的金钱给付和恢复原有生态容量的行为给付，是核心的、比较常用的环境民事诉讼裁判方式，也是侵权人承担环境修复责任的体现。司法实践中，法官往往结合环境个案创新给付判决的裁判方式。在中华环保联合会诉无锡市蠡湖惠山景区管理委员会生态环境侵权纠纷一案中，法院作出了"被告于判决生效之日起6个月内完成无锡市滨湖区杨湾地块4500平方米的异地补植，并通过无锡市绿化质量监督管理中心验收"这一判项，间接达到了恢复原有生态容量的效果。此案中，"因原地生态修复的方式可能会对社会资源造成较大浪费，故法院优先考虑修复性补偿生态的审判思路，选择异地补植作为生态修复的方式，并通过最相密切联系原则、超面积及超原林木水平原则的把握，来确保异地补植方案的充分补偿性"[①]。"异地补植"作为无锡法院对裁判方式的创新，在行为给付的多样性探索上具有重要的指导价值。2015年，最高人民法院在制定环境民事公益诉讼司法解释时，大量吸收了地方环境司法实践探索的经验，对替代性修复作出了明确规定。

调解是否适用在环境民事公益诉讼中引发并一直持续着激烈讨论，但《环境民事公益诉讼司法解释》及审判实践对通过调解结案是予以充分认可的。只是由于环境民事公益诉讼所救济的权益是不能被任何人所独自占有的环境权益，调解程序也不同于一般民事诉讼，其目的在于防止当事人通过达成和解协议而损害社会公共利益。前述的中华环保联合会诉江苏宁沪高速公路股份有限公司噪声污染责任纠纷环境民事公益诉讼案，朱正茂、中华环保联合会诉江阴港集装箱公司环境污染责任纠纷案等均通过调解结案。值得注意的是，根据《环境民事公益诉讼司法解释》的规定，经法院调解当事人之间达成调解协议或者当事人之间自行达成和解协议后，法院应当对协议内容进行公告，公告期间不少于30日。原告以当事人间达成和解协议为由申请撤诉的，法院不应准许。

---

① 杨波、朱加嘉：《补偿性生态恢复在环境侵权裁判中的运用》，《人民司法》2013年第14期。

（三）惩罚型裁判方式：惩罚性赔偿的引入探索

《环境民事公益诉讼司法解释》起草过程中，曾草拟了惩罚性赔偿责任方式条款，内容是：污染者有《环境保护法》第 63 条规定的行为之一，尚不构成犯罪，或者因污染环境、破坏生态行为被追究刑事责任，原告请求其承担生态环境修复费用一倍以下赔偿责任的，人民法院可以予以支持。污染者在一审庭审结束前积极采取有效措施修复生态环境的，可以减轻或者免除前款规定的赔偿责任。[1] 最终该条未通过，惩罚性赔偿的适用于法无据。不可否认，环境民事公益诉讼中引入惩罚性赔偿仍有极大价值。惩罚性赔偿旨在惩罚加害人的违法行为，对加害人能产生更明显的震慑作用，能更好地体现法律的惩罚性和预防性功能。美国的惩罚性赔偿制度相对完善，所有类型的侵权行为都可以适用惩罚性赔偿，但适用的前提是侵权行为人具有主观故意和重大过失。[2] 在惩罚性赔偿数额方面，美国经历了由无序到逐步规范的过程，美国法院通过最高数额限制或比例原则对惩罚赔偿数额进行限制。[3] 我国的环境民事司法实践中，可借鉴美国等国家的成熟经验并结合我国实际进行探索，以期弥补传统同质赔偿制度的不足，对修复型裁判方式进行补充。

七　执行监管：费用支付与第三方监督

（一）期间损失及生态修复费用的支付

期间损失与生态恢复费用应向合法对象支付，在泰州市环保联合会诉常隆公司等六家公司环境污染侵权赔偿纠纷一案中，就出现了两审判决中赔付资金支付方式的差异，这体现出我国环境民事公益诉讼赔付资金管理方式尚未系统化、固定化的不足。江苏省高级人民法院在该案终审判决中判定被告缴纳金钱一部分用于直接修复污染水体，一部分纳入环保公益金用于区域性生态治理，是较为妥当的资金使用方式。但是环保专项资金的使用监管等问题仍需要进一步制度化予以明确。实践中，贵州省贵阳市设

---

[1] 最高人民法院环境资源审判庭编著：《〈最高人民法院关于环境民事公益诉讼司法解释〉理解与适用》，人民法院出版社 2015 年版，第 256 页。

[2] 唐红：《环境侵权诉讼中惩罚性赔偿制度之引入及其规制》，《人民司法》2014 年第 21 期。

[3] 李建华、管洪博：《大规模侵权惩罚性赔偿制度的适用》，《法学杂志》2013 年第 3 期。

立了生态修复基金专户和生态文明建设基金，江苏省无锡市设立了财政专户，专门用于环境修复。由此，在各地普遍着手建立环保公益金的当下，生态修复费与期间损失应支付到该公益金中。公益金的使用应严格遵循法定范围和程序性要求，且法院需对所判案件的后期费用支付执行情况进行跟踪监督，此外还应建立信息公开制度，将专项资金的使用情况置于社会公众监督之下。

（二）第三方监督机制

环境民事公益诉讼案件的执行相对于其他普通案件来说专业又耗时，大量精力投入监督，需要执行方具备专业环保知识，且需运用专业的监测设备。除了法院的监督和行政机关依法履行环保监管职责外，引入第三方监督机制，可为案件的有效执行提供保障。在中华环保联合会诉贵州好一多乳业股份有限公司环境民事公益诉讼案中，好一多公司超标排放污水，严重污染环境。案件最终经过调解后，双方当事人一致同意由第三方贵阳公众环境教育中心监督被告污水处理设施运行情况和今后可能导致的环境污染，被告向该第三方支付监督费10万元。该案创新地将第三方监督机制运用到环境民事公益诉讼中，效果显著。

第二节 环境刑事审判实践探索

近年来，面对人类历史上最深重的环境危机，环境保护已经受到各国的普遍重视，经济与环境协调、可持续发展成为国际共识。我国也将环境保护作为基本国策，并努力将其纳入刑法轨道。虽然环保部门不断加大行政执法力度，但环境问题凸显，重大环境污染事故和资源破坏事件屡屡出现，环境安全形势日益严峻。有必要充分发挥环境保障法功能，通过依法加大对环境污染、破坏资源等犯罪行为的惩治力度，切实保护环境公共利益和人民群众的环境利益，确保史上最严的环境保护法和其他环保法律得以严格贯彻执行，真正"长牙"，而且长出"钢牙"。[①] 近年来涌现出一批典型环保刑事案例，例如重庆云光化工有限公司等污染环境案、林毓勇等污染环境案等，对今后此类案件的审理具有一定的启示和参考作用。在这一章节，笔者选取了"污染环境罪""非法占用农用地罪""盗伐、滥

---

① 喻海松：《环境资源犯罪实务精释》，法律出版社2014年版，第15页。

伐林木罪"这三类在司法实践中出现频率较高的环境资源案件类型，分别选取典型案例，对相应法律问题进行分析探讨（表4-2）。

表4-2　　　　　　　　环境环资类刑事典型案件基本情况一览

罪名	当事人		受理时间	涉及问题
	审理法院	被告人		
污染环境罪	广东省清远市清城区人民法院	赖建辉、赖仁康	2012年	《刑法修正案（八）》实施后对环境污染罪的认定
	山东省东平县人民法院	李茂启、徐明勇、李学胜、王广大、刘正国	2014年	污染环境罪中排放、倾倒、处置行为的认定
	浙江省桐乡市人民法院	蒋武磊、费建根	2014年	污染环境罪案件中罪过形式及自首等问题的认定与处理问题
	浙江省武义县人民法院	吴志根	2013年	污染环境罪单位犯罪案件中单位主管人员承担刑事责任及共同犯罪的认定
非法占用农用地罪	北京市昌平区人民法院	邢如意、邢全普	2014年	非法占用农用地罪的认定与适用
	江苏省江阴市人民法院	王洪炳	2014年	非法占用农用地罪中民事责任承担
盗伐、滥伐林木罪	山东省章丘市人民法院	张春德	2013年	盗伐林木罪的具体认定与适用
	福建省武夷山市人民法院	周良宝	2014年	滥伐林木罪的认定与恢复性司法的运用

一　污染环境罪：罪名认定及犯罪构成

1979年9月颁布的《环境保护法（试行）》是新中国第一部关于保护环境和自然资源、防治污染和其他公害的综合性法律。该法第32条第2款规定："对严重污染和破坏环境，引起人员伤亡或造成农、林、牧、副、渔重大损失的单位的领导人员、直接责任人员或者其他公民，要追究行政责任、经济责任，直至依法追究刑事责任。"而1979年《刑法》并未对污染环境行为刑事责任的追究问题进行明确，1997年《刑法》第338条规定了"重大环境污染事故罪"。

2011年5月1日起施行的《刑法修正案（八）》对1997年《刑法》第338条规定的"重大环境污染事故罪"作出修改完善。该罪具体的内容包括"违反国家规定,排放、倾倒或者处置有放射性的废物、含传染病病原体的废物、有毒物质或者其他有害物质,严重污染环境的,处三年以下有期徒刑或者拘役,并处或者单处罚金;后果特别严重的,处三年以上七年以下有期徒刑,并处罚金"。污染环境罪作为环境污染犯罪中最为基础和重要的罪名,在实践中所出现频率也最高。其入罪门槛较之"重大环境污染事故罪"有所降低,体现出立法者对于污染环境行为严厉打击的立法本意。但在审判实践中,对于该罪的主观故意等构成要件、客观行为的认定及共同犯罪认定等问题尚存争议。

(一)环境污染案件罪的犯罪构成

在"赖建辉、赖仁康污染环境案"[①]中,2011年5月至2012年2月期间,被告人赖建辉为了获得铜、铝等金属,先后多次将共计重约200吨的工业垃圾放置于清远市经济开发区龙塘镇民平村委会向西村花湖岭附近的一块空地进行焚烧。2011年8月至2012年3月期间,被告人赖仁康以同样的方式在上述同一地点多次焚烧工业垃圾,累计重约10吨。在焚烧工业垃圾的过程中产生了大量有毒有害废气和固体废渣。被告人赖建辉、赖仁康未对上述废气、固体废渣作任何无害化处理,直接排放到空气中或残留在地面,致使周边环境遭到严重破坏。经检测,该工业垃圾焚烧场土壤二噁英浓度值为7790—237611纳克/千克,毒性当量(I-TEQ)为434—13249纳克/千克,严重超出二噁英毒性当量浓度控制标准的86.8倍至2649.8倍,已对上述土壤环境造成了严重污染。被告人赖建辉、赖仁康对于上述事实无异议,当庭表示认罪。

赖建辉的辩护人提出,赖建辉在获知赖仁康被抓获后没有逃跑,归案后主动供述自己的犯罪行为,应视为自首;其污染场地的范围较小,涉及的面积只有300多平方米,焚烧的垃圾量也只有200吨;焚烧的垃圾中没有检测出含有放射性和传染性的危害物质,没有造成严重的后果,犯罪情节显著轻微;赖建辉在2012年2月就主动中止犯罪,属于犯罪中止,可以从轻处罚。

广东省清远市清城区人民法院于2012年7月23日作出(2012)清城法刑初字第284号刑事判决认为:赖建辉、赖仁康焚烧工业垃圾,排放有

---

① 最高人民法院中国应用法学研究所编:《环境资源审判典型案例选编(刑事卷)》,人民法院出版社2015年版,第178—179页。

毒有害物质，严重污染环境，上述行为触犯了刑法规定，构成了污染环境罪。两被告人归案后均能如实交代自己犯罪的事实，认罪态度较好，可以从轻处罚。赖建辉有前科，酌情从重处罚。公安机关在已经掌握赖建辉的犯罪事实后前往其家中将其抓获，故不能认定为自首。而关于赖建辉是否属于犯罪中止，法院认为赖建辉实施了污染环境的行为，实际上也已经造成环境受到严重污染，不属于犯罪中止，故不认为是犯罪中止。对于辩护人所提出的赖建辉污染场地范围较小，焚烧垃圾量也不多，且焚烧的垃圾没有检测出含有放射性和传染性的危害物质，没有造成严重后果的辩论意见，法院认为，赖建辉焚烧工业垃圾虽然没有产生放射性、传染性有害物质，但产生大量有毒有害废气和固体废渣，对环境造成了严重污染，故对辩护人的辩护意见没有采纳。

综上，一审判决如下：一、赖建辉犯污染环境罪，判处有期徒刑一年六个月，并处罚金2万元；二、被告人赖仁康犯污染环境罪，判处有期徒刑一年，并处罚金1万元。宣判后，两被告未提起上诉。

本案系《刑法修正案（八）》实施后，一起较为典型的污染环境罪案件，也较有代表性地体现出原"重大环境污染事故罪"与"污染环境罪"的区别。辩护人所提出的辩论意见中，其核心观点即认为，被告污染场地范围小、焚烧垃圾量小，焚烧的垃圾没有检测出放射性和传染性的危害物质，没有造成严重后果。该观点即围绕"重大环境污染事故罪"的构成要件的辩论意见，而《刑法修正案（八）》所规定的"污染环境罪"已对犯罪构成要件作出了重大的修改。根据污染环境罪的构成要件，只要对生态环境造成了污染，不论是否被定性为污染事故，都构成了污染环境罪，将被追究刑事责任，降低了污染环境罪的入罪门槛。具体涉及的问题分析如下。

1. 污染环境罪的基本特征

（1）关于污染环境罪的犯罪客体，一般认为，本罪所侵害的客体是国家环境保护制度和公民的生命、健康以及公私财产安全，其犯罪对象具体表现为土地、水体、大气。

（2）污染环境罪的客观方面表现为行为人的行为违反国家规定，排放、倾倒或者处置有放射性的废物、含传染病病原体的废物、有毒物质或者其他有害物质，严重污染环境的行为。2017年1月1日起施行的《最高人民法院、最高人民检察院关于办理环境污染刑事案件适用法律若干问题的解释》(法释〔2016〕29号)(以下简称《2016年司法解释》[①])第1条规定了18项认定为"严重污染环境"的情形,判断行为人污染环境行为是否入罪,一般要依照该规定进行审查判断和作出认定。

(3) 污染环境罪的主体是一般主体,自然人和单位都可以成为该罪的主体。

(4) 关于污染环境罪的主观罪过形式,实践中存在较大争议。有学者认为,污染环境罪的基本犯的责任形式只能是故意,不可能是过失,也不能采取混合说或者模糊罪过说。[②] 也有主张混合罪过说,即污染环境罪的主观罪过通常是故意,但也可以是过失犯罪。[③] 关于污染环境罪的主观方面的相关问题,将在下文中结合案例具体阐述。

2. 污染环境罪与重大环境污染事故罪的区别

"污染环境罪"与"重大环境污染事故罪"相比,最大的区别在于降低了入罪的门槛,将"造成重大环境污染事故,致使公私财产遭受重大损失或者人身伤亡的严重后果"修改为了"严重污染环境"。"严重污染环境"不再以造成公私财产重大损失或者人身伤亡的实害结果为必要。《2013年司法解释》对于"严重污染环境"情形的认定,在《2006年司法解释》的基础上进行了调整和修改,客观性更强,更加便于把握和操作,有效解决了此类案件中所存在的举证、鉴定、相关事实认定难的现实问题,体现出对于污染环境行为从严打击的立法本意。[④]

3. 其他"有害物质"的认定

1997年《刑法》第338条将"其他危险废物"与有放射性的废物、含传染病病原体的废物、有毒物质并列,作为污染物的兜底项。依照《固体废物污染环境防治法》的规定,《国家危险废物名录》对于何种物

---

① 自2006年以来先后出台过3部污染环境刑事案件的司法解释:《最高人民法院关于审理环境污染刑事案件具体应用法律若干问题的解释》(法释〔2006〕4号)、《最高人民法院、最高人民检察院关于办理环境污染刑事案件适用法律若干问题的解释》(法释〔2013〕15号)、《最高人民法院、最高人民检察院关于办理环境污染刑事案件适用法律若干问题的解释》(法释〔2016〕29号)。

② 张明楷:《污染环境罪的争议问题》,《法学评论》2018年第2期。

③ 喻海松:《环境资源犯罪实务精释》,法律出版社2014年版,第44页。

④ 胡云腾主编:《环境污染刑事司法解释理解与适用》,人民法院出版社2014年版,第26页。

质属于危险废物予以了明确。但如果行为人排放或者倾倒没有列入《国家危险废物名录》的物质，但对于环境也产生了严重危害，就无法适用该罪名追究刑事责任。污染环境罪将"危险废物"修改为"有害物质"，拓宽了范围，降低了污染环境行为入罪的门槛。

对于该条规定中的"有放射性的废物、含传染病病原体的废物、有毒物质"如何认定，相关的法律法规都明确了具体的类别或可以参照的标准，而对于法条中规定的"其他有害物质"，应属于生活中的一种概念，即除却上述三类物质之外，基于生活常识就可以对有害或者无害作出大致判断，包括生活垃圾在内的一切对人体健康及环境安全产生不良影响的废物，都应属于有害物质，应当根据案件具体情况予以把握，要综合考虑排放、倾倒或者处置的地点和生态环境特点，以及污染物的具体成分、对环境造成危害的具体表现等因素加以判断。

4. 污染环境罪与投放危险物质罪的区别和联系

《2016年司法解释》第8条规定，违反国家规定，排放、倾倒、处置含有毒害性、放射性、传染病病原体等物质的污染物，同时构成污染环境罪、非法处置进口的固体废物罪、投放危险物质罪等犯罪的，依照处罚较重的规定定罪处罚。该条涉及污染环境犯罪竞合的处理。以污染环境罪与投放危险物质罪为例，投放危险物质罪是指故意投放毒害性、放射性、传染病病原体等物质，危害公共安全的行为。从犯罪构成来看，投放危险物质罪与污染环境罪存在一定的联系，一是两者指向的犯罪工具基本相同，都是具有放射性、传染性病原体和有毒物质；二是污染环境的行为也可能危害公共安全，危及不特定多数人的生命健康或者重大公私财产安全。但是两者之间的区别也较为明显，主要有以下几个方面。一是犯罪主体不同。污染环境罪的主体可以是单位也可以是自然人，而投放危险物质罪的主体只能是自然人；二是犯罪的主观方面不同。污染环境罪的主观方面既可以是过失犯罪，也可以是故意犯罪，而投放危险物质罪的主观方面只能表现为故意，也就是行为人明知自己的行为会危害公共安全，希望或者放任该种结果的发生；三是侵害的客体不同。污染环境罪侵害的是国家防治环境污染的管理制度和生态环境安全，而投放危险物质罪侵害的是不特定多数人的生命健康或者财产安全；四是犯罪的客观方面不同。污染环境罪表现为违反国家规定，排放、倾倒或者处置有放射性的废物，含传染病病原体的废物、有毒物质或者其他有害物质的行为，严重污染环境；而投放危险物质罪的表现为将毒害性、放射性、传染病病原体等危险物质投放于公共的饮用水、出售的食品等特定物品中的行为，危害公共安全。在司法实践中，对污染环境行为原则上适用污染环境罪，适用投放危险物质罪等其他犯罪的，应当慎重。特别是认定行为人主观方面应综合行为人供述、认知能力、犯罪行为等证据，不能仅以危害后果严重就反推行为主观上具有危害公共安全的故意。① 最高人民法院、最高人民检察院、公安部、司法部、生态环境部于 2019 年 2 月 20 日发布的《关于办理环境污染刑事案件有关问题座谈会纪要》（以下简称《2019 年座谈会纪要》）在 "6. 关于投放危险物质罪的适用" 中规定，对于行为人明知其排放、倾倒、处置的污染物含有毒害性、放射性、传染病病原体等危险物质，仍实施环境污染行为放任其危害公共安全，造成重大人员伤亡、重大公私财产损失等严重后果，以污染环境罪论处明显不足以罚当其罪的，可以按投放危险物质罪定罪量刑。实践中，此类情形主要是向饮用水水源保护区，饮用水供水单位取水口和出水口、南水北调水库、干渠、涵洞等配套工程，重要渔业水体以及自然保护区核心区等特殊保护区域，排放、倾倒、处置毒害性极强的污染物，危害公共安全并造成严重后果的情形。

（二）排放、倾倒、处置行为的认定

在 "李茂启、徐明勇、李学胜、王广大、刘正国污染环境案"② 中，2011 年 6 月，被告人李茂启、徐明勇、李学胜等人雇用被告人王广大，指挥其在东平县银山镇沈屯村地里，私自建设小型炼油厂。炼油厂建成后，李茂启、徐明勇、李学胜等人开始以废旧轮胎为原料，在高温、高压条件下将高分子聚合物裂解炼制毛油，炼制过程中产生大量的废水、废气、废渣。2012 年秋后，被告人刘正国受雇作为该厂的技术员，负责烧锅炉。2013 年 6 月 29 日，被告人王广大受雇作为该厂的技术员，负责烧锅炉。2013 年 8 月 15 日，公安机关当场抓获李茂启、王广大、刘正国后，炼油厂停止生产。五位被告人在未采取相应污染处置措施的情况下，将产生的废水直接排放入土坑，将产生的废气直接排放至空气中，将产生的废渣直接堆放在土地上。堆放在土地上的废渣，积攒一段时间后便予以

---

① 喻海松：《环境资源犯罪实务精释》，法律出版社 2014 年版，第 130 页。
② 最高人民法院中国应用法学研究所编：《环境资源审判典型案例选编（刑事卷）》，人民法院出版社 2015 年版，第 32—34 页。

销售。案发时，李茂启等人堆放在院中的废渣，重量约达 151.2 吨。经检验，该炼油厂产生的废渣为国家危险废物名录中废物类别 HW11 精（蒸）馏残渣，系危险废物。该炼油厂污染场地废渣的虚拟治理成本为 475200元。被告人李学胜于 2013 年 9 月 28 日主动到东平县公安局投案自首，并如实供述了自己的犯罪事实。被告人徐明勇、刘正国、王广大到案后，如实供述了自己的犯罪事实。

山东省东平县人民法院经审理认为，五位被告人违反国家规定，排放、倾倒有毒物质，严重污染环境，行为已经构成污染环境罪。被告辩护人提出，将残渣倾倒在院中的行为不符合刑法所规定的倾倒行为，法院认为，我国刑法规定污染环境罪的行为包括排放、倾倒、处置三种方式，处置是将危险废物置于特定场所或设施内并不再取回，排放是将危险废物直接排入土地、大气、水体，倾倒是利用装运工具，将危险废物倒入外环境。排放、倾倒并不要求将危险废物置于不再取回的状态。被告人在未采取相应污染处置措施的情况下，将产生的废水直接排入土坑，将产生的废气直接排放到空气中，将产生的废渣直接倾倒堆放在土地上，符合刑法所规定的排放、倾倒行为。

法院据此作出一审判决：被告人李茂启犯污染环境罪，判处有期徒刑一年三个月，缓刑两年，并处罚金人民币 4 万元；被告人徐明勇犯污染环境罪，判处有期徒刑一年两个月，缓刑两年，并处罚金人民币 4 万元；被告人李学胜犯污染环境罪，判处有期徒刑一年，缓刑一年，并处罚金人民币 4 万元；被告人王广大犯污染环境罪，判处拘役三个月，缓刑六个月，并处罚金人民币 1 万元；被告人刘正国犯污染环境罪，判处有期徒刑六个月，缓刑一年，并处罚金 1 万元。判决后，被告人均未上诉。

本案的主要争议焦点在于将残渣倾倒在院中的行为是否符合刑法规定的倾倒行为，引申而言，即法条中"排放、倾倒或处置"作何理解？

1. 排放、倾倒或处置行为的认定

如前所述，污染环境罪的客观行为，表现为实施了排放、倾倒或者处置有放射性的废物、含传染病病原体的废物、有毒物质或者其他有害物质的行为。"排放"，是指将多种危险废物排入土地、大气、水体，方法可以是泄出、倒出、丢弃、溢出等任何一种或多种；"倾倒"通常是指通过使用各种装运工具将危险废物倒入大气、水体、土地中；"处置"则是指通过改变危险废物的特性的方法减少其数量、体积或危险程度，以焚烧、填埋或其他方式将危险废物置于特定场所或设施内并不再取回。本案中，被告人在未采取必要污染处置措施的情况下,将产生的废水直接排入土坑,将产生的废气直接排放到空气中,将产生的废渣直接倾倒堆放在土地上,符合污染环境罪所定义的排放、倾倒行为。

需要明确的是,对于将污染物长期储存在不具备储存条件、不安装防治污染设施、不采取防治污染措施的地方,任由污染物泄漏、流失,客观上会对大气、土壤、水等外环境造成污染的,也应当认定为非法排放、倾倒、处置行为。《2019年座谈会纪要》在"8. 关于非法排放、倾倒、处置行为的认定"中规定,司法实践中认定非法排放、倾倒、处置行为时,应当根据《固体废物污染环境防治法》和《环境解释》的有关规定精神,从其行为方式是否违反国家规定或者行业操作规范、污染物是否与外环境接触、是否造成环境污染的危险或者危害等方面进行综合分析判断。对以运输、储存、利用为名,而实则排放、倾倒、处置的行为应当认定为非法排放、倾倒、处置,可以依法追究其刑事责任。比如,未采取相应防范措施将没有利用价值的危险废物长期储存、搁置,放任危险废物或者其中的有毒有害成分大量扬散、流失、泄漏、挥发,污染环境的。

2. 关于"国家规定"的理解和范围

"国家规定"不仅包括法律法规及相关行政法规,也包括通过相关程序依法制定的行政措施、发布的决定或命令等。与环境保护相关的法律法规主要包括《环境保护法》《大气污染防治法》《水污染防治法》《海洋环境保护法》《固体废物污染环境防治法》等法律,以及《放射保护条例》《工业"三废"排放试行标准》等一系列专门法规。《固体废物污染环境防治法》中第17条规定:"收集、贮存、运输、利用、处置固体废物的单位和个人,必须采取防扬散、防流失、防渗漏或者其他防止污染环境的措施;不得擅自倾倒、堆放、丢弃、遗散固体废物。"本案中,炼油厂所排出的废渣系危险废物,属于固体废物,被告人在未采取任何防范环境污染措施的情况下,即将废渣直接倾倒、堆放在土坑内,违反了上述规定,应认定为"违反国家规定"。

(三) 罪过形式及自首等问题的认定与处理

在"蒋武磊、费建根污染环境案"[①] 中,2012年以来,蒋武磊在其

---

① 最高人民法院中国应用法学研究所编:《环境资源审判典型案例选编(刑事卷)》,人民法院出版社2015年版,第173—174页。

经营管理的桐乡市某铁塔厂内,指使工人将热镀冷却过程中产生的工业废水未经任何处理通过车间地面阴沟直接排放至周边河道内,至2013年4月21日被依法查处。费建根作为热镀生产车间的车间主任,在生产经营中负有监督、管理责任,仍安排工人在生产过程中非法排污。经环保部门检测,该厂车间冷却池外排放口废水中重金属锌含量为8.6毫克/升,超过国家污染物规定标准3倍以上,严重污染环境。

被告人蒋武磊提出其系过失犯罪,其辩护人提出蒋武磊有自首情节,其接受公安传唤是在2014年4月25日,但4月21日起已向行政机关就本案事实作了完整供述,只有在4月30日作出了检测报告后,才能确定被告人蒋武磊有罪,但蒋武磊在这个时间节点之前已如实完整供述。

浙江省桐乡市人民法院经审理认为,被告人蒋武磊、费建根违反国家规定,非法排放含重金属的工业废水、超过国家污染物规定标准3倍以上,严重污染环境,其行为均已构成污染环境罪。被告人蒋武磊、费建根归案后如实供述所犯罪行,予以从轻处罚。鉴于桐乡市华能铁塔厂外排放口废水中重金属锌含量虽已超过国家污染物规定标准3倍以上,但锌含量相对较低,且属于第二类污染物,故对两被告人酌情从轻处罚。且鉴于费建根确有悔罪表现,其在共同犯罪中作用相对较小,对其从轻处罚,适用缓刑。

综上,法院判决如下:被告人蒋武磊犯污染环境罪,判处有期徒刑七个月,并处罚金2万元;被告人费建根犯污染环境罪,判处拘役七个月,缓刑六个月,并处罚金1万元。宣判后,两被告人均未上诉。

本案的争议焦点集中在污染环境罪的主观方面的表现以及关于污染环境案件自首认定问题。

1. 污染环境罪主观方面的认定

所谓犯罪的主观方面,即"犯罪主体对自己所实施的犯罪行为及其危害后果所持的心理态度"[1]。罪过是主观方面的一种,包括故意和过失。污染环境罪的主观方面具体可以表述为:行为人应当预见到自己的排放、倾倒或者处置行为可能导致严重污染环境的结果,因为疏忽大意而没有预见,或者已经预见而轻信可以避免,以致严重污染环境的危害后果发

---

[1] 曲新久主编:《刑法学》,中国政法大学出版社2016年版,第43页。

生。① 行为人在实施污染环境行为时可能是故意的，也可能是过失的，但是行为人对危害结果（严重污染环境）所持有的心理状态是过失的。

关于本罪的主观罪过到底是故意还是过失，实践中确实争议较大。参考域外的立法例，对污染环境犯罪的主观方面也并未绝对化为故意或者过失，例如《德国刑法典》和日本《公害罪法》均是从故意犯罪和过失犯罪两个方面来规范污染环境犯罪的。对污染环境罪的罪过形式应考虑污染环境的两种情形：其一是排污企业、个人基于降低治污成本的考虑，违反国家有关环境保护强制性规定，将工业污水、化工废料等有毒有害物质直接排放入外环境；其二是盛放重金属等有毒有害物质的容器在厂区或运输途中发生泄漏事故，从而严重污染环境的行为。第一种情形下，行为人主观上放任污染后果的发生，客观上实施了私设暗管、倾倒固体废物、废气等行为，罪过形式应认定为故意；第二种情形下，行为人对有毒有害物质排入外环境主观上并不持有放任或追求危害后果的发生，客观上也并非积极排污，罪过形式应为过失。

因此，污染环境罪的主观方面并非是绝对的，应当根据具体案情的不同区别对待。在实践中，既可能是故意犯罪，也可能是过失犯罪。

2. 环境污染案件中自首情节认定的问题

环境污染案件与其他刑事案件不同，在公安机关介入的前期，通常都由环保部门进行调查处理，甚至作出行政处罚。对于某些情节较为严重的案件，可能会采取公安机关与环保部门联合执法的形式进行查处。在环保部门已经查处的情况下再有自动投案情节，能否认定为自首，需要根据案件的实际情况有针对性地进行分析。

《最高人民法院关于处理自首和立功具体应用法律若干问题的解释》（法释〔1998〕8号）第1条规定，"犯罪以后自动投案，如实供述自己的罪行，是自首。自动投案，是指犯罪事实或者犯罪嫌疑人未被司法机关发觉，或者虽被发觉，但犯罪嫌疑人尚未受到讯问、未被采取强制措施时，主动、直接向公安机关、人民检察院或者人民法院投案。"笔者认为，在环保执法部门对行为人因实施污染环境行为进行查处过程中，行为人应当积极配合，如实陈述自己的违法行为并接受相应的处理，在处理过

---

① 周海浪：《污染环境罪的主观责任探疑》，《人民司法》2012年第23期。

程中尚未受到公安机关讯问、未被采取强制措施时，如能主动、直接向司法机关进行投案，可认定为自动投案。但是，在环保部门将案件因涉嫌犯罪移送至公安机关后，则公安机关对犯罪嫌疑人基本犯罪事实已初步掌握，犯罪嫌疑人也已受到环保执法部门调查，此时，犯罪嫌疑人再到公安等司法机关投案的，不能视为自动投案。同理，在公安机关参与行政机关联合执法中，公安机关已经掌握了基本犯罪事实的情况下，犯罪嫌疑人经公安机关电话通知到案，也不符合自首条件。

实践中，对于经公安机关电话通知到案后能否认定为自动投案进而认定为自首，存在两种截然不同的观点：一种观点认为不应认定为自动投案，电话通知虽不直接表现为强制到案，但电话通知到案是行使国家权力的具体表现，是国家权力作用于行为人，使行为人不得不到案接受调查，行为人不具有到案的主动性。[1]浙江省人民检察院、浙江省人民法院2007年出台的《关于严格依法认定自首的通知》中规定经传唤到案的不符合一般自首关于自动投案的要件。第二种观点认为，应认定为自动投案，理由是办案机关的电话通知，虽具有一定的强制性，但其强制效力并未达到限制犯罪嫌疑人人身自由的程度，犯罪嫌疑人仍有较大的自由性，其选择到案接受调查，体现出其接受调查的自愿性和主动性，从《最高人民法院关于处理自首和立功具体应用法律若干问题的解释》中可以看出，犯罪后逃跑、在被追缉、追捕过程中主动投案的都可以视为自动投案，行为人电话通知就到案的，显然更具有归案的主动性。[2]

自首制度一方面是基于提高办案效率、节约司法成本的考虑，另一方面也是鼓励犯罪嫌疑人悔罪自赎。对于经电话通知到案能否认定为自首，并不能一概而论，应结合案情具体分析研判。在一种情况下，公安机关仅根据经验推测，怀疑犯罪嫌疑人可能实施了犯罪行为，但对可能成立何罪尚不能明确的情况下，电话通知其到案，进行一般性的询问调查，行为人若能如实供述则构成自首；在另外一种情形下，办案机关根据已经掌握的线索，足以怀疑行为人实施了某一特定犯罪，这种情况下犯罪嫌疑人交代犯罪事实则不能认定为自首。在该案件中，公安机关与环保部门联合执法，掌握一定证据，足以怀疑两被告人实施了污染环境的犯罪行为，被告

---

[1] 杨永强：《电话通知到案是自首吗》，《检察日报》2014年3月9日第3版。

[2] 同上。

人经过公安机关电话通知到案，缺乏归案的主动性，不应认定为自首。

（四）单位犯罪及共同犯罪的认定

在"吴志根污染环境案"[①]中，2013年9月25日上午9时许，武义县环境保护局对武义县三和工贸有限公司进行检查，发现该公司生产的废水未经处理直接排入武义江。武义县环境保护局提取水样进行测试：水样总镍浓度为3.59毫克/升，超过总镍浓度标准限值≤1.0毫克/升的3倍多，水样总铬浓度为38.4毫克/升，大大超过总铬浓度标准限值小于等于1.5毫克/升。被告人吴志根违反规定排放污水，造成总镍、总铬浓度超过国家规定的排放标准3倍以上的污水排放到武义江。

被告人吴志根对起诉指控的犯罪事实及罪名无异议，其辩护人提出：此次污染环境行为的发生存在一定的偶然性，被告人作为主管人员有一定的责任，但被告人所在单位在之后的环保突击检查中均合格，且该次污染环境未发生重大人身伤亡事故，请求从轻处罚。

浙江省武义县人民法院经审理认为，被告人吴志根作为武义县三和工贸有限公司污水处理工作直接负责的主管人员，未及时排除污水处理设备故障，导致公司污水排放，严重污染环境，其行为已构成污染环境罪。故以污染环境罪判处吴志根有期徒刑一年，缓刑一年六个月，并处罚金人民币5万元。判决后被告人未上诉。

本案的主要争议焦点在于被告人吴志根作为武义县三和工贸有限公司直接负责污水处理工作的主管人员，是否应对污染环境行为承担刑事责任。对此有两种截然不同的观点，一种观点认为，吴志根虽为公司分管污水处理的副总经理，但并不是污染环境行为的直接实施人，最多也只应承担管理失职的责任，可予以行政处罚，而不应承担刑事责任；另一种观点认为，吴志根虽不是污染环境行为的直接实施人，但其系直接分管污水处理工作的主管人员，对污水处理工作有直接的监管责任，在污染环境行为发生时，其应对自己管理上的失职及污染环境的后果承担相应责任，即应承担刑事责任。笔者认为，判断吴志根的行为是否应承担刑事责任，应以污染环境罪的构成要件为基础，综合考虑污染环境行为的发生和后果，被告人的监管责任及污染环境罪的立法初衷等因素，才能正确认定。

---

① 最高人民法院中国应用法学研究所编：《环境资源审判典型案例选编（刑事卷）》，人民法院出版社2015年版，第222—223页。

1. 单位及责任人员刑事责任的确定

污染环境罪的主体为一般主体，既包括个人也包括单位。本案虽未对武义县三和工贸有限公司直接认定单位犯罪并判处罚金，但在本院认为部分认定"被告人吴志根系武义县三和工贸有限公司污水处理工作直接负责的主管人员"这一事实，《刑法》第31条规定了"单位犯罪的，对单位判处罚金，并对其直接负责的主管人员和其他直接责任人员判处刑罚"，"直接负责的主管人员"一般是指对单位犯罪起决定、批准、组织、策划、指挥、授意、纵容等作用的主管人员，包括单位实际控制人、主要负责人或者授权的分管负责人、高级管理人员等；"其他直接责任人员"一般是指在直接负责的主管人员的指挥、授意下积极参与实施单位犯罪或者对具体实施单位犯罪起较大作用的人员。吴志根承担刑事责任的前提正是基于其直接负责主管人员的身份，其在日常管理中理应知道直接排放未经处理的污水会对环境造成污染的后果，理应知道自己的失职会造成什么样的后果，理应承担起对污水设备及时检修的责任，避免污染环境事故的发生。

从司法实践办理的污染环境刑事案件看，大量的环境污染行为由单位组织实施，而且单位实施污染环境犯罪行为的社会危害性往往大于自然人个体实施。司法机关在办理此类案件时，要准确认定是否构成单位犯罪，依法合理把握追究刑事责任的范围，重点打击出资者、经营者和主要获利者，既要防止不当缩小追究刑事责任的人员范围，如把能认定单位犯罪的案件仅仅追究自然人的刑事责任，把在幕后操纵的单位法定代表人排除在外；又要防止打击面过大，将实施正常工作或劳务行为的务工人员认定为污染环境单位犯罪的其他直接责任人员。虽然从行为角度出发，务工人员是污染环境行为的直接实施者，但是期待可能性理论可以阻却其有责性，毕竟务工人员多系农村进城务工的人员，其群体性特征为文化程度偏低、年龄结构偏大、职业技能欠缺、经济条件较差、家庭负担较重等。事实上，该类人员也处于受雇用甚至受支配的地位。因此，对单位经营引发的污染环境行为，自然人责任主体应当是相关经营者、主管人员以及对污染环境结果的发生起了较大作用的务工人员。

认定单位构成污染环境犯罪，要根据案件具体情况有针对性地予以判断，主要从是否为了单位利益、有无体现单位意志等方面进行把握。《2019年座谈会纪要》在"1. 关于单位犯罪的认定"中规定，"为了单位利益，实施环境污染行为，并具有下列情形之一的，应当认定为单位犯罪：(1) 经单位决策机构按照决策程序决定的；(2) 经单位实际控制人、主要负责人或者授权的分管负责人决定、同意的；(3) 单位实际控制人、主要负责人或者授权的分管负责人得知单位成员个人实施环境污染犯罪行为，并未加以制止或者及时采取措施，而是予以追认、纵容或者默许的；(4) 使用单位营业执照、合同书、公章、印鉴等对外开展活动，并调用单位车辆、船舶、生产设备、原辅材料等实施环境污染犯罪行为的"。

2. 污染环境共同犯罪的认定

《刑法》第 25 条规定："共同犯罪是指二人以上共同故意犯罪。二人以上共同过失犯罪，不以共同犯罪论处；应当负刑事责任的，按照他们所犯的罪分别处罚。"虽然污染环境罪主观方面既有故意也有过失，但在构成共同犯罪时行为人均为故意。

在司法实践中，对于直接实施倾倒、排放危险废物严重污染环境的行为人，可以以污染环境罪追究刑事责任，但是对于危险废物的委托、提供处置方，其往往对授意受托方违规处理危废物品污染环境的行为百般辩解、避重就轻。但无论是从支付的费用，还是从委托方和受托方之间的意思联络来看，委托处置的产废单位大多对后续污染环境行为"心知肚明"。《2016 年司法解释》第 7 条规定："明知他人无危险废物经营许可证，向其提供或者委托其收集、贮存、利用、处置危险废物，严重污染环境的，以共同犯罪论处。"该解释采取推定的证明方式，只需要证明行为人明知对方无危险废物经营许可证或者超出经营许可范围即可，无须证明行为人明知危险废物接收方会实施后续污染环境行为，即可对行为人以污染环境罪的共犯论处。[1] 意图在于将此类明知对方无经营许可证或者超出经营范围，仍委托对方处置危险废物，并对后续污染环境行为持放任态度的产废单位纳入刑事处罚范围。

那么，对于一般固废委托他人处置是否能适用该司法解释，笔者认为，不宜直接适用该解释规定，因为司法解释对危险废物作出"以共同犯罪论"的特别规定，是基于国家对危险废物污染防治经营活动实行许可证制度，《危险废物经营许可证管理办法》也对经营单位设定了一定的准入门槛。而对于工业或生活垃圾等一般固废的委托处理，仍然要根据一

---

[1] 喻海松：《环境资源犯罪实务精释》，法律出版社 2014 年版，第 123 页。

般共同犯罪的行为特征予以认定,如产废单位往往会以明显低于市场处置价格的费用交由行为人处置,明知接收方并不具有处置一般固废的能力,也明知行为人非法处置方式污染了环境,而采取了默认的态度,应当认定为污染环境罪的共犯。此外,个别具有危险废物经营许可证的企业将经营许可证非法出租、出借给无许可证的企业,而租借许可证的企业非法倾倒、处置危险废物,严重污染环境的,也可以认定为污染环境罪的共同犯罪。①

二 非法占用农用地罪:罪名认定及民刑责任划分

非法占用农用地罪的前身是非法占用耕地罪,2001 年《刑法修正案(二)》将"非法占用耕地罪"改为"非法占用农用地罪",修改后的《刑法》第 342 条规定:"违反土地管理法规,非法占用耕地、林地等农用地,改变被占用土地用途,数量较大,造成耕地、林地等农用地大量毁坏的,处五年以下有期徒刑或者拘役,并处或者单处罚金。"与非法占用耕地罪相比,非法占有农用地罪对于土地保护的范围予以扩大,从耕地进一步扩展为林地、草地等土地类型,对有效保护中国有限的农用地资源、打击农用地犯罪具有深远的意义。农用地资源是人民生产和生活不可或缺的物质资料,关系到人民群众的基本生活,关系到社会稳定、经济发展的大局。② 笔者将选取两个案例就非法占用农用地罪的犯罪构成要件、具体认定、附带民事诉讼等具体问题进行论述。

(一) 非法占用农用地罪的认定与适用

2005—2013 年,被告人邢如意、邢全普在分别担任北京市昌平区流村镇瓦窑村党支部书记、村委会主任期间,未办理用地审批手续,且在国土资源局多次对违规项目作出处罚、拆除、停工决定后仍违规建设,非法占用本村农用土地用于"瓦窑湾乡村酒店""老年活动中心"等项目违法建设,致使 300 余亩农用地土壤耕作层被破坏,种植条件毁坏难以恢复。被告人邢如意、邢全普对上述法院查明的事实没有异议,对犯罪事实和罪名均表示认可。两被告人的辩护人提出本案应当认定为单位犯罪,被告人有自首情节,建议法庭对其从轻处罚。

---

① 喻海松:《环境资源犯罪实务精释》,法律出版社 2014 年版,第 125 页。
② 檀浩:《非法占用农用地罪研究》,硕士学位论文,中国政法大学,2010 年。

北京市昌平区人民法院于 2014 年 7 月 29 日作出（2014）昌刑初字第 673 号刑事判决认为：被告人邢如意、邢全普作为北京市昌平区流村镇瓦窑村的主管负责人，违反土地管理法规，未经法定程序审批，非法占用农用地，改变被占用土地用途，数量较大，造成农用地大量毁坏，其行为已构成非法占用农用地罪，依法应予惩处。北京市昌平区流村镇瓦窑村村民委员会作为农村基层群众性自治组织，违反土地管理法规定，经村民委员会集体决定实施非法占用农用地的行为，被告人邢如意、邢全普作为村委会的主管负责人，应承担刑事责任。被告人经公安机关电话传唤到案，到案后如实供述基本犯罪事实，系自首，依法予以从轻处罚。关于辩护人提出系单位犯罪，二被告人有自首的情节，建议从轻处罚的意见予以采纳。

综上，法院判决如下：一、被告人邢如意犯非法占用农用地罪，判处有期徒刑四年三个月，罚金人民币 25 万元。二、被告人邢全普犯非法占用农用地罪，判处有期徒刑三年六个月，罚金人民币 20 万元。宣判后，被告人未提起上诉。①

1. 犯罪构成及认定

（1）主体特征。非法占用农用地罪的主体是一般主体，即自然人或者单位都可以构成本罪。自然人作为主体，只要达到刑事责任年龄即 16 岁，具备承担刑事责任能力即可。在实践中，犯本罪的自然人主要是农村居民或村委会等村民自治组织负责人以及一些个体企业主。

单位作为非法占用农用地罪的主体，主要包括企业、事业单位、机关、团体四类，法律没有兜底条款，村委会不是此四类之一。但在实践中，村委会等村民自治组织非法占用农用地数量较大，造成农用地大量毁坏的情况非常普遍，村委会能否作为非法占用农用地罪的主体仍然存在争议。笔者认为，尽管《刑法》第 30 条并未列举村委会作为单位犯罪的主体，但实践中村委会有自己的组织机构、独立的财产、办公场所和工作人员，具备独立承担法律责任的能力，其实施的行为具有社会危害性和应受惩罚性，可以作为本罪的犯罪主体。

本案中，瓦窑村所有的违规建设项目都是经村委会集体讨论决定，以村委会名义签订合同，且违建收入归村委会所有，其行为符合单位犯罪的

---

① 最高人民法院中国应用法学研究所编：《环境资源审判典型案例选编（刑事卷）》，人民法院出版社 2015 年版，第 290—291 页。

犯罪构成要件，应当认定为单位犯罪。但是根据 2001 年 1 月 21 日最高人民法院《全国法院审判金融犯罪案件工作座谈会议纪要》规定的对未作为单位犯罪起诉的单位犯罪案件的处理意见：对应当认定为单位犯罪的案件，检察机关只作为自然人犯罪起诉的，人民法院应建议检察机关对犯罪单位补充起诉，如检察机关不补充起诉的，人民法院应该依法审理，对被起诉的自然人根据指控的犯罪事实、证据及庭审查明的事实，依法按单位犯罪中的直接负责的主管人员或者其他直接责任人员追究刑事责任。

（2）主观方面。非法占用农用地罪主观上是出于故意，即违法行为人必须知道所占用土地是耕地、林地仍旧非法占用，改变了土地用途。如果行为人确实不知道是土地管理法律法规所保护的农用地而过失予以占用的不构成本罪。但对于造成耕地、林地等农用地大量毁坏的结果，不须表现为故意，只要危害结果发生，就可构成本罪。

本案中，两被告人在主观上均是明知是耕地、林地等农用地，未经法定程序审批，仍擅自将其用途改变为建设用地，在其上边建设"瓦窑湾乡村酒店""老年活动中心"等房地产，主观上存在随意改变农用地用途的故意。

（3）客体特征。关于非法占用农用地罪的客体特征，学界有五种不同的观点：第一，国家的土地管理制度；[①] 第二，国家对耕地保护的管理秩序；[②] 第三，国家对耕地的保护与管理制度；[③] 第四，国家对土地资源特别是耕地进行保护的管理制度；[④] 第五，国家对土地资源的保护制度。[⑤] 笔者倾向于第四种观点，本罪的客体是国家对土地资源之保护管理制度。国家对于属于国家及集体所有的农用地土地资源严格保护、管理、开发，任何单位、组织、个人不得非法占用，尤其对于耕地的管理更为严格，只有依法审批才能享有土地使用权。

（4）客观方面。非法占用农用地罪客观上表现为违反法律规定，非法占用农用地、耕地甚至基本农田，改变了土地用途，达到一定的数量，

[①] 周道鸾：《刑法罪名精释》，人民法院出版社 1998 年版，第 785 页。
[②] 王灿发：《论新刑法关于环境犯罪的规定及其实施》，《政法论坛》1998 年第 1 期。
[③] 王秀梅：《破坏环境资源保护罪的定罪与量刑》，人民法院出版社 1999 年版，第 313 页。
[④] 王秀梅、杜澎：《破坏环境资源保护罪》，中国人民公安大学出版社 1998 年版，第 818 页。
[⑤] 高格：《定罪与量刑》（下卷），中国方正出版社 1999 年版，第 818 页。

致使土地资源造成破坏的行为。构成本罪的前提条件是违反相关法律法规规定。[①] 本罪行为客观上表现为"非法占用农用地"并"改作他用","非法占用农用地"是指违反土地利用总体规划,未经审批占用农用地。"改作他用"主要表现为将所占用的农用地改作非农用地以及农业用地内部各种土地用途的转变。因此,本罪属于结果犯罪,即非法占地要达到一定的数量,并且造成土地资源的破坏才能构成该罪。

综上,对本案中两被告人应当以非法占用农用地罪追究其刑事责任。

2. 相关罪名的界限划分

根据《刑法》第228条规定,非法转让、倒卖土地使用权罪,是指以牟利为目的,违反土地管理法规,非法转让、倒卖土地使用权,情节严重的行为。非法占用农用地罪与非法转让、倒卖土地使用权罪两者之间在犯罪构成上存在一定的异同之处。

(1) 相同点:非法占用农用地罪及非法转让、倒卖土地使用权罪的主体都是一般主体,即既可以是单位犯罪也可以是自然人犯罪,但是在犯罪的主观方面必须表现为主观故意。

(2) 不同点:两罪的客体及犯罪对象不同。非法占用农用地罪的客体是国家对土地资源的保护管理制度,犯罪对象是农用地。非法转让、倒卖土地使用权罪的客体是国家对土地使用权合法转让的管理制度,犯罪对象是土地使用权。

客观方面表现不同,非法占用农用地罪表现为违反土地管理法规,非法占用农用地,改作他用,数量较大,造成农用地大量毁坏的行为。非法转让、倒卖土地使用权罪表现为违反土地管理法,非法转让、倒卖土地使用权的行为,情节严重。

构成犯罪的条件不同,非法占用农用地罪是结果犯,必须达到法定的危害结果才构成犯罪。而非法转让、倒卖土地使用权罪是情节犯,非法转让、倒卖的行为情节严重才构成犯罪。另外,非法转让、倒卖土地使用权罪把"以牟利为目的"作为构成犯罪的必要条件。

(二) 土地修复民、刑责任的认定

2010年5月18日,被告人王洪炳与江阴市利港镇苍山村委会签订协

[①] 这里的法律法规主要包括:《土地管理法》《森林法》《草原法》等法律及有关行政法规中关于土地管理的规定。

议，内容包括：王洪炳租用苍山村集体所有的52.7亩复耕土地种植树木，每亩租金800元，租期自2010年1月1日至2015年12月31日。王洪炳不得在该土地上有开挖鱼塘及其他任何破坏土地的行为。协议签订后，王洪炳未经行政主管部门批准，擅自违反协议约定改变土地用途，陆续在租用耕地上铺垫乱砖、沙砾并压实平整，陆续架设变压器、搭建简易房、建造钢结构厂房，并将部分耕地、简易房转租给他人从事非农业建设和经营活动。王洪炳非法占用农用地除承租耕地外，还包括周边其他复垦耕地，共计53余亩。

2013年10月21日，江阴市农林局组织专家组对被毁坏耕地进行现场勘察后作出鉴定意见，无锡市国土局出具认定意见书，均认为涉案耕地被严重破坏。苍山村委会、江阴市国土局均发出通知要求王洪炳拆除违法建筑，但被告人未按期进行拆除整改。9月9日王洪炳经公安机关电话通知，到派出所如实供述了自己非法占地的行为。案发后，王洪炳及其家属拆除了非法占用耕地上的建筑物，并进行了一定程度的平整恢复。

江阴市人民法院受理此案后，委托无锡万方土地规划勘测有限公司编制了《土地复垦项目实施方案》，制定了由被告人复垦修复和委托第三方进行复垦修复两种方式。王洪炳自愿采取第一种复垦方式：按照实施方案制定修复计划，在司法机关、国土部门监督下，限期进行复垦并达到耕地标准。王洪炳于2014年5月16日至6月2日对毁坏耕地进行了第二次深化复耕，法院委托江阴市国土局对涉案土地现状进行鉴定评估，江阴市国土局组织专家进行现场勘验后于同年7月14日出具情况说明，认为被毁损土地得到明显恢复，并提出下一步修复建议。

江苏省江阴市人民法院经审理认为：被告人王洪炳犯非法占用农用地罪的事实清楚，证据确实充分。王洪炳到案情形符合自首的法律规定，应当认定为自首。王洪炳非法占用耕地面积53余亩，超过构成该罪数量标准的5倍，且造成耕地严重毁坏的后果，应当判处刑罚。鉴于涉案土地系复耕耕地，用途为"种植绿化"，加上王洪炳在案发后能积极进行土地修复，具有较好的悔罪表现，对其适用缓刑，实行社区矫正，追缴违法所得。本案中王洪炳对集体所有的耕地造成损害，在承担刑事责任的同时，应当承担恢复原状的民事责任。附带民事诉讼原告人江阴市人民检察院的诉请符合法律规定，法院予以支持。

故法院判决如下：一、被告人王洪炳犯非法占用农用地罪，判处有期徒刑一年，缓刑一年，并处罚金人民币 1 万元；二、被告人王洪炳违法所得人民币 25000 元，予以没收，上缴国库；三、被告人王洪炳应按照无锡万方土地规划勘测有限公司于 2014 年 5 月编制的《土地复垦项目实施方案》的要求，继续采取清理耕地杂物、覆土翻耕平整、建设田间路网、改良土壤结构等措施，对位于江阴市临港街道苍山村其毁损的 53 余亩耕地继续进行修复，并达到国家规定的耕地标准，上述行为于本判决发生法律效力后三个月内完成。如逾期未完成修复或经验收未达标，本院将委托有资质的专业机构完成土地复垦修复，所需费用由王洪炳承担。宣判后，被告人未上诉。[1]

从本案中可以分析出以下问题：

1. 民、刑责任的认定

根据相关法律规定，公民由于过错侵害集体的财产造成损坏的，应当承担恢复原状或者折价赔偿的民事责任。在破坏环境资源、污染环境案件中，犯罪人不仅要承担刑事责任，还应对自己的行为对环境所造成的损害承担生态修复的民事责任。

根据《最高人民法院、最高人民检察院关于办理环境污染刑事案件适用法律若干问题的解释》第 5 条规定："实施刑法第三百三十八条、第三百三十九条规定的犯罪行为，但及时采取措施，防止损失扩大、消除污染，积极赔偿损失的，可以酌情从宽处罚。"从宽处罚体现了刑法教育改造的功能，由于环境案件的特殊性，如污染破坏容易、恢复难、不易发现等，适用从宽处罚，可以激励环境污染者在污染发生的早期意识到污染环境的违法性，及时采取补救措施，将污染降低在最低范围内，减轻后期的治理任务。根据上述规定的精神，一审法院认为王洪炳积极修复土地，采取土地复垦措施，其民事侵权责任的履行情况可以作为刑事责任量刑的酌定情节。

本案中，王洪炳非法占用耕地、改变被占用土地用途的行为，构成非法占用农用地罪，根据其情节，应当判处刑罚，承担刑事责任。同时，王洪炳的犯罪行为对集体所有的耕地造成严重破坏，导致经济损失，应当承担民事责任。本案的创新之处在于改变了以往相关案件的做法，没有对被

---

[1] 最高人民法院中国应用法学研究所编：《环境资源审判典型案例选编（刑事卷）》，人民法院出版社 2015 年版，第 312—315 页。

告人一判了之，而是重视对环境修复功能的实现。以修复环境为案件审理的重点，鼓励被告人积极修复环境，并将履行情况作为刑事责任量刑的酌定从轻情节。这种措施不仅可以威慑行为人，令其意识到法律的严肃性与严厉性，又可以最大限度地利用土地资源，达到修复环境的目标。

2. 检察机关提起公益诉讼制度

2012年修正的《民事诉讼法》第55条对公益诉讼的主体作出了规定，对污染环境、侵害众多消费者合法权益等损害社会公共利益的行为，法律规定的机关和有关组织可以向人民法院提起诉讼。而根据法律规定及近年来的司法实践经验，可以提起民事公益诉讼的主体有检察机关、行政机关及一些社会团体组织等。而新修订的《环境保护法》对社会组织作出了条件性的限制。

2015年1月1日生效的《环境保护法》第58条明确规定了公益诉讼主体条件，即提起公益诉讼的主体应为符合两个条件的社会组织，两个条件分别为：一是依法在社区的市级以上民政部门登记，二是专门从事环境公益活动连续五年以上且无违法记录，且提起诉讼的社会组织不得通过诉讼谋取经济利益。这是我国民事诉讼组织制度在立法上的新突破。

党的十八届四中全会决定明确规定了"探索建立检察机关提起公益诉讼制度"，并提出了试点方案。检察机关不仅可以在职能范围内支持及督促起诉，也可以作为原告主体提起民事及行政公益诉讼。

赋予检察机关公益诉讼权，由其代表国家对损害环境的重大违法行为提起公益诉讼，不但是世界上大多数国家通行的做法，也是符合我国现实情况需要的。在我国不断发展建设的过程中，出现了大量环境污染、破坏资源的案件，这些案件不仅侵害了特定民事主体的权益，而且危害了众多不特定民事主体的权益。如果法律仅允许直接利害关系人起诉，那么就可能造成无人起诉的局面。[①] 环境资源属于全体公民的共享资源和公共财产，对侵害环境资源的行为，如果国家不介入，就很难通过诉讼的法律手段加以解决。因而，为了社会的公益，赋予检察机关提起公益诉讼的权利具有十分重大的意义。

本案中，集体土地的所有权人苍山村委会没有对受到损害的土地主张权利，未提起民事诉讼。检察机关作为国家公诉人，完全可以履行法律监

---

① 邓思清：《论检察机关的民事公诉权》，《法商研究》2004年第5期。

三　盗伐、滥伐林木罪：罪名认定及恢复性司法

我国森林资源较为匮乏，森林资源储量严重不足，森林生态系统的功能也较为脆弱，导致森林资源的供给和生态功能的发挥与社会所需之间的矛盾较为突出。盗伐林木罪和滥伐林木罪是发案率最高、危害最为严重的破坏森林资源犯罪。《刑法》第345条对盗伐林木罪和滥伐林木罪分别作出了具体规定。[①] 盗伐林木罪与滥伐林木罪是体现在《刑法》一个条文中的两个罪名，其相互联系紧密，有时也难以区分。笔者在该部分选取两个案例，分别对盗伐林木罪和滥伐林木罪进行论述。

（一）罪名的认定及适用

2012年12月20日，被告人张春德在圣井街道办事处寨子集市上找到收树的李某元和李某春，谎称其是圣井街道办事处政府工作人员，将事前看好的圣井法庭西侧路西的一片速生杨林木以5500元的价格卖给李某元和李某春。2013年1月12日至14日，李某元、李某春携带伐木工具先后砍伐了圣井法庭西侧路西的65棵速生杨，后被圣井街道办事处政府工作人员发现予以制止。经章丘市林业局测算，被盗伐的107棵速生杨总蓄积量为12.532立方米。案发后，被告人张春德将5500元退还给李某元，将盗伐的林木退还给圣井街道办事处。2013年1月15日，章丘市公安局圣井派出所民警根据线索，将被告人张春德抓获。其盗伐的65棵速生杨经章丘市价格认证中心鉴定，价值7356元。

山东省章丘市人民法院经审理认为：被告人张春德违反国家保护森林法规，以非法占有为目的，盗伐林木，数量较大，其行为已构成盗伐林木罪，应当追究其刑事责任。被告人张春德归案后，如实供述自己的罪行，对其予以从轻处罚。案发后，张春德将5500元退还给李某元，盗伐的林木退还给圣井街道办事处，对其酌情予以从轻处罚。本案中，被告人张春德自愿认罪，有悔罪表现，案发后，将5500元退还给李某元，将盗伐的

[①] 盗伐森林或者其他林木，数量较大的，处三年以下有期徒刑、拘役或者管制，并处或者单处罚金；数量巨大的，处三年以上七年以下有期徒刑，并处罚金；数量特别巨大的，处七年以上有期徒刑，并处罚金。

林木退还给圣井街道办事处，考虑其不至于再危害社会，依据《刑法》第 72 条第 1 款规定，决定对其量以缓刑。

故法院判决如下：一、被告人张春德犯盗伐林木罪，判处有期徒刑一年，缓刑一年，并处罚金人民币 5000 元；二、犯罪工具手机一部予以没收。宣判后，张春德未提出上诉。①

1. 盗伐林木罪的犯罪构成

根据法律规定，盗伐林木罪是指违反国家保护森林法规，以非法占有为目的，擅自砍伐国家、集体所有或者个人所有的森林或者其他林木，数量较大的行为。

（1）主体要件。盗伐林木罪的主体是一般主体，既可以是达到刑事责任年龄，具备承担刑事责任能力的自然人，也可以是具备独立承担责任能力的单位。在司法实践中，一些农村集体经济组织，因公共所需或者其他原因，大量盗伐、滥伐森林或其他林木，严重破坏国家森林资源。那么，村委会、村民小组等农村集体经济组织能否作为单位犯罪的主体呢？笔者认为，村委会和村民小组等农村集体经济组织虽然不是法人，但属于刑法意义上的单位，可以成为盗伐、滥伐林木的单位犯罪主体。因为，村委会和村民小组是依法设立的集体经济组织，符合单位的基本特征。村民委员会是村民自我管理、自我教育、自我服务的基层群众性自治组织。村委会可以按照村民居住状况分设若干村民小组。村委会包括村民小组能够以自己的名义对外开展相对独立的社会性活动，具有相对独立的财产，有独立承担法律责任的能力，符合单位的法律特征。

（2）主观要件。盗伐林木罪的主观要件是故意，且以非法占有为目的。故意是指行为人明知自己对所砍伐的林木无所有权而实施砍伐。以非法占有为目的，占有的对象应当是林木，而不是其他附属物。对占有应作广义理解，既可以是占为己有，也可以是出售获利，还可以是用来赠与他人。占有目的是否实现，不影响盗伐林木罪的构成。

本案中，张春德明知林木不归本人所有，以非法占有为目的，故意将林木出售给不知情的李某元和李某春，从中获利。李某元和李某春虽是砍伐行为的直接实施者，但二人对张春德没有出售林木的权利毫不知

---

① 最高人民法院中国应用法学研究所编：《环境资源审判典型案例选编（刑事卷）》，人民法院出版社 2015 年版，第 367—368 页。

情,故李某元和李某春没有故意的主观罪过,不能认定为盗伐林木罪的共犯。

(3)客体要件。盗伐林木罪侵犯的客体包括两个方面,一是侵犯了国家森林资源的保护及管理制度,二是侵犯了国家、集体及个人的森林、林木所有权。盗伐林木罪的犯罪对象是《森林法》中所规定的森林或其他林木。

(4)客观要件。盗伐林木罪客观上表现为擅自砍伐行为人不具有林木所有权的森林或者其他林木数量较大的行为。盗伐林木的行为,首先必须是违反了国家的《森林法》及其他保护森林法规的规定,才具有犯罪的前提条件。盗伐林木的行为手段有两种,一种是采取秘密手段砍伐,另一种是采取所有权人所知的公开手段砍伐。盗伐林木罪是刑法理论上的结果犯,以法定的危害结果作为必要条件。我国《刑法》将盗伐林木罪的危害结果分为三档:数量较大,数量巨大,数量特别巨大。《最高人民法院关于审理破坏森林资源刑事案件具体应用法律若干问题的解释》第3、4条对盗伐林木罪的行为方式、数量标准作了具体的规定。[①]

本案中,张德春冒充街道办工作人员,将不属于自己所有的速生杨林木出售从中获利。李某元和李某春是砍伐行为的直接实施者,但二人对张德春没有出售林木的权利不知情,实际上相当于张德春利用李某元和李某春去砍伐林木,张德春构成本案盗伐林木罪的间接正犯。

2. 盗伐林木罪与盗窃罪的关系

盗窃罪是指以非法占有为目的,秘密窃取国家、集体、个人财物,数额较大,或者多次窃取国家、集体、个人财物的行为。盗窃罪中的盗窃林木行为与盗伐林木罪非常相似,两罪既有联系又有区别。

盗伐林木罪与盗窃罪在犯罪构成上既有区别又有联系。两罪在主观上都表现为主观故意,但是在本质上也有明显的区别。两罪最大的不同在于侵犯的客体和对象不同,盗伐林木罪侵犯的客体是国家对森林资源的保护管理制度和国家、集体、他人林木的所有权。而盗窃罪侵犯的客体是公私财物的所有权。盗伐林木罪的犯罪对象是森林或其他林木,而盗窃罪的对象是各类公私财物,范围则要广泛得多。另外,两罪的犯罪主体也不完全相同,单位可以成为盗伐林木罪的主体,但不可能成为盗窃罪的主体。

---

① 李林山:《盗伐滥伐林木罪的有关问题研究》,硕士学位论文,湘潭大学,2005年。

一般认为，规定盗伐林木罪的第 345 条第 1 款与规定盗窃罪的第 264 条之间，是特别法条与普通法条的关系。在通常情况下，对于盗伐林木的行为，应适用特别法条优于普通法条的原则，以盗伐林木罪论处。

（二）恢复性司法手段的应用

2012 年 6 月至 8 月，被告人周良宝受山场林木所有人陆新华委托，在办理部分自用材采伐手续的情况下，组织安排工人，将位于武夷山市崇安街道松凹村前山自然村林权属陆新华所有的"林子岗"山场的林木全部采伐变卖。后经林业技术人员鉴定，该山场采伐面积 120 亩，超数量采伐阔叶树，折立木蓄积量 76.072 立方米。2012 年 8 月，周良宝受山场林木所有人游书文的委托，在办理部分林木采伐手续的情况下，组织安排工人，将位于"林子岗"山场，林权属游书文所有的山场林木全部采伐。经鉴定，采伐面积 18 亩，超数量采伐，折立木蓄积量 8.8791 立方米。2012 年 10 月期间，周良宝受山场林木所有人陈光荣委托办理采伐手续采伐林木，在采伐证尚未办成的情况下隐瞒事实，组织安排工人，将位于武夷山市松凹村温岭后自然村陈光荣、林乃顺所有的"苦株垄"山场的林木全部采伐。经鉴定，山场采伐面积 32 亩，采伐林木蓄积量为 49.3486 立方米。

被告人周良宝将采伐林木出售给他人，非法所得 5000 元。案发后，部分滥伐林木被公安机关扣押。周良宝于 2013 年 9 月 17 日主动向公安机关投案，并在滥伐的游书文、陈光荣承包的两片林地上补种杉树及油茶树，补种面积 50 亩，并经有关部门验收合格。

福建省武夷山市人民法院经审理认为：被告人周良宝违反国家森林法律法规，滥伐林木数量巨大，构成滥伐林木罪，应处三年以上七年以下有期徒刑，并处罚金。案发后，周良宝能主动投案，如实供述犯罪事实，属自首，依法可从轻或者减轻处罚。周良宝在部分滥伐的林地上补种林木，经有关部门验收合格，亦可酌情从轻处罚。

故法院判决如下：一、被告人周良宝犯滥伐林木罪，判处有期徒刑二年八个月，并处罚金 8000 元；二、被告人周良宝被依法扣押的滥伐的林木，由扣押机关依法处理；三、追缴被告人周良宝滥伐林木非法所得 5000 元，上缴国库。宣判后，被告人未上诉。[1]

---

[1] 最高人民法院中国应用法学研究所编：《环境资源审判典型案例选编（刑事卷）》，人民法院出版社 2015 年版，第 19—20 页。

1. 滥伐林木罪的犯罪构成

滥伐林木罪是指违反《森林法》的规定，未经有关部门批准并核发林木采伐许可证，或者虽持有采伐许可证，但违背采伐证所规定的地点、数量、树种、方式而任意采伐本单位所有或管理的，以及本人自留山上的森林或者其他林木，数量较大的行为。

滥伐林木罪的主体也是一般主体，即单位和个人都可成为该罪的主体。个人成为该罪主体的前提是达到承担刑事责任的年龄即具备承担刑事责任的能力。而该罪在主观方面则表现为主观故意，即明知不该滥伐林木，滥伐会对林木资源产生危害后果仍有意实施滥伐行为。

滥伐林木罪侵犯的客体与盗伐林木罪一致，均是国家对森林资源的保护管理制度。滥伐林木罪的犯罪对象是本单位所有的或管理的，或者本人自留山上的森林或者其他林木，以及国家级自然保护区内的森林或者其他林木，包括防护林、用材林、经济林、薪炭林、特种用途林等。

滥伐林木罪在客观方面表现为无证采伐和有证滥伐的行为。滥伐林木罪也是结果犯，构成本罪，还需具备"数量较大"这个条件。

本案中，被告人周良宝采伐林木的行为符合上述滥伐林木罪的犯罪构成，以滥伐林木罪判处刑罚符合事实和法律。

2. 滥伐林木罪与盗伐林木罪的界限

滥伐林木罪与盗伐林木罪的主体都是一般主体，既可以是自然人，也可以是单位。两罪都侵犯了国家对森林资源的保护管理制度，并对森林或其他林木造成不同程度的损害。但滥伐林木罪和盗伐林木罪在犯罪构成等方面还是存在一系列的差别。

在犯罪客体方面，滥伐林木罪侵犯的客体仅仅是国家对森林资源的保护管理制度，而盗伐林木罪侵犯的客体不仅是国家对森林资源的保护管理制度，还侵犯了林木的所有权。

在犯罪对象方面，滥伐林木罪违法行为人对于其所采伐的林木具备所有权，这与盗伐林木罪显著不同，盗伐林木罪所采伐的对象是他人所有的林木资源。

在犯罪客观方面，滥伐林木罪的前提是违反森林法规，未按照规定依法采伐林木，或者无证采伐林木，而盗伐林木罪则完全是在不具备所有权，而真实所有权人并不知情的情况下，秘密采伐林木资源。

在犯罪主观方面，盗伐林木罪具有非法占有国家、集体、他人所有的林木的目的，而滥伐林木罪不包含非法占有的目的。

在量刑方面，盗伐林木罪具体分为三档：数量较大，数量巨大，数量特别巨大；而滥伐林木罪分为两档：数量较大，数量巨大。盗伐林木罪的量刑高于滥伐林木罪。

3. 恢复性司法手段在审判中的应用

本案考虑到被告人周良宝有投案自首的情节，并且在部分滥伐的林地上补种了林木，法院决定对其从轻处罚，体现了一审法院在生态审判案件中对"复植补种"恢复性司法手段的实践。

恢复性司法实践是指在审理破坏森林资源案件中，对于违法行为人破坏森林资源的行为，让其通过补种补植、承担劳务活动、缴纳赔偿或罚金等方式，承担其行为对森林资源破坏而引起的生态修复的责任。对于盗伐、滥伐林木罪等破坏森林资源的案件，为有效解决惩治犯罪、生态保护和民生保障间的平衡问题，判令罪犯支付恢复生态的资金或者承担艰苦劳作"复植补种"的效果，远胜于入狱改造。这种方式既能使犯罪人得到惩处，又能挽回产权人的经济损失，也能使国家的生态资源得以恢复，一判三赢。

福建省法院探索实践的"恢复性司法实践+专业化审判机制"的生态司法模式，改变了以往法院只根据被告人的犯罪情节、案件性质来作出实体判决的形式，对生态环境破坏起到恢复作用，最大限度地降低了生态环境损失。"惩罚犯罪是手段，保护生态是目的"这才是正确的林业刑事审判理念。

但这种生态司法审判模式并不成熟，目前来看，尚欠缺法律依据，现行《刑法》并未对恢复性司法作出相关规定，只有一些地方出台的规范性文件，各地法院操作不同，没有统一的规定及配套机制。此外，这种模式在量刑上也缺乏统一标准。实践中，"复植补种"在量刑上只能作为酌情从轻处罚的参考情节，具体操作只能由承办法官自由裁量。因而，这种生态司法模式还有待进一步完善和发展，期望通过立法和更多的实践，该模式能够在办理环境资源纠纷的案件中发挥重要作用，为生态文明建设提供有力的法治保障。

第三节　环境行政审判的实践探索

与近年来蓬勃发展的环境民事诉讼行政相比，环境行政诉讼的司法实践起步较晚,既缺少立法支持,也没有可操作的司法规则可供参考。根据当今世界各国的立法实践和法学理论,环境行政诉讼是指有关环境受害人(包括公民个人、社会组织以及代表公益的行政机关等)认为环境行政管理机关或其工作人员的行政行为非法损害了自己合法的环境权益,而依法向法院提起的行政诉讼。本节将结合近年来为数不多的司法案例,以及各地法院环境行政诉讼的实际做法,探索和总结其中的经验和存在的问题。

表4-3 近年来国内外环境行政诉讼典型案件基本情况一览

案件来源	当事人 原告	当事人 被告	受理时间	诉讼性质
美国联邦最高法院	欧弗顿公园公司	运输部长沃尔普	1971年	公益
菲律宾最高法院	菲律宾45名儿童	菲律宾环境与自然资源部(DENR)部长	1993年	公益
浙江省西湖区法院	金奎喜	杭州市规划局	2003年	公益
贵州省清镇法院	中华环保联合会	贵州省清镇市国土资源局	2009年	公益
最高人民法院发布的环境保护行政案件十大案例(第一批)	夏春官等4人	东台市环境保护局	2013年	公益
	卢红等204人	杭州市萧山区环境保护局	2013年	公益
	苏耀华	广东省博罗县人民政府	2012年	私益
	正文花园业委会、乾阳佳园业委会	上海市环境保护局	2012年	私益
最高人民法院发布的环境保护行政案件十大案例(第二批)	贵州省锦屏县人民检察院	锦屏县环境保护局	2015年	公益
	刘德生	胶州市环境保护局	2014年	私益
	周锟、张文波	中华人民共和国环境保护部	2014年	私益
	张小燕等	江苏省环境保护厅	2014年	私益

一 诉讼主体资格

(一)法律上利害关系的界定与扩展

近年来随着环保审判司法实践的蓬勃发展,在环境民事诉讼领域,环境公益社会组织(或称NGO)作为原告提起环境民事公益诉讼已得到立法认可,见证了民事领域诉讼主体资格的实质扩展。然而,在环境行政诉讼领域,虽然已逐步明朗,但这一问题仍有待进一步明确。最高人民法院《关于执行〈中华人民共和国行政诉讼法〉若干问题的解释》第12条规定："与具体行政行为有法律上利害关系的公民、法人或者其他组织对该行为不服的，可以依法提起行政诉讼。"① 从司法实践来看，与民事诉讼领域类似，对"法律上利害关系"的理解和适用同样经历了一个从严格到宽松的过程。

在金奎喜诉杭州市规划局一案中，金奎喜以杭州市规划局为被告向法院提起行政诉讼，要求撤销涉案行政机关颁发的项目许可证。原告认为，按照杭州市相关名胜古迹保护条例，杭州市规划局不得在西湖颁发规划许可证。2003年2月28日，法院裁定不予立案，理由则是"起诉人不具有起诉的资格"，即行政诉讼的原告应当是与具体行政行为直接相关或者有利害关系的行政相对人，至少也是与之密切相关的人员，而金奎喜与在建的工程没有任何关联，故不具有相应的原告主体资格。金奎喜不服提起上诉，二审法院以同样的理由维持了原裁定。②

时过境迁，非直接利害关系人的起诉资格得到越来越多司法实践的支持。在2009年某NGO诉贵州省某国土局不履行收回土地使用权法定职责一案中，该会向法院提起环境行政公益诉讼，请求判令国土局收回与第三人签订的《国有土地使用权出让合同》中位于百花湖内地块的土地使用权及其上建筑物或附属物，以维护保护周边环境。经审查，法院决定立案受理。8月28日，国土局报请该市政府作出收回该国有土地使用权的决定，同时注销该块土地使用权证。因诉讼目的已经实现，后原告向法院申请撤回起诉。虽然法院最终没有作出判决，但法院受理本案，没有以原告的利益没有遭受实际损害为由拒绝受理本案已经是一个很大的进步。

近两年来，检察机关作为环境保护的先锋被提上日程，特别是2015年下半年《关于授权最高人民检察院在部分地区开展公益诉讼试点工作的决定》正式实施，检察机关似乎成为环保行政公益诉讼的最佳"代言人"。在2015年年底锦屏县人民检察院诉锦屏县环境保护局不履行法定职责一案中，2014年8月，县检察院在调查中发现，该县两石材加工企业未建设环保设施擅自开工，县环保局已下达了限期改正通知书，但企业并未整改完成仍继续开工，遂向县环保局发出司法建议书，建议及时督促检

---

① 《最高人民法院关于执行〈中华人民共和国行政诉讼法〉若干问题的解释》，2000年3月8日。

② 中国法院网（http://old.chinacourt.org/public/detail.php?id=92767）。

查，确保整改得以落实。其后又两次向该环保局发出检察建议书，环保局未予答复。在2015年的两次走访中，县检察院发现该现象仍然存在，县环保局虽在年底对两公司分别予以处罚，县检察院仍以该环保局为被告向法院提起诉讼，请求确认县环保局不作为违法。法院最终支持了该诉请，涉案的两企业也在政府的专项整治活动中悄然倒下。①

环保行政诉讼原告诉讼主体资格的扩张，在于赋予行政相对人之外的第三人以诉权，以保护公民环境权益，加强对政府行政行为的监督。与一般行政行为不同，环保行政行为不仅影响到行政相对人的权益，而且可能直接对所涉的环境造成深远的影响，在行政相对人获益的情况下，其不可能有动力代表受损的环境对环保行政机关提起诉讼。因此，如果限制或缩减环境行政诉讼的启动者，则更不利于环境行政诉讼的预防功能，更无法实现公民环境利益的有效保护。故有必要赋予行政相对人之外的公民、环保团体对影响环境权益之行政管理行为提起诉讼的资格，在环境管理行为涉及公共利益时，赋予检察机关提起行政公诉的资格。

（二）环保知情权、参与权保障与原告主体资格

如前所述，环保行政行为大多直接针对环境，特别是在一些环保行政许可案件中，受新上马工程、项目影响的周边居民享有当然的环保知情权，因此亦享有环保行政诉讼的原告主体资格。

在夏春官等四人诉东台市环境保护局环评行政许可一案中，夏春官等四人住宅与四季辉煌沐浴广场上下楼。该沐浴广场承租涉案房屋以作洗浴场所之用，先后就涉案建设项目报东台市东台镇人民政府审批，向市环保部门提交申报表，并根据要求整理审批材料，申请批准。

后市环保部门审批通过，并对其运营中可能影响环境的因素进行了具体要求。而夏春官等四人以市环保部门未公示公告、未征求周边居民意见为由将其告上法庭，请求法院依法撤销该审批。法院认为，环保局具有环境影响报告审批的权力。根据《行政许可法》第47条的规定，②夏春官等人与该项目紧邻，具有直接利害关系，环保机关在行政审批时，应当告

---

① 详细案情见中国法院网（http://www.chinacourt.org/article/detail/2016/03/id/1830967.shtml）。

② 该条规定："行政许可直接涉及申请人与他人之间重大利益关系的，行政机关在作出行政许可决定前，应当告知申请人、利害关系人享有要求听证的权利……"

知与该项目有利害关系的非行政相对人相关的权利并听取意见,故该审批程序不合法,应予撤销。①

尽管本案的典型意义更多的在于其中体现出的程序正义,但从原告主体资格角度来看,行政相对人之外的第三人因直接受该行政行为特别是行政审批等影响而当然享有行政诉权,这也是环保行政诉讼与环保民事诉讼的重要区别。

(三) 当代人代表后代人的环境行政诉讼起诉权

后代人是潜在的法律关系主体,他们有在未来的环境中健康生存的权利。因此维护他们的环境权是必要的,也是现实的。具体到司法问题,当代人能否代表后代人就当代人的环境行政侵权行为而提起环境行政诉讼,各国基本上都没有具体规定。

1993年的菲律宾森林案就是一个典型的当代人代表后代人环境权益进行环境行政诉讼的案例。该国45名儿童提起了这起举世瞩目的环境行政诉讼案件,他们以菲律宾环境与自然资源部(DENR)部长为被告提起诉讼,代表其一代人及可能的后代人,要求被告立即停止采伐森林,尤其是取消所有森林采伐许可合同。菲律宾最高法院以高超的司法理念支持了他们的诉讼请求。

这个案例虽然发生在菲律宾,但对各国都有着极大的借鉴和警示意义。生态环境不是个人或者部分人的私产,而是生活在其间受其泽被的每一个人,环境是当代人的,更是后代人的,每一个人都有权利为了与己息息相关的环境在法庭上投上自己庄严的一票。

二 受案范围:抽象行政行为的审查程度

(一) 国内司法实践

我国《行政诉讼法》第13条第2项规定:"人民法院不受理公民、法人或其他组织对下列事项提起的诉讼:行政法规、规章或者行政机关制定、发布的具有普遍约束力的决定、命令",等于直接将抽象行政行为的司法审查完全拒之门外。然而,近年来的司法实践表明,对公民、法人或者其他组织产生更为广泛影响的抽象行政行为,特别是环境影响评价、环境规划等没有具体行政相对人的行政决定、命令等,开始频繁出现在司法

---

① 详见中国法院网(http://www.chinacourt.org/article/detail/2014/12/id/1519866.shtml)。

审查的视野中。

以卢红等204人诉杭州市萧山区环境保护局环保行政许可一案为例。杭州某城投公司因道路改造，委托某研究院进行环境影响评价，并两次予以公示，省环保设计院也通过其他方式进行了社会调查。2012年4月20日，环保部门召开评审会并最终通过，遂于4月23日进行公示，但仅在区服务中心大厅公示栏进行张贴。5月29日，再次组织召开复审评审会并形成复审意见。同年6月，形成环评报告书，并最终于月底前正式获批。卢红等204人系该道路两侧两小区居民，因认为小区环境受到了严重影响，就该工程的可行性研究报告向市发改委申请行政复议。复议期间，区发改局提供了区环保局的《审查意见函》。卢红等人以区环保局为被告提起行政诉讼，请求法院撤销《审查意见函》。一审法院肯定了公众的知情权，认为区环保局明显地违反了审批环节程序性规定，未进行公示，应予撤销。

该案中，与常规的具体行政行为不同，涉案环评报告书的审查仅系行政审批过程中的一环，即使需要公众参与也很难视为具体行政行为。从传统行政行为的具体和抽象的两个分类来看，审查环评报告书很难归入其中，类似于不具有可诉的过程性行政行为，而地方行政法规对其须经公示的程序设计又令其具有抽象行政行为的若干特征，但也是将其纳入最终审批行为的整体中去评价才更为适当。易言之，与本案环境影响评价类似的环境立项规划、项目建设规则、城乡功能区划等审批类行政行为，更多地带有抽象行政行为的特征，很难归入具体行政行为。然而，这类行政行为因为公示等程序性设计而具有了进入诉讼的天然优势。事实上，理论界对这一问题也未引起足够的重视，通过此类行政行为的司法审查推动抽象行政行为进入司法审查的强度和深度，不失为打开这一领域研究的契机。

实际上，在环保行政过程中，对公民、法人或其他组织造成环境侵害的行为中，以本案中类似不针对具体人的抽象行政行为相对可能更为频繁地出现，且可能影响行政相对人及相关人的利益更为深远，若无法得到司法救济，会进一步加剧行政权力的侵益性，特别是当环保机关试图通过抽象行政行为规避可能面对的诉讼压力时。

（二）域外司法实践

域外环保行政诉讼司法实践对抽象行政行为采取的态度大多是宽松的，以诉权和利益保护为导向，只要可能对公民的环境权益造成可能的实质影响，抽象行政行为同样被纳入司法审查范围。在日本，20世纪70年代以来，"制度诉讼"即以现行环境法律法规作为诉讼对象的案例即开始频繁出现。在美国，最高法院在判例中已明确了"严格审查"的标准，即"其一，实体法上的审查，即法院审查行政机关的行为是否超出法律法令的授权；其二，程序法上的审查，即审查行政机关的行为是否符合行政程序法；其三，审查行政机关的决定是否合理"①。在奥地利，宪法法院可以对环境法规、规章和立法机关制定的法律进行复审。

以"公民保护欧弗顿公园公司诉沃尔普"为例。该案是美国司法史上对抽象性行政决策行为进行司法审查的标杆案例。该案实际上源于运输部部长的一个行政命令，即用联邦基金建设一条州际高速公路。原告欧弗顿公园公司指控该部长该行政命令违反了有关法令，即如果可以选择另一条路线，运输部部长将不享有颁布该行政命令的权力，要求撤销该命令。运输部部长抗辩称，其行政命令并非针对个人的行政行为，不具有可诉性。最终，最高法院支持了原告的诉求，明确了该行政命令的可诉性，并确立了被后续审理沿用至今的"严格审查"原则。

不难发现，抽象行政行为在环境行政领域的独特性使其接受司法审查的程度较一般行政行为更具有可归责性，特别是当该类行为影响到广泛的环境权益时。因此，国内尚未明确地对抽象环保行政行为的司法审查有必要以环境影响评价等为契机，进一步走向深入。

三 合法性审查

(一) 实体审查：事实审查的深度

对行政行为的合法性审查是行政诉讼的核心。"合法性审查主要审查下列内容：行政主体认定事实所依据的证据是否符合法定形式；证据来源是否合法；收集证据的程序是否合法，举证责任分配是否合法，对事实的定性是否准确；等等。"② 易言之，法院的审查首先应保障事实问题的清楚适当，其次才涉及法律判断问题。

更进一步来看，这一问题的本质是司法对行政行为事实审查的程度。

---

① 常纪文：《国外环境资源行政起诉权的晚近发展及对我国的启示（之一）》，《宁波职业技术学院学报》2003年第4期。

② 徐开勇：《行政行为事实问题的审查标准》，《人民法院报》2015年1月5日。

在英美法系，法院的态度更为宽松，不超过合理性的标准一般法院都是认可的，当然，这与其一以贯之的程序优先的司法理念是密不可分的。在大陆法系，事实问题常常与法律问题是含糊其辞的，中间有太多的过渡地带，因此，一般对事实问题都进行严格的审查。然而，近年来随着行政法在全球统一化趋势较强的发展，事实问题的审查两大法系渐趋统一，即事实问题交由行政，法律问题才诉诸司法，行政、司法分离的趋势明显。在环保行政领域，这一问题表现得更为集中和鲜明，环境问题的专业性更需要交给环保机关进行专业判断，司法审查的深度不应存在服从于环保部门专业压力的可能。

以周锟、张文波诉中华人民共和国环境保护部环评批复一案为例。基本案情：2012年11月，京沈高铁项目向环保部申请环境影响评价，环保部委托某评估中心进行评估，并在其官网上进行公示。后环保部又将评估中心出具的环评报告书及相关文件一并公示，并依法组织了听证会。2013年12月，环保部正式作出环评批复。周锟、张文波系该高铁附近居民，因不堪噪声困扰不服该批复，申请行政复议但未如愿，后诉至法院，请求撤销该批复。北京第一中级人民法院一审认为，环保部采用多种方式对涉案项目进行了公示并进行了公开听证，程序合法，并无不当，遂驳回两人诉请。[1]

该案是一起因高铁项目引发的行政案件，在当时引发高度的社会关注。因环境影响评价涉及大量技术性问题，法院主要从程序角度对行政许可进行了审查，而未延伸到传统行政的领域，很好地划分了自由行政与司法审查之间的界限。

事实上，不论是环保行政案件还是民事案件，环保问题的专业性在某种程度上主导了司法对环境事实问题的审查深度，其一是服从于环保机关的专业判断，其二是在明显存疑的情况下求助于专家意见。因此，从整体上来看，为了加强环保审判的专业性，有必要加强环保法官的专业素养，特别是技术性专业素养，应通过吸收自然科学与法学双重学科背景的专业法官，不断提高司法审判把握环境类专业问题的敏感性和准确度。

---

[1] 具体案情详见中国法院网（http://www.chinacourt.org/article/detail/2016/03/id/1830965.shtml）。

(二) 程序审查：公众参与的现代阐释

由上可知，司法对行政的合法性审查在事实问题上往往让位于环保行政的专业性，因此，其重点可能更多地聚焦在行政行为的程序问题。如今，吸收公众参与成为环保行政的重中之重，特别当涉及影响范围较广时，公示、听证等程序已成为行政行为作出前的前置"标配"。

以张小燕等人诉江苏省环境保护厅环评行政许可一案为例。镇江一供电公司为建设某工程，委托某环评机构编制环境影响报告书，并最终通过了省环保厅的预审。张小燕等人认为该区域不宜上马此类工程，行政许可违法，请示撤销批复。南京中级人民法院一审认为，省环保局所作批复程序合法，遂驳回原告诉请。江苏高级人民法院二审认为，该工程实际运营后对环境未产生污染，且批复程序合法，驳回上诉，维持原状。但其在判决书中，亦说明，省环保厅应加强信息公开，以保障周边居民的知情权，以避免引发不必要的矛盾。[①]

该案系"邻避效应"的典型案例。虽然现实中很多基础设施工程并不会对人类的健康造成影响，但因信息不对称，人民群众难免会产生未知的恐惧，而极力排斥自身周边可能出现的工程项目，因此，保障公众的环境影响知情权至关重要。该案判决后，镇江该供电公司积极向社会公示相关内容，取得了良好的社会效果。

可以说，近年来，行政程序受到越来越多的关注，程序正义被提升到愈加重要的高度，逐步成为与实体权力并行不悖的规则体系，而非传统中可有可无的工具，在某种程度上，成为行政监督的更佳方式，更有利于行政行为的高效运行。而环保行政案件中呈现的状态反映，虽然公众参与的程序保障在一定程度上实现了环保问题对公众意见的吸收，但是要想真正实现环境项目的民众或全民论证，对民众意见更为专业化的梳理和表达应该成为环保行政程序进一步努力的方向。

四 合理性审查：自由裁量权的司法审查

我国现行的《行政诉讼法》仅规定了行政行为合法性的司法审查，对行政行为合理性的司法审查未作明确规定。然而，现实中大量行政裁量

[①] 具体案情详见中国法院网（http://www.chinacourt.org/article/detail/2016/03/id/1830959.shtml）。

行为的存在客观上要求行政行为既合法又合理。特别是具体到环保行政领域，自由裁量权的行使直接影响公民、法人或者其他组织的环境权益。事实上，司法实践中也不乏类似的案例。

以刘德生诉胶州市环境保护局环保行政处罚一案为例。2014年4月，胶州市某村群众发现周边池塘均出现面积大小不一的死鱼，反映到当地环保局，后经该地环保局走访发现，原因系该村未批新建一冷库所致，该局遂根据所查违法事实开出行政处罚罚单。该冷库业主刘德生不服，先提起行政复议，后诉至法院，请示撤销该行政处罚。法院最终驳回了原告的诉讼请求。[①]

乍一看，该案无新奇之处，行政处罚事实清楚、程序得当。然而，值得关注的是，该案对行政处罚自由裁量权行使的合理性进行了较为细致的分析。传统行政审判对行政自由裁量权的审查慎之又慎，这不仅关系到司法审查的尺度，更关涉行政与司法相对分立的基本制度设计。特别是随着依法行政要求的逐年提高，自由裁量权越来越多地进入司法审查的视野。然而，行政裁量权终究是行政机关自我约束的红线，仍需接受司法的审查。本案中，法院没有仅仅局限于传统的程序审查，根据环保局所提供的《青岛市环境行政处罚裁量权细化量化标准》这一参照文件进行了评析，最终得出涉案行政处罚做到了宽严相济，自由裁量权行使得当的结果。

当然，环保行政的自由裁量权在大多数情况下应属于行政权的范畴，司法权无权干涉，只有在其引发不公且对行政相对人利益产生实质影响时，方有司法审查的空间和必要。目前来看，对自由裁量行政行为的司法审查仍存在未予明确的灰色地带，亟须更为明确的司法指引和规范。

五 利益平衡：环保要求、环境标准的变更与信赖保护

环保要求、环境标准并非一成不变，特别是在当今我国这样一个特殊发展时期，环境压力、经济压力直接传导至法律、政策领域，因此，在司法实践中，类似的冲突并不鲜见，而且几乎成为环保民事、行政案件面临的共同课题。如今，"三同时"、环境影响评价等成为工程立项、上马之前的标配，但在许多年前这还只是远期目标，远未纳入环保审批

[①] 具体案情详见中国法院网（http://www.chinacourt.org/article/detail/2016/03/id/1830966.shtml）。

的日常工作。进入 21 世纪以来，尽管业已明确，但迫于经济发展、社会稳定的压力，很少有地方政府严肃对待。近年来在日益严峻的环境压力的逼迫下，许多之前被束之高阁的环境标准开始真正发挥其应有的作用，但是如何处理其中的利益平衡，成为环境司法及环保行政共同面临的重大课题。

以苏耀华诉广东省博罗县人民政府划定禁养区范围通告一案为例。2006 年，广东省博罗县一农民苏耀华承包了该县农业科技示范场的一块土地，作为养殖之用，并依法办理了相关手续。2012 年 3 月，该县政府发布通知，要求该农业科技示范园内的所有畜禽养殖户必须于 6 月 30 日前全部迁出，该区域将成为禁养区。苏耀华以县政府为被告将其告上法庭，请求撤销该通知。最终，法院驳回了苏耀华的诉讼请求，但基于苏耀华获批在前，而行政命令在后这一事实，法院认为，苏耀华的合法经营行为应得到保护，县政府应对其损失予以行政补偿。[①]

显然，该案所弘扬的行政审判中长期被束之高阁的信赖保护原则是其中最大的亮点，更确切地说，其中对社会公益和个人利益的平衡再次将一向高高在上的政府拉回为人民服务的基本面。政府不应也不能将公共利益与公民的个人利益对立起来，业已存在的公民个人利益同样是公共利益的一部分，在考虑更大范围公共利益的同时，如何处理好现有"少部分"组成的公共利益同样是行政决策前需要考虑的重大难题。

虽然该案树立了处理此类的问题的原则，但其中利益平衡的标准、如何平衡仍是一个棘手的难题，特别是其中涉及的行政不作为对行政相对人信赖利益的影响程度进一步加大了衡量的难度，而且是否应当因此启动对行政不作为的司法审查也可能是掣肘利益平衡的一个重要因素。

第四节　审判实践对环境司法制度建设的启示意义

通过以上典型案例的分析，本书认为，我国已有的审判实践所揭示出的问题，对环境司法制度建设具有重要的启示意义，未来在司法制度建设工作中，应当着重考虑如下问题。

[①] 具体案情详见中国法院网（http://www.chinacourt.org/article/detail/2014/12/id/1519533.shtml）。

一 兼顾环境公益与私益，聚焦环境公益保护

环境审判不应以能否保障个体财产或者人身权益损害获得司法救济为裁判中心，而是以环境公共利益能否获得司法保护为司法审判工作的目标，要求通过司法方法关注隐匿在个别权益争议背后的环境公益的健康与安全。因此，环境司法是以对保护环境健康与安全的社会责任为本位的，它不仅着眼于对个体权益的保护，更强调对以人类的生存空间和质量所依赖的生态环境为载体的公益保护。这一工作目标，应该是立法、行政执法和司法的共同目标，依据这个目标，环境审判的视角不再局限于诉讼个体的权益，而是把保护环境公益作为裁判的焦点。

（一）诉讼主体多元化

为有效保护环境公共利益，在我国《民事诉讼法》对环境民事公益诉讼的主体资格未作出规定前，有的地方法院如昆明中级人民法院联合昆明检察院规定环境行政执法机关、环保组织、检察机关可以公益诉讼人身份提起环境民事公益诉讼。

以"NGO 环境公益诉讼第一案"为例。2009 年 7 月，朱某、中华环保联合会向无锡市中级人民法院提起诉讼，要求被告江阴港 A 公司立即停止港口作业，因为该公司港口作业产生铁矿粉粉尘污染并将含有铁矿粉的红色废水未经处理直接冲洗排入下水道，经黄田港排入长江，影响附近居民饮用水安全。同时，要求被告立即对铁矿粉冲洗水进行处理，消除对饮用水源地和取水口产生的危险，立即将附近的下水道恢复原状，铁矿粉泥作无害化处理。无锡中级人民法院受理并最终调解结案。[①] 该案的审理在社会上产生了很大的影响，开环境民事公益诉讼之先河，在全国首次确认环境公益组织具有提起环境民事公益诉讼的原告主体资格。该案审理后，入选最高法院十大民生案件，被新闻界誉为"中国 NGO 环境公益民事诉讼破冰之举"。该案的最大特点在于突破了传统民诉中原告主体资格必须有"直接的利害关系"的限定，赋予环保组织代表公众利益，对污染破坏环境者提起公益诉讼的权利和资格，降低了诉讼门槛，开启了环境公益诉讼之门，为社会力量介入环境保护提供了司法平台。

目前，全国各地已成功地受理并审结了多起由检察机关或者环保社团

[①] 赵卫民：《无锡：创新司法，保护环境》，《中国审判》2013 年第 6 期。

乃至公民个人提起的环境公益民事诉讼案件，为环境公益诉讼案件的探索打下了坚实的基础。

（二）救济途径灵活化

环境公益诉讼与生态修复具有一定的对应性。比如，在审理盗伐林木的环境公益诉讼案件中，法院判决侵权人承担的赔偿款应当用于侵权行为地的补植林木；在审理水污染的环境公益诉讼案件中，法院判决侵权人承担的赔偿款应当用于治理被污染的水环境。但是，在一些特殊案件中，就可能存在不对应的情况。比如，在审理非法采矿的环境公益诉讼案件中，被破坏的矿产资源无法修复；在审理水污染的环境公益诉讼案件中，由于雨水冲刷、自然澄清等原因，受到污染的水环境无须治理已自然修复等。① 在这种情况下就应当进行"替代性修复"和"异地补植"。

以最高法院第二批民生指导案例"全国生态补偿环境公益诉讼第一案"为例。无锡市蠡湖惠山景区管理委员会于2009年10月至2010年7月间建设了无锡市动植物园、欢乐园，在该项目建设过程中，蠡管委未经批准和办理相关手续，改变部分林地用途，造成部分山体裸露、植被遭到破坏。2012年，中华环保联合会将其诉至无锡市滨湖法院，要求被告对生态破坏的行为进行补偿、弥补生态环境损害。滨湖法院支持了原告的诉讼请求，并要求被告异地补植。该案对环境恢复责任的承担方式进行了创新，开创了异地恢复责任方式，更为重要的是它赋予公众最终补偿方案的选择权，从而第一次在环保审判中引入公众参与，得到了司法界的一致认可和好评，该案件被《人民法院报》头版头条报道。②

"恢复原状"是民事责任承担方式之一，具体到环境案件即为环境恢复责任，但传统民法对此并无涉猎。所谓"环境恢复责任"，是指加害人实施了损害环境的行为，不仅要承担对受害人的民事赔偿责任，受到行政法上的处罚，还要承担对损害了的环境恢复到损害前状态的责任。这实际上是恢复原状的应有之义，但却被传统审判所忽视，无锡法院在全国率先

---

① 袁学红：《构建环境公益诉讼生态修复机制实证研究》，《中国环境法治》2013年第2期。

② 时永才主编：《无锡法院环保审判理论与实践（2008.5—2013.12）》，人民法院出版社2014年版，第308页。

提出了这一概念，并不断充实予以制度化。同时，结合各类环境案件的特点，不断推动责任承担方式的多样化，如代履行、异地恢复、行为罚等。

最高人民法院在制定《关于审理环境民事公益诉讼案件适用法律若干问题的解释》时，吸收了地方环境审判探索的成功做法，该解释第20条规定，"原告请示恢复原状的，人民法院可以依法判决被告将生态环境修复到损害发生之前的状态和功能。无法完全修复的，可以准许采用替代性修复方式"。

（三）保障渠道社会化

环境公益诉讼的诉讼利益并不属于原告，必须确定一个代表社会公共利益的第三方，来接收、管理、使用赔偿款，并由其通过市场运作方式将赔偿款用于修复被污染、破坏的生态环境。[①] 各地法院的司法实践基本上均采取了设立环境公益诉讼专项基金或专项资金账户的方式对通过环境公益诉讼取得的赔偿款进行管理。

以一普通案件为例。无锡C印染公司在生产过程中违反危险废物监管法律制度，将其产生的高浓度退浆和高碱度丝光废水未经预处理转手他人借助公共卫生处理系统进入河流，造成了严重污染。2011年，中华环保联合会将其诉至无锡市中级人民法院，要求其对破坏的环境承担恢复责任。法院支持了原告的诉讼请求，并要求被告承担恢复环境费用。该案属于常见的环境污染案件，但其引出的问题却具有普遍性，即环境公益诉讼案件的诉讼利益应由谁来承担。依照传统民法理论，一般而言，诉讼利益应由胜诉的当事人承担，但在环境公益案件中却不然。环境公益案件的适格原告具有群体性、聚合性，而提起诉讼的原告往往具有代表性、间接性，因此，诉讼利益的归属应与传统案件有所不同。法院在环保审判的探索中逐步明确公益案件的诉讼利益应该由独立于政府的社会中介机构承担，这样更适合环境司法的特点，也更有利于环境污染的治理。以此案为契机，在无锡中级人民法院的倡导和推动下，2012年11月，无锡市正式建立了环保诉讼公益金专项账户，并与无锡市财政局联合制定《无锡市环保公益金管理暂行办法》，在全省率先设立独立列支、独立管理的环保公益金专项资金账户，首次明确规定了环保公益金的来源、用途和使用程

[①] 袁学红：《构建环境公益诉讼生态修复机制实证研究》，《中国环境法治》2013年第2期。

序。同时，与之配套的公益金的管理机构——无锡环保公益协会社团也将成立。此外，该账户的设立并没有局限于环保诉讼，同时将目光转向环保事业的基石即公众参与，明确规定资金可用于公众参与环境保护的奖励等。

二 确立环境恢复责任的环境审判方向

传统司法关注对人的保护，民法保护私人的财产权和人身权，刑法通过惩罚犯罪人，打击危害社会的行为。而环境恰恰不是传统司法关注的重点，环境不会为自己伸张权利。传统审判当中，法院常常对被告一判了之，忽视了环境的恢复。所谓环境恢复责任，就是根据恢复原状的法律制度和生态环境的特性，侵权人对于因自己的不当行为导致的环境损害，承担恢复生态环境原先状态的责任。这实际上是将民事损害赔偿的视野扩展到受损物体本身之外更为广阔的环境空间，准确地说，破坏环境者不仅仅要因破坏环境行为承担被行政处罚、刑事处罚的责任，而且还要承担恢复环境被破坏前状态的民事责任。该制度是环境司法的基石和核心，也是"环境司法专门化"的根本目的。在2013年无锡市滨湖区法院审理的江苏省太湖渔业管理委员会诉汪某某等6人非法捕捞太湖野生青虾环境民事公益诉讼中，无锡市滨湖区检察院支持起诉，汪某某等缴纳生态环境修复费5万元用于购买虾苗在被捕捞太湖水域放养，以恢复渔业资源。在2015年无锡市滨湖区法院审理的杜某甲、杜某乙、张某、李某、盛某、陆某、马某犯非法捕捞水产品罪，刘某、严某犯掩饰、隐瞒犯罪所得罪案中，要求被告人积极修复环境，并将此作为刑事责任量刑的酌定从轻处罚情节，杜某甲、杜某乙各主动退赔1万元，陆某、马某各主动退赔5000元，严某主动退赔3000元，用于弥补太湖水域的生态损害。

2012年，无锡中级人民法院联合无锡市检察院制定《关于刑事附带环境公益民事诉讼的实施意见》，规定检察院在办理环境刑事案件时，对破坏自然资源和生态环境并造成公共环境权益损害的，可以代表国家附带提起环境民事公益诉讼，追究被告人承担的环境恢复责任。2014年，江苏省江阴市法院审理的王某某非法占用农用地刑事附带民事公益诉讼案中，法院以修复环境为案件审理的重要抓手，鼓励被告人积极修复环境并作为刑事责任量刑的酌定从轻情节，在土地所有人未主张权利时由检察院及时提出刑事附带环境民事公益诉讼，监督被告人采取土壤污染修复等一系列科学评估复垦手段,有力践行了环境案件重在修复环境的环境公益目标。① 2014年,江苏省宜兴市法院审理的潘某、姜某甲、姜某乙犯污染环境罪刑事附带民事公益诉讼案中,在刑事判决潘某、姜某甲、姜某乙承担刑事责任的同时,要求潘某、姜某甲、姜某乙和某聚合材料公司承担修复环境的民事责任,共同承担危险废物鉴定、处置费用。实现严厉打击污染环境犯罪和有效恢复生态环境的有机统一。

三 推进环境司法专门化进程

自20世纪80年代以来,我国已经开始进行环境司法专门化的实践探索。2007年,贵阳首次设立环保"两庭"是我国环境司法专门化实践探索中的里程碑,此后,全国各级法院及部分检察院逐步推进环境司法专门化的试点工作。

从现实需求来看,环境司法专门化具有显著的必要性。环境类案件的特殊性、复杂性,使得其在审理过程中较之于一般民事、刑事、行政案件具有更强的专业性,譬如因果关系的认定、损害结果的计算以及举证责任的合理分配等,都需要更具专业水平的法官才能胜任审判工作。此外,生态环境保护的整体性、长远性与地方利益诉求的局部性、短期性之间往往存在显著矛盾,不同地区的法院对同类环境案件可能会作出截然不同的审判结果,这对于生态环境的有效保护十分不利。只有实现环境司法专门化才能更好地解决上述问题。在环境司法专门化的推进过程中,着重要考虑的因素包括:环境司法机构的专门化、环境司法人员的专业化以及专门的环境审判模式和诉讼机制,推进环境案件裁决与执行的一体化。

环境案件法律关系复杂且专业性较强,为防止不同审判程序之间产生裁判冲突,江苏省无锡市中级人民法院在全国率先实行"四合一"审判模式,在2008年制定《环境保护案件管辖实施意见》,由环保庭集中审理刑事、民事、行政和非诉执行案件,推动环境案件的专业化审判,效果显著。2014年,江阴市法院审理的江阴市环境保护局诉王某某、马某某、刁某某、江阴市某某贸易有限公司、江阴市某某化工有限公司等水污染责任纠纷环境民事公益诉讼,是在刑事判决王某某、马某某污染环境罪并各

---

① 周科、黄剑:《江阴市人民检察院诉王洪炳非法占用农用地附带民事诉讼案》,《江苏省高级人民法院公报》2016年第1辑。

自承担相应刑事责任后,建议江阴环保局提起的,要求犯罪人赔偿污染治理费用,并要求不构成刑事犯罪的其他违法个人和单位承担连带责任。犯罪人因污染环境被追究刑事责任后,受到污染的环境造成的巨大损失长期以来缺失追责方式。此案将追究犯罪人刑事责任和追偿加害人民事赔偿责任两种责任承担方式相结合,通过环境保护行政部门提起环境公益民事诉讼,实现严厉打击污染环境犯罪和有效恢复生态环境的有机统一。

四 加强环境审判中司法职权主义色彩

近年来各地试点环境审判的探索之路,既是一隅地方环保生态下环境司法的成长历程,也是整个中国现行体制下环境审判奋发向上的一个缩影。这个过程所呈现的环境司法自有的成长机理耐人寻味,特别是其一改常态引领这一轮的社会管理创新成为最大的亮点,不论是案件管辖、立案审查标准、诉讼过程和执行的各个环节,还是环境审判与周遭环保生态的交互方式,都表现出与传统审判相比极为鲜明的特色。一方面,在当前我国民事诉讼模式整体由职权主义向当事人主义稳步过渡的大潮下,环境民事诉讼却呈现传统职权主义式的"回潮",法院的主动性、能动性大大增强;另一方面,环境司法一改传统审判被动和谨慎的常态,突破审判主业的樊篱,献身环保事业前台,展现出前所未有的亲和力,引导、促进甚至主动整合社会力量共同推动环保事业的发展。

环境诉讼的职权主义倾向实际表现在内外两个方面。第一,以环境司法运行特点为依据的体系内部,包括实体和程序,前者的创新主要集中在环境案件的受案范围、原告主体资格的突破等,而后者则与传统民诉的"职权主义"模式较为相似,主要体现在处分原则的限制、辩论主义的限制、特殊举证责任等方面。比如在一起高速公路噪声污染环境民事公益诉讼中,虽然法院同意双方进行调解,但在调解中贯彻环境司法职权主义,主动审查调解方案是否有利于保护环境公共利益,是否有利于消除环境污染源,是否有利于生态环境的修复。从这个意义上讲,在涉及环境公益方面,环境案件的调解其实与判决差别不大。[①]

[①] 周科、郭继光:《中华环保联合会诉江苏宁沪高速公路股份有限公司噪声污染责任案——交通噪声污染民事公益诉讼调解方案的制定》,载最高人民法院中国应用法学研究所编《环境资源审判典型案例选编(民事与行政卷)》,人民法院出版社 2015 年版。

第二，外部相关领域，这也是该模式最大的亮点，即立足司法，充分发挥司法能动作用，参与甚至可以说引领环境保护社会管理创新工作，调动整个社会力量特别是环保行政、立法共同推进环保事业的发展，主要体现在提前介入制度、联动机制、执行保障机制等。比如一起环保局申请对某公司环境污染责令停工案，该公司因超标排污被环保局责令停工，法院现场勘查后立即发出"禁止令"，迅速制止了环境污染的扩散。一起环保局申请法院准许先行处置固体废物垃圾案，无锡市锡山区法院创造性地采用行政裁定方式，准许锡山环保局委托有资质的单位编制应急处理方案，并按照该方案的处置措施，依法妥善处置污染物，消除污染源，同时对处置污染物的行为过程和处置结果及时采取证据保全措施，积极支持环保行政机关行使职权，为及时制止污染提供司法保障，取得了良好的法律效果和社会效果。①

与传统审判类型不同，环境审判涉及传统诉讼所未关注的公共利益领域。因此，要求法院在环境诉讼特别是环境民事诉讼中需要重新分配法院与当事人在诉讼中的作用分担，审判程序宜奉行职权主义，强化法院在诉讼中的引导、指导、监督乃至依职权改变诉讼进程等诉讼管理职能，强调能动司法。因此，笔者认为在司法理念上环境审判应该与传统诉讼有所区别，应该更加突出法官在诉讼进程中的能动作用，避免因当事人自治损害环境公共利益的情况出现，即对当事人处分原则、辩论主义原则的适用进行较为明确的限制，如对原告放弃诉讼请求、承认对方请求、和解等诉讼行为，对当事人自认的事实等根据环境公益进行严格审查。

---

① 《2014年无锡法院环境保护六大典型案例》，2015年6月3日，无锡新传媒网（http://www.wxrb.com/）。

第五章　环境司法保障的域外经验

第一节　澳大利亚环境司法制度与启示

一　澳大利亚环境司法概况

(一) 澳大利亚环境司法情况

澳大利亚是普通法系国家，在其司法运作过程中，遵循先例和抗辩制是最醒目的两大原则。因为存在遵循先例原则，法院级别的高低即审级问题就成为法院设置中必须重视的问题。澳大利亚有州法院和联邦法院两套法院系统，各有三级。州法院系统有州初级法院、中级法院和最高法院三级；联邦法院系统有联邦初级法院，联邦法院、家事法院和联邦高级法院三级。作为一个联邦制国家，在澳大利亚，联邦和组成联邦的各州一起分担管理和保护澳大利亚的环境的责任。但环境保护工作主要由各州负责，联邦政府只负责有限范围内的环境保护活动。在澳大利亚，联邦需要根据澳大利亚宪法所赋予联邦的特定的权力来制定法律。但是在环境问题上，宪法并没有明示联邦的立法权限。虽然澳大利亚联邦可以行使一种甚至更多的环境权力，但这些权力只是联邦在某些情况下妥善处理环境问题的措施，而不是直接处理环境问题的权力。州认为宪法只限制联邦的权力，州可以不受宪法这方面的制约。正是因为澳大利亚各州不管在任何环境问题上都完全有权力制定任何法律，大部分的环境立法和政策是在州一级层面上制定实施的。澳大利亚联邦先后出台了《国家公园和野生物保育法》《濒危物种保护法》《海洋石油污染法》《国家环境保护委员会法》等50多部法律法规，《清洁空气法规》《辐射控制法规》等20多部行政法规，州层级上涉及环境保护的法律法规则多达百余部。但在法律效力上，联邦环境法有优先权，在州环境法与联邦环境法不一致时，联邦立法高于州立法。既然大部分环境法是在州一级层面上制定的，大部分环境诉讼集中在州法院也就不足为怪了。联邦和州两个法院系统各自按照本层级的法院行使着审判权。

1980年，澳大利亚新南威尔士州设立了全世界第一个专门环境法院——土地与环境法院（Land and Environment Court），这是由于该州虽经济发达，州生产总值居全国第一、人均产值居全国第四，也因为集中着全国大部分工业企业，环境问题日益突出。当时，在应对环境问题与土地利用问题上，立法上的不同程序、机制、救济途径、处罚措施使法院的管辖权相当混乱，交叉、重叠的情况屡见不鲜，造成处置环境争议的低效。该州也因此决定改革环境立法与司法体制，并颁布了《1979年土地与环境法院法》（Land and Environment Court Act 1979），规定了土地与环境法院的地位、作用、组成、管辖范围、审理程序等。次年，土地与环境法院成立，其在等级上与新南威尔士州最高法院平行，是一家处理新南威尔士州有关环境、土地开发、建筑物及城市规划方面案件的专门法院，具有在一个单一的法院里享有合并管辖权的优势，管辖事项涵盖了民事、行政和刑事三大领域。专门的环境法院和法庭在州出现的情形越来越普通，比较出名的还有昆士兰规划和环境法院（PEC）。澳大利亚的环境法主要是通过行政执法、法院司法予以实施的。如在维多利亚州，环保局还配备了多达120名的"环保警察"（SEPP），占环保局总人数的1/3，专司环境执法工作，也使环保局每年可向法院起诉40—50件损害环境的案件。此外，在澳大利亚，对违反环境保护法者，任何人都有权起诉，而不管其利益是否受到直接损害。澳大利亚的法律对违反环境保护法规者——不管是个人、企业还是政府机构——处罚起来都毫不手软，自然人可被判处25万澳元罚金，法人则高达100万澳元罚金，而直接责任人可被判处7年的有期徒刑。曾在昆士兰发生过两个人因砍伐20棵树被判处十多年的案件。

1. 环境民事司法

根据2005年《民事诉讼法》（the Civil Procedure Act 2005）第149条的规定，民事诉讼中，一方法院可以在认为另一方法院更适宜审理该案件时将其移送到对方法院。原法院享有的相关案件管辖权受移送法院同样可以毫无保留地享有。这就意味着，新南威尔士土地与环境法院可以把一些环境民事诉讼案件移交到其他认为更加适合审理这些案件的法院，管辖权的无保留转移使得有关破坏环境的侵权诉讼、对有关环境问题行政决定的司法审查即使不在其他法院法定管辖范围内，它也有权全权处理。而对藐视司法权的行为，法律规定"法院可以判处罚金、监禁或同时处以罚金和财产扣押令，甚至判刑"[①] 以保证法院判决、裁定的执行，保障了相关环境法律和政策的实施。

由司法判例形成的侵权法（torts）、妨害（nuisance）、侵犯（trespass）、过失（negligence）、公共托管原则（doctrine of public trust）等普通法虽同样适用于澳大利亚环境保护领域，但在澳大利亚对环境保护起作用的主要是成文法。比起刑事诉讼，民事诉讼是环境法的常规执行手段，所需成本也要低廉一些。当前，政府在民事诉讼中的举证责任减少，相应地，违法者的责任加大。但是，法院的介入充分证明了国家对比较严重的违法行为保留了民事途径。在众多处罚措施中，污染者运行准许的撤销是促进排污者遵守控制标准的有力武器，但对它的使用范围做了严格限制：只能用在严重违法案件中。常规执行要遵行执行手段与违法行为的程度相适应的标准。新南威尔士的 POEO Act（*Protection of the Environment Operations Act 1997*）通过扩大诉讼资格强化了民事执行这一举措，"任何人可以为获得救济令或遏制违反 POEO Act 及其规章（Regulations）的行为都可以向土地和环境法院提起诉讼，无论实际上是否已经造成环境损害。环保署也可以接受法庭的执行任务，如果在其职责范围之内"[②]。

2. 环境行政司法

在澳大利亚，处理环境行政争议最为典型的当属新南威尔士州，建立于1980年的土地与环境法院是目前澳大利亚唯一一个专门处理土地和环境保护争议的专业性法院；成立于1998年的土地和矿业法庭则主要受理当事人就土地强制征用补偿及城镇规划提出的申请。就土地与环境法院来说，它可以对涉及土地征用补偿、土地评估、环境保护及规划等诸多领域的行政争议进行审查，这一审查分为价值性审查和司法审查。其中，价值性审查之诉包括三类案件："一是有关环境规划与保护的价值性审查，通常是对市政机构有关开发申请所作的拒绝或推定拒绝决定或市政机构根据1979年《环境规划与评估法案》作出的命令进行审查；二是当地政府及杂项申请，如针对市政机构根据1993年《当地政府法案》批准建造大楼

---

① 澳大利亚《土地与环境法院法案》第67条。
② 胡静、刘恩赐：《澳大利亚环境法的实施手段》，《环境经济》2012年Z1期。

的决定或设置建造大楼的条件提起审查申请；三是土地征用、评估、界限定位、土地侵占及国家强制征收土地的补偿事项。"[①] 价值性审查也被称为合理性审查，主要是因为该院在履行价值性审查职责时，甚至可以不受证据规则的约束，除具有作出行政决定机构所享有的一切职权外，还有宽泛的自由裁量权，能以其自以为适当的方式就所涉行政决定的合理性作出价值判断。为保证审查的公正，法院可以请求任何具有与所涉案件相关专业知识的人员的帮助。在此类审查中，法院可以适用尽可能少的司法技术规则。

司法审查与我国的行政诉讼制度类似，审查的是行政决定合法与否，故亦被称为合法性审查，具体是指对有关环境规划与保护行政决定的司法审查。价值性审查和司法审查在土地与环境法院受理的案件中占了很大比例，而其中最多的是对市政机构有关开发申请决定的价值性审查。我们以一案例来看价值性审查与司法审查的区别。如有一起肯德基公司 V. 库瑞盖市政府案件，其起因是前者要将一家新餐馆开在太平洋高速公路上，后者要求前者采用新技术控制对环境的影响，而 200 万澳元是采用该项新技术需要付出的代价。肯德基公司不愿花这笔钱，提出对老技术进行改良。在该案例中，审查市政府要求肯德基公司采用新技术进行环境控制的行政决定是否合理显然不涉及什么法律争议，属于价值性审查。而如果案件转化为审查市政府对作出该行政决定是否有权，就成为司法审查的范畴了。如果当事人对法官作出的有关行政争议的决定不服，可向州最高法院上诉庭提出上诉。

3. 环境刑事司法

澳大利亚虽同为普通法系国家，法律体系深受英国立法体系的影响，也没有一部完整、统一的成文刑法典，但与英国环境保护刑事立法处于辅助地位，功能的行使都依赖于环境行政法有很大不同，早在 1989 年澳大利亚新南威尔士州就已颁布了一部详细规定刑事犯罪的《环境犯罪与惩治法》，开创了地方制定单行环境保护刑事法规的先河，借鉴意义显著。该法将传统的刑法理论应用于环境领域，对原有的过失理论作了以下突破。

其一，故意或过失危害或可能危害环境的违反环境刑事法律的行为构

[①] 丁晓华：《澳大利亚的土地和环境法院》，《法治论丛》2005 年第 2 期。

成环境犯罪。

其二，任何直接或间接影响环境，致使环境质量恶化的行为都是"危害环境"的行为，包括任何故意或过失违反《清洁空气法》《清洁水法》而造成空气、水的物理、化学、生物性质改变的行为。

其三，用"代理刑事责任"代替传统的公司刑事责任原则，规定公司的管理人员、雇员、代理人在他们的权力范围内实施行为时，他们的意图就是公司的意图，公司对他们的行为承担刑事责任。雇主对雇员为雇用中的行为承担责任，不对权限之外或违反指令的行为承担责任。[①] 该法不仅有环境保护刑事实体法的内容，还有关于环境保护刑事程序法的规定，这种一体化的立法方式与其他国家的环境保护单行法有很大不同，更具有可操作性。而该法关于环境刑罚的辅助性措施，如生态环境的复原、赔偿和损害的恢复、被告人财产的限制令也十分健全，有助于对已被污染和招致破坏的生态环境的恢复。另外，该法还按照环境犯罪的程度轻重将其分为三种：第一种是轻微犯罪，采用"现场"侵权通知（on-the-spot fines）即可解决。第二种是中等程度的犯罪，像乱丢废物和不遵守"清理""环境"的通知就属于此种犯罪。对中等程度的犯罪，如果是公司犯罪，最高可处以100万澳元的罚金；如果是个人犯罪，可处以25万澳元的罚金，还可对持续性犯罪行为适用按日计罚。第三种是最严重的环境犯罪，主要指"以损害或可能损害环境的方式，故意或者过失地处置废物，造成物质溢出、渗漏或逸出，将破坏臭氧层的物质排入大气。企图、密谋、帮助、教唆或者引诱他人犯上述罪行的也被认为是犯罪"。[②]

同时，澳大利亚的法律甚至细化到司法破产活动中的环境保护。如澳大利亚联邦法律明确规定，破产公司在清算过程中绝不能随意破坏环境浪费资源，如果严重损害了当地的环境质量，"除给予高额罚款等经济处罚外，甚至还将依照《自然资源管理法》《污染控制法》《环境犯罪与惩治法》等法规提起刑事诉讼来追究其相关刑事责任"[③]。

[①] 蒋香兰：《新南威尔士州〈环境犯罪与惩治法〉的立法特色及启示》，《中国地质大学学报》（社会科学版）2013年第1期。

[②] 胡静、刘恩赐：《澳大利亚环境法的实施手段》，《环境经济》2012年Z1期。

[③] 欧阳爱辉：《澳大利亚法律在公司破产活动中进行的环境保护》，《当代经济管理》2010年第9期。

(二) 澳大利亚典型的环境司法制度

1. 环境法院制度

新南威尔士州土地与环境法院是环境法院的先驱者，由新南威尔士州议会1979年批准、1980年正式设立。土地与环境法院的级别和新南威尔士州最高法院等同，其管辖权非常广泛，涉及征地补偿、土地评估、环境保护及规划等诸多方面，法院既可以对上述领域的民事争议作出处理，也可以对相关的行政争议进行审查，既审理违法刑事案件，也接受环境保护机构对严重违反环境保护法律者的控诉。其最有特色并引起许多国家效仿的制度主要是以下三个方面。

（1）环境案件管理制度。作为英美法系国家，澳大利亚实行的是对抗制诉讼体系，即当事人及其律师在诉讼中发挥主要作用，法院仅仅予以回应，其虽大大提高了当事人的参与度，但也使诉讼变成了竞技场。为消除对抗制的弊病，美国首先发起了"管理型司法"。澳大利亚不仅发扬推进了管理司法的理念，还让法院在监督和管理当事人诉讼行为与案件进展方面发挥越来越积极的作用。法官不再像以前那样远离，而是在诉讼程序一开始就管理每一个案件，从而将案件准备方面的主动性从当事人转移到法院，同时，通过大量使用审前程序和中间庭审，使得庭审不再是诉讼的中心，大大节省了费用，也有助于在不牺牲审判质量和公正性的前提下尽快解决纠纷。有效的案件管理被认为是任何法院的基础性程序或技术，从而使案件从立案、审判到得到最终合理结果的全过程中，案件的运行更有效率和更公正。案件管理首先要有案件管理员，其是法院的专业工作人员，操控着案件进度。担任此职务的可以是书记员、登记员、律师，也可以是行政管理人员。当然法官自己也能担任此职责。案件管理通常与环境案件能否"进门"联系在一起。成功的案件管理有两大关键要素，其一是具体"个案"具体对待，其二是灵活性。这里没有放之四海而皆准的方法可言，均是根据每一个案件独特的问题和当事人进行管理。新南威尔士州土地与环境法院有其他任何法院登记员所没有的最广泛的权力。根据新的指导手册，登记员的职责范围大大扩张，对某些类型的案件甚至可以行使审判权。当然，他还可以进行调解或仲裁，启动预审和指令审理程序、中止程序、决定延期或适用院外调解等。案件管理也离不开计算机数据管理系统。澳大利亚就开通了电子法院（Ecourt），其以互联网为基础，记录案件进程并发布通知、决定等，与争议解决程序的每一个阶段都融为一体。在新南威尔士州土地与环境法院,对第一类、第二类及第三类案件(即土地使用权、价值、等级和赔偿事项),当事人可通过在线递交文件、提起诉讼并查阅其记录活动事宜等,当事人的时间和费用都得到大幅度缩减。当事人还能从网站上获知关于法院、诉讼成本、法律规则和案件决定的最新信息。

（2）专家证人制度。正如学者所言:"如果说专家在环境法院中是一个至关重要的因素,那只是陈述了一个明显的事实。"[1] 为弥补法官在环境与规划等方面专业知识与经验的不足,澳大利亚环境法院的人员组成除了法官之外,还有专业委员。而《1979年土地与环境法院法》规定法院的委员必须具备以下领域的特殊知识、资历和经验:"当地政府或城市规划管理;城镇、乡村的环境规划;环境科学、环境保护、环境评价;土地估价;建筑、工程、测绘、建筑施工;自然资源或公共土地的管理;城市设计;处理过原住民的土地权利请求或涉及原住民的土地纠纷;法律知识。"[2] 此外,"1999年的南州环境法院第16号法院实践指引——'专家证据实践指引';2002年的南州环境法院第20号法院实践指引——'统一专家证据实践指引';2003年的南州环境法院'专家证据标准指引';南威尔士州'最高法院规则'的第39部分有关专家证人的有关内容"[3] 都是新南威尔士州在专家证人方面的法律依据,明确专家的资格要求,如专家"是那些由于争议问题的特性,具有与争议问题相关的知识或者经验,在争议问题上的意见允许被作为证据的人"[4],只能发表与其专业有关的意见;环境法院使用专家证人的规则,如环境法院既可自行聘请专家

---

[1] R. N. Talbot, *Land and Environment Court Expert Witness Practice Direction*, Urban Development Institute of Australia Expert Witness Forum, Friday 8 August 2003,转引自邓可祝《澳大利亚环境法院专家证人制度研究——以新南威尔士州土地与环境法院为例》,《上海政法学院学报》(法治论丛) 2012年5月第3期。

[2] 肖清彬:《新南威尔士土地和环境法院制度刍探》,硕士学位论文,西南政法大学,2013年,第14页。

[3] R. N. Talbot, *Land and Environment Court Expert Witness Practice Direction*, Urban Development Institute of Australia Expert Witness Forum, Friday 8 August 2003,转引自邓可祝《澳大利亚环境法院专家证人制度研究——以新南威尔士州土地与环境法院为例》,《上海政法学院学报》(法治论丛) 2012年5月第3期。

[4] 邓可祝:《澳大利亚环境法院专家证人制度研究——以新南威尔士州土地与环境法院为例》,《上海政法学院学报》(法治论丛) 2012年5月第3期。

证人，也允许当事人聘请专家证人；对专家证人的要求，主要体现在行为规范和专家证人会议两个部分。如专家证人即使是当事人聘请的，其首要义务也是对法庭的，即他不是当事人的律师，是对法庭而不是聘请人负责，等等。环境法院的专家主要是对案件审理中涉及的专业知识进行分析判断，解决环境案件专业技术性强的问题。这种科学技术性和法律在环境诉讼中的结合与应用有助于案件及时、合理地解决。委任具备适格条件的人员只是一个方面，土地与环境法院还通过培训来保持和加强专业知识与专业技能。在该院制定并已实行的一个可持续专业发展政策中，法官和委员被要求每年花费5天或30小时在与他们的专业职责有关的专业发展活动上面。同时，为了促进他们业务水平的提高和发展，法院还鼓励法官和委员出席各种研讨会议。

但是，专家证人的意见并不是提交到法院就了事；他们要在法院的召集下，一起对证据进行质辩，并接受法官、律师和其他同行的提问。这种质问方式俗称"热水澡"（hot tub）。"这种方式能使每一个专家关注到他们之间真正的分歧点。法官和听众就可以听到所有的专家在同一时间里讨论同样的问题，同时，也可以听到专家证人在同行面前解释他们的意见，从而有效地减少有关人员对专家意见的误解。"[1] 这种方式的质证既便于法官了解有关专业问题，也大大减少专家证据中存在的错误。

（3）环境ADR制度。ADR在澳大利亚有着悠久历史，其中尤以调解最为典型，其是最为古老和有效的纠纷解决方式。当前，随着进入法院的案件大幅增长，ADR已成为澳大利亚法官最喜欢的工具。澳大利亚联邦法院启用个案流程管理系统（Individual Docket System）可根据案件特点对案件进行分流，有选择采用调解、和解或仲裁等ADR措施，诉讼并不是解决纷争的唯一手段。在ADR具备一定规模后，在纠纷解决领域创建了大量专业组织机构，它们培训专家、调解人、仲裁员等ADR从业人员，促进了ADR的正式化和规范化。澳大利亚新南威尔士土地与环境法院是适用ADR方式的典范，首席大法官Brian Preston将此种现象称为"多路

---

[1] Steven Rares, "Using the 'Hot Tub' How Concurrent Expert Evidence Aids Understanding Issues", http://www.fedcourt.gov.au/aboutct/judges-papers/speeches-rares j 12. rtf. 转引自邓可祝《澳大利亚环境法院专家证人制度研究——以新南威尔士州土地与环境法院为例》，《上海政法学院学报》（法治论丛）2012年5月第3期。

径法庭"（multi-door court），并指出："立法机关，在法院中给予调解以重要角色，明确谴责认为非诉讼纠纷解决是法律诉讼的难兄难弟的流行的法律文化上的观点。要求1类（即关于环境规划与保护的上诉）和2类（即地方政府多种的诉请和请求及树木争议请求）案件进行调解，法院并非将这些案件从正式司法裁判系统中转移出去。调解是一个同样合法与合适的纠纷解决机制。"[①] 所谓"多路径法庭"意即在同一屋檐下有一系列解决争议的程序，其使公民更容易诉诸司法，减少案件的拖延，并提供相关的服务，为当事人提供更多解决问题的选择。"多路径法庭"程序的关键要素是：哪些问题属于 ADR 解决机制来处理应该有一组参照标准；适用 ADR 的案件一旦被筛选出来，要找出哪种争议解决方式——是调解、和解还是仲裁——可以被采用；要有一个处理上述两项事务的中心。提交争议到中心的主体除了争议者，还有其他代理人，及公安、检察院、法院、法律服务处和社会服务机构。"多路径法庭"提供的争议解决程序仅受到法院资源的限制。最常见的资源有调解、和解、查明事实、早期中性的评价、仲裁、混合型程序如调解—仲裁（即在调解无法奏效时，下一步就要进入仲裁）、和解—仲裁、行政听证（价值性审核）和诉讼。其他可以视为同一屋檐下的方式有监察和社会服务。案件经过筛选之后，当事人可以在法院机构内部参照选择多种多样的冲突解决服务，包括社会服务。新南威尔士州为了充分发挥"多路径法庭"的作用，案件登记官及助理登记员都是经过培训的调解员，调解员经该院核准后制作成名录由首席法官定期公布，向争议当事人提供免费的调解服务。

2. 环境行政裁处所制度

在实现环境正义的道路上，除了司法机关外，行政裁处所也发挥着重要作用，它与司法系统相辅相成，在处理程序和对待证据方面更加灵活，可能有也可能没有强制执行权，在解决矛盾纠纷方面所起的作用几乎可与司法系统相比肩。环境行政裁处所的组成人员多样，通常有法官、律师、科技专家和环境规划者、非政府组织代表。环境行政裁处所的一个明显优势是可以较多采用非正式程序。一般来说，环境行政裁处所受理的纠纷范围非常明确。从性质上看，环境行政裁处所是一项有效而独特的行政监督

[①] 罗吉：《澳大利亚新南威尔士州土地与环境法院的发展与启示》，载《云南·昆明首届环境司法论坛会议论文集》，2011年6月。

制度。

从世界范围看，环境行政裁处所主要有三种形式：第一种是完全独立的环境行政裁处所，与其他行政机构或部门相分离；第二种是准独立环境行政裁处所，会受到某机构的监督，但是该机构的决议不需要环境行政裁处所审核，与环境行政裁处所的利益冲突不大；第三种是依附性环境行政裁处所，受到某机构的控制，而且该机构的决策是由环境行政裁处所审核的，其审核的有效性与价值性就可想而知了。而独立的环境行政裁处所主要由非环境开发领域的某个政治领导人任命，比如一国首脑、检察总长或者是有司法权的政府实体。为了保证其独立性，立法规定要由一个政治手腕强有力的人担任主席，例如在职的法官。独立的环境行政裁处所摆脱其他环境机构或土地利用机构的实质性控制和程序性控制自在地运作，尤其是超脱于决策要受其审查的机构的控制。这类环境行政裁处所的典型代表是澳大利亚的维多利亚州。[1] 相较于环境法院等专门化环境审判机构，环境行政裁处所在一定程度上降低了独立性、法律专业性、审理的一致性和持续性。

3. 环境公益诉讼制度

普通法通常认为私人利益优先于公共利益，向来强调对私人利益的保护。作为普通法系国家，澳大利亚继承了普通法系的一些法律传统，因此第三人原告资格通常在澳大利亚民事诉讼中无法得到认可。在澳大利亚，公民个人或民间环保组织通常在两种情况下可以独立提起诉讼，一种是个人权利在公共利益受到损害的同时也受到同样的损害；另一种是私人权利虽没有受到损害，但侵犯公共权利的行为还是给该主体造成了一些特殊损害。随着环境问题的突出，澳大利亚修改了关于公民参与环境公益诉讼的相关法律，明确了不论原告的自身利益是否因环境侵害带来特殊损害，都可对侵犯环境公益的行为提起诉讼。1999年颁布的《环境保护及生物多样性保护法案》更是对环境公益诉讼中的原告资格无限放宽，规定无论任何"利害关系人"都可以向法院提起诉讼，并以案例表明环境保护工作的主体都属于"利害关系人"的范围。这样无论规模大小，在澳大利亚任何个人及民间环保组织都可以成为环境公益诉讼的原告。作为集中处理环境案件的法院，新南威尔士州土地与环境法院为促进环境公益诉讼的发展，不惜

---

[1] 陈学敏：《环境司法制度研究》，博士学位论文，武汉大学，2013年，第66页。

通过多项决议，逐步放宽对环境公益诉讼原告的条件限制，为公民个人、有关环保社团组织参与公益诉讼提供便利。如"在涉及环境违法行为的诉讼中，采用开放式的起诉资格制度；请求法院签发命令禁止环境违法行为不再要求以'承担损害赔偿责任'为前提条件；不要求贫穷的公益诉讼原告必须提供诉讼费用保证；不要求败诉的公益诉讼当事人必须支付诉讼费用；等等"[①]。伍尔夫勋爵（Lord Woolf）就说过："环境法律的首要重点不在于对于私人权利的保护，而是对于环境公共利益的保护。"[②]

另外，也有些澳大利亚学者认为，环境公益诉讼能推动法律改革和环境的可持续发展。通过加强环境法律的实施和提高决策的透明度、完整性和严密性（而这些决策是指政府作出的能够影响环境的一系列活动），让整个社会的成员成为代理调控员来执行环境法律，这无疑在现代法律体系中是一个睿智的和具有潜在效力的监管形式的立法政策手段。[③] 澳大利亚的公益诉讼制度为当事人质疑政府的决策提供了一条路径，而通过法院的审查，不仅能提升政府决策的科学性和合理性，还有助于增强政府决定在公众群体中的被接纳程度。

考虑到缺乏资金是阻碍公益诉讼实施的重要因素，对诉讼时，原告缺少支付法院的诉讼费、律师费及其他必要诉讼费用的情形，澳大利亚通常是这么做的："在一些重要的环境案件中，环境后卫办公室（Environmental Defender's Office，EDO）中一员作为律师、法律专家或顾问进行某些公益行动，减少诉讼费用或者按推测收费（speculative fee）。"[④] 而对于原告担心败诉而由此不得不承担对方当事人诉讼费的问题，澳大利亚最高法院以 Oshlack 诉里士满河委员会一案表明："有案件就伴随诉讼费用"的通用规则通常不适于那些原告败诉的环境公益诉讼，这减少乃至消除了原告因可能败诉带来的法律风险，使公众参与环境公益诉讼的积极性大大

[①] Pt 4 r 4.2 of the Land and Environment Court Rules 2007 and articles in footnote 27. 转引自孔东菊、邓可祝《生态损害法律救济的程序构建——澳大利亚环境司法专门化对我国的启示》，《西南电子科技大学学报》（社会科学版）2013 年 11 月第 6 期。

[②] Sire Harry Woolf, "Are the Judiciary Environmentally Myopic?" 4 *J. Envtl. L.* 1, 4 (1992).

[③] Gunningham N. and Grabosky P., Smart Regulation: Designing Environmental Policy, Oxford University Press, 1998, Chs 3 and 6. 转引自杭昀竹《论澳大利亚环境公益诉讼之公共利益成本规则》，《延边党校学报》2014 年第 3 期。

[④] 同上。

提高。

二 澳大利亚环境司法制度的经验与不足

(一) 便于诉诸司法 (可及性)

作为世界上最早出台环境保护法律的国家之一,澳大利亚已形成了十分完善的环境保护法律法规体系,这成为公民诉诸司法的基础和重要保证。

1. 放宽起诉资格

这一点突出表现在公益诉讼上。在澳大利亚,公众提起诉讼不必以自己的权益受到侵害作为先决条件,也不要求一定能负担得起诉讼费用。对有些国家限制起诉资格的做法,澳大利亚法律政策委员会认为,第一,起诉资格规则并不是有效的"守门神",能免法院讼累。过去十年的经历表明即使放宽起诉资格,环境案件也不会像泄闸的洪水一样涌进法院。应对过多环境案件的措施是更好的案件管理和更完善的行政决策。第二,至于担心的滥诉问题,法院完全可以通过驳回起诉或驳回诉讼请求来解决。第三,对法院管辖权过大的担忧的最好做法是经由立法明确法院的管辖范围,而不是在起诉资格上大做文章。第四,诉讼对经济发展的影响确实不可避免,但可以通过各种利益间的平衡加以缓解。实践表明,在起诉资格上设置障碍,造成诉讼不能,发挥的是反效果,会造成社会的不安定。至于诉讼费用,如果提起公益诉讼的当事人败诉了,法院会具体审查事实,然后决定原告要不要支付诉讼费用。

2. 保障信息知情权

法院建立了网站,当事人能从该页面获得关于法院、诉讼成本、法律、规则和案件决定的最新信息。而法院的登记处也提供法院信息指南及其他一些相关信息。登记处大多由书记员担任顾问对前来咨询的当事人提供帮助,如解释程序步骤,甚至帮忙填写表格。根据纠纷的种类建立起各类纠纷的专门网页是另一大特色,具体有邻里间树木纠纷网页、有关规划决定网页、遗产纠纷网页、矿业纠纷网页、生物多样性纠纷网页。专门网页通过丰富的内容解释了法院的管辖权,还提供与相关立法、裁决等的链接。新南威尔士州土地与环境法院别出心裁地制作和出版了一种综合性季刊,它是电子版,公众可在土地与环境法院官方网站主页的法律资源 (Legal Resources) 网页下访问。季刊不仅反映了土地与环境法院在实践、程序、政策方面的一些变化,还收集总结了土地与环境法院的司法裁决、其他法院在环境等专门管辖领域的判决及最新的相关立法,此外,土地与环境法院每年还会公布年度工作审查报告。这些做法成为宣传法院裁判的有效手段,也有利于公众、当事人及律师得到很多有用信息。

3. 提供诉讼便利

如果法院的审判权涵盖广大的区域,当事人起诉就有地理交通障碍问题。对此,为确保当事人、当事人的诉讼代理人、证人顺利参加诉讼,法院采取了一系列措施。一是建立巡回法庭。裁决者到案发地审理案件,当事人和证人不必负担到遥远的法院参加庭审的交通费,工作不会受到很大影响,且在当事人熟悉的场地参加诉讼,当事人的紧张感会大大减少。二是举行电话过堂(Telephone Callover)。当然这需要相关设备设施配备到位。在此条件下当事人及其诉讼代理人可在原地参加法院的电话会议,而不用出现在法院。三是使用电子法院过堂(Ecourt Callover)。即建立互联网电子系统的法院对当事人或诉讼代表人的电子请求即时作出回应,包括在线电子立案,同样解决了地理距离遥远给当事人带来的诉讼不便。

此外,法院还会选择可替代时间开庭,即传统工作日之外的其他时间,如"夜间"或"周末"法庭,这样既使得当事人和公众在不影响工作的情况下参加庭审,也使紧张的司法资源得到缓解。

(二) 简化诉讼规则 (灵活性)

简化诉讼规则的目的是公正、快速和廉价地解决纠纷。法院在案件审理中必须考虑如何在保证诉讼程序公正的前提下高效处理纠纷,如何有效使用司法和行政资源,如何在当事人能够担负得起诉讼成本范围内及时审结案件。为了达到这一目的,首先必须消除诉讼延迟。正如丹宁勋爵所说:"一直以来人们抗议法律的拖延,并把它当作一个难以忍受的严重的错误,莎士比亚说它应受到时代的鞭挞和蔑视,狄更斯告诉我们它如何耗尽财产、耐心、勇气、希望。"[1] 实践中,有些法院尝试尽量减少法庭上参与者的数量和限制休庭次数,逐渐形成简单化、技术规则少的程序和证据开示。法院将稀缺和有限的资源分配到一个案件上,另一个案件就会因为无法分到充足的司法资源而被拖延。法院有责任监督和确保公共资源被

---

[1] Allen v. Sir Alfred Mcalpine & Sons Ltd. And Another, [1968] 2 Q. B. 229, 245 (U.K.).

最好和最有效地应用。①

其次，应尽可能减少当事人的诉讼成本。法院应保证当事人所付出的成本是与诉讼标的物的重要性和复杂性成正比的。法院能做的就是探索任何能够提高效率、简化程序的路径以最小化起诉者的诉讼成本，从而实现司法正义。如澳大利亚昆士兰规划和环境法院法官 Michael Rackemann 就粗略计算过，为更好适用案件管理和调解手段，可以将审判实践平均从三周减少到三天，这样就能大幅降低消耗时间、失去薪水报酬和其他机会的风险了。

当然，上述做法均不能以牺牲司法公正为代价，对此，2005 年《民事诉讼法》《统一的民事诉讼规则》等都有所规定，对法院的审判权力予以规范，如根据法律规定，土地与环境法院要做到："指导当事人各方采取法定的步骤和遵守期间规定，按指导进行诉讼；规范听审程序，包括限制交叉询问的时间，限制证人的数量，限制提交的文件的数量，限制当事人陈述案情和裁决意见的时间；考虑在作出裁决前是否进行听证的指导；在任何时候指导当事人的律师或代理人向他的当事人提供一份备忘录，此备忘录的主要内容是预算诉讼的期间和诉讼代理费用，包括风险费用即如果诉讼失败须支付给对方当事人的费用。"②

总之，法院会根据案件的不同性质制作诉讼计划，规定案件的最后期限、审前处置程序等具体诉讼程序，还根据证据的种类和听审的类型等因素来调整诉讼计划，以与案件的重要性和诉讼费用相适应。

（三）增值效益显著（增值性）

第一，解决纠纷是法院的首要和基本功能，除此之外，法院的审判工作还能产生其他的效益和价值。"环境问题的特色之一乃是其经常涉及繁杂的科技背景。部分学者主张环境管制最适宜专家政治，有待用民主的理念寻求解决。在环境领域中参与式民主的观念并不在于以投票的方式解决所有问题，而是由受影响民众借由适当管道参与决策的过程，借以调和利

---

① Christmas Island Resoet Pty. Ltd. V. Geraldton Bldg. Co. Pty. Ltd. (No.5)(1997), 140 FLR 452, 462 (Allstl.).

② 肖清彬：《新南威尔士州土地和环境法院制度刍探》，硕士学位论文，西南政法大学，2013 年。

益冲突、促进民主政治的发展及改善政府的决策品质。"① 这一路径当然包括司法路径。当法院具有对最初决策者作出的行政决定进行复审的管辖权，就能够对政府机构和官员在环境规划与环境问题方面所作的行政决定予以审查，即行政性的价值性审查。此过程中，法院站在决策者的立场上，客观评价该行政决策的可行性与实用性，这无疑增强了行政决策的价值性。如果行政决策的制定者能在今后的工作中加以应用，既能减少行政决策的不一致性，还能促进行政决策过程的公正性和连续性。

第二，与行政程序不同的是，现代环境司法程序具有专业化、公开化等特征，重视对当事人提交证据的审查，在庭审中充分保障当事人举证质证的权利，而当事人注意调动了程序参加者的积极性，这在一定程度上保证了审判结果的理性化。尤其是环境公益诉讼，其将涉及公共利益的复杂问题引入审判过程，诉讼参与人在或为公益，或为私益的动机驱动下，会尽其所能收集各种对己方有利的证据以赢得官司。这些证据为法院作出理性裁决提供了丰富的信息。② 这都为行政机关作出决策提供了可靠的借鉴资料，增强了环境决策的理性化、科学化。

第三，作为世界范围内第一个环境法院，澳大利亚新南威尔士土地与环境法院在实务和程序方面一直是创新者和领军者，成为其他法院积极学习借鉴的典范，它建立了世界上第一个环境犯罪案件量刑的数据库，努力实现环境犯罪量刑的一致性和透明度，它还创造出了"电子法院案件管理系统；专家证据，包括法院直接指导的联合会议和报告、并行证据和当事人单方面的专家证据；现场听审和现场取证"③。

第四，由于环境法院具有广泛的司法管辖权，法院提供的"一站式"服务虽说造成进入法院的案件数量日益增多，加大了法院的压力，但由于节约了公共资源的消耗、降低了诉讼成本，对当事人来说是提高了经济效益。曾任土地与环境法院法官的保罗·斯坦因对此深有体会：综合、广泛的司法管辖权与"一站式服务"可以"减少因同一环境纠纷而引起的多

---

① 叶俊荣：《大量环境立法》，载叶俊荣《环境政策与法律》，法律出版社1993年版，第97页。
② 陈学敏：《环境司法制度研究》，博士学位论文，武汉大学，2013年，第74页。
③ 肖清彬：《新南威尔士州土地和环境法院制度刍探》，硕士学位论文，西南政法大学，2013年。

重诉讼;减少诉讼成本和诉讼延迟,同时可能促成更便宜的项目开发和消费价格;为发展控制决策的作出提供便利,并能够提高决策的有效性和效率性;由单独一个法庭行使综合的司法管辖权比由多个独立的法庭共同行使成本更低;诉讼往往会减少,因而节省社会的资源"①。这点从土地与环境法院和同州的法院比较,拥有最少的案件处理延迟和案件积压,结案率和法院绩效较高的反差生动地体现出来。不同类别的司法管辖权在同一屋檐下展开在实体和程序上的相互交流,促进审判规则的规范与完善,使案件的解决更具公平性与合理性,进而有助于提高决策的质量和加强决策的创新,带来了行政管理水平的提高,司法与行政的双管齐下无疑大大增强了国家环境治理的成效。

三 澳大利亚环境司法制度对我国的启示

(一) 立足本国司法传统与国情

世界范围内的各个国家和地区虽然由于政治体制等方面的不同,在法律制度上也存在一定差异性,但法律制度作为人类优秀文化成果,其相似之处也无可避免,所以借鉴和学习其他国家或地区的法律制度大有必要,只是必须与本土实践相结合。这点曾经对澳大利亚争议解决作了大量奠基工作的 Hilary 和 Christine 看得很清楚:"自新世纪以来,澳大利亚的争议解决就已经成为一个司法体系,该体系正在发展成为一个成熟的体系,人们对 ADR 在各种情况下的限制和使用有了更深刻的理解。澳大利亚已经对其自身需要做出反应,而且已经进行了适当的变革。我们再也不会像十几年前那样让我们的司法尾随着别人的脚步前进。"② 在澳大利亚,有新南威尔士土地与环境法院,有昆士兰规划和环境法院,但这并不意味着环境法院在各州普遍开花,它的建立是局部性、选择性的,其决定性因素就是现实需要。因此,在借鉴域外的创新、优良制度与系统的同时,更不能抽离于我国的实际情况。环境问题的特殊性与复杂性对法官的司法能力是

---

① Justice Paul L. Stein, "A Specialist Environment Court: An Australian Experience", in *Public Interest Perspectives in Environmental Law* 263 (Robinson & Dunkley eds), 1995, 转引自肖清彬《新南威尔士州土地和环境法院制度刍探》,硕士学位论文,西南政法大学,2013 年,第 16 页。

② 塞夫·欧兹多斯基:《澳大利亚法庭、委员会和监察官的经验》,载唐荣曼、王公义主编《中国·澳大利亚:纠纷解决替代机制与现代法治研讨会论文集》,法律出版社 2003 年版。转引自幸恩臻《澳大利亚 ADR 的发展与启示》(下),《仲裁研究》2007 年第 4 期。

一大挑战。在我国，由于种种原因，长期以来进入法院的环境纠纷数量少，法官运用环境法处理环境案件的实战经验有限，素质有待提高。在当前情况下建立环境法院还不成熟。最重要的是还要明确专业的环境法院并不是解决世界环境问题的灵丹妙药，关键是要发挥它"促进各级政府之间的互动和处理有关行为者采取的各种行动方式的分歧"的作用，使其能"积极地影响政府管理决策、企业行为和公众的支持行为"。[①] 司法机构的地位和公共机构属性，使得其所作的判决会对立法机关和行政机关发挥有意义的影响，对其产生催化效应，促使其制定的决策更加理性化、科学化。

Michael Gething 说过："一个优秀的组织机构是不断寻找、学习、改变和改善它为自己确定的卓越目标的。追求卓越应该是一个过程，而不只是一个静态的目的。"[②] 虽然我国根据本国国情，某些地方根据本地的实际需要，已建了环境法庭，集中处理本地的环境纠纷，这一态势到2014年7月最高人民法院成立环境资源审判庭时达到顶峰，但各级法院应认识到环境案件与其他普通案件的不同，探索适应性管理，并始终以公平、有效、高效作为目标。要应对未来的环境挑战，法院必须适时作出调整改变。

此外，我国还应积极应对当前环境审判机构设立过程中出现的"一盘散沙"的乱象，试点固然可以自下而上，规范必须自上而下，通过制定宏观指导思想与原则，确保环境审判机构的建立与发展运行在法治轨道上。

（二）形成完备的环境诉讼规则

尽管我国环境审判机构认识到当前的诉讼程序难以适应环境案件审理的需要，独立专门的诉讼程序是环境司法的内在支撑，试图通过"三审合一"的审判模式将原来分散到民事、行政和刑事审判庭的环境案件集中到一个平台予以处理，看似解决了环境纠纷私益与公益融合、三大诉讼交叉的问题，但究其实质，我国的"三审合一"仅仅是环境案件的"混

[①] Han M. Osofsky, "The Continuing Importance of Climate Change Litigation", 1 *Climate L.* 3 (2010), available at http://iospress.Metapress.Com/? content/23746166974620p2/fulltext.pdf.

[②] Michael Gething, "A Pathway to Excellence for a Court-Part1: Defining the Pathway", 17 *J. Jud. Admin.* 237, 242 (2008).

合"或"杂糅",根本未实现环境问题交互性所要求的实质整合,而在环境司法中,环境审判机构只是外壳或载体,诉讼程序的整合才是本质。专门化环境审判规则内容包括但不限于:(1)明确因果关系推定原则,即原告仅需提供污染行为与损害结果之间存在因果关系的初步证据,即可推定因果关系成立;(2)完善诉讼时效规则,进一步明确"知道或应当知道"的起算点,为适应环境损害潜伏期长的特性,对其最长诉讼时效予以适当延长;(3)规定环境责任的构成,如环境损害无过错责任、环境罪犯的行为犯、环境诉讼的预防性等;(4)创新责任方式和执行手段,如禁止令、复绿补植、惩罚性赔偿、第三方监督等。通过规则对诉讼资格、证据收集、证据效力、因果关系确定、举证责任、诉讼时效、诉讼费用等问题进行明确,解决当前环境诉讼中举证难、因果关系认定难、鉴定难、审理难等状况。

此外,还应将恢复性司法理念贯穿于处理环境案件的始终,明确各种环环相扣的措施如复原、赔偿和损害的恢复、对被告财产的限制令、法院进一步颁发的命令等,让违法者在承担民事、刑事责任之余,恢复被自己破坏的环境法益。违法者可以直接采取一定的措施来减少、控制或制止违法行为对环境造成的任何损害,也可以向第三方支付一定的费用,由其来减少、控制或制止该种损害,使被破坏了的环境法益得以修复。

(三) 完善环境诉讼配套机制

1. 创新环境纠纷解决机制

我国对调解也情有独钟,但和澳大利亚这一法治发达国家相比,需要注意四个方面的问题。

一是虽然我国的仲裁、一些民间机构如消费者协会、人民调解委员会等 ADR 方式分流了一部分纠纷,但由于缺乏规范性,其功效尚未得到充分体现,进入法院的案件基数仍很大,法院的案件压力日渐增长。在我国,律师作为一方代理人出现居多,该类型的法律专业人才在 ADR 方面的作用还很弱。成立专门的律师调解服务机构,并对律师从事调解的工作予以规范,充分发挥律师在调解中的作用,同时对其他在社会中担当调解角色的人员进行培训和规范是我们构建多元化纠纷解决方式无法逾越的一个环节。

二是当前的诉讼程序并不能有效促进和解。从我国的诉讼程序看,其核心环节是举证和庭审,证据交换之后直接进入庭审的案件比比皆是,审前程序的功能微乎其微。而在澳大利亚，庭前程序包括完整的诉答、证据调查和收集、证据开示等，再加上听审、庭前会议等灵活的案件管理形式，庭前程序更加充实、丰富。由此，证据和争点在审前程序就得到了梳理，当事人在充分把握案件信息的情况下，也对案件的判决结果有了相对可靠的预测，这对促成和解有很大作用。而这是在澳大利亚进入最后判决的案件比例低的一大原因。

三是 ADR 在诉讼程序中的定位问题。诉讼程序中 ADR 是否有一个合理的时间介入点？它与诉讼程序如何衔接？实践证明，这里没有一个适合于所有案件、放之四海而皆准的提交 ADR 的最佳时间点。由法官和当事人根据个案的具体情况进行判断是通常的做法。但是，不同性质环境案件的诉讼程序是否有所不同呢？例如，对于环境侵权这类私益环境案件，调解结案的实例屡见不鲜，但调解能否适用于环境公益诉讼呢？有些学者认为不能调解，理由主要包括：（1）环境公益诉讼的性质决定了原告是代表国家和公众的意志起诉的，其对国家和社会公共利益没有处分权，无权代表国家和公众擅自放弃部分权利；（2）作为理性经济人，原告可能为了私益与侵权人互联串通损害公益；（3）不符合法律对国家和社会公共利益优先保护原则。实践中，更有江苏无锡市中级人民法院和无锡市人民检察院在共同出台的《关于办理环境民事公益诉讼案件的试行规定》中明确：环境民事公益诉讼不适用调解，但除涉及国家和社会公共利益以外，受害人或者其他利害关系人可以直接与被告就赔偿数额进行和解或调解。鉴于我国环境民事公益诉讼的先天性缺陷，以判决对一系列有争议的法律问题给出明确的说法，从而对后续的诉讼及社会公众予以引导固然有一定道理，但环境案件的特殊性——损害结果难以确定、对损害赔偿没有公认的合理的计算公式、鉴定难、诉讼时间长、成本高昂使得调解大有必要。加上我国目前能提起环境公益诉讼的是法律规定的有关机关或组织，而被告常是污染环境的企业，这两类主体通常都有律师参与案件，当事人会在一定的事实基础及双方信息沟通基础上理性分析自己的优劣势，衡量判断调解方案对自己的价值，选择最佳方式。

四是理性看待 ADR。调解结案的效果在实践中确实比较好，但也不乏法院为了逃避错判或被改判的风险，对于越疑难、越具有法律价值和先例价值的案件，越想通过调解的方式予以结案。调解是一种以当事人合意为基础的纠纷解决方式，法院不能一厢情愿不恰当地促进调解。如何规范法官的调解行为，哪些情况下不适宜积极调解等都是我们在环境司法中需要研究的问题。

事实证明，环境司法 ADR 收到了比较好的效果，既解决了环境争议又节约了司法资源，并且有助于及时采取措施，使生态环境得到比较好的保护。不过采取这种纠纷处理方式，需要具备一定先决条件，如，环保 NGO 力量强大，能够在物力、人力、财力上与那些财大气粗的污染者相抗衡，尤其在这些污染者或破坏者为某些支柱企业时；公民的环境意识要达到一定高度，能够认识到并愿意舍弃自己当前利益来保护环境权益；法官应具备一定环境法素养；等等。这些都是构建我国环境司法 ADR 制度需着力完善之处。

2. 建立专家制度

聚集具有环境法律和环境方面知识和专长的专家在一起相当于为法院创建了一个卓越的智囊团中心，保证专业意见和信息交流的自由和畅通。专家提供咨询性意见和协助法官确定争端性质使法院拥有足够力量作出跨学科的裁决，并保证其科学性及合理性。新南威尔士州土地与环境法院在环境犯罪的量刑、环境影响评价制度、区域间公平方面处于领先地位充分证明；"一个拥有更多的专业知识、办理更多的专业案件的专门的环境法院更能够促进环境法学的发展进步。"[1]

在我国的环境审判中，确定污染行为与损害结果之间的因果关系、受害人遭受的损失及生态环境的损害等专业技术问题大都是通过鉴定来解决的。"法官对于科学证据（特别是鉴定结论）过度偏好，鉴定结论对于案件事实起着决定性作用，而其他证据的运用明显不足"[2]，其很大原因在于"缺乏这些专业理论和专业知识的司法人员很难对建立在它们基础上的鉴定结论进行评判，缺乏这些专门知识的当事人（包括律师）也无法对鉴定结论进行有效的质询"[3]。针对该制度在程序、内容等方面存在的缺陷与不足，借鉴新南威尔士土地与环境法院的专家证人制度，解决环境

---

[1] 肖清彬：《新南威尔士州土地和环境法院制度刍探》，硕士学位论文，西南政法大学，2013年，第18页。

[2] 吕忠梅、张忠民、熊晓青：《中国环境司法现状调查——以千份环境裁判文书为样本》，《法学》2011年第4期。

[3] 卢建军：《司法鉴定结论使用中存在问题及解决途径——兼论我国诉讼专家辅助人制度的建构和完善》，《证据科学》2010年第6期。

审判中的专业技术问题要注意以下三点。第一，发挥法院在专家证人制度中的指导作用，充分保证原被告的申请权，各方当事人自行决定是否聘请专家，以及具体聘请哪位专家。当然，为避免过度鉴定，法院在是否需要鉴定、鉴定次数上有裁量权。第二，为使法院和当事人更容易理解结论，应披露得出结论的论证过程和可能的影响因素，而不能仅简单陈述观点。第三，强调对专家证人的质证。为便于法院和当事人充分理解专业技术问题，并对结论中的真伪作出判断，对专家证人进行多方质证是必需的。

3. 优化环境案件管理

案件管理直接关系到环境审判机构的有效运作。合理的案件管理程序有助于提高案件管理的效率和质量，进而增进诉讼当事人和社会公众对环境诉讼的信心。从当前我国实施"三审合一"的法院看，其对管辖范围作了明确规定，却忽视了案件管理程序的契合和完善，现行环境审判机构的审前程序与普通法庭无异，主要由"原告起诉、法院受理审核、确定开庭日期及组成合议庭、送达诉讼材料、限期举证、证据交换等"[①] 构成，不足以应对环境案件中民行交叉、民刑交叉、行刑交叉等复杂的法律关系。对此，可借鉴域外环境法院的经验，对我国环境审判机构的案件管理程序作出专门规定，引入案件分类程序。[②] 法院可设置书记员或法官助理作为案件管理员，负责向起诉者提供法庭程序信息；根据形式和问题对案件进行分类；审查立案并向主审此案的法官提出建议；帮助法官准备预审，与当事人会面，主持调解，让当事人掌握法庭预期结果，促成和解。

第二节　新西兰环境司法制度与启示

新西兰的自然环境非常优美，被誉为"世界上最后一片净土"。新西兰的自然环境之所以能够得到很好的保护，与国民的环境保护意识和国家的环境保护制度是密切相关的。当然，新西兰的环境保护观念不是一开始就有的，而是经过长期摸索和实践最后形成的。大约从第一次世

---

① 吴成功、陈立伟：《我国庭前程序改革的法理思考及其完善》，《法律适用》2007年第12期。

② 将案件分为诉讼型和非诉型。其中诉讼型又可细分为单一型、交叉型和公益型。具体内容见沈跃东《论环境法庭的裁判程序》，《东南学术》2010年第5期。

界大战以后起,新西兰注重利用法律制度来保护环境。据统计,从20世纪20年代,新西兰就已经制定60多部环境保护、污染防治的法律。但是这些法律之间存在不少冲突,而且在纠纷解决程序方面也存在机构不统一、程序不一致等问题,因此执行的效果并不是特别好,环境污染问题仍然在持续。20世纪70年代以后,世界范围内环境问题逐步形成共识,1980年、1981年,经济合作组织、自然保护委员会对新西兰的环境状况进行考察,并向新西兰政府提出了保护环境,推动新西兰可持续发展的建议。为此,新西兰对之前制定的法律、法规进行了适时的修改,有些不适用形势要求的,就予以废除。特别是制定了统一的《资源管理法》,对新西兰全国的大气、水和土地进行全面管理。1991年,《资源管理法》进行修订,将"规划上诉委员会"改革成为"规划裁判所"。1996年,《资源管理法》再次修订,"规划裁判所"正式升格成为"环境法院"。

一 新西兰环境司法概况

(一) 新西兰环境法院的历史渊源、组织结构与人员构成

1. 新西兰环境法院的历史渊源

从历史发展来看,新西兰环境法院的源头是1953年制定的《新西兰市镇和乡村规划法》。根据该法设立了"规划上诉委员会"。该委员会虽然称为"委员会",但是却具有司法裁判功能。"规划上诉委员会"的人员构成是多学科的,而且由全职人员组成。该委员会有权对全国范围内的市镇规划项目产生的争议举行听证,并作出裁判结论。但是,由于相关的纠纷越来越多,规划上诉委员会的裁判压力也越来越大。为了解决效率问题,1963年,成立了"市镇和乡村临时特别上诉委员会",从而缓解"规划上诉委员会"的裁决纠纷压力。"通过运用专业知识和富有启发性的见解,不仅保护了公共利益,也发挥了确定个人权利的司法功能。"[①] 上述这些机构的运行,有效地保护了环境,为后来环境法院的成立奠定了基础。

1977年,《新西兰市镇和乡村规划法》修改,此次修改的主要内容

---

① R. J. Bollard., "The important role of town and country planning board", *New Zealand L. J.*, 1973, p. 233.

是：把三个上诉委员会进行整合，成立统一的"规划裁判所"。"规划裁判所"的成立，不仅是名称上的变化，也是功能的有效提升，"规划裁判所"有作出特别许可的宣告权。但是政府和民众也感觉裁判所的权力过于强大，因此1979年制定的《国家发展法》对"规划裁判所"的权力进行了限制，表现在：规划裁判所作出的裁决不具有约束力，而仅仅是具有建议效力。但是这一改变大大削弱了规划裁判所的功能发挥，因此不久（1986年）即被废止。

1991年新西兰制定了《资源管理法》。虽然这部法律并未改变规划裁判所的名称，但是却对裁判所的组织结构、权力和运行程序作出了重大变革，使规划裁判所具有了完整的环境审判职能。因此，《资源管理法》正式确立了新西兰的环境法院制度，虽然此时还没有"环境法院"这一名称。直至1996年《资源管理法》修改，规划裁判所正式更名为"环境法院"，由此新西兰环境法院体制基本成立。

2. 新西兰环境法院的组织结构

从法院组织体系来看，新西兰法院由地区法院、上诉法院、高等法院、最高法院组成。按照精英化的要求，新西兰法院的法官比较少，一般都只有1—3名，其最高法院法官人数稍多，有5人。高等法院拥有普遍管辖权，地区法院和上诉法院均只有有限的管辖权。环境法院在新西兰法院组织体系中属于专门法院，其法律地位相当于地区法院，其所审理的案件可以上诉到高等法院。从管辖权的角度来看，新西兰《资源管理法》第278条规定，环境法院和环境法官在行使民事管辖权时具有与地区法院相同的权力。

3. 新西兰环境法院的人员构成

从人员构成上讲，作为一个专门法院，新西兰环境法院由7名法官，9名候补法官，10名环境专员，6名环境副专员以及书记员、登记官、行政人员等组成。

环境法院的法官必须是地区法院的法官，或者具备担任地区法院法官的资格和条件。一旦被任命为环境法院的法官，他就是终身制的，除非因重大过失被解职。环境法官具有全权审判权。与环境法官不同的是，候补法官不具有全权审判权，他/她只能对某些简单的环境案件进行审理，或者从事辅助工作。但是环境法院的候补法官任职资格与法官的任职资格基本相同，这也体现了新西兰环境法院对人员素质的严格要求。

环境法院的环境专员、副专员类似于法官助理。但是环境法院的环境专员、副环境专员对专业背景要求非常严格，要求必须具有与环境相关的知识或者经历，否则就不能被任命。环境专员和副环境专员的任期为5年，可以连续担任。环境专员协助环境法官办理案件，甚至在首席环境法官的授权下，可以主持法庭审理工作，但不得作出裁判。

环境法院的法官、候补法官、专员、副专员的人员任命程序比较严格。他们必须由司法部部长推荐，并与环境部部长、毛利人事务部部长磋商，最后由总督任命。新西兰环境法院设置首席法官，对本院的行政事务有管理的权力。首席环境法官行政管理权的内容主要是人员调配、秩序等事务的日常管理，以及对紧急事务、特别情况的临时处理。

环境法庭开庭审理案件，必须至少有一名环境法官、一名环境专员。但是也有例外情况：根据《资源管理法》第265条，第一，向环境法院申请一项声明，或者申请执行令，可以由一名环境法官独任进行。第二，经环境法院首席法官的特别指示，由一名环境专员可以组成独任庭。但是该庭没有裁决权，只能够进行诉讼相关的工作，可以进行调解。因此，一般情况下，环境法院审理案件由一名环境法官、两名环境专员组成。但是对于重大的案件，可能会再增加一名环境专员。由于环境法官和环境专员均具有环境方面的知识或者经历，因此审理案件过程中，可以解决法律、环境、规划、经济管理等多个方面的问题，对于解决环境纠纷，保护环境不受污染或者破坏发挥了独特的优势。

除上述人员以外，新西兰环境法院还设有登记官。登记官及助手的主要职能是处理环境法院中与审判有关的行政事务，如告知当事人起诉、上诉及进行其他程序的诉讼材料要求、环境案件审理情况特别是诉讼进展情况等。但登记官不是法官，他们不能做出带有倾向性的法律意见，通常也不会对案件提出法律意见。

(二) 新西兰环境法院的职能定位

新西兰环境法院的职能主要体现三个方面：一是处理环境类的起诉案件；二是对环境许可决定进行审查；三是发布环境类执行令。现分述如下。

1. 处理环境类起诉案件

对于市政局作出的环境类决定，当事人可以向环境法院起诉。此类案件一般均由环境法院受理。从原告来看，可以向环境法院起诉的人主要有二：一是环境决定的申请人，二是利益相关人。但是相关人必须于此前向市政局对于环境决定提出过正式的书面意见，否则不能起诉。

具体而言，环境法院审理的环境起诉案件包括：一是环境许可决定。所谓环境许可决定，是指市政局对于可能影响环境的项目作出的许可决定。申请人或者相关人员不服的，可以向环境法院起诉。据统计，新西兰每年大概有五万多件环境许可决定作出，1%的环境许可决定会被申请人或者相关人起诉到环境法院。二是规划。主要是涉及地区、区域的规划草案，公布以后，如果社会相关人员认为规划影响了其环境利益，可以向环境法院起诉。三是区域政策宣示草案。当然，前提是这些区域政策可能会影响到本地区的环境质量。四是指令。此处所谓的指令，是指在地区规划中的某些条款，这些条款的目的就是告知公众为了某项特定工程项目，需要征收或者征用土地。五是文物保护令。所谓文物保护令，是指地区规划中对于文物保护的相关规定。六是水资源保护令的建议。

应当注意的是，环境法院审理案件，应当对市政当局的决定或者特别法庭已经做出的决定进行谨慎考虑，但是从法律效力来讲，环境法院并非受到上述决定的约束。需要特别说明的是，若环境法院或咨询委员会已经作出了判决，根据既判力，当事人就不能够就同一事由在环境法院起诉，但可以向高级法院上诉。新西兰也属于海洋法系国家，因此向高级法院上诉，只限于法律适用，而不是事实认定方面。

因此，从诉讼性质来讲，环境法院受理的主要案件类型是行政诉讼，也即是对申请人或者利益相关人员对市政当局决定的诉讼。

2. 审理并直接决定重要的申请事项

与前述直接起诉不同，有些环境许可申请事项不经过市政当局，当事人可以直接向环境法院起诉，并由环境法院作出决定。由环境法院直接受理的申请事项主要包括以下类型。一是经过市政当局许可，当事人直接向环境法院提出申请。如果当事人想不经市政当局而直接向环境法院起诉，就必须在公示期满后五日内向市政当局提出申请，经过市政当局允许后即可向环境法院直接起诉。二是如果环境部认为某项申请将会对全国产生影响时，环境部就可能会向环境法院提出申请。当然，有些许可决定虽然不具备全国性影响，但是如果所涉事项情况复杂，涉及面广，市政当局担心自己作出决定很可能会被上诉，因此就很可能通知当事人直接向环境法院提出申请。

环境法院直接受理的申请主要包括三类：对环境资源许可申请、改变申请条件的许可以及请求告知的申请。

3. 发布执行令及处理其他申请

执行令是《资源管理法》所设立的一种重要的手段，其目的是督促当事人停止或者改变正在实施的行为，从而避免或者减轻污染。发布执行令是环境法院的专属权力，行政机关不得发布。但是行政机关有权发布消减通知书，消减通知书是要求被通知人在规定的时间内符合《资源管理法》的要求。消减通知书由市政当局发布，比较类似于中国的限期整改。执行令较之消减通知书，显得更加严格，它的实施具有立即性。

环境法院审理的其他申请包括：第一，如果已经公布并生效的环境规划，其中的条款存在争议，就可以请求环境法院对其作出解释，该解释属于有权解释。第二，为了避免《资源管理法》沦为不正当竞争的工具，环境法院可以受理商业竞争中，关于对方是否存在违反《资源管理法》关于诉讼参与权的限制性规定的情形。对于第一、第二两种申请，环境法院有权作出审理决定并告知公众。第三，对于特别法庭针对某项水资源保护令，环境法院有权进行质询。

职能的实现必须与权力相配套，否则无异于空谈。环境法院在履行职责的过程中，享有以下权力：第一，要求市政局修改其作出的政策、规划；第二，要求市政局对已颁发的资源许可重新审查、评估；第三，直接对资源申请或者指令作出确认、修改或者取消的决定；第四，对于公告申请或者指令申请，作出发布或者拒绝发布的决定；第五，对环境案件审理的诉讼费用作出决定，既可以预先要求原告预先支付诉讼费，也可以要求对诉讼费作出有利于某一方的判决。

(三) 新西兰环境法院案件审理制度

1. 案件的管辖与受理

新西兰环境法院虽然是一个专门法院，但是对于与环境有关的案件，特别是规划、资源开发、建筑、资源、土地等问题都有着管辖权。这种管辖权对于新西兰环境法院功能的发挥起到了不可或缺的作用。环境法院的功能主要体现在：第一，审查评估政府行为，即环境法院可以对政府作出的环境决定（包括作为和不作为）进行审查、评估，确定其是否与《资源管理法》存在不一致或者直接冲突。因此，环境法院的存在也是对政府行政权力的制约，承担着"行政法院"的功能。第二，诉讼职能。新西兰环境法院可以对与环境有关的民事、刑事案件进行审理，并有权强制执行。第三，其他执行。新西兰环境法院不仅可以审理《资源管理法》相关案件，对于其他类型的案件，只要与环境资源有关，都可以到环境法院审理，从而发挥其宽泛管辖的功能。因此，环境法院的管辖范围并不仅仅局限于环境污染，这一点要特别明确。

环境法院的管辖范围也体现在原告的诉讼资格方面，环境法院的原告诉讼资格较为宽松，体现在：一方面，新西兰《资源管理法》第311条和第316条规定，如果是申请执行令或者声明，对于申请人无任何资格限制；另一方面，虽然在起诉案件中，对原告的资格有所限制，但是要求很低。体现在只要是向市政局提交申请或者建议的申请人或者利益相关人即可。而且根据《资源管理法》第13条和第274条规定，环境部部长、地方当局、诉讼双方当事人、公共利益代表者等主体均可参加诉讼，提供证据并发表自己的意见。

2. 案件的分类管理

新西兰环境法院对案件实施分类管理制度。所谓分类管理，是指环境法院在受理案件之后，首席环境法官根据案件的复杂程度对案件分类，分为标准案件、复杂案件和当事人控制案件三类，并由案件管理员以书面形式向当事人发出通知。应当注意的是，首席环境法官对于案件的分类并不是一旦确定就不能变化，相反会根据法院的指令，从一种类型转变为另外一种类型。

首先，标准类型案件包括资源许可上诉、部分规划上诉、非紧急执行和其他混合型的诉讼。对于标准类型的案件，其管理特点在于：第一，在比较早的时候就由当事人识别争议的问题；第二，为降低诉讼成本，减轻当事人的诉累，法院会搭建当事人谈判等非诉讼解决纠纷的平台，以谋求迅速解决争议；第三，尽可能从实际出发确定案件开庭审理的时间。

其次，复杂类型的案件主要包括以下几种：所有由部长提交的环境问题、大部分的规划上诉、紧急执行和部分资源许可诉讼。这类案件相对比较复杂，审理难度大，因此也是环境法院审理案件的重点。

最后，当事人控制类型的案件，虽然已经提交给环境法院审理，但是当事人仍然追求通过谈判、调解等机制促使市政当局对决定作出改变。这一点与中国的很多行政诉讼案件类似，即通过起诉迫使行政机关主动向原告寻求和解或者调解，从而实现原告的起诉目的。因此，当事人控制类型的案件主要是通过司法的威慑力推动案件的处理。

3. 案件调解

新西兰环境法院很重视调解机制的运用。案件被起诉到环境法院以后，法官会建议双方对话和解或者调解。如果当事人双方都同意调解，那么法官就会安排一位环境专员为当事人居中调解，这种调解是免费的。当然，当事双方也可以另行聘请调解员调解，这种调解一般都会收费。新西兰环境法院的调解具有以下特点。第一，调解的自愿性，即调解必须获得当事各方的一致同意，不能强制调解。即使当事人接受调解，也并不意味着非要在环境法院调解，当事人可以自行寻找调解员进行调解。第二，调解方案的保密性，除当事人和调解员（环境专员）知晓调解方案之外，调解方案对其他人员都是保密的。因此，即使调解不成，案件进入审判环节，当事人在调解过程中表达出来的意愿也不能作为判决的依据。关于环境法院的附设调解，后文还会详细介绍。

4. 碰头会、法庭会议、审前会议

环境法院可以召开碰头会或者法庭会议，掌握案件进展。所谓当事人碰头会，是指由环境法院召集的，由当事人参与的，互通案件信息，表达诉求的会议。碰头会的一个重要功能是促成当事人之间达成和解。因此不少案件是在碰头会上实现和解并得以销案的。与碰头会稍有不同的是，法庭会议主要是对案件的焦点问题进行讨论，并对案件审理的日常安排等问题进行研究，作出决定。

除碰头会、法庭会议之外，当事人各方都可以申请召开审前会议，法院也有权不经当事人申请决定召开审前会议。召开审前会议的目的是由法官对当事人展示证据、预审、时间安排等事项作出说明，从而保证开庭审理时案件进展顺利、高效。

5. 庭审

环境法院的庭审程序与普通法院的庭审程序并没有区别。新西兰是海洋法系国家，其庭审程序一般是这样进行的：第一步，原告提出主张，并提交证据。在此阶段，原告通常会准备书面的陈述材料，而后法官对原告发问。支持原告的第三人一般也在此时发表其意见。第二步，被告对原告的主张提出反驳，支持被告的第三人也在此时发表意见。在这个过程中，原告可以就被告提出的反驳意见再反驳，但是不得提出新的证据，否则就容易导致诉讼效率低下。

由于海洋法系的诉讼模式是控辩式的，因此原被告双方可以相互发问，进行交叉询问，法官也可以在任何阶段向原被告双方提问。由于环境法院审理的案件大多具有较强的专业性，因此很多案件都会聘请专家证人上庭。专家证人应当接受各方的质询。

此外，经由环境法官授权后，环境专员也可以独立地组织庭审，但是案件的最终裁判结论还必须由环境法官作出，环境专员不得作出裁判结论。

6. 判决

新西兰环境法院作出的判决，不仅具有司法裁判性，也具有相当的行政管理职能。这也是为满足新西兰《资源管理法》所设定的资源可持续利用的要求所必需。也就是说，新西兰环境法院不仅是在做司法裁判，行使法院的功能，也在进行行政决策，发挥着行政的功能。这种既行使司法功能，又行使决策功能的模式，重点体现在环境法院对案件可以进行"全面的重新审查"。所谓"全面的重新审查"，是指新西兰环境法院在审理案件过程中，不仅可以审查行政当局作出决定所依赖的事实与法律，而且能够对证据进行全面的审查，从而决定哪些证据是可以被接受的，哪些证据是不能被接受的。尤其是，当案件作出裁判结论后，如果出现了新的事实和证据，或者发生了重大情势变更，环境法院可以对案件进行重新审理，作出不同于原判决的新判决。

虽然新西兰环境法院的法律地位相当于地区法院，其审理的案件可以一直被上诉到高等法院，但是上诉法院、高等法院对于环境法院审理的案件，只对法律问题作出上诉审理，对于事实问题，则不作出审理。因此，环境法庭所作出的事实认定实际上具有终局效力。可以说，新西兰环境法庭在环境资源管理事务中发挥着重要的决策者作用，从而在司法机关与行政机关之间进行角色转换。虽然这与传统的权力分立的观念有所冲突，但是在以下三个方面进行了有效的弥补，树立了新西兰环境法院的权威性。一是对环境法院人员素质的严格要求，二是广泛引入公众参与，三是提高审判效率。

在判决方式上，新西兰环境法院一般不当庭宣判，而是在庭审结束后经过合议，作出裁判结论，并将书面的裁判文书送交当事双方。之所以如此，是由于环境法院所审理的案件往往事关公共利益，需要留出一定的时间给法院，从而作出符合公益的判断。通常而言，新西兰环境法院会在庭审结束之后三个月乃至更长的时间作出裁判结论。

7. 专家证人商议制度

专家证人商议制度是裁判程序中的一个重要制度，在一定程度上弥补了环境法院在专业知识方面的不足。专家证人在诉讼程序中的角色是就其专业领域内的相关问题向法院提供中立的帮助，而不是帮助当事人如何作证。根据《一体化指导意见》第五节的规定，法院可以主动或应当事人的申请，指令专家证人进行商议，使得他们各自领域内的问题达成协议或缩小他们之间的问题范围。

专家证人必须遵守法院的指令，与其他专家证人进行商议，就其专业领域内的问题寻求与其他专家证人达成协议，准备并且签署一份联合证据声明，且要在其中陈述达成协议的问题和未达成协议的问题及其原因。在与其他专家证人商议以及在准备共同证据声明时，专家证人必须作出独立的职业判断，不能为了隐瞒某一数据或信息、隐瞒或逃避协议、隐瞒联合证据申明的内容而接受任何人的指令或指导。

8. 判决诉讼费

诉讼费用的支付是诉讼制度的重要内容之一。通常情况下，诉讼费用的判决会在原、被告的诉讼请求中出现，并且以原告请求被告支付诉讼费用居多。如果出现此类情形，新西兰环境法院的法官就必须要考虑由败诉方承担诉讼费用是否具有合法性。但是在很多情况下，诉讼费用可能是由原、被告双方分担，分担的数额可能不尽相同。法官在确定诉讼费承担方面，会考虑和衡量很多因素。一旦生效裁判确定了诉讼费的承担，如果应当承担诉讼费的一方拒绝支付相应的数额，地区法院就可以强制执行诉讼费。在某些情况下，新西兰环境诉讼中可能会出现诉讼费减免的问题，这些情况大多数出现于败诉方是环保公益组织或者是经济、社会地位较弱的人。

9. 提起上诉

上诉是原、被告方的基本诉讼权利。依照新西兰《资源管理法》，原、被告方如果对环境法院的判决不服，可以向地区法院提起上诉，但是上诉只能针对诉讼程序和法律适用问题提出，而不能针对事实问题。

（四）新西兰的环境司法调解制度

新西兰资源管理过程中最重要的部分就是非诉讼纠纷解决机制的运

用。《资源管理法》第 268 条赋予了环境法院为了解决纠纷的目的可以安排调解和其他形式的非诉讼纠纷解决方式。因个案的差异，非诉讼纠纷解决的形式并不一定对所有纠纷都适合，但是只要当事人双方一致同意适用非诉讼纠纷解决的方式，法院随时可以适用。此时法院的职责就在于确定非诉讼纠纷解决方式开始的时间、形式以及程序安排。由此，环境法院的首席环境法官会颁布《新西兰环境法院应用指引》指导环境法院的实践工作。根据笔者的查阅，现行的《应用指引》于 2011 年 11 月 1 日生效，[①] 此《应用指引》的颁发替代了先前发布的《应用指引》。它并不是一系列固定的规则。除非有更好的理由适用其他的规则，否则它是作为指导法院实践工作的指南被遵循。《应用指引》的立法参考是 1991 年的《资源管理法》。

《资源管理法》强调的重心在于环境活动的影响而非这些环境活动本身。因而，环境法院对案件审理的程序则重点围绕"询问调查"展开。如《资源管理法》第 267 条第 1 款规定，环境法官可以在诉讼程序开始后的任何时刻，要求当事人或者当地政府部门的任何一个部长或者根据本法第 274 条有意出庭的任何人或者部门出席本法院人员主持的协商会议。新西兰环境法院的附设调解制度则能在最大程度上给予案件审理人员充分询问调查的空间。

新西兰环境法院的调解员主要由环境专员或副环境专员担任。从前述《资源管理法》关于环境专员与副环境专员的任职资格的规定可以看出，环境专员与副环境专员必须具有跨学科的知识储备，以此来保障环境法院的司法调解取得良好成效。

二 新西兰环境司法制度的经验与不足

新西兰的环境优美，环境保护工作得力，与其环境司法制度的先进性、运行良好有着密切的关系。

（一）新西兰环境司法制度的经验

1. 设立专门的环境法院处理环境案件

环境案件具有很强的专业性，由专门的机构、专业的人员来处理是很

[①] http://www.justice.govt.nz/courts/environment-court/legislation-and-resources/practice-notes/practice-notes.

有必要的。1991年新西兰《资源管理法》设立了环境法院,作为一个专门的法院,其人员包括法官、法官助理、技术助理均具有专业要求。新西兰环境法院的设立,对于促进其本国环境纠纷的化解,强化环境资源保护发挥了积极的作用。一方面,新西兰环境法院作为一个专门法院,可以更加高质量、高效率地处理环境资源纠纷,化解环境资源矛盾。另一方面,新西兰环境法院可以对政府、政府机构制定的规划、计划和政策进行审查,确定其是否符合《资源管理法》的要求,由此可以看出,新西兰环境法院不仅发挥着司法功能,也发挥着浓厚的行政管理功能。

2. 赋予环境法院司法裁判权和管理决策权

在传统司法学看来,法院是中立的裁判者,其所行使的司法权与行政机关的行政权是分开的。然而,新西兰环境法院在这一点上却并非如此。为了让新西兰环境法院的功能得以充分发挥,环境法院并不是单纯的中立裁判者,还承担着环境行政管理和环境事务决策的功能。环境法院的行政管理和行政决策功能,最典型地体现于它有权对环境政策、计划、规划等实施全面的重新审查。即使原、被告方对环境法院的判决不服向高等法院提起上诉,但环境法院对事实问题的决定是不属于被上诉的范围的。因此,新西兰环境法院对政策、计划、规划和环境资源许可的事实问题的裁判和决定具有终局性。

3. 重视调解机制功能的发挥

多元纠纷解决机制目前在世界范围内大有方兴未艾之势。新西兰环境法院中广泛运用调解机制,取得了良好成效。有数据显示,2006—2010年,新西兰环境法院所处理的案件年均量都在400件以上,2010—2012年,新西兰环境法院所受理的环境资源类案件的总数呈现明显的下降趋势。2006—2012年,新西兰环境法院的调解结案量占受案总量的比率依次为:39.18%、40.47%、48.35%、62.52%、59.64%、56.51%。特别是在2009年以后,调解结案率已经超过了受案总量的一半。由此可见,法院附设调解制度在环境法院处理案件的实践工作中应用的广泛性、有效性。

(二)新西兰环境司法制度的不足

尽管新西兰环境法院及其运行对于环境保护发挥了重要作用,但是也存在一些不足之处。突出表现在以下方面。

1. 管辖范围的宽泛性,使环境法院的性质和功能存在一定的模糊性

环境法院具有广泛的管辖功能,其包括起诉、执行令甚至环境决

策，在功能发挥方面，不仅发挥了司法裁判的功能，也行使着行政管理甚至行政决策的功能。从西方传统三权分立的观念来看，司法机关与行政机关的职能应该是泾渭分明的，权力的混同很可能导致权力失去制衡。而新西兰环境法院则似乎与上述职能要求有所冲突。究其原因，是由于环境法院在最初是由三个委员会合并而成，而这些委员会本身就具有管理职能。因此，即使是成立规划裁判所和环境法院以后，这些行政性职能的影子仍然存在。由于其宽泛的管辖权，也导致了环境法院事务庞杂，运转难度加大。

2. 环境法院所处理的事务繁杂，导致其运行难度加大

由于新西兰国土面积不大，因此整个国家只有一家环境法院。但是环境案件却不少，因此在惠灵顿、基督城、奥克兰等地的地方法院，都成立了专门的环境事务所，有权处理环境案件。这些事务所的成立也有一些不伦不类，即它们发挥着环境法院的"派出法院"的功能，却要依托于地方法院。

此外，由于案件量大，而环境法院在专门法院体系之中又不占据主要位置，因此在成立之始，新西兰环境法院曾因为办案经费紧张，导致案件审判效力降低，一些案件被拖延。为了解决这一问题，2003 年，新西兰政府为环境法院提供了额外的司法经费，保障了办案经费来源。

3. 调解机制过于灵活，导致纠纷解决时间长，效率受到拖累

新西兰环境法院的附设调解制度虽然发挥了巨大作用，但调解制度也存在一些让人们担忧的缺陷。如调解的灵活性就可能使程序被滥用，推迟诉讼程序或者延长纠纷解决的时间。2006—2012 年，调解失败的案件也是占据一定的比例的，但是就调解内容达成完全一致与就部分调解内容达成一致的案件数量占适用调解的案件总数量的比率分别是：64.65%、65.16%、75.24%、80.27%、73.20%、59.93%。

三 新西兰环境司法制度对我国的启示

(一) 合理确定环境法院的管辖权和受案范围

合理的受案范围是保障环境法院高质量、高效率处理环境案件的关键要素。从新西兰的经验来看，环境法院具有跨行政区域的司法管辖权，而不是呆板地按照地域范围来审理环境资源案件，也并非"撒胡椒面"式的广设环境法院。这种模式可以最大限度地发挥环境法院的功能

和效率，从而避免环境资源案件量不足的问题。在我国的司法实践中，恰恰是由于环境法庭盲目发展，案件量跟不上，导致目前环境司法中存在"等米下锅"的尴尬局面。对此，我们有必要好好研究新西兰环境法院的管辖制度，避免形式化、作秀等问题，使环境法庭的建设真正能够发挥实效。

(二) 通过放宽原告诉讼资格以推动环境公益诉讼

环境是公共产品，大量的环境案件不仅涉及公民个人的人身权、财产权，而且还涉及被损害的环境公益。因此，环境公益诉讼在救济受损的环境方面发挥着重要作用。为了让环境公益诉讼机制能够得以充分发挥制度效能，新西兰在对提起环境诉讼的原告资格方面并无特别的要求，相反体现了宽松的原告资格特点。

在环境公益诉讼机制中，原告起诉的目的不是保护私益，也不可能通过起诉获得私益赔偿。因此，环境公益诉讼面临的最大难题之一是原告缺乏起诉的积极性。如果再对原告的诉讼资格作出过多的限制，无疑会将公益诉讼逼向绝境，因此新西兰环境法院设计了一套非常宽松的原告起诉资格机制。对我国而言，虽然《民事诉讼法》和《环境保护法》设立了环境公益诉讼机制，但是对于原告的要求仍然较为严苛，对此我们应该研究和探索放宽原告的诉讼资格限制，从而推动环境公益诉讼的新发展。

(三) 实现环境法院人员专业化和多样化

"为政在人"，司法人员对于法院功能的发挥起着至关重要的作用。环境法院的特殊性不仅在于专门的审理机构，也在于专业的人员。新西兰环境法院的所有人员，除了法律背景之外，均具有与环境资源相关的其他专业背景，这样一来既可以保障环境资源案件得到专业的审理，也可以从多个专业、多个角度为环境纠纷的处理把关。在我国的环境司法建设中，组织专业化的步伐远远快于人员的专门化。也就是说，虽然最高人民法院、各高级法院以及部分中级人民法院、基层法院设立了环境资源审判庭或者专门的合议庭，乃至部分环境法庭，但是这些组织的人员绝大多数并非具有环境资源相关专业背景的法官，往往是"半路出家"的立案、民事、刑事、行政等业务法官。对此，我们应该高度重视，一方面，应当加大对已有人员的环境法、环境科学及相关专业的培训和学习要求；另一方面，对于新进人员，应当逐步要求其具有环境法学、环境科学及相关工程技术背景。此外，还应当从专家陪审员、技术专家等多个角度来弥补环境司法人员的短板。

（四）促进环境纠纷的多元解决机制，做好诉与非诉程序的衔接工作，善于运用调解机制

如前所述，新西兰环境法院的附设调解机制在环境纠纷处理中发挥了积极作用，约有一半以上的案件是通过调解结案的。之所以该机制能够起到如此效果，关键的一点是：除非确实没有调解的必要性外，法官会对案件当事人下达调解令，由此双方当事人就必须经过调解程序。统计显示，环境法院法官下达调解令的案件超过了受案量的1/3，在这些案件中，有2/3的案件通过调解结案。这对于我国环境司法具有重要的借鉴价值。当前，多元纠纷解决机制改革也在如火如荼地进行，环境纠纷很多都是可以通过调解解决的，因此应当特别重视在环境司法中充分发挥调解机制的功能，将有限的司法资源放在矛盾对立突出、审判意义重大的案件上。

第三节　美国环境司法制度与启示

一　美国环境司法制度概况

（一）美国环境立法

1. 环境立法在环境保护事业中的重要作用

法律作为调整社会关系的重要手段，在环境保护事业中也应发挥其作用，而研究美国的相关法律，以联邦和州宪法为代表，可以发现美国法律在环境权问题上有以下特点：一是联邦宪法和法律不承认作为私权的环境权，但承认作为公权的环境权；二是州宪法对作为公权的环境权予以有限承认，但对作为私权的环境权只给予政策性的宣告。这表明美国联邦和州宪法对作为私权的环境权尚未予以确认和保障，但对作为公权的政府环境管理权予以承认和保障。

2. 美国联邦环境法律

美国联邦环境法律有以下几个重要特征：一是法律致力于建设一个综合的国家监管体系；二是授权相关联邦部门制定国家标准，由各州具体实施；三是一般情况下允许公民诉讼。

美国国会制定了联邦法规旨在解决污染控制和修复，例如《清洁空

气法》（空气污染）、《清洁水法》（水污染）和《综合环境反应、补偿和责任法案》（《环境保护赔偿责任法》或《超级基金》）（清理受污染的地块）。在环境原则的强烈影响下，还有许多联邦法律管理自然资源利用和生物多样性，包括《濒危物种法》《国家森林管理法案》。《国家环境政策法》对实践中的活动进行环境影响审查，或要求经美国联邦政府批准，包括所有的这些领域。

在国家环境立法的形态中，联邦制在美国也扮演了一个角色。许多联邦环境法律采用合作联邦制机制——许多联邦监管机构与美国各州协调项目管理。此外，美国各州一般都制定自己的法律来覆盖自己的管辖区域，而联邦法律没有优先权。

3. 美国联邦环境法律历史

根据美国马里兰大学法学院环境法项目主任 Robert Percival 教授的观点，可以将美国的环境法历史划分为以下 6 个阶段：第一阶段，1945 年之前：普通法与保育时代；第二阶段，1945—1962 年：联邦援助州；第三阶段，1962—1970 年：现代环境运动；第四阶段，1970—1980 年：建立管理体制；第五阶段，1980—1990 年：完善管理战略；第六阶段，1991 年至今：革新与立法僵局。

美国环境法的历史可以追溯到早期的普通法，例如，法律损害和公共信托原则。第一个环境法规是 1899 年的《河流和港口法案》，在很大程度上取代了《清洁水法案》（公告）。然而，大多数当前重大环境法规，如上面列出的联邦法规，时间跨越 20 世纪 60 年代晚期到 20 世纪 80 年代早期。这些法规在通过之前，大多数联邦环境法律并不健全。以下案件可以代表各个历史时期的法律原则：奥尔雷德案（Aldred's Case）（1611），即使非侵入性的侵害也可作为公害提出诉讼；租客诉古德温案（Tenant v. Goldwin）（1702），无过错侵害原则；班福德诉特恩利案（Bamford v. Turnley）（1862），推翻了霍尔诉巴罗案（Hole v. Barlow）的判决，裁定一项活动的合法性不能成为公害责任的抗辩事由；圣海伦斯冶炼厂诉蒂平案（St. Helens Smelting Co. v. Tipping）（1865），炼铜厂要对树木和庄稼造成的损害负责。

蕾切尔·卡森 1962 年出版的《寂静的春天》，常常被誉为助推了美国的环保运动。书中记录了农药的滥用对环境的不利影响，特别是 DDT 对于鸟类和其他野生动物的危害。20 世纪 60 年代最重大的环境灾难是

1969年圣芭芭拉石油泄漏事故,这产生了相当大的公愤,因此,国会考虑出台了几个重要的环境立法。①

4. 环境司法保护

美国联邦和州司法体系在环境司法保护案件中发挥了重要作用。在许多情况下,解决涉及环境利益重大争议使用联邦环境法律应用程序。美国联邦最高法院的裁决案件[如卡尔弗特·克里夫斯协调委员会诉美国原子能委员会(NEPA)案,田纳西流域管理局诉希尔案(使用《濒危物种法》)],马萨诸塞州诉美国环保署案要求环保署重新考虑温室气体排放的规定等,这些特殊案件的政策影响已经远远超出了案件本身。

在美国被广泛公认为最早的环境案件之一是保护哈德逊优美环境协会诉联邦电力委员会案,第二巡回上诉法院在1965年依据之前通过的主要联邦环境法律作出判决。帮助了在纽约州风暴王山停止建设发电厂。此案被称为第一环保诉讼案,对于环境的要求它帮助创建了一个环境法律原则。据称,该案还帮助促进通过了《国家环境政策法》(NEPA),也促进创建了环保组织——自然资源保护委员会。②

在美国的环境法当中,如果某项法律是预防性的,而管理的目的又是保护公众健康,且相关决策是由专家官员做出,则当其案件证据由于现阶段科学发展的限制难以获取、存在不确定性或相互冲突时,法院不要求严格的一步一步的因果关系举证。要想确保实现预防性法律的目的,有时可能不能获取严格的因果证据。在田纳西流域管理局诉希尔案中我们可以看出这一点。

美国在2001年举行的一次由全国环境法教授决定美国最著名的十大环境法案例的网上投票中,田纳西流域管理局诉希尔案(TVA v. Hill)名列榜首,其得票数几乎是位居第二位的两个案例的两倍。排名第二的是:Chevron U. S. A. , Inc. v. Natural Res. Def. Council, Inc. , 467 U. S. 837 (1984)和 Ethyl Corp. v. EPA, 541 F. 2d 1 (D. C. Cir. 1976)。田纳西流域管理局诉希尔案虽然已经过去了40年,但是由于其充分反映了环境保护与经济发展之间的复杂关系以及社会各种力量对环境保护的综合作用,

---

① 参见本节对美国环保运动的阐述。
② https://en.wikipedia.org/wiki/United_States_environmental_law.

一直对美国社会产生着深刻的影响。

1973年《濒危物种法》(Endangered Species Act) 第4条授权内政部部长（Secretary of the Interior）宣布某一物种为"濒危物种"。该法第7条明确规定："联邦政府各部门及机构应当……在内政部部长的协助下……利用其职权实施濒危物种保护项目以促进该法宗旨的实现……并且通过采取必要的措施来确保其所授权、资助、执行的行动不会危及这些濒于灭绝的物种和处于灭绝的物种（threatened species）的持续生存（the continued existence），或者破坏、改变被内政部部长认定为濒危物种的栖息地……这些栖息地具有关键意义。"在该法通过后不久，有人请求内政部部长依据该法将一种名为蜗牛镖（snail darter）的动物列为濒危物种。此后，内政部部长就此做出了指示。考虑到蜗牛镖明显只生活于小田纳西河（the Little Tennessee River）的部分区域，而在泰利库大坝（the Tellico Dam）竣工后，此部分区域将被大坝所形成的水库完全淹没，内政部部长宣布，此区域为蜗牛镖的"关键性栖息地"（critical habitat.）。尽管此耗资数千万美元的水库即将建成，内政部部长还是签署了一项规章，该规章规定：为贯彻《濒危物种法》第7条，"所有联邦机构必须采取必要措施以确保其所授权、资助、执行的行动不会破坏或改变这些关键性栖息地区域"。上诉人提起诉讼，要求禁止大坝的继续建成和蓄水，声称这些行为将导致蜗牛镖的灭绝，从而违反该法。地方法院（District Court）审理后拒绝了上诉人的请求，并驳回起诉。尽管地方法院发现水库蓄水将可能危及蜗牛镖的持续生存，但它声称，国会已然完全认识到该问题，但还是继续为泰利库大坝建设拨款。因此，地方法院判决："在一个联邦工程项目即将完工而又无法改变的情形下，衡平法院不应当适用一部在工程开工之后很久才颁布的法律去导致一个不合理的结果……"上诉法院推翻了地方法院的判决，并要求地方法院永久禁止该工程项目完工，"直到国会通过适当的立法免除泰利库工程项目遵从此法的义务，或者蜗牛镖被从濒危物种名录剔除，甚或其关键性栖息地被实质性重新认定"。上诉法院（Court of Appeals）认为，从表面上看，有关记录显示田纳西流域管理局违反了《濒危物种法》第7条，因为田纳西流域管理局没能在其行动过程中采取必要措施使蜗牛镖关键性栖息地免受危害。最高法院否认了这个观点，《濒危物种法》第7条中的"行动"并没有意图把正在进行的工程的末期项目包括在内。在上述司法过程之前、之中、之后，田纳西流域管理局就国会拨款委员会（Congressional Appropriations Committees）——声称该法没有禁止泰利库工程项目的完工并表示其迁移这些蜗牛镖的努力——提出异议。拨款委员会继续为大坝项目拨款，有时还声称该法没有禁止大坝项目的完工，而且国会每次都批准了田纳西流域管理局的包含大坝继续建设资金的总预算。但最高法院认为：

（1）《濒危物种法》禁止泰利库大坝在小田纳西河蓄水。该法的第7条意思很明显，其并没有豁免这些行为，恰如上诉人强烈要求的那样，为什么该法不能适用于像泰利库大坝这样的，在国会通过该法时正在建设的工程项目？

从该法的立法历史中可以清楚地知道，国会意图终止和扭转濒危物种渐趋灭绝的趋势——无论要付出多么大的代价。很明显，先前包括在该法立法过程中冗长的限定措辞显示了国会有意识的设计——授予濒危物种凌驾于联邦各部门机构"首要任务"（primary missions）之上的优先权。此外，国会预见到了该法第7条可能有时会要求联邦各部门机构为了履行该法的目的而改变其正在进行的工程项目。

该法中没有提供任何受限的"困境豁免"（hardship exemptions）可以适用于泰利库工程项目。

尽管拨款委员会在报告中认为，要么该法不使用于泰利库大坝工程，要么可以不考虑该法此条款而继续建成该大坝。但是国会通过的田纳西流域管理局拨款措施中并没有说泰利库工程可以不考虑该法的要求而继续建设下去直至完工。正如上诉人所强烈要求的那样，在此种情形下继续建设大坝，可能会违反"最基本的规则……暗示的废止将不受支持"。该条不会因为随后的法律是一个拨款措施而支持"暗示的废止请求"。在表决拨款方案时，议员们有权假定这些资金将被用于合法的而不是任何被禁止的目的。一项相反的政策可能会同时违反众议院和参议院的明示规则，该规则规定，拨款方案不得改变现有实体法。一个拨款委员会的看法并不能对废止请求起作用或修改实体法。

（2）由于泰利库工程的完工可能会违反该法，上诉法院禁止其继续建设的做法并没有错。国会已经用最清楚不过的话表明了濒危物种享有至高无上的优先权（the highest priorities）。既然立法权已经这样行使了，那么行政部门就得执行这个法律。当有人寻求执行该法的时候，司法部门就得像本案一样执行该法。

5. 环境法律的管辖

在美国，环境法律责任因联邦和众多的州政府机构不同，政府承担的任务有时重叠，有时相互矛盾。环保署是最著名的联邦机构，管辖范围包括诸如国家空气、水和废物及有害物质的排放等。其他联邦机构，如美国鱼类和野生动物服务和国家公园管理局主要负责保护的职责，美国森林服务和土地管理局，往往更关注如何合理地使用自然资源。

联邦机构在法律限制的管辖权范围内运转。例如，环保署在《清洁水法案》中的职能管辖权仅限于"美国水域"。而且在许多情况下，联邦法律只允许对国家环境更严格的监管，并将某些联邦政府授权的责任由联邦政府控制。因此，美国各州政府法律包括环境机构的管辖权限需要联邦法律或政策的授权，管辖的范围是基于国家环境法律的规范。

因此，比如说，填充一个非湿地需要一个国家机构的许可，要更多、更复杂的审批程序，建设煤电厂可能需要众多联邦和州政府机构的批准。

6. 环境法律的执行

在美国，违反环境法律的一般民事过错，会导致罚款或民事制裁禁令等。许多环保法律也明确，如严重违反法律会遭受刑事处罚。环境机构通常包括独立的执法机构，职责包括监控活动许可，执行合规检查，根据违反法律情况，起诉不当行为（提起民事或刑事诉讼）。环保署的执法办公室就是这样的一个机构。其他的诸如美国公园警察，主要是开展传统的执法活动。

裁决环境行为是否违法通常是由环境法律授权的机构作出。在某些情况下，上诉也在内部处理（例如，环保局的环境上诉委员会）。一般来说，最终机构作出决定之后，可起诉到有管辖权的法院。

(二) 美国环保法院机构

在美国52个州中，目前只有佛蒙特州设立了环境法院，该环境法院设置于1990年，其设立的法律依据是1989年佛蒙特州议会通过的《统一环境执行法》（Uniform Environmental Enforcement Act）。法院的职能包括发布命令和禁令，并对当地的法令具有解释权，对合法性审查的案件具有司法管辖权。佛蒙特州没有中级上诉法院，任何佛蒙特州环境法院上诉的裁定直接向佛蒙特州最高法院提出。法院每年处理大约300多件案件。

1. 佛蒙特州环境法院

1989年立法会议98号第二项确认，环境执法行为是法院的一部分职权，同时，法律规定，一直到佛蒙特州环境法院（以下简称"州环境法院") 1990 年 11 月 2 日任命了环境法官它才开始生效，生效的法规和法院规定才可以通过适用。

在佛蒙特州，经议会投票选举确认，初审法院法官由州长任命。每位法官任命的 6 年后，立法委员会举行听证会，听取和决定立法建议，票决是否在下一个 6 年里继续保留这位法官的席位和任期。

从 1990 年到 1996 年，法院只支持提供了一个兼职的行政职员；到 2002 年，法院的人员扩大到有一个全职的法院管理人员、两个负责行政诉讼的人员、一个兼职的法律人员。自 2005 年法定换届，法院的工作人员包含了一个法院管理人员、两个负责行政诉讼的人员、一个案件管理人，以及两个直接协助法官的法律助理。

2. 州环境法院的管辖权

州环境法院的司法程序都是由佛蒙特州环境诉讼法律规定的。随着时间的推移，州环境法院的司法管辖权不断增加，现在已经涵盖四个主要类型的案件：（1）佛蒙特州的环境执法；（2）涉及所有市政规划和各分区（土地使用）决定的上诉案件；（3）来自州环境部门（自然资源机构）发放的大量的水排放、空气排放、污水处理、树木砍伐和其他环境许可证决定的上诉；（4）来自整个地区的环境委员会和地区协调员依据佛蒙特州土地利用法律作出决定的上诉，称为非正式法案。州环境法院对州政府农业机构颁发食品和市场许可证等也有管辖权。但是，州环境法院没有环境刑事案件的管辖权，这些仍然属于一般刑事法院管辖。同样，私人环境损害赔偿案件仍由一般民事法院管辖。

3. 州环境法院的环境执法

州环境法院创建并促进了州环境法律的执行，包括州土地利用法律。佛蒙特州自 20 世纪 60 年代末和 70 年代初就有了强大的环境和土地利用法律。

统一的环境执法行为的目的，是加强保护环境和人类健康，防止那些违法操控者获得经济利益，提供实施更公平的环保法律，促进更多民众遵守，并防止重复违反这些法律，建立一个公平和一致的处罚评估体系。

在统一的环境执法下，自然资源机构有权单方面发布行政强制命令，包括经济惩罚和补救措施等规定。法律还赋予了新的检查权力，发布紧急命令等。

法庭的环境执法权最有意义的一个方面是，通过应用法律的因素来评估惩罚额度。因为法律的一个重要目的是阻止那些违反州环境法律的人获得不公平的经济收益。法庭有权对违反者设定一定数量的处罚以减少他们的经济收益,处罚额度是依法评估作出。目的是让那些违反者为其违法行为付出代价。

在评估一个处罚的时候,法庭还要考虑其他司法因素,不仅包括由于违反法律对环境和公众健康、安全、福利的伤害,也包括那些即使没有发生,但潜在的危害因素。在判定处罚时,要关注其他的因素,包括违反的时间,被告的守法记录和是否知道已经违法。法庭还应该考虑执法的实际成本,但是也要考虑到减轻罪行的因素,包括是否执法过程中有不合理的部分。

4. 市政土地使用审批和执法权限

州环境法院在1995年扩大规模和管辖权,审理所有的市政土地使用和规划诉请、执行案件。从那时起,法院开始处理了大量的土地使用批准的诉求案件。几乎所有的案件都有改变,意即法院不依据行政或有关机构所作的决断,而是根据证据来审理。

5. 州环境和土地使用

2005年1月,法院的司法权再次扩大,处理州土地使用和环境批文上诉。司法权限的增加,一方面表示对各种批文申请上诉过程的巩固与简化,另一方面提高了所有有影响的团体在早期提议项目中的参与度。

在上诉中,上诉人必须呈递一份关于上诉的问题陈述,必须报送其他潜在的上诉呈递团体,使它们可以参与这个案件。许多案件涉及几个不同的团体,比如草案的起草者,被这个项目所影响的人,由于各种经济和环境原因可能支持或者反对这个项目的人,市政或州机构负责这个项目的人。

案件提出大约一个半月内,受理案件的法官会召开一个审前会议。几乎所有的会议都是电话或者视频会议。这些会议的目的是给案件安排一个合适的计划,是否需要调解,对相关的案件程序设立一个合适的顺序,包括是否需要一个单独的听证会。会议也传递一些审判前提议的计划安排。

会议结果由案件管理者以书面计划的形式提出,并由法官设定会议讨论的步骤和最后期限。后续的会议由法官或者案件管理者设定。

大概在审判前两至三周,案件管理者和相关人员进行一个最终的审判前的会议,以确保审判工作的顺利进行。

案件由法官独自听审，没有陪审团的参与。当庭有电子系统摄像或者录音，或有训练有素的法庭速记员操作。除非相关人员希望安排在环境法院的佛蒙特中心大楼，否则将安排在案件发生的附近法庭。审判进行就如任何一个无陪审团的民事审判。关于诉讼费用，每一方承担其自己的费用开支。

由于案发地点没有录像，所以只能是凭借证据来阐述。然而，法官必须亲自在审判前去到案发地点，因为这样对完全理解双方的证词相当有帮助。根据季节和案件的特点，查看案发地可能在审判当天进行，也可以事前安排，或者审判后进行。

6. 州环境法院发布书面的裁决

从一开始，州环境法院以书面的形式发布它的决议，也提供给某个特殊案例的双方当事人。这些被发布的裁决包括：即决审判的请求，拒绝受理的请求，其他决定性的审判前的请求，还有案件的决策。州环境法院的裁决以电子形式发布，极大地促进了一致性和可断定性。

理解发布裁决的机构不受普通法立法体系的限制是非常重要的，在任何事件中，州环境法院的司法权主要在法定的和监管的公法领域。

7. 环境案件的调解

尽管州环境法院在2005年以前扩大时，在无偿的、偶尔的基础上，调解取得了一些成功。2005年已修订的法规赋予了州环境法院要求当事人双方进行调解的权力。调解方不是法院指定，因此双方可以聘用任何一个调解员，不仅仅局限于对环境法院司法权和程序熟知的训练有素的调解员。

调解不仅是一个重要的案件管理工具，也为当事人提供了一个机会解决重要的问题，这些问题在法庭上超出了案件的范围。一旦诉讼当事人理解了调解可能提供一个解决这些基本问题的办法，它在大多数有争议的案例中是成功的。

二 美国环境司法制度的经验与不足

200多年的美国发展历史，是一个从征服自然、污染环境、破坏生态，进而到寻求可持续发展道路的漫长过程。美国经历了莱德诺公司排放过量的汞和其他污染物、洛杉矶光化学污染、宾夕法尼亚州多诺拉大气污染、艾克森瓦德兹号油轮石油泄漏等一系列环境污染事件后，才认识到环境生态保护的重要性。1962年《寂静的春天》出版，20世纪70年代围绕"增长极限""公地悲剧"等问题的讨论，以及雨后春笋般出现的环保组织，都极大地推动了美国生态环境保护的发展和环境法的进一步成熟与完善。

（一）官方的评价

1969年美国出台的《国家环境政策法》是美国环境立法史上的一个划时代创举，被美国国家环境质量委员会称为"保护环境的国家基本章程"。它标志着美国环境保护统一立法的全面完成，也赋予环境保护以新的理念，即由治理为主转变为预防为主，并向改善环境方向发展。《国家环境政策法》还有力地推动了美国各州的类似立法，其立法经验亦为世界许多国家和地区所借鉴和效仿，进而推进了环境保护的进程。

（二）非官方的评价

美国的环境立法、司法、执法以及国家对于环境污染高度重视的态度，受到了社会的一致好评。首先，美国环境立法的宗旨就是保护自然环境和保障人的健康。自20世纪60年代以来，美国相继出台了一系列有关环境保护的法律法规，如《清洁水法》《清洁空气法》等，这些法律法规很全，范围涉及各个领域和各个环节，其立法宗旨与环境标准的制定都是围绕保护美国的自然生态环境和保障人的健康这个主题，明确提出"一切为了人的健康"。其次，美国环境立法都以科学数据作依据。广大科研人员付出巨大劳动，经过多年研究实验，得出精确的数据，依靠这些科学数据制定每一项法律，可以说美国的环境法律法规与实用技术实现了一体化。最后，在执法程序当中，执法人员、律师与工程师须同时联动，这些法律与行政、技术专家结合，保障了执法的科学性和权威性，能够充分应对执法对象的欺骗、糊弄，使法律得以有效执行。

（三）环境危机的挑战

美国在短短的200年间经历了环境破坏、污染、保护、治理、修复的过程。

1. 早期保护自然资源的法律的问题和缺陷

初始时代（1776年至20世纪20年代）：初始阶段中存在着从破坏自然与保护自然两种现象，初始时代历经100多年，并可细分为两个阶段。

第一阶段几乎完全是对环境的开发、破坏和掠夺，基本上没有环境保护的立法。这一时期对美国环境造成深远影响的法律主要集中在有关土地的法律上，关于土地的法律严重破坏了美国的自然环境。没有将自然作为环境的一个部分来认识，而是从自然与人的关系上认识自然。

在第二阶段，一些有识之士开始认识到自然环境的重要性，并采取行动开始保护自然环境。初始时代第二阶段的起始标志为1872年《黄石国家公园法》的颁布。但是由于在环境认识的思想上不统一，以及保护区域的局限性，在环境立法出现并发展的同时，环境破坏并没有降低。

奠基时代（20世纪30—60年代）：在奠基时代，联邦通过了一些关于环境保护的法律，但数量较少。奠基时代的联邦环境法除延续了初始时代对自然环境的保护外，还开始治理污染。这一时期联邦制定的主要环境法律有：《泰勒放牧法》《水污染控制法》《天然与景观河流法》等。

这一时期的立法有成就但存在瑕疵。第一，依然缺乏对于环境保护的正确认识，并发生了一系列震惊美国和世界的污染事件。第二，联邦环境管辖权仍受限制。联邦并没有取得高于州的环境管辖地位。尽管联邦认识到空气污染对公共健康和福利造成的威胁，但国会仍然确认并保护州和地方政府在空气污染方面的基本义务和权利，确认州和地方政府在空气污染控制上的主导地位。因此，联邦在治理污染上并没有取得超越州权的权力。

成熟时代（20世纪70年代至今）：1970年《国家环境政策法》的出台，标志着美国联邦环境法进入成熟时代。美国环境法在成熟时代以一种全新的方式开始了对国家环境的治理和保护，建立了科学完整的环境法体系，极大地促进了美国环境质量的改善。20世纪末期，美国的自然环境质量得到大幅提高。

2. 司法保护的问题和缺陷

美国联邦的司法系统主要对环境诉讼案件进行司法裁决，并对有关的环境法律和政策进行解释和审查。但是司法保护对于环境损害的救济具有滞后性，如对环境损害的评估及因果关系的确认是一项技术性问题，需要花费大量的时间和资源，并且诉讼自身也要经历烦琐的程序，这常常会导致污染损害范围扩大。

在美国的司法实践中，20%以上的案件是由各地法院运用调解机制解决的，调解节约了司法资源，节省了诉讼当事人的成本，加快了纠纷解决的速度，同时也缓解了司法资源紧张的状况。当然，由于调解的不公开性，它遭到一些利害关系人或者公众的质疑，人们认为调解过程运用不当也会损害公共利益，因此，彻底解决这些质疑尚需完善相关制度。

三 美国环境司法制度对中国的启示

(一) 建立健全完备的环境司法法律体系,构建科学的理论架构

司法大环境的理性构建对环境政策的执行和环境利益的保护有着不可忽视的作用。在司法实践乏力的情况下我们首先应该构建正确的理论架构,然而更重要的是要把抽象的法律理论转化为具体的法律制度。

一方面,法官在整个司法体制中发挥着关键性的作用,其主观能动性的发挥影响着环境司法的内在动力。在复杂的环境纠纷案件中,法官要处理好各方面的利益,对冲突利益进行比较权衡进而做出科学的判决。为了避免牺牲环境公益或者以环境公益做交易的消极的司法结果,就需要加强对环境司法裁判者的选任与培训、保障与监督等方面的制度建设。另一方面,参照美国的环境公民诉讼制度,我国的立法应该赋予每一位公民环境公益诉讼的原告资格而不必要求其与诉讼有直接的利害关系,同时将环境公益诉讼扩展至民事、刑事和行政诉讼领域。这一做法的本质是广泛地赋予公民知情权和监督权,以环境公益诉讼为基石,实现全体公民对破坏环境行为和政府环保执法的监督。只有通过这种方式,才能体现国家立法和国家政策的环保决心,有效打击环境违法犯罪行为和政府不作为。

(二) 建立与行政区划适当分离的管辖制度,打破地方保护主义,惩治环境违法犯罪

为进一步摆脱行政区划对司法管辖区设置的影响,应该抓紧建立与行政区划适当分离的管辖制度。根据实际的情况,以司法自身的属性来划分区界,建立不与行政区划相重叠的新的司法管辖区,范围可以涵盖数个行政区划。这样司法地方保护主义将会失去其赖以生存的土壤,保证司法审判的独立性,促进司法裁判的公平公正,提高司法的公信力。

(三) 设立环境专门法院、法庭并受理涉环境行、民、刑等各类相关案件,最大限度维护当事人合法权利

环境司法专门化的目的是妥善解决环境案件。第一,清晰界定环境案件的范围。环境纠纷案件常常牵涉多个利益主体,并且环境污染的特点具有复杂性、多因性和长期性,环境案件与普通传统案件有着诸多不同,应该通过立法来明确环境案件的范围。

第二,完善具体的环境审判制度需要通过立法明确环境案件的法院管辖权。首先,如果有专门的环境法院,就需要考虑普通法院与专门法院之

间的管辖权分配问题。应该以专门环境法院管辖环境案件为原则,以普通法院管辖为补充。如美国佛蒙特州环境法院被授权管辖全州的环境案件。其次,应该对环境案件重新研究地域管辖和级别管辖的规定。考虑到环境生态系统的整体性,应建立专门区域或流域环境法院,环境案件优先适用专属管辖。再次,在没有设立专门环境法院的地方,以环境侵害结果发生地基层法院管辖环境案件为原则,以期降低诉讼者的成本。最后,要合理地制定管辖权争议解决程序。既要能够解决管辖权的积极争议,也要能够合理解决管辖权的消极争议。

(四)完善环境风险防控、环境修复等相关法律规章,清晰界定政府、企业和社会各方权责

为进一步推动我国环境风险防控、环境侵权责任赔偿和环境修复等可操作性强的专门实体性立法,目前的立法、司法应该确立"环境保护优先,环境权益不容侵犯"的理念。进一步明确环保、农、林、水等相关部门在环境资源遭到损害后进行修复的责任和协作机制,形成完备的监管和再修复体系。要加大公众参与力度,推动环境污染案件审理的信息公开,确保环境损害发生能够及时披露。进一步建立完善金融担保、环境责任险等环境损害赔偿社会保障体系。

(五)努力构建环境损害鉴定评估体系,建立相关的技术规范标准

当前,构建兼具科学性和可操作性的环境损害评估方法体系十分重要。在司法工作中,在环境污染事件发生后事件应急阶段、污染修复阶段和生态恢复阶段,针对各阶段发生损害的不同特征,建立环境损害的评估工作分类和量化方法体系。结合当前我国环境管理的实际,建立分批次的环境损害评估范围,构建当前阶段和未来全面完整的环境损害评估范围,积极探索适合中国现阶段国情的环境损害问题解决途径,构建并逐渐完善我国环境损害评估制度。

(六)建立政府主导的环境损害赔偿机制,完善环境损害评估资金保障制度

要积极探索建立以各级政府财政资金和专项资金为主要来源的评估经费保障途径,逐步利用独立基金保障顺利开展评估工作。对于那些典型的、具有重大健康危害或造成财产损失的环境污染事件,要建立政府主导的环境损害赔偿机制,逐步形成以标准化的行政救济为主,司法救济和纠纷调解为辅的损失赔偿制度。要结合自然保护区、主体功能区划、环境功

能分区等环境管理机制，构建不同类型的受损生态环境恢复专项资金保障机制，逐步形成生态环境恢复独立基金保障。最终形成包括专项独立运作基金、高环境风险企业互助金、环境责任保险等综合资金保障体系。

第四节 德国环境司法制度与启示

一 德国环境司法制度概述

(一) 德国环境立法制度的建立

1. 两德统一前的环境立法制度

联邦德国环境法的历史已有四十年之久。早在20世纪60年代末至70年代初的社会变革潮流中，人们越来越多地关注环境保护，并就这一问题展开了激烈的讨论。德国社会主义自由联盟于1971年9月29日开启了联邦政府第一个环境项目，该项目包括对国家环境保护这一重要任务的认可，并制定了虽不完善却为环境立法所特有的项目。这些项目为环境法基本原则的确立做出了突出的贡献。

1972年6月5日，联合国第一次环境大会在斯德哥尔摩召开，它带动了联邦层面立法活动的发展。这段时间被称为"先锋阶段"，德国环境立法在这段时间内主要关注联邦层面基本法的权限分配问题。早在20世纪60年代，各联邦州在污染控制法领域就体现了环境立法的主动性，联邦制度成为环境保护思想的重要动力来源。联邦在1971年颁布的《铅汽油法》(Benzin-Blei-Gesetz)，1972年颁布的《垃圾法》(如今称为《循环经济和垃圾法》)以及1974年颁布的《联邦污染控制法则》都紧随1971年环境项目启动。1976年对《核能法》和《水资源法》进行了改革，通过了《废水处理法》以及《联邦自然保护法》，之后颁布了《化学品法》等。

80年代，立法者们进入环境法的"巩固期"，这段时间以稳定的经济状况作为前提，但1986年4月26日发生的切尔诺贝利核反应堆事故将人们的视线主要聚焦在《欧洲经济共同体条约》对于欧洲环境政策的权限基础上。欧盟在环保领域的作用日益凸显，有70%的环境立法活动都深受欧盟的影响。

2. 两德统一后的环境立法制度

德国有着成文法典王国的称誉。自20世纪70年代以来在环境法领域针对环境法统一化的研究从未停止。在环境主管部门以及环境法学专家参与之下，第一部环境法典草案于 1994 年被提上议程，这部法案又被称为"教授法案"，奠定了环境法典体系的基础。在整合以往环境保护法草案的基础上，有关部门于 1997 年制定了一部统一的环境法典——"委员会草案"。1999 年，联邦政府计划在采纳社会各界人士意见的前提下对该草案进行更加完善的修改，却受限于联邦立法方面的权限，没有取得成功。距今最近的 2009 年的环境法典草案虽有前几次失败的借鉴，却也没有得到明显改善。

20 世纪 70 年代的反核运动在德国展开。德国环保政党绿党一直致力于推进环境保护进程，1998—2005 年绿党和社民党共同推进反核运动，例如 2000 年推出的《核能法修正案》禁止各能源公司新建核反应堆。2011 年福岛核事故发生，德国此时的执政党是较支持核能的基民盟政党。2010 年德国决定把当时的核反应堆延长 8—14 年不等的运营年限这一政策便是基民盟主推的。

（二）德国环境法律的渊源

法律有其渊源。现代社会法律渊源常以成文的形式出现。环境法法律领域有三个法律渊源，即国际法渊源、欧盟法渊源、国内法渊源。这三种法律渊源有其重要的法律规范特征：它们对外是有约束力的规范，涉及不确定的普遍的人和抽象的案件。与法律规范抽象且普遍的作用不同，对外有约束力的行政管理行为则较为具体。例如，根据《联邦污染物排放保护法》（BImSchG）对排放许可的否决和授予就是环境司法中的一种行政管理行为。

1. 国际法渊源

环境法的国际法渊源可溯及《海牙国际法院规约》（IGH）第 38 条中对国际法院处理国际法纠纷的规定。

国际法条约包括：1973 年《华盛顿物种保护协议》《联合国气候框架条约》等，国际法惯例包括禁止跨界的环境破坏、减小多余的跨界负担、在信息权和咨询权方面对最新潜在的跨界环境破坏采取措施等。

国际法的普遍法律原则在环境国际法中几乎没起什么作用。尤其自 1990 年起，除《海牙国际法院规约》第 38 条规定的受国际法限制的"硬法"外，不受法律约束的"软法"的作用也日益凸显。"软法"是指通过建议、决议、决定和声明等形式，也就是不通过运用国家强制力保证实施的法律规定，它展现的仅仅是道德的约束力。例如1992年的《里约环境与发展宣言》。

2. 欧盟法

环境法很大程度上受欧盟法的影响。欧盟法的基本法（第一级法律渊源）和欧盟辅助性法律（第二级法律渊源）共同影响了欧盟成员国国家环境法的制定。

（1）欧盟基本法。欧洲共同体和欧盟的成立条约构成了欧盟的基本法。欧盟基本法中一部分不成文的规定是欧盟普遍适用的法律准则，其中包括了比例原则、信任保护原则和法律保障原则等。欧盟内，经欧盟法院认可的共同基本权利标准要在这些法律准则的框架内发展。欧盟基本法包括对欧洲政策目标和原则的制定、对欧盟不同政策和措施的规定以及对欧盟机构的规定。

2007年，《里斯本条约》的签署对欧洲一体化进程以及欧盟环境政策起到了重要的推动作用。早在1952年欧洲煤钢共同体成立之际，欧盟国家便饱受环境污染的侵害。随着一系列共同条约和环境政策法规的制定与出台，欧盟国家的环境质量不断改善。欧盟环境政策也因其灵活创新和标准化领先全球，逐渐实现了体系化发展。《里斯本条约》的出台确立了新时期欧盟环境政策的基调，也规划了其未来的蓝图。2007年7月，欧盟一致认定，《里斯本条约》代替了宪法条约，它保留了《欧盟宪法条约》的精髓，对欧盟成员国的影响涉及各个层面。该条约自生效日2009年1月1日起，欧盟就提出了"欧洲2020"战略和《第七个环境行动计划》，历史上第一次将环境行动计划作为法律文件签署。此后，欧盟出台了多项涉及各个领域的环境政策，包括生态创新行动计划（EcoAP）、生态管理和审核计划（EMAS）、环境合规定性援助计划（ECAP）、绿色公共采购（GPP）等。欧盟对环境问题的重视基于《里斯本条约》的签订达到了一定高度。

（2）欧盟辅助性法律。欧盟辅助性法律是欧洲行政机构依据欧盟基本法的规定颁布的，它将欧盟基本法具体化、更新化。

在环境领域中方针和规章的作用显得尤为重要。根据《欧洲联盟运行条约》第288条第2款，规章具有法律效力并直接普遍适用于所有欧盟成员国。它不能被成员国直接转换成国家法，而是直接适用于每个成员国的法律规定。

与之相反,《欧洲联盟运行条约》第 288 条第 3 款中规定方针针对所有成员国。它对于成员国而言是有法律约束力的。方针赋予成员国在自己国家法律中施行该方针的义务。原则上,方针不包含仅对个别国家直接适用的法律。

3. 国家法

德国《基本法》第 20a 条中规定德国担负环境保护的义务,具体环境保护措施的实施都基于这一规定。德国环境法典的草拟虽包括规定的制定,但放弃了将环境保护法独立编纂成法典。1997 年,德国汉堡市成为当时唯一通过了"环境保护法典"的城市。但由于受限于州的管辖权,该法典仅包括一些相关措施。

根据《基本法》第 59 条第 2 款,《环境框架协议》和《京都议定书》都是联邦法等级的协议。环境国际法转换为国家法遵循 2005 年的《项目机制法典》。德国利用了《京都议定书》第 6 条和第 12 条中关于欧盟内部碳排放交易的项目机制,这一项目机制的投入通过加速技术转让使参与国可持续发展,并通过低成本的方式达到减排的目的。德国的能源建设随着 1990 年颁布的《电力供应法》走上了可再生的发展道路。煤炭、石油、天然气被"利于环保、取之不尽"的风能、水能、太阳能、生物能所代替。2008 年 6 月,联邦政府通过了两部法律,计划进一步推动清洁能源、清洁热能和热电厂的扩建。

生物能源是否是可再生能源还存在争议。为了使电网中沼气供应更简易化,联邦政府在过去几年颁布并修订了相应的法律规定。2006 年的《生物燃料配额法》有助于提升交通领域中可再生能源的使用率。

德国为转换国际和欧盟标准,在 2004 年引入《碳排放交易法》。在饱受争议的二氧化碳封存领域,德国议会于 2011 年 6 月签署了《碳收集及储存法》,该法要求采取相关技术将大型发电厂产生的二氧化碳予以收集并储存以避免其进入大气层,这是减慢全球变暖的一种方法。

联邦德国的国际法是由联邦立法和州立法两部分组成的。这代表虽然联邦和州之间可能会存在相互冲突,但它们在各自能力范围内有权颁布法律规范。《基本法》第 31 条规定了"联邦法的优先地位",若联邦法规和州法规对同一个事件作出规定,产生不同的法律后果,则联邦法有效。一般来说,联邦制定重要的法律,各州负责贯彻执行,有时也通过制定实施法（主要涉及程序问题）来补充联邦环境法。

(三) 德国环境法律五原则

1. 预防原则

风险预防原则最早源于联邦德国的预防法则，该法则的核心是社会应当通过认真的提前规划来避免环境破坏。如果可能存在对环境造成严重或不可逆损害，且科学知识对某一环境的认识又未能达成一致或存在冲突时，科学的不确定性不能成为采取预防措施的正当理由。预防原则强调的就是在环境遭到破坏或是损害之前采取预防性措施，尽可能地阻止环境问题的产生或恶化，进而实现对自然资源的可持续利用和生态环境的可持续发展。此项原则强调的是在污染及危害发生之前进行干预，而非单纯地消除损害或赔偿损失。同时，该原则也要求对自然资源的保护和合理使用。相比"污染后，再治理"的方法，这一原则的确立更为经济与科学。

2. 肇事者原则

所谓肇事者原则，就是把责任归咎于环境问题的肇事者。即"谁破坏环境，谁承担责任"。这一原则与"预防原则"不同，它不能对环境改善直接产生影响，而是通过费用承担惩戒肇事者。这一原则看似比较简单，但在实际操作过程中却颇为复杂。比如：汽车对空气造成污染后，应该对谁追究责任？是汽车的生产者、销售者，还是使用者？这里所指的肇事者只是原则性的主体，具体的肇事者还应在司法实践中具体考虑。肇事者原则属于传统原则，其执行思路十分明了，即肇事者应当承担相应的责任，此处的责任一般而言主要指经济责任。该原则的目的在于使利用和污染环境的成本内部化。

3. 合作原则

合作原则强调环境治理不应依靠单方面力量，而应依靠社会各界力量协同合作，共同防治。合作的主体不仅是国家、政府、联邦州、社会团体，同时强调企业与普通公民也应该对环境负责。这一原则的确立鼓励公民参与环境决策的过程，提高了政府的决策力和公民的认可度。合作原则从法律角度并不好把握，其目的在于尽可能地调动社会各领域的积极性，以达到环境保护与治理的目的。然而在具体法律制定过程中，合作原则有转向约定和自愿协议的倾向，这也给司法带来了一定难度。毕竟自我约束难以有惩罚性法律的执行力与约束力。如何将合作原则合理利用不仅仅是法律标准问题，还涉及政治决断。

4. 持续性原则

除上述三原则外，近年来又衍生出附加的原则。其中一项为持续性原则。该原则意味着，对于紧缺的能源、材料，或者其他自然资源，应在其自然恢复能力范围内进行合理的开采和使用。从宏观角度来阐释，就是指社会个体之间、发达国家、发展中国家之间的和谐的、可持续的发展。这一原则同之前的预防原则有一定的相通性。

5. 统一保护原则

统一保护原则要求从环境整体效益出发，考虑所有自然媒介之间的相互作用，如空气、水、土地等，以减少副作用的产生。同时，环境保护也应考虑到国民经济发展、产值及生产方法等诸多因素。统一保护原则是源于欧盟法最新的环保法原则。其特点在于能够跨越多种环境媒介，启发环保问题的思考和促进环保行为，倘若仅仅考虑单一环境媒介被污染的问题，则会忽略污染转移到其他媒介的情况。

（四）德国典型的环境司法制度

1. 计划措施

第一次世界大战、第二次世界大战后，由于忙于战后重建与经济发展，欧洲一些国家忽视了环保问题，环境问题愈演愈烈并最终导致了严重的环境问题。为应对这些环境问题，欧洲各国纷纷进行环境立法。而作为"法治规范国"的德国，环境立法历史悠久，最早可追溯至中世纪，而作为独立的法律部门，环境法的历史不过十多年。

虽然德国及欧洲各国重视环境立法，在第二次世界大战后的几十年内出台了多部环境法律法规，使环境立法无论是从数量上还是所涉及的领域上都有所提升，但环境立法发展到此阶段却没有形成一套清晰完整的逻辑体系。立法规定和制度呈现"一盘散沙"的混乱情况。为解决这种情况，德国在近几年不断进行环境法律制度的完善工作。德国环境法律制度的特点为"重行政程序""重前环境评价""重大众参与"[1]。如今，默克尔总理领导下的德国新一届政府正计划通过颁布环境法典来

---

[1] 胡岩：《法律视野下的德国环境保护》，《甘肃政法学院学报》2010年第3期。

推行德国环境法的根本性变革,为环境法的法典化运动作出新的积极尝试。①

2. 公共秩序措施

上文已提及德国环境法律制度的特点,其中"重大众参与""重行政程序"是重要的特点。由此可见,德国环境法主要为公法内容,通过设计制度使环境保护的重点被放在了事前的大众参与与环境评价上,却不是事后的救济上。近20年以来,德国环境法主要通过引入大量环境指标和大型项目的公众参与的推动实现长足发展,其中公众参与发挥了极其重要的作用。由于环境法的制定与实施涉及多方利益,从生态、环境保护的角度来看会导致各方冲突。公众参与制度作为各方利益的一个平衡点,在加大相应项目的透明度和参与度的同时,让公众最大限度地参与决策。

在公众秩序措施中,相关法律规定各类大型项目,如核电站、铁路、机场、水利设施等,需经政府部门的批准,而在批准这些项目前,政府需向公众发布相关报告以及提供相关资料。在公示期间内,公众可对该项目的实施与审核提出修改意见。公众虽然拥有提出修改意见的权利,但是他们不能更改项目、不能自行提出新的规划,如政府需在某个城市新建一个火车站,公众不能要求新建一个飞机场。

3. 环境承受力检测与策略性环境检测

以下以德国几部具体环境保护法为例:

——新《水资源管理法》

修订包括:扩充水法的若干基本概念;同意水资源管理的行政许可制度,利用行政许可使水资源管理基本符合现代环境法;扩充地上水资源管理法规,包括水域维护的统一规定等。

——新《自然生态保护法》

修订包括:集各类型立法资源为一体的生态保护法。自然生态保护属州级立法范畴,因而,在宪法中应将自然生态保护立法中不能偏离的一般原则具体化。

——《非离子放射防护法》

修改如下:对进行非离子放射的相关企业提出框架性的法定要求,而

---

① 夏凌:《德国环境法的法典化项目及其新发展》,《甘肃政法法学院学报》2010年第3期。

如何将这些要求具体化则还未制定完毕。①

4. 税务法措施

德国在国家立法上给予了环境团体提出诉讼的权利，又出于对有可能出现的滥诉现象的担忧，通过设立特定的部门来认证环境团体的公诉资质。环境法规定，有权提起环境诉讼的环境团体须首先经联邦或州政府来确认其资质，也规定了资质确认的条件和程序。《环境司法救济法》《自然保护法》《德国税法典》对各类团体的确认条件和享有的诉讼权范围作出了明确规定。

德国环境团体的具备条件中包含了税法典的相关要求：根据《德国税法典》第52条的规定，环境团体应当证明自己以促进公益为目的，②提交由税务部门颁发免税证明。③

5. 信息法、团体诉讼及其他

《自然保护法》虽规定，提供给被认可的环境保护组织多于环境保护个体的法律保护，但这种司法保护的理念却至今都未完全成功，这也严重限制了涉及环境问题的司法审查。

为实现环境保护这一国家任务，对《基本法》第20a条的解读中不难看出超越个体诉权的有效性。环境法对这一理论的解读不断推动着整个行政诉讼理论的发展，尤其在主体权利理论的程式化、社会的自我引导保护、公众诉讼、社团诉讼及利益诉讼等方面都进行着补充和发展。④

（五）环境司法的基本内容

德国先后两次起草环境法典草案。在环境法典具体的编纂过程中，分

---

① 陈戈：《德国环境行政法之立法经验及其对中国的启示》，《南京工业大学学报》（社会科学版）2012年第3期。

② 《德国税法典》第52条第2款第8项专门对"自然保护公益团体"进行了界定，即"以促进联邦自然保护法"为目的，促进自然保育及景观管理和保护、保护环境、保护沿海环境和防洪的组织。See Abgabenordnung（AO），§ 52 Gemeinnützige Zwecke, Unter den Voraussetzungen des Absatzes 1 sind als Förderung der Allgemeinheit anzuerkennen, die Förderung des Naturschutzes und der Landschaftspflege im Sinne des Bundesnaturschutzgesetzes und der Naturschutzgesetze der Länder, des Umweltschutzes, des Küstenschutzes und des Hochwasserschutzes.

③ 谢伟：《德国环境团体诉讼制度的发展及其启示》，《法学评论》2013年第2期。

④ 沈百鑫：《德国环境法的司法保护》，《中国环境法治》2011年第1期。

别由不同的学术团队起草"总则篇"与"分则篇"。德国制定环境法典的初衷是将联邦层面上关于环境法的核心问题如污染控制、循环经济、自然保护、水源保护、环境影响评估等关于环境的方方面面进行整合。对这些问题的解读都包含在各单项法典中。德国环境法典的目的在于精简相关的单项法典并使之相互协调。尽管德国环境法典的制定还未成功,但从中可看出德国有制定一部全面的环境法律草案的决心。

德国环境立法的基本内容包括:

——生态进步。取代目前环境法不同主体各自为政的局面,制定一个全面的概念综合考虑环境污染问题,能够帮助环境法起到促进生态发展的作用。

——协调与澄清。环境法的统一能对巩固环境法律管制起到重要作用,从而产生作为一个统一整体的环境法。

——促进实施。统一和内在联系紧密的环境法会促进环境法律政策的实施和执行。

——环境立法的更加持久。科学和技术的发展督促着环境标准的改变,但环境立法的基本框架应有长期稳定的状态。

二 德国环境司法制度的经验与不足

环境公益诉讼的原告及其起诉资格是其理论和实践的核心问题。随着环境团体诉讼制度的发展,近年来,德国成为继美国后,又一个维护环境公益较成功的诉讼制度典范。

作为环境法的一项基本原则,公众参与主体包括公民个人和社会团体。有组织的环境保护团体实力雄厚,与公民个人相比,环境保护团体无论在参与程度和社会影响力上都更胜一筹,可以同行政机关周旋,从而引起法院或政治领域的重视。[1]

(一)立法确立自然保护团体的诉讼资质

20世纪70年代初,德国出现了生态危机,立法者虽然在立法领域加强对自然环境领域的保护,效果却不显著。原因在于,受所处时代的法制环境影响,环境利益远没有私人利益和各类公众利益受重视,在缺少受

---

[1] 张式军:《德国环保 NGO 通过环境诉讼参与环境保护的法律制度介评》,《黑龙江省政法管理干部学院学报》2007 年第 4 期。

《自然保护法》所保护的诉讼权利的情况下，个人进行环境诉讼请求的可能性严重受到了限制。自1979年起，自然保护团体诉讼被德国部分州写入《自然保护法》中，诉讼逐步进入自然保护团体诉讼阶段。而德国之所以能产生自然保护团体诉讼制度，也有其历史背景，因为德国具有悠久团体诉讼历史和影响力大的环境团体，这些都为德国的自然保护团体诉讼制度的实现创造了先决条件。该制度于2002年由联邦政府在《自然保护法》中确立。《自然保护法》对自然保护团体诉讼制度的确认、《奥胡斯公约》的签署和生效，以及欧盟执行《奥胡斯公约》和《欧盟公众参与指令》（2003/35/EC）的颁行，促使德国于2006年颁布《环境司法救济法》。2009年7月，在《联邦水法》和《联邦自然保护法》修订后，德国修订了《环境司法救济法》，统一了依据《自然保护法》提起的"自然保护团体诉讼"和根据《环境司法救济法》提起的"环境团体诉讼"的确认程序，确立了管辖范围。确认超出州范围的环境团体和域外团体，同时对州界内的环境团体确认其资质。《环境司法救济法》规定确认环境团体的资格应具备以下几个条件：一是依据章程，宗旨必须是环境保护；二是到确认时为止至少已存在三年，期间积极从事环境保护活动，为证明其实际从事了环境保护，环境团体需要提交一些必要的证明材料；三是为适当履行其职责提供了适当担保，其先前行为的类型、范围，其成员以及该团体活动的有效性都必须纳入考虑范畴；四是根据《德国税法典》第52条的规定，以促进公益为目的，环境团体可以证明自己以促进公益为目的，比如提交由税务部门颁发的免税证明；五是允许支持其宗旨的任何人加入，且在团体代表大会上享有完全的投票权。德国联邦政府在立法和司法方面对环境团体诉讼制度所作出的努力促进了环境的改善和制度的发展。[①]

近几年来，德国在贯彻欧盟环境保护的指令中，将团体诉讼从自然保护法领域延伸到环境保护法领域。2011年欧洲法院和德国联邦行政法院的两例司法判决，为环境保护团体诉讼在德国的顺利开展扫清了障碍，也使德国环境保护团体诉讼法律制度有了可借鉴性意义。研究和引入德国模

---

① 谢伟：《德国环境团体诉讼制度的发展及其启示》，《法学评论》2013年第2期。

式的环境保护团体诉讼,对我国环境公益诉讼制度的建构有重要的参考意义。①

(二) 通过立法赋予环境团体环境公益诉讼权利

德国的法律为社会团体组织创造了条件,例如在《德国民法典》《社会团体法》中都有针对社会团体决策机制和参与机制的规定,环境团体依据这些规定完善且加强自身建设。1974—2012年,仅联邦政府认证的环境团体就有100个,在德国环境团体是维护德国公益的重要力量。我国的《民事诉讼法》和《行政诉讼法》却未对环境保护团体作为诉讼原告作出规定,因此环境团体制度发展艰难。环保NGO组织也因存在注册无门、资金使用状况不透明等问题,在快速发展的同时饱受诟病。我国应借鉴德国环境团体诉讼制度,通过修改诉讼法律规范,赋予环境保护团体提起诉讼的资格,起到督查者的作用。

(三) 充分保障环境保护团体的环境信息请求权

德国环境保护法律明确规定了环境保护团体的信息请求权与法律救济途径,环境保护团体能获得环境案件的信息,同时参与其中,在环境保护目的未达成后及时为提起诉讼做准备。

(四) 环境团体诉讼以行政机关依法行政为主

行政是唯一的在国家层面上可直接干预私人行为的途径,环境问题的发生大多归咎于政府的不作为或不正当行政。司法对政府行政行为的审查是环境法治的重要之义。我国的环境行政机关受部门利益或地方保护主义影响存在有法不依、执法不严、违法不究的现象。缺少环境团体诉讼制度使环境行政公益诉讼极为少见,也不利于环境部门依法行政和维护环境公益。在德国,环境团体诉讼的对象基本上是政府的行政行为,尤其是行政决定。德国法律没有区分公法救济和私法救济,对行政提出异议的唯一救济方式是提起私人诉讼。虽受保护性法律理论限制,但同其他国家比较,德国行政法院对行政决定的事实审查要多得多,在司法程序中行政机关无特权。《联邦防害法》规定,但凡是联邦防害法令中包含的潜在会对环境造成危害的机构,都需要获得行政许可才可经营。德国环境司法救济过程

---

① 张大海:《论我国环境保护团体诉讼的建构——以德国环境保护团体诉讼制度为参考》,《法学论坛》2012年第8期。

十分简便、不存在不确定性,且操作简单。德国环境团体诉讼以中止或撤销行政行为作为主要诉讼类型,针对行政不当作为和行政不作为。简化行政诉讼程序,设立必要前置程序,以行政救济程序为前提等都是很有借鉴意义的。

三 德国环境司法制度对中国的启示

德国环境法的发展经历了一个漫长的发展过程。与德国相比,我国的环境法起步不算晚,时间也不短,却未能达到与之同等的立法水平。从德国失败的"环境法典议案",到现阶段较为成功的德国环境行政法,对我国环境法的发展都有一定的指导意义。从德国环境法的成功中吸取经验,失败中获得教训,能更好地引导我国环境立法和司法。[①]

自 20 世纪 50 年代德国便启动环境立法,从法典草案的酝酿到失败,历经联邦环境立法体制的改革,再到新环境行政法体系的重构,德国的环境法的发展历经沧桑。2009 年环境法典法案失败之后,德国开启环境行政立法的探索。新的环境行政法共分为四个部分:新《水资源管理法》、新《自然生态保护法》《非离子放射防护法》和《环境法规清理法》。

德国环境立法的经验,带给中国许多丰富的启示。其中对中国未来的环境立法颇具启发意义的,可总结为以下几点。

第一,关于环境立法体制。德国在第二次世界大战之后便以国家法治为基础建立了基本法限制框架。宪法是最基础和最至高无上的,没有什么法能凌驾在它之上。之所以德国在建立环境法之时经历了杂乱无章的局势,是因为各大州和联邦政府的立法结构表达不清晰与分配职能时不均衡。当各大州和联邦政府之间的立法结构被完全重构,进行联邦宪制的改变,重新分配立法的权限,清除了立法统一的屏障后,有序的行政执法才得到了很大的好转。同时在联邦统级立法和州立法中,确认了各个有关行政机构的重要环境指导方针。既要完成总体行政流程中一系列重要决定性行政内容的整理和合并,又要防止与之有利害关系的行政单位的干涉和逐次监管。此机制既要真正统领日常环境行政治理又要让立法部门作出环境立法决定。在遭遇重大决策机制瓶颈时,可以依据宪法改制来破解困局。

[①] 汝亚国:《德国环境立法的经验教训及其对我国的启示》,《法学论坛》2013 年第 5 期。

因为环境法治走上正轨的标志，亦是平衡市场经济与环境可持续发展的内化要求。中国虽为单一制国家，但中央与地方、部门与部门之间在环境立法与行政的架构和操作上存在诸多模糊及不确定之处。虽然《立法法》早已明确了地方立法应遵守上位法律的原则，但由于各地方及部门在环境政策上的利益分歧，导致在实际立法操作中统一立法的空间较小，而分割立法（或亦可曰偏离立法）的弹性很大。如何处理好这些利益纠葛与纷争，是未来环境立法的一大挑战。

第二，环境法的组成体系。中国环境立法偏重环境污染的防治措施，却忽略自然资源及能源的保护，仍不够完善。德国新环境行政法沿袭法典草案的思路，将自然资源保护与水能源保护作为基本环境法予以规制，并以法规清理机制作为重点，附带其他部门环境法。德国这条思路值得借鉴，中国未来的环境立法，应更加突出将自然资源及能源保护视作环境规制基本工具，将环境污染防治作为辅助工具。立法上，亦应汲取德国环境法典草案失败的教训，避免理论与实践的脱节、立法与行政的脱节。

第五节　瑞典环境司法与启示

正如这个国家的产业、福利、竞争力和法治水平在全世界都具有典型意义一样，瑞典的环境司法体制、机制和水平同样具有世界典型意义。这一现象并非偶然，而是瑞典社会自然、人文、政治、法制、经济乃至产业的基础性、结构性、定向性力量运动的必然结果。人类社会裁判制度的根由、进程和发展前景，永远必须遵循上层建筑产生于社会基础、服从于社会基础并服务于社会基础的制度机制运动发展变化的一般规律。在环境司法上，这个规律主要表现在三个方面，一是环境司法必定服从于司法向来都不能独立于社会基础和社会力量结构之外而自行其是的力量从属律；二是作为新型的司法类型的环境司法必定服从于它赖以形成的既有社会法制基础的法制从属律；三是作为"第四诉讼形态"的司法诉讼发展水平和发达程度必然受制于社会经济基础特别是其中的社会产业基础的一般需求的产业从属律。

事实上，瑞典的环境文化和法治文化都相当发达，并且形成了足以构成一定社会基础的社会力量。这股力量在一定程度上决定着社会制度的走向，同时也推动着环境司法的长足进展。环境文化和法治文化分别影响和造就其环境水平、力量与法治水平、力量。这个国家的法治水平在世界上具有相当影响力，中华人民共和国驻瑞典王国大使馆经济商务参赞处资料显示[1]：据瑞典有线新闻网报道，总部位于华盛顿的独立非营利性组织世界正义事业联盟（WJP）公布了2014年全球法治指数排名，瑞典位居第三。根据分项指标，瑞典在政府问责、腐败情况、基本人权保障等方面表现最为突出，行政和司法机构的效率与透明度也值得赞许。同时，这个国家的环境水平以及由此产生的社会力量更是不容小觑。瑞典不仅产生了环境党，而且已经发展成为其国会和政府的第二大党，在内阁成员中，环境党占25%[2]，同时，作为该国第一大政党的社民党在环境问题上时常与环境党人政见一致，据中华人民共和国商务部资料，日前两党就可再生资源的合作表态就是一例。[3] 当然，经济特别是产业结构所带来的诉讼裁决需求往往具有更为强大的制度、机制推动力。在瑞典，20世纪60年代以前，环境污染问题一度十分突出，从那时起瑞典环保工作的重点确定为控制"三废"排放，继而转向重点解决城建、交通、农业等领域的污染治理，后来逐步认识到工业产业流程从其制造、流通、使用直至报废，全过程、全方位地对环境有着潜在和现实的污染，因此提出了全过程控制的环保思路。20世纪下半叶，瑞典工业与环境污染密切相关的主要集中在矿业、机械制造业、林业与造纸工业、电力设备、汽车、化工、电信、食品加工等方面。2011年从业者占总人数的28.8%，工业产值占

---

[1] 中华人民共和国驻瑞典王国大使馆经济商务参赞处：http://se.mofcom.gov.cn/article/jmxw/201403/20140300511177.shtml。

[2] 据中华人民共和国驻瑞典王国大使馆资料分析，现政府于2014年10月组成。政府设12个部，包括副首相在内的环境党人阁员：副首相兼气候和环境大臣奥萨·罗姆松（Asa Romson，女，环境党）；外援大臣伊萨贝拉·略芬（Isabella Lövin，女，环境党）；金融市场和消费事务大臣兼副财政大臣佩尔·布隆德（Per Bolund，环境党）；教育大臣古斯塔夫·弗里杜林（Gustav Fridolin，环境党）；住房和城市发展大臣麦赫麦特·卡普兰（Mehmet Kaplan，环境党）；文化和民主事务大臣爱丽丝·巴赫·库恩克（Alice Bah Kuhnke，女，环境党）。参见http://se.mofcom.gov.cn/article/ddgk/201601/20160101243579.shtml。

[3] 参见中华人民共和国商务部《瑞典社民党和环境党联合呼吁未来20年实现100%可再生能源供应》，详见http://www.mofcom.gov.cn/article/i/jyjl/m/201604/20160401288884.shtml。

国内生产总值的26.9%。① 20世纪90年代后期以来,瑞典又进一步提出了产业结构控制和消费结构控制污染,如发展公共交通、改变能源结构等举措。这一历程表明,基于产业对社会生活的决定性影响,它对环境诉讼的推动作用同样具有决定意义。

一 瑞典环境司法制度概况

(一) 瑞典概况

1. 瑞典的自然环境概况

瑞典(Sweden),全称瑞典王国,位于斯堪的纳维亚半岛,国名是"安宁的王国"的意思,别称:"森林王国""湖泊王国""欧洲锯木场""北欧雪国""禁酒王国"。属于北欧五国之一,首都为斯德哥尔摩。它西邻挪威,东北与芬兰接壤,西南濒临斯卡格拉克海峡和卡特加特海峡,东边为波罗的海与波的尼亚湾。瑞典与丹麦、德国、波兰、俄罗斯、立陶宛、拉脱维亚和爱沙尼亚隔海相望,海岸线长7624公里,总面积约45万平方公里,是北欧最大的国家。②

2. 瑞典的人文环境概况

公元1100年前后,瑞典开始形成国家。从1397年起是受丹麦控制的卡尔马联盟成员,1523年重获独立,1611—1718年,曾晋身欧洲列强之一,在两次世界大战中都宣布中立,是一个永久中立国,人口978.4万。绝大多数为瑞典人。外国移民及其后裔约150万人,北部萨米族是唯一的少数民族,约1万人。官方语言为瑞典语,通用英语。主要宗教为基督教路德宗。由于气候寒冷,农业比重较小。工业发达而且种类繁多,瑞典拥有自己的航空业、核工业、汽车制造业、先进的军事工业,以及全球领先的电讯业和医药研究能力。在软件开发、微电子、远程通信和光子领域,瑞典也居世界领先地位。瑞典是欧洲最大的铁矿砂出口国。按人口比例计算,瑞典是世界上拥有跨国公司最多的国家。③

---

① 据中华人民共和国驻瑞典王国大使馆资料分析,参见中华人民共和国驻瑞典王国大使馆经济商务参赞处,http://se.mofcom.gov.cn/article/jmxw/201403/20140300511177.shtml。

② 参见百度百科,http://baike.baidu.com/link?url=tt-6Iw1iWkUD-Rsk9mUjrE7VPstYSB-xaF2TwA2OKQmCO8CfZXFPAO-Hy1NYV1lTJQiOz67DibLDL5CGN-kkptnkGNiDl398uW7Xj685G7Z3。

③ 同上。

（二）瑞典法概说

综合考察瑞典的政治、文化、宗教发现，瑞典的宗教与法律渊源关系颇深。在北欧神话中，存在着两大神族：阿萨神族和华纳神族。阿萨神族有着多名神灵，因此，11世纪及其以前的瑞典人信仰的是多神教，阿萨神族的多名神灵都被当时的瑞典人所信奉。供奉这些神灵的乌普萨拉神庙成为瑞典的宗教中心。11世纪后，基督教和天主教成为这个国家的主要宗教。起初基督教取得统治地位，国家法律也规定禁止信奉其他宗教；后来天主教又一度占据主导地位。16世纪30年代宗教改革以后，瑞典不再信奉罗马天主教，被基督教新教中的信义宗所代替，信奉犹太教和天主教等其他教派的信徒禁止在瑞典生活和工作。这种状况直到18世纪后期才有所改变。1951年，瑞典正式将宗教自由写入法律，政教关联的状况至此才有所改观。由于政教关联密切，瑞典法律首先表现出这一特性。从11世纪开始完全受到宗教法、罗马法文化的影响，其中特别是日耳曼波罗的海沿岸各贸易城邦的相关法律对瑞典法文化的影响是不可估量的。日耳曼法律，尤其是司法组织、公法和不动产方面的法律，在现代瑞典法律中仍然具有生命力，当然这个过程也反映出欧洲中世纪思想和制度与瑞典民族传统的有机整合。剖析瑞典法，特别是制度文化，丝毫不能低估欧洲大陆法律对瑞典的影响。外国因素对瑞典法的影响并不大，虽然在婚姻家庭法等规定中可以发现天主教会和宗教法的影响。但是，罗马法对瑞典法律的影响却是深远的。

全国性的法典始于1734年，它是瑞典历史上存在时间最长的一个皇家委员会的产物。时至今日，1734年的法典依然有效。随着时间的变迁，今天"法典集"中的绝大部分法律法规已被新的法律法规取代。现代法律改革通常采取了两种形式，一是制定特别的成文法。在有限的法规领域内，对法规进行修订；二是在旧法典或部分法典的基础上完全制定新的法典集。在19世纪早期，就为创立一部新的法典总集作了巨大的努力。直到1850年，瑞典的立法机关决定采取连续的、部分的改革办法修订瑞典法律。[①]

20世纪中叶修订的成文法典成功地实现了古老法律规则与现代法

[①] ［瑞典］斯梯克·斯特罗霍姆：《瑞典的法律制度》，董立坤译，《国外法学》1987年第5期。

律制度的继承传统与法制现代化的有机结合。瑞典法典化对古老的乡村时代的法律保持了原有的年代特点，对现代部门法的发展也体现了体系化。法典一方面在分类和术语方面一定程度上保留着原始的特点，另一方面也带有宗教法和罗马法的影响。事实上，罗马法和宗教法这两门课程一直贯穿于19世纪的瑞典的法学教育中。因为，罗马法和宗教法被称为瑞典法学院最有价值的法学课程。这一现象并非瑞典所特有，而是罗马法的自由贸易时代首先从欧洲复兴，继而也对欧洲各国产生强烈影响的必然，因而这一法文化特征在欧洲各国其实是带有普遍性的。

瑞典的立法程序是十分严谨而科学的。每一项法律改革，一个立法提案，源自政府、议会若干议员，或者社会组织的提议，都需要设立专门委员会拟出草案条文稿。在瑞典，从事这项工作的委员会数以百计。它们起草的法规草案文本还需提出解释性的报告，并且需要相当全面地征求社会各方面的意见。

（三）瑞典的环境立法及特点

1. 瑞典的环境立法

瑞典环境立法比较发达，而且形成了完整的环境法律体系，受到全世界的关注，并在某种程度上引领着环境立法的趋势。

瑞典的环境立法大致分为四个阶段。

（1）环境法的萌芽阶段。从现有资料看，瑞典环境法的萌芽应当在18世纪。1734年颁布的《林业法令》，是对瑞典林业资源进行保护的环境法律，是瑞典环境立法的早期成果。瑞典环境法萌芽于林业这个领域，是有其原因的。首先，这个国家的三大产业支柱之一就是林业；其次，这个国家历史上曾经遭受森林破坏，一度陷入森林被砍光的厄运；最后，森林和林业既关乎这个国家的产业、关乎经济，也关乎工业和环境、关乎国民生活和发展命运。因此，森林和林业受到环境方面立法的特别青睐不偶然。全球的森林覆盖平均率是30%，欧洲为47%，而瑞典却达到了66%，相当于拥有2100万公顷供材林。[①]

（2）环境法的起步阶段。与其说瑞典环境立法在其成文法立法史上

[①]《砍一棵树需要种两棵》，2016年4月10日，中国林业网（http://sweden.forestry.gov.cn/article/1108/1114/1135/2013-06/20130621-064602.html）。

历经700年才走出了林业法这一步，毋宁说环境法的萌芽原本就是极其艰难的事情。但在此100多年后，瑞典的环境法进入了起步阶段，很有意思的是，19世纪中期以后，瑞典环境法尽管进入了大范围的起步阶段，但这一阶段依然由1869年、1873年的两次修改林业法拉开序幕，唱响进行曲。这一阶段从19世纪中后期到20世纪60年代中期，立法的内容大多是对自然资源的保护，但也对一些破坏环境的行为进行了防范和规定。这一阶段颁布的主要环境立法成果有：1869年、1873年的《林业法令》；1874年《公共卫生条例》；1903年《森林法》；1918年《水法》；1942年《狩猎法》《名胜古迹法》；1947年《建设法》；1950年《渔业法》；1951年《公路交通条例》；1954年《渔业条例》；1958年《卫生保健条例》；1964年《自然保护法》。

与萌芽阶段显著不同的是，在短短100年的起步阶段，瑞典的环境立法由单一的森林保护向全面的自然环境保护发展，同时也实现了由自然环境保护向自然环境与人文环境保护并重的跃升，特别是实现了由环境安全到环境安全与人的健康、安全保护的环境法制理念与制度的跨进。

（3）环境法的发展和完善阶段。这一阶段从20世纪60年代中后期到90年代，立法的内容除了对自然资源的保护外，更多地集中在污染的防治等方面，涉及社会生活的多个方面。这一阶段的环境法律主要有：1969年《环境保护法》；1972年《防止船舶污染水体法》《禁止海上倾废法》；1973年《油污损害赔偿责任法》；1974年《山毛榉林木保护法》；1976年《防止船舶造成波罗的海水污染措施法》《硫法》；1977年《工作环境法》；1979年《废物收集和处置法》；1982年《公共卫生保护法》；1983年《铝质饮料瓶循环利用法》；1984年《核活动法》；1985年《化学品管理法》；1986年《机动车尾气排放法》《环境损害赔偿法》；1987年《自然资源管理法》《规划和建设法》；1988年《辐射防护法》；1990年《有害环境的电池收费法》《能源生产中氮氧化物排放环境收费法》；1991年《特定饮料容器回收法》《矿业法》；1992年《瑞典专属经济区法》。

（4）环境法法典化阶段。这一阶段为20世纪90年代末期至21世纪初。1992年，联合国环境与发展大会在里约热内卢召开，大会通过了3个文件：《里约环境与发展宣言》《21世纪议程》《关于森林问题的原则声明》，2个公约：《气候变化框架公约》和《生物多样性公约》。环境与发展问题成为世界各国都要关注的大事之一，可持续发展的理念成为人类生存与发展的重要理念。在这种情况下，瑞典将其环境政策的目标定为：瑞典应当在造就生态可持续发展的努力方面成为一个世界领先的国家。1997年9月16日，瑞典政府内阁发表声明指出，政府内阁会继续致力于将瑞典转变为一个生态可持续国家。经过将近10年的努力，政府内阁的有关环境法典的方案于1997年11月4日提交给议会，议会于1998年6月做出决定通过该议案。1999年1月1日，《环境法典》生效。①

2. 瑞典环境立法的特点

（1）形成完整的法律体系。从瑞典环境立法的情况中，我们可以看出，瑞典的环境立法涉及瑞典社会生活的多个方面，已经形成一个比较完整的法律体系。瑞典的环境法律体系应当包含以下几个层次。

第一，宪法相关规定。一般认为，瑞典的现行宪法由《政府法典》（1809年制定，1974年修订）、《王位继承法》（1810年制定，1979年修订）和《新闻自由法》（1949年制定）三个基本法组成。此外还有《议会组织法》（1866年制定，1974年修订），②故而也有学者称之为四个部分组成。其中，《政府法典》（《政府组织法》）是瑞典最重要的宪法性文件。虽然在《政府组织法》中没有明确规定环境保护的有关条文，但一般学界都认为政府组织法的第八章第七条是瑞典环境法的宪法基础。③

第二，环境法典及其他国家议会颁布的法律，包括：《环境法典》《森林法》《核活动法》《辐射防护法》《渔业法》等。另外，还有一些单

---

① 夏凌、金晶：《瑞典环境法的法典化》，《环境保护》2009年第1期。
② 国内也有人将《政府组织法》翻译为"政府文件"，参见奥勒·尼曼《瑞典的新宪法》，潘汉典译，《法学译丛》1983年第6期；将《新闻自由法》翻译为：《媒体自由法和表达自由基本法》，见世界知识产权组织网站（http://www.wipo.int/wipolex/zh/details.jsp?id=11805）。
③ 瑞典《政府组织法》第八章"法律及其他法规"第七条规定："……政府可以根据法律授权就下列事项（不包括税务）制订条例并以政令颁行：（1）对生命、人身安全或健康的保护；（2）外国人在王国的居住或逗留；（3）货物、货币或任何其他资产的进出口、制造业、通信、信贷或经济活动；（4）狩猎、捕鱼，或自然与环境的保护；（5）交通秩序或公共场所的秩序；（6）教学与教育。"

行法中包含了与环境保护有关的内容。例如，瑞典刑法典中对破坏环境的犯罪行为予以惩处的法律规定是瑞典环境法不可或缺的组成部分；走私危险化学品、核物质、野生动植物的行为则由《货物走私惩罚法》予以专门的规定，也是瑞典环境法的重要组成部分；此外，有关侵犯环境权益的责任规定则包含在《侵权责任法》中，涉及环境诉讼案件的程序规定则包含在《诉讼程序法》中。[①]

第三，政府根据授权制定的条例，如森林保护条例、核活动条例、辐射防护条例等。

（2）开展国际合作，认识到环境绝非一国之力可以为之。瑞典国际发展合作署（Sida）通过政府间的双边和多边条约协定，与许多国家开展国际合作，成就斐然。如瑞典国际发展合作署（Sida）赞助的中瑞两国在环境与可持续城市发展方面合作已经进行了30周年。[②]

（3）根据实际情况，修订原有法律，并制定具体的条例和规章。瑞典的环境立法除了由议会制定的法律外，由政府根据具体情况颁布相应的条例或实施细则，以配合具体法律的实施。

这一特点在环境法典颁布前，尤其明显。如在化学品管理法颁布后，制定的相关条例主要有：化学品管理条例、农药条例、多氯联苯条例、汽车用汽油条例、镉条例、有害于健康和环境的特定产品管理条例、有毒有害废弃物条例、林地农药喷洒条例、氟利昂和哈龙条例、特定氯化剂管理条例、含汞特定产品条例、通风设备石棉含量报告责任条例、禁止在运输工具中含有石棉摩擦衬套条例。[③]

环境法典颁布后，一些没有被涵盖进环境法典的单行法律如《森林法》《核活动法》《辐射防护法》等，仍然有与之相配套的条例如森林保护条例、核活动条例、辐射防护条例等共同发挥着作用。

（4）适时修订环境法律、制定统一环境法典、整合现有资源。瑞典环境法根据实际情况，在不断进行新法律制定的同时，还对原有法律进行

---

① 全国人大环境与资源保护委员会编译：《瑞典环境法》，中国环境科学出版社1997年版，第8页。

② 参见 http://studyabroad.tigtag.com/ruidian/sw6/159504.shtml。

③ 全国人大环境与资源保护委员会编译：《瑞典环境法》，中国环境科学出版社1997年版，第55页。

修改，如在 1974 年修改《宪法》时增加了环境保护的条款；同时又对早期颁布的《水法》《狩猎法》《渔业法》《森林法》《自然保护法》等自然和资源保护的法律根据环境保护的需要进行了重大修改，重新颁布实施。①

瑞典颁布了大量的环境法律，有效地保护了环境。但是大量环境法律的出台也带来了新的问题，主要表现是：一是由于各个环境法律制定的目的和背景不相同，体现的各个利益集团的博弈也有所侧重，因此就产生了法律内容的不一致，甚至相互矛盾或抵触，给环境法的实施带来困难；二是大量的环境法律出台的时间有先后，又缺乏有效的衔接，容易出现法律真空地带或规定不明确的模糊地带，容易出现规避环境法的行为，不利于环境的保护；三是环境法律的数量和种类较多，内容繁杂，不利于企业、团体和其他机构了解相关内容、把握法律精神，给环境法的实施同样带来困难。因此，整合现有环境法律规定，制定一部统一的、有利于理解和实施的环境法典就成为瑞典环境立法的首要任务。1999 年生效的环境法典就是整合了瑞典当时的 15 部环境法律而制定的。这 15 部环境法律包括《自然保存法》《环境保护法》《禁止海洋倾倒法》《含硫燃油法及其条例》《农业用地法》《废物收集和处置法及净化条例》《健康保护法》《水法》《杀虫剂法》《化学产品法》《环境损害赔偿法》《自然资源法》《生物杀虫剂法》《转基因制品法》《植物法》。②

二 瑞典环境司法制度的经验与不足

瑞典是世界上较早设立环境法庭或法院的国家之一。无论是从立法还是司法层面，环境司法制度在瑞典都比较成熟和完善。③ "徒法不足以自

---

① 全国人大环境与资源保护委员会编译：《瑞典环境法》，中国环境科学出版社 1997 年版，第 5 页。
② 李挚萍：《可持续发展原则基石上的环境法典化——瑞典〈环境法典〉评析》，《学术研究》2006 年第 12 期。
③ 关于瑞典审理环境案件的机构说法不一，一是认为是环境法院，见全国人大环境与资源保护委员会编译《瑞典环境法》中国环境科学出版社 1997 年；另一是近年来有学者认为应为环境法庭，参见陈真亮《瑞典环境法庭制度的发展及对中国的启示》，载《生态安全与环境风险防范法治建设——2011 年全国环境资源法学研讨会论文集》；又参见夏凌、金晶《瑞典环境法的法典化》，《环境保护》2009 年第 1 期。但经过了解，据权威人士介绍，应当为环境法庭。

行",任何法律的作用都不是自动发挥的,而是通过各种实施方式来加以实现的。其中,司法保障是法律得以有效实施的最主要的途径之一。所以说,法律的实施与司法活动有着紧密的联系。环境法也是如此,瑞典的环境司法机制是保证瑞典环境法有效实施的重要内容,主要包括司法机构和司法手段。

不可否认,1964年瑞典第一部《环境保护法》带来的行政意义及其司法价值。瑞典于1967年成立了国家环境保护局,1990年擢升成为环境保护部。瑞典环境保护部下设国家环境保护局和国家化学药品管理局两个机构——从而把环境保护和环境危害的源头管理区分开来,两手抓,双管齐下。环境保护部侧重于制定国家环保政策和拟定环保法律法规规则标准,环境保护局则致力于厉行法律政策的执法工作,而化学药品管理局全面负责化学药品的检测与监管。全国21个省、289个地方政府都设置专司其职的环境保护机构。环境保护部正式位列政府内阁,从而有效地巩固和加强了环境保护在整个国家经济社会发展中的地位格局,同时也促进了产业的发展和纠纷裁判机制的健全与完善。

从法制环境上看,包括瑞典在内的欧洲文化传统倾向于依法办事,出现问题依法解决。因此,在环境保护问题上,起步就在法制氛围下,环境执法和环境司法也是随着环保起步而同步展开的。到20世纪末,瑞典已经完成环境法律法规的整合,这一行动的显著成果就是瑞典《环境法典》的出台。将15部环境单行法经过整合,制定了统一的环境法典,有利于环境法的实施。进入21世纪,瑞典《环境法典》进一步明确规定了政府、企业和个人的环保责任和义务,并及时对转基因等一些新型的可能对环境或生物安全造成影响的新问题作了规定。为了确保《环境法典》的公正实施,也为了体现《环境法典》的权威性和严肃性,瑞典又设立了环境法庭。环境法庭是根据瑞典的行政区划在全国的5个区域设立的,并从顶层设立了由最高法院为终审机构,专门审理环境案件,专司法典执行中有关纠纷的终裁。

可以说,瑞典环境司法审判工作的文化基础、产业基础、行政基础、法律基础,都是许多国家难以比拟的。

(一)环境法庭的设立为环境司法活动提供了必要的空间

1. 瑞典环境法庭设立的法律基础

瑞典的河流较多,水源广阔,为有效地解决水权纠纷,早在《环境法典》颁布前，就在水法中明确规定了水权法院（水法庭）这一特别法院。① 而且在实践中，水权法院（水法庭）也确实发挥了其应有的作用，根据瑞典当时水法的规定，任何与水有关的行为都要经过特殊部门的许可取得许可证，这个特殊部门就是水权法院（水法庭），因此，水权法院（水法庭）是水事许可机构的一部分。瑞典当时的水法还规定达到一定规模的水工程要经过内阁的批准，经内阁批准后的水工程应由水权法院（水法庭）按正常程序报备。由于水工程造成的不利影响的赔偿由水权法院（水法庭）宣布赔偿方法。

1999年《环境法典》实施后，环境法庭的设置就在该法典中有了明确的规定。《环境法典》使用了大量的篇幅，在第四编第二十章、第二十一章、第二十二章、第二十三章、第二十四章、第二十五章，对环境法庭的设置、受案范围、诉讼程序等进行了详细的规定，为瑞典环境法庭的设立提供了充分的法律依据。

由此，可以看出，瑞典的环境法庭的设置不仅有完备的法律规定，而且还有着丰富的司法实践经验，有着较好的法律基础和实践基础，形成了比较完备的环境司法制度。

2. 瑞典环境法庭设立的基本情况

水权法院的建制很完善，分初级法院、地区级法院，有关水权法院审理的水事纠纷案件的上诉，应向一个特定的上诉法院也是一个高级水权法院（svea上诉法院）提起，该上诉法院有一个专门审理水权纠纷案件的部门，对该上诉法院的审理结果不服，要求上诉的向最高法院提起。②

瑞典《环境法典》颁布和实施后，环境法庭已全面取代了水权法院（水法庭）。总体来看，瑞典将水权法院（水法庭）发展为环境法庭的社会背景与主要原因有：一是由于瑞典环境法本身以及实施中存在诸多问题，特别是为了对环境违法行为，尤其是瑞典的生态系统仍遭受由欧洲其他国家的污染导致的酸化污染之苦及时有效地作出反应。二是由于瑞典法律授权规定过多，被授予行使公权力的规制机构比较混乱，特别是负责审

---

① 全国人大环境与资源保护委员会编译：《瑞典环境法》，中国环境科学出版社1997年版，第84—85页。

② 同上。

查批准 A 类项目许可证的环境保护许可证委员会负责着一些许可证问题的环境上诉案件，"运作类似法院"。换言之，许可证委员会充当着一定意义上的"法官"角色与司法功能，这十分不利于环境审判的统一。三是水权法院（水法庭）对类似事件的裁决更多的是考虑经济效益，这对于环境保护是不利的，所以，《环境法典》实施后，客观上也要求将水权法院（水法庭）的水事许可统一到环境许可中来。四是水法庭系统的建制比较完善，只需稍加改造即可成为环境法庭，改革成本低，效率快。五是在《欧洲人权公约》（特别是关于人身与财产的第 6 条）履行方面，瑞典法院在保障公民自由上不力，因为许多与公民自由有关的案件仍由政府或中央行政机关处理，欧洲人权法院已经在许多场合发表了针对瑞典履行不力的批评意见与相关声明。可见，来自欧盟的外在压力也是一大原因。所以，瑞典政府锐意进行环境立法创新与司法改革，是通过《环境法典》来实现的。由于规定水法庭（院）的水法被整合到《环境法典》中，因此，水法庭（院）相关规定自然也就被整合到了《环境法典》中。①

（二）环境法庭的功能、地位等②的规定，为环境司法活动提供了法律依据

1. 环境法庭的设置和审级

环境法庭系统由地区环境法庭、环境上诉法院和最高法院组成，实行三级终审制。瑞典的地区环境法庭由政府确立具体的设置情况和管辖范围。③ 随着《环境法典》的颁布实施，目前瑞典在 5 个地区设立了环境法庭，分别是纳卡（Nacka）、默奥（Umea）、厄斯特松德（Östersund）、维克舍（Växjö）和维纳斯堡（Vanersborg）地区的环境法庭；④ 环境上诉法庭（院）即高等环境法庭是斯维亚上诉法院（the Svea Court of Appeal）；环境终审法庭（院）为瑞典的最高法院。

---

① 陈真亮：《瑞典环境法庭制度的发展及对中国的启示》，载《生态安全与环境风险防范法治建设——2011 年全国环境资源法学研讨会论文集》。

② 本部分的内容主要参考了两篇论文：夏凌、金晶：《瑞典环境法的法典化》，《环境保护》2009 年第 1 期；陈真亮：《瑞典环境法庭制度的发展及对中国的启示》，载《生态安全与环境风险防范法治建设——2011 年全国环境资源法学研讨会论文集》。

③ 瑞典《环境法典》第 20 章第 1 条、第 7 条。

④ 陈真亮：《瑞典环境法庭制度的发展及对中国的启示》，载《生态安全与环境风险防范法治建设——2011 年全国环境资源法学研讨会论文集》。

2. 环境法庭组成人员

环境法庭由主席 1 名、环境顾问 1 名或专家成员 2 名组成。其中,主席应当具有地方法院的法官资格,并且经验丰富;环境顾问应当接受过与环境项目相关的科技培训,并具有处理环境问题的经验;专家成员则应当具有解决争端的经验。主席还可以根据案件的性质决定,另一位专家是否应具有工业方面的经验或者当地政府的工作经验。①

环境法庭的主席、环境顾问、专家成员是由政府或政府授权的机构来任命的。② 高等环境法庭的情况则有些不同,环境顾问可以由高等环境法庭任命,也可以由政府或者政府授权的机构来任命。高等环境法庭法定组成人员为 4 人,其中至少 3 人符合法定资格,才可以审理案件。对高等环境法庭作出的判决或决定不服的可以向最高法院上诉。③

3. 环境法庭的审理方式

案件的审理方式是先由具有地方法院法官资格的主席给出意见,然后依次是环境顾问和专家成员给出意见,主席对案件的处理结果拥有决定权。④

(三) 瑞典环境法庭的管辖范围整合了环境行政执法资源,加强了对环境的保护

环境法庭主要受理有关环境损害赔偿、水资源的管理、有害环境的行为以及涉及环境危害行为许可的案件等八类案件。⑤ 可分为"依申请"的案件和"依传唤"的案件,前者包括原来由水法庭审理的与水上作业、水设施和水工程等有关的案件,以及由原来环境保护许可委员会审理的与许可证的发放、执法监督、撤销等有关的案件;后者包括与环境有害活动有关的案件和环境损害赔偿案件等。如果 2 个或 2 个以上案件具有连带性且环境法庭有能力审理此案,则法庭应该合并审理。⑥ 为贯彻公众参与原则,法庭受理依申请案件和依传唤的案件后,须在当地报纸公开,须召开听证会并在听证之后的 3 个月内做出判决。关于上

---

① 瑞典《环境法典》第 20 章第 4 条。
② 瑞典《环境法典》第 20 章第 6 条。
③ 瑞典《环境法典》第 20 章第 11 条。
④ 瑞典《环境法典》第 20 章第 10 条。
⑤ 瑞典《环境法典》第 20 章第 2 条。
⑥ 瑞典《环境法典》第 20 章第 5 条。

诉类案件，环境法庭则主要适用《行政法院程序法》和环境法庭相关规定，上诉案件可以撤回。不过，环境犯罪类案件在普通法院审理。在诉讼请求的审理程序方面，任何人就禁止危害环境的活动或就责令正在从事或试图从事这种活动的人采取预防措施向财产法院提起的诉讼，在财产法院结案之前，如果该活动的许可问题正在或将要被审查，法院应决定暂缓程序，直到问题解决为止。虽然案件已被提交法院，如被告已经依法律规定申请并得到许可证，则该诉讼案件应予以撤销。法院应视情节判定双方各自应承担的诉讼费用或判一方承担全部或部分赔偿费。[1] 这在很大程度上加强了环境执法，统一了环境司法，对瑞典的环境保护发挥了很大的作用。

（四）瑞典的司法管辖区域由政府划分，这是与我国的相关理念不一致之处

瑞典的司法管辖区域由政府来划分，环境案件实行专属管辖。政府对环境法庭的影响较大，有行政权干预司法权之嫌，这也是许多学者对瑞典的环境司法制度诟病较多之处。但也说明了环境案件的专业性非常强，而政府在环境问题的专业性方面显然比法院具有更多的优势，这可以说是司法权对行政权的一种尊重。[2] 这与我国现阶段极力摆脱政府对审理工作的影响、实现由人民法院独立行使审判权，不受任何行政机关、团体和个人的干扰的有关理念不甚一致。

三 瑞典环境司法制度对我国的启示

（一）瑞典的相关环境立法为环境法庭的设置和开展工作提供了法律依据

1. 瑞典环境法庭职能的确定，保证了环境案件及时公正地审理

瑞典《环境法典》在第四编第二十、二十一、二十一二、二十一三、二十一四、二十一五章，共81条对环境法庭的设置、级别、管辖范围、审理方式和程序等内容进行了详细的规定，为环境案件及时公正地审理提供了法律依据；同时，由于在《环境法典》中对环境法庭的受理权限、审判程序等进行了统一的规定，有利于实现司法的统一。

---

[1] 瑞典《环境法典》第21、22章。
[2] 夏凌、金晶：《瑞典环境法的法典化》，《环境保护》2009年第2期。

因此，在我国领土面积广大、东西部经济发展不平衡的现状下，对环境司法制度作出统一的、全面的规定，如制定环境诉讼法等相关法律或司法解释，不仅使得环境司法审判有了统一的裁判尺度，而且避免了因地区不同、法官不同而引发的同案不同判的结果发生。

2. 以瑞典《环境法典》为主体，瑞典的其他环境法律规定相互作用，共同形成完备的环境司法制度

瑞典除了《环境法典》外，还有《刑法典》《侵权责任法》等对危害环境的行为作出了明确的规定。特别是危害环境的犯罪行为，瑞典《刑法典》明确进行了规定：如非法施放或者扩散有毒物质和其他污染物，或者非法制造妨害、严重影响或者可能影响人体健康或者环境的行为；故意或者过失地以有害的方式处理危害物质的行为；未获得许可证或者未经许可即开始或继续从事某项须经许可的活动的行为；向管理机构提交不真实的报告的行为。[①]《环境法典》则在第二十九章专章对危害环境的犯罪行为进行了详细的规定，这些规定与刑法典的相关规定共同发挥着惩处犯罪，保护环境的作用。

（二）瑞典环境司法的具体实践为我们提供了其他可资借鉴的经验

1. 专业人员参与审理环境案件

瑞典《环境法典》明确规定：环境法庭应当由主席1名、环境顾问1名或专家成员2名组成。其中，主席应当具有地方法院的法官资格，并且经验丰富；环境顾问不仅接受过与环境项目相关的科技培训，而且还要具有处理环境问题的经验；专家成员则应当具有瑞典环境保护机构处理争端的经验。两位专家成员中的一位专家由主席根据案件的性质决定，其是否需要具备与工业环境保护有关的经验或者当地政府的工作经验。

由相关专业人员参与审理环境案件，解决了环境案件的专业性强、取证困难等问题，从而保证了对环境案件公正地审理，降低了诉讼成本。这一规定可以说是瑞典环境司法制度中最可借鉴之处。我国已有法院借鉴了这一做法，但由于各地区的实际情况不尽相同，采取的措施也有差异。如重庆市万州区人民法院建立了环境专家咨询制度，并出台关于《建立三

[①] 全国人大环境与资源保护委员会编译：《瑞典环境法》，中国环境科学出版社1997年版，第21页。

峡库区环境专家咨询制度的意见（试行）》，聘请多名法学和土壤、水资源、固体废弃物、重金属污染等环境专业领域的资深教授、专家学者为环境咨询专家，作为专家辅助人参与庭审。①

而贵州省清镇市人民法院让专家介入环境案件，从立案到结案，环保专家参与环境案件的整个审理过程。专家介入环境公益诉讼案件主要有以下几种方式：专家咨询委员会咨询意见、专家陪审员、专家证人、其他辅助专家。②

2. 明确规定上诉权

瑞典《环境法典》在第十六章第 12、13 条明确规定了环境案件的上诉权，即任何个人、环保组织、地方工会、国家工会、行政机关、地方自治组织以及其他组织都有权对法院裁判与决定提出上诉。其中，在瑞典已成立满 3 年且会员不少于 2000 人的任何环保组织，有权提起上诉，但是其不能对瑞典国家军队、国家防御管理局、国防物资管理局或国家国防无线广播中心有关的法院裁判与决定提起诉讼。③ 这一规定不仅保证了公民个人、环保组织及社会团体等对损害环境的行为的诉讼权利，而且还进一步确立了对法院做出的裁判或决定的上诉权，确保社会各界履行环境保护义务。

第六节　日本环境司法制度与启示

日本近年来于环境问题的处理上，其争讼不论是在民事诉讼或是在行政诉讼的层面上，司法机关（法院）都作出了几则重要的判决，发挥了积极影响力。在民事诉讼方面，包含针对国家在规制权限方面玩忽职守问题所提出的国家赔偿诉讼，以及针对核能发电厂存废问题所提出的执行中止诉讼等。在行政诉讼方面，除了一般的处分无效诉讼以外，还出现了针对军事基地的噪声问题而提出的执行中止诉讼，以及与规范噪声问题之课予（行政机关）义务诉讼等。然而，这些诉讼当中出现的受侵犯的法益

---

① 典型案例参见重庆市万州区人民法院（2015）万法环民初字第 00001 号民事判决书。
② 典型案例参见贵州省清镇市人民法院（2015）清环保民初字第 7 号民事调解书。
③ 参见陈真亮《瑞典环境法庭制度的发展及对中国的启示》，载《生态安全与环境风险防范法治建设——2011 年全国环境资源法学研讨会论文集》。

多与人民的身体健康受害有关，对于自然环境保护方面的法益诉求，在现行的日本司法诉讼制度下，始终无法有效满足。因此如何导入环境公益诉讼制度，是近年来日本学界关注较多的议题。有关环境共同利用权的理论主张，也是值得我们关注的学说动向。

2014年5月，横滨地方法院与福井地方法院分别作成了两则具有划时代意义的判决。前者是人民要求国家针对厚木军事基地继续让自卫队队机起降的行为终止的行政诉讼（即厚木军事基地诉讼）。后者则是人民为促使关西电力公司能够终止对于大饭核能发电厂的操作营运而提起的民事诉讼（即大饭核电厂运营执行中止诉讼）。此两则判决的结果都裁判人民（即原告）胜诉。除之以外，2013年，最高法院对于争讼已久的水俣病认定义务课予诉讼，也同样肯定了人民方的诉之声请。同年年底，大阪高等法院也在由人民所提起的石棉国家赔偿诉讼当中，认定了国家应负的责任。也因为这几则判决的出现，而使近几年观察环境诉讼动向的媒体，也使用"司法的复权"一词来形容近几年来司法机关对解决环境问题的决心。

一 日本环境司法制度概况

（一）环境权论的策略与难点

在日本的高中课程中设有"现代社会"一科。其中在部分高中所使用的2014年出版的该科教科书中对于"环境权"的出现与定义有如下叙述：伴随着经济活动的高度成长，公害全面性地出现在全国范围当中，对于人民的生命及健康造成了直接且显著的危害。而经由公害造成的人民生命与健康的损害，又常常无法在事后挽救和弥补，因此基于人们注意到必须防范公害于未然的重要性，在学界当中就有部分论者提出基于（日本国）宪法第25条（生存权）与第13条（幸福追求权、人格权）的规定，解释出新的人权概念，也就是环境权的保障。而基于环境权的内涵被确立且定义为"（使人民）享受良好环境的权利"，其权利行使的积极目的是在公害真正造成人民生命与健康危害之前，能够（要求或是请求公权力承担起）阻止环境污染与环境破坏继续进行的（国家）义务。[①]

众所周知，日本在20世纪70年代即开始提倡"环境权"此一新兴

---

① 北村喜宣：《環境法》，有斐閣2015年版，第50页。

人权,并展开相关的探讨。在理论探讨初期,即试图将它建构成一项通过诉讼方式让人民得以获得司法救济的实质性权利武器。而犹如前述教科书当中所叙述的内容主张,"环境权"的重要性乃在于"事前阻止"(防范)。其最大原因就在于,环境损害发生了就难以补救。所以主张"环境权"的基本意图也就在于确认自然环境对于维持与保护人民生命健康的终极价值,而透过国家公权力之手来排除与防止对其可能造成的一切侵害。

但是"环境"一词却是复杂且多样的,它可能是指能够提供人们郊外出游、踏青的好山好水;也有可能是清洁无瑕的寂静小河,在人的感观认知上对环境的理想追求是不同的。除此之外,大抵而言更重要的是人民所关注的环境问题的客体都不是可以主张个人(特别是第三人)所有权的标的。以中国为例,不论是前述的好山好水或是寂静小河,依照宪法规定都是国家所有;以日本为例,则有可能是某个大地主所有或是国家所有。另外,对于环境破坏行为本身的评价也常是有分歧的,例如对于森林的环境破坏问题,可能有部分人认为砍伐一点都应该视为破坏的行为;另一部分人则会认为在森林本身具备再造功能的前提下,砍伐一部分供人们消费使用也不为过。因此,究竟什么样的环境破坏行为应当阻止?在没有所有权基础上的侵害防止请求,又该如何行使这些问题,都成为"环境权"的行使难以具备操作性的重要因素。但也因此显示出"环境权"无论在人类社会的横向或是纵向层面上,都是具备相关性的权利而具有双方(因为环境污染或破坏而受到影响的一般人民、制造出污染源或是造成环境破坏的企业方或人物和国家行政机关)甚至是多方的相互关联性。

(二)环境诉讼制度概要

基于上述的理论与事实分析,目前在日本运作的环境诉讼制度乃是附属在传统的民事、行政与刑事诉讼制度之下。也因此在环境权理论的基础上,处理一般与环境公害有关的纷争,乃是被解读为上述三方主体关系发生法律纠纷的形式来加以处理与讨论的。

在日本发生的环境诉讼大致上可先区分为"环境行政诉讼"与"环境民事诉讼"。在此两者诉讼形式当中,原告通常是受到环境污染或破坏影响而产生了损害的人民或是团体。依照一般行政与民事诉讼法学认知,前者的被告是依据环境法享有规制权限的行政机关;后者的被告则是为了发展自身的事业活动而影响环境生态的事业单位。在环境行政诉讼当中,依照原告的主张，对于行政机关权限行使的方式，又可区分有"不作为"与"不适当行使"两种。具体的事例则多反映在行政机关所作出的许可处分上。申言之，对于违法营运的事业单位，行政机关该行使处分权限却没有行使，属于前者的"不作为"；对于没有满足法定条件的设施设置，却给予建设许可处分，即属于后者的"不适当行使"。因此，环境行政诉讼当中的争议点，往往在于行政机关所拥有的裁量权限是不是有滥用之虞等问题上。而环境民事诉讼的争议点则多环绕在造成环境生态不良影响的事业单位，是不是具备私法上所规定的"违法性"，而系争的违法行为是不是有超过原告（人民或团体）可容忍的限度，或是不具备社会通念上的相当性等问题之上。

就环境行政诉讼而言，又可区分为"环境保护诉讼"与"环境规制诉讼"两种。前种诉讼形式中的原告，是一旦行政机关行使权限便会因环境生态受到保护而受益的人民或团体；后种诉讼形式中的原告，则是因行政机关权限行使其行动遭受制约的人民或是事业单位。所以在后种诉讼形式中，所争议的问题就集中在行政机关是否有不当行使其权限而造成违法等事项上面。

在环境保护诉讼与环境规制诉讼的进行当中，也常常会牵涉国家赔偿问题，因此，环境行政诉讼当中也包含适用民事诉讼程序的国家赔偿诉讼的特征。

受到人民或是团体不当提起控诉的事业单位，同样运用司法手段（通常是以民事诉讼形式提出业务妨害停止请求或是因不当控诉造成名誉或是商誉遭到毁谤的损害赔偿请求）寻求救济的类型为"SLAPP"（Strategic Lawsuits Against Public Participation）诉讼。[1]

（三）日本环境法制基本理念原则与环境诉讼

日本《环境基本法》虽然规定了享受与承继环境所带来的润泽、持续可能的发展、国际协调合作三项基本理念，但无一能够超越各项争诉中对于个别法的解释问题，并在环境诉讼判例中成为决定一方胜诉的终极利器。

1. 可能持续发展的理念

自然环境的资源容量有限是众所周知的事实。因此，对自然资源的予

---

[1] 越智敏裕：《環境訴訟法》，日本評論社2015年版，第15—20页。

取予求,以及基于前项行为而发生无法弥补的环境承载超量问题(如气候变迁的加速及物种大量灭绝等),都有可能造成人类文明无法持续发展下去。所以对于环境的持续性利用(发展),不断地被加以倡导,并视为现存世代对未来世代应担负起的重大义务之一。然而,被认为是日本(包含世界各国)环境法制的核心理念的"可能持续发展"一词,却因为过于抽象,在现阶段仍无法提出较为具体的指针内容,因此难以被确切落实于实践。

2. 防患于未然原则

防患于未然原则,乃是在事前对于可能造成超出环境容量的破坏性物质与行为,加以管控而防止环境受到破坏性影响的原则。例如,过去曾有研究指出若是能在事前采取预防及有效管理措施的话,水俣病所造成的人体健康损害、自然环境破坏与渔业收入锐减等负面后果所产生的每年高达126.3亿日元的巨大经济损失,只要花费1.2亿日元的预防与管控费用就能有效避免。

然而,为了避免仅仅是防止轻微的环境破坏行为,而耗费过大资源导致过度管控的情形发生,比例原则的运用也不能忽视。因此,目前多数学者同意,只要没有过度违背社会公众的正义情感,防患于未然原则的运用就必须经过比较衡量的程序,加以合理化。换句话说,基于比例原则的操作、管控与规范的费用试算,通常是政府最后决定是否施行管控与规范其措施内容为何,以及其程度如何的指针。

本原则目前也已在日本法制体系中确切落实,因此只要确认行为主体有违反各个相关实体法规定的事实存在,基本上也能直接视为违反本原则,而要求有关政府机关改善管控与解决规范权限不行使的问题。1993年11月,京都地方法院作成的判决中所提出的判断四要素如下:第一,系争政府机关是否确实拥有执行管控与规范的权限;第二,系争行为是否已达到可执行管控与规范权限的要件(要件充足性);第三,系争政府机关有无担负应执行权限的义务;第四,系争政府机关有无违反应尽却未尽执行义务的事实存在。

最重要的是,本原则的运用必须基于科学判断所确立的因果关系的结论来加以支持。若是没有办法得到确切的因果关系证明,则环境法制是否能够对某特定行为与物质加以管控?其理由是否合理?受管控的内容如何?这些问题就必须通过以下介绍的预防原则的操作来解答。

3. 预防原则

当物质或是行为即便是在没有确切的科学研究数据肯定其与环境发生变化的因果关系存在的前提下（科学的不确切性），但是通过一定的方式考察与确认该物质或是行为确实对环境造成了重大或是无法恢复的负面影响时，行政主体即应当执行相当的管控与规范作为，即"预防原则"。

预防原则当中，所谓"科学的不确切性"是指：第一，未能实施调查（风险评估）；第二，实施调查后其结果仍旧不明等。较常见者，多集中于化学物质与生态系统破坏之间的因果关系问题。

在预防原则的讨论当中，有举证责任倒置的见解（即高度预防原则）。该见解认为，对于某特定行为并不会造成环境重大且无法恢复等负面影响，所以应当排除在行政主体执行管控与规范之外的主张，必须由行为主体自行提出举证而否定相对方的指控。也因此对于高度预防原则的见解，有部分人士即提出可能造成杯弓蛇影式的行政管控与规范作为的发生。实际上，在导入预防原则概念的实体法当中，多数规定要求行为主体对于本身所掌握的相关重大信息，必须承担起相应的信息提供义务或是调查义务。

但是与"防患于未然原则"不同的是，"预防原则"虽然在多数国际文件中被采纳，但仍旧未被确立为国际习惯法上的原则。因此在日本也并未完全导入环境法制当中。

日本环境诉讼中对于"预防原则"的讨论与运用，主要出现在两个方向：第一，规范权限行使的违法性阻却理由是否成立？第二，缓和因果关系举证的困难程度。

2008年9月，那霸地方法院在处理温泉场排水造成系争土地地下水污染事件时，虽然否定当地地方自治团体公布系争信息的违法性，但仍被学界视为预防原则的适用事例之一。亦即，该法院站在与预防原则相近的立场，认为系争事故的因果关系存在科学的不确切性，肯定了行政机关采取相关规制权限的正当性。同样于2008年9月，由大阪地方法院所作出的杉并病原因裁定，在无法确定污染源的情况下，认定由系争设施所排放出来的不特定化学物质是造成周围区域居民健康受损的主要原因。2012年的东京大气判决也是在无法查明特定物质的情况下，认定由汽车排放出来的废气是造成道路周围居民罹患支气管病症的主要原因。这些判例都是法院适用"预防原则"，进而降低因果关系立证责任困难度的结果。

4. 污染者支付原则（PPP）

污染者支付原则指的是超出可容许范围程度的污染防治费用，需由污染源造成者所负担。这项于1972年由OECD所提倡的原则，不仅落实在日本处理防治污染费用的主体分配上，也适用于环境复原费用及受害救济费用等计算模式当中。因此有学者评价此原则的运用，更加符合国家在执行防治公害上应具备的公平正义原则。而该原则不仅落实在《环境基本法》（第8条及第37条等）、《大气污染防止法》（第25条）和《水质污浊防止法》（第19条）等法条中，在司法实务中的适用亦鲜少有争议出现。

但是在2011年7月的东京地方法院判决当中，针对《公害防治事业费用事业者负担法》（以下简称《负担法》）中，所规定的"事业者"的定义内容有所异议。审理此案件的东京地方法院所作出的判决指出，对于《负担法》第3条所规定的事业者主体，基本上是以在过去、现在及未来的任一时间点上从事造成公害污染原因的事业活动，并确有从事该活动为判断原则。此类主体与不具法人人格的主体，只要没有从事与造成公害污染原因的事业活动相同的业务内容，即可不被认定为该法第3条所称的事业者主体。基于此理解，东京地方法院乃认定承接过去由B1公司经营并遗留下来的受污染的化学工厂遗址的B2公司，并非造成该遗址土壤污染的事业主体。故判断行政机关对于B2公司所作成的公害污染防治费用事业者负担决定的行政处分违法，因而支持原告要求主管机关撤销系争处分的请求。但是2008年8月，同样由东京地方法院所作出的判决中，东京地方法院认为曾被认定为造成公害污染原因的事业主体，即使在经过与他家公司整并而另外成立新的公司法人，该公司法人仍应视为是适用《负担法》第3条规定的事业主体。

5. 环境权

截至目前，日本的实体法中仍无具体的法文规定保障人民的"环境权"。因此，此权利主张依然停留在学说讨论与相关争讼的判决内容当中。而"环境权"的主张发展迄今，有以下几种观点：第一，环境权是具有裁判规范性的私权；第二，环境权是对于因为自然环境破坏所造成的侵犯（个人）幸福行为的防御权；第三，环境权是基于维持个人最底线之健康且文化生活水平的社会权（来自《日本国宪法》第25条保障人民生存权的观点）；第四，环境权是保障人民参与立法和行政决策过程的参与权。

实际上通过对日本《环境基本法》第 3 条与第 19 条的文义解释，已可具体地导引出人民享有获取充分的环境信息和参加国家制定与执行环境政策等过程的权利。①

二 日本环境司法制度的经验与不足

依据前述各项原则及权利主张，在日本法既定的行政、民事及刑事诉讼制度下，日本环境诉讼具备多样化的特征。以下即分析整理其概况，并摘录几则新近判例，进行分析介绍。

（一）环境行政诉讼

理论上，日本《行政事件诉讼法》中所规定的各项诉讼类型，都可作为人民想要提起环境行政诉讼的手段。但实际上，行政诉讼当中的"处分撤销诉讼""非申请型赋予义务诉讼""处分执行中止诉讼"和"处分无效诉讼"等诉讼类型较多见。在环境行政诉讼中，原告想利用主观诉讼中的抗告诉讼解决环境争议时，处分性的存在与否以及原告是否适格等要件，往往是提起诉讼时难以克服的问题。因此，原告也常利用客观诉讼中的"民众诉讼"（亦即住民诉讼），作为寻求解决争议的手段。

1. 理论与制度内容

从日本环境诉讼的形式观之，环境诉讼大致可分为：第一，生活妨害类型；第二，民间企业开发类型；第三，公共事业开发类型；第四，环境规制类型。而环境行政诉讼大多集中于后三种诉讼类型中。但是由于行政诉讼中对于行政处分的"处分性"认定与"原告适格"的要件判断极为严格，因此常常导致原告利用环境行政诉讼手段后难以达成目的。

（1）处分性。

根据 1964 年 10 月日本最高法院的判决，② 所谓（行政）处分乃是指身为公权力主体的国家与地方自治团体，依据法律，直接促成国民权利义务的发生并确定其范围。有学者依照该判例的内容，主张行政机关的作为具有"处分性"者，原则上应具备：一，除有事实上影响以外，亦有发挥法律制约效果者（法效果性）；二，其作为是针对具体的个别行为者

---

① 越智敏裕：《環境訴訟法》，日本評論社 2015 年版，第 127—134 页。
② 最一判昭和 39 年 10 月 29 日民集 18 卷 8 号 1809 页。

(个别具体性）；三，任一方的行为乃是行政机关依法所形成的内容者（公权力性）。

实务上针对"处分性"，争议包含行政机关所作成的行政计划的处分性存在与否，以及基于个别环境法规所作成的行政立法（法规命令）是否具备处分性等问题。

（2）原告适格。

A. 原告适格的判断结构。

（a）受法律保护利益说。

根据日本《行政事件诉讼法》第9条第1项的规定，能够提起撤消诉讼者乃是具备法律上利益之人。换句话说，基于某项（行政）处分，而导致自己的权利或是受法律保护的利益受到侵害，或者是必然地有受到侵害之虞的人，才会被视为符合原告适格的要件。此项见解也受到判例的支持，而同样适用在其他的抗告诉讼类型以及行政处分不服审查制度当中。

另外，依照2006年最高法院所作出的小田急判决，[①] 日本的司法实务也同样认定受到具有争议的行政处分影响的第三人，在特定条件满足的前提下，享有受法律保护的利益而得以提起诉讼，并对抗来自公权力的可能侵犯。其特定条件的内容有：第一，作出行政处分的法律法规内容；第二，具有共通目的之相关法律法规的主旨及其立法目的；第三，基于该行政处分的执行而应当被顾虑到的受侵害前利益的内容与性质；第四，其受侵害的形态与程度。

（b）原告适格要件论。

判断原告是否确为利害关系人，首先，需要确认原告主张受到侵害的权利利益是否属于系争（行政）处分所依据的法律法规之保障范围，而这个保障范围是指狭义意义上的。例如，在特定区域里已营运的事业者的经济利益，在相关法律法规规定下，可视为营业权而接受法律法规的保护。但是对于新加入事业者的许可处分，若是要提起撤销诉讼要求行政机关撤销系争行政处分时，则必须在该系争行政处分所依据的法律法规当中，寻找是否有保护既存事业者经济利益的相关规定，若是没有，即不符合原告适格的要件。

[①] 最大判平成17年12月7日民集59卷10号2645页。

其次，则是个别保护的要件。即便原告所主张的权利利益满足了上述关于属于法律法规保护范围的要件，若是在行政处分的主要依据法律法规或是相关法令当中，没有办法解释出得以具体地且个别地保护原告所主张的权利利益，则法院依旧会否定原告是能够提起诉讼的主体。司法实务上，原告所主张的权利利益因为无法满足个别保护的要件，导致被否定其适格条件的案例也不鲜见。

例如，1989年6月最高法院所作出的伊场遗迹判决①中，部分原告所主张的国民会因为国家文化财受到保存与活用而获取的利益，应当被法令中所规定的公共利益之目的所吸收。而国民的利益也会因法律实践中所实现的公共利益得到彰显。至于另一部分具有学者身份的原告所主张的学术研究上的利益，则因为法令中并无对该项主张的权利利益的特别规定，因此最高法院对其主张的权利利益也予以否定。因此有学者分析本案中原告所主张的研究文化财的权利利益，以及享受自然环境的权利利益都是被公共利益所吸收的"反射性利益"，并非行政诉讼制度当中能够成为支持原告适格要件的权利利益。

B. 原告适格要件判断的现况。

日本国会于2004年通过《行政事件诉讼法》修正案（以下称《行政事件诉讼新法》）之后，法院对于原告适格要件的判断在相当程度上缓和了许多。但是最高法院在2009年10月15日所作出的卫星售票站大阪判决②中，对于原告适格要件放宽的司法实务现状进行了大幅度的调整。

在该判决中，最高法院认为居住在预定建设自行车竞技赌博场外之卫星售票站附近的居民在提起撤销该行政处分的诉讼当中，其主张的"生活环境利益"基本上属于公共利益的一种，因此在相关法律法规当中若是没有特别保护该等利益的条文规定，即无法成为得以满足撤销诉讼中对于原告适格所要求的受法律保护的利益内容。而一般法律法规在制定当中，往往不会考虑到人民在行政诉讼发生时需要满足原告适格要件的需求，因此有学者分析这个判决结果大大地限制下级法院将来对于原告适格要件满足与否的判断。

受到前述判决的影响，日本学界与实务界提出了"团体诉讼"制度

---

① 最三判平成元年6月20日判时1334号201页。
② 最一判平成21年10月15日民集63卷8号1711页。

的立法意见。其中有学者认为团体诉讼制度的创设，不仅符合目前最高法院对于个别保护要件的重视倾向，也能够重新开拓司法机关积极介入与解决环境污染问题的道路。

2. 相关诉讼分析

日本在《行政事件诉讼新法》中增设了"赋予义务诉讼"这一新的行政诉讼类型，同时根据《行政事件诉讼新法》第 3 条第 6 项的规定，该诉讼类型又分有"申请型"与"非申请型"两种。在新近的判例当中，有关水俣病认定（申请型）事件和关于非法堆放事件（非申请型）的两则最高法院判决较受瞩目。

（1）2013 年 4 月赋予水俣病认定义务的熊本诉讼最高法院判决[①]。

水俣病的存在被日本政府在 20 世纪 70 年代前后正式确认以来，陆续地通过民事损害赔偿诉讼或国家赔偿诉讼等法律手段，为受害人寻求救济。在 1973 年 3 月熊本地方法院及 2004 年 10 月的最高法院判决中，原告（受害人）都先后取得了胜利的果实。然而，因该环境污染所造成的影响过于深远，经过近 40 年以后，日本政府仍无法在处理由水俣病所造成的负面影响上，获得圆满的结尾。

对于因水俣病公害所造成的个人健康受损问题，早在 1969 年日本政府即完成了《关于救济起因于公害之健康受损者的法律》（1973 年废止）的立法工作，企图使健康受损的国人能够获得比寻求司法诉讼更为简易且迅速的行政救济手段。基于前项立法规定，人民可通过向行政机关提出申请的程序，成为国家指定疾病的认定患者，从而获得疗养费用等补助。1973 年前项法律废止后，取而代之的是《关于公害健康受损补偿等事项的法律》（以下简称《公健法》）的施行，同时也扩大了前述费用补助的内容。但是即使如此，因水俣病而导致个人健康受损的人民迄今仍有大部分无法获得救济，原因在于相关政府单位在批准个人成为水俣病认定患者的程序及相关要件设定上过于繁复及严格，特别是有别于重症患者，病症仅发生在四肢末端神经的触觉障碍患者，一直以来，虽然可以提出其病因确实是由水俣病而引起，但始终无法符合公定的认定标准，而被排除在救济对象以外。

2013 年 4 月 16 日，最高法院对于一位向行政机关提出申请认定手续

[①] 最判平成 25 年 4 月 16 日判时 2188 号 42 頁。

后，却被延宕了 20 多年之久且去世的患者的继承人所提出的请求加以支持。这则判决因为是最高法院首次肯定上告人（原告）所提出的赋予水俣病认定义务请求的案例，因此受到学界的瞩目。此项判决的意义，有以下两点。第一，相关法律法规当中并无必须将水俣病的病症内容作狭义性解释的条文规定存在，因此最高法院认为基于科学研究结果而来的水俣病内容定义，应当与成为实体法的条文概念上的水俣病定义内容相同而无二致。因此认定上告人所提示的仅存在触觉障碍病症的水俣病，也同样涵盖在法律条文中所规定的水俣病的病症范围内。换句话说，最高法院通过司法的力量，进一步地确认与支持科学研究的成果。第二，最高法院认为应该遵循经验法则的操作，综合性地检讨发生在个别具体事案当中的众多要素环节，以及相关证据，并且对于个别的具体的症状与促成疾病发生的原因物质之间所存在的个别因果关系进行审查。

（2）2011 年 2 月非法堆放（物）处置命令等赋予义务请求事件第二审判决[①]。

即使实体法中的规定并未赋予人民享有申请的权利，但是对于因事业主体从事违法行为而受到影响的周围居民能够通过提起赋予义务诉讼的手段，要求相关行政机关行使其规制权限，这不仅是 2004 年日本《行政事件诉讼新法》中创设"非申请型赋予义务诉讼"制度的最大特色，亦被学界期待能够在环境诉讼当中发挥积极作用。2011 年由福冈高等法院所作出的本判决即在前述期待中受到瞩目。

本判决是居住在产业废弃物处理场周遭的居民，基于该处理场违法堆放在处理场中的废弃物而造成生活环境恶化的可能性，根据《关于废弃物处理及清扫法》（以下简称《废扫法》）第 19 条之 5 第 1 项的规定，要求福冈县政府行使规制权限的赋予义务诉讼。第一审基于其生活环境恶化可能性不明确等理由，驳回原告的请求，本判决中原告则获得福冈高等法院的支持而胜诉。之后福冈县政府虽然提起上诉，但因最高法院作出撤销上诉及上诉不受理等决定，而使得本判决成为本案的终局判决。

本判决中值得注意的是，福冈高等法院在判决当中明确提出判断行政机关应在何时行使处理地下水污染规制权限的几点要件：第一，有可能造成危害人民生命及健康之虞的事实存在；第二，系争地理位置的地下污

[①] 福冈高判平成 23 年 2 月 7 日判时 2122 号 45 页。

染问题最少要明确存在可追溯到6年前事实即已发生的证据;第三,为避免危害发生及扩大,除行使规制权限以外已无其他适当手段存在等。福冈高等法院根据前述三要件,判断福冈县政府在当时的时间点上没有行使规制权限,乃有违反前述《废扫法》的立法宗旨与目的,同时参照规制权限的性质,认为福冈县政府不行使该规制权限有失合理性,而超出或是滥用其可裁量的权限范围。

(二) 环境民事诉讼

日本的环境民事诉讼以"损害赔偿请求诉讼"及"执行中止请求诉讼"两种类型居多。其作用侧重在事后救济的部分,但是近年来人民基于排除污染的持续发生及预防污染发生等目的,而活用执行中止请求诉讼的例子也有增加之势。

1. 理论与制度内容

日本环境民事诉讼制度的关键点,大概有以下几点:第一,损害赔偿请求的要件;第二,行为主体的故意过失与无过失责任;第三,违法性;第四,因果关系;第五,共同侵权行为;第六,损害内容;第七,期间限制;第八,公共设施设置管理与国家赔偿责任;第九,停止(侵害)请求;第十,抽象性侵权行为等。

基于《日本国宪法》第17条"人民对于国家与地方自治团体的违法性行政活动享有国家赔偿请求权"而制定的《国家赔偿法》第2条规定,人民在因国家公权力的行使或是不行使而遭受损害,或者是因为公共设施设置管理责任履行上的瑕疵而遭受损害时,享有国家赔偿请求权。因此,国家赔偿诉讼也是环境民事诉讼的重要一环。[1]

2. 相关诉讼分析

以下针对近期民事执行中止诉讼及国家赔偿诉讼中,较受学界瞩目的判决进行整理介绍。

(1) 2014年5月大饭核能发电厂福井地方法院第一审判决[2]。

在日本发生福岛第一核能发电厂事故之前,日本判例法中已累积了相当多的关于核能发电厂的判例,但是其判决结果最后多是以原告败诉收场。过去有关核能发电厂这样牵涉高度专门技术的案例,司法机关多持尊

---

[1] 越智敏裕:《環境訴訟法》,日本評論社2015年版,第82—103頁。
[2] 福井地判平成26年5月21日 LEX/DB25503810。

重行政判断的观点而处理之。但是在 2011 年 3 月福岛事故之后，与核能发电厂有关的争讼则大致区分为两类：一类是"受害者救济型诉讼"；一类则是"废除核电厂型诉讼"。日本政府在福岛事故发生后，虽然成立了核能损害赔偿纠纷解决中心，试图通过诉讼外纠纷解决的手段，达成简便且迅速救济核能受害者的目的，但是对于政府所提供的救济内容不满的人民仍旧不在少数，多数散居在日本全国的核能受灾民众依然选择提起民事损害赔偿请求诉讼，寻求更进一步的救济。另外，废除核电厂型诉讼散见在行政诉讼与民事诉讼当中。截至 2015 年，日本全国至少有 20 例以上的废除核电厂型诉讼在各地法院陆续展开，本判决即是其中一例。

本判决的原告，包含居住于大饭核能发电厂第 3 及第 4 发电机房附近的当地居民在内的全国人民。原告基于人格权等权利保障，向管理该核电厂的关西电力公司，提起要求该核电厂不得继续营运的民事执行中止请求诉讼。担任第一审的福井地方法院基于福岛事故发生的事实，不仅在判决内容中批判过去司法机关对于核电厂的相关争讼始终抱持尊重行政判断的不当倾向，亦支持了居住在核能发电厂机房半径 250 公里以内的居民所提出的执行中止请求。

（2）2013 年 12 月泉南石棉事件国家赔偿诉讼判决[①]。

从 20 世纪初开始，大阪泉南地区便以石棉（纤维）纺织业作为地方特色产业发展地方经济，全盛时期该地区曾经开设 200 家以上中小规模的石棉关联工厂和工坊。其中大多数都是只有不到 10 名员工的小工坊，而且很多小工坊的场址就设置在包含工坊员工宿舍的一般住宅地和农地附近，因此在该地区发生的因石棉纤维引发的肺部或呼吸系统疾病，除了工坊从业者以外，还有当地居民。当疾病的病源清楚地指向当地四处可见与飘散的石棉纤维以后，除了工坊从业者以工伤为由所提起的损害赔偿诉讼以外，也包含了当地居民以国家规制权限不行使放任公害污染扩大，并导致大规模相似疾病发生为由所提起的国家赔偿诉讼。本判决便是在此背景下，法院第一次作出全面肯定国家赔偿责任，并支持原告所主张的长达 37 年（1958—1995 年）国家不作为之违法性。

（三）环境刑事诉讼

日本环境法规当中对于惩罚规定的内容有逐年强化的倾向，根据学者

---

① 大阪高判平成 25 年 12 月 25 日 LEX/DB25502748。

的分析,日本环境刑法除了具备行政从属性之外,在污染可能具有抽象性危险的阶段,也在逐渐发挥其预防与事前抑止污染扩大的功能。

1. 理论与制度内容

除相关环境法规中的罚则规定,通过修法有逐年强化的倾向外,环境法规中的罚则规定不仅采取对于造成污染发生的行为人直接惩罚的原则,亦采取对其可能所属法人进行惩罚的两罚原则。

举例来说,《关于危及人体健康公害犯罪处罚法》(以下简称《公害罪法》) 第 2 条及第 3 条规定,因故意或是过失,伴随工厂及事业场所营运的企业活动排出危及人体健康物质,使得公众生命及人体健康遭受危险侵害者,须依照规定处罚。该法除了具备在危险发生阶段中即可惩罚、主动推定企业活动与危险造成之间的因果关系成立等特色之外,还在第 4 条规定了两罚原则。不过在 1987 年 9 月及 1988 年 10 月由最高法院所作出的两项判决中,分别对于《公害罪法》所规定的"排出"行为进行了狭义性解释,限定了该法规定的适用范围,因此实务上适用该法的案例尚属少数。[①]

2. 相关诉讼

以下整理介绍两则较重要判决。

(1) 2006 年 2 月喜多方市工厂厂内非法堆放事件最高法院决定[②]。

喜多方市市内的工厂把铝合金提炼精制过程中产生的污泥和瓦砾碎石类,擅自埋放在自家工厂厂址内,居民基于《废扫法》的规定,以非法堆放罪举报并提起公诉。虽然被告主张只是把废弃物堆积在自己工厂内的指定场所,而不是任意丢弃废弃物,但是最高法院根据相关证据判断,依照该当废弃物的样态及堆放期间的事实,认为该工厂并非视废弃物为暂时堆放物品,而是视为放弃管理的非需要物品。即便是堆放在自家工厂厂内,鉴于《废扫法》的立法目的乃在保护人民生活环境及增进公共卫生,裁定支持第二审认定被告有罪的高等法院判决。

(2) 2014 年 12 月滋贺县一级河川管理地非法堆放受核能污染废弃木材事件。

2014 年 1 月,受到核能放射线污染的废弃木材被业者以不当手段非

[①] 北村喜宣:《環境法》,有斐閣 2015 年版,第 254—260 頁。

[②] 最二决平成 18 年 2 月 20 日刑集第 60 卷 2 号 182 頁。

法推放到滋贺县高岛市管理的一级河川地鸭川左岸琵琶湖流域附近的河岸及邻近民有土地上，在滋贺县政府主动行使相关规制权限改善该状况前，由滋贺县县民及关注环境问题的学者等所组成的市民团体，以该业者涉嫌违反《废扫法》以及《河川法》的相关规定，而向滋贺县县警与管辖该地区的大津市检察署举报该违法行为。

早在市民团体进行刑事举报之前的2013年9月，该非法堆放问题即被察觉，且由滋贺县政府委托相关机构就废弃木材造成放射线污染的可能性，进行调查与确认。同时由其他民间业者撤去该非法堆放的废弃木材。但是因为滋贺县政府迟迟没有对非法堆放的业者采取司法诉讼手段追究行为人与该当法人的法律责任，因此市民团体的刑事举报促使滋贺县政府更加正视此问题，实际上经市民团体举报后，滋贺县政府在2014年3月亦正式对有涉案嫌疑的两名行为人和进行木材堆放工程的法人代表，向滋贺县警察本署提出刑事举报书，并具体追究系争人等的刑事责任。

该刑事举报经滋贺县警察本署受理，对该当事人予以逮捕并分别在2014年11月及12月进行两次公审，由于当事人对于公诉的事实坦承不讳，因此大津地方法院在第二次公审结束后即依法判处被告（主要指非法堆放行为进行的A氏）1年6个月的有期徒刑并科罚金100万日元。[①]此案自警察本署受理到正式宣判，所花时间极其短暂，确实发挥到前述学者所分析之环境刑事诉讼制度所具备的预防污染扩大的功能。

三 日本环境司法制度的启示

自20世纪70年代由日本大阪律师组织提出"环境权"概念以来，虽然日本学界不断地将其权利概念加以深化并试图具体化，但是其中对于保全人民重要生活环境的权益核心，究竟应属于宪法上权利而赋予国家机关义务，还是仅仅应停留在立法政策上，仍旧是个悬而未决的难题。而这也是日本司法实务界始终指摘"环境权"此一权利概念不明确，其内容亦不确定的原因。另外，虽然有很多地方自治团体基于环境保全的目的制定相关地方性法规，并在法规条文中对"环境权"加以定义，但是在国家立法层次上，即便是具有指导性意义的1993年《环境基本法》规定日本环境政策施行的基本理念的第3条当中，依旧没有使用"环境权"一

---

① 滋贺县公报平成27年5月11日。

词，因此迄今日本在国家立法层面并不存在有明确保障"环境权"的相关条文规定。

有鉴于"环境权"法理解释上的困难，日本学者中山充试图在明确"环境权"的法理定位之余，通过对于现行法的综合性法理解释，认为有"环境共同利用权"此一权利形态存在。

所谓"环境共同利用权"，依据中山充的定义，指的是对于特定的环境以能够促进共存的内容与方法，让多数人民得以共同利用的权利。[①] 所谓"利用"，不仅包含呼吸清洁的空气、享受在该当环境中进行休闲活动等积极行为，也包含为促进人民身心健康发展保护该当环境，并享受其所带来的利益等内容。因此"环境共同利用权"所指称的环境包含空气、土地、水（海洋、河川）等所有自然公物，而人民因为"环境共同利用权"的权利主张，享有国家行政机关保护所有自然公物远离任何可能污染的重要环境利益。针对特定的环境，其主要利益享有者指的是在当地居住与工作的人群。

目前在实务上，为了保护在当地居住与工作的人群能够确实享受到前述生活环境上的利益，通过地方自治团体，促成市民组织与该当地区内营运并可能排放造成环境污染的有毒物质的企业之间订立"公害防止协议"或是"环境保全协议"的实践例子颇多。该当协议不仅具备合同的法定效力，其内容亦明确了人民享受环境共同利用权的具体内容，并提供给当地人民具实效性的司法救济手段。值得注意的是，中山充强调由"环境共同利用权"所导引出来的生活环境利益始终具有公共性，因此共同利用的具体内容及方法必须是基于多数人的意思主张加以确定。前述协议签订时必须有地方自治团体的介入与见证，其目的也在于确保协议的内容符合全体居民对于环境利用的共同理解。因此，"环境共同利用权"的具体内容若是需要变更时，必须通过立法及行政程序进行，行政机关必须公开关于变更内容是否适当等重要判断信息，让全体居民知晓，并吸取全体居民的意见，同时尊重其意见并有效地反映在立法与行政程序执行过程中。

若是关于环境保护的行政规制无法发挥作用时，居民就可以基于"环境共同利用权"的保障，向该当行政机关提起行政诉讼并要求其实施

[①] 中山充：《環境共同利用権—環境権の一形態》，成文堂2006年版，第111頁。

改善措施。中山充认为,若是在地方立法或是国家立法层次上能够制定保障"环境共同利用权"的相关条文,在行政诉讼中对于行政机关处分的违法性判断就能够更加简单明了。

有关"环境共同利用权"的限制,中山充提出必须以作为基本人权的"环境权"为判断标准。换句话说,"环境共同利用权"的具体内容虽然是通过受影响的当地全体居民决定,但是必须受到个人所享有的"环境权"此一宪法上的权利的制约。具体来说,第一,对于环境共同利用的内容与方法必须实现保障人民生命安全及健康的绝对目的;第二,必须保护人民及全体人类生存与幸福追求密切相关的生态链;第三,必须确实地考虑到下一世代的利益并尊重环境本身原有的价值等。①

第七节　我国台湾地区环境司法制度与启示

一　我国台湾地区环境司法概况

(一) 我国台湾地区环境司法发展历史

20世纪80年代末,台湾掀起了一股"自力救济"② 的旋风,台湾民众通过游行、抗议、对抗等方式在劳工权益、妇女权益、教育等问题上表达自己的意见。与此同时,随着工业化的发展,我国台湾地区环境污染加剧,公害事件层出不穷。为应对环境的日益恶化,民众自发组成草根团体进行环境抗争运动,运动最开始主要针对中小型企业,其基本的诉求为停止污染、迁厂和争取赔偿。根据台湾环保署的统计,台湾的环境抗争事件从1987年的6件激增至1989年的108件,其中较为著名的五个环境抗争运动分别是:鹿港反杜邦环境抗争、高雄后劲反五轻环境抗争、新竹李长荣化工环境抗争、高雄林园环境抗争、北桃六乡不明公害环境抗争。而环境抗争运动也逐渐发展成为自力救济中发生最早、分布范围最广泛、最引人关注的一个方面。其中最著名的是1986年彰化县的鹿港反杜邦运动被视为当代台湾环境主义运动发展的重要转折点。

---

① 中山充:《環境共同利用権—環境権の一形態》,成文堂2006年版,第300页。
② 有关"自力救济"在这一时期之抗争活动,参见张茂桂《民国七十年台湾地区"自力救济"事件之研究》,"行政院"研究发展考核委员会,1992年,第95—122页。

1985年，杜邦公司经政府批准，在彰化鹿港镇附近的彰滨工业区设厂，生产二氧化钛，预计投资一亿六千万美元。该项目的批准建设并未征求当地居民的意见。鹿港镇居民长年忍受化工污染，担心该设厂计划将带来更大的污染，彼时正值1984年印度博帕尔毒气泄漏事件震惊世界，更加深了居民的担忧。1986年3月，鹿港镇民数万人联名陈情台湾地区最高立法、行政、司法等相关单位。并积极组织开展抗议、游行，宣传反杜邦设厂的诉求。后其诉求逐渐赢得媒体之注意，获得外界的广泛支持，迫使杜邦公司采取行动与鹿港居民说明协商，但由于双方利益矛盾尖锐无法达成和解。1987年，迫于舆论压力，杜邦公司宣布撤销在彰滨工业区设厂的计划。反杜邦运动影响深远，在台湾环境运动史上创下了首个阻止政府既定政策的成功案例，被认为是台湾环境运动发展之里程碑。在该运动的刺激之下，"彰化县公害防治协会"得以成立，同时加速了环境保护在台湾行政体系中的组织化与制度化，促成了1987年环境保护署的成立。[1]

（二）环境抗争运动中的司法缺失

法院具有解决社会矛盾与纠纷的应然功能，然而根据学者的观察，在此一时期法院在解决环境纷争上几乎是缺席的，大多数的环境纷争都是由地方民意代表"乔事"[2]解决。这一时期环境纠纷解决的一个突出特点即地方政治人物在环境纠纷中担任着重要角色，民众通过游行、示威、陈情等方式表达抗议，通过民意代表或委员出面促成双方谈判、调解解决纠纷。这一时期，出现这种局面的原因主要有二：一方面由于派系政治结构，民意代表为获得更多选民的支持而乐于尽量满足民众的意见；另一方面民众因政治环境长期遭受忽视和不公平对待，法院囿于其冷酷的语言表达与被动的法律地位设定，难以满足民众所需的情感慰抚和受尊重的功能。[3] 因此在当时背景之下，民众放弃司法救济而频频寻求民意代表的支

---

[1] 王宏仁等主编：《跨戒：流动与坚持的台湾社会》，台湾群学出版有限公司2008年版，第251页。

[2] 乔事是指我国台湾地区民意代表通过斡旋或是调解的方式处理民事纠纷的方式，参见叶俊荣《我国公害纠纷事件的性质与结构分析：自民国77年至79年》，载叶俊荣《环境政策与法律》，元照出版社2010年版，第269—311页。

[3] 张英磊：《多元移植与民主转型过程中我国环评司法审查之发展——一个以回应本土发展脉络为目的之比较法分析》，博士学位论文，台湾大学法律学院法律学研究所，2009年。

持，有其一定的合理性。但长久来看，以民意代表的热忱为基础的环境纠纷解决机制缺乏对于程序正当性的认知，缺乏对事实的理性判断和法律逻辑推演，其缺陷也十分明显。引得当时政府批评此一现象"欠缺科学依据"，而急欲建立新的制度替代此一纷争解决模式，之后有了"公害纷争调处条例"与"环境影响评估法"等一系列法律、政策的出台。

（三）民主时期环境纠纷的司法审查

我国台湾地区于1987年成立"环境保护署"，环保署初期以问题应对为导向，分别制定各种单行法包括："环境影响评估法""空气污染防制法""噪音管制法""水污染防治法""废弃物清理法""饮用水管理条例""环境用药管理法""公害纠纷处理法""水利法""自来水法""森林法""水土保持法""野生动物保育法""渔业法""区域计划法"等。这些法律虽然对特定领域的环境问题的解决起到了一定的作用，但也暴露出法律法规之间缺乏冲突协调机制，于是环保署于2002年出台"环境基本法"。与此同时，随着环境立法体系的建立与完善，环境纠纷的司法制度也逐步建立起来。

起初，对于环境纠纷的处理，除传统的环境民事侵权诉讼外，法院对其他环境公益侵害类型，包括环境行政公益诉讼和环境民事公益诉讼都持十分谨慎的态度。主要体现为在环境民事公益诉讼方面对环境民事公益诉讼原告资格与举证责任要求较高，在环境行政公益诉讼方面则尽量避免司法介入行政裁决领域。以环境公民诉讼为例，法院普遍认为环境公益诉讼系属主观诉讼的例外，不宜过度扩张，因此须以法律有特别规定者为限。所以，我国台湾地区的法院将公民诉讼的范围严格限制在"空气污染防制法"第81条、"土壤及地下水污染整治法"第49条、"废弃物清理法"第72条、"水污染防治法"第72条、"海洋污染防治法"第59条及"环境影响评估法"第23条之中。在我国台湾地区的法院判决中，曾出现大量虽涉及公益但是因"土地法""水利法""都市计划法""公务员服务法""建筑法"及其他相关之法律中不存在公民诉讼条款而诉讼请求被驳回的裁判。这一现象在"环境基本法""环境影响评估法"出台后有所变化，法院开始对政府的环境行政裁决行为进行司法审查，并且降低了环境民事诉讼的门槛限制。

（四）我国台湾地区环境行政诉讼与环境民事诉讼

综观台湾现行环境司法制度体系，主要分为两个部分：一是环境撤销之诉和环境行政诉讼制度，包括受害人及利害相关人可以提起诉愿或撤销诉讼，或者通过行政诉讼的环境公益诉讼维护权益，或者一般民众可提起公民诉讼。二是环境民事诉讼，通过"环境损害赔偿（责任）法"（含"民法"第 191 之三条）和建立完善的环境责任保险法制来对民众予以救济。1992 年我国台湾地区制定"公害纠纷处理法"，其中规定公害纠纷的处理主要包括三种形式。除诉讼外其他两种纠纷处理形式为：（1）调处。调处是指政府部门中设置处理环境公害纠纷的专门机构。该机构中分为直辖市、县调处委员会以及环保署的裁决委员会。直辖市及县政府设立的公害纠纷调查委员会调处公害纠纷，"行政院"环保署设公害纠纷裁决委员会，裁决经调处或在调处不成立的公害纠纷的损害赔偿事件。调处成立之后，应当制作调处书，于调处成立之日起七日内将调处书送管辖法院审核。法院审定后，与民事判决具有同等效力，当事人不能另行起诉。（2）裁决。根据"公害纠纷处理法"第 33 条规定，调处事件经调处或调处不成立，当事人可以就同一事件的损害赔偿问题申请裁决委员会裁决。裁决书应当由裁决委员会在法定期间内送交法院审核，法院审定后，与民事判决具有同等效力。

在台湾，除了管制部分是由行政机关作出具有法定拘束力的决定外，民众如果受到不法侵害，通常会选择诉诸法院来解决。由于民事上的救济在现行环境损害体系上还有许多欠缺之处，除可依照公害纠纷处理方式解决环境案件纷争外，当事人如无法通过调处及裁决来达到纠纷处理的目的，当然由法院民事救济。但法律救济途径对污染者或者受害者而言，也并非完全有效的方法，原因在于：首先，对于许多有关专业性及科技性事务的确定，立法者均未作出完整的规定，这些不确定法律概念及概括授权条款，把有关科技性、技术性、数据性及细节性的事项交由行政机关去规定。因此在司法救济过程中，立法者所授权的那一部分，法院相对地会尊重行政机关的专业判断，虽然并非绝对没有审查权限，但也会影响到法院判决。其次是环境保护相关的司法人员，有关环境法的专业知识及能力不足，这也是造成环境法上救济困难的原因。最后，法律本身必有漏洞，在执行法律规定的时候也会有所偏差，而由于民众明白诉讼程序冗长，耗费大量人力财力，所以其更倾向于选择比一般法律救济更迅速及花费最小的求偿途径。因此，环境司法救济途径反而成为民众"最后的选择"。

二 我国台湾地区环境司法制度的经验与不足

(一) 环境影响评价审查的司法介入

1. 环评撤销重要案例

(1) 美丽湾度假村开发环评撤销案。美丽湾度假村位于台东杉原海岸，是一个接近半月形的美丽海湾与沙滩，过去原被辟为海水浴场。属于台湾阿美人聚居区。周边包含新石器时代富山文化及麒麟文化的杉原遗址，另外依"中央研究院"生态多样中心于2008年关于《台东杉原湾海洋生态与生物多样性调查报告书》所记载，美丽湾一带含有丰富的渔业和生物资源，是兼具生态与历史文化价值的珍贵宝地。

2004年，当地政府与美丽湾公司签订《征求民间参与杉原海水浴场经营案兴建暨营运合同》，以政府特许经营的方式将该地交由美丽湾公司进行开发，开发面积合计59956平方米。该公司于2005年2月以开发需要为由，函请当地乡发展处同意将建筑标的合并再进行分割。以规避《开发行为应实施环境影响评价细目及范围认定标准》（以下简称《环评标准》）第31条的规定，即山坡地开发面积超过10000平方米，应进行环境影响评价。当地政府于同年3月以"配合开发需要"为理由，同意办理土地合并及分割，使得该建筑基地不必进行环境影响评价而可直接开发。同年10月美丽湾公司取得分割后部分土地上兴建旅馆的建造执照后，随即进行施工。项目实施过程中，该公司扩建建筑规划范围并出具环境影响报告书送审。当地聚落民众与环保团体认为，当初规避环境影响评价在先，等取得建筑许可执照并几乎完成主体建物后才又申请全区开发，借项目业已完全开发的既成事实，"绑架"政府不得不让全区开发案环境影响评价过关，违法情况明显，随即向法院提出环境行政公益诉讼，请求法院撤销环境影响评价通过的决定。美丽湾公司则以《环评标准》第31条山坡地开发面积超过10000平方米，应进行环境影响评价为依据进行抗辩，认为旅馆建设没有达到相应规定而可免于进行环境影响评价。

法院首先对本案项目开发面积的基本事实进行确认。本案涉诉标的，即被告征求民间参与杉原海水浴场投资经营案申请开发的整体面积应为59956平方米。虽然其兴建饭店所使用的土地面积为9997平方米，但是其开发基地同时位于《环评标准》所列的开发区位中，依《环评标准》第33条规定自应以较严格的细目及范围来认定，即以申请开发的整体面积 59956 平方米进行环境影响评价。所以，涉诉项目土地应依据《环评标准》第 31 条第 13 款第 5 目规定实施环境影响评价。并且美丽湾公司合并再分割基地的行为属于明显规避环境影响评价的行为，因此根据"环境影响评价法"第 14 条第 1 项规定，判定当地政府环评通过的决定当属无效。

（2）中科三期二次环评撤销案。2005 年，我国台湾地区中部科学工业园区管理局（下称"中科局"），提出中部科学工业园区第三期发展区，即后里基地—七星农场部分开发计划（下称"中科三期"）。诸多因素（其中最主要是政治干预）使得后里基地的环评案件高速通过，在七星农场环评送审前，中科局筹备处也已对外宣称中科局将开始动工建厂。环评审查小组在初次做成的结论时采取有条件通过或进入第二阶段环评的决定。但在最后的环评大会上有条件通过环评结论，其条件是中科营运前应提出健康风险评估，其中评估必须包含毒性化学物质紧急意外灾害类比以及正常或紧急情况排放毒性物质对居民健康造成何种影响。如有长期不良影响，开发单位应无条件撤销此开发案。在环评通过后遭到了当地居民与环保团体的强烈反对，中科局于是召开听证会并以统问统答的方式和当地居民及社运团体进行沟通和辩论，但仍未解决居民所有的疑虑。后里乡代表于听证进行期间向台北高等行政法院递状开展诉讼。

案件一审中，原告主张环评结论有瑕疵应予撤销。其理由有二，第一，政治施压影响环评。行政机关在环评审查期间一直对外放话应该通过环评，对审查委员的环评审查频频施压，因此环评通过的结论难保公正。此外原告指出有关机关代表如"行政院"研究发展考核委员会副主任委员等从未出席，也未对本案提出任何书面审查意见，仅于大会投票时出席投票支持有条件通过，因此环评投票方式存在明显瑕疵。第二，中科三期环评存在程序违法。根据"环境影响评估法"第 4 条第 2 款规定，环境影响评估程序于第二阶段始正式展开，第一阶段仅具初步筛选功能，其中并没有实质性的环评程序机制设置。根据"环境影响评估法"，若开发案对环境有重大影响则应进入第二阶段环评，但环评结论未记载开发案将对环境造成何等影响，无从判断应否进入第二阶段环评。显然违反"行政程序法"第 96 条的规定，要求行政机关作出决定应载明理由。遂请求法院撤销违法的环评处分。

一审台北高等行政法院认为：环评处分虽具专业性，原则上法院应尊重行政机关的裁量权，保持审慎态度，但并不等于法院只能容忍裁量的背景事实明显错误或者具有明显的重大程序瑕疵。在出现上述情形时，法院仍可依循大法官解释一贯以来的看法撤销不法的行政处分。一审法院查明，本开发案平均日设计污水量为63000立方米，是相当可观的数字。且排放区域所在都是重要的水源用地，对农民灌溉、当地居民用水、国民健康及安全等，均有严重影响。环评委员也多次提出质疑而开发单位并未予以合理说明，仅承诺将来营运后，会将排放量控制于1年750吨以下，以及会持续监督排放情形。法院认为，在开发单位未能说明污染严重性以及如何具体控制的情形下，就做成有条件通过的结论，明显有滥用裁量权的嫌疑，法院于是决定撤销环评结论。

被告不服向我国台湾地区"最高行政法院"提出上诉，上诉理由是根据"环境影响评估法"第8条，进入第二阶段环评必须存在污染事实，而本案项目并未产生污染事实。上诉法院支持了一审法院的看法，并且补充说明第一阶段环评从法规架构来看，只是从书面形式审查开发单位自行提出的预测分析，初次审查结论得出在可能对环境造成重大影响前提下，第二阶段开始才真正进入一个较缜密且践行公共参与的程序。根据"环境影响评估法"第8条规定："前条审查结论认为对环境有重大影响'之虞'，应继续进行第二阶段环境影响评估者"，可见进行第二阶段环评的要求只需要讨论对环境有无重大影响的可能性，不需要证明污染确实存在。因此二审法院判决环保署败诉。

终审判决后，环保署面对判决，一方面强调中科三期不是"自始未经完成（环评）审查"，因此不适用"环境影响评估法"中"目的事业主管机关于环境影响说明书未经完成审查或评估书未经认可前，不得为开发行为之许可，其经许可者，无效"的法条；另一方面通过媒体途径抨击法院判决，强调环保署依法行政，并且批评台北高等行政法院和"最高行政法院"的判决破坏环评体制。与此同时，环保署在2011年8月通过中科三期的补环评，持续替开发行为背书。居民愤而向"监察院"陈情，案件至此进入第二阶段的诉讼进程。

第二阶段的诉讼中，后里居民与公益团体作为原告主张被告环保署就中科三期2006年审查结论遭法院撤销后，并未依法重做环评，而以一边施工、一边进行环评续审，而环保署新的审查结论并非基于充分考虑做成，存在瑕疵。开发高污染产业，除了影响居民长期的健康外，更影响农民权益和粮食安全,以及白海豚等物种的生存空间。因此主张新的环评结论仍然属于不当的裁量权滥用,请求法院予以撤销。审判中环保署抗辩实质上本案均为重新审查,新审查结论相较2006年审查结论已有大幅修正,并无所谓的裁量滥用。

本案一审中,法院支持了环保署的裁决,认为即使被告边环评边动工的行为与先前的判决内容虽然有所抵触,仍不等于新环评无效。但二审法院强调在环评过程中,开发单位未曾停止开发行为,破坏环评制度的预防功能。另外新环评所依据的资料是2006年的状况,并未实际反映出开发地址的状况,难以认定环保署等单位已审慎思考相关影响环境的因素。新环评过程中,开发单位自己承认在健康风险评估定稿本中,没有将孕妇与婴儿等敏感族群纳入评估,也没有针对水污染等风险提出具体的预防方案。凡此种种,认定为一审尚未查明的事实,因而驳回一审判决发回重审。本案的最终结果是原被告双方在重审过程中达成和解,结束抗争八年的历程。

(3) 台北大巨蛋开发案。台北文化体育园区是我国台湾地区台北市信义区一座兴建中的都市开发区,由台北市政府于2002年成立"台北文化体育园区筹备处"开始规划,其主体为一座多功能室内体育场,另有商业用途的商场、影城、饭店、办公大楼、旅馆等附属设施。同时为跟早已经落成的台北小巨蛋做出区分,因此称为台北大巨蛋。2004年,台北市政府以BOT模式交由远雄集团旗下的远雄公司兴建与营运。

台北市政府环境影响评估委员会在2011年作出有条件通过环评的结论。台北市政府于2011年6月核准远雄公司提交的都市设计及土地使用开发许可审议案,并由台北市都市发展局核发建筑执照。大巨蛋附近居民就行政决定向台北市高等行政法院提出行政诉讼,要求撤销环评通过的决定,至今,部分案件事实仍未审结。

2. 环境影响评价审查的司法介入

如上述案例所示,台湾环评程序借鉴美国环评制度设计,分为第一阶段与第二阶段环评程序。在第一阶段环评程序中,开发单位应提出环境说明书简要说明。开发单位需对开发项目的性质、内容及可能产生的环境影响作出说明,经由环境影响评估委员会审查后,表决决定是否应进行第二阶段的环评程序。通过第一阶段环评,包括水土保持、都市计划等审查程序等全部审核通过之后,才能得到最终的许可进行开发。如果第一阶段环评未通过，则应进行第二阶段环评，第二阶段环评应举行听证会，撰写完整环境影响评估报告书，并应民众的质疑和提问进行解答。

(1) 司法介入环评程序的争议。司法机关介入第二阶段环评已获普遍认可，其依据源于行政法上对具体行政行为的司法审查。但对于司法机关能否介入环评第一阶段，目前仍有争议。第一，司法审查的时点，进行行政审理作出决策的过程中，在此阶段是否应该进行司法审查。这一问题的关键在于第一阶段的环评决定是否属于行政机关终局性具体行政行为。我国台湾地区学者普遍主张应从继受的德国行政法体系推导该决定是否可以提起撤销之诉。第二，提起行政诉讼的适格主体问题，对于有争议行为的决定，谁有资格对其提起行政诉讼？在台湾行政法体系中，此问题是以有无权利（主观公权利）受侵害的方式呈现。第三，司法审查的方式：在实体审查的阶段，司法者如何审查系争行政决定，以判断其合法性。对于第一阶段环评审查决定是以系争开发案是否对于环境有显著影响之虞的判断与解释加以审查。如认为此一法律概念为不确定之法律概念，且其解释具有专业性，则承认行政机关之解释与判断具有判断余地应予以尊重。

(2) 环评审查中行政权与司法权的博弈。正如台北高等行政法院在中科三期环评撤销案中所述，一直以来，出于尊重行政机关的专业性和自由裁量权，我国台湾地区法院对于行政机关作出的环境影响评价的决定始终保持审慎态度。法院的这种态度侧面使民众在面对相关纠纷时更倾向于自力救济或是寻求民意代表调解，使法院系统在应对环境问题方面较之于其他社会纠纷的处理，并未发挥其相应的作用。但这一趋势近几年有所变化，法院开始介入行政机关有关环境影响评价的审查决定，对于事实明显错误或者具有明显的重大程序瑕疵的环评决定，法院依循大法官解释一贯以来的看法，撤销不法的行政处分。

但是司法审查的介入并未从根本上减损行政机关环评裁决的权威。环境影响评价在制度的设计上是一项科学客观的环境风险评价与预防机制，理应是一项具有高度专业判断的具体行政行为，因此司法介入审查的门坎也较高，一般认为只有在事实明显错误或者具有明显程序瑕疵的情形下介入。为此，法院曾归纳出以下八种可以对环境影响评价结论进行审查的项目：①行政机关所为的判断，是否出于错误之事实认定或不完全之信息；②法律概念涉及事实关系时，其涵摄有无明显错误；③对法律概念的解释有无明显违背解释法则或抵触既存的上位规范；④行政机关的判断，是否有违一般公认的价值判断标准；⑤行政机关的判断，是否出于与事物无关考虑，而违反不当联结禁止；⑥行政机关的判断，是否违反法定的正当程序；⑦作成判断的行政机关，其组织是否合法且有判断之权限；⑧行政机关的判断，是否违反相关法治国家应遵守的原理原则，如平等原则、公益原则等。

与此同时，在司法介入过程中还伴随着司法权与行政权之间的博弈。例如中科三期案中环保署对于法院判决的否认或者轻蔑判决的行为为各地环境案件起了非常不好的示范效应，以至美丽湾开发案中开发商也同样主张应比照中科三期案不停工。中科三期案在第二阶段诉讼过程中，环保署通过制造舆论试图影响法院判决，遭到了当地居民和环保团体的联合抵制。除环保署外，行政机关在环境影响评价案件中也具有重要的影响力。中科三期和美丽湾开发案中环评决定的快速通过离不开政府官员施加的影响。例如部分立委提案通过"主管机关可评估信赖保护原则、决定是否应撤销开发许可"，赋予主管机关更大的裁量空间。

3. 环境司法审查存在的缺陷

我国台湾地区现行环境行政公益诉讼仍然坚守"三边等距原则"，也就是"污染者""环境主管机关""受害者或公益团体"三者之间，并无交叉监督的可能，因为受害者或公益团体提起环境公益诉讼的对象是环境主管机关，而非污染者，因此，除非是行政机关明显的懈怠行为，对属于行政裁量范围的行政措施，通过环境行政公益诉讼所启动的司法审查，介入并导引行政机关的作为，犹待努力实现。另外，由于对起诉对象的限制，我国台湾地区环境行政公益诉讼与美国"公民诉讼"并不一样，无法直接把污染者列为共同被告提起诉讼，受害者对于其自身遭受的民事损害赔偿，无法获得一次性的解决。以美丽湾开发案为例，在美丽湾开发环评撤销案审理的同时，2008—2012年台湾环保联盟针对美丽湾开发共向法院提起三次环境民事公益诉讼。美丽湾公司开发施工所产生工程废土直接掩埋于沙滩之下，工地泥流污水直接溢流至海域，造成珊瑚密布、海洋生物资源丰富的杉原湾、都兰湾遭受大量污泥覆盖的生态破坏；贪婪的开发计划几乎吞占全部海滩，其有形与无形的损害难以估计。而受害居民的救济管道仅能依"民事诉讼法"中共同诉讼的规定，对污染者提起所谓损害赔偿之诉，如此又回到传统诉讼理论，须以权利或利益遭受侵害者为限，显然对问题解决并无帮助，且重复起诉又导致人力、时间、金钱与司法资源的浪费，这一问题是当前环境行政公益诉讼无法解决的难题。

(二) 我国台湾地区环境公民诉讼制度

1999年，我国台湾地区首次规定了环境公民诉讼制度。该制度的建立适应了台湾环境运动向法制化发展的趋势，加强了环境法规的执法力度，具有积极的意义。经过多年的运行，民众对于环境公民诉讼制度逐渐了解，团体诉讼定位不断明确，司法界对法律的适用也日臻成熟。但是，对于正处于发展阶段的环境公民诉讼制度，仍然面对立法和实务上的挑战。如何从法律上定位环保团体的诉讼功能并赋予其当事人资格，是台湾法律界亟待解决的问题。

台湾有关公民诉讼的部门法集中在环境法相关法规上，这些部门法的规定包括："空气污染防制法"第81条、"土壤及地下水污染整治法"第49条、"废弃物清理法"第72条、"水污染防治法"第72条、"海洋污染防治法"第59条及"环境影响评估法"第23条等。这些部门法法规与"行政诉讼法"第9条、第35条一起构成了台湾公民诉讼的基本框架。

1. 提起公民诉讼的条件

提起公民诉讼的要件如下：

实体要件：①须公民或团体为了维护公益而提起。所谓"维护公益"，系指依照本条提起诉讼的目的在于公益的维护。公益属于一般公众的利益，而非特定人的权利或者利益。[1] 公民诉讼制度建立的初衷就是使没有"诉讼利益"的人可以通过诉讼维护公共利益，所以强调"维护公益"是公民诉讼本质上的要求。②行政机关违法行为与原告没有法律上的直接利益或者权利。台湾公民诉讼是所谓客观行政诉讼。如果行政机关的违法行为与人们具有的权利或者法律上的利益有直接的关联，则需要提起所谓的主观行政诉讼。[2] ③提起公益诉讼须以法律有特别规定者为限。"空气污染防制法"第81条规定："公私场所违反本法或依本法授权订定之相关命令而主管机关疏于执行时，受害人民或公益团体得叙明疏于执行之具体内容，以书面告知主管机关。主管机关于书面告知送达之日起六十日内仍未依法执行者，受害人民或公益团体得以该主管机关为被告，对其

---

[1] 翁岳生：《行政诉讼法逐条释义》，五南图书出版公司2004年版，第131页。
[2] 林腾鹞：《行政诉讼法》，三民书局2005年版，第162页。

怠于执行职务之行为，直接向行政法院提起诉讼，请求判令其执行。"④该条文中的"疏于执行"，主要表现为行政机关没有按照法律规定进行必要的行政检查以及确认违法的时候造成的行政处罚；此外也包括后续的行政执行，如强制执行。

程序要件：①书面告知。受害人民或公益团体应当叙明疏于执行之具体内容，以书面告知主管机关。"空气污染防制法""土壤及地下水污染整治法""废弃物清理法""水污染防治法""海洋污染防治法"及"环境影响评估法"都存在着一定的告知格式。① 同时，"公民诉讼书面告知"之内涵，虽非以"正本"形式函知被告机关，但通过"副本"送达的，也应认为已告知。②60日提前通知期。主管机关于书面告知送达之日起60日内仍然没有执行的，人民或公益团体可以该主管机关为被告，就其怠于执行职务的行为向行政法院提起诉讼，请求判令执行。之所以设置60日作为"等待期间"，是基于充分考虑到主管机关需要一定时间来采取必要措施，避免影响主管机关的正常处置。③费用。行政法院作出判决时，可以依职权判令被告机关支付适当律师费用、监测鉴定费用或者其他诉讼费用于对维护环境品质有具体贡献的原告。

2. 台湾环境公民诉讼的特点

第一，普通民众对公民诉讼制度缺乏足够的了解。其原因主要包括以下几点：一是公民诉讼数量偏少，难以为人所知悉。二是当事人对公民诉讼的特殊程序要求不熟悉。三是众多民众误用公民诉讼，导致当事人不适格。

第二，台湾法院对环境公民诉讼制度经验仍处于积累阶段。一是司法实务表明，法院逐渐接受环境公民诉讼的适用条件。二是法院在实践中不断探索解释公民诉讼的适用条件。

第三，对环保团体提起公民诉讼的资格认定问题尚存争议。环保团体据以提起公民诉讼的"行政诉讼法"第35条性质如何，学界尚存争议。陈计男教授认为第35条是关于主观诉讼的规定，不得提起第9条的公益诉讼。② 而

---

① 参见台北"高等行政法院判决"2008年诉字第857号。

② 参见台北"高等行政法院判决"2008年诉字第997号。法院认为：原告其实系为系争开发案件而成立，难期"持平客观"评估开发单位及目的事业主管机关之作为，即使章程确实标明以促进环境发展为目的，但与开发单位不无不同利益团体之争，核诸前揭关于团体诉讼当事人适格之说明，原告不具"行政诉讼法"第35条团体诉讼当事人适格之要件，提起同法第9条公益诉讼，应以判决驳回之。

陈清秀教授则认为第 35 条是为使团体法人得提起第 9 条之公益诉讼而规定的。① 第 35 条性质究竟如何主要涉及两个问题：一是第 35 条到底是公民诉讼条款还是诉讼担当条款；二是第 9 条和第 35 条的关系到底如何。

三 我国台湾地区环境司法制度的启示

台湾的环境公民诉讼正处于不断摸索前进的过程中，既取得了"立法"和实务上的成功，又面临着新的挑战。

（一）"立法"技术仍需完善

虽然经过法官的释法，"行政诉讼法"第 35 条和第 9 条的地位与适用得到明确，但是在现行实务中还有许多问题没有解决。如团体虽系为公益，但是并没有成员基于"一定之法律关系"授权团体实施，那么此公益团体是否享有诉权？根据 35 条的规定，该诉讼既不属于社员授权的诉讼，也不是利己诉讼或者利他诉讼。这是因为，如果定义为"利他诉讼"则将与第 9 条重复，如果定义为"团体诉讼"又与自身矛盾。从逻辑上看，第 35 条似确有修改的必要。所以有学者主张应将第 35 条修改成利己团体诉讼。②

产生以上问题的根源在于对第 35 条的价值定位的变化。本条文在一开始着眼于诉讼的经济性，侧重一般个人权利或法律上利益遭受侵害时的救济，③ 然而随着条文内容的修正，又渐渐向纯粹公益取向的团体诉讼倾斜，拟强调公共利益的重要性。④ 但正是这种发展的不彻底性造成了今天第 35 条之矛盾。总之，在未来"立法"中需要对第 35 条的定位功能予以进一步明确。

（二）法律运行中仍有概念模糊不清

一个比较明显的例子是对"公私场所"的理解。"公私场所"是指

---

① 陈清秀：《行政诉讼法》，翰芦图书公司 1999 年版，第 270 页。
② 张文郁：《行政诉讼中团体诉讼之研究》，《月旦法学杂志》2004 年第 8 期。
③ 《"司法院"行政诉讼制度研究修正资料汇编（三）》，台湾"司法院"编印，1984 年，第 746—748 页。
④ 彭凤至：《论行政诉讼法中之团体诉讼——兼论行政诉讼法第三十五条之再修正》，载《当代公法新论（下）——翁岳生教授七秩诞辰祝寿论文集》，元照出版公司 2002 年版，第 126—127 页。

"'中央'或者地方机关，机构或者私人之事业机构、工厂、营业所、房舍及土地等而言，包括工商广场及非工商广场。而所谓工商广场，则只从事营利，例如公司、工厂（场）及商业场所"①。然而对于上述说法，有学者认为"此见解令人疑惑，盖公私场所之解释如依文义，应以处所而非行为人为重心，若如此，公私场所违反环保法规系由何人造成即非所闻，因此，个人之违法行为若造成公私场所违反环保法规之规定，例如车辆驾驶人乱丢垃圾，造成道路安全岛极为脏乱，而管理机关却未进行清扫，亦应认为属于提起利他团体诉讼的原因"②。

（三）制度设计上有改进空间

公民诉讼条款规定了通知条款以及60日的等待期，此项规定在实务中得到了严格的遵循。但此种规定是否存在例外情形尚有探讨的空间。如当发生紧急事件，主管机关本应立即采取措施，如果仍然要求必须等足60日才可以提起诉讼，则该诉讼的功能无法彰显。因此，有必要对此作出规定，即当遇到紧急情况时，受害人民或者公益团体可以立即提起公民诉讼，而不受60日等待期间的限制。③

（四）环保团体的力量仍需加强

通过美国的经验可以发现，在公民诉讼发展的成熟阶段，环保团体是提起诉讼的主力军。例如，美国1988—1993年这五年间，原告通过诉讼所获的1130万美元的环境赔偿中，4个主要环保团体占了930万美元。④虽然现在台湾公民诉讼仍以自然人作为原告为主，但是未来环保团体作为原告必将是公民诉讼的发展方向。有责任心的公民热心环保是一件值得提倡的事情，但是专业性、财力支持以及社会影响力是无法与环保团体提起

---

① 胡国栋：《环境行政诉讼法之研究》（下），载"司法院"印《台湾"司法院"研究年报第二十三辑》2003年，第993页。

② 张文郁：《行政诉讼中团体诉讼之研究》，《月旦法学杂志》2004年第8期。

③ 例如，公私场所的固定污染源因为突发事故大量排放空气污染物时，主管机关除应命其采取必要措施以外，并应命其停止该固定污染源的操作，此种情形，实应不受60日之限制。参见李建良《论环境法上之公民诉讼》，《法令月刊》2000年第1期。美国对于提前60日通知的限制也出现了松动的迹象；参见叶俊荣《环境政策与法律》，月旦出版社1996年版，第236页。

④ Peter H. Lehner, "The Efficiency of Citizens Suits", *Albany Law Environmental Outlook Journal*, Vol. 2, 1995.

的诉讼相比的。① 而法律上到底如何定位环保团体的诉讼功能进而如何赋予其当事人资格，是像美国公民诉讼一样要求其成员有"实质损害"还是建立德国法上的"利他团体诉讼"，这恐怕是台湾法律界亟须解决的问题。

---

① 例如个人诉讼中当事人因"未证明参加人之开发行为造成何等人体健康之危害，亦未证明有何立即停工之必要性"而败诉（台北"高等行政法院判决"2008 年诉字第 857 号）或者因为"未以书面格式告知主管机关"而败诉（台北"高等行政法院"2002 年诉字第 4130 号）都是经常出现的现象。

第六章 环境司法保障机制构建的基本理论

我国环境司法保障机制的构建并不是无源之水、无本之木。其必须建立在具有正当性和解释力的法律理论之上。笔者认为，理论基础、价值定位与核心理念应当作为构建环境司法保障机制基本理论体系的关键组成部分。

第一节 环境司法保障机制构建的理论基础

一 司法为民

（一）基本背景

司法作为裁断和化解社会纠纷和冲突的专门化活动，实质上是对社会正义的再分配从而达到最终实现的结果。作为具有司法权力主体并具有参与权的公民们，受益于司法判定的最终判决，是司法权有效运行的基础。司法为民理念正是这种精神的鲜明体现。司法机关和司法人员应当正确把握"司法"与"为民"之间的内在关联性，准确认知司法权的本质属性，尽力处理好严格执法与文明执法的关系。针对社会普遍关注和群众反应热烈的焦点与热点问题，立足于司法为民的理念，扎扎实实为群众办一些实事。

司法为民要求人民群众享有充分的参与司法和监督司法的权利。既然人民是司法权的源泉，那么司法的大门就应当向民众敞开，人民也就应当有权参与司法活动，有权监督和敦促司法机关和司法人员的行为。这种参与和监督应当是可触及的和鲜活的。与此同时，司法为民还要求在司法活动中应当以当事人为中心主体，并且加强对诉讼参与人的相关权利保障。这就要求切实保障诉讼程序的民主性，让当事人能够充分参与其中并完整发表意见，通过有效表达意愿和进行举证来维护自身的合法权益。①

需要注意到，司法实践中的不同案件有着多样的个性特征，而这些个性特征往往是抽象性的法律规范所无法作出详明规定的。"参考社会从古至今的发展趋势，社会的多变性和人类的认知能力相当复杂，因此立法者在制定法律条文时难以掌握整个社会的层面，也无法做到完全精确到社会的每个细节方面，也不可能完美预见到社会的发展趋势、发展动态以及走向，所以制定出来的法无法做到十全十美；或许会和社会中某个矛盾相冲突。或许会和社会中的突发事件互不协调。"② 如此一来，以司法为民为归宿，法律规范与案件个性特征之间就不可避免地存在着这样或那样的断裂或错位，需要法官发挥主观能动性来弥合。这就涉及法律原则的司法适用问题。

以损害担责原则为例。"任何人不得从其违法行为中获利"③，而应承担与其行为匹配的法律责任。社会环境问题复杂多样的特质使得环境问题一旦发生必然会产生对社会的严重损害，从而产生极其严重的后果。但同时环境问题发生阶段错综复杂的综合因素又会使得其原因难以明断，从而产生责任主体与修复方式的多重化。因此，损害担责原则要求根据特定情形由有关主体承担环境污染或生态破坏的法律责任。对此，需要相关人员从多方面增加对于次级原则的本质认知：首先，在环境损害人不定及环境遭意外破坏这种多重的情形下，需要适用集体承担原则，由损害造成人承担环境治理过程中所产生的费用；其次，对于环境破坏所造成的损失，应该采用损害者付费原则，由相关人员承担治理费用；④ 最后，在环境破坏成因复杂的状况下，应采用共同负担制度，由受损害影响的社会共同体⑤负担有关费用。⑥ 三个原则的适用是依一定条件和次序展开的。由此可

---

① 卞建林等：《中国司法制度基础理论研究》，中国人民公安大学出版社2013年版，第145—146页。
② 吴庆宝：《法律判断与裁判方法》，中国民主法制出版社2009年版，第153页。
③ 源自罗马法的经典法谚。著名的里格斯诉帕尔默案曾对此原则予以直接适用。
④ 陈慈阳：《环境法总论》，中国政法大学出版社2003年版，第188页。
⑤ 需要注意到，社会共同体的范围还可以逐步展开到消费领域的单位和个人。例如《废弃电子电器产品回收处理管理条例》就在一定程度上贯彻了这一理念。
⑥ 有关论述可参见胡静《环境法的正当性与制度选择》，知识产权出版社2009年版，第154—159页。

见，在个案的司法裁判中具体适用损害担责原则中的哪项子原则事关司法为民的有效实现，与构建环境司法保障机制的客观需求具有内在一致性。

(二) 理论要点

司法为民要求构建能够符合实体和程序正义标准的环境诉讼制度。独立的环境诉讼是指环境诉讼将摆脱传统民事、行政和刑事诉讼的混合体模式，打破公益诉讼与私益诉讼的传统格局，以"环境"为核心，以环境诉讼特殊规则的系统整合为基础，形成独立的诉讼模式，并进一步开拓环境诉讼理论，以因应环境司法的特殊性。独立的环境诉讼不仅是形式上的专门化，它以实质上的诉讼规则为切入，以规则的系统化整合为路径，以深入环境诉讼理论层面为目标。独立环境诉讼的概念以司法应对严峻的环境问题为启发，但不以问题为终极导向。换言之，独立环境诉讼概念的产生源于环境问题和环境司法概念的产生，但它并非为独立而独立，它旨在探索一种通过系统化整合使之发挥更大效用的可能性。目前为止，即使在环境司法已走在前列的国家，也尚未形成独立的环境诉讼，但环境诉讼规则的特殊化及其整合的趋势已不可避免。

独立环境诉讼并非在诉讼理论上标新立异，它遵循诉讼理论的基本框架，而在规则的内容设计方面实行突破。它适应的是环境问题的综合性和环境法的延展性，对环境案件进行"一站式"的规则供应。特殊的环境诉讼规则是独立环境诉讼的首要关注。其中一些重点规则包括：受案范围、诉讼时效、起诉竞合、公益与私益竞合、管辖、鉴定、专家辅助人、禁止令、因果关系、责任承担方式、结案期限、执行监督、法官考核等。而碎片化的规则设计仅仅是第一步。因为从公众的角度来讲，如果缺乏规则之间的彼此配套，司法程序的启动仍旧受限。如何进行规则整合并深入理论，是下一步尚待研究的课题。

当前，无论是2014年《环境保护法》还是2015年发布的两部司法解释，都是围绕环境民事诉讼进行的制度设计。其中《最高人民法院关于审理环境民事公益诉讼案件适用法律若干问题的解释》规定适用于环境民事公益诉讼的特殊规则，重点规定诉讼当事人、管辖等程序性问题。《最高人民法院关于审理环境侵权责任纠纷案件适用法律若干问题的解释》则适用于环境民事公益诉讼和环境民事私益诉讼。这样的制度设计重心固然在环境司法的发展进程上迈出了一大步，但有两个基本问题却似乎被忽略，而这两个基本问题又恰恰是当前我国环境诉讼的要害。

一方面，环境行政诉讼去哪儿了？近些年来备受关注的环境群体性事件一定程度上反映了公众在环境领域的需求。我国的环境群体性事件可以大致划分为两个阶段：从 2003 年到 2011 年，环境群体性事件针对的对象几乎都是化工厂、造纸厂、制药厂等污染类企业；[1] 以 2007 年厦门 PX 事件的爆发为标志，环境群体性事件的主要矛头开始指向政府的规划和环评审批，"利益相关"的公众以"可能存在的风险"发起抗议，抗议的对象通常为行政机关。尽管环境事件不在少数，但环境行政诉讼却鲜有耳闻，特别是环境行政公益诉讼。有需求，却没有响应，其中的问题就出在制度设计环节。应当说，当前我国的整体行政诉讼制度和行政责任制度对于普通公众来说，更像是"镜中花，水中月"，行政诉讼在我国仍困于陈旧的"官民"观念和放不开的制度框架。这使得我国环境司法的发展严重缺乏完整性。

另一方面，什么是环境案件？真正的环境案件应当体现环境问题的跨越性、公益性等特征，否则，环境司法的必要性将无从体现。然而，在环境司法实践中，出现了这样一种情况，环保审判庭在成立后，受理的环境行政案件基本上都是涉及矿产、林木等自然资源许可类案件，这些案件只是在形式上被从传统的行政庭转到环保庭，其他方面与过去并无二致。对环境案件的性质和类型缺乏明确的定位，以指导公众的参与，是影响环境案件受理的重要问题。

（三）指导意义

《生态环境损害赔偿制度改革试点方案》是我国环境生态改革的主要依据，它的出台确立了由省级政府就生态环境损害提起诉讼的生态环境损害赔偿诉讼制度。这就不免引人发问，该项制度与环境民事公益诉讼是什么关系呢？从司法为民的视角出发，本书认为，环境保护的公益单位与国家部门提起的诉讼，都是在维护环境的观念上进行的，因而具有同等重要的作用，也可以认为，为了实现同一法律目的，能够根据其必要性适用多个法律手段并进行相互之间的合作。所以，保证两项制度环境司法有力推行的主要核心在于使制度合力得以最大化发展，由此也牵涉二者互动性的分析。

---

[1] 王玉明：《暴力型环境群体性事件的成因分析——基于对十起典型环境群体性事件的研究》，《珠海市行政学院学报》2012 年第 3 期。

促进这两项制度的关联性显然有着长远且重大的意义，与制度上的关联相比，这二者间有着更为现实的价值体现，同时也能够体现环境损害赔偿制度的重心所在。其主要原因体现在以下两个方面，其一，二者在适用范围上具有大范围重合。《环境保护法》中第 2 条[①]对"环境"的概括能够基本上涵盖《生态环境损害赔偿制度改革试点方案》中着重列举的大气、地表水、地下水、土壤、植物、动物、微生物以及环保部负责人解读中明确提到的矿藏、水流、城市土地、国家所有的森林、山岭、草原、荒地、滩涂等环境（自然资源）要素。同样，由于这一因素，该制度所保护的自然资源在国家所有的状态下能够为环境民事公益诉讼所保护。其次，在具体实践中应注意国家单位与社会公益团体起诉的顺序。在起诉过程中应充分考虑省级国家部门在起诉主体上的威严与权威性，以及公益组织在起诉时的公正与公信力。[②] 在法律实践的长久经验下，我们目前不武断地判定起诉顺序，而是规定具备资格的相关主体均可起诉，同时由起诉顺序判定法律适用适度才是可行之道。而在这一过程中涉及的其他主体则可在诉讼过程中的一定时间内提出申理请求，并在通过审核之后赋予共同原告的诉求。《最高人民法院关于审理环境民事公益诉讼案件适用法律若干问题的解释》第 10 条第 2 款就是按照这一思路进行的。[③]

就法律理论的可能性而言，环境赔偿制度能够在整合过程中绝大多数归属于环境民事公益诉讼的相关内容之中。《民事诉讼法》第 55 条"法律规定的机关"、《最高人民法院关于审理环境民事公益诉讼案件适用法律若干问题的解释》第 10 条"有权提起诉讼的其他机关"的表述具有很大的解释空间，完全可以涵盖省级政府等行政主体，这具有实在法上的正当性；另外，《生态环境损害赔偿制度改革试点方案》中提到生态环境损

---

① 新《环境保护法》第 2 条：本法所称环境，是指影响人类生存和发展的各种天然的和经过人工改造的自然因素的总体，包括大气、水、海洋、土地、矿藏、森林、草原、湿地、野生生物、自然遗迹、人文遗迹、自然保护区、风景名胜区、城市和乡村等。

② 此处有一点需要说明。2015 年 4 月，全国人大常委会决定授权在部分地区开展检察机关提起公益诉讼试点。其后，"两高"先后发布相关司法文件对试点工作予以落实。本书对检察机关提起环境民事公益诉讼持保留态度，因此未对检察机关的主体资格问题作专门探讨。

③ 《最高人民法院关于审理环境民事公益诉讼案件适用法律若干问题的解释》第 10 条第 2 款规定：有权提起诉讼的其他机关和社会组织在公告之日起三十日内申请参加诉讼，经审查符合法定条件的，人民法院应当将其列为共同原告；逾期申请的，不予准许。

害赔偿诉讼在相关法律中有待着重完善的审理监督、证据保全、先予执行等方面正好和环境民事诉讼相关法律制度的深化有着重要关联,可见两者在制度的改良方面有着共同之处,由此可以看出,环境赔偿制度的建立可以成为民事公益制度改进的良机。在之后的法律体系中,包括行政诉讼在内的环境公益诉讼制度需要在健全相应的诉讼程序与实际制度的基础上,加强对于生态赔偿诉讼相关诉求的关注,从而在不久的将来,完成对于广义上的具有协调性的环境公益司法保护机制的构建。

弱化继之取缔这一诉讼制度的本质特点绝对不是环境公益相关法律发展过程中想要出现的结果。反之,国家单位在进行诉讼的过程中逐渐完善其具有行政与民事双重身份而演化的多元化形象,才是构建生态诉讼相关制度的重中之重。同时,这也是环境法之所以称为社会法从而兼具公法和私法特质的鲜明体现。具体而言,省级国家单位的形象多元化可以表现在多个方面。

其一,政府既是赔偿权利人又是监管义务人。虽然在这一诉讼制度中国家单位作为民事主体参与诉讼过程,也不能否认国家单位的行政监管责任。其原因在于省级部门有责任维护其行政区内的综合环境。与此同时,作为省级政府组成部门的环境保护、国土资源、农业、林业等部门也依法被赋予相应的环境行政监管义务。这就要求一方面,有效平衡诉讼中双方当事人地位,积极矫正原告方的过度强势,充分保障被告方(通常为污染企业)的诉讼权利,避免诉讼过程中"一边倒"的情况;另一方面,进一步健全针对省级政府、被指定部门机构及其负责人的环境监管履职监督与考核评价制度,明确在环保领域行政执法的优先性与损害求偿的补充性,并构建二者的衔接机制,在法律原则和规则框架内用好这两把利器。

其二,政府既是原告又是潜在的被告。在环境诉讼法实践过程中,极有可能出现一种情形,省级政府或相关责任部门因行使职权不当或者知法犯法等违法行为造成了社会环境的破坏。这种情况下,国家单位会因其行为不当成为法律诉讼中的被告,这就形成国家单位既是法律层面上的原告又是潜在意义上的被告。在这种情况下就需要国家从两个方面出发,一方面严格区分生态赔偿诉讼与行政诉讼的界限,使生态公益制度的作用发挥到最大限度;另一方面,则需要考虑在行政单位同时兼有原、被告身份的新模式下,如何搭建相应的制度框架,以此为环境行政公益诉讼的构建进行理论和实践上的积累。

其三，政府具有制定制度与践行制度的双重身份。在生态环境损害赔偿诉讼中，国家单位具有原告与被告双重身份上的可能性，因而可能以原告或被告的身份出现，其充当的是"运动员"的角色。但是当有些诉讼缓解，政府却又必须以裁定者的身份出现，这种情况是不可避免的。例如，在具有环境鉴定权的相关审定机构中，有相当比例的案例和当地政府有着或多或少的关系，同时也会在财力、物力上受到政府的限制与掌控，因而这样的鉴定结果理所当然会受到质疑。再比如，有的诉讼裁判执行的时候，尤其是判定责任人进行环境修复的状况下，国家单位会因执行的长期性与复杂性被委任为监督者。若在这一过程中责任人同样是国家单位，那么这一监督过程的有效性就会受到质疑。这就需要在健全生态损害赔偿执行制度的基础上，发挥社会公益单位在执行过程中的作用，增加对于环境修复的关注；同时还需要尽快完善损害鉴定评估机构公正性的建设，以期能够统一鉴定评估的管理制度、工作程序和技术标准体系。

二 建设公正、高效、权威的社会主义司法制度

（一）基本背景[①]

自党的十五大把"依法治国，建设社会主义法治国家"确立为治国的基本方略以来，党和国家在法治道路上进行了持之以恒、卓有成效的探索。具体而言，作为全面推进依法治国，加快建设社会主义法治国家的一个重要方面，不断改革和完善具有中国特色的社会主义司法制度不容忽视。可喜的是，党的十七大报告为我国社会主义司法制度的建设指明了方向，确立了目标，即"建设公正、高效、权威的社会主义司法制度"。伴随我国司法改革的全面深化和三大诉讼法的不断完善，我国司法制度正逐渐凸显出具有"看得见的公正""能感受的高效""被认同的权威"特征的制度成果。

"看得见的公正"包含"看得见的公正程序""看得见的说理裁判"和"看得见的司法形象"三个侧面。要实现"看得见的公正程序"，就需要司法机关严格遵循法定程序办案，坚持以事实为依据、以法律为准绳，坚持依法独立公正地行使职权，切实纠正重实体轻程序、重结果轻过程的

[①] 卞建林等：《中国司法制度基础理论研究》，中国人民公安大学出版社2013年版，第2—4页。

错误做法。"看得见的说理裁判"要求高度重视释法说理,注重情、理、法的有机结合,增强司法办案的人文关怀和社会效果。"看得见的司法形象"则要求改进司法工作作风,树立起司法机关严格执法、公正司法、热情服务的良好形象。

实现"能感受的高效"应当以实现"看得见的公正"为基本前提,不能突破司法公正的底线,只顾当前的个案效率,忽视长远的整体效率。"能感受的高效"应当是司法个案的高效和社会整体效益的统一。这就要求合理分配司法资源,区分不同案件的类型和复杂程度,以有效节约司法成本。与此同时,应当建立起与之相匹配的司法效率评估机制,并且注重将信息化建设作为推进司法各项工作的切入点。

近些年来,伴随社会转型期各类矛盾纠纷的不断凸显,疑难复杂案件日益增多,司法机关的工作开展面临着巨大挑战。其中,司法权威不足的问题日益突出,业已成为影响司法公正和高效目标实现的重要制约因素。强化司法权威是一项系统性工程。不仅需要优化司法职权配置,加强司法机关与司法人员的自身建设,而且需要力求在查清事实的基础上适用法律,保证案件得到公正的实体性裁判,以此争取诉讼当事人、参与人和社会各界人士的理解、支持和认同。此外还应当注重提升司法效率。因为迟来的正义非正义,诉讼久拖不决、案结事不了自身就会给司法权威带来严重的伤害。

(二) 理论要点

在更广泛的意义上,作为科层制逻辑主导下的当事人参与感最强的法治环节,司法的广场化和剧场化一直代表着司法的内在二元对立。舒国滢认为:"司法的广场化和剧场化问题代表着自由/秩序、民主/独裁、实质主义/程序主义、大众化/精英化、通俗化/职业化、简单化/复杂化、感性创造/理性选择、多样化/单一化等等二元对立的语路。"① 某些新近发展的法律领域具有天然的专业性,因而自然而然趋向法律人的专职统治。② 环境法属于这类"新近的具有天然专业性的"法律领域吗?是,又不是。环境法是"新近发展的法律领域",但"天然的专业性"只能指向环境问

---

① 参见舒国滢《从司法的广场化到司法的剧场化——一个符号学的视角》,《政法论坛》1999 年第 3 期。

② 凌斌:《法治的中国道路》,北京大学出版社 2013 年版,第 14 页。

题的科技性,却不能作为将环境问题与公众隔离的障碍,这是环境法与其他"新近发展的具有天然专业性"的领域的本质区别。在环境司法保障机制中,一方面,由于环境问题的高度科学不确定性,以科学辅助人为代表的一系列应对性制度也催生了科学主义在环境审判中的增长;另一方面,直接危及生存与健康的环境危机引发了一轮又一轮大规模环境运动和群体事件。在科学主义与大规模环境事件的带动下,科学家和公众都不可避免地在客观上"分担"了环境法官的职权,从而对环境法官的权威提出挑战。环境司法呈现法官权威、科学主义与公众舆情之三元结构。也就是说,如何衡量三者之间的关系,也是环境司法保障机制构建必须解决的现实问题。

针对法官权威来说,环境诉讼特别是环境公益诉讼的功能是要在每一个具体的案件中尽力保护社会环境公共利益。这就要求司法具有更多的创新力。司法在环境问题上的创新力不仅表现在对环境问题的"事实认定上",更表现在通过对规则的创造性运用以达到事实基础上的利益衡量。由于环境问题具有高度的科技性,在实践中,出于要承担后果责任的担忧,部分法官出现了对"事实认定"的过度依赖。具体表现在,他们具有鲜明的排斥自由裁量权的合理运用,转而求助于鉴定结论补强判决合法性的倾向。[①] 然而,科学的鉴定结论就能解决环境问题吗?显然不能。在环境领域,事实调查不应是"历史性和裁判性的,而是具有预测性和立法性"[②] 的。因此,对环境案件的判决应当以修复损害、预防破坏措施的可行性为中心,而不是审判流水线上的"格式化判决"。对科学结论的过度依赖某种程度上反映了环境法官对自身独断力的放弃和将责任分摊于科学事实的心理,这将严重阻碍环境司法的正义实现。

针对科学主义来说,对法官与专家、法律与科学矛盾对立的担忧并非毫无根据。以法国为例,早期的环境行政判例倾向于认为法官在没有取得专家建议时是无法就专业性较强的环境问题作出判决的,基于此,尽管法官没有必须采纳专家意见的义务,向专家进行意见征询几乎是必需程序。

[①] 凌潇、严皓:《法官的选择性司法行为——以环境侵权诉讼中的司法鉴定为例》,《四川理工学院学报》(社会科学版) 2012 年第 6 期。

[②] [美] 艾布拉姆·查耶斯:《公诉中法官的作用》,载《美国法学最高引证率经典论文选》,金云峰译,法律出版社 2008 年版,第 185 页。

专家直接参与环境案件审判的另一典型例子是新西兰环境法院的技术专家。① 专家参与环境案件审判已成为常态，问题是，"专家、学者的帮助"能够、应该在多大程度上影响最后的判决？专家客观上对法官权力的分担是否有法理依据？

针对公众舆情而言，公论的确可以在一定程度上被理解为某种衡量标准，要求判决符合一定的社会价值、地域性知识以及实质正义。② 公益是环境问题的特征。公众是环境问题的第一体验者和受害者，这使得无论知之与否，公众舆情的影响都不可能被阻挡在环境案件的审判之外。然而，司法终究是专业化、中立、公正的，公众情绪不能取代司法。"司法必须与民主保持距离。"③ 在环境问题受到社会高度关注，甚至引起群情激奋的背景下，这样的提醒是必要且及时的。

法官权威、科学主义与公众舆情在环境司法中应如何确立权重？毫无疑问，作为维护环境正义的最后防线，理想状态的环境司法应当力求同时具有司法规律、自然规律和民意上的正当性。在《公诉中法官的作用》一文中，查耶斯认为强化法官的主导地位是公法诉讼的特征之一。但他同时承认，"这些外围的人（指专家、陪审团、顾问委员会）通常会发现自己在当事双方之间正起着调解，甚至是裁决的作用"④。

在司法过程中，法官的权威代表法律的权威。法官的权威是基础，是司法运行的前提，是不可违背的司法普遍规律。环境司法作为司法的组成部分之一，绝不能突破司法的一般规律。在这个前提下，为了应对环境问题的科学不确定性和广泛的公众性的特征，创造性地进行制度设计是必要的。科学主义和公众舆情在取得正当的制度性依据后，可以在环境司法中发挥重要作用。前者例如专家辅助人制度，后者的一个表现则是环境案件的高调解率。

总体而言，环境司法现代化赋予了环境司法职业人以更大的自由，同

---

① 在新西兰环境法院由 7 名法官和 15 名环科、规划、经济、建筑、矿业、原住民等问题方面的技术专家组成。技术专家与法官地位平等，他们的工作包括调解案件、制作调解书等。由技术专家制作的调解书必须由法官签署，但法官可作适当修改。
② 季卫东：《法治构图》，法律出版社 2012 年版，第 73 页。
③ 参见陈端洪《司法与民主：中国司法民主化及其批判》，《中外法学》1998 年第 4 期。
④ ［美］艾布拉姆·查耶斯：《公诉中法官的作用》，载《美国法学最高引证率经典论文选》，金云峰译，法律出版社 2008 年版，第 184 页。

时也寄予了更大的责任。职业化甚至精英化是环境司法现代化的基本走向，科学主义和民主化应在尊重司法的职业权威的基础上进行制度补充。遵循司法的一般规律是环境司法能动的存在前提。

（三）指导意义

首先，明确环境司法的时空定位。从发展历程的角度，当前，我国的环境司法已经经过了萌芽阶段，进入全面发展的新阶段。在萌芽阶段，环境司法的发展以环境司法在审判机构上的专门化为主要内容，专门环保审判机构的广泛设立为环境司法在新阶段的发展进行了必要的铺垫。最高人民法院环境资源审判庭的成立是我国环境司法在萌芽阶段的标志性成果。在全面发展的新阶段，要配合司法改革的整体推进，以规则的专门化构建和人员的专门化培养与考核为主要内容，加强环境司法的有效性，将环境司法专门化"做实"。

在环境司法的萌芽阶段，我国的环保审判机构专门化走的是一条自下而上、地方推动中央的路径。因此，大量的实践经验将在地方一级的环保审判机构积累。传统自上而下、中央领导地方的思路将产生不适感。在环境司法领域，特别是司法解释方面，应当扭转过去的"预设型"法解释模式，[1] 转而充分运用归纳思维，对准地方空间，等待各地实践经验提供制度设计的思路，提高顶层设计的针对性和可执行性。

其次，重塑环境司法与环境立法、环境行政的关系。一方面，通过环境司法对行政的监督推进司法独立。在古代，我国司法与行政不分。州县一级司法机关与行政机关合二为一，州县行政长官同时也是司法长官。[2] 这是我国司法与行政暧昧关系的历史渊源，也是司法难以独立的症结。解决我国的环境问题，除了零散地对污染者进行打击以外，从源头上将政府的公共行为纳入规制范围才是关键。因此，环境司法应当满足公众对于规制环境行政行为的需求，为司法对行政行为的监督扫清障碍。

另一方面，立法的科学化与司法的政策化应当有机结合。科学的立法

---

[1] 最高人民法院和最高人民检察院的司法解释通常与法律的制定和修改过程同时进行，并在新法颁布后不久即发布，导致司法解释往往并非实践问题和解决方案的集中反映，而是解释机关的预设。

[2] 吴永明：《理念、制度与事件——中国司法现代化变革研究（1912—1928）》，法律出版社 2005 年版，第 26 页。

是司法实践的根本依据。反之，司法实践可以真真切切地接触到该问题的"真实面目"，从更深层次发现问题之"症结"，进而将司法经验捕捉到的问题反馈于立法部门，提出司法建议，推动立法的科学化。① 因此，应当发挥典型案件在化解大片矛盾和树立规则上的作用，畅通司法与立法之间的沟通渠道，及时对司法实践经验进行归纳和制度化。

最后，加强环境司法职业共同体的培育。所谓环境司法职业共同体，是包括环境法官、环境检察官、环境律师在内的专业化的职业团队。其中，法官的职业化和专业化是环境司法职业共同体的核心，是保障环境司法的独立性和有效性的基础。要让法制有权威，必须首先在与公民直接相关的个案处理中保障法官的权威。在这个意义上，法官就是法律的宣示者。② 鉴于环境问题的特殊性与复杂性，环境法官的队伍里，应当吸纳一批"专家型的准法官"。专家型准法官可以在为事实认定作出科学认定、参与案件调解等方面发挥重要作用，成为环境司法职业共同体的组成部分。

此外，值得一提的是，环境律师应当在环境司法职业共同体中发挥重要作用。律师的地位是法治发展水平的重要指标。在环境司法新的发展阶段，一大批优秀的环境律师应当成长起来，在查明科学事实、保护程序性权利、监督法官权力、引领法治信仰等方面发挥实质作用。

三 美丽中国

（一）基本背景

党的十八大报告提出："必须树立尊重自然、顺应自然、保护自然的生态文明理念，把生态文明建设放在突出地位，融入经济建设、政治建设、文化建设、社会建设各方面和全过程，努力建设美丽中国，实现国家社会的持久发展。"在这一理论中具有对于"美丽中国"这一概念的两层阐释。其一是就生态文明而言，需要我们在尊重自然的前提下顺应自然发展，保护环境。这是因为，美丽中国的构建需要正确处理人与自然的关系。人虽然具有很强的主观能动性，能够认识自然和改造自然。但终归是

---

① 王刚：《论生态文明建设的司法保障及其构建——以强化和改进审判职能为中心》，《青藏高原论坛》2014 年第 1 期。

② 季卫东：《法治中国》，中信出版社 2015 年版，第 63 页。

自然的产物,应当受到自然规律的约束和规范。应当认识到,实现人与自然的和谐共生是美丽中国的基本内涵和根本特征。二是把生态建设当作社会政治文化建设以及经济文明建设的一部分,使二者能够和谐共处。建设美丽中国同样必须处理好人与社会的关系,只有文明有序的社会环境才是进行社会发展的稳定基石,是实现美丽中国的构建的大前提。实现人与社会的和谐共生是美丽中国构建的最终目标,也就是我们所追求的社会之美,是美丽中国在构建过程中的一个重要部分,具体表现为各色积极的生活形象和审美形态,是社会实践的直接体现。[①]

全面推进美丽中国建设需要实现良法善治。作为法治的重要环节,司法应当发挥好对美丽中国建设的保障作用。无论是人与自然和谐共生的面向,还是人与社会和谐共生的面向,都应当有利于人的全面发展,有利于人利益诉求的广泛实现。这就涉及利益衡量的问题。"利益"一词作为专业名词在人文学科得到了大范围的应用,但其含义却有着多方面阐释。在法律学术范围内,利益法学的学者赫克指出,利益指的是由多种欲求及其产生因素控制的行为;[②] 另一代表学者罗斯科·庞德则认为利益是"人们——不管是单独地还是在群体或者社团中或者其关联中——寻求满足的需求、欲望或者期望"[③]。根据以上两种观念,我们将利益的含义阐释为能够满足人类需求的需要。因而这一概念更像是一种概念性的表述。其中,需求作为主观因素的一个面向,具有物质和非物质两个面向,同时可以划分为正当与非正当、个体与集体的。满足是一种客观的存在,是一种能够实现个人需求的方式,具有法律和非法两个面向。由此可见,利益是需求与满足之间关系的表达,即"利益实质上不是一个实体范畴,而是关系范畴"[④]。

对我们而言,法律指的是通过一定方式获取、限制或者剥夺利益的正当性和规范化的一种途径。著名学者庞德在他的学术著作中把法律认可并

[①] 李建华、蔡尚伟:《"美丽中国"的科学内涵及其战略意义》,《四川大学学报》(哲学社会科学版) 2013 年第 5 期。

[②] 参见李丹《环境立法的利益分析——以废旧电子电器管理立法为例》,知识产权出版社 2009 年版,第 12 页。

[③] [美] 罗斯科·庞德:《法理学》(第三卷),廖德宇译,法律出版社 2007 年版,第 14 页。

[④] 胡静:《环境法的正当性与制度选择》,知识产权出版社 2009 年版,第 56 页。

维护的利益分为制定利益列表、设置利益的界限和制定利益评价原则三个方面。① 一般而言，法律调整的社会关系即法律关系，对于法律关系的调整实际上是对于相对应的社会利益的整合。各色社会个体的权利、责任与义务具有调整法律关系的作用，是在利益关系的基础上进行的法律阐释。其中，权利能够保证法律主体实行、获取相关利益，责任会在施行方式中构成负利益，使得利益在一定程度上得到让渡或者限制。给予利益在不同场合的多种表现形式，不同的利益之间也有着多种冲突形式，从而使得对于多方利益冲突的衡量成为法律调整利益的重中之重，具体表现为法律对利益关系的调整应当以衡量复杂多变的利益冲突为核心任务。

对于环境法的利益分析是一个发展中的动态过程，从 21 世纪初期开始利益分析在中国大陆的法学领域逐步为学界重视。② 自当时至今的十多年应时而生了一批较有见地的研究成果。这些成果主要可概括为三个层面：首先，在经济与环境利益的衡量的基础上进行环境法律制度的构建；③ 其次，把环境的公共利益当作解决当前环境问题中的国家责任、公益诉讼、法律本位以及环境权利的主要方式；④ 最后，把生态利益当作环境司法构建的核心成分。⑤ 以上研究成果从多方面以及不同层次对环境法利益冲突的衡量给出了解决办法。由此我们也会看出，面对多面向、多元

---

① 参见［美］罗斯科·庞德《法理学》（第三卷），廖德宇译，法律出版社 2007 年版，第 17—18 页。

② 参见李启家、李丹《环境法的利益分析之提纲》（http://www.riel.whu.edu.cn/article.asp?id=25818）。

③ 有代表性的如李丹：《环境立法的利益分析——以废旧电子电器管理立法为例》，知识产权出版社 2009 年版，第 1—287 页；史玉成：《生态利益、环境权利与环境权力的分层建构——基于法益分析方法的思考》，《法商研究》2013 年第 5 期；史玉成：《生态利益衡量：原理、进路与展开》，《政法论坛》2014 年第 2 期。

④ 有代表性的如巩固：《私权还是公益？环境法学核心范畴探析》，《浙江工商大学学报》2009 年第 6 期；巩固：《政府环境责任理论基础探析》，《中国地质大学学报》（社会科学版）2008 年第 2 期；王小钢：《以环境公共利益为保护目标的环境权利理论——从"环境损害"到"对环境本身的损害"》，《法制与社会发展》2011 年第 2 期；王小钢：《论环境公益诉讼的利益和权利基础》，《浙江大学学报》（人文社会科学版）2011 年第 3 期。

⑤ 有代表性的如徐祥民、朱雯：《生态利益的本质特征》，《法学论坛》2014 年第 6 期；杜健勋：《从权利到利益：一个环境法基本概念的法律框架》，《上海交通大学学报》（哲学社会科学版）2012 年第 4 期；邓禾，韩卫平：《法学利益谱系中生态利益的识别与定位》，《法学评论》2013 年第 5 期；焦艳鹏：《刑法生态法益论》，中国政法大学出版社 2012 年版，第 1—261 页。

化的利益冲突，环境司法需要对基础的衡量原则作出让步。

(二) 理论要点

在环境法范围内的利益冲突的表现形式能基本概括为长期发展的经济需求与不断增长的环境保护能力及现实需求之间的矛盾，也就是经济发展与环境利益的矛盾。在经过对经济与环境的双重发展进行衡量的过程中，需要我们尽全力解决社会环境与经济发展之间相互割裂的不利状态，努力推进利益冲突向双赢的和谐发展，从而致力于实现经济与利益之间的统筹兼顾的一体化原则，而不能对于所谓机械性、绝对性、淘汰性、排他性作出有限的处理。也就是说，经济与环境的发展有着同一渊源、共同发展的关联性。"同一渊源"指的是经济与环境发展的冲突来自人类对环境的过度索取与自然资源的有限性之间的矛盾，"共同发展"指的是经济环境利益冲突所反映的生态系统服务功能①的多样性。② 对于这一现状，法律采用"见物不见人"的原则，相应的，法律应该关注到人类对自然资源的正当需求，保障人们的合法利益。由此也可看出，无论是经济利益还是环境发展都需要法律保障其合法利益，在两者的发展过程中不能偏废一端，造成经济与环境的不平衡，它们之间的冲突也不是对抗性的冲突，没必要非得争个"你死我活"。

在当前经济生态一体化的基础上，环境法对于生态的重视会给经济发展造成一定阻碍，这就使得在利益衡量之时满足损失最小化。而利益最小化需要从以下两个方面着手。一方面，需要满足"最小侵害"，这一要求指造成的危害方式温和，且有不可替代性。这同时也符合公法上的比例原则。"正义的法律代表着一种对于相应关系的合理调整和妥善安排，它能使生活物质和满足人类对享有某些东西和做某些事情的各种要求的手段，能在最少阻碍和浪费的条件下尽可能多地给以满足。"③ 另一方面的要求为"最大补偿"，指的是受益人需要支付对于利益受损者的经济补偿。这一"补偿"概念指的是广泛意义上的概念，趋向于私法上的损害填补原

---

① 生态系统的服务功能分为四类：供给服务功能、调节服务功能、文化服务功能以及维持这些服务的支持服务功能。参见联合国千年生态系统评估项目组《生态系统与人类福祉：评估框架》，张永民译，中国环境科学出版社 2007 年版，第 58 页。

② 参见王灿发《论生态文明建设法律保障体系的构建》，《中国法学》2014 年第 3 期。

③ [美] 罗斯科·庞德：《通过法律的社会控制》，沈宗灵译，商务印书馆 2010 年版，第 21 页。

理，具体可分为三个层面：首先，实施双方不对等的补偿方式，我们称为适当补偿；其次，实施称为合理补偿的等额偿还模式；最后，进行超额偿还的充分补偿模式。

在损失最小化的基础上，环境法范围的利益冲突哪方面更能受到法律的保护与司法的认可，是需要在具体情况下进行分析的。时空性在一定程度上是紧缺的代名词，利益的紧缺也并不都是一成不变的，某一利益是不是紧缺主要在于物资的差异性，也就是需要有区别地对待多样利益的冲突并进行区隔。在这一概念上，差异化强于统一性，多样化先于单一性。

由此可知，一定的条件局限可能使得对多种利益的选择产生迟疑，这也使得法律在衡量利益双方时，在紧缺优位的基础上进行利益选择，也就是紧缺优位原则的实践。践行这一原则需要在两个属性的基础上进行。首先是时空阶段的属性，这是利益紧缺的两面性决定的。具体分为两个阶段，"第一阶段即环境破坏能够由自然的进化能力自行治愈的阶段，而第二阶段则是环境破坏已经无法靠自然的进化能力自行治愈，破坏了自然循环的阶段"[①]。在第一个阶段里，环境容量能够很好地承载经济发展，在这一状态下，损失最小化能够引导经济与生态发展的平衡，保持利益的和谐发展。但是，在后一阶段中，经济发展已经超过了生态环境能够承受的最大限度，这种对于环境的过度消耗会对生态发展产生严重的影响，这就需要对环境进行优位保护。其次是时空位序的属性。利益紧缺在利益短缺的基础上还会导致权利分配的不公，其本质上是对环境权利的剥夺与限制，是环境需求的缺乏。在这一基础上环境问题表现为两个面向：一是由于经济发展导致的问题，另一类则是由于发展不足导致的。对于后者而言，我们应该建立生存问题先于环境问题，在脱贫致富的基础上保护环境的认知。因而，生存层面的经济发展应永远排在优先位序。

为了适应环境优位的具体情况，在环境法范围，应变利益的独惠为普惠，由利益独享向利益共享转化。这一普惠概念是由环境及其保护的公众性决定的。这就涉及利益衡量的协商原则。在环境的公共范畴内进行协商，并不是为了控制话语权而争夺资源，而是为了在兼容并进的大环境的引导下，使得不同利益主体的利益得到重视，从而为相关人员的参与以及诉求表达创造条件。环境法领域的有效协商包含以下几方面的要求：第

---

① [日] 大须贺明：《生存权论》，林浩译，法律出版社 2001 年版，第 205 页。

一,明确国家相关单位有保证有效协商进行的义务;第二,根据法律要求在明确规章的基础上进行协商;第三,不同利益主体充分知悉协商内容;第四,不同利益主体均有机会参与环境鉴定以及结果决策中;第五,不同主体在表达观点上具有平等地位;第六,各个利益方均有权利质疑国家部门的鉴定与决策结果,并得到解决;第七,保证各个参与者均有影响决策结果的权利;第八,避免以国家威严、法律公正为代价,导致有意忽视某一方合理诉求的产生。

(三) 指导意义

从认识论的视角看,以环境公益为例,《最高人民法院关于审理环境民事公益诉讼案件适用法律若干问题的解释》第1条是在民诉法以及环保法的基础上发展出来的,在制定的过程中拓宽并发展了公益司法的内涵。从诉讼损害补偿的状态而言,包含环境上的重大风险与实际损害两个方面;而就环境诉讼形成的因素而言,包含环境破坏行为与环境污染行为两方面。由此可以看出,这一规定在实际应用中是对四种环境损害行为的明确,从而保障了环境公益的合理性。而细化这四种方式之间的区别,有的学者意识到环境污染在人与环境以及污染物之间呈现出反向的特定路线,这也关系到现有技术可能产生的未知风险,而同样,生态破坏则表现为从破坏行为经由生态环境再到人类自身的路径,即"生态破坏行为—环境—生态—人类"的路径,主要关涉违背已知生态规律产生的可预测风险。[1]

在这一类别区分的前提下我们需要意识到,受到损害或者具有损害风险的"环境公益"和受破坏的生态环境之间有什么关系。在这里,"环境公益"一词指的是向生态系统的服务功能,[2] 这一损害形式则为对生态环境产生的危害。具体言之,环境公益既能指代被破坏的"生态"或"环境"(例如排污导致的空气或水流污染)的服务功能,也能指代在事实上具有关联性的其他生态环境(例如地下水过度使用造成的地下水位降低)的服务功能。这是由于,这一概念的具体含义可以阐释为生态服务对于不

---

[1] 参见吕忠梅《环境司法理性不能止于"天价"赔偿:泰州环境公益诉讼案评析》,《中国法学》2016年第3期。

[2] 生态系统的服务功能可以分为供给服务功能、调节服务功能、文化服务功能以及维持这些服务的支持服务功能四类。

同人需求的满足。因而环境公益具有整体、共同两个特性，生态服务的整体性决定了环境公益的整体性，不同人对于服务的共同需求决定了环境公益的共同性。换言之，客体环境承载着主体人的多样性利益需要。就其内容而言，经济利益的需要表现为对于自然资源开发的利益以及环境服务消耗的需要，是对生态环境的耗费；非经济利益的需要则包括文化教育、审美需求、人格尊严、人身安全与健康等诸多面向，表现为对于环境的改善与保护，这两个面向在整体上是具有一致性的。在此我们需要知道，这种一致性是具有立体性的。例如对于非经济利益来说，环境公益具有满足人体的安全健康需要与审美需要等多个可能。由此可知，环境公益的发展是人类自身选择的结果。在此基础上，上述四种破坏行为会对人类的选择产生一定的抑制，从而损害人类对于生态服务功能两类需要及其共同性，进而阻碍环境公益的进步。

从实践论的视角看，在环境司法中，利益衡量的实质就是要求司法工作者在遵守立法价值认同的基础上立足个案作出自己的价值判定。事实上，环境立法领域的利益衡量本就存在利益调整方法偏差等诸多局限。由于利益衡量是一种具有普适性的裁判方法，其在环境司法领域同样具有极为广阔的适用空间。分别看来，在常规环境案件中，利益衡量与传统司法三段论的适用高度契合；而在疑难环境案件中，利益衡量在需要法律解释、合法但不合理、存在法律漏洞、法律规则彼此冲突这四类案件中大有用武之地。

在环境司法中，利益衡量的操作步骤可以进一步分解为创设与确认利益、度量与抉择利益，论证与修正利益衡量论断三个基本环节。就实体性诉求而言，环境司法力图从整体上考察环境保护领域各相关方利益，并依据各方利益的位阶和权重作出分析或抉择，以此实现法律效果与社会效果的统一；就程序性诉求而言，环境司法亟待从复数审判主体、充分审判公开、严格审理流程、引入专家论证等方面构建起和谐统一的法治秩序。可见，在环境司法利益衡量领域推行案例指导制度具有不可替代的重要价值。据此，以现实中发生的典型案例切入，利益衡量在环境司法实践中付之阙如的境遇得以进一步凸显。在明确法官自由裁量权宽泛性、法律思维能力高要求、司法裁判泛政治化等显著实践困境的基础之上，环境司法的利益衡量应当以此为重要契机和突破口，进一步提出具有现实针对性的改良措施。

第二节　环境司法保障机制构建的价值定位

一　环境司法保障机制构建的正义价值

（一）正义价值概览①

正义是人类社会永恒追求的理想状态。但是正义时常会被打破，当社会中出现不正义的现象时，法就被视为维护和追求正义的工具。可以说正义是法学研究的永恒主题。然而对于何为"正义"，千百年来一直未有一个广为认可的答案，关于法的正义的学说也异常复杂。于文轩教授认为，平等和自由是法的正义价值两大最核心的属性。自由属性的权利侧面具有内在的自我扩张特性，其义务侧面又在时刻地抑制权利的无限度扩张，而这两种倾向都是内在动力表达于外部的形式。相对于自由，平等属性是外在的。平等是自由得以正常发展的保障，是防止自由被异化的防线，是自由被正确分配的方式。

在很久之前，正义与公平的关联性就被人们所认知。古希腊的著名学者亚里士多德曾叙述，正义本身具有法律约束与平等两层含义，不公正的概念则与之相反。②在这一理论的基础上，他将公正区别为整体与部分两个层面，进而将部分的正义用分配的正义与矫正的正义加以区别。功利主义的提倡者约翰·穆勒则坚持大部分人的正义论，他认为正义是为了满足绝大多数人的幸福。③另一学者托马斯·阿奎那则认为正义应增加对于公共福利的关注，在他的理论阐述法定正义包含：以公共福利为目的；制定的法律不超过制定者的权力；令公民承担义务的理由是促进公共幸福等诸多方面。④可见，这些观点在强调正义价值平等属性的同时，也各有不同的侧重。

---

①　参见于文轩《石油天然气法研究——以应对气候变化为背景》，中国政法大学出版社2014年版，第44—46页。

②　[古希腊]亚里士多德：《尼各马可伦理学》，廖申白译，商务印书馆2005年版，第128—129页。

③　谢鹏程：《基本法律价值》，山东人民出版社2000年版，第63—64页。

④　[意]托马斯·阿奎那：《阿奎那政治著作选》，马清槐译，商务印书馆1982年版，第105页。

正义价值的自由属性在近年来尤其受到关注。赫伯特·斯宾塞认为正义是"个人能够在不侵犯他人的基础上，随心所欲的做自己要做的事情"①。著名哲学家康德的观点则与之相似，他认为正义是"在某一些特定条件下某人的意志能够在法律的保障下同另一个人的意志结合起来"②。甚至有的学者如哈耶克将保障自由作为实现正义的唯一途径，从而推崇极端的自由主义。

前述两种对正义内涵的诠释可以被称为"正义的平等论"和"正义的自由论"。③ 这两种理论在相当长的时间内在各自的语境下发展，虽然各方对对方的理论有所关注，但却并未系统地思考平等与自由之间的内在联系。直到 20 世纪这一境况才产生改变。约翰·罗尔斯是重构正义理论的集大成者，他侧重于实现平等属性，将"正义的平等论"与"正义的自由论"进行整合研究。罗尔斯把正义划分为两个层面，在第一层面提出平等自由原则，要求每个人对与所有人所拥有的最广泛平等的基本自由体系相容的类似自由体系都应有一种平等的权利（平等自由原则）；第二个正义层面提出机会平等原则，要求经济社会对于目前的不平等应该使他们在与正义的储存原则一致的前提下，使得少数人的利益得到最大化，并且使其在平等状况下遵循机会与地位的开放性。④ 对于这两个原则的适用顺序，罗尔斯认为，第一原则优先于第二原则，⑤ 第二原则中的机会平等原则又优先于差别原则，只有在充分满足了前一原则的情况下才能考虑后一原则。⑥

（二）正义价值的具体体现

现代意义的环境问题催生了环境法的产生。正义价值（包括自由和平等属性在内）要求在现代性的立场上看待我国当下的环境司法保障机制构建。亨廷顿悖论认为，现代性孕育着稳定，现代化进程则孕育着动

---

① ［美］博登海默：《法理学——法律哲学与法律方法》，邓正来译，中国政法大学出版社 2004 年版，第 255 页。
② 同上。
③ 谢鹏程：《基本法律价值》，山东人民出版社 2000 年版，第 64 页。
④ ［美］罗尔斯：《正义论》，何怀宏、何包钢、廖申白译，中国社会科学出版社 1988 年版，第 302 页。
⑤ 同上书，第 61—62 页。
⑥ 同上书，第 303 页。

乱。稳定是因为一切皆在法治的轨道上，而动乱则因为原本的利益格局被打破，秩序面临危机。构建环境司法保障机制是一个长期的过程，受制于特定的司法文化和司法体制背景；构建环境司法保障机制同时是一个相对开放的过程，没有很多经验可循。这是环境司法现代化的过程规律。从我国目前环境司法运行的现状来看，环境司法有效性难以体现主要表现在三个方面：真正的"环境"案件仍旧难以进入司法程序；案件进入司法程序后法官难以作出合理判决；环境法官作出的判决难以执行。

在传统观点中，司法的基本定位是消极的。司法的被动性，又称司法抑制主义，是在资本主义早期形式法范式作用下产生的司法全能定位和制度架构模式。随着实质法范式的发展，特别是出现了带有正义鲜明烙印的公益诉讼[①]的出现，司法能动主义开始得到推崇。司法能动主义成为通过执行政治政策以实现正义——实质平等——的一种"政策实施型司法"。[②]因此，从这个角度来看，司法能动并没有颠覆司法被动性这一基本规律。因为司法的被动性主要是针对程序而言的，而司法能动性则主要针对司法的实体运用而言，它赋予法官在事实判断和法律适用方面一定的权限，从而最大限度地实现正义价值。[③]

保护环境公共利益，应为环境司法的应有之义和环境司法现代化的重要内容。[④] 在公益诉讼中，法庭法官越来越多地变成正在进行中救济的复杂模式的创造者和管理者，需要法官在行政和执行方面持续地介入。[⑤] 环境司法的能动倾向在实践中已经突破了法系的框架。即使在典型的大陆法系国家，例如法国，司法也表现出一种积极扩张的环境保护倾向，特别是在推动积极环境行政、矫正环境行政行为方面，发挥了重要作用。

---

① ［印度］P. N. 伯格瓦蒂：《司法能动主义与公众利益诉讼》，仁堪译，周昭益校，《环球法律评论》1987 年第 1 期。

② ［美］达玛什卡：《司法和国家权力的多种面孔》，郑戈译，中国政法大学出版社 2004 年版，第 126 页。

③ 参见王刚《论生态文明建设的司法保障及其构建——以强化和改进审判职能为中心》，《青藏高原论坛》2014 年第 1 期。

④ 王树义：《论生态文明建设与环境司法改革》，《中国法学》2014 年第 3 期。

⑤ ［美］艾布拉姆·查耶斯：《公诉中法官的作用》，载《美国法学最高引证率经典论文选》，金云峰译，法律出版社 2008 年版，第 173 页。

环境司法的能动性首先表现在法院不得拒绝环境案件的受理。不得拒绝案件的受理是环境司法现代化理念的要义之一。其次，要在具体制度设计上扫清障碍，逐步放开对受案范围、起诉资格的限制。再次，要以能否解决环境问题作为是否产生实效的标准。换言之，在结案时限内作出形式上的一纸判决不再是最终目标，如何通过实质上的利益协调保障方案的可执行性，才是努力方向。① 司法守护正义，不能为了效率失去公平。复次，判决不再是终结，判决的执行要求司法的持续介入。最后，在环境司法的早期发展阶段，可能还需要借助司法机关的公信力和能力适度发挥其审判外的参与环境治理的功能②以及公共政策推动功能。

环境司法的能动是否有边界？当然有。边界是什么？简而言之，边界就是司法的一般规律。司法的一般规律就是司法在程序上的消极和被动性，用通俗的话表达，就是常说的"不告不理"。无论如何能动，司法机关按自己的意愿主动启动司法程序是不符合司法规律的，因此，环境司法的能动只能体现在司法程序启动之后的实质层面。司法可以通过政策化、立法化反哺立法，但不可能违反现行法律法规；司法可以监督行政行为，但不能代替作出行政行为。遵守司法的一般规律是环境司法能动的底线。

二 环境司法保障机制构建的秩序价值

（一）秩序价值概览③

作为社会中的一种普遍现象，秩序是人类社会与自然运行发展的内在要求，与法有着密切的关联。对社会既有秩序的维护既是法律的内在要求，又是法律所追求的最终目的。总的来说，秩序与法的关联性总体表现为四个方面：首先，法律的起源是人类对秩序追求的结果。当生产力的长

---

① 以贵阳清镇生态保护法庭受理的一起住宅小区水泵改造案为例。为了获得最佳可行的改造方案，主审法官与小区居民、专家、规划局等行政机关进行了长期反复的沟通，改造方案经数次修改。主审法官认为，作出一纸判决很容易，真正解决问题却很难。

② 贵阳清镇环保法庭在这方面已作出一些探索，例如由法院作为环保公共基金的监督者。

③ 参见于文轩《石油天然气法研究——以应对气候变化为背景》，中国政法大学出版社2014年版，第50—53页。

久发展促使阶级产生,因而原始氏族习惯及其规定无法约束社会秩序时就产生了国家与法律。美国法学家庞德曾经指出,法律学科的源头中的一个重要面向就是关于社会秩序和正义的理论。① 其次,法律的主要作用及内在要求是相对稳定的社会秩序。法律的产生就是为了约束社会秩序,同时也依靠社会秩序而存在。同时,法造就了包括形式秩序在内的所有秩序,被称为具有"形式上的调整功能"。② 再次,秩序是法律中不可分割的重要部分。对于社会秩序的维护与约束既是法律的重要组成部分同时也是法律追求的基本目标之一。最后,法律是保障社会秩序的重要手段。③ 一旦出现威胁现有社会秩序的外在因素,进而可能或者已经发生社会无序的状况时,法律的"社会关系的调整器"作用就会体现出来,通过一定的方法维护现有的社会秩序。有观点将法的这一作用称为法的"保持功能(物质的调整功能)"④。

秩序是法的内在价值之一。那么什么是"秩序"呢?秩序的价值又体现在何处呢?对于这一概念,目前学界有以下观点。首先,有的学者将法律秩序作为一种规范体系进行阐释,此类观点可以称为"规范说"。规范说包括两大流派:以凯尔森为代表的学说将法律秩序直接等同于法律规范体系;以韦伯为代表的学说将法律秩序视为包括法律规范体系在内的广义的行为规范体系。⑤ 其次,某一社会状态在法律与多种因素融合后所形成的社会状态可称为法律秩序,此类观点可以称为"结构说"。该学说主要关注法律秩序实现过程中法律调整与社会其他因素的相关性。再次,将秩序视为法调整社会关系的过程,此类观点可以称为"过程说"。比如有学者认为秩序是指"人和事物存在和运转中具有一定一致性、连续性和确定性的结构、过程和模式等"⑥。最后,将秩序视为法所实现的结果,此类观点可以称为"结果说"。比如有学者认为秩序是一种有规律、可预

---

① [美]罗斯科·庞德:《法理学》,邓正来译,中国政法大学出版社2004年版,第26—27页。
② [德]伯恩·魏德士:《法理学》,丁小春、吴越译,法律出版社2003年版,第41页。
③ [日]千叶正士:《法律多元:从日本法律文化迈向一般理论》,强世功等译,中国政法大学出版社1997年版,第80页。
④ [德]伯恩·魏德士:《法理学》,丁小春、吴越译,法律出版社2003年版,第42页。
⑤ 参见杨力《社会学视野下的法律秩序》,山东人民出版社2006年版,第28页。
⑥ 参见卓泽渊《法的价值论》,法律出版社2006年版,第386页。

见、和谐稳定的状态，也就是规则约束下的状态。① 以上四种理论均从不同方面阐释了法律在秩序价值上的含义。但是，无论是哪一种学说，都是对于法的某一方面的阐释，无论是在其中强调哪一个方面，都是片面的，具有不完整性；然而，在它们各自的法学领域与法律部门，法的价值侧重于某一方面是显而易见的，这需要我们在具体的情况下具体问题具体分析。

(二) 秩序价值的具体体现

秩序价值要求在进行环境司法保障机制的构建时，以维护安全为核心。我们所谓的安全即是一种无事故、无危险、无威胁的特有状态。而秩序价值的安全指的则是保障人们处于一种免受侵害的状态，并且能够削减"伴随人的生活而存在的某些困苦、盛衰和偶然事件的影响"②。这里的安全主要包括人体健康安全和生态环境安全两个方面。

环境司法应当着力保障人体健康安全。健康权是生存权的一项当代内容。包括环境污染和生态破坏在内的环境问题有可能会对人体健康造成潜在的甚至现实的损害。环境司法的运行应该保证人们的生命安全健康，避免受到上述活动的危害，从而满足人类对于生命安全的需求。其中需要特别指出的是，此处的人体健康安全是包含心理健康与生理健康在内的。

保证自身的安全是人类基本需求中的重要部分。应当认识到，确保自身安全是人类最基本的需求之一。美国心理学家马斯洛在其理论中提出人类需求的五个层面，在这些需要中，高层次需求是在低需求得到满足的状态下进一步产生的。其中，安全需要属于第二层面的需要，包含对于安全稳定的状态以及有秩序、有保障等方面的需求。人类在基本生理需求得以满足的状态下就会追求身体健康安全的保障，也只有安全有保障的前提下，才会产生更高层次的需求。我们也因此可以看出健康安全的重要。

与此同时，环境司法应当着力保障生态环境安全。所谓生态安全，指的是某一社会群体或者国家集体在生存发展过程中所处的生态能够尽量减

---

① 参见叶长茂《构建公民社会：和谐社会政治发展的路径选择》，《东南学术》2005年第2期。

② [美] 博登海默：《法理学——法律哲学与法律方法》，邓正来译，中国政法大学出版社1999年版，第219页。

少或者避免威胁以及破坏的状态，亦即能够使生物与生物、生物与自然甚至人类与自然生态系统间维持正常的结构和功能。① 环境问题对生态环境安全的影响主要表现为对于生态系统的影响。生态系统包含生物与非生物两大部分，而前者又可分为分解者、生产者与消费者。生态环境问题的发展在对生物的繁衍生存、健康状况产生直接影响的同时，还从多种面向间接地对非生物造成影响，例如对微生物的演化与数目的促进从而造成相关的物理、化学成分的转变，就属于这一方面的间接影响。而这一影响结果的产生又能够反作用于生态系统，决定生态系统是否健康。

通过对学界现有研究成果的梳理，我们对生态系统健康的标准概括为以下几个方面：生态系统的自我修复与应变能力；自我维持能力；生物多样性的存活率；顶级捕猎生物的存活率；自然循环状态的稳定性以及生态功能与结构的多元化。② 以上标准中任一标准的弱化都会导致整个生态健康的下降，同时也会导致生态环境安全度的下降。环境司法保障机制的构建应当关注环境问题对生态系统安全造成的威胁，进而减少甚至消除因生物安全问题对生态造成的危害，从而保证生态系统维持在健康标准之上，保障生态系统的安全。

三 环境司法保障机制构建的效率价值

（一）效率价值概览

法律作为社会制度的一种，同样具有经济与社会的双重效率价值。就经济效率价值而言，法作为上层建筑应该服务于经济基础的同时反映其发展的需求；从社会效率层面看，效率是社会发展的价值所在，因而通过法律的权威性进行权利义务的划分从而保证社会的高效运行是法律对人类社会的价值体现。③ 应当认为，在理念层面将效率作为法的价值理念之一，无疑具有其正当性。

法的社会效率价值往往受到学界的重视。有代表性观点认为，社会效

---

① 杨京平主编：《生态安全的系统分析》，化学工业出版社2002年版，第26页。
② [美] 威廉·P. 坎宁安主编：《美国环境百科全书》，张坤民译，湖南科学技术出版社2003年版，第190页。
③ 张文显主编：《法理学》，法律出版社2007年版，第317页。

率价值是"法律的社会目标与法律作用的现实结果之间的比值"①,并按照一定的因素将其分为自身与社会效率两个层面。具体说来,前者指的是"人类的行为是不是在一定法律法规的要求下进行的,也就是人们的行为是否合法"②;而后者的含义则是指"人的某一行为是否实现了立法者所期望的更深远的社会目标"③,亦即是否具有深远性。可见,二者在本质上都是对人类某一行为的作用所产生的作用,同时这一作用便是人们评价法律制度的重心所在。也就是说,人民对某一法律的认可会受到该制度对人的约束效果的影响。

当然,法律的经济效率所产生的价值也应为我们所重视。这是因为倘若某一制度收益远低于投入的情况下,即使该制度的实施为人民认可,它也不被认为具有经济效益。这也是以波斯纳为代表的经济分析法学得以蓬勃发展,并在当今世界法学流派中占有一席之地的原因。虽然运用经济学上的效率分析工具进行定量化法律分析的正当性仍然不无疑问。

(二)效率价值的具体体现

现行环境案件审判机制将环境案件按照普通的管辖规则和传统的刑事、民事和行政案件划分方法,分配到环境犯罪行为发生地、环境侵权行为发生地和被诉行政部门所在地的各地基层法院进行审理。由此带来的一大弊端就是环境纠纷很难被基层法院受理,致使环境权益的司法保障落空。

究其原因,首先,由于普遍存在的地方保护主义,基层法院受理环境案件,特别是典型的环境污染破坏侵权纠纷,将会受到地方政府的不当干预。而针对地方政府的环境监督管理部门所提起的环境行政诉讼,基层法院面临的阻力只会更大。因此,基层法院面对环境纠纷往往选择不予立案,敬而远之。其次,受限于刑事、民事和行政三分的传统思维,部分非典型的环境纠纷没有得到应有重视,被不当地归类为普通的刑事、民事和行政案件,或者被归属于相关联的刑事、民事和行政案件,而没有被作为独立的环境案件,按照特殊规则进行审理。至今,我们很难得到一个法院受理环境案件的确切统计,就在于在法院系统的案件统计中,根本没有环

---

① 胡卫星:《论法律效率》,《中国法学》1992年第1期。
② 同上。
③ 同上。

境案件的分类号。这无形中也为环境诉讼的研究增加了困难。最后，由于缺乏专门的环境案件审判组织和人员，许多基层法院对于所面临的一些新型环境纠纷无法识别，也就不能保证及时地受理和审理这类案件。比如转基因生物侵权案件、梨锈病案件①、气候变化诉讼案件等。

由此可见，现行环境案件审判机制中的许多规定，实际上不符合效率价值对环境司法保障机制构建的要求，具体表现在以下几个方面。

一是分散思维肢解整体问题。现行环境案件审判机制沿用三类案件分别审判的做法，导致造成不同性质法律后果的同一环境法律行为，被机械地肢解为数个适用不同规则进行审判的环境案件。缺乏对于环境案件的整体把握，也就容易陷入盲人摸象的误区，出现各案审判尺度不一，审判结果相互冲突的局面。一些环境犯罪案件，按照刑事诉讼程序审理了，对犯罪人判了刑，但对其造成的财产损失、环境危害却没有判决赔偿和治理恢复。② 而另一些环境民事案件，对污染造成的财产损失和人身健康损害进行了赔偿，却没有对被告人追究刑事责任。③

二是经济视角忽视环境利益。现行环境案件审判机制因循常规，根据诉讼标的额确定第一审民事案件的级别管辖。由于环境污染破坏损害赔偿的民事纠纷案件中，受害人所受的各项损失难以完全量化成具体数额，特别是所受环境利益损失的计算还没有普遍接受的方法。单一的诉讼标的额标准导致环境案件的一审级别管辖并不科学。许多案情复杂、影响较大甚至重大的环境案件被交由司法能力相对较弱的基层法院审理，降低了环境案件审判的质量。

三是普通规则替代专门知识。现行环境司法保障机制无法保证根据环境案件的特殊性，培养以及选任具有专门环境科学以及环境法学知识的审判人员处理案件。实际上，全国法院系统根本没有足够的具备环境案件审

---

① 参见吕忠梅、张宝《环境问题的侵权法应对及其限度——以〈侵权责任法〉第65条为视角》，《中南民族大学学报》（人文社会科学版）2011年第2期。

② 比如，2004年3月川化污染沱江的事件、2005年11月中石油吉林石化分公司双苯厂污染松花江的事件、2009年2月盐城市标新化工有限公司污染饮用水源事件，都是以被追究刑事责任结案，而没有判决排污企业治理污染、赔偿损失、修复环境。

③ 江苏东海县石梁河水库97户农民诉山东省金沂蒙纸业有限公司和山东临沭化工总厂，法院判决两被告赔偿560.4万元，但却没有追究任何人的刑事责任。参见《水库特大水环境污染损害赔偿案》，http://legal.people.com.cn/GB/42735/5012463.html。

判专门知识的法官或者陪审员。因此,绝大多数从事环境案件审判工作的法官或者陪审员只能根据普通的规则去审理环境案件,并导致适法错误,损害当事人环境权益。[①]

从实现效率价值的角度出发,我国具备构建更优环境司法保障机制的独特条件,但在前进的道路上也面临许多困难。基于我国环境问题的阶段性和国域特征以及我国法治的时代背景,走出一条富有我国特色的环境司法保障机制构建路径无疑是必然选择。

第三节 环境司法保障机制构建的核心理念

一 权益救济理念

保障权利是法治的精髓。"无救济则无权利。"没有司法的保障,任何权利都会形同虚设。我国的环境侵权诉讼作为私益诉讼,其依法保障私人人身权益和财产权益的功能已无异议。但是在实体法意义上,我国环境民事公益诉讼在理论基础先天不足的情况下仿照普通的民事侵权架构予以设计,从而留下了一连串"隐患"。诉讼法上采程序权说似乎可以为相关主体敞开公益诉讼的大门,然而"一山放过一山拦",我国环境民事公益诉讼制度终究躲不过实体法上请求权基础[②]的检验。

(一)环境民事公益诉讼请求权基础体系

《环境保护法》第 64 条位居"法律责任"一章,与第 65 条、第 66 条组建了《环境保护法》上的民事责任规范群。其中,第 65 条规定了环境损害赔偿的诉讼时效,第 66 条规定了第三方服务机构的连带责任,因其特殊性,二者均可视为《侵权责任法》第 5 条的外接条款。相比之下,

---

[①] 比如,历经四级法院审理,两级检察院抗诉,历时 14 年才由最高人民法院最终判决的"浙江平湖师范农场特种养殖场诉嘉兴市步云染化厂等五家企业水污染损害赔偿纠纷案",就正是县、市、省三级法院法官均错误地根据普通规则将举证责任分配给原告,而没有适用水污染案件中由被告证明自身行为与损害结果不具有因果关系的特殊规则而造成。参见最高人民法院民事判决书(2006)民二提字第 5 号,"浙江平湖师范农场特种养殖场诉嘉兴市步云染化厂等五家企业水污染损害赔偿纠纷案",中国政法大学污染受害者法律帮助中心提供。

[②] 请求权基础,指支持一方当事人向他方当事人有所主张的法律规范。参见王泽鉴《民法思维:请求权基础理论体系》,北京大学出版社 2009 年版,第 46 页。

第 64 条肩负的使命可谓重大。1989 年《环境保护法》第 41 条已被《侵权责任法》第 8 章所吸收，或许基于这一考量，2014 年《环境保护法》便不愿再在民事责任的规定上浪费笔墨，与第 69 条同质，第 64 条作为引致条款将侵权责任推脱给《侵权责任法》。

普通环境侵权诉讼的请求权基础为《侵权责任法》承接实属当然，而环境民事公益诉讼的请求权基础由《环境保护法》第 64 条予以外接却不得不再加解释。略陈管见，原因有三：首先，我国环境民事公益诉讼具有侵权之诉的性质，仅从外观上看，《环境保护法》第 64 条将其请求权基础指向《侵权责任法》并无不妥。其次，虽然《环境保护法》第 64 条所言之"损害"是否包含学者所标榜的"对环境的损害"①存疑②，然而从《环境保护法》诸条文间的脉络看，第 58 条进一步补充了环境民事公益诉讼原告之资格，而后的"法律责任"一章则再无专门关于环境民事公益诉讼的规定，依体系解释，《环境保护法》第 64 条所称的"造成损害的"应囊括了"造成环境损害"这层含义，否则，环境民事公益诉讼的请求权基础便成了立法漏洞。最后，《关于审理环境民事公益诉讼案件适用法律若干问题的解释》（以下简称《环境民事公益诉讼司法解释》）开篇即表明：依《侵权责任法》等法律的规定制定本解释。从而，司法者的态度亦佐证了环境民事公益诉讼请求权基础已被《环境保护法》第 64 条"打包"一并转嫁给了《侵权责任法》。

综合上述讨论，《环境保护法》第 64 条已然构成环境民事公益诉讼请求权基础体系的枢纽——将环境民事公益诉讼请求权基础引向《侵权责任法》。《侵权责任法》单列一章对环境侵权责任"优礼以待"，直观

---

① 如吕忠梅教授认为：环境公益诉讼的客体应是"对环境的损害"而非"对人的损害"。参见吕忠梅《环境公益诉讼辨析》，《法商研究》2008 年第 6 期。再如肖建国教授等认为，"环境公益诉讼的本义就在于维护环境公益，主要表现为预防环境公益（继续）遭受损害以及对已经造成的环境损害采取积极的补救措施"。参见肖建国、黄忠顺《环境公益诉讼基本问题研究》，《法律适用》2014 年第 4 期。

② 之所以存疑，是因为环境法学者一般认为环境民事公益诉讼救济的对象是"环境损害"。而言及《侵权责任法》上的损害，常限于三种：人身损害、财产损害、精神损害。参见张新宝《侵权责任一般条款的理解与适用》，《法学研究》2012 年第 10 期。从文义上看，不同学科间关于"损害"的界定存在不同。

看,《侵权责任法》第 65 条诚可谓环境民事公益诉讼请求权基础的大本大宗。体系形成的方法之一是利用类型模组,而"在类型的构成上,类型固有其共同特征,但这些特征在属于该类型之物或事务上的表现不仅在有无,而且在程度上皆不尽一致"①。鉴于此,《侵权责任法》中环境民事公益诉讼请求权基础的寻觅亟待周延。往"上"看,环境民事公益诉讼请求权基础应包括更为一般性的条款,如《侵权责任法》第 8 条、第 9 条、第 10 条、第 11 条等;② 往"下"看,环境民事公益诉讼请求权基础还应包括环境侵权的特殊形态,如《侵权责任法》第 69 条、第 70 条等。③ 此外,《侵权责任法》第 5 条作为一个接口,可以将其他法律规范引入侵权法体系,以此来保证侵权法的灵活性。④ 按图索骥,环境民事公益诉讼的请求权基础还分散在《海洋环境保护法》《大气污染防治法》《水污染防治法》等环境单行法中。这些法律中的民事责任条款若较之于《侵权责任法》有不同规定,皆可基于特别法优于一般法的适用原则而取而代之。

概言之,环境民事公益诉讼请求权基础体系以《侵权责任法》第 65 条为核心,"上看下看",不能遗漏第 8 条、第 9 条、第 69 条等条款;"左看右看",还应兼顾单行环境法中的特别规定。

(二) 环境民事公益诉讼请求权基础的考察

环境民事公益诉讼请求权基础体系实属庞大,如若对其检视,则必要切中肯綮。《侵权责任法》第 65 条与《环境保护法》第 64 条均以"损害"为立足点,仅从文义上看,其保护的范围十分宽泛——凡"损害"均受侵权法保护,这与《法国民法典》第 1382 条的表述模式类似。然而不容忽略的是,环境民事公益诉讼请求权基础均统摄于《侵权责任法》第 2 条之下,即侵权法的保护对象限于"人身、财产权益"。从这一视角看,《侵权责任法》第 65 条更接近《德国民法典》第 823 条第 1 款的立

---

① 黄茂荣:《法学方法与现代民法》,中国政法大学出版社 2001 年版,第 480 页。
② 参见竺效《论无过错联系之数人环境侵权行为的类型——兼论致害人不明数人环境侵权责任承担的司法审理》,《中国法学》2011 年第 5 期。
③ 参见侯佳儒《中国环境侵权责任法基本问题研究》,北京大学出版社 2014 年版,第 39 页。
④ 参见王成《侵权法的规范体系及其适用——以〈侵权责任法〉第 5 条的解释适用为背景》,《政治与法律》2011 年第 1 期。

法模式——以"权益"为立足点。① "损害"与"侵害权益"仅差之毫厘，然而背后却隐藏着法、德民法编纂技术的不同：《法国民法典》以《法学阶梯》为参考，《德国民法典》以《学说汇纂》为依照，② 从而导致了两者在结构上的分歧——"主体—客体"与"主体—权利—客体"的分歧。③ 这种差异又造成了侵权法张力上的云泥之别，如，纯粹经济损失可以轻松解释进《法国民法》第1382条的保护范围，而德国却要大费周折地创设"营业权"这一"怪胎"来使纯粹经济损失获得救济。④

我国《侵权责任法》与《德国民法典》一道，侵权责任成立的要件之一即对民事权益造成侵害。因而，环境民事公益诉讼所要救济的生态环境"损害"须转化为"权利"语言。申言之，环境民事公益诉讼请求权基础得以适用的前提不应停留在肤浅的"造成了生态环境损害"这一层面，而应过渡到"造成了某种权利侵害"。至于此权利为何，则恰是反思环境民事公益诉讼请求权基础的切入点。基于我国民法人身权益与财产权益二分的立法考量，反思路径亦应有二——将《民事诉讼法》第55条所谓的"社会公共利益"分解为不特定主体的人身权益与财产权益。

一是以侵害财产权益为切入点。大陆法系民法，多以物权、债权作为财产权的两大支柱，我国民法亦向此种构建模式靠拢。因债权具有相对性，不易为第三人所知，故民法学界原则上不承认第三人侵害债权的情形，仅以第三人明知存在债权仍故意加害之为例外。⑤ 因而，所谓的"侵害财产权益"几近等同于"侵害物权"。

一方面，以物为切入点。物权的概念可追溯至罗马法上的对物之诉，⑥ 即"对物的宣誓决讼"。⑦ 这一化约的概念反而形象地"描绘"了侵害物权之诉的逻辑关系——物受损，人起诉。依此路径，环境民事公益

---

① 参见曹险峰《中国侵权责任法的侵权构成模式——以"民事权益"的定位与功能分析为中心》，《法学研究》2013年第6期。
② 参见梁慧星《民法总论》，法律出版社2011年版，第13页。
③ 梅夏英：《从"权利"到"行为"》，《长江大学学报》（社会科学版）2005年第1期。
④ ［德］格哈特·瓦格纳：《当代侵权法比较研究》，高圣平，熊丙万译，《法学家》2010年第2期。
⑤ 参见程啸《侵权责任法》，法律出版社2011年版，第131页。
⑥ 参见孙宪忠《物权法总论》，法律出版社2003年版，第35页。
⑦ 参见周枏《罗马法原论》，商务印书馆1994年版，第955页。

诉讼所要救济的生态环境也便等同于物权法上的物。虽然《物权法》未曾对物作过定义，然而按照学界通识，作为物权之客体，物应有如下特性：特定性、有体性、可支配性、可利用性、伦理性。

以物的全部特性为评价标准，可以更清楚地判别生态环境是否具有物的"镜像"。首先，除动物外，[①] 其他环境要素一般不涉及伦理问题，故而将生态环境作为物大致不违法物的伦理性。其次，生态环境至少可以在两方面为人所用：其一，可供人本能利用；其二，供人开发利用。[②] 故而，生态环境亦具有物的可利用性。然而，言及物的有体性、特定性和可支配性，生态环境却显得"羞羞答答"了。空气、流水皆非有体，因而难以符合物的有体性。诚然，随着物权法将光、热、电等无形自然力纳入客体范畴，物的有体性特征已有例外。但这些特例均具备物的可支配性，而空气、流水却难为人力支配，纵然"更立西江石壁，截断巫山云雨，高峡出平湖"，仍难避免淫雨积洪涝。此外，空气、流水并无常形，且浑然一体难以独立，因而也谈不上物的特定性。用物的特性逐一对生态环境进行检视，可知，将生态环境视作物权法上的物未免草率了些。换言之，生态环境不具备"民法物格"。[③]

唯需补充的是，此处所言之"空气""流水"属《环境保护法》第2条所定义的"环境"，是自然因素的总体。绝不可将"空气""流水"偷换为经人类加工后的一罐空气、一瓶水，包装中的空气和水不是生态环境，因而也不是环境民事公益诉讼所保护的对象。

另一方面，以物权为切入点。从大多数国家民法典的编纂体例看，所有权与定限物权的区分构建了物权法的基本体系，[④] 定限物权中的担保物权尤以物的交换价值为关注对象，所以环境民事公益诉讼以对生态环境的抵押权、质押权、留置权受侵害为案由是不能为人想象的。仅就这一点看，得为环境民事公益诉讼侵权构成之民事权利者，以所有权和用益物权为限。

[①] 基于伦理考虑，《德国民法》第90条a款将动物排除在物的范畴之外，但其仍属客体。参见杨立新《动物法律人格之否定——兼论动物之法律"物格"》，《法学研究》2004年第5期。

[②] 参见汪劲《环境法学》，北京大学出版社2011年版，第52—54页。

[③] "民法物格，则是指作为权利客体的资格、规格或者格式。"杨立新：《民法物格制度研究》，法律出版社2008年版，第38页。

[④] 参见刘家安《物权法论》，中国政法大学出版社2009年版，第37页。

德国物权法大家沃尔夫总结道:"《民法典》中的所有权是最广泛的物之归属权,原则上所有权人享有物上所有可能的权能。"① 于生态环境之上设计如此饱满的物权尤应为人所青睐,然而却不应成为我们剖析的重点。在此,不妨举个极端的例子。以《物权法》第 46 条为据,流水专属国家所有,若河水遭受污染,国家自可依所有权人的身份向污染者主张侵权责任。此时,国家与私人所有权人无异,皆是抽象的民事权利主体,无论何者作为法定的诉讼担当人参与诉讼,其诉讼性质定性为私益诉讼似乎更加妥帖。管中窥豹,可见一斑。《物权法》对自然资源的规定多以国家所有为准,国家所有权的过度膨胀使得其他民事主体几近没有针对环境要素主张所有权的空间。基于我国国家所有权制度的"扭曲",② 生态环境的"所有权"不宜作为侵害行为的"着力点"。

就现有的研究文献看,学者也更倾向于将人对生态环境的权利设计为用益物权,以此来回避国家所有权制度的理论障碍。如前所述,环境的利用行为可分为两类,其中,围绕人的开发利用行为,法律创设了自然资源使用权、自然资源取用权、自然资源排用权③三类用益物权。因自然资源与环境要素在诸多情景下属"一枚硬币的两个面",故而依自然资源用益物权提起的诉讼常附带有保护生态环境的功能。然而,此种诉讼旨在维护原告之私人财产权益,与我国环境民事公益诉讼的概念相去甚远。④ 反言之,此三种用益物权不能作为环境民事公益诉讼中被侵害的权利。物权法定原则的核心观点在于强调物权的类型和内容皆由法律确定,此处的"法律"限于狭义,仅指全国人大及其常委会通过的规范性法律文件。然而,遍寻我国法律规定,却不见围绕人的本能利用行为所创设的用益物权。因而,此种解释路径亦行不通。实质上,基于人的本能利用而创设一

---

① [德] M. 沃尔夫:《物权法》,吴越、李大雪译,法律出版社 2004 年版,第 27 页。

② 依物的特性,对水流等自然资源不宜创设国家所有权,《物权法》上的国家所有权制度政治化色彩过浓,而对物权法基本原理的运用过少,故笔者用了"扭曲"一词。参见孙宪忠《"统一唯一国家所有权理论"的悖谬及改革切入点分析》,《法律科学》2013 年第 3 期。

③ "自然资源排用权"为吕忠梅教授表述为"环境容量使用权",即环境利用人依法对环境容量资源占有、使用和收益的权利。唯须指出的是,此权利尚未被法律明确赋予"用益物权"的属性。参见吕忠梅《论环境物权》,《人大法律评论》2001 年第 1 辑。

④ 杨朝霞:《论环境公益诉讼的权利基础和起诉顺位——兼谈自然资源物权和环境权的理论要点》,《法学论坛》2013 年第 3 期。

项用益物权也存在难以逾越的理论障碍。谢在全先生以为，现代立法例鲜有对物权之意义直接做出规定者，比较各家学说，"物权者，乃直接支配特定物，而享受其利益之权利"最为可采。① 谢氏定义与《物权法》第 2 条第 3 款关于物权的界定颇为接近，仅是将物权的排他性效力抽象于支配性特征之中。同一标的物上不得同时存在一个以上同一内容之物权，乃物权支配性之使然，即所谓的一物一权原则。一人对生态环境的本能利用显然不得排斥他人的本能利用，这种本能利用行为具有同一性，故而也便有悖于物权法的一物一权原则。此外，物权的排他性效力要求物权的存在及其变动需要公示，此乃安全、自由价值所生焉。然而，人对生态环境本能利用之"用益物权"既无交付又无登记，更无所谓占有，其物权外观如何彰显？由此观之，此项"用益物权"对物权法的原则挑战极大，乃至推翻了物权法的基本理论，故而不宜将其设计为用益物权。

概言之，物权围绕物的特性而构建，而"物决定行为的内容，行为的内容则决定权利的内容"②，推演下来，生态环境不符合物的特性，故而针对其创设的权利也有别于物权的特性。分析至此，将物权作为环境民事公益诉讼中被侵害的权利，殆无可能。

环境法学作为一门新兴学科，历来有一种民法生态化的情怀，物权法尤为环境法学者大显身手的重镇——试图借助物权给予生态环境充分的保护。然而，这种设想浪漫有余而理性不足。其中的困顿，从物权和环境法的起源足以洞见。法国大革命的思想先驱卢梭以人类的初原状态为出发点，逐步推导了私有财产的产生过程，并认为私有制是人类文明的起源。其在著述中风趣地写道："谁第一个把第一块土地圈起来并想到说：'这是我的'，而且找到一些头脑十分简单的人居然相信了他的话，谁就是文明社会化的真正奠基者。"③ 卢氏的论证虽然写意，却与民法学者基于马克思主义经典文献来论证物权的起源如出一辙——物权肇始于人们对无主物的先占。④ 保障物权的法律即物权法，史尚宽先生认为，"吾人必须藉

---

① 参见谢在全《民法物权论》（上册），中国政法大学出版社 1999 年版，第 13—15 页。
② 王涌：《所有权概念分析》，《中外法学》2000 年第 5 期。
③ ［法］卢梭：《人类不平等的起源和基础》，李常山译，商务印书馆 1962 年版，第 111 页。
④ 参见梁慧星、陈华彬《物权法》，法律出版社 2010 年版，第 13 页。

外界物资以生活，而物资有限，不能不定分以息争，在一定范围对于外界物资之支配，认为权利，以使互不相侵而保障物资之安全利用，此为物权之社会作用。"① 究其本质，物权法属财产法之一部，发挥着定纷止争、物尽其用的效用。在民法学者的视域中，物是"黄色"的，乃财产，故而围绕其经济价值进行权利设计。相比之下，环境法学的兴起恰在于物权"过剩"的时代，意在给物权附加义务。环境法学者以更加开阔的视野看待物，物是"绿色"的，乃环境要素，权利设计方案应以生态价值为据。环境法的效用并不在于对生态环境的物尽其用，而偏向保守，在于预防和保护。如，我国《环境保护法》第 1 条所称"保护和改善环境"，日本《环境基本法》第 1 条所称"推进环境保护政策"，美国《国家环境政策法》立法目的条款所称"努力提倡防止或减少对环境与自然生命物的伤害"②……其他国家的法律对环境保护思想的体现，莫不皆然。物权法与环境法天生携带了不同的成长"基因"——以经济价值为追求与以生态价值为追求，故而环境法学者欲借助物权来保护生态环境的构想颇有一厢情愿的味道。

诚然，法律围绕人对生态环境的开发利用行为已经创设了某些用益物权，但这些物权均围绕环境要素的资源属性予以构建，换言之，其亦以经济价值为终极目的。唯此等物权概念中摄入的义务更多些罢了，由此方才在物权法之外形成了自然资源保护法体系。以人对生态环境的生态利用行为为中心创设的物权尚属空白。

二是以侵害人身权益为切入点。以侵害人身权益为切入点，可以绕开物与物权这两只理论上的"拦路虎"，不失为一种"狡猾"的做法。依民法学界通说，根据权利产生的原因不同，人身权利可拆分为人格权和身份权两组权利。其中，身份权是基于人的特定身份而享有的权利，③ 环境民事公益诉讼中的原告因其特殊身份——法律规定的机关和组织，享有诉权。然而基于特定身份而享有的诉权与基于特定身份而享有的实体权利是两个不同性质的问题，环境民事公益诉讼以保护社会公共利益为口号，权

---

① 史尚宽：《物权法论》，中国政法大学出版社 2000 年版，第 1 页。
② 参见赵国青主编《外国环境法选编》（下册），中国政法大学出版社 2000 年版，第 978 页。
③ 参见马俊驹、余延满《民法原论》，法律出版社 2007 年版，第 102—103 页。

利享有者并无特指，可见该实体权利不因身份原因而产生。质言之，身份权并非环境民事公益诉讼中被侵害的权利。再观人格权这一支，依照其客体究竟是物质性人格要素抑或精神性人格要素，可分为物质性人格权和精神性人格权。① 环境民事公益诉讼，尤以生态破坏为由提起的诉讼，其中生命权、健康权等物质性人格权未受侵害的情形不在少数，显然，环境民事公益诉讼的侵权判断不能着眼于物质性人格权。如此下来，侵害精神性人格权似乎成了支撑环境民事公益诉讼侵权判断的最后一根稻草。

三是以精神性人格权为切入点。首先，《环境民事公益诉讼司法解释》第 18 条对《侵权责任法》第 15 条所规定的责任承担方式进行了筛选，将消除影响、恢复名誉的责任承担方式排除在环境民事公益诉讼案件之外。对于这一"疏漏"，最高人民法院认为：消除影响、恢复名誉属于典型的人格权范畴，一般不适用于环境侵权责任纠纷案件。② 从最高人民法院的态度看，似乎并不以为环境民事公益诉讼案件中存在人格权受到侵害的情形。殊成疑问的是，最高人民法院的表述过于笼统，毕竟，排除了消除影响、恢复名誉的责任承担方式仅等于否认了名誉权、姓名权、肖像权等部分精神性人格权。③ 至于其他精神性人格权利是否也被最高人民法院拒之门外，则难以判断。故而，仅根据最高人民法院的模糊阐述，不可遽下定言。

其次，至于隐私权、人格尊严权等已有的精神性人格权，鉴于其权利内容与环境公益诉讼的关联度不高，因而不宜作为环境民事公益诉讼中被侵害的民事权益范畴。不过，令人欣慰的是，学界主流观点已承认一般人格权的存在，认为其具有补充和创造的功能。④ 此外，从《关于确定民事侵权精神损害赔偿责任若干问题的解释》第 1 条第 2 款的表述看，也的确存在创设其他精神性人格权利的可能。我国有学者认为："污染环境、破

---

① 参见张俊浩主编《民法学原理》，中国政法大学出版社 1997 年版，第 131 页。
② 参见《最高人民法院研究室负责人就〈关于审理环境侵权责任纠纷案件适用法律若干问题的解释〉答记者问》，http://www.pkulaw.cn/fulltext_form.aspx?Db=lawexplanation&Gid=1090525414。
③ 参见张新宝《侵权责任法》，中国人民大学出版社 2010 年版，第 134 页。
④ 参见张红《〈侵权责任法〉对人格权保护之述评》，《法商研究》2010 年第 6 期；杨立新、刘召成《抽象人格权与人格权体系之构建》，《法学研究》2011 年第 1 期。

坏生态的行为可能导致社会公众享有美好生态环境的精神利益遭受损失。"① 这种观点与前文所引美国塞拉俱乐部诉美国内政部部长莫顿案判决书中的阐述颇为类似——均承认环境污染或生态破坏可能给人造成精神损害。

然而，这种单纯的精神损害是否为侵权法所承认尚需探讨。从各国侵权法的一般原理看，均存在一个"过滤"机制，意在将一些不合理的损害排除在侵权法救济的范围之外。在德国，司法者忌惮于精神性人格权的不确定性，而在实践中创设了一般人格权这一框架性概念，以此来强调精神性人格权不能获得与物质性人格权同等水平的保护。在法国，纵然《法国民法典》第1382条关于损害的界定十分宽泛，但司法者可以通过对"可赔偿的损害""过错"等概念的调整来防止对精神损害做过度的解释。② 在美国，精神伤害行为已构成独立的侵权类型。就故意的侵权行为而言，精神损害之成立对侵权行为人提出了更为严苛的主观要求：被告不仅希望引起原告的精神伤害，而且还确定地知道其行为将引起原告的精神伤害。就过失的侵权行为而言，法院为了防止伪诉，如果被告的过失行为并没有给原告带来任何身体上的影响，而只有精神痛苦，则法院一般不会支持原告主张的赔偿。③ 这种对损害厚此薄彼的做法，其背后的法理可谓精当——在行为自由与权利保护之间谋求平衡，学者巴尔在相关著作中指出："侵权行为法要想成为公正有效的赔偿体系，就需要放宽原本极为严格的条件。不能要求违法者为因过失造成的损失承担所有责任。不管出于何种原因，侵权行为法都必须将那些'遥远'的损害从其体系中排除出去。"④ 在环境污染、生态破坏案件中，人对生态环境的精神享受利益可能受损，但如若轻微的精神损害便足以认定侵权行为成立，则社会秩序的正常运转是难以维系的。试想，一场交通事故之后，路过的行人皆以因车祸惊吓造成精神损害为由

---

① 郑学林、林文学、王展飞：《〈关于审理环境民事公益诉讼案件适用法律若干问题的解释〉的理解和适用》，《人民司法》2015年第5期。

② 参见[德]格哈特·瓦格纳《当代侵权法比较研究》，高圣平、熊丙万译，《法学家》2010年第2期。

③ 参见李亚虹《美国侵权法》，法律出版社1999年版，第24、63页。

④ [德]克雷斯蒂安·冯·巴尔：《欧洲比较侵权行为法》（下册），焦美华译，法律出版社2001年版，第1页。

向法院提起诉讼，我们的生活空间无异于是个动辄侵权的世界。就程度上看，环境民事公益诉讼中轻微的精神损害难以在实践中被承认为侵害民事权益。

实质上，虽然《侵权责任法》第 2 条的保护范围已扩展至"权益"，具有相当的开放性，但无论何种权益都面临着司法者的"筛选"，而一些不合理的权益将被屏蔽在侵权法之外。申言之，为满足环境民事公益诉讼之侵害民事权益这一要件，无论创设怎样新颖的权益——或财产权益，或人身权益，都存在不被侵权法所认可的风险。

最后，以我国生物多样性保护与绿色发展基金会提起的腾格里沙漠污染公益诉讼为例，① 排污企业将污染物排向了沙漠腹地，而大漠深处本就是人迹罕至的地方。这并非孤案，海洋深处、森林深处等均可能遭受环境污染或生态破坏。在此类案件中，如果仍以精神性人格权益受侵害作为侵权行为成立的要件之一则未免有指鹿为马之嫌了。

综合以上分析，精神性人格权利不足以作为环境民事公益诉讼中遭受不法侵权的基础性权利。

需要认识到，"环境人格权"的提法在环境法学界由来已久，② 也得到了民法学者的回应，中国人民大学民商事法律科学研究中心早期完成的《我国民法典学者建议稿及立法理由》在人格权编明确规定了"环境权"。③ 就人格权的张力看，这种立法路径是可行的。

环境民事公益诉讼案件中可能存在精神利益损害，仅是由于其过于轻微，而不为司法者承认。然而，如果精神损害逾越了常人所能忍受的限度，则可以认定为侵害人格权益。在一些环境纠纷中，受害者的生命权、健康权等物质性人格权益并未遭受明显的侵害，而心理上却有显著的不舒适。此种情景，司法者可基于人一般人格权的兜底功能来创造一种权益而为受害者提供救济。这种做法并非臆断，日本法院就以人格权为根据创造

---

① 具体案情参见《"腾格里沙漠污染"首遭公益诉讼》，http://legal.people.com.cn/n/2015/0818/c42510-27476383.html。

② "环境人格权"这一概念早见于 2003 年。参见刘长兴《生态利益的人格权法保护》，《法学》2003 年第 9 期。

③ 参见王利明主编《中国民法典学者建议稿及立法理由——人格权编·婚姻家庭编·继承编》，法律出版社 2005 年版，第 176 页。

了日照权这一概念来保护原告沐浴阳光之利益。① 苏永钦教授以为，人格权应是法定的，但"法"不应仅局限于制定法，还应扩展至社会习惯法。② 苏氏广义的人格权法定观本质上还是承认了人格权的开放性，意在为精神利益受害者留一条"活路"。对此，张俊浩教授颇有洞见地写道："精神人格权的体系是开放性的，立法和司法应当追随社会观念的变迁，不断归纳足以定性的心理利益，而提升为新的精神人格权类型，庶几使精神性人格权的体系与时俱进，越来越丰富，而不凝缰闭锁。"③ 在我国民法典中，不妨针对人对环境要素的精神利益创设一项"环境人格权"，从而为人提供更全面的保护。毕竟，"法律列举各项具体人格权的优点在于，类型化的立法技术有助于节约当事人寻求保护的论证成本，亦能够在一定程度上制约法官的恣意裁量"④。

无可讳言的是，无论就此项环境人格权适用的案件类型看——适用于采光、通风、光污染、噪声污染等纠纷，还是就其被侵害的程度看——精神损害应较严重，都不宜作为环境民事公益诉讼中受害主体的基础性权利。

环境民事公益诉讼请求权基础体系以《侵权责任法》第65条为核心，第65条适用的前提是造成损害，即造成"权益"损害。然而，无论以财产权益为视角抑或以人身权益为视角，环境民事公益诉讼中侵权行为的成立均缺乏"侵害民事权益"这一构成要件。因而，整个环境民事公益诉讼请求权基础体系也便崩塌了。实质上，将社会公共利益"翻译"为不特定人的人身、财产权益，便走上削足适履的分析路径。纵然这种"翻译"成功了，却恰恰意味着环境民事公益诉讼制度失败了——普通的民事侵权能够成立，公益诉讼不是画蛇添足吗？退言之，即便存在只能通过拥有法定诉讼实施权的主体来救济的民事权益，那这种民事权益也是《侵权责任法》"不能承受的生命之轻"。分析至此，可见，置身于侵权法体系的环境民事公益诉讼请求权基础面临两大窘

---

① 参见[日]谷口安平《程序的正义与诉讼》，王亚新、刘荣军译，中国政法大学出版社1996年版，第69—70页。
② 参见江平《民法的回顾与展望》，《比较法研究》2006年第2期。
③ 张俊浩主编：《民法学原理》，中国政法大学出版社2000年版，第146页。
④ 朱庆育：《民法总论》，北京大学出版社2013年版，第392页。

境：其一，受害主体不特定难为侵权理论接受；① 其二，损害过于轻微而被侵权法排斥。

泰州天价环境民事公益诉讼案是江苏省高级人民法院环境资源审判庭审理的第一起案件，② 法院在终审判决书中援引了《侵权责任法》第65条、第66条作为裁判依据。③ 这一方面印证了环境民事公益诉讼制度依普通的民事侵权模式而构建，另一方面却存在适用法律不当的尴尬。南平生态破坏案是2014年《环境保护法》实施后第一例环境民事公益诉讼案，④ 较之于泰州案的判决书，南平案的判决书可谓谨慎——回避了《侵权责任法》，援引了《环境民事公益诉讼司法解释》第18条、第20条等条款作为裁判依据。⑤ 然而，这种做法无异于给自己蒙上了一块"遮羞布"，司法解释的对象是法律的具体条文，《环境民事公益诉讼司法解释》的制定依据之一即《侵权责任法》，其保护的权益范围不可能超越《侵权责任法》第2条限定的"人身、产权权益"。否则，《环境民事公益诉讼司法解释》第18条只能视为一项新的民事基本制度，从而导致司法解释立法化，这与《立法法》第8条、第104条关于立法机关、司法机关权限的规定相悖。⑥

综上，以环境权理论构建环境民事公益诉讼的实体请求权基础便具有了鲜明的现实价值。由于环境权理论在本书中有专门论述，在此不再赘述。

---

① 《侵权责任法》可以应对大规模的侵权问题，然而其受害主体必须是确定的。参见杨立新《〈侵权责任法〉应对大规模侵权的举措》，《法学家》2011年第4期。

② 《泰州天价环境公益诉讼案成环境资源审判庭开庭第一案》，2016年7月30日，http：//www.js.chinanews.com/news/2014/1204/102348.html。

③ 判决书全文载：http：//wenshu.court.gov.cn/content/content? DocID = cbccc8ce - 76ac - 49a4-a727-adcdc2053e24&KeyWord = %E6%B3%B0%E5%B7%9E%E5%B8%82%E7%8E%AF%E4%BF%9D%E8%81%94%E5%90%88%E4%BC%9A。

④ 《全国环境公益诉讼第一案终审胜诉 福建四被告赔生态修复等费用250万》，2016年7月30日，http：//news.163.com/15/1221/23/BBD5C0SH00014AEE.html。

⑤ 判决书全文载：http：//wenshu.court.gov.cn/content/content? DocID = 5cfeebbe - 006b - 463f-b12a-273a96d9ce94&KeyWord = %E7%A6%8F%E5%BB%BA%E7%BB%BF%E5%AE%B6%E5%9B%AD。

⑥ 参见刘风景《司法解释权限的界定与行使》，《中国法学》2016年第3期。

二 注重预防理念[①]

从环境自身的特色来看，作为一种整体循环系统，环境自身有一定针对外界的修复能力，外界的影响在这一修复能力的承受能力之中，环境就会对外界影响进行自我修复，从而呈现为相对的稳定与平衡。正由于此，自然环境的破坏与污染只有在达到一定限度才会引起人们的注意。而当人们注意到这一状况时，也就说明环境破坏已经达到难以恢复甚至是回天无力的状态。即使事后进行修复，也往往面临一个浩大的工程。

而从环境活动的实践来看，我们可以从三方面进行阐释：对已有环境损害进行恢复、削弱或消除环境隐性危害、通过一定方法防止危害状态发生。[②] 具体言之，第一种情况是环境危害已经产生，且损害了健康、财产安全，这一状况也只能通过事后救济进行挽回；第二种状况下环境危害虽还未造成巨大损失，但是危害已经显现出来，如果及时进行治理，尚能进行有效预防；第三种情况则仅仅是一种风险发生的可能性，属于环境风险。前两类则属于传统环境问题。二者与最后一种情况的区别在于，前者是既成事实的事后救济，后者则是事前的风险防范。我们从事后补偿的工程量以及财力、物力的消耗可以看出，事后救济根本无法补偿环境破坏所带来的绝对损害。日本经济学家指出，绝对损失的含义具有三部分的内容：人身健康安全的损害与生命的损害；一定自然环境再生产条件的不可复制；生活环境、社会建筑以及文化遗产的不可恢复性等。[③] 显而易见，绝对损失产生之后伴随着诸多的不良影响，事后赔偿并不能解决所有问题。

显而易见，无论是环境保护的诸多经验还是环境发展的规律，都证明事前防御才是减少生态风险、促进生态健康的主要方法。然而，目前复杂多样的生态危机与风险的现状，绝非只在昭示人类和生态系统之间的掠夺与消耗的紧张关系，它应该是综合反映不同人类利益群体之间的利益冲突

---

① 陈学敏：《环境司法在保障生态安全中的困境与突破》，载《生态文明法制建设——2014年全国环境资源法学研讨会（年会）论文集》（第三册），2014年。

② 参见陈慈阳《环境法总论》，中国政法大学出版社2003年版，第31页。

③ ［日］宫本宪一：《环境经济学》，朴玉译，生活·读书·新知三联书店2004年版，第123页。

与矛盾的一种样态,是社会中经济政治博弈的一种表现形式,因而我们对于自然环境破坏的防止不能仅仅从科学技术上寻求解决之道。因而,要想维持生态健康状态,需要着重注意法律制度上的防范,尽可能地在环境损害产生前,对于具有环境损害可能的行为通过司法进行干预,以期在成本效益化的基础上防患于未然。同时,相较于事后救济措施,采取事前预防措施的成本更低,保全生态系统服务功能的效果更好,更合乎风险社会下对环境保护的要求。那么,什么样的状态才适宜于进行环境风险防范呢?欧洲学者洪堡在其著作中提出,在进行判断之时需要对生态危害、经济利益以及限制行为等多方面进行综合考察才能进一步作出判断。[①] 然而,在诸多行为中,并没有能够判断生态损害必然产生的统一标准与普遍尺度。因而在这一状况下相关理论除了能够提供参考因素外,并不具备更多作用。因而,要想判断生态危害的产生,只能依靠法官本身的经验、学识以及其对国情的判断。

(一) 环境司法贯彻预防理念的困境

法律的被动性导致司法在环境修复中只能作为事后救济出现。由于传统司法理念的影响,我国环境司法在实践中确实存在着一系列问题。

一是财产保全的缺陷。诉讼保全是诉讼过程中常见的制度安排。一般而言分为证据保全、行为保全以及财产保全三个部分,其目的是为诉讼的顺利进行与其结果获取等行为提供有力保障。其中,财产保全当事人附带申请以及司法机关认为必要的情况下,对责任方的财产进行冻结、查封或扣押的行为。依据申请的时间可划分为诉前与诉中财产保全两类。然而,将民事诉讼中的这一制度直接适用于环境诉讼中会产生多方面的不便。首先,依据现有民事法律的规定,在担保问题上,若当事人申请诉前财产保全,则需要根据申请保全的财产数额提供相应的财产担保。然而这一规定在体现公平原则的同时忽视了环境司法的特异性,忽略环境损害涉及范围过大,标的物价值过高,申请人难以承担保费的情形,使得在实际司法过程中形成申请人实际不能申请的尴尬境地。因而也限制了这一制度在实践中的应用。其次,就管辖机关而言,国内现行法律都未明确规定财产保全的管辖法院的相关责任,使得在法律实践过程中当事人提出申请时司法单

---

① [德] 威廉·冯·洪堡:《论国家的作用》,林荣远、冯兴元译,中国社会科学出版社1998年版,第120页。

位间相互推诿，在增加申请负担的同时，也增加了被告人转移财产的时间与可能性。再次，就诉讼程序结果而言，依据国际惯例，撤销保全属于当事人的个人行为，不受司法机关的干预，然而在国内的司法现状下，对于当事人提出保全申请的状况下，无权要求司法单位进行撤销，只能由具有裁定权力的相关司法机构进行判定，这相当于对申请人的撤销权进行了剥夺。最后，就保全裁定的方法而言，国内相关法律规定申请人能够申请对裁定结果的复议，然而却未界定裁定结果为上诉内容，这一疏漏使申请人的合法权利难以保全。

二是行为保全的局限性。所谓行为保全，指的是在民事诉讼过程中，为了避免相关当事人的合法权益免受侵害或者遭受进一步伤害，保证法律判决结果得到实际生效，司法机关依据当事人的申请，要求当事人必须作出或者必须不能作出某一行为的命令的民事程序。我国《民事诉讼法》第 100 条在规定财产保全的同时，也对行为保全作出一定涵盖。然而，只有几句概念性的要求，既没有提到给出一定的法律依据也没有规定具体的程序规范，也就难以适应环境诉讼类案件在司法实践中的需要，因而对环境损害起不到相应的防范，难以对环境损害风险行为作出及时应对。由于环境案件的产生与审理总是具有多重复杂的因素，因而，司法部门从受理到裁决生效需要经过长时间的求证、上诉等过程，有的案件甚至要经过十多年才能完成判定。在这一时期，若是对环境损害本身视若无睹，生态破坏行为就不会间断，及至最后判决生效时，环境损害程度要比诉讼提出时严重很多。因而，在环境诉讼中进行行为保全是十分必要的。

三是先予执行的不足。相对于诉讼保全制度对赔偿问题的补救，先予执行制度则是对因侵害而产生的亟须解决的生产生活问题的处理。先予执行作为民事诉讼中的一个概念性规定，对部分民事案件在判决作出前，司法机关根据申请人的迫切需要规定相关责任人作出一定行为的措施。然而，将《民事诉讼法》中有关先予执行的规范直接适用于环境诉讼案件会产生如下问题。首先，就适用范围而言，先予执行的范围仅包括取得"抚恤金、抚养费、赡养费、抚育费、医疗费用、劳动报酬"等方面，并无关于环境诉讼类型案件的条件规范，并没有将环境诉讼案件纳入先予执行的范畴。即使在民事诉讼法中有关于需要先予执行的其他案件的阐述，可供司法机关对于先予执行行为的适用性进行判定，但是作为原则性条文，并无具体的适用要求，在实践与法律规范不一致的状况下，必然降低对于先予执行的适用情况。其次，就担保范围而言，《民事诉讼法》中规定，"人民法院可以责令申请人提供担保，申请人不提供担保的，驳回申请。申请人败诉的，应当赔偿被申请人因先予执行遭受的财产损失"。一方面，在司法实践中，司法单位根据多年审判经验的需求，几乎所有情况下都要申请人提供担保。然而，环境诉讼案件会产生诉讼双方差异过大的特殊情形，一般而言，原告多为受环境损害使得生命健康受到威胁的普通民众，而被告多为牺牲环境生态谋其经济利益的企业单位，这也使得普通民众不可能承担要求企业停止损害的巨额担保费用；另一方面，生态损害行为损害的是与广大人民息息相关的环境公益，提起诉讼请求的为相关志愿者，这些志愿人员在进行诉讼的过程中本已消耗了大量财力、精力，若还需他们承担可能败诉产生的担保费用，则未免失之公正。况且公益诉讼的提出者本来就是社会各界的志愿者，这一做法对环境公益诉讼无疑是致命一击，既打消了公益诉讼的积极性，也更不利于对具有环境损害风险的情况进行制止。

（二）环境司法深入贯彻预防理念的具体路径

面对环境司法在保障生态安全中的困境，有的学者认为只有在改变基本原则的基础上才能进行圆满解决。"在环境规制领域，抛弃有害性不确定则不规制的自由主义原则，确立有害性可能之物在其安全性被证明之前的规制的预防原则。"[1] 显而易见，"转换基本原则"这一说法显然过于激进，然而对于法院案件审理的传统进行改进却是不失为可行之道。这就需要法院等机关单位拓宽案件办理方式，将预防理念贯彻在环境司法活动中。其具体路径如下。

一是完善财产保全制度。我国近年出台的《海事诉讼特别程序法》针对环境损害的财产保全，在结合《民事诉讼法》相关概念的基础上做出了相关规定，也给了我们以参考。因而在环境诉讼案件中对于财产保全的完善，必须从四个方面进行考量。首先，就担保问题而言，不应将申请人提供财产担保作为启动保全程序的决定性条件，即在诉前保全申请提起时，法官应有权利决定申请人是否需要提供担保，并根据原、被告双方的实际情况进行利益估算，同时考虑环境公益的占比，从而减少对保全的限

---

[1] ［日］黑川哲志：《环境行政的法理与方法》，肖军译，中国法制出版社2008年版，第13—14页。

制。其次，就司法单位而言，明确司法机关的职责所在，规定本案管辖法院与目标所在法院的管辖权力，当事人可自由选择申请单位，为申请人提出申请提供便利，及时有效地保障当事人的合法权益。再次，就司法裁判而言，削弱司法机关的职权化，明确申请人撤销保全的合理性，增加其与保全申请提出的契合度。最后，就救济途径而言，对申请人的合法权益进行保护，增加不服从裁定的申请人向上级司法部门提出上诉的权利。

适用财产保全也需要在特定前提下进行，主要须满足以下三个条件。首先，在诉前保全申请方面，申请人应有起诉资格，如在诉讼中提出保全的，申请人须为案件当事人。其次，财产保全案件本身须具有紧迫性，否则会为申请人带来无法追回的损失。最后，申请人在财产保全申请时所出具的证据表明若不进行财产保全，将导致判决难以执行或造成损害以及损害的扩大。

二是细化行为保全制度。我国 21 世纪初期通过的《海事诉讼特别程序法》对海事强制令作了明确规定，而在知识产权领域，先是同年改订的《专利法》根据 TRIPs 协议的要求设置了诉前停止侵权，后以《关于对诉前停止侵权专利权行为适用法律问题的若干规定》补充规定了诉前禁令。随后修改的《著作权法》和《商标法》均有相关规定。以上文件的实施与改订可以看出在《民事诉讼法》界定行为保全相关制度之前，行为保全在其他利益方面已经进行了一定的探索。

欧美国家的禁令制度，可划分为永久性禁令与暂时性禁令两类。对于正在发生或可能产生的危害判决终止或排除的状态即我们所说的永久性禁令。这一禁令对于他人的活动能够产生直接影响，因而在判决时也需要满足严苛的标准才会采用。法官在考虑是否出具禁令时须考虑的条件有以下四个方面：原告在案件审理中胜诉的概率；不出具禁令是否导致原告的利益受损且无法追回；禁令判决会不会为其他责任人造成损害；案件对公共利益的影响。对于部分案件而言，法官甚至会通过文字表述明确禁令出具对上述标准的参考程度。

鉴于生态安全涉及利益的多元化，首先，不能简单认定哪一种利益处于绝对优先的地位，也没有绝对化的标准和规则来优先保护生态利益，法官不能囿于传统诉讼的局限，仅仅在当事人辩论后形成的证据材料基础上作出裁判，还要考量双方当事人未提出的事实，如是否会产生其他受害人等。其次，法官还应该根据具体案情的不同，区别对待申请人要求加害方改进技术或安装防污设施和停产停业的不同请求，判断申请人提出行为保全是否需要提供担保。行为保全原则上要提供担保，但必要时则可免除或减少担保义务，这也是各国通例。为了实现产业利益和公众权益的平衡，防止法官滥用自由裁量权，我们可以参考域外的做法设置若干考量标准，如进行行为保全的紧迫性、保全行为可能给被申请人带来的损失程度、申请人的受害程度、涉及的利益是否包括公共利益、申请人可能胜诉的概率、申请人的经济情况等。

三是健全先予执行制度。先予执行是在预先执行的前提下保证一方的利益，对于长时间累积后突发的环境问题具有完全适用性，在这一情况下，法律应该对能够适用这一预防方式的情况作相应的规定。一方面，申请人需要有初步的证据证明被申请人的行为可能严重危及环境资源安全，或被申请人的行为可能造成环境资源难以恢复，或被申请人的行为可能加重对环境资源损害。只要申请人能够证明其是出于环境公益的目的提出先予执行申请，法院可以不要求其提供担保。另一方面，如果申请人能够证明权利的存在，但是其目的是避免环境侵害行为造成的损失进一步扩大、防止被申请人拖延履行时间恶意上诉，或者防止被申请人转移、隐匿或变卖财产致使将来的生效判决无法执行的情形发生，法院可权衡相关利益，通常在申请人的可能损失超过被申请人的预期损失时，法院可裁定先予执行，但是前提条件是申请人能够提供足够的担保。

三　生态修复理念

损害生态环境的行为出现后，中国传统司法在审查的过程中有意忽视生态环境的服务价值，在之后的赔偿计算过程中，虽然确定了损害人的行政违法行为并绳之以法，但是却未能把对生态损害的修复需求放在最高位置，从而导致司法介入的同时生态损害得不到修复的情况时有发生，也使得审查人员在处理相关案件时举步维艰，而生态损害问题得不到改善。而近年来提出的生态修复理念对传统司法的概念给予修正，从根本上预防了生态问题的发生，并在一定程度上修复了生态环境问题，具有重要的指导意义。

（一）质疑传统环境司法模式的合理性

在开发环境资源过程中导致的生态失衡、环境破换并因此产生的个人身体、财产损失以及社会失衡等不良现象，我们统称为生态损害。发生或即将发生生态环境损害的行为时，依照行为人过错与否以及危害程度，能够运用环境法方向的行政、刑事、民事司法途径求取帮助、寻求救济。但是，只有在损害着能够有效恢复生态损害的责任时，才是在真正意义上达到了救济损害的目的。然而我们传统的生态损害司法模式，在实施过程中只是对生态损害做简单的惩处，却并没有从本质上修复生态破坏，这一做法是治标不治本的，其本身就值得反思。

传统司法在处理环境侵权的民事案件过程中，常常把直接的物质赔偿当作处理办法，从而忽略了对环境造成的破坏以及其修复之不易。传统案件处理过程中遇见生态损害案件常常是赔了款之后了事，这一做法虽然能够弥补受害人的损失，但是却没有从根本上解决生态问题。法院在进行审理时，往往会忽视生态恢复过程中生态功能、全面补偿以及金钱赔偿所带来的缺陷。[①] 同时也难以注重受害人的诉讼请求，而以单纯的金钱作为损失赔偿，从而使生态环境不能得到应有的修复；而在另一部分案件中，即使有恢复环境的判决，也会因为双方在修复手段、修复标准上不能统一等原因导致生态恢复受到阻碍、判决难以执行。

当前刑事司法中，针对环境问题的判决还不能够尽如人意。环境刑法在起到教育与震慑犯罪者的同时，着重考虑的应该是因犯罪行为人的过错导致的生态环境问题，而不是如今注重的对环境破坏者的惩罚。在我国的刑事法律中关于环境的规定有破坏环境资源保护罪，在进行刑事处罚时除了相对的主刑以外还有与罪名以及破坏程度相当的罚金刑，但是在这一过程中罚金是需要上缴国库的，因而并不能用在生态环境损害造成问题的修复上。而生态损害修复的救济必须在起诉方提起刑事诉讼时附带民事责任的情况下才能够施行，但是我国目前环境刑法本身具有一定的局限性，若是附带民事诉讼无论在受案范围还是赔偿范围上都会受到一定的限制，这也使得刑事司法状态下对环境救济会受到一定阻碍。

对环境行政司法来说，一般会更加看重对行政行为合法性的审核。如果导致生态环境损害的行政行为是合法行为，则该生态问题基本上不会受到救济，即使在破坏环境的行政行为为违法行为之时，还会面临国家赔偿数目过小、赔偿范围受限等问题，一样不能使生态环境得到有效的恢复。在行政诉讼中附带民事诉讼的形式在我国刚刚开始施行，也没有可供参考

---

① 胡卫：《环境污染侵权与恢复原状的调适》，《理论界》2014年第12期。

的司法实践。而行政司法在环境方面所遇到的最大困境是该方面在公益诉讼方面的不足，在这方面的环境破坏因为具有合法性往往会导致更大的问题，而这一问题向来既得不到重视，也得不到有效的救济，是对生态环境造成破坏的一个重要因素。

(二) 生态修复理念的基本内涵

在西方刑事司法中新发展起来的新的司法模式，有一种我们称为修复性司法，该模式具有突出的实验效果能够区别于以往的新理念。[1] 它在实施过程中和社区矫治以及社区警政并称，是支撑积极性刑事司法的一个重要面向。司法先行者以及犯罪学家泽赫曾经将修复性司法界定为一种司法程序："该司法在本质上是一个法律程序，它能够在最大限度地有利于犯罪行为人与受害者双方介入审判过程中，以促使愈合伤害、补给需要以及承担责任，并使事物在最大程度上回到良好状态。"[2]

解决生态问题所面临的一切问题，不能仅仅依靠传统司法模式，同时也需要用能够实践到生态损害修复过程中去的措施，对生态系统的结构功能进行修复。[3] 正是由于我国传统司法具有不完善的地方，才更加需要修复性司法对传统司法的革新，这同时也是由于其能够在一定程度上从刑法领域延展到环境保护，使生态环境能够很好地回归良好状态并得到更完善的修复决定的。在我国目前的法律发展现状下，生态修复性司法可以得到更为具体的解释：法院在处理环境法相关案件时应通过过错行为人造成的破坏程度判定其应承担的环境修复以及损失赔偿等责任，从而保证受到损害的生态环境能够以最快的速度、最合适的方法得到修复。

生态修复性司法是一种民事制度措施，是在相关修复制度的逐步完善的基础上，以生态救济为本质，从而进一步恢复被破坏的生态环境功能的损失救济。生态修复性司法可以经过对过错方进行引导等方法，达到生态、赔偿、惩罚三方面兼顾，从而达到生态损害的修复以及预防的目的。

因此，生态修复性司法具有相对的理论基础，同时也有着自身独特的鉴别标识，是具有极大识别性的自身特征的。而其独特性主要表现在四个方面。首先，具有特定的适用范围。生态修复司法除了环境刑事司法方

---

[1] 唐芳：《恢复性司法的困境及其超越》，《法律科学》2006年第4期。
[2] 陈晓明：《论修复性司法》，《法学研究》2006年第1期。
[3] 李挚萍：《环境修复法律制度探析》，《法学评论》2013年第2期。

面，还会延伸到行政、民事方面的部分领域，从而有效保障司法对环境破坏的全方位保护。其次，生态损害须作为案件前提存在。修复性司法的救济必须是在具有生态损害前提的情况下才能施行，而造成损失的行为人必须为其行为负责，承担一定的责任。再次，生态修复案件在解决过程中可以通过包括协商在内的多种方式解决纠纷，以期预防生态破坏的发生以及对生态破坏进行修复。最后，对于生态修复的模式可以从被动向主动过渡。该法律的有效实施能够避免进行惩罚之后而得不到解决的案件问题，增加行为人的社会认同感，使他们对生态损害有着明确的认知，能够积极进行修复，从而增加人与自然的和谐有效进步。另外，我们需要注意的是生态环境的和谐生长才是生态性司法实施的重要目的，案件的审理不是为了惩罚而惩罚的，也不是为了判决而判决，其措施都是为了使被行为人破坏的生态环境得到最好的恢复。

生态修复性司法是为了保证已被破坏的生态环境能够以最大的程度得以恢复，这也体现了生态修复司法的目的是生态环境的和谐发展。而在我国，生态环境的保护并不为人重视，因此需要以最快的速度对该理念进行普及，以保证广大公民能够在司法的影响下对环境损害有一定的认知。在相关案件的审理时，必须树立广大公民修复损害的意识，而这一意识会从两个方面引起我们的注意。其一是对于国家相关单位来说，应该在相关案件的审理过程中积极整理生态修复的相关经验，以资后人借鉴。当有环境破坏、生态损害等事情发生时，司法人员可以在第一时间内向相关责任人以及损害行为人提出一定切实可行的建议，以期生态环境损害能够得到最大限度的修复。其二，环境损害的诉讼人以及当事人在对环境损害案件提起诉讼时，应该以环境修复为最根本的目的，尽可能地提供损害范围、恢复的难易程度以及后续预防措施等相关材料，以利于司法机关在进行审核的时候缩短时间，从而保证生态环境的尽快修复。

(三) 在司法中贯彻生态修复理念的核心路径

生态修复性司法不仅能够提高生态损害的违法成本，而且在进行生态修复方面有着重要影响。但是在这样的情况下，由于我国法律有待完善，国民素质有待提高，生态修复性司法在具体实施的过程中还是会有各种各样的问题，主要表现为：一是就目前来说，刑事诉讼附带民事诉讼的案件在生态修复方面的具体实施上还存在一定的漏洞，因地方司法机关在实践过程中的不重视，并不能使得所有的环境损害都得到有效的修复；二是民事司法中生态损害方面的具体案件由于司法机关自身的局限性限制,以及我国目前相关的民事公益、民事诉讼制度不够完善,又没有明确的相关制度条文,导致环境司法案件数量很少,且基本没有参考性;三是司法局、公安单位以及环保单位等不同执法机关在生态修复过程中相互之间的责任界定不够明确,作为执法单位的各个部门在生态修复实践中应以怎样的方式进行管理需要进一步明确;四是生态环境损害修复方式是多种多样的,而损害行为人以及案件当事人在进行修复的时候由于缺乏科学的修复知识,导致修复方式单一,修复效果不佳;五是对于需要保护的生态环境,相关部门没有及时跟进,当环境损害发生时,若公益人不提起诉讼则会导致相关生态损害得不到有效救济,从而导致生态修复性司法得不到实施。

我们在进行修复性司法实践探索时则可从以下五个方面着手。

第一,需要有效利用三审合一的专业优势。司法机关最新通过的相关意见指出,生态环境相关案件的审理要进一步专业化,对于环境资源相关案件的审判要三审合一。因此,各地级司法机关分别设立了专门的机构对生态损害等相关案件进行审理,以求在最大程度上修复遭受破坏的环境资源,在此基础上,生态环境问题以及生态损害案件得到了专门机构的审理,同时也更加有效地防治了生态损害问题的进一步发生。其一,法院在受理生态损害案件时,对于环境侵权导致的问题,应在损害程度的基础上,依照不同的情况判处行为人对损害行为尽快进行修复,从而最大限度地消除损害、修复生态。其二,对于造成生态损害的行政行为,损害的相关责任人应在第一时间提起诉讼或请求启用国家救济制度,运用司法手段促进行政单位进行补救,从而减少生态损害的进一步发生。在此基础上,还可以通过环境行政公益制度的完善弥补生态救济制度的不足。其三,需要刑法介入的生态损害案件,相关司法机关在对行为人进行判决的基础上,还应该进一步考虑受害者以及生态修复的相关诉求,将生态修复的需要责任到人。

第二,需要设立生态修复性司法的联动机制。在我国现行制度下,狭义上的司法机关指的是具有刑事审判权的法院和行使检察权的检察院,二者都是我国制度上法定的司法机关,前者是审判机关,后者则称为检察机关,同时也能够作为生态修复性司法权的权利主体。但是在广义上,环保局、司法局以及公安机关也具有行使生态损害司法权的相关权利,而这一权力能否为人承认,历来存在争议。环保局、司法局以及公安机关虽然不是行使生态修复相关权利的司法主体，但都是我国目前的执法机关，就其本身来说也和生态修复之间有着众多的关联，在一定程度上也能够和检察院以及法院关于生态修复建立起刑事司法权力的联动机制，为生态修复性司法权的实施起保驾护航的作用，从而减少司法案件审理的程序，保证生态修复司法的顺利进行。

第三，生态修复性司法的监督机制需要完善。对于生态损害案件，需要进一步加强检察机关的监督机制，使得受到破坏的环境能够在一定时间内快速有效地得以修复。这需要司法部门从三个方面进行完善。一是在实施生态修复司法之时，相关司法应该发挥其应有的监督作用，特别是对于用于生态修复的费用应纳入监督范围之内，并做到专款专用。二是相关行政主体应发挥其监督权，如环保局、司法局以及公安机关等相关行政主体，应对损害行为人进行有效监督，对于判决不能及时有效履行自身责任的人，需要第一时间向司法机关反映，以督促责任人进行改正。三是为了减少司法机关的压力，可以在监督过程引进第三方监督机制，通过公安局、环保局等相关责任单位的共同监督减轻自身压力，在协调分配任务的基础上，切实保证生态修复行为的有效实施。

第四，生态修复性司法的方式多样化。生态环境本身的系统性与整体性，决定了我们在进行生态修复的过程中应当跳出故步自封的思维观念，从生态环境自身寻求多领域相结合的修复方式。在生态环境损害发生之后，我们要从以下几个方面着手，最大程度上避免生态环境进一步受到破坏。其一，从实际出发，通过之前生态恢复的经验，运用恢复植被等最简单的做法将生态环境损害降到最小，再进一步进行补救，以期恢复到损害发生之前的功用。其二，对于不能进行原样恢复的个别事件，应该对异地修复的方式给予许可，从而保证生态的有效恢复。其三，对于具有较强专业性的复杂生态环境的修复，应该引入具有专业知识的第三方进行环境修复，同时判定损害行为人承担相关费用。

第五，注重生态修复标准的科学性。就目前我国环境生态修复的现状来看，对生态修复没有具有指导性的统一标准，这同时也使司法机关在进行量刑之时缺乏参考性，出现量刑不准确的情况。生态环境修复需要结合我国自身国情，在总结先进国家经验的基础上，制定出合理的修复标准。只有制定出科学合理的修复标准，才能够在司法鉴定、相关部门的审查以及法官的刑事裁量等各个方面在最大程度上对生态损害进行修复和补救。

此外，对于经生态修复后仍不符合标准的损害状况，应该及时进行监督，责令损害者继续修复直至达标。

四 公众参与理念

环境司法领域，能够促进司法权力合理运行、增加审判效能的先决条件是公民的质疑论辩和揭发举证。法律运行过程中公民参与是以对环境案件进行陪审、利用环境公益组织提出诉讼等方式进行的，这也是把公众所具备的包括诉讼权、环境权在内的权利具体化，而形成的一种新制度，广大民众在管理国家和社会事务方面得到了权利的支持以及司法的保障。这一制度的广泛实施使得更多公民能够通过环境诉讼弥补生态损害所造成的损失，这也能够有效促进因国家机关以及司法单位行为不当以及民事主体有意损害而造成的环境破坏的修复，同时也能更深层次地保证对于司法机关以及行政单位的救济和监督。

在当下社会，我国当前法制建设日趋突出，司法实践和公众参与之间的互动可以通过实践运用相应的规章制度，使公民能够在一定的既定规章程序之下运用司法进行参与、知情以及监督的权利，以保证参与形式的进一步实施。随着公民对生态损害实践的注重度增加，广大民众对于环境司法的评论也相应增多，鉴于此，相关单位以及司法部门需要制定更为合理有效的环境陪审制度，同时增加法制建设体系的系统化信息管理，增加公众对于此类事件的参与度，主动听取民众的意见与建议并积极吸取，以期民众参与司法审判。

（一）环境司法的公众参与审判机制

当前，公众参与司法审判的核心制度载体是人民陪审员制度。陪审制度在环境司法审判中也有着广阔的适用空间。根据2018年制定的《人民陪审员法》的有关规定，环境公益诉讼案件、涉及生态环境保护且社会影响重大的案件在一审时应当由人民陪审员和法官组成七人合议庭。[1] 其中，人民陪审员为4人，法官为3人。[2] 与法官相比，人民陪审员享有完全的"事实审"权利（对案件事实认定问题独立发表意见并独立表决），但仅享有部分的"法律审"权利（对案件法律适用问题独立发表意见但

---

[1] 参见《人民陪审员法》第16条。
[2] 参见《人民陪审员法》第14条。

不参与表决)。① 长期以来,"驻庭陪审、编外法官","陪而不审、审而不议"等现象一直是我国司法审判的一大顽疾,严重制约着人民陪审员制度法律目的的实现。为此,环境陪审员制度也应当着力加以完善。

一方面,在"事实审"和"法律审"二分的前提下,为进一步明确环境陪审员的职责范围,应当进一步明确事实问题与法律问题的划分标准。例如,借鉴域外成熟经验,可以将无须直接通过证据来证实的问题、诉讼法上的程序性问题、受过职业训练的法官才能理解的专业性问题、频繁重复出现并已造成广泛社会影响的问题认定为法律问题,反之则认定为事实问题。法官可以通过制作问题列表,将案件争点中的法律问题和事实问题进一步归类或提炼的方式,更好地协助环境陪审员行使其正当权利。

另一方面,在环境案件经验常识日益边缘、科学证据日渐增多的情况下,应当进一步强化专家陪审员的地位。相较而言,普通陪审员更多基于其经验常识和内心确信作出判断,专家陪审员则更为仰赖其职业思维和专业知识。由于符合环境专家陪审员条件的公民所占比例本就不高,可以考虑先由有关科研机构、行业协会提供所属领域的专业技术人员名册,由有关部门对其进行分类资格审查,再根据专家陪审员的各专业要求对审查通过人员进行随机抽选以确定最终的环境专家陪审员子库人选。② 与此同时,应当充分认识到当前科学证据的多元化认定体制存在的运行成本高昂等弊端,以优化诉讼功能、提升诉讼效率为目标,着力强化专家陪审员、鉴定人、专家辅助人三者之间分工明确、协作顺畅、监督有力的保障机制构建。③

(二) 环境司法的透明公开工作机制

司法公开透明在环境司法裁决中具有重要的作用,它是增加公众参与度以及实现司法民主的要求,同时也是为民众参与司法过程中提供有效途径,并通过民众反馈在接受监督的情况下检验自身的工作满意度的方式。司法的公开透明是为了消除当事人与办案机关之间的猜忌与隔阂,司法不能够取得公民的信任,绝大部分就是因为民众对于司法的猜忌引起的。利用有效的渠道合理公布审判信息,增加群众对审判过程的了解,从而增加

---

① 参见《人民陪审员法》第21、22条。
② 参见胡云红《论我国人民陪审员选任机制的完善》,《政治与法律》2017年第11期。
③ 参见余彦《环境公益诉讼陪审制度研究》,《法治研究》2018年第6期。

群众对于司法的信任,保证民众监督权与知情权是在司法中与群众进行民意沟通的有效途径。这同时也需要司法机关在审理过程中加大审判的公开力度,切实落实审判公开的原则,推进环境审判的公开化。另外,司法机关还可以通过简化审判过程中旁听申请手续增加群众对于旁听的积极性,从而使判决更加透明化。

在环境司法领域加强公共参与力度,需要增加对公众建议的深入了解,通过公开的审判、举证以及增加与媒体的协作,从而合理吸取民众意见。在这一过程中,裁判文书是吸引公众建议的有效手段,同时司法机关也能够从中看出公众对于案件的看法,因此需要在文书公布时加强其理论性,使其能发挥到引导民众的作用。对于判决结果,最重要的是合理公开地给出判决理由,只有在其中详细说明判决的详细举证与适用条款,用事实说话,才能够得到广大民众的认可与信任。

生态损害案件在大部分情况下都会产生多方利益博弈的状态,也就会受到更多人的关注与重视。在这一过程中,保证司法自身的权威性,做好司法与当事人的沟通是提高民众信任的有效手段,司法部门需要增加与媒体的联系,积极主动地与媒体沟通,保证司法的公开透明。同时,司法部门还可以邀请部分新闻媒体对案件进行即时播报,对案件中的各方举证与相关材料公开,并对定罪量刑的理由作明确的分析,以促进司法案件审理过程公开的最大化。另外,面对来自社会舆论的质疑,司法部门应该尽其所能地给出合理的解释,对人民意见进行合理适时的引导。司法过程中对专家、媒体等人员的合理运用,能够最大限度地消除社会对于案件的误解,起到安定民心、提高公信力的作用。

(三) 环境司法的网络参与机制

在环境司法过程中,司法部门要学会积极有效引导网络话语权,建立健全合理有效的网络参与机制。网络话语权的合理使用,可以增加公众对司法机关的合理制约、减少司法腐败、促进司法革新以及增加司法的权威性。在环境司法范围内增加网民对于环境案件的关注,能够有效增加公众对于司法的公正性的信任,同时帮助司法部门在进行审理时吸取民众意见,把握关于环保案件的民意倾向,同时了解民众对于环境案件的看法。积极建立健全网络参与机制,需要司法部门建立专门的网络平台,将网络发展成为民众积极参与、沟通的有效途径,同时运用现代化的媒介工具与信息网络,积极听取网民的意见,有效地进行引导的规范。

增加网络渠道上对于环境司法的参与沟通，需要司法机关从两个方面努力。首先，司法机关需要在现代信息技术的基础上，创新网络听审、网络参与等新方法，增加自身的网络信息化水平建设；其次，司法机关需要设置专门的网站与部门，对环境案件设置网络新闻发布会、网络互动平台等多种机制，有效分析网民意见，形成系统的网络民意参与机制。

增加对于网络的应用，司法部门还应关注各大网站上对于环境司法的舆论态度，积极收取来自各方面网民的意见，从而建立起有效机制，使收集与反馈得以制度化。而对于地市级集成司法部门来说，应该注重网络舆论与网络技术的重要性，积极建立本院的网站，做到环境审判案件网上信息公开化，在增加民众的参与权利与吸收意见建议的同时实现民众的知情权与监督权。在进行网络公开化的过程中，司法部门需要认识到网络技术的即时性、交互性等特点，及时有效地对最新的信息进行更新的同时，减少手续调查的程序，保障司法公开透明的社会价值得到最好的实现。同时，司法机关还可以引进社会关注的热点案例，运用网络平台的舆论导向性吸引更多的网民进行讨论，增加环境司法的信息及时有效性，努力探索司法与网络民意相融合的参与模式。

第七章 环境司法实体制度创新研究

开展环境司法，需要相应的实体性法律规范、程序性法律规范。实体和程序是按法律内容划分的。实体性法律规范是指以规定和确认权利与义务为主的法律，例如民法、刑法、行政法。程序性法律规范是指以保证权利和义务得以实现或职权职责得以履行的有关程序为主的法律，如各种诉讼法。在实体性法律中，还有组织性法律规范，例如法院组织法、检察院组织法和相关的法官法、检察官法等。组织性法律是指专门规定某类国家机关的组成和活动原则的法律，鉴于组织性法律在当前推进环境司法制度改革中的极端重要性，本书将组织性法律规范单独作为一章进行论述。

根据改革的紧迫性和当前具备的条件，关于环境司法实体法律制度创新，本章将集中研讨环境损害赔偿制度创新和环境诉讼时效制度创新。针对当前环境司法制度对环境损害救济的不足，本章从数人环境侵权对外责任、精神损害赔偿的适用和惩罚性赔偿适用三个方面提出创新建议。为了使诉讼时效制度更好地适应当前审理环境案件的需要，本章对普通民事案件和环境公益诉讼案件的诉讼时效制度进行创新研究。

第一节 环境损害赔偿制度创新

对于因环境污染或者生态破坏而导致生态环境恶化，进而损害及公民个人人身、财产权益，甚至危及整个人类的生存和发展的侵害事实状态，国内外立法例存在多元解释，学者之间也达成了共识。从强调私人权益的保护到区分公民私人权益与环境公共利益，并重视环境公益与环境私益的共同保护成为世界各国环境救济制度的主要趋势。

一 环境损害的含义

传统侵权法仅仅关注并解决人与人之间的直接冲突，而环境法同时将为传统侵权法所忽视的人与自然之间的关系——环境利益纳入保护范围。"侵权"作为传统民法上的术语，继续适用根植于传统侵权制度之上的"环境侵权"概念将会产生混淆甚至引起混乱，因此，应当采用新的概念来定义这种新的侵权形态。

随着环境法理论的发展，试图以环境侵权来同时保护传统民法上的人身损害、财产损害与精神损害以及环境利益的方式使得环境侵权逐渐背离了传统侵权法的规范框架，"环境侵权"遭遇进退两难。针对此问题，环境法学者提出了"公害""环境侵害""环境损害""生态损害"等概念以替代环境侵权。[①] 本书采用"环境损害"的概念。环境损害的含义与陈泉生教授、吕忠梅教授关于环境侵害的界定是相同的，指"因人为的活动，致使生活环境和生态环境遭受污染或破坏，从而侵害他人或相当地区多数居民的生活权益、环境权益及其他权益，或危及人类的生存和发展的法律事实"[②]。环境损害是对环境利益（社会公共利益）和个人利益的双重侵害，是对环境资源多元价值的侵害，是一种社会风险或者必要代价，是一种复杂性侵害。[③] 显然，环境损害的概念已超出了传统侵权法的制度架构。但需要注意的是，环境损害仅是对环境侵权的一种修正，而不是完全取代或者取消环境侵权的概念。"环境侵权和环境侵害并非是两个不能相容的概念，不存在舍我其谁的问题。"[④]

环境法是从传统侵权法发展起来的，环境损害概念的提出是法律理论不断完善的结果。对于环境损害概念与传统侵权法之环境侵权概念，本书同样认为，二者是并存关系，并且环境侵权是环境损害的下位概念。对于

[①] 关于国内外学者对"公害""环境侵害""环境损害""生态损害"等概念的界定，吕忠梅教授已作了详细介绍与比较，本书不再展开。详细论述以及各个概念间的比较与差异，可参见吕忠梅等《侵害与救济——环境友好型社会中的法制基础》，法律出版社2012年版，第17—23页。

[②] 陈泉生、周辉：《论环境侵害与环境法理论的发展》，《东南学术》2007年第3期。

[③] 吕忠梅等：《侵害与救济——环境友好型社会中的法制基础》，法律出版社2012年版，第30—31页。

[④] 陈泉生、周辉：《论环境侵害与环境法理论的发展》，《东南学术》2007年第3期。

环境污染或者生态破坏而引起的对"人"的损害，依然适用环境侵权制度。但是现行侵权法关于环境侵权的规定依然存在不足，对环境公益的保护则存在制度缺陷，所以，本部分既关注侵权法的不足，还注重环境损害赔偿制度的完善。

二 现行法之于环境损害救济的局限性

我国关于环境损害救济的法律责任的规定，对环境公益与环境私益予以并举保护，除侵权责任法对环境侵权损害予以规定外，行政法、刑法等也规定了一些强制性的救济措施。但是就目前而言，《侵权责任法》的制定没有从根本上弥补环境损害赔偿法律体系的缺陷，2014年《环境保护法》也没有从根本上解决我国环境损害赔偿法律体系缺失的问题；公法因不足也没有起到应有功效。现行法对环境损害的救济往往仅顾及环境公益与环境私益的一个方面。

（一）公法之于环境损害救济的不足

1. 环境行政执法的不足

环境损害之法律救济主要依靠环境司法与环境行政执法两种手段。长期以来，无论哪个国家或地区，环境法的实施以及环境保护主要由行政机关承担。但"由于'机构俘获'、政治压力、信息不畅以及资源匮乏等诸多原因，行政机关往往不愿或不能充分有效地实施环境法律，于是，许多国家纷纷引入环境公益诉讼，以弥补环境行政机关执法不力的缺陷"[①]。我国亦不例外。我国一直实行的是国家环境管理这一单轨运行机制，实践证明，在这种体制下，环境行政机关难以给予环境以切实、有效的保护。

尽管我国不存在诸如美国行政机关因"机构俘获"而导致环境行政执法不力的现象，也没有证据表明我国存在行政机关因政治压力等原因而导致环境行政执法不力的现象，但是现实中的确存在某些地方行政机关为了发展经济而纵容、放任各种污染环境或破坏生态的短期行为，这类短期行为对生态与环境的影响将由全社会来承担，而并不直接影响任何公民的利益，根据现行《民事诉讼法》和《行政诉讼法》，公民不具备对这类影

[①] 陈亮：《环境公益诉讼研究》，法律出版社2015年版，第26页。

响环境行为提起诉讼的资格,[①] 这对最具危险性的政府行为来说便根本没有监督途径。这种单凭行政执法而排斥公民参与的单轨运行机制使我国的环境问题呈愈演愈烈之态势。单纯依赖于行政机关的执法,或者由行政机关垄断环境执法,环境行政执法不充分现象将会持续存在。

2015年1月1日,号称"有史以来最严格的"新《环境保护法》开始实施,与原法相比,新《环境保护法》新增了诸多环境管理措施,包括"按日计罚""查封、扣押""环评区域限批""环境行政拘留"和"限产、停产"等,都是强制性较强的措施,可以说是新《环境保护法》的"钢牙利爪"。自新《环境保护法》实施以来,取得了以下效果:第一,区域限批措施的实施促使地方政府担负起了污染总量削减和提升区域环境质量的管理责任;第二,查封、扣押措施的实施治愈了环保执法机构多年来有令不行的痼疾;第三,限产、停产措施的实施使得超标排污者不得不尽快采取治理措施;第四,按日计罚措施的实施部分改变了"两高一低"现象,使罚后改正率明显提高;第五,环境违法犯罪案件移送措施的实施遏阻了严重环境违法,提升了环境执法权威。[②] 由于从中央到地方对新《环境保护法》的大力贯彻实施,各项环境管理制度和重要法律措施得到执行和遵守,使得2015年的环境治理取得明显成效。然而,新《环境保护法》的实施也面临着严峻的挑战和问题:第一,"保护优先"

[①] 原告资格是在环境公益诉讼中面临的首要核心问题。传统法学理论认为,当事人适格理论是诉讼法的一项基本的法律制度,是指在具体事件的诉讼中,能够作为当事人进行诉讼或被诉,且获得本案判决的诉讼法上的权能或地位。这种权能或地位在学理上称作"诉讼实施权",有该权能或地位的人就是"正当当事人"。在我国,无论是民事诉讼法,还是行政诉讼法,依然是传统诉讼模式的构架,都对原告资格予以了限制。我国《民事诉讼法》第108条第1项规定:"原告必须是与本案有直接利害关系的公民、法人和其他组织。"《行政诉讼法》第49条规定:"提起诉讼应当符合下列条件:(一)原告是符合本法第二十五条规定的公民、法人或者其他组织;……"第25条规定:"行政行为的相对人以及其他与行政行为有利害关系的公民、法人或者其他组织,有权提起诉讼。有权提起诉讼的公民死亡的,其近亲属可以提起诉讼。有权提起诉讼的法人或者其他组织终止,承受其权利的法人或者其他组织可以提起诉讼。"无论是提起民事诉讼,还是提起行政诉讼,公民、法人或其他组织必须与案件或者具体行政行为有"直接利害关系"或"利害关系"。直接利害关系即指要直接涉及原告的人身或财产权益,也就意味着除非原告能提出证据以证明其受法律保障的人身或财产权利已遭受侵害,否则就欠缺起诉资格。

[②] 王灿发主编:《新〈环境保护法〉实施情况评估报告》,中国政法大学出版社2016年版,第217—219页。

与保增长的矛盾和冲突仍然很突出,经济下行的压力导致一些地方放松监管,使新《环境保护法》的"钢牙利齿"变松变软;第二,一些配套法规出台迟缓影响相关法律制度实施,新《环境保护法》作为环境保护的综合性法律,但有细则才能操作,对相关规定予以进一步细化是新《环境保护法》更好地落地生根的重要前提,但这些制度的配套规定久久不能出台,严重影响了法律规定的实施;第三,环境执法能力建设滞后成为环境法治建设短板并影响新《环境保护法》实施效果;第四,政府部门之间缺乏协调配合和信息共享限制了法律实施成效。①

2. 刑法之于环境损害救济的不足

在环境保护方面,我国刑法规定了以下罪名:①重大环境污染罪;②非法处置进口的固体废物罪;③擅自进口固体废物罪;④非法捕捞水产品罪;⑤非法猎捕、杀害珍贵、濒危野生动物罪;⑥非法收购、运输、出售珍贵、濒危野生动物及其制品罪;⑦非法狩猎罪;⑧非法占用农用地罪;⑨非法采矿罪;⑩破坏性采矿罪;⑪非法采伐、毁坏国家重点保护植物罪;⑫非法收购、运输、加工、出售国家重点保护植物、国家重点保护植物制品罪;⑬盗伐林木罪;⑭滥伐林木罪;⑮非法收购、运输盗伐、滥伐林木罪等。尽管刑法规定上述罪名意在应对日益严重的环境污染与生态破坏,但是现行法离生态保护的现实需求却相去甚远:一是在立法指导与立法目的层面,保护依然只顾及了环境利益的一个方面,重点关注的依然是人身权、财产权等传统私权,生态安全、生态利益、自然的权利依然未成为我国刑法保护的主要目标;二是刑法规定的上述罪名大多是结果犯,致使刑法沦为"亡羊补牢式"的事后救济。②

(二) 传统侵权法之于环境损害救济的不足

私法之侵权法最早对环境问题作出了应对,在环境法发展的早期对环境保护起到了重要作用。随着环境问题的日渐突出与法律研究的逐渐深入,侵权法也意识到环境侵权的特殊性,从而将其作为特殊侵权行为对待。但是受制于传统民法思维的束缚,侵权法只能就部分环境损害后果予以救济。

---

① 王灿发主编:《新〈环境保护法〉实施情况评估报告》,中国政法大学出版社2016年版,第222页。

② 参见张锋、陈晓阳《环境损害赔偿制度的缺位与立法完善》,《甘肃社会科学》2012年第5期。

1. 环境侵权①之于传统侵权的特殊性

环境侵权制度是源于民事侵权制度并在此基础上发展起来的不同于民事侵权的特殊制度。正是因为其特殊，所以各国在民法典中规定的同时，又有专门法加以规定，如《德国环境责任法》与《德国民法典》、《法国环境法典》与《法国民法典》、《日本民法典》与《日本公害健康受害赔偿法》并存。上述各国立法例表明传统民法之侵权制度难以全面涵盖环境侵权的内容。环境侵权与传统民法之侵权有着根本不同，环境侵权不是单一侵权行为所引起的单一后果，而是一个类概念或者说是各种不同类型的环境侵权行为所引起的不同后果的综合概括。②

环境侵权与传统民法之侵权最根本的差异在于，环境侵权不仅仅关注公民个人之私益，还关注环境利益——社会公共利益。这一差异体现于损害后果上，即为环境侵权的损害后果不同于传统侵权损害后果的单一性，而是呈现二元性。损害后果是构成侵权的要件之一，传统民法上，损害包括以下形式：人身损害、财产损害与精神损害。此三种损害形式依然是传统民法架构下仅对私"人"之间权益关注的结果。环境侵权行为不同于传统侵权行为，其直接损害形式是环境污染或者生态破坏，即对"环境"的损害。当然，环境对"人"之人身损害、财产损害或者精神损害是环境污染或者生态破坏的直接或者间接结果。所以，环境侵权行为不同于传统侵权行为之"人—人"的构成，而是呈现"人—环境—人"之构成。概言之，环境侵权行为的直接对象并非他人的财产或者人身，而是指向自然环境；自然环境本身的损害由危及了他人的财产权益或者人身权益，即环境侵权行为的损害后果是二元的：对环境利益（社会公共利益）的损害与对人身、财产或者精神的损害。

还需要注意的是，正因为环境侵权行为的损害后果具有二元性，决定了传统侵权法之救济主体的不足。因循传统民法思路，仅有被侵权人可以要求侵权行为人进行赔偿，即采用"受害人"标准。在环境侵权中，环

---

① 需要说明的是，此处为方便行文继续适用"环境侵权"这一术语，但在本书将"环境侵害"概念提出之后，环境侵权将作为环境侵害的下位概念，即将环境侵权界定为传统民事侵权的一种，仅关注因环境污染或生态破坏而引发的私人间利益冲突。此处以及"环境侵害"概念提出之前行文中所适用的"环境侵权"与"环境侵害"内涵与外延相同。

② 吕忠梅等：《侵害与救济——环境友好型社会中的法制基础》，法律出版社2012年版，第26页。

境作为一种公共产品，所涉及的利益主体不是民法上的"人"，而是"人类"。所以，确定环境侵权的救济主体，无法依据"受害人"标准。

2. 传统侵权法难以有效保护环境

综观世界各国，面对日益严重的环境问题，侵权法首先作出了回应。"私法上的环境严格责任……在环境责任法开始从其他法中解放出来而成为单行责任法之前就已经适用（今天也仍然存在于环境法中），无不当行为请求权基础。所以普通私法中的许多制度都与现代意义上的环境责任有所重叠，但绝不等同。"① 正是因为这些"不等同"使得传统侵权法捉襟见肘，对此，各国纷纷在传统民法典或者侵权法之外，针对环境污染与生态破坏予以专门立法。

仅关注私人间的利益冲突并提供私益救济的传统侵权法，面对环境污染或生态破坏中作为公共利益的环境无法提供解决方案与救济途径，旨在同时救济公民个人私益与环境公益的环境法才应运而生。为了克服侵权法仅关注人与人之间的社会关系——私益的不足，为同时考量环境资源的生态功能——公益，新产生的环境法塑造了一种"跨界"的新型法律制度——区分并适用民事责任、行政责任与刑事责任。②

但需要注意的是，环境法的产生与发展并没有排斥侵权法关于环境侵权责任规范的适用，相反，环境侵权责任制度并存于环境法与侵权法，是许多国家采用的立法例。侵权法往往还是环境侵权责任制度的一般法，环境法立法常就环境侵权责任直接引致到侵权法条文，如《德国环境责任法》共五个条款"准用""适用"《德国民法典》相关条款，③《法国环境法典》共3个条款涉及《法国民法典》。④ 我国环境侵权责任制度立法也进行这方面的探索，如2014年修订后的《环境保护法》第64条规定："因污染

---

① ［德］克雷斯蒂安·冯·巴尔：《欧洲比较侵权行为法》（下册），焦美华译，张新宝审校，法律出版社2001年版，第507页。

② 吕忠梅：《论环境侵权的双重性》，《人民法院报》，2014年11月5日第8版。

③ 《德国环境责任法》共23个法条，其中第8（4）条、第11条、第14（2）条、第16（1）条分别"准用""适用""准用""适用""准用"《德国民法典》第259—261条、第254条、第843（2—4）条、第251（2）条，第17条"消灭时效""准用"《德国民法典》关于侵权行为的消灭时效规定。参见《德国环境责任法》，杜景林译，卢谌校，载沈四宝主编《国际商法论丛》（第7卷），法律出版社2005年版，第63—72页。

④ 《法国环境法典》第215（6）条、第215（14）条、第426（4）条分别涉及《法国民法典》第556—557条、第559条、第561—562条、第556—557条、第1382条。

环境和破坏生态造成损害的，应当依照《中华人民共和国侵权责任法》的有关规定承担侵权责任。"

三　环境损害赔偿制度的完善之一——数人环境侵权对外责任研究[①]

从 1979 年《环境保护法（试行）》、1986 年《民法通则》规定环境侵权责任适用过错责任原则，到 1989 年《环境保护法》确立环境侵权的无过错责任原则，再到 2009 年《侵权责任法》对环境侵权责任的全面规范，我国环境侵权责任制度呈现不断强化污染者责任之势。但遗憾的是，《侵权责任法》还存在诸多不足，如第 67 条关于无意思联络的数个污染者对外责任制度的规定。本部分将围绕《侵权责任法》第 67 条展开。

（一）《侵权责任法》第 67 条的不足

根据《侵权责任法》第 64 条规定，数人环境侵权对外责任应适用第 67 条。[②] 根据文意解释，第 67 条可解释为无意思联络的数个污染者，根据其所排放的污染物种类、排放量等因素确定其所承担的份额并根据份额对外承担相关责任而非连带责任。第 67 条实质上遵循了《侵权责任法》第 12 条就数个无意思联络人共同造成侵权所确立的一般规则——按份责

[①]　需要说明的是，本部分所称的"数人环境侵权对外责任研究"仅指《侵权责任法》第 67 条与《最高人民法院关于审理环境侵权责任纠纷案件适用法律若干问题的解释》第 2 条、第 3 条所规定的关于造成同一损害的数个无意思联络污染者对外责任规则。

[②]　《侵权责任法》第 67 条规定："两个以上污染者污染环境，污染者承担责任的大小，根据污染物的种类、排放量等因素确定。"关于《侵权责任法》第 67 条是否仅是关于数个污染者内部责任划分的规定，也即数个污染者对外承担责任规则是否适用第 67 条，学界并未达成一致。中国人民大学民商事法律科学研究中心侵权法研究所主张，第 67 条是关于环境污染数人侵权行为的最终责任分担规则的规定，第 67 条是《侵权责任法》第 12 条和第 14 条第 1 款规定在环境污染责任领域的具体化；如果符合第 11 条规定的情形，数个污染者应该承担连带责任，对内最终责任份额的确定应该直接适用本条规定，也即第 67 条是关于数个污染者内部责任划分的规定（侵权责任法评注系统：http：//www.qinquanfa.com/t_ List.asp？Id＝79，2016 年 4 月 29 日访问）。更多学者主张数个污染者对外责任承担当然适用第 67 条，如张新宝教授等（张新宝、庄超：《扩张与强化：环境侵权责任的综合适用》，《中国社会科学》2014 年第 3 期）。全国人大常委会法制工作委员会也主张数个污染者对外责任承担适用第 67 条（王胜明：《中华人民共和国侵权责任法释义》，法律出版社 2010 年版，第 339—343 页）。本书采用学界主流学说，即同时为全国人大常委会法制工作委员会所主张的，数个污染者对外责任承担适用第 67 条。

任，即第12条在环境侵权领域的具体化。① 还需要说明的是，《侵权责任法》第12条本身就背离了《最高人民法院关于审理人身损害赔偿案件适用法律若干问题的解释》（以下简称《人身损害赔偿解释》）第3条针对共同侵权行为所采用的"客观说"，而采用了"主观说"，这与当今侵权法的发展相左。

第67条关于数个污染者对外承担按份责任的规定，至少存在以下弊端：第一，对被侵权人而言，其可能面临求偿困难，甚至损害无法得到填补，因为被侵权人面对的数个污染者中很可能存在赔偿能力不足，甚至是缺乏赔偿能力的污染者；第二，对污染者而言，经营现状较好的大企业，却因仅仅承担相应份额的责任而很可能继续"肆意妄为"；第三，对环境而言，继续"肆意妄为"的污染者将进一步污染环境、破坏生态。这种不利于被侵权人，却相对有利于经营现状较好的大企业的责任分担方式，不仅不利于《侵权责任法》"制裁侵权行为"（第1条）立法目的的实现，而且也难以实现《环境保护法》"保护和改善环境，防治污染和其他公害，保障公众健康，推进生态文明建设，促进经济社会可持续发展"的目的。可以说，第67条与《侵权责任法》第八章其他条款强化污染者责任、加强对被侵权人保护的立法理念不相符合。

《侵权责任法》第67条也与当今许多国家或地区的立法、判例与主流学说相去甚远。自罗马法以来，大陆法系侵权法连带责任适用范围经历了一个逐渐扩张的过程，这源于大陆法系国家或地区对"共同关系"理论的逐步扩张，如德国通过判例放弃了曾坚持的"主观共同说"，将连带责任扩大至不作为侵权，并确立了当无法区分数个侵权人责任时适用连带责任的规则；即便限制适用连带责任的法国也为加强对被侵权人的保护而在司法实践中扩大了连带责任的适用范围。有些大陆法系国家或地区则通过判例直接确立了"关联共同说"的共同关系理论，如日本于1972年在"四日市公害案"中确立了客观关联共同侵权行为理论，② 我国台湾地区"司法院"于1977年6月1日变更了"最高法院"1966年第1978号判

---

① 张新宝、庄超：《扩张与强化：环境侵权责任的综合适用》，《中国社会科学》2014年第3期。
② [日]圆谷峻：《判例形成的日本新侵权行为法》，赵莉译，法律出版社2008年版，第339—341页。

例，主张"共同侵权行为人间不以有意思联络为必要"。英美法系在环境侵权领域也有类似规定，如被评为"美国环境法有史以来最为严厉、最有争议却得到联邦法院最广泛支持的环境立法"① 的《综合环境反应、补偿与责任法》② 突破了《美国侵权法重述（第二次）》的相关规定，对污染土壤与损害自然资源的行为适用有追溯力的连带责任。③

正因为如此，有学者提出，应当限缩第 67 条的适用，第 67 条应被解释为污染者承担连带责任后的内部划分依据，这种解释既符合了我国的传统实践，又符合国际上强化污染者责任、加强被侵权人保护的立法趋势。④

（二）《环境侵权解释》的完善及其不足

为正确审理环境侵权责任纠纷案件，为落实中央"用严格的法律制度保护生态环境"的重要举措，以确保为生态文明建设提供强有力的司法保障，最高人民法院于 2015 年 2 月 9 日通过了《最高人民法院关于审理环境侵权责任纠纷案件适用法律若干问题的解释》（以下简称《环境侵权解释》）。《环境侵权解释》第 2 条、第 3 条分别明确了两个以上污染者共同实施污染行为、无意思联络的数个污染者分别实施污染行为造成同一损害的责任承担方式。《环境侵权解释》第 3 条将无意思联络的数个污染者实施污染行为造成同一损害情形分为三类：每一个污染者的污染行为都足以造成全部损害的数个污染行为"叠加"后造成同一损害的、每一个污染者的污染行为都不足以造成全部损害的数个污染行为"叠加"后造成同一损害的、部分污染者污染行为足以造成全部损害的单个或数个污染行为与部分污染者污染行为只造成部分损害的单个或数个污染行为"叠加"后造成同一损害的，三种情形分别适用《侵权责任法》第 11 条、第 12 条以及在"共同造成的损害部分"范围内适用第 11 条，即对外分

---

① Charles de Saillan, "CERCLA Liability for Pre-Enactment Disposal Activities: Nothing has Changes", 9 *NAAG National Environmental Enforcement* 11 (1996).

② 《综合环境反应、补偿与责任法》（*Comprehensive Environmental Response, Compensation, and Liability Act*），又称《超级基金法》。

③ 李冬梅：《美国〈综合环境反应、赔偿和责任法〉上的环境民事责任研究》，博士学位论文，吉林大学，2008 年，第 8 页。

④ 吕忠梅等：《侵害与救济——环境友好型社会中的法制基础》，法律出版社 2012 年版，第 178 页。

别为连带责任、按份责任、部分连带责任。实质上，根据《环境侵权解释》第 4 条与《侵权责任法》第 67 条的行文相关性以及最高人民法院研究室负责人就该司法解释的释疑来看，《侵权责任法》第 67 条是关于数个污染者对外承担责任后的内部责任划分的规定。[①] 这意味着，造成同一损害的数个污染者对外责任承担适用《侵权责任法》第二章的规定，对内责任的划分适用《侵权责任法》第 67 条的规定。

1. 《环境侵权解释》对《侵权责任法》第 67 条的完善

《环境侵权解释》意图基于现有法律的适用来克服《侵权责任法》第 67 条的不足。上述已知，第 67 条本身存在诸多缺陷。法律总是具有一定程度的粗糙和不足，《侵权责任法》刚刚颁布不久，急于修订将不利于法律的稳定性与权威性，《环境侵权解释》通过适用《侵权责任法》第 11 条、第 12 条以限制第 67 条的适用，在一定程度上避免了适用第 67 条所产生的消极影响。这在保证法律准确性与稳定性的前提下，在一定程度上达到了强化污染者责任、加强对被侵权人保护的立法目的。

这尤其体现于适用《侵权责任法》第 11 条的《环境侵权解释》第 3 条第 1 款。《侵权责任法》第 11 条是关于"原因竞合"情形下数个侵权行为人承担连带责任的规定。[②] 只要每一个污染者的污染行为都足以造成全部损害，无论污染者之间存在意思联络与否，也无须考虑"污染物的种类、排放量、危害性以及有无排污许可证、是否超过污染物排放标准、

[①] 最高人民法院研究室负责人就《最高人民法院关于审理环境侵权责任纠纷案件适用法律若干问题的解释》相关问题回记者问时，介绍说：《环境侵权解释》第 2 条与第 3 条规定的是数个污染者实施污染环境行为造成损害，对外应当如何承担责任的问题。如果要确定数个污染者之间内部应当如何分担责任，应当适用本《环境侵权解释》第 4 条的规定（《最高人民法院发布环境侵权司法解释》，2016 年 4 月 29 日，中国法院网：http://www.chinacourt.org/article/detail/2015/06/id/1639599.shtml）。《环境侵权解释》第 4 条规定："两个以上污染者污染环境，对污染者承担责任的大小，人民法院应当根据污染物的种类、排放量、危害性以及有无排污许可证、是否超过污染物排放标准、是否超过重点污染物排放总量控制指标等因素确定。"从《环境侵权解释》第 4 条与《侵权责任法》第 67 条的行文来看，第 4 条的确也是对第 67 条的细化规定。所以，《侵权责任法》第 67 条实质上是关于数个污染者对外承担责任后的内部责任划分的规定。

[②] 《侵权责任法》第 11 条规定："二人以上分别实施侵权行为造成同一损害，每个人的侵权行为都足以造成全部损害的，行为人承担连带责任。"

是否超过重点污染物排放总量控制指标等因素"①，任一污染者都需要就全部损害对外承担全部责任。这还体现于适用《侵权责任法》第 11 条的《环境侵权解释》第 3 条第 3 款，但第 3 款仅将第 11 条适用于"共同造成的损害部分"。

但是《环境侵权解释》第 3 条的进步性仅是相对于《侵权责任法》第 67 条而言，第 3 条关于无意思联络的数个污染者实施污染行为造成同一损害情形的划分增加了被侵权人的负担而不利于其损害赔偿请求权的实现，相对于当今许多国家或地区的立法、判例而言，还存在不足之处。

2.《环境侵权解释》第 3 条第 2 款延续了《侵权责任法》的不足

《环境侵权解释》第 3 条将无意思联络的数个污染者实施污染行为造成同一损害情形分为三类，并在对外责任承担上采用了不同的责任分担方式。这种细化方式的进步性体现在避免单一适用《侵权责任法》第 67 条，针对每个污染者的污染行为都足以造成全部损害的情形（第 1 款）与部分污染者污染行为足以造成全部损害与部分污染者污染行为不足以造成全部损害"叠加"后造成全部损害的情形（第 3 款），适用或者在"共同造成的损害部分"范围内适用《侵权责任法》第 11 条，即连带责任。

但是对于每个污染者的污染行为都不足以造成全部损害但"叠加"后造成全部损害的情形，《环境侵权解释》第 3 条第 2 款规定污染者对外需承担相应的按份责任，实质上这一条款遵循了《侵权责任法》第 67 条确立的规则。上述已分析，第 67 条存在诸多弊端，第 2 款显然依然利于经营现状较好的大企业而不利于被侵权人损害赔偿请求权的实现。

另外，第 67 条实质上是第 12 条所确立的"数个非充足原因偶然结合造成同一损害需承担按份责任"原则在环境侵权领域的具体化，第 2 款不适用更为具体的、规则性的第 67 条而直接适用原则性的第 12 条显然是不合适的。

3.《环境侵权解释》第 3 条加重了被侵权人的举证责任

环境侵权责任是一种结果责任，采用无过错责任原则，当事人之间仅需就污染行为、损害后果、污染行为与损害后果之间的因果关系举证。尽

---

① 《环境侵权解释》第 4 条："两个以上污染者污染环境，对污染者承担责任的大小，人民法院应当根据污染物的种类、排放量、危害性以及有无排污许可证、是否超过污染物排放标准、是否超过重点污染物排放总量控制指标等因素确定。"

管《最高人民法院关于适用〈中华人民共和国民事诉讼法〉若干问题的意见》第 74 条、《最高人民法院关于民事诉讼证据的若干规定》第 4 条、《侵权责任法》第 66 条均对环境侵权行为的举证责任进行了倒置分配，但是关于污染者的侵权行为、侵权行为造成的损害后果的举证责任依然由被侵权人承担。《环境侵权解释》第 6 条规定，被侵权人除承担关于侵权行为与损害后果承担举证责任外，还对"污染者排放的污染物或者其次生污染物与损害之间具有关联性"负初步证明责任。① 向环境排放污染物，并不必然具有违法性与可责性，尤其是排放行为符合法律法规所规定的许可标准，这就需要被侵权人就侵权（排放）行为举证。另外，被侵权人只有具有具体的诉讼请求才能起诉，这需要被侵权人就自身所受损害的范围、程度与具体数额等进行举证。② 被侵权人须具备明确被告与具体的诉讼请求才能起诉，这实质上与被侵权人须承担的举证责任相一致。被侵权人关于污染者侵权行为与侵权行为造成损害后果的举证，在起诉之时，即是确定"明确的被告"与"具体的诉讼请求"。

《环境侵权解释》第 3 条第 2 款、第 3 款关于污染者对外责任的承担方式并没有摆脱《侵权责任法》第 67 条的弊端，甚至一定程度上增加了被侵权人的举证责任。第 2 款关于其单独污染行为不足以造成全部损害而"叠加"后造成同一损害的数个污染者承担按份责任的规定，要求被侵权人分别向各个污染者提起诉讼请求，而环境侵权具有复杂性、综合性等特点，很多案件在起诉时并不能确认具体污染者，所以被侵权人的权益将难以得到全部、有效救济。第 3 款情形下的被侵权人同样可能面临第 2 款情形下被侵权人所面临的困境，只有当被侵权人"有幸"将数个污染者中"污染行为足以造成全部损害"的那个（或那些）污染者列为被告，才可能得到全部救济。尽管被侵权人可以在诉讼过程中追加造成其损害的其他污染者为被告，但是被侵权人的合法权益将因诉讼程序的迟延而难以得到及时救济。另外，再迫于《侵权责任法》第 66 条关于被告可以提出反证

---

① 《环境侵权解释》第 6 条规定："被侵权人根据侵权责任法第六十五条规定请求赔偿的，应当提供证明以下事实的证据材料：（一）污染者排放了污染物；（二）被侵权人的损害；（三）污染者排放的污染物或者其次生污染物与损害之间具有关联性。"

② 因为《民事诉讼法》第 119 条规定："起诉必须符合下列条件：（一）原告是与本案有直接利害关系的公民、法人和其他组织；（二）有明确的被告；（三）有具体的诉讼请求和事实、理由；（四）属于人民法院受理民事诉讼的范围和受诉人民法院管辖。"

以减轻或者免除责任的规定，第 2 款、第 3 款的适用可能会导致两个极端：一方面，被侵权人不得不花费过多的时间与物力确认"全部"适格被告；另一方面，被侵权人可能会无限制地增加被告，或者是诉讼过程中无休止地追加被告。前者加重了被侵权人的举证责任，后者则将增加诉累，且都不利于被侵权人合法权益的及时实现。

而实践中，第 1 款所规定的环境侵权类型是少数，大量案件更多的是每一个污染者的污染行为都不足以造成全部损害的数个无意思联络污染者的污染行为"叠加"后造成的，或者是部分污染者污染行为足以造成全部损害的单个或数个污染行为与部分污染者污染行为只造成部分损害的单个或数个污染者行为"叠加"后造成的。① 这意味着《环境侵权解释》第 3 条第 1 款在司法实践中的适用空间不大，也即《环境侵权解释》相对于《侵权责任法》而言，并未从根本上解决问题。

（三）数人环境侵权对外责任制度的完善

经上述分析，《侵权责任法》第 67 条存在诸多弊端，《环境侵权解释》也未从根本上解决问题。尽管《环境侵权解释》从形式上将《侵权责任法》第 67 条作为污染者承担责任后的内部划分依据，但实质上《环境侵权解释》关于造成同一损害的数个污染者对外责任承担方式的规定依然未摆脱第 67 条的影响。现实中，《环境侵权解释》第 3 条第 2 款与第 3 款的情形最多，这意味着第 67 条的消极影响依然持续。所以，有必要进一步完善造成同一损害的数个无意思联络污染者对外责任制度。

1. 数人环境侵权对外应承担连带责任

上述已知，数个污染者对外承担连带责任是环境侵权领域的一个趋势，规定数个污染者构成共同侵权并承担连带责任为许多国家或地区立法所采纳、判例所确立或学说所主张，如《德国水利法》第 22 条第 1 款②、《日本民法典》第 719 条第 1 款③都有类似规定。对于无意思联络的数个

---

① 吕忠梅等：《侵害与救济——环境友好型社会中的法制基础》，法律出版社 2012 年版，第 178 页。

② 《德国水利法》第 22 条第 1 款规定："向水体（包括河流、湖泊、沿海和地下水）投放或导入物质，或者变更水体原来的物理、化学或生物性质，致损害他人者，就其所生损害负赔偿责任。如果是多人使水域产生影响，他人作为整体负债人而承担责任。"

③ 《日本民法典》第 719 条第 1 款规定："数人因共同侵权给他人造成损害的，各自对其损害的赔偿负连带责任。在不能知晓共同行为人中由何人加害时，亦同。"

污染者的污染行为，近年来日本判例及学说根据数个污染行为间"客观上"的紧密关系分为"较弱的关联关系"与"较强的关联关系"，对于具备"较强的关联关系"的数个污染行为，直接适用《日本民法典》第719条第1款前半部分的规定，即相关污染者构成共同侵权并对外承担连带责任；对于具备"较弱的关联关系"的数个污染行为，为了保护被侵权人，一般情况下也类推适用第719条第1款后半部分的规定，即推定污染行为同损害后果间存在因果关系，当污染者无法证明自己的行为与损害后果不存在因果关系的情况下，就构成共同侵权而对外承担连带责任。[①] 即无意思联络的数个污染者的污染行为在客观上存在关联性，原则上污染者对外承担连带责任。

《德国水利法》第22条第1款、日本关于"较弱的关联关系"与"较强的关联关系"的划分以及前述提及的我国台湾地区判例，是这些国家或地区连带责任适用范围不断扩张的结果，实质是在共同侵权行为的共同关系理论上采用了"关联共同说"。所谓"关联共同性"，是指数人的行为共同构成违法行为的原因或者条件而发生同一损害，其可分为主观的共同关联性与客观的共同关联性。客观共同侵权行为，是指在数人所为不法侵害他人权利之行为，在客观上为被害人因此所生损害之共同原因。[②]

客观关联共同侵权行为不具备传统共同侵权行为的典型特征，"关联共同说"被纳入侵权领域以扩张共同侵权的适用范围，可以说，环境污染问题扮演了主要角色。[③] 这种趋势不仅仅是民法人文关怀情形下侵权法在制度定位上由以行为人为中心发展到以被侵权人为中心的结果，还涉及立法与司法实践对污染者、被侵权人、环境之间的利益衡量问题。现代环境侵权往往是以多个污染者的活动为原因而发生的，按照传统侵权理论，原则上被侵权人需要搞清楚各个污染者对损害发生所贡献的作用，并依此确定相关污染者所应承担的损害赔偿责任，但是搞清楚各污染者对损害发生所贡献的作用，对于被侵权人来说绝不是一件容易的事，因为污染行为

[①] 罗丽：《环境侵权中共同侵权行为责任研究——以日本法为视角》，《法律适用》2005年第2期。

[②] 孙森焱：《民法债编总论》（上册），法律出版社2006年版，第231—232页。

[③] See European Group on Tort Law, *Principles of European Tort Law: Text and Commentary*, New York: Springer, 2005, pp. 140-141；[日] 原田尚彦《环境法》，于敏译，法律出版社1999年版，第28—29页。

对损害的贡献绝不仅仅是"污染物的种类、排放量等"的问题,"污染物的种类、排放量、危害性以及有无排污许可证、是否超过污染物排放标准、是否超过重点污染物排放总量控制指标"也难以囊括。对污染者而言,单独责任可能造成相互之间的责任分配不公平,责任分配不公平的后果可能会是污染者的懈怠,懈怠的后果是污染损害的进一步扩大,这当然不利于环境的保护。采用客观关联共同理论,确认(或者视为)污染者构成共同侵权,被侵权人就不必再考虑各个污染者对损害发生的作用比例,而可以对任何一个"可能的"污染者就损害的全额请求赔偿。确认(或者视为)污染者构成共同侵权,被侵权人将处于极为有利的地位,被侵权人地位的转换将会促使污染者采取积极措施停止污染行为,对潜在污染者也起到了一定的震慑作用,这将利于环境的保护。

2015年1月1日,被誉为我国"史上最严"的新《环境保护法》开始实施。与实施按日计罚、环保公益诉讼、约谈等一系列有针对性的执法利器形成鲜明对比的是,新《环境保护法》在保护被侵权人方面的力度不足,就环境侵权的民事责任而言,适用《侵权责任法》的有关规定存在诸多弊端。2015年6月3日起施行的《环境侵权解释》也未从根本上解决适用《侵权责任法》解决环境侵权问题的弊端。在环境侵权领域,引入客观关联共同理论,将能很好地解决现行法的弊端。适用客观关联共同理论以扩张共同侵权的适用范围在我国立法上也未有障碍,早在2003年,《人身损害赔偿解释》第3条就针对主观共同侵权行为之外应该承担连带责任的数人侵权行为的范围问题提出了"直接—间接结合说"。[①]《人身损害赔偿解释》主要起草人解释道:"所谓直接结合是指数个行为结合程度非常紧密,对加害后果而言,各自的原因力和加害部分无法区分。虽然这种结合具有偶然因素,但其紧密程度使数个行为凝结为一个共同的加害行为共同对受害人产生了损害";所谓间接结合,"虽然'多因一果'中的多个原因行为的结合具有偶然性,但这些行为对损害结果而言并非全

[①] 《人身损害赔偿解释》第3条规定:"二人以上共同故意或者共同过失致人损害,或者虽无共同故意、共同过失,但其侵害行为直接结合发生同一损害后果的,构成共同侵权,应当依照民法通则第一百三十条规定承担连带责任。二人以上没有共同故意或者共同过失,但其分别实施的数个行为间接结合发生同一损害后果的,应当根据过失大小或者原因力比例各自承担相应的赔偿责任。"

部都是直接或者必然地导致损害结果发生的行为。其中某些行为或者原因只是为另一个行为或者原因直接或者必然导致损害结果发生创造了条件。而其本身并不会也不可能直接或者必然引发损害结果"①。

根据上述表述,我国《人身损害赔偿解释》采用的"直接结合"说与"客观共同关联"理论并无二致。② 但是"直接结合"说所要求的"结合"程度与"客观共同关联"理论所认可的关联性有所差异,"直接结合"说要求"数个行为结合程度非常紧密"导致同一损害,但是"客观共同关联"理论"着重数人所为违法行为,致生同一损害为要件"③。但"直接""间接"概念过于抽象,司法实践中关于数个行为结合的紧密程度赖于法官的判断,法官的自由裁量将直接决定适用连带责任还是按份责任,显然这将极大地损害司法解释应有的确定性和操作性。④ "沉疴用猛药,乱世需重典",我国环境形势十分严峻的当下,环境保护不仅仅是政策、公法领域的问题,私法也需强化污染者责任、加强对被侵权人的保护。所以,对造成同一损害的数个无意思联络污染者对外应承担连带责任,即采用"客观共同关联"理论扩张连带责任的适用范围。

另外,通说认为数人的行为结合而发生同一损害者,固属此范围;共同行为人各人之行为亦可能发生相同损害之情形,亦包括在内。⑤ 只要数个行为造成同一损害,那么行为人对外就须承担连带责任。这意味着《环境侵权解释》第3条第1款关于每一个污染者的污染行为都足以造成全部损害的数个污染行为"叠加"后造成同一损害的情形可以纳入。

2. 数人环境侵权对外承担连带责任的适用限制

认定造成同一损害的数个无意思联络污染者对外承担连带责任以后,被侵权人无须再对污染行为的责任比例一一举证,而可以向任何一个污染者请求全额损害赔偿。共同侵权制度的适用有利于被侵权人的救济,从救济被侵权人角度而言应该尽可能宽泛地适用。

---

① 最高人民法院民事审判第一庭:《最高人民法院人身损害赔偿司法解释的理解与适用》,人民法院出版社2004年版,第63、65页。
② 王竹:《论客观关联共同侵权行为理论在中国侵权法上的确立》,载张仁善主编《南京大学法律评论》(2010年春季卷),法律出版社2010年版,第83—84页。
③ 孙森焱:《民法债编总论》(上册),法律出版社2006年版,第232页。
④ 王利明:《侵权行为法研究》(上卷),中国人民大学出版社2004年版,第689页。
⑤ 孙森焱:《民法债编总论》(上册),法律出版社2006年版,第231—232页。

共同侵权制度适用于造成同一损害的数个无意思联络污染者的污染行为是外部利益衡量的结果，即衡量污染者与被侵权人、环境之间的利益得出的结论，但是同对外承担连带责任后共同侵权人内部还存在责任划分一样，利益衡量还涉及污染者内部。共同侵权责任制度的适用，意味着全体污染者的责任可能由一个污染者承担，这对污染者而言绝不是一个理想的制度，尤其是对那些对损害的发生作用程度较低的污染者，课以共同责任对外承担连带责任，确实过于苛刻。"对连带责任的敌视主要存在于轻微过错的连带责任人不得不为那些他无法控制的其他人承担与其过错不成比例的责任。"[1] Kaeo v. Davis 案[2]和 Walt Disney World Co. v. Wood 案[3]即是这方面的经典案例。为了限制承担较小责任（甚至是上述两个案件中 1%的最终责任份额）的污染者对外承担全额损害赔偿的不公平情形的发生，以尽量达到污染者内部的利益平衡，部分国家在立法上将该类情形作为例外，以减轻该类污染者的责任，如《日本水污染防治法》第 20 条、《日本大气污染防治法》第 25 条第 2 款都做了一定的限制。[4] 美国各州则通过设置法定"门槛"、运用"深口袋"理论或者二者相结合的方法以限制连带责任的成立范围。我国也有学者主张通过求偿程序对连带责任进行一定的限制。[5]

---

[1] June F. Entman, "The Nonparty Tortfeasor", 23 *Memphis State University Law Review* 105-106 (1992-1993).

[2] 在 Kaeo v. Davis 案中，陪审团基于发生车祸的道路具有一定的弯曲而将 1%的过错分配给市政府，并适用了连带责任。See 719 P. 2d 387（Haw. 1986）.

[3] 在 Walt Disney World Co. v. Wood 案中，陪审团将 14%的过错分配给了原告，85%的过错分配给了原告的未婚夫，而将 1%的过错分配给了 Walt Disney World 公司，使其对 86%的损害承担连带责任。See 515 So. 2d 198（Fla. 1987）.

[4] 《日本水污染防治法》第 20 条规定："在两个以上事业者将含有有害物质的污水或废液排放而产生损害，对该损害赔偿责任适用民法第 719 条的第 1 款规定的场合下，有被认定其构成该损害发生的原因度明显较小的事业者时，法院在决定该事业者的损害赔偿责任额之际可以斟酌这一情况。"《日本大气污染防治法》第 25 条第 2 款规定："对于两个以上的事业者向大气中排放有害健康的物质而引起该损害赔偿责任，适用民法第 719 条第 1 款的规定的情况下，当认为事业者对于该损害的造成应负责任明显小时，裁判所在决定该事业者的损害赔偿金额时可以对这一情况加以考虑。"

[5] 关于通过成立范围和求偿程序两个方面对共同侵权进行限制的研究，可参见王竹《论客观关联共同侵权行为理论在中国侵权法上的确立》，载张仁善主编《南京大学法律评论》（2010 年春季卷），法律出版社 2010 年版，第 87—91 页。

规定造成同一损害的数个无意思联络污染者构成（或视为）共同侵权并对外承担责任，是衡量污染者与被侵权人、环境利益的结果。我国环境形势十分严峻的当下，应当扩张连带责任的适用范围。但是利益衡量还涉及构成共同侵权行为的污染者内部责任的划分问题，为限制承担较小责任的污染者对外承担全额损害赔偿的不公平情形的发生，司法实践中法官可以采用如日本法上规定的"对这一情况加以考虑"，或者立法上通过如同美国各州所采用的技术手段予以量化以限制共同侵权的成立范围，即我国针对造成同一损害的数个无意思联络污染者，应构建"以连带责任为原则，并予以适当限制"的对外责任制度。

四 环境损害赔偿制度的完善之二——精神损害赔偿的适用问题

环境侵害后果呈现"对人的损害"与"对环境的损害"的二元性特征，而"对环境的损害"远非传统民法所能应对。但这并不意味着传统民法对环境侵害无能为力，上述已经提及，因污染环境或者破坏生态行为而引起的"对人的损害"依然应当适用现已近乎完美的传统侵权法，而且"损害赔偿"本身也是私法上的概念和制度。[①] 鉴于因污染环境或者破坏生态行为而引起的对人之人身或财产损害的法律规定相对完善且理论上基本无争议，本部分将就环境侵害的特殊损害赔偿制度进行研究。环境污染或者生态破坏也可能造成严重精神损害，本部分将研究精神损害赔偿在环境侵害中能否适用，以及具体适用规则问题。

（一）精神损害赔偿的责任构成

所谓精神损害赔偿，是指公民因人格权、身份权和其他权利受到不法侵害而导致精神痛苦，受害人因此可以就其精神痛苦要求金钱上的赔偿，以制裁不法行为人并对受害人予以抚慰。[②] 精神损害赔偿制度作为一项独立的侵权责任形式，为大部分大陆法系国家或地区所规定。

《侵权责任法》颁布之前，我国法律层面上并没有关于精神损害赔偿的规定。但是在司法实践中，精神损害赔偿制度一直被适用，其直接依据

[①] 曾世雄：《损害赔偿法原理》，中国政法大学出版社2001年版，第178页。
[②] 王利明：《人格权法研究》，中国人民大学出版社2005年版，第700页。

是《民法通则》第 120 条①。司法实践关于精神损害赔偿的适用正是对"赔偿损失"加以解释的结果。② 鉴于法律上无明确规定，司法实践操作随意性较大，2001 年，《最高人民法院关于确定民事侵权精神损害赔偿责任若干问题的解释》对精神损害赔偿予以明确规定，并对精神损害的赔偿范围、计算考量因素等作了系统性规定。2003 年，《最高人民法院关于审理人身损害赔偿案件适用法律若干问题的解释》第 1 条的规定再次确定了对人身权造成损害，应当承担精神损害赔偿。

2009 年，我国《侵权责任法》通过并颁布，这是我国首次在法律层面明确规定精神损害赔偿制度。根据第 22 条的规定③，侵权人承担精神损害赔偿责任的前提是对他人人身权益造成严重损害，但并未要求侵权人具有过错，即精神损害赔偿责任适用无过错责任原则。

（二）环境侵权的特殊性对适用精神损害赔偿的影响

环境侵权当然可能造成他人人身权益的严重损害，根据体系解释，精神损害赔偿制度应当适用于环境侵权领域。但是环境侵权作为侵权的一种特殊类型，如环境侵权采用无过错责任原则以及举证责任倒置等，能否直接适用精神损害赔偿制度呢？也即精神损害赔偿制度在环境侵权领域的适用条件是否因环境侵权领域采用无过错责任原则与举证责任倒置规则而有所不同？

1. 无过错责任原则对精神损害赔偿适用于环境侵权的影响

无过错责任原则的确立是侵权法从以加害人为核心向以保护被侵权人为核心转变的产物。无过错责任原则的价值根源在于通过降低证明责任、扩大救济范围等方式对处于弱势地位的被侵权人进行倾斜性保护。这种倾

---

① 《民法通则》第 120 条规定："公民的姓名权、肖像权、名誉权、荣誉权受到侵害的，有权要求停止侵害，恢复名誉，消除影响，赔礼道歉，并可以要求赔偿损失。法人的名称权、名誉权、荣誉权受到侵害的，适用前款规定。"

② 值得注意的是，我国理论界通说认为《民法通则》第 120 条实质上规定了精神损害赔偿。但是也存在相左观点，如余延满教授（余延满：《我国民法通则并未规定精神损害赔偿制度》，《法学评论》1992 年第 5 期）、王泽鉴教授［王泽鉴：《民法学说与判例研究》（第 6 册），中国政法大学出版社 1998 年版，第 298—299 页］等。而 2001 年，《最高人民法院关于确定民事侵权精神损害赔偿责任若干问题的解释》实质上肯定了《民法通则》第 120 条关于精神损害赔偿的规定。

③ 《侵权责任法》第 22 条规定："侵害他人人身权益，造成他人严重精神损害的，被侵权人可以请求精神损害赔偿。"

斜性保护并不意味着完全忽略加害人的利益，实质上，无过错责任原则在加害人与被侵权人之间追求了一种平衡，即无过错责任原则仅适用于享有"特殊权利"的权利人行使"特殊权利"造成的损害，也就是说，无过错责任原则多适用被侵权人处于弱势地位的领域，难以对加害人行为不法性、主观过错加以举证的环境侵权领域即是典型。

环境侵权适用无过错责任原则并不意味着无视加害人的利益。当今，生产过程不可能实现"零排放"。对此，各国对污染排放都制定了一定的标准，在标准范围内排放污染物并不违法。那么在排放标准幅度内排放造成的损害能否适用无过错责任原则呢？尤其值得注意的是，实践中，绝大部分环境污染是因为众多企业在排放标准幅度内排放的污染物"叠加"后造成的，此类行为人是否应当承担精神损害赔偿呢？"在环境诉讼中，必须对污染侵害进行利益衡量，避免绝对化的救济思路。"① 侵权法发展到以被侵权人为中心，但绝不是对污染者利益的忽视。环境侵权适用无过错责任原则，污染者就被侵权人的人身或财产损害承担损害赔偿责任，如果再让其承担具有惩罚性功能的精神损害赔偿，显然有违公平正义理念和环境法的利益衡量功能。尤其需要说明的是，上已论述，造成同一损害的数个无意思联络污染者构成（或者被视为）共同侵权并对外承担连带责任，这一原则的适用也是从保护被侵权人利益出发的，即是加强污染者责任的一种方式。对此，环境侵权无过错责任原则、造成同一损害的数个无意思联络污染者须对外承担连带责任以及下述所论述的环境侵权举证责任倒置原则都是对被侵权人的倾斜性保护，如果在环境侵权精神损害赔偿适用无过错责任，那么将是对污染者利益的无视。所以，对环境侵权领域中精神损害赔偿的适用应当予以限制。

2. 举证责任倒置规则对精神损害赔偿适用于环境侵权的影响

"传统之侵权行为，其加害之原因事实，与受害人受损害之内容、程度、经过，均甚为单纯具体、直接而确定，当事人对此等事实，亦有较深切之认识。因此，在实体法上，以事实与结果间具有相当因果关系为责任成立要件，并且在诉讼上，要求受害人就此等事实之存在，负担严格之举证责任。但是，环境侵权之原因事实与危害发生之程度内容及经过之关

---

① 吕忠梅等：《侵害与救济——环境友好型社会中的法制基础》，法律出版社 2012 年版，第 201 页。

系，往往甚不明确，欲就其彼此间寻求单纯，直接具体之关系锁链，甚为困难。"① 环境侵权不同于传统侵权之"人—人"直接模式，环境侵权行为与损害后果之间还经过"环境"这一媒介，即"人—环境—人"间接模式。如今，环境侵权往往还是符合排污标准的数个无意思联络行为人所排放的污染物"叠加"后造成的损害，加之污染物之间的化学反应等，使得环境侵权的因果链条变得十分复杂。环境侵权损害后果还具有隐蔽性与长期性的特征。与之形成鲜明对比的是，环境侵权中被侵权人与污染者之间的实力更加悬殊。为实现侵权法的救济特征，各国侵权法在环境侵权之因果关系上都采用了举证责任倒置规则，我国亦不例外。②

环境侵权举证责任倒置规则是在无过错责任原则基础上对被侵权人的进一步倾斜性保护。举证责任倒置规则与无过错责任原则在环境侵权领域的适用，以及对造成同一损害的数个无意思联络污染者构成（或者被视为）共同侵权并对外承担连带责任规则的适用，使得被侵权人的权利能够得到保护。法律规则的设置绝对不能完全忽视污染者的责任，三种规则倾向于保护被侵权人的同时，如果再由污染者承担精神损害赔偿，显然是难以承受之重。

（三）环境侵权领域精神损害赔偿的适用

经济发展过程中，环境污染是不可避免的。国家关于排污行为所制定的标准，允许排污行为存在，即是对经济发展与生态环境保护进行平衡考虑的结果。环境侵权无过错责任归责原则、举证责任倒置规则的适用，以及对造成同一损害的数个无意思联络污染者构成（或者被视为）共同侵权并对外承担连带责任规则的适用，都是法律从制度上向被侵权人权益进行倾斜性保护，如果继续在精神损害赔偿上也适用无过错责任原则，将打破上述平衡，后果将是经济发展缓慢、停滞，甚至倒退。

另外，精神损害赔偿适用于环境侵权，其归责原则应当与环境侵权本身所适用的规则原则区分开来。环境侵权领域，精神损害赔偿适用过错责任原则。随着社会的发展，传统侵权法之主观过错理论呈现出诸多缺陷，从近代侵权行为法到现代侵权行为法的发展中，过错的认定上逐渐产生了

---

① 邱聪智：《公害法原理》，三民书局1984年版，第20—21页。
② 《侵权责任法》第66条规定："因污染环境发生纠纷，污染者应当就法律规定的不承担责任或者减轻责任的情形及其行为与损害之间不存在因果关系承担举证责任。"

新的标准：过错的客观化、过错推定以及违法视为过错。① 环境侵权领域，精神损害赔偿适用过错责任原则应采用何种过错认定标准呢？现代环境侵权绝大多数是由公司这样的社会组织体造成的。"尽管社会组织体与自然人同为法律主体，但是它并不具有与作为生物体的个人那样的内心心理状态。以对个人主观心理状态进行道德伦理非难为内核的传统过错观念似乎很难适用于社会组织体。"② 加之现代环境侵权的复杂性、综合性等特点，决定了主观过错理论难以适用。对于过错推定而言，实质上与环境侵权之精神损害赔偿适用无过错责任原则一样，由污染者承担举证责任将进一步加重污染者的责任，这种向被侵权人进一步倾斜性保护的认定标准将会打破经济发展与生态环境保护的平衡。过错的客观化，是指认定是否存在过错时不再像主观过错理论一样探究当事人的主观心理状态，而是统一采纳某种基于社会生活共同需要而提出的客观标准即"合理的人"或"善良管理人"的标准。③ 但是对环境侵权来说，环境侵权原因行为的巨大差异性决定了难以有一个统一标准能够对企业是否尽到了"合理"义务或者"善良管理"义务作出判断。

对此，环境侵权领域，精神损害赔偿适用过程中，适用"过错的客观化"标准认定污染者是否存在过错较为适当。过错的客观化是指在过错的认定标准上，将其与违法性判断予以混合，如果违法性存在，则认定过错即告成立。④ 对于违法性的判断，目前国家或地方就排污行为都制定了相关的标准，只要污染者的排放标准超过了国家或者地方所规定的排放标准，即视为违法，则当然认定相关污染者存在过错。对被侵权人人身权益造成严重损害的，污染者应当承担精神损害赔偿。还需要注意的是，对于国家或地方政府针对特殊情况，在特殊期限内所作出的特殊要求，如2014年APCE会议期间，为保障空气质量，环境保护部派出16个督导小组督导治理行动，要求北京、天津、河北、山东、山西、内蒙古六省（区）实施应急减排措施。针对政府的此类措施，企业必须予以配合，否

---

① 程啸、张发靖：《现代侵权行为法中过错责任原则的发展》，《当代法学》2006年第1期。

② 同上。

③ 同上。

④ 过错的客观化在英美法中的表现形态为"法律上的当然过失"（Negligence per se），而在德国法上表现为民法典第823条第2款"违反保护他人的法律"的侵权行为。

则，也应当认为相关污染者存在过错。

五　环境损害赔偿制度的完善之三——惩罚性赔偿的适用问题

（一）我国现行法关于惩罚性赔偿的规定

"惩罚性损害赔偿（punitive damages），也称示范性的赔偿（exemplary damages）或报复性的赔偿（vindictive damages），是指由法庭所作出的赔偿数额超出实际的损害数额的赔偿，它具有补偿受害人遭受的损失、惩罚和遏制不法行为等多重功能。该制度主要在美国法中采用，不过，它的发展不仅对美国法产生了影响，而且对其他英美法国家甚至大陆法国家也产生了某种影响①。"② 我国惩罚性赔偿制度肇端于1994年起实施的《消费者权益保护法》第49条，此后，《合同法》《最高人民法院关于审理商品房买卖合同纠纷案件适用法律若干问题的解释》《食品安全法》（2015年修订）、《最高人民法院关于审理旅游纠纷案件适用法律若干问题的规定》、2013年《旅游法》、2013年新修订的《商标法》《最高人民法院关于审理食品药品纠纷案件适用法律若干问题的规定》以及2009年、2013年对《消费者权益保护法》的两次修订都以1994年《消费者权益保护法》第49条为模板进行了规定。

我国惩罚性赔偿制度具有严格的适用范围，《侵权责任法》关于惩罚性赔偿的规定见于第五章"产品责任"一章，也即惩罚性赔偿仅适用于产品责任。《侵权责任法》第47条规定："明知产品存在缺陷仍然生产、销售，造成他人死亡或者健康严重损害的，被侵权人有权请求相应的惩罚性赔偿。"惩罚性赔偿的适用必须满足以下条件：第一，侵权人具有主观故意，即"明知产品存在缺陷仍然生产、销售"；第二，侵权行为造成严重损害后果，即"造成他人死亡或者健康严重损害的"；第三，侵权行为与损害后果之间存在因果关系。

（二）环境侵权领域适用惩罚性赔偿的问题

从现行法规定来看，我国惩罚性赔偿适用范围呈扩张之势，如

---

① 大陆法系国家的损害赔偿立法受制于赔偿和恢复原状观念的影响，基本上都反对惩罚性赔偿，但是近年来，已隐秘地接受惩罚性赔偿的趋势（陈年冰：《我国惩罚性赔偿制度研究》，博士学位论文，山东大学，2013年，第2页）。

② 王利明：《惩罚性赔偿研究》，《中国社会科学》2000年第4期。

2013年修订后的《消费者权益保护法》将惩罚性赔偿适用范围扩展至服务领域，但是惩罚性赔偿适用范围依然有限。惩罚性赔偿制度除法律规定外，不可适用。但是"依据现有的同质赔偿，不仅对环境民事侵权受害者的救济严重不足，也使得加害者通过理性的利益衡量，对侵权采取放任态度"，所以有学者主张环境侵权领域有适用惩罚性赔偿制度的空间。

所谓同质赔偿，是指损害赔偿的数额是以受害人的实际损失为准，即"以同样的财产交换损失"[①]。不同于同质赔偿之填补受害人实际损失的功能，惩罚性赔偿具有制裁和预防功能。必须认识到，在环境侵权领域，受害人与加害人之间在财力、智力上的悬殊对比，以及加害人的利益驱使，使得传统侵权法在环境侵权领域失去了应有的抑制功能。惩罚性赔偿可以抑制环境侵权行为。

当然，绝不能因为环境侵权之侵权范围广、受害人之众、污染时间之长与之隐蔽等因素，而任意适用惩罚性赔偿。立法，需要考虑各方面权益，环境立法，尤其应当注重经济发展与生态环境保护的平衡问题。任意或者过度适用惩罚性赔偿，将会阻碍经济发展。也即是说，环境侵权中惩罚性赔偿的适用应当满足以下条件：第一，环境侵权人具有主观故意，惩罚性赔偿的主要目的在于惩罚环境侵权领域的主观故意侵权行为；第二，侵权行为造成严重损害后果，严重之损害后果不仅仅限于造成他人死亡或者健康严重损害的人身权领域，还包括对财产造成严重损害，以及对生态或环境造成严重损害的。

需要注意的是，惩罚性赔偿的惩罚特征决定了赔偿数额要高于受害人的实际损害，具体数额的确定由法官根据加害人的主观过错程度、获利情况、财产状况以及受害人的实际损失等因素作出。过高的数额，致使加害人无力偿还甚至破产，将影响经济发展；过低的数额，惩罚性赔偿的惩罚与预防功能将丧失。"惩罚性赔偿的根本宗旨在于适度威慑，适度威慑的关键在于赔偿金额既不多，也不少。如果赔偿低于损害，威慑不足即预防成本较低，加害人会过分从事侵权行为；相反，如果赔偿远远高于损害，威慑将会过度，加害人会把他们的行为缩至不适当的程度，即使所得利益

---

① 王利明：《惩罚性赔偿研究》，《中国社会科学》2000年第4期。

超过了损害，他们也不会从事该种行为，结果导致有益行为将被阻止。"[1]另外，惩罚性赔偿金不宜全部支付给受害人，环境侵权不同于传统侵权，加害人侵害的客体不仅仅限于受害人之人身与财产权益，还有生态与环境，所以将惩罚性赔偿金适当支付给受害人之后，剩余部分应纳入诸如环境修复等之类基金，以用于环境保护与生态修复。

第二节　环境诉讼时效制度创新

时效制度源于罗马法。取得时效制度始于罗马法的《十二铜表法》，旨在解决古罗马法中财产转让形式过于烦琐的缺陷。消灭时效制度晚于取得时效制度出现，源于罗马法中的裁判官法。中世纪时期，注释法学派将取得时效与消灭时效合二为一，统于"时效"概念之下。[2] 所谓时效，也即时间的法律效力，是指一定的事实状态持续地经过法定期间，即产生一定的法律后果的法律制度。

任何一项制度都有一定的价值追求，时效制度也不例外。学界关于时效的态度，主要存在一元说与多元说。主张一元说的观点有：第一，权利行使督促说或者惩罚权利睡眠者说，又可称为旧秩序否定说；第二，避免被告举证困难而替代证据说；第三，效率说；第四，维护经济关系安全说或者维护经济秩序说，又可称为新秩序的维持说；第五，为了公共利益说。但是一元说的观点为当今学者诟病。对于权利行使督促说或者惩罚权利睡眠者说而言，如该学说所主张的，时效制度的价值仅在于督促权利人行使权利，那么其制度的合理性、合法性将备受质疑。实质上时效制度的此项功能，当事人依意思自治原则完全可以自行确定以实现。另外，权利人是否行使其权利本身也是一种权利，其有决定是否行使的自由。对于避免被告举证困难而替代证据说而言，其最受诟病之处在于对于义务人的过于偏袒，对于权利人证据充分的场合，这一学说本身缺乏说服力与合法性。对于效率说而言，法的价值是多元的，仅仅注重对效率的过于追求，而忽视法的其他价值，其合理性受到质疑。对于维护经济关系安全说或者

---

[1]　Mitchell Polinsky, Steven Shavell, "Punitive Damage: An Economic Analysis", 111 *Harvard Law Review* 873-874 (1998).

[2]　马俊驹、余延满：《民法原论》（第四版），法律出版社2010年版，第241页。

维护经济秩序说而言，其遭受了如效率说同样的诟病，另外，这将会激发义务人逃避责任的投机热情。对于为了公共利益说而言，时效制度最终在于维护义务人的权益，所以维护公共利益说也存在局限性。综上，一元说的观点都不足以说明法律规定时效制度的正当性。

任何一项制度都有一定的价值追求，正如法的价值主要包括秩序、安全、效益、公平、自由、正义等，每一制度所追求的价值又往往是多元的。时效制度现代化进程中，价值追求呈现多元化。持多元说学者的观点大多包含了上述四种观点中的两种或多种，梁慧星先生认为时效有稳定法律秩序、作为证据之代用、促使权利人行使权利等三种功能。[①] 王利明教授指出时效制度的功能主要体现在如下三个方面：督促权利人及时行使权利；维护既定的法律秩序的稳定；有利于证据的收集和判断。[②] 王泽鉴、黄立等先生对时效制度的功能也持多元的态度。如王泽鉴先生认为，时效制度存在的理由主要有：一是保护债务人，避免因时日久远，举证困难，致遭受不利益；二是尊重现存秩序，维护法律平和；三是权利上之睡眠者，不值得保护；四是简化法律关系，减轻法院负担，降低交易成本。[③] 黄立先生认为法律规定消灭时效的目的有三：为了普遍的权利安定性；避免举证困难；给予权利人压力。[④]

一 传统诉讼时效制度适用于环境案件的不足

关于时效制度，私法层面上，我国《民法通则》延续了苏联的民法制度，采用了诉讼时效概念与大陆法系之消灭时效（Negative prescription）概念相对应。诉讼时效在我国一直沿用至今。

行政诉讼与民事诉讼是两种不同的诉讼程序，二者之间存在很大差异，但是我国行政诉讼脱胎于民事诉讼，行政诉讼中的诸多规则都规定于《民事诉讼法》之中。如尽管我国于1989年通过了《行政诉讼法》，并于1990年开始实施，但是2000年《最高人民法院关于执行〈中华人民共和国行政诉讼法〉若干问题的解释》第97条规定："人民法院审理行政案

---

① 梁慧星：《民法总则》（第四版），法律出版社2011年版，第244—245页。
② 王利明：《民法总则研究》，中国人民大学出版社2003年版，第703—704页。
③ 王泽鉴：《民法总则》，北京大学出版社2009年版，第492页。
④ 黄立：《民法总则》，中国政法大学出版社2002年版，第451—452页。

件，除依照行政诉讼法和本解释外，可以参照民事诉讼的有关规定。"也正因为如此，相当长一段时间内，学界关于行政时效制度的称谓一直存在适用"行政诉讼时效"还是适用"行政诉讼起诉期限"争议，很多学者沿用了民法上的"诉讼时效"称谓，称之为行政诉讼时效。2014年修订后的《行政诉讼法》第48条规定："公民、法人或者其他组织因不可抗力或者其他不属于其自身的原因耽误起诉期限的，被耽误的时间不计算在起诉期限内。公民、法人或者其他组织因前款规定以外的其他特殊情况耽误起诉期限的，在障碍消除后十日内，可以申请延长期限，是否准许由人民法院决定。"修订后的《行政诉讼法》适用了"起诉期限"术语，在术语上与民法上的"诉讼时效"作出了区分。实质上，行政诉讼起诉期限与民法之诉讼时效是不同的，起诉期限比照的是民法上的除斥期间和诉讼法上的上诉期间进行设计和变造的，在性质上属于程序法上的法定期间，不能中断或者中止，特殊情况下才可申请延长或扣除被耽误的时间。[①]

除民法之诉讼时效与行政法之起诉期限外，时效制度还包括刑法上的时效制度。我国《刑法》第一编"总则"第四章"刑罚的具体运用"第八节"时效"包括第87条、第88条、第89条三个条款。三个条款关于时效的表述上适用了"追诉""追诉期限"等术语，[②] 也即是说"刑事诉讼时效"应当称为刑事追诉时效。因此，时效分为（民法）诉讼时效、行政诉讼起诉期限、刑事追诉时效。

实践中，环境资源审判机构还存在环境资源审判庭、环境资源合议庭、环境资源巡回法庭等多种形式，环境资源审判庭还存在"二审合一""三审合一""四审合一""四审合一+"与"五审合一"等诸多模式。但

[①] 林俊盛：《论行政诉讼起诉期限的适用范围——以行政诉讼类型化为视角》，《甘肃行政学院学报》2012年第6期。

[②] 《刑法》第87条规定："犯罪经过下列期限不再追诉：（一）法定最高刑为不满五年有期徒刑的，经过五年；（二）法定最高刑为五年以上不满十年有期徒刑的，经过十年；（三）法定最高刑为十年以上有期徒刑的，经过十五年；（四）法定最高刑为无期徒刑、死刑的，经过二十年。如果二十年以后认为必须追诉的，须报请最高人民检察院核准。"第88条规定："在人民检察院、公安机关、国家安全机关立案侦查或者在人民法院受理案件以后，逃避侦查或者审判的，不受追诉期限的限制。被害人在追诉期限内提出控告，人民法院、人民检察院、公安机关应当立案而不予立案的，不受追诉期限的限制。"第89条规定："追诉期限从犯罪之日起计算；犯罪行为有连续或者继续状态的，从犯罪行为终了之日起计算。在追诉期限以内又犯罪的，前罪追诉的期限从犯后罪之日起计算。"

是综合各地环境资源审判庭的审判模式来看,以"三审合一"模式为主。所谓"三审合一"模式,即刑事、民事、行政环境资源案件集中在环境资源审判庭统一审理,当然还包括环境公益诉讼案件。这也就意味着,关于环境诉讼的时效制度,限于缺乏统一的时效制度规范,需要分刑事类环境案件、行政类环境案件、民事类环境案件、环境公益诉讼案件来探讨。鉴于现行法关于刑事追诉期限的规定较为完善,以及现行法并没有关于适用于环境公益诉讼案件的诉讼时效制度,本部分只讨论行政类环境案件、民事类环境案件适用传统法律规定的不足

(一) 环境案件适用行政法之起诉期限的不足

行政诉讼起诉期限比照的是民法上的除斥期间和诉讼法上的上诉期间进行设计和变造的,在性质上属于程序法上的法定期间,不能中断或者中止,特殊情况下才可申请延长或扣除被耽误的时间。[1]

环境行政诉讼不仅应当符合行政诉讼法的一般规定,而且还要针对环境法律的特殊情况,按照法律的特殊规定进行。但是传统环境行政诉讼的时效制度仅仅局限于行政诉讼的范畴,即仅是对行政相对人的环境利益受到侵害时而给予的救济渠道,其根本无法应对环境诉讼的要求,即对公共环境利益的保护。因此,由于环境诉讼是基于保护国家利益、社会公共利益所需的,理应不受诉讼时效的限制,使侵害国家利益和社会公共利益的不法行政行为在任何时间都可以受到法律追究。[2]

(二) 环境案件适用民法之诉讼时效研究的不足

私法之侵权法最早对环境问题作出了应对,在环境法发展的早期对环境保护起到了重要作用。随着环境问题的日渐突出与法律研究的逐渐深入,侵权法也意识到环境侵权的特殊性,从而将其作为特殊侵权行为对待。但仅关注私人间利益冲突并提供私益救济的侵权法,面对环境污染或生态破坏所损害的环境公共利益无法提供解决方案与救济途径,旨在同时救济私益与环境公共利益的环境法应运而生。为克服侵权法仅关注人与人之间的社会关系——私益的不足,同时为考量环境资源的生态功能——公益,新产生的环境法塑造了一种"跨界"的新型法律制度——建立人与

---

[1] 林俊盛:《论行政诉讼起诉期限的适用范围——以行政诉讼类型化为视角》,《甘肃行政学院学报》2012年第6期。

[2] 邓一峰:《环境诉讼制度研究》,博士学位论文,中国海洋大学,2007年,第181页。

人和人与自然两类关系的融合规则，实现人与人和人与自然关系的双重和谐的新规则。①

根据现行法的规定，诉讼时效期间可分为普通诉讼时效期间、特别诉讼时效期间与最长诉讼时效期间。

所谓普通诉讼时效期间，是指由民事基本法规定的普遍适用于应当适用时效的各种法律关系的时效期间。② 也即，我国《民法通则》第135条前半句所规定的时效期间。除普通诉讼时效期间外，《民法通则》或者特别法对某些民事法律关系规定了特别的时效期间。对此，《民法通则》第135条规定："向人民法院请求保护民事权利的诉讼时效期间为二年，法律另有规定的除外。"1989年《环境保护法》第42条规定："因环境污染损害赔偿提起诉讼的时效期间为三年，从当事人知道或者应当知道受到污染损害时起计算。"③ 也即是说，因环境污染或者生态破坏而导致的人身损害或者财产损害，适用特别的诉讼时效，即受害人自知道或者应当知道受到损害之日起3年内，可以向人民法院提起诉讼。另外，《民法通则》第137条规定："诉讼时效期间从知道或者应当知道权利被侵害时起计算。但是，从权利被侵害之日起超过二十年的，人民法院不予保护。有特殊情况的，人民法院可以延长诉讼时效期间。"二十年之诉讼时效是民法上的最长诉讼时效期间，该时效不适用诉讼时效中止、中断的规定。

上文已述，时效制度具有督促权利人及时行使权利的功能，但是环境资源类案件的诉讼时效自"当事人知道或者应当知道受到污染损害时起计算"，而环境污染与生态破坏损害的间接性、复杂性、长期性、潜伏性、因果关系模糊性、证据获取困难性、当事双方实际诉讼地位的不平等性等原因，④ 决定了受害人可能无法在三年诉讼时效期间内知道或者应当知道实际损害，进而无法有效保护自身权益。另外，《民法通则》同样规

---

① 吕忠梅：《论环境侵权的双重性》，《人民法院报》2014年11月5日第8版。
② 王利明：《民法总则研究》，中国人民大学出版社2003年版，第722页。
③ 2015年起开始实施的新《环境保护法》第66条没有作出改变，规定："提起环境损害赔偿诉讼的时效期间为三年，从当事人知道或者应当知道其受到损害时起计算。"
④ 关于环境污染与生态破坏损害的间接性、复杂性、长期性、潜伏性、因果关系模糊性、证据获取困难性、当事双方实际诉讼地位的不平等性等特性的分析，参见张景明《环境诉讼时效新解》，载陈金钊、谢晖主编《法律方法》（第9卷），山东人民出版社2009年版，第195—198页。

定最长诉讼时效是自"知道或者应当知道权利被侵害时起计算",这同样面临上述的问题,即最长诉讼时效期限本身也不够长,如日本政府自首次发现富山县痛痛病患者到确定该病病因历经 22 年,确定熊本县水俣病病因历经了 15 年。最长诉讼时效是自"权利被侵害时"起计算,面对环境污染或生态破坏所造成损害的积累性和潜伏性,最长诉讼时效在环境资源案件中将难以实现对受害人的保护。

二 环境诉讼时效制度的完善

(一)民事类环境案件诉讼时效制度的完善

关于诉讼时效期间起算点,当前主要有两种标准:第一,主观标准,即诉讼时效期间起算点自受害人知道其权利受侵害之日起计算,《俄罗斯民法典》《葡萄牙民法典》等采用此立法例;第二,客观标准,即诉讼时效期间起算点自权利受侵害之日或请求权发生之日起计算。客观标准又可以分为两种:一是诉讼时效期间起算点自请求权可以行使之日计算,大陆法系民法典普遍采用此标准,如《日本民法典》《意大利民法典》《瑞典民法典》、我国台湾地区《民法典》等;二是诉讼时效期间起算点自请求权发生之日起计算。[1] 主观标准的理论基础在于权利可行使说,即权利人只有知道其权利遭受损害才能向义务人主张权利,但是其弊端也是明显的,因为缺乏外部表征,难以确定权利人何时已经知道或应当知道了其权利遭受损害。客观标准因具备外部表征而较容易确定起算点,但是弊端在于如果当事人不知道其权利遭受损害而使诉讼时效经过。这显然违背了诉讼时效之督促权利人行使权利的功能。对此,综合运用主观标准与客观标准的综合说成为主流,其中,综合采用主观标准与诉讼时效期间起算点自请求权可以行使之日计算的客观标准为各主要国家或地区民法典所采用。

根据《民法通则》第 137 条的规定,我国在诉讼时效起算点上也采用了综合说:一是客观上权利受到侵害;二是主观上权利人知道或者应当知道已经受到损害。但是需要注意的是,第 137 条所采用的客观标准是诉讼时效期间起算点自请求权发生之日起计算。现行《环境保护法》第 66 条的规定亦采用此标准。这意味着环境损害赔偿之诉的诉讼时效期间之起算点与最长诉讼时效期间之起算点都是自请求权发生之日起计算,但是这

---

[1] 王利明:《民法总则研究》,中国人民大学出版社 2003 年版,第 726—727 页。

对环境污染与生态破坏的受害人来说是非常不利的，环境污染与生态破坏损害的间接性、复杂性、长期性、潜伏性、因果关系模糊性、证据获取困难性、当事双方实际诉讼地位的不平等性等原因决定了即使受害人知道了或者应当知道了其权利已被侵害也可能因无法知道加害人而无法主张权利。

那么，是否需要针对环境资源类案件制定特殊的最长诉讼时效期限以及修改特殊的诉讼时效期限呢？针对环境资源类案件，制定特殊的最长诉讼时效期限可能将引起整个诉讼时效体系的混乱；修改环境资源类案件之特殊的诉讼时效期限，多长时间合适，也无定论。所以修改诉讼时效期限的方式并不合适。上述已知，诉讼时效从权利人能够行使权利时开始起算已是大陆法系的共同理念，也即是说，综合采用主观标准与诉讼时效期间起算点自请求权可以行使之日计算的客观标准是当今大陆法系诉讼时效起算点的主流规定。这是值得借鉴的，将《民法通则》第137条的规定改为："诉讼时效自权利得以行使之日起计算"，现行《环境保护法》第66条的规定修改为："提起环境损害赔偿诉讼的时效期间为三年，从当事人可以行使权利之日起计算。"将能很好地化解环境资源类案件诉讼时效的现实困境。

（二）环境公益诉讼案件时效制度研究

上述的三大时效制度并不适用于旨在保护环境公共利益的环境公益诉讼。环境公益诉讼不同于传统的诉讼模式，其旨在保护环境公共利益与国家利益。关于环境公益诉讼的时效制度，我国现行法也缺乏明确规定。但是最高人民法院在《关于贯彻执行〈中华人民共和国民法通则〉若干问题的意见（试行）》第170条规定："未授权给公民、法人经营、管理的国家财产受到侵害的，不受诉讼时效期间的限制。"本书认为，第170条的规定是出于对国家利益的保护而进行的规定，这与环境公益诉讼旨在保护的利益性质是相同的。对此，环境公益诉讼的时效可以参照适用第170条的规定，即不受时效的限制。

第八章 环境司法组织制度创新研究

第一节 环境司法组织制度及其构建

一 环境司法组织制度界定

随着全球各地经济的不断发展，环境问题也不同程度地如影随形，如何更好地保护生态环境，妥善处理环境纠纷，是很多国家面临的突出问题。进一步加强司法在环境治理和保护中的作用是很多国家的共同选择。这其中，首要的就是加强专门的环境审判机构的建设。澳大利亚新南威尔士州于1980年设立土地环境法院（land and environment court），成为环境审判机构专门化的先驱者；1991年，新西兰成立了新西兰环境法院；同一年南非在其西开普省的赫尔曼努斯市设立了环境法庭；1998年，瑞典颁布了环境法典，并将原先所设的"水法庭"，改为环境法庭。据不完全统计，截至2009年，全球共有41个国家建立了354个环境专门审判机构。[1] 这些专门的审判机构建立后，有关环境的案件被集中到这些审判机构进行审理。这种做法一般称之为环境司法的专门化，具体讲即是环境司法组织制度构建的具体表现。

我国在发展经济的同时，环境问题也变得日趋严重。虽然大家都一致

---

[1] 美国丹佛大学斯特姆法学院乔治·普林夫妇用了两年时间对世界各国的环境专门审判机构进行了一个调查和综合的比较研究，他们亲自前往几十个国家与200多个法官、律师、检察官、政府官员、学者和民间人士进行了座谈。2009年12月，他们在世界资源研究所（Would Resources Institute/WRI）发布了他们的研究报告：《绿色正义：创建和完善环境法庭和其他审判机构》。据普林夫妇的不完全统计，截至2009年年底，共有41个国家建立了354个环境专门审判机构。见George（Rock）Pring & Catherine（Kitty）Pring 报告的第1页；转引自李挚萍《外国环境司法专门化的经验及挑战》，《法学杂志》2012年第11期。

认为，发展经济绝不能再以牺牲我们赖以生存的环境为代价，但环境治理的进展却并不理想，环境污染已经到了人们都无法忍受的地步。加强环境治理方面的司法保障，是近些年司法实务界为之作出的积极努力，其中一个重要的举措就是逐步设立专门的环境司法机构，并将环境类案件集中到该类机构进行管辖和审理。

在2011年由中华环保联合会、云南高级人民法院和武汉大学环境法研究所共同举办的"首届环境司法论坛"上，与会专家对环境司法专门化作出了明确定义："所谓环境司法专门化，是指国家或地方设置专门的审判机关，或者现有的人民法院在其内部设置专门的审判机构或组织对环境案件进行专项审理。从这个意义上来讲，环境司法专门化亦可称环境案件审判专门化。"① 而且如上所述，实践中环境司法专门化也主要表现为环境审判机构的专门化。但是，环境司法专门化仅仅有审判机构的专门化是远远不够的。治理环境污染，打击环境违法犯罪，需要公、检、法及环保等部门的密切配合。如果说环境审判机构有专门化的必要，负责提起环境犯罪案件公诉和参与、支持环境公益诉讼的检察部门也应有专门化的必要。因此，环境检察机构的专门化也应是环境司法专门化的应有之义。

实际上，机构的专门化也只是环境司法专门化"万里长征"的第一步。选拔、任用和培训专门的环境司法人员是继机构专门化之后应该着重解决的人力资源保障问题，人员专业化也是环境司法专门化的应有之义。此外，理顺和健全环境司法的审判模式、机制和程序，也是进一步有效开展环境司法的必然要求。最高人民法院副院长江必新在2015年11月召开的第一次全国法院环境资源审判工作会议上提出："要牢牢扭住审判专门化这一牛鼻子，着力构建审判机构、审判机制、审判程序、审判理论以及审判团队'五位一体'专门化机制。统筹推进审判机构专门化，理顺机构职能，合理分配审判资源，科学确定环境资源民商事案件的审理范围。稳步推进工作机制专门化，探索相对集中案件管辖制度，逐步实现案件归口审理，构建多元共治机制。探索推进审判程序专门化，健全环境资源审判特别程序和环境诉讼专门审判程序规则，创新审判执行方式。深入推进审判理论专门化，加强环境资源审判理论创新，加强实证研究和对外交流

---

① 童克难：《环境司法专门化路在何方》，2016年4月10日，《中国环境报》司法助力环保系列报道（http：//blog.sina.com.cn/s/blog_6bbbfbf30100t2en.html）。

合作。扎实推进审判团队专门化，加强思想政治建设、业务能力建设和纪律作风建设。"① 可见，环境司法专门化应当包括环境司法机构的专门化，环境司法工作机制的专门化，环境司法程序的专门化，环境司法团队的专门化和环境司法理论的专门化五个方面。因此，本书认为，环境司法专门化应当是指，为了充分发挥司法在生态文明建设中的保障作用，国家或地方设置专门的司法机关，或者现有的司法机关在其内部设置专门的司法机构，并配备和培养专门的司法人员，按照专门化的案件诉讼工作机制和程序，对环境案件进行专项检察和审判的司法改革举措。

环境司法组织制度主要是指环境司法机构及其人员的设置和配置制度，它应是环境司法专门化的重要组成部分。环境司法组织制度建设的好坏，直接决定着我国环境司法专门化的程度，进而决定着我国司法对生态文明建设的保障水平。因此，本章进一步探究在机构设置和人员专业化配置等方面如何更好地实现环境司法主体的专门化建设。

二　我国环境司法组织制度的实践探索

事实上，自20世纪80年代末，我国就开始了环境司法组织制度建设的实践探索，但真正取得进展是在2007年，贵阳首次设立环保"两庭"。其后，全国各级法院及部分检察院纷纷就环境司法组织制度建设工作开展了如火如荼的试点。总结起来，主要是在以下三个方面进行了有益的探索。

（一）环境司法机构的设置取得较大进展

司法实务界为加强环境治理方面的司法保障作出了积极的努力，其中一个重要的举措就是设立专门的环境司法机构。该类司法机构的设立是通过各地先行试点，然后由点到面、自下而上逐步扩展的方式进行的。大致可以分为三个阶段。

1. 孕育探索阶段

这一阶段是指中华人民共和国成立后，一直到2007年我国成立第一个环保法庭之前，我国对环境司法组织制度建设的孕育探索时期。

中华人民共和国成立以来，特别是改革开放后，我国司法部门围绕资

---

① 《第一次全国法院环境资源审判工作会议召开》，2017年1月15日，最高人民法院官网（http://www.court.gov.cn/zixun-xiangqing-15955.html）。

源开发利用及环境保护的需要，陆续在一些地区设立了森林检察院、法院，油田检察院、法院，海事检察院、法院等专门司法机关，在部分地方法院内部设立了林业审判庭等专门审判机构，集中办理、审判涉及森林资源、矿产资源、海洋环境污染等单一类型的环境或者资源案件，开始了环境资源司法组织制度建设的局部实践。早在1989年，湖北省武汉市硚口区人民法院就开展了设立环保法庭的尝试和探索。虽然根据最高人民法院的答复，最终没有成为现实，但是这些尝试和探索为我国的环境司法机构设置提供了宝贵的经验。

2. 试点推进阶段

这一阶段是指从2007年我国成立第一个环保法庭到2014年最高人民法院成立环境资源审判庭这段时期。2007年，贵州省清镇市人民法院成立了第一家环境保护人民法庭，这是我国第一个跨区域专属管辖环境案件的法庭。紧随其后，贵阳市中级人民法院也率先在全国设立环境保护审判庭。其后，云南省昆明市中级人民法院，海南省海口市中级人民法院，重庆市万州区、渝北区人民法院先后设立环境保护审判庭。在高级人民法院一级，第一家设立环境保护审判庭的是海南省高级人民法院（2010年设立）。截至2014年6月，全国各级人民法院共设立环境资源审判庭或者合议庭、巡回法庭等环境资源审判机构共计134个。

3. 有序发展阶段

2014年7月3日，最高人民法院宣布成立环境资源审判庭。从此，可以说我国环境司法组织制度建设结束了自下而上的试点探索时期，开始在顶层设计和指导下进入有序发展阶段。这是最高人民法院首次就环境资源设立审判法庭。截至2016年6月，全国各级法院设立了558个环境资源审判庭、合议庭或巡回法庭，其中审判庭191个。[①] 可以说，我国在环境司法审判组织制度建设方面已经取得了阶段性的成果，今后在最高人民法院的推动下，我国的环境司法审判机构必将进一步得到健全和完善。

（二）个别地区已探索实行部分案件类型的集中管辖

根据环境的自然区分，划定法院管辖的范围。例如，贵州高级人民法院发布的《关于环境保护案件指定集中管辖的规定》，指定清镇市法院生态环境保护人民法庭、贵阳中级人民法院生态环境保护审判庭管辖贵阳

---

① 数据来源于最高人民法院于2016年7月发布的《中国环境资源审判》白皮书。

市、安顺市、贵安新区行政区域内的环境保护民事、行政案件；指定仁怀市法院和遵义县法院人民法庭、遵义中级人民法院生态环境保护审判庭管辖遵义市、铜仁市、毕节市行政区域内的环境保护民事、行政案件等。又如，云南昆明中级人民法院为进一步加大环境刑事司法保护力度，提高办案质量和效率，解决环境刑事案件总量不多、分布不均、执法尺度不统一等问题，与昆明市检察院、昆明市公安局联合制定了《关于环境保护刑事案件实行集中管辖的意见（试行）》，规定全市涉及环保的刑事案件集中由盘龙、安宁、寻甸、宜良、石林五家基层法院管辖。

（三）各地积极探索建立环境专家参与司法审判制度

为了更好地解决在查明事实中遇到的专门性问题，环境资源审判注重发挥环境科学技术专家作用。贵阳中级人民法院、清镇市法院于2009年联合制定的《环境保护审判专家咨询委员会工作规则》规定，贵阳中级人民法院、清镇市法院面向社会聘请环保、林业、农业、土地等方面的专家，成立贵阳市环保审判专家咨询委员会，就审理案件中所涉及环保、农业、土地等方面的专业问题提供咨询意见；就建设生态文明、保证正常工作等问题，向两级法院提供专家咨询意见、建议或有关信息等。贵州高级人民法院于2014年4月21日出台《关于环境专家证人参与诉讼的规定（试行）》《关于环境专家陪审员参与案件审理的规定（试行）》两个文件。根据上述规定，人民法院在相关案件中可以通知环境专家证人出庭，就鉴定意见或者专业问题提出意见，也可以由环境专家陪审员和法官组成合议庭进行审理。

三 我国环境司法组织制度建设中存在的问题

（一）环境司法专门机构的设置缺乏指导性原则和标准，没有实质性突破

最高人民法院建立环境资源审判庭之前，各地法院建立的环境审判机构都具有试点性质。建立的时候没有统一的原则和标准，往往和该地区的环境污染形势与领导重视程度相关联。这些机构的建立带有一定的随意性，其名称目前也未统一。当然，随着最高人民法院环境资源审判庭的设立，各地生态环境专门审判机构有望统一使用"环境资源审判"命名。但是，全国范围的环境司法专门审判机构仍然给人一种"一盘散沙"的感觉。哪些地方应建立该类机构，哪些地方不需要建立，目前还没有明确

的指导性原则和标准。现有环境司法专门机构仍然是在原有普通法院内部的"改良",并没有出现适应自然资源和环境属性的跨行政区划的环境司法专门机构,没有实现实质性突破。有的地区法院不重视此类案件的处理,工作开展不力,影响环境司法职能的发挥。有的地区法院受地方保护主义思想影响严重,刻意回避环境资源类案件的受理和裁判。

(二) 环境案件数量少,严重影响环境司法组织制度建设的深入开展

很多地方环境纠纷很多,但法院受理的环境资源案件却很少,配备专门的机构反而导致人、财、物的闲置。有的环境司法人员实践经验少,处理环境资源类案件力不从心。这些问题严重影响了环境司法组织制度建设的深入开展,导致环境司法的公正性受到质疑,环境司法的审判效率不高,更严重的后果是,生态环境和自然资源难以得到有效的保护和利用,各个地区的可持续发展受到影响。

(三) 环境司法人员专业化有待进一步加强

环境司法组织制度的一个重要方面就是环境司法人员的专业化配置,需要相应司法人员环保法律知识与环境科学知识的专业化。从现有环境司法机构配备的人员情况看,多数是以前办理普通案件的司法人员转岗而来,大多缺少"上岗"前的培训,所具有的环境资源类的专业知识与普通司法人员相差无几,更不要说环境科学方面的专业知识水平了。大多环境司法人员因缺乏一定的环境专业知识,导致案件事实认定难。实践中,为了弥补司法人员环境资源专业知识的不足,增强环境审判的专业性,许多环境审判机构特别邀请环保专家担任人民陪审员。虽然这在一定程度上可以弥补司法人员专业化的不足,但是,基于环境资源类案件专业性强的特点,仍然需要全面改善和提高环境司法人员的知识结构与业务水平。

从目前的实际情况来看,我国环境司法人员的环境法律知识背景仍然比较薄弱,大部分环境司法人员只具有单一法学知识背景,因缺乏娴熟的环境法律知识,一定程度上造成案件法律适用难的问题。另外,因对环境司法缺乏深入的研究,环境司法人员尚未形成以环境司法理念处理案件的思维模式。上述分析说明当前司法人员队伍的专业化程度与法治社会建设、生态文明建设的要求还有很大差距。环境司法人员整体专业化程度不高,一方面不符合环境司法活动高度专业化的规律;另一方面易使环境司法人员无法完全适应环境司法日新月异的发展趋势。

四 进一步加强环境司法组织制度建设的必要性

虽然环境司法专门化在实践中已经取得了一定的进展,最高人民法院也已经设立了专门的环境资源审判庭,但是如前文所述,实践中仍然存在着许多问题,因此,在理论界和实务界,对于环境司法专门化建设是否有必要,仍然有不同的声音。因此,对于环境司法专门化的必要性,我们有必要作出进一步的分析。

(一)环境类案件本身的特点要求加强环境司法组织制度建设

环境法具有社会本位、国家干预、公私法融合等特征。相应的,环境类案件与一般的刑事、民事、行政案件相比较,具有明显的复杂性和特殊性。同时该类案件具有较强的专业性,认定污染成因和损害后果比较难,举证责任有异于普通的刑事、民事或行政案件,需要特别的程序加以规制,因此必须是专业水平很高的法官才能胜任。环境司法组织制度建设更有利于深入研究环境类案件的特殊性,更有利于专业化的司法人员精研、精审和精判此类案件。专门司法机构和人员的专业化和专门化建设是环境类案件本身的特点决定的,是环境司法的必然发展方向。

(二)只有加强环境司法组织制度建设,才能更好地实现环境司法标准的统一

环境资源类案件如果分散于与各个行政区划相对应的法院,分散于刑事、民事和行政等各个业务庭室,则势必对同类的环境资源问题,缺乏必要的、专门的研究和沟通,同案不同判的现象极有可能出现。这种情形显然极不利于环境资源的保护。为环境资源类案件设立专门的司法机构、配备专业化的人员,就能就环境资源类案件进行专门的研究和沟通,有利于环境司法标准的统一。例如,最高人民法院设立环境资源审判庭后,能够对全国的环境资源审判业务进行指导,极大地推动了环境资源审判标准的建立和统一。

(三)环境、资源及其保护的整体性、长远性与各地方利益诉求的局部性、短期性矛盾要求加强环境司法组织制度建设

1. 环境资源及其保护具有跨区域、整体性的特征

每个国家的行政区划实际上是为了便于进行治理而人为划分的;但是人类赖以生存的资源与环境却是一个整体,是连续的,实际上是不可分割的。土壤污染、水污染和空气污染等流动性污染事件很容易超出一个行政

领域。因此，对一个完整的生态系统或一类环境资源的保护，不以行政区划为界是合理的。

2. 各个行政地区更多地考虑自身的当前利益

在地方政治体制和政绩考核等因素作用下，地方政府特别是地市级政府重经济发展指标，轻环境保护的思想和做法长期存在，或者限于有关领导者的能力水平而认识不到环境资源保护的重要性，在工作中忽视对其进行保护，无意识地作出破坏生态、污染环境的决策。地区之间还存在相互比较和竞争，导致不少地方领导考虑本地区的经济发展为主，不考虑或者很少考虑对其他地区的环境资源的不利影响。有不少社会公众也存在地区利益意识，实践中，已经发生某个市的居民跑到相邻地市的土地上倾倒废水，造成重大环境污染的事件。

因此，环境资源与污染的跨区域性与各行政地区的利益是存在矛盾的。环境资源与污染的跨区域性，要求对环境资源的治理和保护应具有整体性，往往需要通盘考虑才能真正治理和保护好。而各个地方，出于对自身利益的考虑，往往不能兼顾其他地区的（但又属于整体的）环境资源的保护和治理。现有的普通法院都是按照行政区划设置的，其人财物都受制于地方，在相应的环境案件中同样不能免除地方利益的干扰和掣肘。因此，环境资源与污染的跨行政区域性，要求应当设置与需保护的整个环境资源（比如某一水资源的整个流域）相吻合的专门环境司法机关或机构来进行相应的司法保障，至少要求有能够超出地方利益掣肘的专门环境司法机关或机构来进行相应的司法保障。这往往就要求环境司法机关的司法活动是"跨区司法"。一般案件主要是根据行政区划实行地域管辖，根据案件重大程度实行级别管辖。但是，环境司法跨区域性的特点，要求将案件集中起来，通过"跨区司法"实现环境司法的统一化。例如，在山东东营黄河三角洲地区，黄河自东营市垦利县入海，形成一个冲积性平原，流域、土壤、湿地等整体性比较明显，因此，有必要对该区域环境类案件实行跨区司法，可以积极争取上级法院将涉及黄河三角洲范围内、包含胜利油田大部分作业区的环境资源类纠纷案件指定由东营中级人民法院管辖，实现对生态环境的整体保护。为了方便起诉，可以在其他地市的法院设置一个办事机构，就像新西兰只有一个环境法院，但其在惠灵顿、基督城、奥克兰等地方法院里都设立了一个专门的事务所，处理全国范围内的事务。

五 进一步加强环境司法组织制度建设的有利条件及推进思路

(一) 有利条件

实际上,当前我国正处于进一步推进环境司法组织制度建设的非常有利的历史时期。这些有利条件具体体现在以下几个方面。

1. 环境司法组织制度建设有着前所未有的良好大环境

随着我国经济的快速发展,工农业及生活污染问题不断加大,我国的生态环境破坏已经到了非常严重的程度,严重危及人们的身体健康和生命安全,甚至影响到了社会的和谐稳定。党的十七大尤其是自党的十八大以来,党中央、国务院对生态环境保护高度重视。党的十八大强调把生态文明建设放在突出地位,融入经济建设、政治建设、文化建设、社会建设各方面和全过程。[①] 党的十八届五中全会公报中涉及生态文明、绿色发展、生态安全、农业结构转型、食品安全、低碳发展等的描述占整个篇幅的14%,可见中央对生态环境与健康发展的重视程度,达到了新的高度。[②] 可以说,目前我国对生态文明建设和环境保护的重视程度,是历史上任何时期所没有的。这为我国进一步推进环境司法组织制度建设提供了前所未有的良好环境,相对来讲,在进一步推进环境司法组织制度建设中能够更容易获得政策支持和组织保障。

2. 环境司法组织制度建设有着良好的实践基础

如果从1989年武汉市硚口区法院尝试着设置环保法庭开始计算,环境司法组织制度建设的实践探索至今已近30年的时间了。在这近30年的实践探索中,各种模式的环境司法专门机构从无到有、从少到多,期间遇到很多问题,也积累了很多经验。环保司法组织制度建设的探索提供了开拓性、引导性和榜样性的指引。虽然各地的机构和人员配置模式各有不同,但毕竟积累了一些总体的、规律性的经验。这些经验对于我国环境司法组织制度建设的进一步推进具有十分重要的借鉴价值。

[①] 参见胡锦涛《坚定不移沿着中国特色社会主义道路前进为全面建成小康社会而奋斗——在中国共产党第十八次全国代表大会上的报告》,《实践》(党的教育版) 2012年第Z1期。

[②] 蒋高明:《十八届五中全会关于生态文明和绿色发展的有关表述有哪些?》,2016年6月13日,http://blog.sciencenet.cn/blog-475-932034.html。

3. 环境司法组织制度建设面临着前所未有的发展契机

党的十八大以后，我国加快了司法体制改革的步伐，根据中央精神，我国法院要去地方化和行政化，实行省级统管人、财、物。目前这些改革仍在如火如荼地进行之中，有些地方已经建立了知识产权专门法院。铁路法院由于铁路管理机制转变的原因需要进行转型。这些都是建立环境资源专门法院难得的历史机遇。如果错过这次由中央直接主导的司法体制改革历史机遇期，将来再建立环境资源专门法院，需要的条件就是自下而上的环境案件审理不理想的形势逼迫，到那时，我国将付出更大的代价和努力。

（二）环境司法组织制度建设的推进思路

要切实推进环境司法组织制度的完整构建，为我国生态文明建设保驾护航，就应在总结各地实践探索经验的基础上，借鉴域外环境司法组织制度建设的已有做法，为当前我国环境司法组织制度建设中的困境提出可行性的解决建议，以进一步指导我国环境司法组织制度建设的实践，最终构建完成理想意义上的环境司法组织制度。

1. 进一步推进环境司法专门化机构的建设

我国已经在环境司法专门化机构建设方面做出了许多有价值的尝试，尤其是最高人民法院设立环境资源审判庭以来，可以说我国环境司法专门化机构建设已经进入快速、有序发展的轨道。但是在进一步推进环境司法专门化机构建设过程中，应切忌"运动式"地遍地开花或"一刀切式"地推进，而是要遵循一定的原则，在重点考虑环境资源的自然属性、当地的环境保护和环境司法需求情况、地方保护和行政干预等因素的基础上，结合各种环境司法专门化机构模式特性，因地制宜、因需设置。

2. 全力实现环境司法人员的专业化配置

机构建立后，人员的专业化就成为首要的任务。环境司法专门化机构建设遭受质疑的一个重要原因就是案件不多，"巧妇难为无米之炊"。当然，造成这一现象的原因是多方面的，但环境司法专门化机构的设立并没有错。如果说环境司法专门化存在错误，那就是机构建立后，相应的专业化的司法人员没有很好地配置起来。要克服案件数量少这一问题，能做的就是进一步往前走，即进一步制定和完善环境司法的程序、机制和审判、执行模式，合理确定环境司法专门机构的管辖权和受案范围，进一步推进环境司法人员的专业化水平。

要进一步做到环境司法人员的专业化，首先，要完善环境司法人员的选任制度。借鉴世界各国家和地区在环境法官选任上的通行做法，立足我国的司法现状，我国环境司法人员的选任主要从现有法官、检察官队伍中进行遴选，但应当按照环境司法人员专业化的基本要求，严格规范其任职条件，包括专业知识条件、实践经验条件和职业品德条件等。其次，要建立与环境司法人员专业化相适应的培训机制。再次，要建立符合环境司法规律的环境司法人员考核机制。最后，在专门的环境司法人员之外，要建立和完善环境警察制度和环境律师制度，为环境司法提供充分的、专业化的人才和智力支持。

第二节　环境司法专门化机构的建设与完善

机构专门化是环境司法专门化五个方面的首要一环，是环境司法专门化的基础工程。如前所述，我国已经在环境司法机构专门化方面做出了许多有价值的尝试，尤其是最高人民法院设立环境资源审判庭以来，可以说我国环境司法机构专门化已经进入快速、有序发展的轨道。但是，这并不意味着"运动式"地遍地开花或"一刀切式"地推进就可以了，而是要遵循一定的原则，因地制宜。在环境司法机构专门化的推进过程中仍然存在以下问题：设置环境司法专门化机构应重点考虑哪些因素？环境司法专门化机构的设置究竟采用何种模式为宜？全国范围内环境司法专门化机构如何布局？本节即拟对这些问题进行探讨。

一　进一步推进环境司法专门化机构建设应坚持的原则及考量因素

（一）推进原则

我国在进一步推进环境司法专门化机构建设方面，不能一刀切式地蜂拥而上，搞政绩主义和形式主义，要从实际出发，必须遵循一定的原则，才能为我国的生态文明和"美丽中国"建设提供切实有效的组织保障。这些原则主要有以下几点。

1. 合法设置原则

合法设置原则即要求环境司法专门机构的设置必须在我国法律规定的

框架内进行。我国前期的环境司法机构专门化的尝试和探索,是在环境保护巨大压力之下,在我国此方面"一穷二白"的情况下"摸着石头过河"的改革试验,有些机构设置是打了法律规定的擦边球的,有些甚至突破了法律的规定,这些是可以理解的。但在党的十八大之后,中央明确要求任何改革都必须要在法律的框架内进行,这是依法治国的应有之义。环境司法机构的设置是我国当前正在进行的司法改革的重要组成部分之一,实际上,该类机构的突破性设置恰恰要借此次司法改革的东风。特别是最高人民法院成立环境资源保护庭以后,环境司法专门化机构设置的改革就不再是自下而上、由点到面的试验,而是一个由上而下的有组织、有领导的有关环境资源司法体制改革的有序推进,就必须依法进行。如果有些环境司法专门机构的设置确实需要突破现有法律的规定,也应由高层首先推动立法部门进行相关法律的修改,然后才是具体机构的设置。

2. 合理设置原则

所谓合理设置,就是环境司法机构的设立要合乎事理、情理和法理。不能为了迎合政治形势的需要,一哄而上、普遍设立,不结合当地实际情况、不考虑案件数量、不考虑环境资源的自然属性。

3. 因地制宜、因需设置原则

因地制宜、因需设置原则实际上是合理设置原则的具体化。因地制宜原则实际上是要求充分考虑当地设置专门化环境司法机构的可行性;因需设置原则实际上是要求充分考虑设置专门化环境司法机构的必要性。只有经过充分的考虑和论证,在该地设立这样的专门化环境司法机构既有必要性又有可行性时,这样的机构专门化才能真正发挥应有的保护环境、促进生态文明建设的作用,而不至于浪费本就有限的司法资源。王树义教授亦指出:"关于环境法院或环境法庭的具体设立,应当以'需要'为前提,……反对'运动式的'遍地开花或'一刀切'。否则,无异于是对本身就显紧张的审判资源的浪费。"[①]

4. 分步推进原则

分步推进是因地制宜、因需设置的必然要求。只有不搞"运动式"的、不以政绩为目标的专门化机构设置,才能真正从实际出发,根据各地环境保护和生态文明建设的实际需要设置相适宜的环境资源审判机构。而

[①] 王树义:《论生态文明建设与环境司法改革》,《中国法学》2014 年第 3 期。

这样做的结果和外在表现则必然是分步进行的和渐进式的。

最高人民法院环境资源审判庭成立后,紧接着发文①明确指出,要本着确有需要、因地制宜、分步推进的原则,合理设立环境资源专门审判机构。这正是上述原则的体现。但这些原则是否能够真正得到贯彻,还需要实务界作出切实的努力。比如,该《加强环境资源审判工作的意见》中明确要求"高级人民法院要按照审判专业化的思路,理顺机构职能,合理分配审判资源,设立环境资源专门审判机构"就值得商榷。该要求显然没有充分考虑因地制宜和因需设置的原则,而是有行政命令和"一刀切"的嫌疑。

(二) 考量因素

环境司法专门化机构的设置要遵循因地制宜、按需设置的原则,就需要首先考察清楚当地的环境保护和生态文明建设情况,以及对环境司法专门化机构都有哪些"需要"。这些情况和"需要"具体体现在对以下因素的考量上。

1. 环境资源的自然属性

环境资源类案件与其他案件相比,其最大的特点就是与环境资源的污染、破坏和保护是相联系的。而水、空气等环境因素的自然属性必然影响着案件的公正处理和环境的及时修复。最典型的就是自然界水流域的整体性特征。对某一水域的污染往往会对整个流域的其他部分造成影响。污染是跨行政区划的,产生的纠纷和其后的治理也是具有流域整体性、跨行政区划的。以行政区划为主要设置标准的普通法院及其内设机构显然对这种环境类案件力不从心。环境资源的这一自然属性势必要求建立与其相适应的环境资源专门审判机构。最高人民法院也充分肯定了环境因素的自然属性在设立环境资源审判机构中的重要考量地位。②

2. 当地的环境保护及环境司法情况

一个地方是否要设置专门的环境司法机构,需要考虑当地的环境保护

---

① 指最高人民法院在 2014 年 7 月下发的《关于全面加强环境资源审判工作为推进生态文明建设提供有力司法保障的意见》(下文简称《加强环境资源审判工作的意见》)。

② 最高人民法院 2014 年 7 月下发的《加强环境资源审判工作的意见》明确提出,逐步改变目前以行政区划分割自然形成的流域等生态系统的管辖模式,着眼于从水、空气等环境因素的自然属性出发,探索设立以流域等生态系统或以生态功能区为单位的跨行政区划环境资源专门审判机构,有效审理跨行政区划污染等案件。

状况和环境司法情况。环境保护状况包括自然生态的脆弱程度、环境破坏污染程度、环境纠纷的多寡、环境维护和修复的难易程度等。其中最重要的就是环境纠纷的数量因素,往往环境纠纷多的地方对环境司法的需求就高。另外一个考虑因素就是环境司法状况,其中最重要的就是环境案件数量的多寡。案件数量较多的地方肯定对环境司法专门机构的要求就越迫切,就越需要建立相应的专门化机构。怎样才算"案件数量较多"?王树义教授认为,可以美国学者乔治·普林教授关于环境法庭年受理环境案件的基本数量要求为参考,以年受理百件左右环境案件为环境法庭设立的参考标准。①

但是,本书认为,是否建立环境司法专门机构,不能简单地,静止地看环境案件数量的多寡。因为在我国,很多地方的环境纠纷很多,相关上访案件很多,但形成的环境司法案件却很少。自1996年以来,环境群体性事件一直保持年均29%的增速;但真正通过司法诉讼渠道解决的环境纠纷不足1%。② 形成这种情况的原因当然是多方面的,有宏观上的司法权威问题,也有微观上的环境司法救济渠道不畅的问题。后者正是环境司法专门化要努力的方向。因此,不能简单看一地的环境案件数量,应结合当地的环境保护状况,尤其是环境纠纷多寡情况综合确定有无建立专门化机构的必要,以及建立何种模式的专门化机构。

3. 地方保护和行政干预因素

随着我国经济的迅猛发展,各类环境问题也爆炸性地增长。由于追求政绩等的现实需要,在面对环境问题时,地方政府往往既是纠纷的调解员,又是利益冲突中的一方,这就很难避免狭隘的经济利益发展观在此种经济与环境利益的权衡中占据上风。③ 在这种大背景下,我国一些地方片面强调经济发展,极易存在一种地方、部门保护主义的情绪。我国传统体制下的普通法院,其人、财、物都受制于地方,地方保护主义极易影响当地法院的环境司法活动。这种地方保护和行政干预因素,是环保行政执法

---

① 王树义:《论生态文明建设与环境司法改革》,《中国法学》2014年第3期。
② 《部分法院拒为涉环境诉讼立案,将矛盾推上街头》,《新京报》2012年10月28日第2版。
③ 赵星:《我国环境行政执法对刑事司法的消极影响与应对》,《政法论坛》2013年第2期。

部门不能真正有效保护环境的重要原因之一。如果环境司法不能在制度和体制改革上有效破除这一因素，环境司法对生态文明建设的保障作用必将大打折扣。因此，在条件成熟时，应更多设立跨行政区划的环境司法专门化机构，破除地方保护主义和地方片面发展经济对环境司法的干预。

4. 各种环境司法专门化机构模式的优势与不足

在环境司法机构专门化推进中，首要的就是环境司法专门化机构的设置究竟应采用何种模式的问题。要确定此问题，就要考量各种环境司法机构模式的特性，认真分析各种模式具体适应的情况有什么不同，比较各种模式的优势与不足，然后根据当地的实际情况并结合对环境司法的需要进行设置。

二 环境审判专门机构各种模式的比较分析

（一）环境资源审判庭

审判庭是人民法院审理案件的内部组织机构。法院根据审理案件的需要设置相应的审判庭，不同审判庭管辖案件的范围和种类也不同。环境资源审判庭就是这种性质的审判机构，即在普通人民法院的内部设立的独立的专门审理环境资源类纠纷案件的组织机构。

这种模式是我国各地各级人民法院设立专门化环境审判机构采用最多的，其在各种机构专门化模式中占据半壁江山。在各地进行环境司法专门化尝试的过程中，设立审判庭形式的专门化机构时采用的名称各不相同，有称为"环境保护审判庭"的，有称为"生态保护审判庭"的，但其组织机构的性质都是一样的，即在人民法院内设立的审判业务庭。随着最高人民法院设立"环境资源审判庭"，有望在名称上进一步统一起来。

与设立专门的环境法院相比，这种模式较易实现，而且更加节约人、财、物等司法资源。只要当地的党政部门给予充分的支持，在法院内部进行相应的业务庭室调整后，便可以很快实现，并发挥其重要的作用。例如，贵阳市中级人民法院生态保护审判庭[①]从提出到成立的经费保障，机构、人员编制设置，法庭选址，办公设备、车辆的采买，最后到挂牌成

[①] 党的十八大后，贵阳市进一步完善生态文明建设的法制体系，将原来的环境保护"两庭"更名为生态保护"两庭"。参见王太师、杨唯《贵阳市建设完备的生态文明司法体制》，《贵州日报》2013年3月4日第2版。

立，只用了 68 天。①

但这种模式同时也面临着独立性和专业性不强的困扰。这种模式运行的好坏，与当地党政部门对于环保的重视和支持程度直接正相关。其与经济发展等政绩压力的角力，在不同地区表现也不同。环境资源审判庭这种模式的运行还没有经过足够的时间考验。

(二) 环境资源合议庭

环境资源合议庭即由审判员、人民陪审员（环保专家）组成的相对独立和固定的审判环境案件的组织。与环境资源审判庭相比而言，设立环境资源合议庭更加简易和便捷，而且与此同时这种模式也可完成对环境资源类案件的专业化审判任务。

但此种模式的缺点是虽有创新，但力度不足，这种合议庭存在于普通的业务庭中，在法院总体办案压力与日俱增，而环境类案件又无明显增长的情况下，环境保护合议庭的法官往往需要办理其他案件，对法官的专业性成长极为不利，进而对环境类案件的专业性审理也造成影响。此外，这种模式下，该合议庭往往只能专注于审理某一种环境类案件（多为民事案件），而很少能够实行环境资源类案件的刑事、民事和行政"三审合一"，可以说是一种专门化程度不彻底的专门化机构形式。在以往的环境司法专门化实践探索中，往往是各地法院为避免与前述最高人民法院的批复相冲突，而采用此种设立更为简便的模式，以此为环境保护提供司法支持。

(三) 环境资源巡回法庭

我国有些地方的基层法院设立了环境资源类的巡回法庭。这些巡回法庭的特点是，其司法活动在相应环保部门的办公场所进行，一般不在所在法院设立审判场所，这一点显然与一般的审判业务庭和一般的巡回法庭不同。日常工作方式上，环保巡回法庭所在基层法院委派法官每周固定时间在同级环保行政部门办公。所委派的法官一般不固定，并且也不长驻法庭。环保巡回法庭主要是受理涉及生态环境的行政案件、环保部门申请的非诉强制执行案件，同时对环保行政争议以及因环保引起的民事赔偿纠纷进行诉前调解。

---

① 贵文：《贵阳清镇办了个"环保法庭"》，《中国渔业报》2010 年 6 月 29 日第 5 版。

环保巡回法庭的优势在于具有灵活性，方便易行，而且在一定程度上体现了"司法为民"的司法理念。但从过去的实践情况看，其多与当地的环保行政部门合作（办公地点多设立在环保局内即是明证），这种情况下，环保巡回法庭能否保证裁判案件的公平性、公正性便成了疑问，尤其是对于行政案件和行政非诉执行案件更是如此。正因如此，环境保护巡回法庭一度被称为"环境强制执行室"。①

（四）环境资源派出法庭

环境资源派出法庭是指在一些环境污染比较严重、纠纷较多的地区设立的专门负责审理环境类案件的人民法庭。其规模较小，组织结构简单，除审理环境资源类案件外，还负责对简单环境纠纷进行调解与审理。此外其另一个重要功能是通过环境法律法规的宣传，提高公众环境保护意识。

与其他专门化机构模式相比，派出法庭这种形式不占主流。但最早设立的贵阳清镇市环境保护法庭即是此种模式，该庭虽是清镇市法院的派出法庭，但建立之初就受到当地党委、政府的高度重视，其管理、建制相对独立，庭长高配为正科级，有12名环境法官的编制。贵州还有另外4家；河南省中牟县，以及山东青岛城阳区也设有环保派出法庭。该种模式相对其他模式级别较低，不利于排除地方保护和行政干预，不利于审理和协调跨行政区划的案件。一些派出法庭运行得比较好，比如清镇市环境保护法庭，与当地各级党委政府对环境保护的高度重视和大力支持是分不开的。

各地在推进环境司法专门化机构建设中，要充分分析和了解各种环境司法专门化机构模式的优势与不足，根据本地的环境保护和纠纷多少的实际情况，灵活选择专门化机构模式。对此，最高人民法院亦发文对各级法院作出了类似的要求和指导。②

---

① 杨帆、任洋、余冬梅：《生态法专题研究》，中国政法大学出版社2015年版，第324页。

② 最高人民法院关于《加强环境资源审判工作的意见》中要求，中级人民法院应当在高级人民法院的统筹指导下，根据环境资源审判业务量，合理设立环境资源审判机构，案件数量不足的地方，可以设立环境资源合议庭。个别案件较多的基层人民法院经高级人民法院批准，也可以考虑设立环境资源审判机构。最高人民法院在2016年6月下发的《最高人民法院关于充分发挥审判职能作用为推进生态文明建设与绿色发展提供司法服务和保障的意见》中又进一步重申，按照审判专业化和内设机构改革的要求，立足本地经济社会发展、生态环境保护需要和案件数量、类型特点等实际情况，探索建立专门机构。

三 抓住战略机遇期,设立环境资源专门法院

(一)在最高人民法院以下设立环境资源专门法院是我国环境司法专门化机构的理想模式

我国环境司法专门化机构的理想模式是建立专门的环境专门法院,这在我国学术界已经基本上达成了共识。例如,王树义教授认为,根据我国的具体情况,环境司法专门化在我国的进一步发展,当以设立专门的环境法院为最佳选择。① 另有学者认为,环境审判机构专门化的理想形态是建立环境法院。这既是"接近正义"的要求,也是解决环境审判庭内生性缺陷的要求。② 但是,本书认为,环境资源专门法院之所以被认为是我国环境司法专门化机构的理想模式,主要在于其与其他专门化机构模式相比较,存在以下本质特征和优势。

1. 独立性强,能有效摆脱地方保护主义和行政干预

环境资源审判庭、环境资源法庭等类机构仍然存在于与行政区划设置相一致的普通法院内,难以摆脱地方政府片面发展经济等地方保护主义对环境保护和治理的习惯性干涉。而环境法院是根据环境资源的自然属性等客观需要跨行政区划而设,使环境审判权真正成为中央权力,因此,能有效保证环境审判的独立性。

2. 能有效解决自然资源与环境的污染、纠纷和治理的跨行政区划问题

通过规定集中管辖,环保法庭也能实现环境案件的跨行政区划的集中审判,但是由于环保法庭仍然处于传统司法体制之内,且在所跨行政区划内级别较低,对环境案件的审理和协调都带来很大的难度。而根据环境资源的自然属性而设立的专门法院,一方面能实现整个自然环境或资源的整体性保护和治理,另一方面通过提高专门法院的级别等办法,也能有效解决该类案件的跨行政区划的组织协调问题。

显然,这两点对于环境资源专门审判的最高审级,都不成问题。因为最高审级的司法机构本身行使的就是中央权力,并且其管辖范围是覆盖全

---

① 王树义:《论生态文明建设与环境司法改革》,《中国法学》2014年第3期。
② 吴勇:《我国环境审判机构专门化的路径选择》,《南京大学法律评论》(2015年春季卷)。

国的。所以，在国家最高审级的最高人民法院之外是没有必要再单独成立一个环境法院的，由最高人民法院环境资源审判庭发挥最高审级环境专门化审判的作用，是完全能够满足环境资源审判专门化的要求的。因此，本书认为，在最高人民法院以下设立环境资源专门法院是我国环境司法专门化机构的理想模式。

（二）我国正处于建立环境司法专门法院的重要战略机遇期

但是，大多数学者认为，环境司法专门法院只是我国环境司法专门化的一个"理想"图景，对于我国何时能够实现此一蓝图，普遍信心不足。例如有专家认为，"目前在中国成立专门的法院还不是很适宜，可以考虑先从环境法庭来突破"。[①] 对于建立环境司法专门法院所需要的客观条件分析较少。本书经分析认为，我国现在正处于建立环境专门法院的战略机遇期，我们应该抓住这一难得的历史时间窗口，尽快把环境司法专门法院落到实处。具体理由如下。

1. 我国正处于深度司法体制改革的进程之中，环境司法专门化应尽可能搭上这班司改"高铁"

党的十八大以后，我国加快了司法体制改革的步伐，根据中央精神，我国法院要去地方化和行政化，实行省级统管人、财、物。目前这些改革仍在如火如荼地进行之中，有些地方已经建立了知识产权专门法院。铁路法院由于铁路管理机制转变的原因需要进行转型。这些都是建立环境资源专门法院的难得历史机遇。

2. 我国已为环境资源专门法院的设立留下了足够的法律空间

《宪法》第 124 条第 1 款规定："中华人民共和国设立最高人民法院、地方各级人民法院和军事法院等专门人民法院。"《人民法院组织法》第 15 条第 1 款规定：专门人民法院和海事法院、知识产权法院、金融法院等。可见《宪法》和《人民法院组织法》概括性地对专门法院的设置进行了规定，虽然只提及军事法院、海事法院、知识产权法院和金融法院，但有一个"等"字，联系到我国实践中除列明的这几个专门法院外，还有林业法院、农垦法院等专门法院，因此，此"等"字应理解为"等"外之"等"。专门人民法院的设立应是发展性的。因此，可以认为，我国

[①] 此种观点为 2008 年 9 月参加"环境司法研讨会——日本经验与中国实践"的专家所提出。参见陈媛媛《如何以司法手段保障环境权？》，《中国环境报》2008 年 9 月 19 日第 3 版。

现有法律已为环境资源专门法院的设置提供了足够的依据。

(三) 建立环境专门法院的具体构想

环境司法专门法院的本质优势是其跨行政区划特征,减少地方保护和行政干预的影响,并能够综合处理跨行政区划自然环境污染、纠纷以及治理问题。因此,环境司法专门法院的具体形式不一定是建立一个专门的只审理环境资源类案件的法院。在现有的海事法院、铁路法院、森林法院中建立专门的环境司法专门机构和审判力量也是建立专门法院的一种形式。关键是能够实现跨行政区划、减少地方干预,适应环境资源的自然属性就可以了。

另外,对于特殊的、需要重点保护的、具有整体性特征的自然环境和资源,可以建立与之相对应的、单独的环境司法专门法院,以实现对该类自然环境和资源的整体保护与治理。该类环境司法专门法院的级别,应当考虑该类自然环境和资源的跨行政区划情况而定。具体讲就是,该类自然环境或资源如果是跨县域的,就设立与中级人民法院同等级别的专门法院,如果是跨市域的,就设立与高级法院同等级别的专门法院,如果是跨省域的,就设立与最高人民法院派出法庭同等级别的专门法院或派出法庭。只有在级别上这样设置,才真正能够克服地方保护和行政干预,才能真正使得司法权成为名副其实的国家权力,真正起到监督地方在保护环境的基础上发展经济的作用。

四 环境检察专门化机构的建设与完善

相对于环境审判专门化,环境检察专门化无论是在理论界还是在实务界都关注不多,甚至对这一命题都很少提及,以至于学界对环境司法专门化的界定实际上限定在了环境审判专门化上。实际上这是不全面的。环境检察专门化也是环境司法专门化的一个非常重要的方面。环境检察专门化的必要性和可行性在很多方面与环境审判专门化是相同的,比如环境案件的专业性、综合性和跨行政区划等特点要求环境司法专门化等,在前文已经论述。在此仅就环境检察专门化独特方面作一阐述。

(一) 环境检察专门化是推进环境公益诉讼的必要举措

环境公益诉讼制度在修改后的《环境保护法》和《民事诉讼法》中得以确立,这是我国环保现实对司法保障需求的具体体现。但是,我国的环境公益诉讼,因为公益诉讼主体规定不清,环保社会组织积极性不高等原因,并没有有效地开展起来,没有真正发挥保护环境和公共利益的作用。很多时候环境民事诉讼已经超出了私益的范畴,当私权侵害公权、危及公法秩序时,需要国家公权的适时介入,以平衡公共利益上的关系,强调国家在实现公共利益上的责任。① 党的十八届四中全会提出探索建立检察机关提起公益诉讼制度。2015年7月份开始,为加强对国家利益和社会公共利益的保护,最高人民检察院在生态环境和资源保护等领域开展提起公益诉讼试点。这就需要检察机关配备能够准确把握环境资源案件特点、对环境案件进行集中专属办理的检察人员和专门化机构。对环境检察专门化的进一步推动,可以说是促进和保障环境公益诉讼稳步有序发展的必然要求。

(二) 进一步推动环境检察机构的专门化建设

同环境审判专门化一样,推动环境检察专门化,首要的就是要建立专门化的环境检察机构。我国环境检察机构的专门化,虽然也有一些探索,但相对于环境审判机构来讲,建立得还比较少。尤其是在最高检察机关还没有建立专门的环境检察机构。环境检察机构的设立在技术层面至少可以解决这样几方面的问题:一是可以加强与审判环节的有效对接,避免公诉、民行等业务庭室多头衔接,无序办案;二是可以整合人才资源,发挥人才的比较优势,提高办案质量和效率,从而更进一步推进检察队伍的专业化、职业化建设;三是有利于加强对下指导,统一执法尺度,提升环境检察司法的公信力。②

因此,进一步推动环境检察机构专门化是进一步开展环境检察工作的首要和必然举措。鉴于已经有了环境检察机构设置的部分实践和环境审判机构专门化的丰富经验,结合我国环境保护和治理对环境司法保障的迫切需求,建议检察部门不要再进行自下而上的试点探索,而是由最高人民检察院首先建立环境资源专门检察机构,由其对全国的环境检察工作进行顶层设计和指导。在专门化机构的设置上,亦要遵循合法、合理、因地制宜、因需设置、分步推进的原则,并充分考虑自然环境及资源的自然属性和各地的环保情况,避免政绩主义指导下的"一刀切"和蜂拥而上。

---

① 参见孙洪坤、陶伯进《检察机关参与环境公益诉讼的双重观察》(下),《东方法学》2013年第5期。

② 曲冬梅:《环境检察专门化的思考》,《人民检察》2015年第12期。

（三）探索设立适应环境资源保护需要的环境资源专门检察院

与环境审判专门化一样，在环境检察方面，环境资源的自然属性亦要求跨行政区划的整体性综合治理和检察保障，环境检察真正发挥作用亦要求排除不应有的行政干预和地方保护。这些都指向设立与特定自然资源、流域或环境相对应的跨行政区划的环境检察机关。

十八届四中全会已明确提出，要进一步优化司法职权配置，探索设立跨行政区划的检察机关。我国在环境资源专门检察院的设立方面也有足够的法律空间。《人民检察院组织法》对专门检察院采用了概括性的表述，[①]在军事检察院之后亦有一个"等"字，联系到我国在军事检察院之外，亦有铁路运输检察院、林业检察院等专门检察院，因此，此"等"字亦应理解为"等"外之"等"。并且该法第16条直接赋予了省级和设区的市级检察院在特殊区域设立检察院的权限。因此，可以认为，我国现有法律已为环境资源专门检察院的设置提供了足够的依据。

推动生态文明建设，打造生态文明新常态考验的是整个社会的治理体系和治理能力。推进环境检察机构的专门化无疑是其中的一个重要方面。当前，在顶层设计主导下的司法体制改革正在进行之中，最高检察机关宜以此为契机，在依法改革的框架内根据不断发展的实践需要，就环境资源专门检察院的设立问题进行大胆的探索，以进一步满足生态文明建设对环境司法的特殊需求。

第三节　环境法官、检察官专业化建设

环境司法是在传统司法体系之外发展起来的新领域。就环境资源案件而言，其专业性、技术性强，且具有综合性和跨法界性的特点，因而审理程序比较复杂。无论环境污染侵权案件，还是污染环境刑事案件；无论是因环境污染所致损失的确定，还是对环境的保护和治理标准，都需要从专业和技术的角度，作出科学的评估和判断。因此，环境法官、检察官的专

[①] 《人民检察院组织法》第12条规定："人民检察院分为：（一）最高人民检察院；（二）地方各级人民检察院；（三）军事检察院等专门人民检察院。"该法第16条规定："省级人民检察院和设区的市级人民检察院根据检察工作需要，经最高人民检察院和省级有关部门同意，并提请本级人民代表大会常务委员会批准，可以在辖区内特定区域设立人民检察院，作为派出机构。"

业化已经成为法治社会促进生态文明建设的基本价值追求。

一 环境法官、检察官专业化的基本标准

有学者认为，法官、检察官的专业化是指任何成为法官、检察官的人都必须经由严格系统的法律研习训练，并且达到国家认可的业务素质标准。[①] 也有学者认为，法官、检察官的专业化是指法官、检察官应当具有一定的司法理性，能够控制自己的情感，以科学的精神、专业的素养、特定的法律思维对案件进行审慎的判断与处理。[②] 本书认为，在实践层面上，法官、检察官专业化应当包含两层含义。一是选任的"专业化"。即通过设定严格的年龄、法律专业知识以及法律实务经验标准，选拔具有深厚法学理论修养、具备娴熟法律专业知识、具有法律思维方式的人才进入法官、检察官队伍。二是审判、检察职责的专业化分工，即审判、检察资源配置现代化。在法院、检察院内部依据审判、检察职责的性质和特点进行合理分工，安排具有一定专业技能的法官、检察官，专职审理或处理某一类型案件，使其形成独特的法律思维模式，且在相应领域具有一定的职业代表性和司法权威性。

与此相适应，环境法官、检察官专业化是指在普通法官、检察官专业化的基础上，具有一定环境法律知识和环境专业知识的法官、检察官，运用环境法律思维或司法理念，依法专职审理或处理环境资源案件，以充分发挥环境司法在推动生态文明建设方面的司法保障和服务功能。具体而言，环境法官、检察官专业化必须符合以下基本要求：①具有系统的环境法律教育背景；②从事一定期限的环境法律工作或环境保护专业工作；③拥有相当的司法技能和社会经验。

二 我国环境法官、检察官专业化存在的问题及制约因素

(一) 我国环境法官专业化的现状梳理

1. 全国法院环境法官构成情况

近年来，我国环境法官专业化取得了一定的成就，审理了一批在全国

[①] 谭兵、王志胜：《论法官现代化：专业化、职业化和同质化》，《中国法学》2001年第3期。

[②] 田成有：《法官职业的专业化与人民性》，2016年4月12日，中国法制网（http://www.legaldaily.com.cn/）。

和地方都具有重大影响的环境资源案件。"截至 2014 年 7 月 31 日，全国 150 个环境资源审判机构共有 476 名组成人员（如表 8-1 所示），主要集中在基层和中级法院；其中，基层法院有 265 人，中级法院有 113 人，高级法院有 66 人，最高法院有 32 人；476 名组成人员中法官有 413 名，其专业背景情况如表 8-2 所示。其中，具有专科学历的 56 人，占总数的 12.6%；具有本科学历的 309 人，占总数的 69.6%；具有研究生学历的 79 人，占总数的 17.8%。"①

表 8-1　　　　　全国法院环境资源审判机构人员构成情况

	最高法院	高级法院	中级法院	基层法院	合计
审判机构（个）	1	9	35	105	150
组成人员（人）	32	66	113	265	476

表 8-2　　　　　全国法院环境资源审判机构组成人员学历构成情况

	专科学历	本科学历	研究生学历	环保专业背景
人员数（人）	56	309	79	7
比重（%）	12.6	69.6	17.8	1.6

2. 环境法官开展环境资源保护理论研究情况

如前所述，环境司法在我国属于新兴领域，法院系统开展环境司法理论研究的时间相对较短，其研究数量和质量远远比不上刑事、民事和行政司法领域。根据最高人民法院公布的相关统计资料显示："近年来，虽然全国法院系统关于环境司法学术成果的研究范围较为广泛，主要围绕环境公益诉讼、环境侵权、环境审判实务及环境司法改革研究等。但关于环境法学基本理论、环境资源司法理念和裁判思维、审判模式、审判队伍专业化建设及审判权的运行等方面的研究成果较为缺乏（见表 8-3）。就现有研究成果而言，其质量也参差不齐，大多数收集在相关的著作和论文集中，在核心期刊上发表的数量较少。"②

---

① 韩德强：《环境资源审判工作的现状分析及建议》，《人民司法·应用》2014 年第 19 期。
② 同上。

表 8-3　　　　　　环境法官环境资源审判理论研究成果统计①　　　　单位：项

学术研究主要内容	宏观生态文明	环境权	环境犯罪	环境公益诉讼	环境侵权	环境司法专门化	环境行政	非诉执行	涉农环境问题	污染防治	生态补偿
数量	4	14	10	26	19	15	7	3	9	7	5

（二）我国环境检察官专业化的现状梳理

在我国，最高人民检察院并没有设立专门的环境检察机构，大多数省级检察院也没有成立专门的环境检察机构，只有个别省级检察院设立了专门的环境检察机构。如 2015 年 1 月，四川省高级检察院设立了生态环境资源检察处，相应的中级和基层检察院成立了生态环境资源检察科。截至 2016 年 12 月 31 日，全省共成立 22 个生态环境检察部门，对危害环境资源刑事案件履行审查批捕、起诉职能，并对相关犯罪总体形势进行调研分析。从现有的环境检察机构配备的人员情况看，多数环境检察官是从检察院业务部门的检察人员转岗而来，或是与其他业务部门人员未加区分。如四川省高级人民检察院本身就是将原林业处更名为生态环境资源检察处，原林业处的检察人员相应地转岗为生态环境资源检察处的检察人员；大部分中级和基层检察院均是由侦查监督部门承担生态环境资源检察工作，其所具有的专业知识与其他业务部门的检察人员差别不大。且大多数不具有环保专业教育背景，也没有接受环保专业的培训。另外，从全国检察系统开展的环境资源理论研讨和培训情况来看，多为临时性的，较为分散。如四川省检察院主要是通过会同公安、法院及环保、国土等部门的联席会、研讨会、专家授课等形式对生态环境资源检察人员进行培训和培养。

（三）我国环境法官、检察官专业化存在的问题

1. 因缺乏娴熟的环境法律知识，一定程度上造成案件法律适用难

由于环境资源案件的特殊性，决定了环境法官、检察官既需要接受系统的法学教育，又需要具备一定的环境法律知识。但是，从目前的实际情况来看，我国环境法官、检察官的法律知识背景比较薄弱，大部分环境法官、检察官只具有单一法学知识背景。根据最高人民法院相关统计数据显示，目前，环境法官队伍中仅有 1.6% 具有环境法律专业背景。大部分法

---

① 韩德强：《环境资源审判工作的现状分析及建议》，《人民司法·应用》2014 年第 19 期。

院、检察院至今未招录环境法专业的法官、检察官。司法实践中,大多数法官、检察官尚处在边学习环境法律知识,边办理环境资源案件的状态。在具体的案件中,不能灵活地适用法律。加之,我国环境保护法律、法规以及专项法律、法规和规章体系较为复杂,而这些法律、法规和规章相对具体案件而言较为简单甚至出现空白。以环境侵权案件为例,现有的法律、法规对环境侵权诉讼的起诉主体、举证责任承担、损害赔偿范围以及责任方式等规定用比较原则,缺乏可操作的具体程序规则以及统一的裁判标准和规范,导致一些法官在具体的案件中不能选择适当的环境法律、法规和规章来解决环境损害案件,致使很多环境侵权案件无法得到妥当的解决。可见,"法官、检察官对于环境法、环境权的认知、理解和熟练程度,直接关系着法官、检察官环境司法理论与实践的能力水平,关系着案件裁判的法律效果、社会效果和公正性,关系着环境司法的功能与作用的发挥"①。

2. 因缺乏一定的环境专业知识,导致案件事实认定难

近年来,各地环境司法实践经验告诉我们,作为环境法官、检察官不仅应具备一定的环境法学理论知识和司法实践创新能力,还应具备一定的环境专门知识。但目前极少数环境法官、检察官具有环境专业知识,实践中,许多环境审判组织为弥补司法人员专业知识的欠缺、增强环境审判的专业性,特邀环境保护的专家来担任人民陪审员。但是,专家陪审员数量少且选任的范围比较狭窄,在具体的环境案件中,依然会遇到大量的环境科学技术性知识。以环境污染案件为例,虽然此类案件绝对数量不多,但各地法院、检察院普遍反映此类案件审理难度较大,尤其是案件事实认定难,其主要原因在于环境法官、检察官专业性不足。由于环境司法鉴定存在的种种问题,加之环境污染案件的专业性、间接性、潜伏性特点,司法人员难以凭借传统案件的司法经验和日常生活经验对环境污染案件事实作出准确判断。在这种情况下,常需组成环境领域专家咨询委员会参与环境案件解决。但在我国专家咨询委员会立法空白且专家意见不是诉讼法规定的证据形式,仅对案件处理提供一定的参考,能否作为认定案件事实的依据,仍需法官进行审慎判断。这种情形直接导致环境法官、检察官在处理

---

① 韩德强:《环境资源审判工作的现状分析及建议》,《人民司法·应用》2014年第19期。

案件过程中常常"陷入科学争论和裁判难决的泥沼之中"。①

3. 因对环境司法缺乏深入的研究,尚未形成以环境司法理念处理案件的思维模式

"生态环境司法行为需要以独特的生态环境司法理念作为指引。尤其是在现有法律规定不足时,需要在环境司法理念和环境保护思维的指引下,选择和适用符合环境保护宗旨的裁判规则。"② 毋庸置疑,环境司法的目的不仅在于惩罚侵害人、提高破坏生态环境成本,还要修复被损坏的社会关系,更重要的是要修复人与自然的关系,不仅要着眼于矛盾纠纷的化解,实现案件的"定纷止争",还要注重裁判的法律效果和社会效果。司法实践中,由于忽视了对环境司法理念的深入研究,法官在对环境损害的认定和环境损害赔偿责任的确定上,主要以是否造成经济损失和人身损害为标准,较少考虑环境污染及生态破坏的后续影响和生态系统的整体价值。③ 如某市玻璃钢环保有限责任公司诉某市电子材料有限公司环境民事侵权案,该案系因环境污染损害事实引发的民事损害赔偿的案件,法院在审理过程中,一般都是根据当事人的诉讼请求和相关的财产损害证据,直接判决被告赔偿原告一定经济损失,而不审理涉及损害的原因。待该判决生效后,判决所确定的权利义务一旦履行完毕,案件就已了结。"但是从环境保护的视角来审视,该案的判决反映出司法机关环境保护法治意识淡薄,并没有解决形成纠纷的实质问题,将来仍然有可能引发新的环境污染事件和诉讼。如法院判决忽视了污染行为的严重性,对今后的环境管理埋下了隐患。表面上看,污染方支付给受害方一定的经济赔偿符合公正原则,实际上,是默许了污染行为存在的合理性,间接地支持了被告继续排放污染。"④

上述分析说明当前环境法官、检察官队伍的专业化程度与法治社会建设、生态文明建设的要求还有很大差距。环境法官、检察官整体专业化程度不高,一方面不符合环境司法活动高度专业化、职业化的规律;另一方

---

① 胡耘通:《我国环境法庭的分析与完善——兼论环境审判专门化的图景展望》,《中国环境法治》2011 第 1 期。

② 王树义:《论生态文明建设与环境司法改革》,《中国法学》2014 年第 3 期。

③ 韩德强:《环境资源审判工作的现状分析及建议》,《人民司法·应用》2014 年第 19 期。

④ 时永才主编:《无锡法院环保审判理论与实践》,人民法院出版社 2014 年版,第 122—125 页。

面易使环境法官、检察官无法完全适应环境司法日新月异的发展趋势。根据山东省高级人民法院司法统计资料显示，2005—2015年，全省法院审理环境污染损害赔偿案件1654件，① 平均每年不到160件。然而，2015年山东省环境保护厅公开的群众举报投诉重点环境案件达到了4000多宗。② 可见，虽然环境污染事件和矛盾纠纷高发，但相关纠纷案件数量少、增长慢。这说明大量环境纠纷案件尚未进入诉讼程序，也可以说，利用司法手段保护环境的空间还很大。但是，一旦大量的环境纠纷进入诉讼程序，就目前环境法官、检察官的专业状况而言，很难担当起为推进生态文明建设提供司法保障和服务的重任。

（四）我国环境法官、检察官专业化的制约因素

1. 环境法官、检察官选任制度存在不足

目前我国环境法官、检察官的选任缺乏相应的标准：①对环境法官、检察官的专业条件没有统一规范，从现实情况看，大部分环境法庭的组成人员不具有环境法律专业背景；②对环境法官、检察官的实践经验条件也没有统一要求。根据相关调研资料显示，我国现有环境法官大部分来源于刑事、民事、行政司法审判岗位，环境检察官大部分来源于检察院内部的其他业务部门，而传统刑事、民事、行政以及其他业务部门的司法经验难以适用于环境资源案件。换言之，环境资源案件给传统法官、检察官的环境法理论、环境法实践、环境司法能力、环境司法技术与技巧带来严峻挑战。故选任制度不足是影响环境法官、检察官专业化程度的一个重要因素。

2. 环境法官、检察官培训制度阙如

目前环境法官、检察官的培训大致分为两个部分：一是参加国家法官、检察官学院和省级法官、检察官培训机构举办的审判、检察业务培训，即《法官法》与《检察官法》中规定的任职培训或续职培训；二是参加地方党校举办的政治思想理论、党的执政新理念等政治素养方面的培训。实践中，极少针对环境司法理念、环境司法经验、环境资源案件的审理思路及裁判方法的特殊性，而对环境法官、检察官进行专门培训。以环

---

① 数据来自山东省高级人民法院研究室。
② 数据来自《山东省环境保护厅2015年政府信息公开工作年度报告》，http://xxgk.sdein.gov.cn/xxgkndbg/201303/t20130329_ 221114.html。

境法官培训为例，2015年国家法官学院和部分省级法官培训机构仅举办了一期环境资源审判业务培训班，其培训的目标定位与刑事、民事、行政法官的续职培训相同，即更新法律知识，提升司法能力，其培训方式单一，依然以传统的专家讲座为主，缺乏一定的灵活性和新颖性。除此之外，各中级人民法院对所属的环境法官的培训多具有临时性、分散性特征，不具有系统性。总之，目前针对环境法官、检察官的职业特点和职业规律的专业化培训机制几乎缺失。

3. 环境法官、检察官的考核管理机制不合理

司法人员考核管理机制是增强其职业吸引力、维护其职业尊荣的重要途径，也是司法人员专业化的应有之义。目前对于环境法官、检察官的考核而言，最大弊端在于不符合环境司法规律的客观要求。以人民法院法官绩效考核为例，首先，现行法官绩效考核逐渐被"数字化管理"和"量化考核"所替代。许多法院内部的年度考核中，将结案数、结案率、调解率等作为考核内容，违背了审判工作的客观规律。因为案件数的多少取决于当事人的起诉，法官只是被动地审理案件，根本无法决定案件数的多少。① 这种考核结果对环境法官而言是不公平的。其次，人民法院受理的案件之间存在一个疑难复杂性程度的问题，这是无法通过数字指标得以体现的。如将民事法官的收案数、结案数、审理期限简单片面地与案件数量较少、审理难度偏大的环境法官进行横向对比，往往会产生负面效果，因为二者之间不具有可比性。最后，现有的环境法官审判绩效考核管理机制只对其审判工作进行考核。法官从事的环境普法宣传、生态修复方案的沟通与研讨、对被告人进行必要的帮教等大量的社会性工作无法通过现有的考核机制反映出来。

三 我国环境法官、检察官专业化建设的对策与建议

(一) 完善环境法官、检察官的选任机制

1. 完善环境法官、检察官选任机制的必要性

环境组织机构在处理环境资源案件时，司法人员起着至关重要的作用，其水平的高低直接影响着案件的处理结果。因此，要提高环境法官、

---

① 据相关统计数据显示，近10年来，全国法院环境纠纷案件总体数量偏少，全国法院受理的一审环境纠纷案件平均每年仅有1万件左右。

检察官专业化水平，首先要解决的第一个问题是规范环境法官、检察官的选任机制，这是提升环境法官、检察官的专业素养，推进法官、检察官专业化、正规化、职业化建设，充分发挥生态文明司法保障和服务功能的前置性和关键性因素。毋庸讳言，保障公民和社会的生态环境权益，维护良好的生态环境秩序，其根本出发点在于环境法官、检察官。

2. 完善环境法官、检察官选任机制的建议

（1）改革现行法官、检察官的选任方式，规范环境法官、检察官的选任。本书认为，完善环境法官、检察官的选任制度，首先应改革完善我国法官、检察官的选任渠道。在我国现行的司法体制框架下，环境法官、检察官不可能脱离法官、检察官的选任渠道而另辟蹊径。目前我国法官、检察官选任的渠道主要有两种：一种是从通过国家司法考试的法科毕业生或军队转业干部中，经公务员考试招录初任法官、检察官；另一种是从社会优秀法律人才中遴选法官、检察官。党的十八届四中全会在完善法官、检察官选任制度方面提出了具体的要求：一是要建立法官、检察官的招录制度；[①] 二是要建立法官、检察官逐级遴选机制。由此可见，在司法改革背景下，未来我国法官、检察官的选任渠道是：基层法院和检察院采取初任法官、检察官的招考方式和社会遴选方式，中级及以上法院、检察院则采取逐级遴选方式和社会遴选方式。换言之，未来法官、检察官的选任有三种方式，即统一招考方式、社会遴选方式及逐级遴选方式。本书认为，借鉴世界各国家和地区在环境法官、检察官选任上的通行做法，立足我国的司法现状，我国环境法官、检察官的选任主要从现有法官、检察官员额中进行遴选，以提高其专业化的准入门槛。

（2）完善环境法官、检察官的选任条件。如前所述，我国环境法官、检察官的选任应从现有法官、检察官员额中进行遴选，但应当按照环境法官、检察官专业化的基本要求，严格规范其任职条件。本书认为，环境法官、检察官的选任条件应高于《法官法》《检察官法》中规定的专业知识条件和实践经验条件，同时应增加职业品德条件。

第一，专业知识条件。现行《法官法》和《检察官法》在专业知识条件方面的规定存在的主要问题是：教育背景门槛规定过低，难以符合推

[①] 从符合条件的律师、法学专家中招录法官、检察官制度；健全从政法专业毕业生中招录人才的规范便捷机制。

进环境法官、检察官专业化建设的要求。我国现行《法官法》第 9 条和《检察官法》第 10 条分别规定了法官、检察官的任职条件，其中担任法官、检察官的学历条件是"高等院校法律专业本科毕业或者高等院校非法律专业本科毕业具有法律知识"。本书认为，环境法官、检察官的专业知识条件应着重强调其"高等院校环境法律专业背景"，即"高等院校本科以上学历且经过系统的环境法律专业学习、具备环境法律专业教育背景。高级以上法院、检察院任职的还应当满足高等院校硕士以上学位且经过系统的环境法律专业学习、具备环境法律专业教育背景"。

第二，实践经验条件。现行《法官法》和《检察官法》对实践经验条件的规定存在的主要问题是：对法官、检察官任职工作经验条件的规定有些宽泛，时间规定过短，不利于工作经验的有效积累。本书认为，环境法官、检察官的实践经验条件应着重强调其环境法律工作和环境专业工作经历，但应根据不同的遴选方式而有所区别。以法官选任为例，如基层法院初任法官的选任：对于环保法律专业本科毕业生而言，成为基层法院环境法官的条件是有 5 年从事环境法律工作或环境保护专业工作的经验，①而对于法学硕士及以上学历毕业担任环境法官的，则在本科的基础上缩短 2 年，即应当从事环境法律工作或环境保护专业工作满 3 年。对于逐级遴选方式而言，上级法院从下级法院遴选环境法官的，应当满足的工作经验条件是自担任相应级别法院法官之日起工作满 5 年。同时，担任高级以上法院法官的，一般应当具有硕士以上学历。对于社会遴选方式而言，遴选基层法院环境法官应要求有 5 年的环境法律工作或环境保护专业工作经验，遴选中级人民法院环境法官应当要求有 10 年的环境法律工作或环境保护专业工作经验，如果是具有硕士以上学位的，则对从事环境法律工作或环境保护专业工作的时间相应地减少 2 年，即分别是基层法院任职的年限为满 3 年，中级人民法院任职的年限为满 8 年。对于遴选高级法院以上

---

① 全国人大常委会法制工作委员会曾对《法官法》规定的"从事法律工作"进行了答复，答复称主要包括从事国家或地方的立法工作，审判、检察工作，公安、国家安全、监狱管理、劳动教养管理工作，律师，法律教学和研究工作，党的政法委员会以及政府部门中的法制工作等。但是由于《法官法》中没有明确规定，实践中掌握也不是很严格，这就直接导致了对法官任职所需实践经验条件的放宽。因此，建议将这里的法律工作以制度的形式明确化。另外，在 2016 年山东法官培训学院举办的基层法院领导班子成员培训班上，与会人员普遍认为成长为一名法官所必须具备的时间应该为 5 年。

环境法官的，应当具有硕士以上学历，担任高级法院环境法官的，从事环境法律工作或环境保护专业工作的年限应当满 15 年，担任最高人民法院环境法官的，从事环境法律工作或环境保护专业工作的年限应当满 20 年。

第三，职业品德条件。良好的职业品德是法官、检察官任职的基本条件，也是确保法官、检察官正确行使司法审判、检察权力的内在保障，环境法官、检察官也不例外。现行立法对法官、检察官职业品德的规定存在的主要问题是：作为法官、检察官任职基本条件规定的法官职业品德、检察官职业品德在《法官法》《检察官》中的体现较为简单，内涵也不够具体明确。本书认为，分别在《法官法》《检察官法》关于"法官条件""检察官条件"章节中规定法官、检察官应当遵守法官、检察官职业伦理规范。在法官、检察官任职的除外条件中增加道德瑕疵的规定，即规定因道德品行存在明显瑕疵受到党纪、政纪或者行业处分的，也不得担任法官、检察官。司法职业是社会上道德要求最高的一种职业，道德品行存在明显瑕疵的人即使没有达到犯罪或者开除公职的程度，也失去了公众对其担任法官、检察官的基本认同。"明显瑕疵"的判断应以"受到党纪、政纪或者行业处分"为限定。

(二) 建立环境法官、检察官定期轮训制度

1. 建立环境法官、检察官定期轮训制度的必要性

所谓轮训，是指可以在一定期限内（通常是一至两年）按批次将培训对象培训一遍。我国《法官法》第 26 条、《检察官法》第 28 条都明确规定，对法官、检察官应当有计划地进行理论培训和业务培训。《法官培训条例》第 2 条规定，法官培训分为预备法官培训、任职培训、晋级培训和续职培训。环境法官、检察官轮训是对环境法官、检察官进行的旨在提高其职业素质、增强其司法技能、拓宽其知识视野等一系列有针对性的、定期的系统培训，环境法官、检察官定期轮训实质上是一种专业化的续职培训，是其在履职期间必须接受的培训，[①] 体现了终身教育理念。针对环境法官、检察官的专业化现状而建立的环境法官、检察官定期轮训制度，一方面可以有针对性地满足环境法官的职业需求，不断更新理念、丰富知识及提高业务技能，拓展其专业深度；另一方面，可以引导环境法

---

① 按照《法官培训条例》第 6 条的规定，拟任法官的人员，经过规定的培训并考核合格的，方可任命。因此，此处的环境法官、检察官轮训不包括对初任环境法官的培训。

官、检察官树立强烈的事业心和职业尊荣感，提高环境法官、检察官的职业道德素养和综合素养，为全面推进生态文明建设提供职业支持。

2. 建立环境法官、检察官轮训制度的建议

（1）明确环境法官、检察官定期轮训的目标定位。环境法官、检察官定期轮训应注重其履行岗位职责所必备的理念、知识和司法技能。

理念是指环境司法理念，即"对环境司法活动的性质、原理、原则、内在规律、作用、功能、价值观、发展变化等的看法、理解或认识"①。环境司法理念通常是指引环境司法活动的指南，也可以说是环境司法活动的灵魂。其核心要义在于保护社会环境公共利益，此"为环境司法的应有之义和现代环境司法的重要内容"②。

知识是指除了刑事、民事、行政法律知识及检察业务知识外，重点包括环境法律知识和环境科学知识等。对环境法官、检察官定期轮训的目标是：既能及时更新法律，又能获得一定的环保专业知识。

司法技能是指环境法官、检察官运用法律知识、诉讼法律规范、庭审规则处理案件的能力，具体包括庭审驾驭能力、证据分析能力、事实认定能力、法律适用能力、裁判文书制作能力及调解能力等。

（2）科学合理设置课程内容。第一，任何司法培训的核心目的都是为了解决现有工作能力与理想工作能力之间的差距，其作用类似于"锦上添花"，环境法官、检察官培训也不例外。因此，培训机构必须针对环境法官、检察官专业化的现状而设置课程内容，以传授与实际工作联系密切、能够在审判中加以运用的各种法律知识、环境法律知识、环境专业知识和司法技能为主，讲究实效性、针对性和及时性。第二，环境法官、检察官专业能力的培养，并非靠常规性的法律知识、环境法律知识和环境专业知识灌输就可以完成的，需要培训机构通过开展广泛的调研，充分了解各类环境法官、检察官的需求，以拓展不同层次、不同领域环境法官、检察官的专业深度。第三，新时期的环境司法工作不再仅仅面对纯粹的法律适用和事实认定问题，必须树立以解决社会环境纠纷为核心的维护社会稳定、推进生态文明"五位一体"发展的全局观。按照十八届四中全会的精神，环境司法活动不仅要发挥好调整人与人之间关系、维护社会公平正

---

① 王树义：《论生态文明建设与环境司法改革》，《中国法学》2014年第3期。
② 同上。

义的作用，同时还应高度重视人与自然的和谐发展。在此前提下，培训内容的设计还应考虑一种法律知识、环境法律知识、环境专门知识之外的培训思路，包括政治素养、传统文化、横向经验交流及关联学科知识等，以提高法官的政治素养、人文素养和司法之外的通用能力等。

（3）创新培训方式，丰富培训渠道。首先，在培训方式上应改变司法培训长期以来存在的以"专题讲座"为主的授课方式，积极采用案例式教学、现场式教学、辩论式或研讨式教学等形式，提高教学效果；根据不同的培训内容，适应不同时期司法人员的成长规律和个性特点，采取多种培训方式，增强教育培训的趣味性、互动性和实效性。其次，借助"互联网+"思维，拓展培训渠道。充分利用信息化手段，开展多种形式的网络培训和在线课堂，运用中国法官、检察官培训网、手机 App、微博、微信、微视等新媒体开展丰富多彩的方便快捷的学习方式，以提高培训的及时性和实效性。

（4）合理选聘培训师资。一是充分利用现有的司法资源，邀请审判、检察、侦查业务专家，传授司法经验和技能；二是邀请全国环境法方面的知名专家、环境工程领域及环境科学领域的知名专家和技术专家等专业人士进行授课，在提高环境法学知识和环境专业知识的基础上，树立环境司法理念，精进环境司法技能。

（三）建立环境法官、检察官单独考核管理机制

1. 环境法官、检察官单独考核的必要性

法官、检察官考核管理机制来源于我国《法官法》第 21—25 条及《检察官法》第 24—28 条的规定，其目的在于：通过考核既能达到加强案件管理的目的，同时也要起到加强队伍建设的作用。据此，法官、检察官的考核应遵循以下原则。一是符合司法职业特征的原则。即考核的范围、考核指标、考核方法要体现司法工作的特点。二是客观公正原则。即考核指标、考核方法要兼顾各类案件的不同性质和差异。但目前的考核管理机制既不能体现环境司法职业特征，更无法实现考核结果公平公正。当前全国大多数环境资源法庭均存在着案件数量少的现象。如 2013 年全国法院一审共审结破坏环境资源犯罪、环境污染侵权损害赔偿案件、环保行政案件 15232 件，而当年全国法院一审共审结的民商事案件高达 750 多万件，是环境纠纷案件的 700 多倍。如果将环境法官、检察官与刑事、民事、行政司法人员按照相同的数量指标进行考核，无法体现环境法官、检

察官的真正绩效,且此种考核机制不仅导致环境司法专业化权威的下降,还可能导致环境法官、检察官大量流失。故应单独建立一套符合环境法官、检察官职业特征的考核方法。

2. 建立环境法官、检察官单独考核机制的建议

近年来,各地法院不断改革环境审判工作方式,努力探索环境司法理论和实践。通过创新环保审判理念,建立了相应的环境审判工作机制。"依法严惩污染环境、破坏资源犯罪;依法审理环境资源、环境侵权民事案件;依法审理环境资源行政案件,充分保障了当事人的诉权。"[1] 同时,通过完善公检法与环保行政机关的环境资源执法联动机制,推动环境执法联合工作平台建设,进一步推进了生态文明的法治化建设。有鉴于此,本书认为,环境法官、检察官的考核管理机制应顺应司法改革大势。该机制的建立既要适应于我国环境资源保护的新需求,又能充分彰显环境司法专门化的重要意义和历史重任。故该机制设立宗旨,既要突出案件管理和推进环境法官、检察官正规化、专业化、职业化建设的双重目的,更要有利于环境法官、检察官职能作用的发挥,尊重环境司法的客观规律。首先,在内容上应围绕案件质量进行指标设计,如程序是否公正、实体是否公正、是否创新环保审判理念、裁判文书质量、案件难易程度、司法技能、环境审判职能延伸情况以及案件的社会效果和社会影响力等。其次,在方法上可借助现代化的信息技术,开发适宜的统计模型,准确衡量环境法官、检察官的工作绩效的高低。具体而言,可以根据正态分布规律和方差原理,首先为法官、检察官确定一个合理的工作量区间,这个区间有95%的可能性,即可以认为是法官、检察官合理的工作量,低于区间最低值的可以认为工作绩效偏低,高于区间最高值可以认为工作压力过大。同时,可"实行逐案评查,从程序与实体上量化质量、文书、数量、效率、调解率、履行结案等积分点"[2]。此外,审判管理办公室定期公布考核积分,让每一名环境法官、检察官及时了解自己的考核情况。这种考核

---

[1] 昆明中级人民法院:《环境资源司法保护情况报告绿皮书》,2015年6月,中国法院网(http://www.chinacour)。

[2] 凌杰泉:《法官考评制度的现状与对策思考》,2016年5月30日,天涯法律网(http://www.hicourt.gov.cn/)。

"更能客观反映质量、效率等方面的能力差异"①,同时也能满足法官、检察官考核管理机制的目的。

第四节 环境警察、律师制度的改革与完善

一 环境警察制度

环境警察是近年来为促进生态文明,加强环保司法保障而发展起来的新兴警察类别。所谓环境警察,"是指按照国家环境法律的规定,运用行政、刑事等法律手段维护国家环境法律秩序,保护国家生态环境,以及预防环境污染等犯罪行为的武装组织及其从业人员"②。由此可见,环境警察依法享有"环境行政执法权和环境刑事执法权"③。设立环境警察的目的在于依法维护社会生态环境和预防环境污染等违法犯罪行为。而环境警察制度,"是指环境警察组织的从业人员在法定职责范围内,通过行使环境行政执法权对环境与资源保护领域的违法行为实施制裁,以及通过行使环境刑事执法权对犯罪行为进行侦查的一系列法律制度总称"④。

（一）环境警察制度的现状梳理

1. 环境警察机构的设置模式

目前,我国环境警察制度建设尚处于探索阶段,不少地方已经成立了专门的环境警察机构,并开始了环境警察的执法实践。综合考察其机构设置模式,大致有以下两种。一是在公安内部成立环保警察机构。此种模式通常称为"昆明模式"。⑤ 二是"入驻式"联合执法模式。即"公安机构

---

① 董治良:《论新时期人民法院的党建工作》,《海南日报》2012年9月11日第6版。
② 孙磊:《生态文明视域下环境警察构建的必要性与有利条件分析》,载《生态文明的法制保障》(2013年全国环境资源法学研讨会论文集)。
③ 王一彧:《浅谈我国建立环境警察制度构想》,《法制博览》2015年第11期(中)。
④ 邢捷:《论环境法治视野下的环境执法——兼谈建立我国环境警察制度》,《警察法学》2013年第1期。
⑤ 2008年,云南昆明公安局设立环境保护分局,与原水上治安分局是两块牌子一套人马。同年年底,为了更好地协调环境保护执法工作,昆明市出台《关于建立环境保护执法协调机制的实施意见》,建立环境保护执法联席会议制度,规定环保部门、公安机关、人民检察院和人民法院每个季度定期举行联席会议。参见王一彧《浅谈我国建立环境警察制度构想》,《法制博览》2015年第11期(中)。

安排少量警员直接进入环保机构并成立驻环保警务机构，开展环境执法工作"①。此种模式先后在全国大多数地区出现，"并被环保部、公安部联合下发的《关于加强环境保护与公安部门执法衔接配合工作的意见》文件加以推广"②。

2. 人员配备情况

目前，环保警察大多数是从公安警察队伍中选拔后经过短期培训直接进入环境警察队伍。如在公安内机关部成立环保警察机构模式，其人员大部分来源于公安机关内部刑事侦查、经济侦查等一线办案警察，其中有些曾专门负责食品药品犯罪侦查等。③ 入驻式联合执法模式，其人员由公安机关选拔并在环保部门设立办公室，执法时双方协同，但其编制依然属于公安机关。④

（二）我国环境警察制度的实践困境

1. 环境警察制度立法空白

目前，"我国尚没有统一的、专门的环保警察制度法律规范"⑤。目前与环境警察相关的法律规定主要分散于《环境保护法》《人民警察法》《刑法》《治安管理处罚法》和《刑事诉讼法》等法律，但有关环境警察权的规定极为少见。目前只有《环境保护法》和《治安管理处罚法》中

---

① 李文青、王成、刘海滨：《国内外环保警察制度现状及启示》，《环境保护》2014年第10期。2006年河北省安平县首先成立环境保护派出所，就采取"入驻式"联合执法模式，环境保护派出所设在县环保局，人员由县公安局派出，仍然属于公安局的编制，与环保局法规科合署办公，在环境执法时民警同时出动。

② 李文青、王成、刘海滨：《国内外环保警察制度现状及启示》，《环境保护》2014年第10期。

③ 武向朋：《我国设立环保警察制度之理性思考》，《湖北警察学院学报》2015年第4期。如黄石市环保警察的警力均来源于公安机关刑事侦查、经济侦查、禁毒等一线办案人员；佛山市新设立的环保警察机构是由三水区公安、城管等执法部门抽调16名工作人员来开展环境整治工作。

④ 如2012年，河南省滑县成立了环境警察大队，是由环保局与公安局共同协商成立的，办公地点设在滑县环保局。由环保局统一调配工作，履行环境执法职责，查处环境违法案件，加强日常巡查力度。人员构成分别来源于两个机关，一是由县环保局抽调4人，二是由县公安局抽调2人共同组成，共计仅有6人。参见陈志山《滑县成立全省首支环境警察大队》，《象山新闻》2012年5月7日。

⑤ 武向朋：《我国设立环保警察制度之理性思考》，《湖北警察学院学报》2015年第4期。

有相关的规定。① 这是目前仅有的环境警察权的法律规定。

2. 制度运行存在一定的障碍

如前所述，无论我国环境警察为何种机构模式，环境警察制度的运行需要公安机关和环保机关的协调和联动。唯有如此，才能"使环境警察既对环境污染等犯罪行为具有侦查权，又对环境违法行为具有行政处罚权"②。这必然使得这一制度在实践运行层面上存在着双重管理的尴尬局面。

（1）环境警察的权责尚未明晰。从各地的环境警察执法实践中可以看出，大多数环境警察的执法权仅限于环境刑事执法，即侦破环境犯罪案件，在环境行政管理上缺乏深入的实践；③ 同时，由于双重管理的因素，直接导致了权责不明确等问题。如"公安机关和环保机关在遇到对自己有利的情况时纷纷争夺管理权，反之在遇到对自己不利的情况时互相推诿、扯皮"④。

（2）主动预防环境犯罪意识欠缺。从理论上讲，环保警察还应具有分析环境犯罪信息、研究环境犯罪规律，制定预防、打击环境违法行为的对策或建议，以及定纷止争、进行环保法律宣传、促进社会稳定与和谐等职能。⑤ 而各地的实践表明，我国"环保警察属于'支援警力'，而不是'专业警察'"⑥，由此导致的后果是，在职能上往往处于被动执法或事后

---

① 《环境保护法》第63条规定：企业事业单位和其他生产经营者有诸如建设项目未依法进行环境影响评价并被责令停止建设且拒不执行等违法行为时，除给予处罚外，可以由县级以上人民政府环境保护主管部门或者其他有关部门将案件移送公安机关，对其直接负责的主管人员和其他直接责任人员，处以拘留处罚。《治安管理处罚法》第58条规定，对违反关于社会生活噪声污染防治的法律规定，即制造噪声干扰他人正常生活的，可以处警告、罚款。

② 胡东、孙磊、陈茂春：《我国环境警察制度创建的现实困境与模式选择》，《黑龙江省政法管理干部学院学报》2014年第5期。

③ 王一彧：《浅谈我国建立环境警察制度构想》，《法制博览》2015年第11期（中）。

④ 胡东、孙磊、陈茂春：《论我国环境警察制度创建的现实困境与模式选择》，《黑龙江省政法干部学院学报》2014年第5期。最有戏剧性的例子来自安徽铜陵，铜陵县在2014年6月首设安徽省环境警察，共有3人，实行公安局、环保局双重领导。但是同年10月，因为机构设置、职责权限等原因，还未大展拳脚，已被撤销叫停。参见武向朋《我国设立环保警察制度之理性思考》，《湖北警察学院学报》2015年第4期。

⑤ 武向朋：《我国设立环保警察制度之理性思考》，《湖北警官学院学报》2015年第4期。

⑥ 同上。

惩罚的位置。由此可见，我国环保警察在预防犯罪方面欠缺主动意识，这种情形有可能导致环保警察在刑事执法活动中时常遭受违法者暴力抵抗或攻击等现象。

3. 环境警察的专业能力及技术装备不足

环境案件的专业性一方面决定了我国环境警察机构的设立无论采取何种模式，其职责权力都与传统的治安管理工作、刑事犯罪侦查工作有明显的不同；另一方面也决定了其从业人员不仅应具备较强的法学专业知识，而且还需具备较强的环境专业知识。① 如果采取在公安内部成立环保警察专职队伍的模式，则因公安机关自身警力不足，很难培养一支专业的环境警察队伍；加之，"受警务人员编制的限制，许多公安部门不得不从民警中挑选出一部分人员"②，这种情形无法保障环境警察队伍的专业素质；如果采取公安机构安排少量警员在环保机构内部成立环保警务机构的模式，则因环境保护部门环境监察力量已存在严重不足的问题，也难以实现环境警察的专业性。此外，由于环境案件专业性强等特征，大多数环境污染等专业性问题需要专业设备的检测或鉴定。而我国的环境执法实践表明，在环境执法时，"除了配备相应的警务装备，很少配备专门的环保检测仪器，环保警察的技术装备还需要进一步加强"③。加之，在大数据、互联网高度发达的时代，由于信息软件开发技术相对滞后，环保机构在分析、处理及应用环境案件数据方面远远落后于公安机关。

（三）改革与完善环境警察制度

1. 改革与完善环境警察制度的必要性

"我国改革开放 30 年以来，在环境执法、打击环境犯罪等方面虽然采取了诸多措施，并取得了一定的成绩，但依然存在很多问题。"④ 正如学者所言"我国资源约束趋紧、环境污染严重、生态系统退化形势严峻"⑤，环境保护的呼声已经越来越高。因而国家治理环境资源问题刻不

---

① 胡东、孙磊、陈茂春：《论我国环境警察制度创建的现实困境与模式选择》，《黑龙江省政法干部学院学报》2014 年第 5 期。
② 卞维常：《环境警察制度构 5 建的理念嬗变——以〈刑法修正案（八）〉对污染环境罪的修改为视角》，《重庆交通大学学报》（社会科学版）2015 年第 4 期。
③ 武向朋：《我国设立环保警察制度之理性思考》，《湖北警察学院学报》2015 年第 4 期。
④ 《近 25 年来环保指标从未完成过》，《新京报》2006 年 4 月 14 日。
⑤ 丛斌：《中国梦是中华民族发展的宏伟蓝图》，《民主与科学》2013 年第 4 期。

容缓。党的十八大报告首次把"美丽中国"作为未来生态文明建设的宏伟目标,把生态文明建设摆在总体布局中来论述。① 近年来,我国环境警察积极参与环境维权执法、依法纠正违法行为、惩治破坏环境犯罪行为等活动,为环境保护和经济社会协调发展作出了一定的贡献。然而,与推进国家治理体系与治理能力现代化目标相比,环境警察制度还有诸多不足,如环境执法体制权责脱节、多头执法、选择性执法现象依然存在等。党的十八届四中全会《中共中央关于全民推进依法治国若干重大问题的决定》也强调"用严格的法律制度保护生态环境"。有鉴于此,建立一支专业化、正规化、职业化的环境警察队伍已经逐渐被社会认可,因而建立健全环境警察制度具有重要的意义。

2. 改革与完善环境警察制度的对策与建议

(1) 立法确立环境警察制度。第一,环保警察的制度化、规范化,需要立法者进行深入的思考。本书建议,通过对《人民警察法》的修改,确立环境警察制度,明确环境警察的权利与义务,以规范环境警察的执法行为。

第二,修改并完善《环境保护法》,将环境警察的执法手段予以明确,为环境警察行使行政执法权提供法律保障。② 唯有如此,环境警察执行行政强制权就有了法律依据,其实效性会更强。

第三,通过修改我国《刑法》,并完善其司法解释,进一步将环境警察的刑事执法权明确其中,为环境警察环境刑事执法权提供法律保障。③ 这将成为环境警察参与环境保护刑事执法的重要法律基础。

(2) 科学选择环境警察机构模式。关于我国环境警察机构模式,本

---

① 肖敏:《贯彻党的十八大精神 打造大庆自己的文化符号》,《科教导刊》(中旬刊) 2013 年第 17 期。

② 目前,新修订的《环境保护法》中强化了执法部门的行政强制权。此后,原环保部和公安部相继出台了《实施查封、扣押办法》《实施按日连续处罚办法》《实施限制生产、停产整治办法》《实施移送行政拘留办法》等配套的实施办法,赋予环境保护执法部门四项新的行政强制权:对非法排污的企业可以实施查封扣押、按日计罚、现场停产、移送司法拘留。

③ 目前《刑法》第二编第六章专门设有"破坏环境资源保护罪",2011 年《刑法修正案》对其定罪量刑进了修改与完善;2013 年最高人民法院、最高人民检察院公布了《关于办理环境污染刑事案件适用法律若干问题的解释》,该解释根据法律规定和立法精神,结合办理环境污染刑事案件取证难、鉴定难、事实认定难等实际问题,对有关环境污染犯罪的定罪量刑标准作出了明确的规定,进一步加大了环境污染犯罪的打击力度。

书认为可以参照海关缉私警察模式予以设置，体制上依然由公安机关和环保机关双重领导，但可按工作或业务性质予以明确分工，即"在执法和有关警务方面的活动受公安部的业务指导，在环境保护技术方面受环保部门的管理"①。且将警务人员纳入公安序列，享受公安人员待遇。

（3）明晰环境警察职责。环境警察的职责应主要限于环保执法。具体可以包括："执行各项环境法律、法规、规章以及其他规范性文件"②；预防各类环境污染等犯罪行为的发生，并对社会进行环保宣传教育；"侦办各类破坏环境资源保护的犯罪；查处涉及各种环境污染破坏的治安行政案件"③；防止企业或个人以暴力、威胁等方法阻碍环保执法机关的正常执法，协调处理各类民事纠纷，协调环保职能部门与司法机关之间的联系与沟通。④

（4）规范执法办案程序。"环境警察在执法办案时既应当遵守公安部门有关办案程序，也应当遵守环保部门有关执法程序的规定"⑤，基于环境案件某些特殊性的考量，如证据收集的专业性、技术性较为突出，且取证难度较大等，"在程序上还可依法作出一些特殊安排"⑥。如在"保存证据等方面有特别的时限规定，可采取提前证据保全的执行措施，有利于防治污染发生的进一步扩大"⑦。

（5）提高环境警察的执法能力。由于环境问题的复杂性、特殊性，决定了环境执法的专业性。⑧因此环境警察与环境法官、检察官一样应具有高度的规范化、专业化和职业化特征。为提高我国环境警察队伍的职业素质和执法能力，实现环保警察队伍专职化、专业化，本书建议有三。一是应当严格限定环境警察的选任条件。首先，环保警察应从具有环保专业背景的大学生中遴选，提高环境警察的入职门槛，逐步建立专业化的环保警察队伍。其次，应加强对新任环境警察的职前训练，提高其警务技能，

---

① 王一彧：《浅谈我国建立环境警察制度构想》，《法制博览》2015年第11期（中）。
② 同上。
③ 同上。
④ 武向朋：《我国设立环保警察制度之理性思考》，《湖北警察学院学报》2015年第4期。
⑤ 吕中诚：《我国环境警察机构设置探析》，《河南警察学院学报》2014年第6期。
⑥ 同上。
⑦ 王一彧：《浅谈我国建立环境警察制度构想》，《法制博览》2015年第11期（中）。
⑧ 吕中诚：《我国环境警察机构设置探析》，《河南警察学院学报》2014年第6期。

丰富其警务经验。二是对于现有的环保警察，与环境法官、检察官一样实行定期轮训，从职业理念、政治素养、职业素养、执法能力、专业知识包括警务、环保法律及环保科学等方面进行定期培训。三是要配备先进的技术装备。实践证明，在执法过程中，环境警察应配备现代化的仪器和设备，以便于侦办环境违法和犯罪行为;① 并利用大数据、互联网等现代信息技术来分析、探索环境违法和犯罪行为的特征及其规律，及时预防环境违法和犯罪行为的发生。此外，在工资待遇、警衔晋级、职务晋升等职业保障方面，可以参照公安部门的相关管理模式，通过定期考核及时晋级、晋升，以鼓励或调动环境警察执法的积极性。

二 环境律师制度

在我国，关于环境律师的概念，目前众说纷纭。主流观点认为："环境律师是指熟悉环境法律法规，并愿意从事环境法律实务的律师。"② 目前，我国尚没有专门的环境律师机构，环境律师制度尚未真正建立，环境律师多为自愿自发，大部分在中华全国律协环境与资源法专业委员会、中华环保联合会法律中心以及中国政法大学环境资源法研究和服务中心③等环境组织为环境资源案件的受害者提供法律宣传、法律咨询、法律援助及诉讼代理等工作。

（一）我国主要环境律师组织现状梳理

1. 中华全国律协环境与资源法专业委员会

2001年10月11日，中华全国律协环境与资源法专业委员会在北京召开了成立大会。④ 该委员会主要在以下几个方面开展工作："提出立法意见和建议、提供法律咨询与服务、提供环境与资源法律帮助、代理诉讼等。"⑤ 该委员会成立之初，委员很少，只有20个人左右。自成立以来，先后培训了在全国各地很多环境方面的律师，同时很多的律师也逐步加入该委员会。目前该委员会已经有107名委员，遍及全国27个省。⑥

---

① 吕中诚：《我国环境警察机构设置探析》，《河南警察学院学报》2014年第6期。
② 王玉庆：《中国的环境保护需要环境律师》，《中国律师》2001年第12期。
③ 姜文：《论环境民事诉讼的专门化》，硕士学位论文，中南林业科技大学，2010年。
④ 吴意：《全国律师协会成立环境与资源法专业委员会》，《中国律师》2001年第12期。
⑤ 姜文：《论我国环境律师制度的构建》，《湖南医科大学学报》2010年第2期。
⑥ 全国律协环境与资源专业委员会副主任周塞军2015年6月答《法制日报》记者问。

2. 中华环保联合会法律中心

中华环保联合会法律中心成立于 2007 年,由来自全国各地的 52 位志愿律师组成。"法律中心自成立以后,通过自愿报名与公开选拔的方式,组成了我国首支律师事务所和环境维权志愿律师的队伍。"① 截至 2014 年 7 月,法律中心已经在全国范围内招募 267 名志愿律师,有 84 家志愿律所,并开展了 10 期环保法律培训。该法律中心主要围绕以下几方面开展工作:提供环境法律权益的维护、开展环境法律救助、推动环境的立法、代理诉讼、支持诉讼等。②

3. 中国政法大学环境资源法研究和服务中心

中国政法大学环境资源法研究和服务中心,又称"污染受害者法律帮助中心",成立于 1998 年 10 月,是经中国政法大学批准、司法部备案的环境资源法研究机构和民间环境保护团体,其成员由中国政法大学从事环境资源法研究和教学的学者为主,联合北京大学、清华大学、中国人民大学等近 10 所高校和研究机构热心环境保护事业的法律和技术专家、学者、律师和研究生兼职组成,由中国政法大学环境法教授王灿发先生任中心主任。该中心主要在以下几个方面开展工作:促进环境资源立法、进行国际交流、开展培训、环境法律知识宣传、维护污染受害者的合法权益、承办环境案件等。截至 2015 年 10 月,中心承办了 335 件环境诉讼案件,涉及大气污染、水污染、噪声污染、电磁辐射污染等领域,有的已经取得胜诉,维护了污染受害者的合法环境权益。③

(二) 我国环境律师的实践困境及其原因

1. 我国环境律师的执业现状

如前所述,我国环境律师制度尚未成熟,仍处于探索发展阶段。实践中,环境律师及其组织虽然为环境立法和司法作出一定的努力,但仍存在许多问题,其主要表现为以下四点。一是人数少。据司法部的资料,截至 2015 年年底,全国执业律师已达 29.7 万人,全国律师事务所

---

① 郄建荣:《我国首支环境维权志愿律师队伍在京宣告组建成功》,《法制日报》2007 年 12 月 11 日。

② 中华环保联合会法律中心官方网站。

③ 《中国政法大学环境资源法研究和服务中心简介》,http://www.de-heng.com.cn/asp/newssql/html。

已有 2.4 万多家,① 但是环境律师很少。二是专业环境律师极为缺乏。如前所述,目前大多数环境律师为其他执业律师的兼职,不仅参与环境案件数量不多,而且程度不深。三是环境律师执业经验与技能欠缺。由于大多数兼职环境律师来自"学院派",不仅缺少环境法专业知识,而且也缺乏环境司法理念,尚未养成环境专业的法律思维,处理案件的经验和技巧可能不如其他专职执业律师娴熟。② 四是环境律师经费保障不足,许多环境律师因缺少经费等原因无法开展公益性的法律援助、法律宣传等环境法律事务。

2. 环境律师缺乏的原因分析

一是环境案件代理费用低。环境案件多为环境污染而致侵权,除少数集团诉讼外,一般标的额比较小,诉讼费用相对较低,以致难以提高环境律师代理案件的积极性。二是环境案件代理难度大。无论是环境刑事案件,还是环境行政案件和环境侵权案件,同一般刑事、行政和民事侵权案件相比具有专业性、技术性强的特点,其证据分析、事实认定极为复杂,往往需依赖于专业机关的检测认定。加之,当事人举证以及因果关系确定、赔偿数额大小的确定等都相当困难,许多情况下需经专家咨询论证。三是进入司法诉讼的环境案件少。据有关资料显示,2005—2012 年,环境保护部直接处置的环境污染事件共 927 起。其中,重特大环境污染事件 72 起,而真正通过司法诉讼渠道解决的环境纠纷不足 1%。③ 上述调查结果表明:"一方面环境污染事件频发,环境纠纷逐渐增加;另一方面环境专业法庭或法院,却面临'无案可审'的现状。"④ 四是法律规范缺失,一定程度上加重律师参与环境诉讼之困。如康菲漏油事件中,由于渔民补偿、生态恢复等问题迟迟难以解决,导致该案的维权行动不断升级,最终维权主体不得不更换,⑤ 从而使得律师在诉讼中的地位更为尴尬。五是律师自身的环境法律知识、环境专业知识以及诉讼经验储备不足,客观上抑制了律师的积极性。

---

① http://www.gov.cn/jrzg/2010-02/15/content1535534.htm。
② 姜文:《论我国环境律师制度的构建》,《湖南医科大学学报》2010 年第 2 期。
③ 杜涛欣:《律师参与环保之困》,《民主与法制时报》2013 年 10 月 28 日第 8 版。
④ 同上。
⑤ 杜涛欣:《律师参与环保之困》,《民主与法制时报》2013 年 10 月 28 日第 8 版。

(三) 建立我国"半公职"环境律师制度

1. "半公职"环境律师的界定

关于公职律师的概念,目前理论界有多种观点。本书倾向于此种观点:所谓公职律师,"是指通过司法考试并依法取得律师执业证书,专门为行使国家权力、执行公务的机构、组织提供法律服务的国家公务员"①。简言之,公职律师就是国家公职人员和执业律师的结合和统一。如何界定"半公职"环境律师?目前理论界与实务界对此研究极少。本书认为,基于"环境案件的诸多特殊性,以及环境案件数量较少,环境律师案源并不稳定,且环境法律援助的公益性"等因素的考量,"半公职"环境律师应界定为:指通过国家司法考试并依法取得律师执业资格,在专门的环境资源法律事务所或机构,为社会提供环境法律援助,办理环境法律事务,从事环境案件的诉讼代理、维护受害者的合法权益等工作的执业律师。

"半公职"环境律师与普通律师相比具有以下特征。一是公益性。半公职环境律师要突出其法律援助业务的公益性质,"满足受援者的需求"。二是专业性。与普通律师相比,半公职环境律师应具有较高的环境专业素质。三是"半公职"性质,公职环境律师首先是执业律师,不是国家公务员,但国家应当为其提供基本工资。实行财政与市场供养相结合的薪金制度。②

2. 建立"半公职"环境律师制度的必要性

我国环境律师的执业实践证明,律师群体作为我国社会主义法治建设的重要组成部分,在促进生态文明建设中具有不可替代的作用。具体体现在以下几个方面:宣传环境维权知识,开展环境法律、政策咨询服务、从事环境案件的诉讼代理等。③ 因此,在我国建立"半公职"环境律师制度既是环境法治的重要内容,也是维护公民环境权益、建设生态文明的迫切需要。④

---

① 李珈珈:《我国公职律师制度理论和实践的探索》,硕士学位论文,哈尔滨工程大学,2004年。
② 姜文:《论我国环境律师制度的构建》,《湖南医科大学学报》2010年第2期。
③ 高毓敏:《律师在环境保护中可大有作为》,http://www.66law.cn.domainblog/6819.as。
④ 姜文:《论我国环境律师制度的构建》,《湖南医科大学学报》2010年第2期。

3. 建立"半公职"环境律师的可行性

（1）各地公职律师的实践探索为半公职环境律师制度的建立提供了有益的参考。1996年3月，浦东新区司法局率先建立起一支专业的公职队伍，为有关职能部门提供相关法律服务。[①] 福建省厦门司法局于2003年年初开始进行公职律师试点工作，形成了独特的"厦门模式"。[②] 从各地开展的公职律师试点情况来看，无论是"浦东模式"，还是"厦门模式"，公职律师对于提高依法行政水平、梳理依法行政的良好形象、有效降低司法成本、合理利用法律资源起到了很好的作用，解决了行政机关处理法律事务的实际困难。

（2）有一定的政策和法律依据。2014年10月23日，党的第十八届四中全会明确提出"加强律师队伍思想政治建设"，"构建社会律师、公职律师、公司律师等优势互补、结构合理的律师队伍"，2016年6月，中共中央办公厅、国务院办公厅印发了《关于推行法律顾问制度和公职律师公司律师制度的意见》（以下简称《律师意见》），该《律师意见》在第一部分指导思想中明确指出了在我国推行公职律师制度的目的与意义。[③] 此外，《律师法》第42条规定："律师、律师事务所应当按照国家规定履行法律援助义务，为受援人提供符合标准的法律服务，维护受援人的合法权益。"[④] 上述规定为建立我国"半公职"环境律师制度提供了政策和法律依据。

4. 建立我国半公职环境律师制度的对策与建议

（1）完善相关立法。《律师法》是公职环境律师存在的基本法律依据。根据十八届四中全会的精神，我国应尽快修改《律师法》中的相关规定，对律师的概念、性质、类型、法律地位、功能作用、执业机构等相关条款进行全面系统的修订。如《律师法》中应增设"公职律师"专章，

[①] 《发挥公职律师作用提高依法行政水平》，《浦东新区司法简报》1997年第3期。

[②] 沈恒斌：《公职律师制度"厦门模式"探析》，《律师制度》2016年第1期。

[③] 《律师意见》规定："坚定不移走中国特色社会主义法治道路，从我国国情出发，遵循法治建设规律和法律顾问、律师工作特点，积极推行法律顾问制度和公职律师、公司律师制度，提高依法执政、依法行政、依法经营、依法管理的能力水平，促进依法办事，为协调推进'四个全面'战略布局提供法治保障。"

[④] 许小莲：《完善我国农村法律援助之思考》，《重庆科技学院学报》（社会科学版）2012年第2期。

进一步就公职律师的类型、执业范围与方式、工作机构的性质和管理体制等做出规定，明确公职律师的权利义务等，① 这将为我国半公职环境律师制度的建立提供法律保障。

（2）关于环境律师的机构设置及管理。首先，环境律师的机构设置要考虑的主要因素是设置方式是否有利于使半公职环境律师提供高效率、高质量的环境法律服务。有鉴于此，本书建议可以在全国各省、自治区、直辖市或者地级市设立一个或数个环境法律事务所，② 其组织机构性质应定性为差额拨款的事业单位。其次，如何对环境公职律师进行管理、考核及其职业保障是决定半公职环境律师能否真正发挥作用的重要环节。③ 因此，在管理上，半公职环境律师应由其所在法律事务所统一管理，但应接受司法行政部门和律师行业协会的监督与指导。同时还可以为社会提供一定的有偿服务，但所有环境法律服务项目由环境法律事务所统一受理，包括环境法律援助项目。其他法律服务项目可以通过环境法律事务所与其本人协商来确定。律师的薪酬除了国家提供的基本工资以外，还包括环境法律事务所支付的劳动报酬。环境法律事务所在接受法律服务项目后，根据案件的具体情况，确定环境律师，"律师费用由环境法律事务所提留管理费后，根据工作量等因素在办理案件律师之间进行合理分配"④。

（3）规范"半公职"环境律师的选任条件。"半公职"环境律师一般应从现有执业律师队伍中遴选，其选任条件可参照《律师意见》中的基本条件，但应当突出其专业性。具体包括：一是政治素质高，拥护党的理论和路线方针政策；二是具有良好职业道德和社会责任感；三是具有大学本科学历以上的环境法律教育背景或环境法律教学背景，四是"具有5年以上律师执业经验或两年以上环境律师执业经验、环境法律专业能力较强的律师"⑤；五是

---

① 李健机：《中国特色社会主义公职律师制度研究》，硕士学位论文，电子科技大学，2013年。
② 姜文：《论我国环境律师制度的构建》，《湖南医科大学学报》2010年第2期。
③ 李珈：《我国公职律师制度理论和实践的探索》，硕士学位论文，哈尔滨工程大学，2004年。
④ 姜文：《论我国环境律师制度的构建》，《湖南医科大学学报》2010年第2期。
⑤ 中共中央办公厅、国务院办公厅：《关于推行法律顾问制度和公职律师公司律师制度的意见》。

"严格遵纪守法，未受过刑事处罚"①，或者律师协会的行业处分等。

（4）建立"半公职"环境律师的培训制度。一是明确"半公职"环境律师的培养目标。毋庸置疑，要提高"半公职"环境律师的执业水平，不仅依赖于每个律师自身的自我提高，还需要通过科学化、规范化、现代化的培训。从长远发展来看，我国"半公职"环境律师的培训应当纳入统一司法培训体系，进行统一司法培训，使其与环境法官、检察官、警察具有相同的职业理念、法律知识、环境专业知识和实践技能。"重点在于建立一支忠于党、忠于国家、忠于人民、忠于法律的纯洁的高素质的公职律师队伍，为全面深化改革、全面建成小康社会、全面推进依法治国奠定基础。"② 二是科学设置培训内容。首先，应加强"半公职"环境律师的职业素养、政治素养和人文素养培训，以提高其职业伦理水平；其次，应加强"半公职"环境律师的环境法学理论和环境专业知识的培训，提高其专业化水平；最后，应重视诉讼实务经验和执业经验的传承，不断探寻并发展环境执业规律。

---

① 中共中央办公厅、国务院办公厅：《关于推行法律顾问制度和公职律师公司律师制度的意见》。

② 李健机：《中国特色社会主义公职律师制度研究》，硕士学位论文，电子科技大学，2013年。

第九章 环境诉讼制度创新研究

第一节 环境案件管辖制度改革

自1978年改革开放之后，基于资源开发利用与环境保护的需要，我国相继设立了森林法院、油田法院、矿区法院、海事法院等专门法院以及在某些地区的人民法院内部设立了林业审判庭等，集中审理涉及森林资源、矿产资源、海洋环境污染等单一类型的环境污染类或资源保护类案件，在局部领域开始了环境资源审判专门化的实践。规范意义上的环境资源审判专门化则始于2007年，当年贵州省贵阳市中级人民法院及其辖区内的清镇市人民法院设立了环境保护法庭，实现了环境资源案件的"三审合一"归口审理，福建、云南昆明、玉溪、江苏无锡、山东东营等地也相继设立环境保护法庭。[1]

2014年7月3日，环境资源审判庭在最高人民法院正式宣布挂牌建立，标志着我国环境司法专门化实践"由地方走向中央"。环境司法专门化从试点阶段走向推广阶段。两年来，环境资源审判机构建设成效卓著，截至2016年6月，全国共设立环境资源审判机构558个，其中环境资源审判庭191个。

近10年来，规范意义上的环境司法专门化由地方探索阶段逐渐走向规范成熟阶段。但是在环境资源审判工作机制方面，各地法院依然处于探索阶段。改革并完善环境资源案件管辖制度依然是环境资源审判专门化的重要内容，党的十八届四中全会通过的《中共中央关于全面推进依法治国若干重大问题的决议》中提出了"探索设立跨行政区的人民法院与人民检察院，办理跨地区案件"，为人民法院的案件管辖指出了改革的方

---

[1] 2016年7月最高人民法院《中国环境资源审判》（白皮书）。

向，但人民法院管辖范围限于所在行政区的基本现状依然未被打破。

一 环境案件管辖及其现状

管辖是指人民法院系统内部、各级人民法院之间以及同级人民法院之间受理第一审案件的权限与分工。人民法院的设置是管辖的核心。就目前而言，除专门人民法院外，人民法院设置行政区域划分高度重叠是我国司法区域划分的基本现状。我国法院设置与行政区划分高度重叠的基本现状决定了环境资源审判机构管辖权一般局限于法院所管辖的区域。但这并没有限制地方法院在司法实践中的探索，国家层面也意识到了传统管辖制度的不足，并一直在探索完善环境资源案件管辖制度。

2014年7月，最高人民法院发布《关于全面加强环境资源审判工作为推进生态文明建设提供有力司法保障的意见》，要求各级人民法院积极探索建立与行政区划适当分离的环境资源案件管辖制度，逐步改变目前以行政区划分割自然形成的流域等生态系统的管辖模式，着眼于从水、空气等环境因素的自然属性出发，结合各地的环境资源案件量，探索设立以流域等生态系统或以生态功能区为单位的跨行政区划环境资源专门审判机构，实行对环境资源案件的集中管辖，有效审理跨行政区划污染等案件。2015年，《最高人民法院关于全面深化人民法院改革的意见——人民法院第四个五年改革纲要（2014—2018）》将"改革环境资源案件管辖制度"作为全面深化人民法院改革的主要任务之一。

我国环境司法专门化的初期实践中，贵阳、江苏、福建等地法院已试点跨区划环境资源审判，积极探索与行政区域相对分离的管辖制度，并取得了一定成效。[①] 如贵阳市清镇市人民法院环境资源审判庭对涉及"两湖一库"的环境资源类案件进行管辖；江苏省无锡市指定了4家基层人民法院管辖无锡地区9个市、区的环境资源类案件。

人民法院环境资源审判机构管辖权存在如下几种情形：

第一，与所属人民法院的管辖权相对应。受制于既定的司法体制，环境资源审判机构的地域管辖范围依然限制于人民法院所在的行政区。目前，绝大多数环境资源审判机构管辖权都是如此。以山东为例，目前已设

---

① 袁定波：《部分法院试点环境审判行政区域相对分离管辖制度 建自上而下环境审判体系是当务之急》，《法制日报》2014年7月30日第5版。

立环境资源审判庭的4家基层人民法院,其中东营市经济技术开发区人民法院、苍山县人民法院、微山县人民法院等环境资源审判庭的管辖权都限于其所在行政区域之内。中级人民法院与高级人民法院的环境资源审判庭更是如此。

第二,覆盖一个指定的行政区域。设立环境资源审判庭的人民法院被授予跨行政区域的管辖权。如基层人民法院层面,江苏省高级人民法院在全省范围内以生态功能区为单位,设立长江流域、太湖流域、洪泽湖流域等9家环境资源法庭,集中管辖由全省基层人民法院受理的环境资源案件。贵州省高级人民法院指定5个基层人民法院集中管辖全省的环境资源案件。中级人民法院层面,湖北、广东、河北、青海等高级人民法院按照《关于审理环境民事公益诉讼案件适用法律若干问题的解释》的要求,报请最高人民法院,确定辖区内部分中级人民法院对环境民事公益诉讼案件进行集中审理。[1]

另外,2016年5月,最高人民法院院长周强在京津冀人民法院联席会议领导小组第一次会议上要求,积极探索在京津冀地区建立跨区划环境资源案件集中在河北管辖的制度。这意味着未来地方三级人民法院在环境资源案件的管辖上都将打破原管辖权。

第三,覆盖一个特定的地理区域。考虑环境生态系统的特点,人民法院对环境资源案件跨行政区划进行管辖。贵州省在环境资源案件上形成了"1—4—5"审判格局,即贵州省高级人民法院、4个中级人民法院、5个基层人民法院集中管辖环境资源案件。4个中级人民法院对环境资源案件的管辖是贵州省高级人民法院根据贵州省内主要河流的流域范围予以划分为4个生态司法保护板块。

另外,2016年3月,最高人民法院发布《关于为长江经济带发展提供司法服务和保障的意见》,要求充分利用海事法院跨行政区划管辖的优势,妥善审理长江流域环境污染、生态破坏案件,探索建立长江流域水资源环境公益诉讼集中管辖制度。

自最高人民法院设立环境资源审判庭以来,我国各地积极探索改进环境资源案件跨区域集中管辖制度,努力推进重点区域环境资源案件管辖机制改革。跨区划审理环境资源案件旨在促进司法统一,打破地区经济发展

---

[1] 2016年7月最高人民法院《中国环境资源审判》(白皮书)。

的壁垒。但整体而言，受制于既定的司法体制，绝大部分环境资源审判机构管辖权范围依然局限于其所在人民法院的管辖区域。

二 完善环境案件管辖制度的必要性

环境污染严重、资源枯竭、生态恶化等问题暴露出传统环境保护过于依靠环境执法的不足，人们期待环境司法这一环境保护的最后屏障成为防止环境持续污染、生态持续恶化的坚实屏障，但是受制于既定的司法体制，环境司法远未起到其应有的效果。

在环境资源案件审判方面，打破传统三大诉讼法关于管辖制度的规定是环境司法专门化的重要内容。

（一）传统地域管辖难以完全适用于环境资源案件

在地域管辖方面，传统的诉讼法对于初审法院的确定一般是以诉讼当事人所在地为标准来确定的。但是环境资源问题不受地域性限制的特点决定了环境侵害的跨地域性，环境侵害的跨地域性特征往往因为多个法院有管辖权而出现相互推诿的现象，甚至也会出现"等米下锅"的环境资源审判机构争夺案件管辖权的现象。《民事诉讼法》第37条第2款与《行政诉讼法》第23条第2款规定人民法院之间因管辖权发生争议，由争议双方协商解决，协商不成的，报请它们的共同上级人民法院来指定管辖，但是跨区域的环境纠纷通常涉及经济利益，因此，即使采用指定管辖也会有异议。[1]

还需要注意的是，经济发展与生态环境保护是相互制约的。在环境问题上，地方保护主义是客观的现实存在。地方政府为了追求地方经济发展而干预环境司法、保护污染企业的现象屡见不鲜。地方保护主义同样存在于环境行政执法之中，长期以来，环境保护主要由行政机关来完成，我国亦不例外。实践证明，在我国一直所实行的国家环境管理这一单轨运行机制下，环境行政执法部门难以给予环境以切实、有效的保护。尽管我国不存在诸如美国行政机关因"机构俘获"而导致环境执法不力的现象，也没有证据表明我国存在行政机关因政治压力等原因而导致环境执法不力的现象，但是现实中的确存在某些地方行政机关为了发展经济而纵容、放任

---

[1] 张辉：《论环保法庭管辖——以知识产权审判庭为借鉴》，载《2015年全国环境资源法学研讨会（年会）论文集》，第304页。

各种污染环境或破坏生态的短期行为。

(二) 现行法难以满足环境资源案件级别管辖的要求

我国的《民事诉讼法》(第10条)、《行政诉讼法》(第7条)、《刑事诉讼法》(第10条) 都确认了"两审终审制"的审判制度。考虑到我国"两审终审制"的审判制度与环境资源案件的普遍性，以及最高人民法院《关于审理环境民事公益诉讼案件适用法律若干问题的解释》第6条关于第一审环境民事公益诉讼案件经中级人民法院报请高级人民法院批准后，可以由基层人民法院审理的规定，① 基层人民法院应当设立环境资源审判庭。但是基层人民法院设立环境资源审判庭是否合法还有待于商榷。早在1989年，最高人民法院在《对"关于武汉市硚口区人民法院设立环保法庭的情况报告"的答复》中就指出："目前在基层人民法院设立环保法庭尚无法律根据。"但是这并没有阻止各个基层法院对设立环境资源审判机构的探索。尽管目前全国各地环境资源审判机构在环境资源案件审判中所积累的经验以及所进行的积极探索，为最高人民法院所认可，如2011年的《最高人民法院工作报告》指出："探索建立环境公益诉讼制度，推动地方法院设立环保法庭。"依据《人民法院组织法》第27条第1款的规定，基层人民法院原则上可以设立环境资源审判庭，但囿于员额较少，也可以设立综合审判庭或者不设审判庭。

法律依据的原则性与限制性并没有阻止基层人民法院设立环境资源审判庭的热情以及最高人民法院对基层人民法院设立环境资源审判庭的大力推动，至今大部分环境资源审判庭都是由基层人民法院设立。

还需要注意的是，受制于法官专业化等因素，基层人民法院环境资源审判机构的审判效果也远未达到预期。不同于传统刑事、行政、民事案件，环境资源案件具有复杂性、专业性等特征，对司法人员及相关人员的专业化要求更高，但实际情况却是：截至2014年7月15日，全国20个省、自治区、直辖市共设立了150个环境资源审判机构，共有人员476名，但只有7人（因最高人民法院法官的专业背景没有统计，按照444人计算）具有环境资源法专业背景。法官专业背景仅仅是影响环境司法专门化的因素之一，正是受制于专门背景的限制，我国法官在审理环境损害

---

① 最高人民法院《关于审理环境民事公益诉讼案件适用法律若干问题的解释》(法释〔2015〕1号)。

案件时，往往注重环境要素的经济功能，轻视或无视环境要素的生态功能。[1] 环境资源审判庭法官及相关人员不够专业化会影响到环境资源案件审理的公正性与准确性，并损害了司法权威。

三 环境案件管辖制度的创新研究——集中管辖制度的构建与指定管辖的适用

法院设置是管辖的核心。研究环境资源案件管辖制度问题，首先应当探讨环境资源审判庭的设立问题。域外环境资源审判庭已经有30多年的实践，其成功经验表明：环境资源审判庭的设立推动了环境资源法的司法化；环境资源审判庭的设立提供了一个环境法制创新的平台；环境资源审判庭的设立使得环境资源纠纷得到合理、有效、便捷的解决；环境资源审判庭的设立还会产生积极的宣传效应和社会效应。[2]

关于环境资源司法专门化的实现路径，最高人民法院《关于全面加强环境资源审判工作为推进生态文明建设提供有利司法保障意见》也是这样要求的：本着确有需要、因地制宜、分步推进的原则，合理设立环境资源专门审判机构。我国未来环境资源司法专门化可以采取近期之内将环境资源审判庭推广到全国范围，时机成熟之时设立环境资源法院的路径。近期而言，考虑到环境资源案件的普遍性、专业性与我国"两审终审制"的审级要求，以及最高人民法院《关于审理环境民事公益诉讼案件适用法律若干问题的解释》第6条关于"第一审环境民事公益诉讼案件由污染环境、破坏生态行为发生地、损害结果地或者被告住所地的中级以上人民法院管辖"的规定，中级人民法院、高级人民法院与最高人民法院原则上都应该设立环境资源法庭。考虑到环境资源案件分布不均以防止无案件可审的问题、案件的专业性问题以及生态系统与环境因素的自然属性等，并非每个基层人民法院都需要设立环境资源审判庭。基层人民法院设立环境资源审判庭应把握以下原则。第一，保证案件公正审判的原则。这是环境资源审判庭设立的根本性原则。就环境资源案件而言，最关键的在于法官及相关人员必须具备较强的专业化素质。第二，便于当事人诉讼原则。环境资源审判庭的设立是推动环境司法的重要举措，因此，环境资源

---

[1] 韩德强：《环境资源审判工作的现状分析及建议》，《人民司法·应用》2014年第19期。
[2] 李挚萍：《外国环境司法专门化的经验及挑战》，《法学杂志》2012年第11期。

审判庭的设立及其管辖范围必须方便当事人和公众参与。第三，鉴于目前设立环境资源审判庭的基层人民法院还远未达到饱和，以及其在环境资源案件审判方面已积累了相当的经验，原则上应当保留该类基层人民法院环境资源审判庭的建制，并将其管辖权范围予以扩张。

改革并完善环境资源案件管辖制度是环境司法专门化的重要内容之一。地方司法实践表明，环境资源案件跨区划集中管辖有助于改善司法环境，保障法院依法独立行使审判权；有助于案件及时进入诉讼程序，保障当事人诉权；有助于统一裁判尺度，提高司法的统一性等。[①] 除探索环境资源案件跨区划集中管辖外，还应当积极探索重点区域环境资源案件管辖机制的改革。[②]

(一) 构建环境资源案件跨区划集中管辖制度

建立与行政区划适当分离的环境资源案件管辖制度已为中央文件及最高人民法院的有关意见所确认，并被纳入人民法院第四个五年改革纲要之中。实质上，我国自 2013 年开始已就行政案件进行了集中管辖的试点工作。2013 年 1 月 4 日，最高人民法院发布的《关于开展行政案件相对集中管辖试点工作的通知》指出："各高级人民法院应当结合本地实际，确定 1—2 个中级人民法院进行试点。试点中级人民法院要根据本辖区具体情况，确定 2—3 个基层人民法院为集中管辖法院，集中管辖辖区内其他基层人民法院管辖的行政诉讼案件；集中管辖法院不宜审理的本地行政机关为被告的案件，可以将原由其管辖的部分或者全部案件交由其他集中管辖法院审理。"

就基层人民法院环境资源案件管辖权而言，中级人民法院可以根据本辖区内的环境资源案件数量与环境资源的保护任务在本辖区基层人民法院设立一个或几个环境资源审判庭，并对每个基层人民法院环境资源审判庭的管辖权范围予以划定。与行政区划适当分离的环境资源审判庭的设立，意味着其管辖范围突破行政区的局限，也即是说环境资源案件将由设立环境资源审判庭的基层人民法院集中审理。

就中级人民法院环境资源案件管辖权而言，上述已分析，原则上中级

---

① 刘国红：《生态环境保护案件跨区集中审理研究——以贵州黔南中院为视角》，《贵州法学》2014 年第 11 期。

② 2016 年 7 月最高人民法院《中国环境资源审判》（白皮书）。

人民法院应当设立环境资源审判庭，但是考虑到各省、自治区、直辖市地理环境与生态系统的差异，各高级人民法院可以根据本省、自治区、直辖市的情况划分生态司法保护板块，再确定辖区内哪些中级人民法院可以设立环境资源审判庭以及各中级人民法院的管辖权范围。

就高级人民法院环境资源案件管辖权而言，原则上高级人民法院应当设立环境资源审判庭，其管辖权范围限于其所在行政区。

（二）指定管辖在环境资源案件中的适用

环境污染与生态破坏的广泛性决定了污染或者破坏行为可能不局限于某一行政区域，有可能是跨县、市，甚至是跨省的，也可能是跨集中管辖区域的，如河流污染、大气污染等，这涉及指定管辖问题，对于跨市的环境资源案件，且在两个以上中级人民法院提起环境资源诉讼的，应由高级人民法院指定某个中级人民法院管辖；对于跨省的环境资源案件，且在两个以上高级人民法院提起环境资源诉讼的，应由最高人民法院指定某个高级人民法院管辖。

（三）构建重点区域环境资源案件集中管辖制度

2014年7月，最高人民法院发布《关于全面加强环境资源审判工作为推进生态文明建设提供有力司法保障的意见》，要求各级人民法院着眼于从水、空气等环境因素的自然属性出发，结合各地的环境资源案件量，探索设立以流域等生态系统或以生态功能区为单位的跨行政区划环境资源专门审判机构，实行对环境资源案件的集中管辖。贵州在此方面进行了实践，根据本省内主要河流的流域范围划分了四个生态司法保护板块。2016年3月，最高人民法院发布《关于为长江经济带发展提供司法服务和保障的意见》，要求充分利用海事法院跨行政区划管辖的优势，妥善审理长江流域环境污染、生态破坏案件，探索建立长江流域水资源环境公益诉讼集中管辖制度。根据环境资源案件的特点，特别是对某些生态系统所在重点区域的环境保护的特殊需要，应当设立跨省级行政区环境资源法庭或者是利用专门法院对环境资源案件进行集中审理。

四 环境案件集中管辖的不足及其克服

传统管辖制度适用于环境资源案件存在诸多不足，应当构建"以集中管辖制度为原则，指定管辖为例外"的管辖制度。集中管辖的制度价值以及实践需求并不能掩盖其不足，集中管辖意味着绝大部分基层人民法院以及某些中级人民法院对原辖区内的环境资源案件没有管辖权，这至少存在但不限于以下弊端：当事人诉讼成本将增加；部分人民法院将丧失环境资源案件的审判功能，也就削弱了这些法院宣传生态法治的作用。

当事人诉讼成本的增加在一定程度上违背了方便当事人诉讼的原则，对此，可以在实施环境资源案件集中管辖范围内未设立环境资源审判庭的人民法院立案庭内设立便民诉讼联系点，并在这些立案庭公布集中管辖环境资源审判庭的联系方式及相关制度等。设立环境资源案件便民诉讼联系点旨在贯彻方便当事人诉讼的原则，对此，当事人在立案阶段无须到集中管辖的人民法院立案，而是就近到便民诉讼联系点递交材料及立案后，予以立案的便民诉讼联系点再将诉讼材料交至集中管辖的人民法院。

设立便民诉讼联系点使所有法院能够积极参与环境资源案件。在一定程度上弥补了人民法院丧失环境资源案件的审判功能之弊端，也在一定程度上增强了相关人民法院参与环境资源案件的力度，也有利于宣传生态法治。

还需要注意的是，环境司法专门化不仅仅是设立专门的环境资源审判庭，我国环境司法实践表明，专家与专业支持的不足严重制约了环境司法的顺利开展，这一因素同样制约着域外环境司法的发展。[①] 对此，选择及培训合适的法官、建立法院内部的专家队伍、利用法院以外的专家资源等同样是环境司法专门化的重要内容，甚至是决定环境司法专门化深度、广度之根本。

第二节 环境诉讼证据制度改革

一 举证责任倒置在诉讼实践中的运用

（一）举证责任倒置的具体适用

1. 举证责任倒置对原告举证责任的要求

举证责任倒置原则中原告承担一般证明责任，即对加害方污染环境的

---

① 李挚萍：《外国环境司法专门化的经验及挑战》，《法学杂志》2012年第11期。

侵权行为进行举证和提供环境污染造成的损害结果的事实证明。可见，虽然实施举证责任倒置，但原告仍然要承担环境污染损害事实、损害后果等证明责任。完成这些证明责任后，被告拒不承担法律责任就应该举证证明存在上述免责事由及其行为与损害之间不存在因果关系。"我国环境民事诉讼举证责任转移的只是部分要件事实，而不是全部。"①

2. 举证责任倒置对被告的反证责任的要求

《侵权责任法》第 66 条规定："因污染环境发生纠纷，污染者应当就法律规定的不承担责任或者减轻责任的情形及其行为与损害之间不存在因果关系承担举证责任。"可知被告可以对法定免责事由和加害行为与损害结果之间不存在因果关系进行反证，从而获得免除民事责任的机会。

（二）环境侵权案件举证责任倒置制度的不足

1. 举证责任倒置的规定过于单一

环境侵权纠纷案件复杂多样，侵权行为可能涉及多种对象、复合客体，只是依靠举证责任倒置根本无法应对环境侵权诉讼中存在的复杂问题，也使环境侵权受害人的合法权益不能得到法律的充分保护。另外，环境侵权的界定不明确也导致我国的举证责任倒置被扩大适用。我国环境法学者在讨论环境侵权的举证责任分配时，往往带有原被告双方的举证能力天然不对称的假设，由此认为必须由污染者承担因果关系。从实践角度看，这种假设并不必然成立，并不符合环境污染发生的实际情况。

2. 易于被滥用

从目前我国现有的法律规定来看，只规定了污染者应当提出证据证明不存在法律上的因果关系。当原告完成了举证责任之后，被告很有可能找到虽然已经受到污染行为的损害，但是由于距离较远且耐受能力较强、个体差异等原因并没有表现出对应损害结果的例外情形。如此一来，污染企业就会利用举证责任倒置规定的漏洞，钻法律的空子逃避责任。② 此外，由于环境污染导致的损害结果的发生，其原因既有某一个特定的加害行为所引起，然而更多的情况可能是多个行为共同作用所引发的，即存在一因一果、一因多果、多因一果，以及多因多果的复杂情况，这在客观上使得对于环境污染损害因果关系认定的难度更大。

---

① 彭本利：《解读〈侵权责任法〉对环境污染责任的规定》，《世界环境》2010 年第 2 期。
② 郑世保：《环境民事诉讼举证责任分配之重构》，《求索》2008 年第 7 期。

3. 原告囿于知识和能力往往举证困难

在实践当中，原告是否应当提供证据对因果关系的存在进行初步证明是争论最激烈的地方。在很多环境侵权案件中，原告方最终胜诉的案件少之又少，原告在案件审判的过程中太依赖举证责任倒置是导致这个结果的最主要因素之一，单纯地自以为被告要承担所有的举证责任，然后就忽视了自己主动收集证据。结果使自己的诉讼请求很难得到法庭的支持，导致败诉。在现实生活中，对环境的污染需要一个积累过程才会发生实际的损害，并且污染结果还会不断地发生物理、化学变化，等到受害人想要取证的时候已经来不及了，很多证据已经消失了。所以，原告是最早知道环境污染事实发生的人，就应该迅速地做好提取证据的工作，将来在审判案件时获得法院的支持。[1]

(三) 环境侵权案件举证责任倒置制度的完善

1. 扩大举证责任倒置的适用范围

立法者应当尽力完善相关法律法规，应当规定所有的环境侵权案件都适用举证责任倒置制度，并应该对从哪些方面完善举证责任倒置制度和适用方式作出具体的规定。即如果加害方不能提供证据证明侵权行为与损害结果之间不存在因果关系，或没有足够有力的证据证明不存在因果关系，法院就应推定因果关系是存在的；即使加害方已经证明侵权行为和损害结果之间确实不存在法律上的因果关系，法院也应批准受害方对其提供相反的证据，以此来反驳被告的主张。[2] 有必要对环境侵权进行类型化的分析，针对环境侵权的复杂性、多样性，综合考量，采用多元化的举证责任分配方式。

2. 完善法官对举证责任倒置的司法裁量

在环境侵权举证责任分配方面，宜充分发挥法官自由裁量权的运用。对于那些法律规定不明确，但在环境审判实践中、现实生活中确实存在的复杂情形，法官运用自己的专业知识，结合不同案件的具体情况，合理运用自由裁量权来判断举证责任的分配，可以一定程度上弥补立法上的

---

[1] 谷丹：《论环境侵权民事诉讼中证明责任之分配》，硕士学位论文，中国政法大学，2012年。

[2] 李雯君：《环境侵权民事诉讼举证责任之研究》，硕士学位论文，西安建筑科技大学，2011年。

不足。

二 司法实践中环境污染损害证据制度存在的问题与解决路径

尽管相关法律规定了举证责任倒置，相关部门也对污染损害的鉴定出台了一些规定和办法，但在司法实践中，依然存在诸多困境。

一是损害后果由原告举证，但具体损失数额很难认定。法院往往委托鉴定，但鉴定机构少、鉴定难、鉴定时间长、鉴定费用太高。

近些年来，我国在环境污染损害鉴定评估机构的建设方面作出了很多尝试与努力，并取得了不小的进展。2004年，最高人民法院认可江苏省环境科学学会为环境司法鉴定机构，至今，已鉴定评估100多起相关案件。2005年，经最高人民法院认可、国家司法部批准，农业部成立了农业生态环境及农产品质量安全司法鉴定中心。2006年，国家海洋环境监测中心成立了司法鉴定所，开展海洋环境污染和生态损害的技术鉴定和损害评估，渔业环境污染鉴定评估方面尤为突出，全国有97家开展渔业污染事故调查鉴定资格的单位。2010年，环保部在环境规划院成立的环境风险与损害鉴定评估研究中心，已开展了数起典型的重大环境污染案件的损失鉴定评估工作，鉴定意见已被各级政府部门、法院和公安机关采信，用于事件定级、损害赔偿、污染修复和刑事案件立案及审判依据。[①]

虽然我国在环境污染损害鉴定评估机构的建设方面取得了不小的进展，但实践中仍存在不少问题。第一个问题就是我国环境污染损害鉴定评估机构的质量参差不齐，环境污染损害鉴定意见的公信力受到质疑，重复鉴定、多头鉴定等问题突出，导致法院审判中证据采信面临困难，对民事审判执行工作带来了一些负面影响。[②] 第二个突出问题是，对于环境污染损害鉴定评估缺少法律依据。法律规定的环境污染损害的鉴定评估范围较为模糊，并且，法律亦未明确规定技术标准与操作程序。第三个问题是，环境污染损害鉴定评估尚未被纳入司法体系。这样就无法保证环境污染损害鉴定评估机构的权威性和中立性。第四个问题是，环境污染损害鉴定评估监管薄弱。这将会影响污染者负担原则的有效落实。第五个问题是，我

---

① 张红振等：《环境损害评估：构建中国制度框架》，《环境科学》2014年第10期。
② 贾爱玲：《环境责任保险制度研究》，环境科学出版社2010年版，第64页。

国尚未建立环境污染损害鉴定评估的技术标准体系。

环境污染损害鉴定的制度完善，可以通过立法或最高法的司法解释，对环境案件的举证责任分配、证明标准、证据形式作出更细化的、明确的规定，便于法院在审理案件中准确适用。对环境损害的鉴定机构、鉴定程序，也需要有规范、严密、可操作性强的规范或标准作为支撑。

二是环境损害行为及损害后果之间举证责任分配难以确定。相关司法解释规定原告对损害行为与后果的因果关系承担初步证明责任，审判实践中难以把握初步证明的度。损害行为与损害后果的因果关系能认定，但在多因一果的情况下，损害行为对损害后果的关系程度较难确定，目前能做此鉴定的机构少之又少，且费用高昂。

三是民诉法对专家意见作为认定事实的证据问题没有明确规定。环境案件与传统民事案件相比，专家意见在定案中的作用更加普遍和重要，但专家意见的适用范围、程序尚未有具体规定。专家如何界定、如何选定，法律没有明确规定。在审判实践中操作起来难度较大。建议最高人民法院抓紧组织调研，提出建议方案并进行论证，及时提请全国人大常委会对民诉法进行修改，或者由最高人民法院直接制定司法解释。

《民事诉讼法》第79条规定：当事人可以申请人民法院通知有专门知识的人出庭，就鉴定人作出的鉴定意见或者专业问题提出意见。在环境侵权诉讼中，专家出庭除了对鉴定意见发表意见外，还可以就污染物认定、损害后果、因果关系等专业问题提出意见。具有专门知识的人在法庭上提出的意见，经当事人质证，可以作为认定案件事实的根据。[①] 不过，我国环境侵权诉讼中的专家证人制度仍存在很多问题。首先，专家证人诉讼地位偏低。2015年，最高人民法院颁布的《民事诉讼法解释》第122条将专家证人意见视为"当事人陈述"。在民事诉讼司法审判中当事人陈述并不能直接作为认定案件事实的证据，其作为证据的证明力不高。其次，高昂的聘请费用对诉讼产生负面影响。专家证人制度会带来巨大的诉讼负担，高昂的费用会使某些诉讼对抗难以平等。最后，专家证据的证明力受到质疑。专家证人往往是由一方当事人所聘请的，其作证时所提供的信息也往往偏向于所依附的当事人。法官对鉴定人出具的鉴定意见或当事人聘请的专家证人出具的专家意见，往往基于以上原因不予采纳。专家意

---

① 王旭光：《环境损害司法鉴定中的问题与司法对策》，《中国司法鉴定》2016年第1期。

见的法律效力和普通证人的证据的法律效力是否有区别，法官对专家意见如何取舍、采信，目前还处于混乱状态，需通过司法解释对专家的界定与选定程序、方法，专家作为证人的诉讼地位，专家意见的法律效力等作出明确规定。

第三节 环境损害司法鉴定的制度创新

近年来，我国因环境污染造成损害的纠纷呈快速增长趋势，因环境污染造成人身健康损害的纠纷更是与日俱增。但是，在污染行为与损害后果之间的因果关系以及损害大小等关键问题上，受害人起诉后，办案法官往往受制于专业技术问题难以作出判断，造成案件久拖不决甚至错案。环境审判需要环境损害司法鉴定工作密切配合。为了推进环境司法，首先要加快环境损害司法鉴定事业的发展，并依法做好机构登记、人员审核以及制定鉴定程序和鉴定标准等基础性工作。环境损害司法鉴定是环境诉讼证据制度的重要组成部分，但为了论述的方便并凸显环境损害司法鉴定制度的重要性，本书将环境损害司法鉴定制度的改革创新研究单列为一节。

一 规范环境损害司法鉴定是提高环境审判质量的关键环节

环境损害司法鉴定，是指在诉讼活动中鉴定人运用环境科学等技术或者专门知识，采用监测、检测、现场勘察、实验模拟或者综合分析等技术方法，对环境审判案件涉及的专业技术问题进行鉴别、判断并提供鉴定意见的活动。

环境损害司法鉴定对保证环境审判质量有着关键作用。运用专业技术和技能，准确地定性污染物尤其是污染环境的行为，科学判断环境损害行为与损害后果间的因果关系和损害程度、损害范围、损失数额等，为处置环境污染纠纷和惩治环境犯罪提供关键性技术支撑，这无疑将极大地方便环境审判工作。相反，如果缺乏科学的环境损害司法鉴定，将这种科学技术问题完全交由法官来判定，法官就会在审理和判断上难下决心，就会出现污染原因讲不清、污染者搞不准等问题，损失多少更是一笔糊涂账。

环境损害司法鉴定工作发展缓慢是影响我国环境审判质量的一个重要因素。随着环境损害侵权纠纷案件日益增多，最高人民法院和一些地方法院陆续建立了环境资源审判庭。据统计，近年来，环境损害侵权纠纷以年均25%的速度不断增加，但环境侵权纠纷进入司法程序的却仅占全部案件的17%左右。① 经过研究比对，环境污染损害赔偿案件的比例之所以如此之低，关键原因就是缺乏环境损害司法鉴定机构或者司法鉴定机构无法正常开展环境损害鉴定工作。缺乏科学的环境损害司法鉴定意见，当事人难以提起诉讼，即使提起诉讼，也会因为关键证据缺失而难以胜诉。与此同时，在一些地方，环境损害司法鉴定因管理不够规范等原因，陷入"重复鉴定""多头鉴定""花钱买鉴定"的困境，使环境损害司法鉴定工作严重缺乏公信力，从而导致大量的环境损害侵权纠纷无法得到及时公正解决。

当下我国还缺乏专门调整环境损害司法鉴定行为的法规、规章。随着我国环保法律体系的不断完善，《侵权责任法》《民事诉讼法》《刑法》《环境保护法》等法律对环境纠纷的解决都有一些规定。但是，对于开展环境损害司法鉴定，尤其是涉及鉴定机构的设置、管理以及鉴定标准等重大问题，至今仍然缺乏一整套规范的环境损害司法鉴定相关法律、法规。为弥补环境损害鉴定能力不足的问题，最高人民法院、最高人民检察院联合发布的办理环境污染刑事案件的司法解释以及最高人民法院发布的审理环境侵权责任纠纷案件的司法解释，都明确规定由环境保护部门指定或推荐的机构进行鉴定。但是在环境司法实践中，由于环境损害鉴定的正规化、体系化程度还不高，因而与解决环境损害侵权纠纷的实际需求相比还不够适应。

综上所述，我国有必要强化环境损害司法鉴定工作，并应依法强化对环境损害司法鉴定机构、人员的登记审核管理，在此基础上制定专门的鉴定程序和鉴定标准，以高质量的环境损害司法鉴定服务于我国环境审判工作的迫切需要。

二 对环境损害司法鉴定应当实施统一登记规范管理

2016年1月，《最高人民法院、最高人民检察院、司法部关于将环境损害司法鉴定纳入统一登记管理范围的通知》正式公布，该通知明确说明，对环境损害司法鉴定实行统一登记管理。与该通知相配套的《司法部、环境保护部关于规范环境损害司法鉴定管理工作的通知》也在同月

---

① 许辉：《规范鉴定让环境损害诉讼不再难》，《法制日报》2016年1月14日第7版。

公布，就环境损害司法鉴定实行统一登记和规范管理作出明确规定。之后，司法部和环境保护部又联合公布了《环境损害司法鉴定机构登记评审办法》和《环境损害司法鉴定机构登记评审专家库管理办法》。以上文件，对环境损害司法鉴定机构的发展规划、鉴定范围、登记审核，以及机构和专家的评审等，都作了明确规范。

(一) 关于环境损害司法鉴定机构的发展规划

鉴于环境损害司法鉴定的重要地位，文件指出，环境损害司法鉴定机构的发展应当遵循统筹规划、合理布局、总量控制、有序发展的方针，根据诉讼活动的实际需求和发展趋势研究制定发展规划。要根据诉讼活动的实际需求，统筹规划司法鉴定事业的发展，在总量上进行适度控制，按照计划实现有序发展。环境损害司法鉴定机构的设立，一定要严格标准、严格程序、确保质量，尤其是在审核登记工作的初始阶段，要严格限制环境损害司法鉴定机构的数量，确保环境司法鉴定机构的高资质和高水平。

(二) 关于环境损害司法鉴定机构的鉴定范围

明确环境损害司法鉴定机构的鉴定范围，对于保证司法鉴定工作质量，具有基础性地位。这是因为，当事人提起环境诉讼不是目的，而是通过诉讼明确对其有利的事实，实现赔偿请求。因此，需要进行鉴定的范围，既不能太小，又不能漫无边际。文件指出，环境诉讼中需要解决的专门性问题主要是事实部分，包括确定污染物的性质；确定生态环境遭受损害的性质、范围和程度；评定因果关系；评定污染治理与运行成本以及防止损害扩大、修复生态环境的措施或方案及实现这些措施或方案的成本；等等。具体说来，进行环境损害的司法鉴定，要鉴定的内容主要有：第一，污染物性质鉴定，包括但不限于危险废物鉴定、有毒物质鉴定，以及污染物其他物理、化学等性质的鉴定等；第二，地表水和沉积物环境损害鉴定，包括但不限于因环境污染或生态破坏造成河流、湖泊、水库等地表水资源和沉积物生态环境损害的鉴定等；第三，空气污染环境损害鉴定，包括但不限于因污染物质排放或泄漏造成环境空气或室内空气环境损害的鉴定等；第四，土壤与地下水环境损害鉴定，包括但不限于因环境污染或生态破坏造成农田、矿区、居住和工矿企业用地等土壤与地下水资源及生态环境损害的鉴定等；第五，近海海洋与海岸带环境损害鉴定，包括但不限于因近海海域环境污染或生态破坏造成的海岸、潮间带、水下岸坡等近海海洋环境资源及生态环境损害的鉴定等；第六，生态系统环境损害鉴定，包括但不限于对动物、植物等生物资源和森林、草原、湿地等生态系统，以及因生态破坏而造成的生物资源与生态系统功能损害的鉴定等；第七，其他相关的环境损害鉴定，包括但不限于由于噪声、振动、光、热、电磁辐射、核辐射等污染造成的环境损害鉴定等。随着人类开发利用自然界的范围和强度不断加大，对环境的损害很有可能进一步扩大和加深，因此，环境损害司法鉴定的业务范围还将进一步扩大，这就需要国家司法鉴定主管机关和环境损害司法鉴定专家不断跟踪研究，审时度势，适时将需要增加的鉴定事项纳入法定的鉴定范围之中。

(三) 关于司法鉴定机构和鉴定人的审核登记

环境损害司法鉴定的权威性取决于从事鉴定活动的机构和鉴定人的权威性。为此，文件要求，要加强对从事鉴定活动的机构和鉴定人的审核登记管理。首先，在中央层面，司法部应当会同环境保护部制定评审办法，对环境损害鉴定机构和鉴定人的资质条件、评审专家、评审程序等作出明确规定。国家环境保护主管部门应当会同国家司法行政机关建立环境损害司法鉴定评审专家库，各省级环境保护主管部门应当会同同级司法行政机关协商有关行政主管部门，研究提出本地方的推荐专家人选名单。其次，在地方层面，省级司法行政机关应当按照《司法鉴定机构登记管理办法》和《司法鉴定人登记管理办法》规定的条件和程序对申请从事环境损害司法鉴定业务的机构和个人进行审核，并会同同级环境保护主管部门组织专家进行专业技术评审。

对《司法部、环境保护部关于规范环境损害司法鉴定管理工作的通知》发布之前，已经审核登记且已经从事环境损害司法鉴定业务的鉴定机构，如何处理？该通知要求，应当进行重新审核登记。理由是：长期以来，对从事环境损害司法鉴定的机构和鉴定人没有专门法规进行规范管理，有的鉴定机构和鉴定人不具备进行鉴定的条件，社会影响不佳，因此应当重新审核登记。该类司法鉴定机构，应当按照规定最迟于2017年6月前提出重新登记申请，逾期未提出重新登记申请或经审核不符合条件的，要撤销登记。重新审核登记期间，过去已经审核登记的环境损害司法鉴定机构可以继续从事环境损害司法鉴定业务。无论是新申请的鉴定机构，还是过去已经从事环境损害司法鉴定的机构，都要在新的法规条件下严格审核登记，严格要求。为此，司法行政机关要把好入口关，防止审核登记的机构过多，导致恶性竞争和鉴定质量下降。与此同时，要通过重新审核登记，鼓励支持依托优质资源设立高资质、高水平的鉴定机构，注重保障环境损害司法鉴定机构的中立第三方地位，依法促进环境损害司法鉴定事业的有序发展。

(四) 加强监督管理

在开展对鉴定机构和鉴定人审核登记的同时，还必须加强对其监管。文件要求，要精心指导环境损害鉴定机构加强规范化建设，健全司法鉴定工作制度，加强内部管理。其中，鉴于鉴定人在司法鉴定机构中的中心地位，要重点加强对鉴定人的培训，以确保出具的司法鉴定意见满足环境审判的各项要求。根据科学管理、严格管理的要求，主管机关应当对鉴定机构和鉴定人实行动态管理，建立健全合理的退出机制。要根据执法监督的结果，坚决依法查处违法违规的执业行为，依法依规淘汰不合格的鉴定机构和鉴定人。与此同时，环境保护主管部门要建立与司法行政机关以及与国家审判机关、国家检察机关的衔接配合机制，定期开展交流沟通，及时通报与司法鉴定有关的情况。司法行政机关和环境保护主管部门要加强工作中的协调配合，定期会商，共同研究破解环境损害司法鉴定中遇到的各项难题，推动环境损害司法鉴定事业的有序发展、健康发展。

(五) 对环境损害司法鉴定机构的评审和专家库管理

对提出申请的鉴定机构，要由专家进行评审。只有通过评审的鉴定机构，方可进行环境损害司法鉴定业务。为了规范对该类登记工作的专家评审工作，根据《司法鉴定机构登记管理办法》和《司法部、环境保护部关于规范环境损害司法鉴定管理工作的通知》，司法部和环境保护部专门联合发布了《环境损害司法鉴定机构登记评审办法》，对如何规范专家评审工作，作出了明确规定。

1. 要建立全国和省级评审专家库

一是在中央层面，由环境保护部会同司法部建立全国环境损害司法鉴定机构申请登记的评审专家库，并制定管理办法。在地方层面，由省、自治区、直辖市环境保护主管部门会同同级司法行政机关建立本省、自治区、直辖市的环境损害司法鉴定机构申请登记的评审专家库。

关于申请开展环境损害司法鉴定业务的机构的条件，《环境损害司法鉴定机构登记评审办法》规定，申请从事环境损害司法鉴定业务的机构，除了应当符合《司法鉴定机构登记管理办法》规定的从事一般司法鉴定业务所需要条件外，还应具备如下条件：第一，每项鉴定业务至少有两名具有相关专业高级专业技术职称的鉴定人；第二，有不少于一百万元人民币的资金。

二是对评审专家组如何开展活动提出明确要求。根据司法部、环境保护部《环境损害司法鉴定机构登记评审办法》第 6 条的要求，省、自治区、直辖市司法行政机关应当根据申请人的申请执业范围，针对申请执业范围的每个鉴定事项成立评审专家组。这个刚性要求，对于保证专家评审的公正性，是十分必要的。对申请登记的机构进行评审，所有的评审组专家都要从评审专家库中选取，人数不得少于 3 人，其中国家库中的专家不得少于 1 人。必要时，可以从其他省、自治区、直辖市的地方库中选取评审专家。专家评审应当坚持科学严谨、客观公正、实事求是的原则，按照有关法律法规进行评审。专家评审组应当按照司法行政机关的统一安排，独立、客观地组织开展评审工作，符合条件的，应当通过登记。不符合条件的，绝不能通过登记。

三是对专家评审组的评审工作提出规范要求。第一，开展评审前应当制定评审工作方案，明确评审的实施程序、主要内容、专家分工等事项。第二，评审的内容应当包括申请人的场地，仪器、设备等技术条件和专业人员的专业技术能力等。第三，评审的形式主要包括但不限于查阅有关申请材料，实地查看工作场所和环境，现场勘验和评估，听取申请人汇报、答辩，对专业人员的专业技术能力进行考核等。第四，评审专家组完成评审时，应当提交由评审专家签名的专家评审意见书，专家评审意见书应当包括评审基本情况、评审结论和主要依据等内容。尤其需要注意的是，评审意见书应当明确申请人是否具备相应的技术条件、是否具有相应的专业技术能力、拟同意申请人的执业范围描述等。评审结论应当经评审专家组 2/3 以上评审专家同意。

四是对严格评审提出明确要求。评审之后，司法行政机关应当按照《司法鉴定机构登记管理办法》及有关规定，结合专家评审意见，作出是否准予登记的决定。过去已经审核登记从事环境损害司法鉴定业务的司法鉴定机构，应当按照《司法部、环境保护部关于规范环境损害司法鉴定管理工作的通知》的要求申请重新登记。

2. 对评审专家库的规范管理提出明确要求

为充分发挥专家在环境损害司法鉴定机构登记评审工作的积极作用，提高评审工作的公信力，司法部和环境保护部联合制定公布了《环境损害司法鉴定机构登记评审专家库管理办法》。该办法对评审专家的国家库和地方库的规范管理，提出了明确要求。

一是按照不同的领域设立评审专家库。文件规定，国家库下设污染物性质鉴别、地表水和沉积物、环境大气、土壤与地下水、近岸海洋和海岸带、生态系统、环境经济、其他类（主要包括噪声、振动、光、热、电磁辐射、核辐射、环境法等）8个领域的专家库。关于地方库，由各省、自治区、直辖市环境保护主管部门会同同级司法行政机关根据当地实际设立并管理地方评审专家库。

二是明确入选国家库的评审专家的基本条件。文件要求，入选国家库的专家应当同时具备以下条件：第一，具有高级专业技术职称或者从事审判、检察、公安等工作并熟悉相关鉴定业务；第二，从事或参与相关专业工作10年以上；第三，了解环境保护工作的有关法律、法规和政策，熟悉国家和地方环境损害鉴定评估相关制度与技术规范；第四，具有良好的科学道德和职业操守；第五，健康状况良好，可以参加有关评审、评估和培训等活动。

三是明确入库评审专家的主要义务。第一，为环境损害司法鉴定机构组织的评审活动提供专家意见；第二，参加相关技术培训；第三，承担环境保护主管部门、司法行政机关委托的其他工作。环境保护主管部门会同司法行政机关对专家库实行动态管理，当入库的专家人数不能满足鉴定工作需要的时候，要适时启动遴选工作，增补评审专家名额。对不能履行职责的评审专家，要及时调整出库。与此同时，环境保护部要会同司法部建设环境损害司法鉴定专家库信息平台，统一提供国家库、地方库专家名单以供查询。

三 加快推进环境污染人身损害鉴定制度建设

2016年8月，全国卫生与健康大会在北京举行。习近平出席并在会议上明确指出，良好的生态环境是人类生存与健康的基础，要建立健全环境与健康监测、调查、风险评估制度，重点抓好空气、土壤、水污染的防治，切实解决影响人民群众健康的突出环境问题。[①] 因此，我们必须加强

---

① 习近平：《把人民健康放在优先发展战略地位 努力全方位全周期保障人民健康》，《人民日报》2016年8月21日第1版。

环境污染人身损害鉴定制度建设。

我国长期以来所从事的环境损害司法鉴定，主要指传统意义上的环境污染损害司法鉴定问题，基本不直接涉及人身健康问题。但从当下实践看，因环境污染导致人身健康受害的问题十分急迫，也更加复杂，所以更应当引起高度重视。近年来，环境污染导致的人身健康问题日益显现，然而实践中受害人很难及时有效地得到赔偿。究其原因，就是我国环境污染人身损害鉴定法律制度严重缺失。作为完整的环境污染人身损害鉴定制度，除了司法鉴定自身的有关文件外，还应当包括司法鉴定所依据的法律法规以及卫生技术规范。法律法规是明确司法鉴定机构和鉴定人的法律地位和产生的依据；卫生技术规范则应当对疾病的诊断标准、环境疾病的目录等作出规定。而当前我国在以上两个方面都很缺乏。为此，有必要对环境污染导致人身健康受害的问题，在司法鉴定上采取更加特殊的办法和制度。

(一) 关于环境污染人身损害司法鉴定机构和人员的特殊管理

在我国，由司法部主管全国司法鉴定工作，但是，在环境损害司法鉴定制度的路径选择上，前一段时期有两种不同路径的争论。第一种路径是依托传统的司法鉴定类别，相应增设环境损害司法鉴定项目，将环境污染导致的人身损害纳入法医类司法鉴定，将环境污染导致的地表水、地下水、空气、土壤、沉积物、生物和生态系统服务损害纳入微量物证鉴定。如国家海洋局海洋环境监测司法鉴定中心取得的许可就是微量物证的司法鉴定许可。[①] 第二种路径是针对环境损害鉴定评估自身的特殊性，在传统的司法鉴定以外建立一个新的类别。主要理由：一是环境问题是系统问题，牵涉面广，涉及要素较多，难以人为割裂，相比较而言，传统法医、物证和声像资料的鉴定对象则比较单一明确；二是传统的司法鉴定难以满足环境损害鉴定的实际需要。随着环境损害司法鉴定实践的不断深入，司法部和环境保护部实际上已经按照第二种模式进行探索，已经形成了共同构建环境损害司法鉴定管理体系的意见，经过最高人民法院和最高人民检察院的认可，在传统的司法鉴定类别外建立了新的环境损害司法鉴定体系。参考这个思路，根据环境污染对人身健康损害的路径和形式，在国家

[①] 於方、田超、张衍燊：《我国环境损害司法鉴定制度初探》，《中国司法鉴定》2015年第5期。

管理的层面，建议由国家卫计委会同环境保护部具体负责环境污染人身损害的司法鉴定工作，司法行政机关仅仅进行行业的规范管理即可。在省、自治区、直辖市层面，建议在省级疾病预防控制中心内设立专门的环境污染人身损害的司法鉴定机构，由临床医学、环境医学、环境科技、环境法学、管理学等专业人士组成专家组负责鉴定工作。与此同时，还要根据不同的公害特点，确定疾病的目录。例如针对比较突出的重金属污染损害人身健康的问题，结合已有的《重金属诊疗规范》制定重金属污染人身损害的疾病目录，以后在条件成熟时，再逐步健全完善环境医学已经证实的更大范围的环境疾病目录。

(二) 关于环境污染人身损害司法鉴定的依据问题

传统环境损害理论上应该依据民法、侵权责任法、民事诉讼法等传统法律解决，国外由于环境问题导致的个人财产与健康损害也基本上都通过民事诉讼程序，按照传统的证据规则进行诉讼而获得赔偿，其中涉及的司法鉴定问题通过专家辅助人等制度协助解决。根据一般的证据规则，按照"谁主张、谁举证"的举证责任分配原则进行。在环境污染的受害方无法取得证据的情况下，实行举证责任倒置原则，即由侵权人负责举证，证明其行为与损害后果之间不存在因果关系。但是，无论举证责任如何分配，司法鉴定都是必不可少的支撑手段。在环境污染人身损害的案件中，一定要符合医学的规律，即环境污染对健康的损害要得到环境医学的证实。例如，案件中因果关系的认定，要符合环境毒理学的知识，包括：环境污染、环境暴露、健康损害的剂量—反应关系等。因此，在我国审理环境污染人身损害案件的具体实践中，建议在现有法律制度框架内，对于个体水平的环境污染导致人身健康损害，充分运用专家辅助人制度加以解决。最高人民法院2014年出台的《关于审理环境侵权责任纠纷案件适用法律若干问题的解释》第9条，已就该问题作出明确规定，按照该规定办理，既可降低鉴定费用，又可推动损害赔偿问题的解决。

(三) 关于群体规模的污染受害人的赔偿依据问题

由于环境损害导致人身健康受害通常具有群体性特征，美国在1990年通过的《石油污染法案》中，对石油污染导致的健康损害及其他行政支出费用提出了综合性的处理规定。其中关于健康与财产损害赔偿问题可以通过快速理赔程序得到赔偿。日本则针对环境污染可能导致的群体性健康损害问题，相应制定了《公害健康被害补偿法》等法律，并在中央和地方分设机构,分工负责公害病判定标准的制定与赔偿问题的落实。

　　日本的《公害健康被害补偿法》等法律,就是考虑到公害背景下被害人举证的实际困难,以及简便高效地处理环境污染损害人身健康的赔偿诉讼需要。20 世纪,日本在经历了痛痛病、水俣病等公害诉讼后,将流行病学的研究方法运用到污染行为与损害后果的因果关系的证明中来,逐渐发展成为一种新的因果关系的证明方法。流行病学因果关系理论亦称为疫学因果关系理论,运用该理论一般要具备四个条件:首先,引起疾病的因子在疾病发生前的一定期间内出现;其次,当影响因子的作用程度增加时,疾病的发生率也增大;再次,当影响因子的作用程度降低时,疾病的发生率下降;最后,该影响因子作为疾病发生的原因,其作用过程与生物学的规律是一致的。流行病学因果关系理论运用统计学的研究方法来确定污染因子与损害后果之间的关联性,使受害人的证明责任得到一定的减轻。统计学的研究方法本身就具有科学性,因而使流行病学理论成为一种可以具体操作的简便、可行、高效的因果关系证明方法。因此,在我国环境污染损害人身健康请求赔偿案件的司法实践中,对群体规模的环境污染导致人身健康损害的赔偿问题,建议制定既符合群体受污染损害的"公害"特点,又简便、可行、高效,方便维护受害人合法权益、方便受害人群体及时得到赔偿的法律制度以及赔偿标准。笔者认为,根据该标准和制度,司法鉴定机构出具统一的鉴定意见,在这个基础上,由人民法院作出统一的裁判,以最大限度地降低鉴定费用、提高司法效率,有助于让人民群众在每一个环境案件审判中真正感受到公平正义。

第四节　环境案件审理模式的专门化

一　当前环境案件审理模式之考察

(一) 环境案件的具体类型

　　在目前诉讼体制下,环境案件根据三大诉讼法划分为三类具体案件:环境刑事案件、环境行政案件、环境民事案件,与其他案件相比,环境案件呈现出自己鲜明的特点。随着《民事诉讼法》的修订,环境公益案件成为环境案件的另一种主要形式。

1. 环境刑事案件

此类案件系指因破坏自然资源或者污染环境引发的各类刑事案件，《刑法》第六章第六节对破坏环境资源保护罪作出了明确规定。其他刑事案件侵害的对象往往直接表现为财产或者人身，而环境刑事案件侵害的对象直接表现为对自然资源的破坏或者是对环境的污染以及因对自然资源的破坏或者对环境的污染而导致对财产或者人身造成侵害。其他刑事案件的审理往往注重的是对犯罪本身的惩罚，环境刑事案件的审理不仅注重对犯罪本身进行惩罚，更重视对被破坏的自然资源和被污染的环境的修复。

2. 环境行政案件

行政案件目前还没有专门的案由分类，① 该类案件通常是环境行政机关因环境问题作出行政行为后，行政相对人或者相关利益人不服，而提起诉讼；也可能是公民、法人或者其他组织通过诉讼请求环保行政机关履行环保监管职责。无论是哪种情况，都涉及对环境和资源的保护，而不单单是私权中财产权和人身权的保护，私权主体更注重自身的财产权、人身权，而作为国家公权力机关的法院应当对所涉环境问题一并考虑，兼顾环境治理修复等问题。环境行政机关对相对人作出行政处罚，相对人不履行，行政机关申请法院强制执行，由此产生环境行政非诉执行案件，该类案件执行的目的更加明确，目标是保护环境资源。

3. 环境民事案件

平等民事主体间因环境权益引发的纠纷，即环境民事案件。其他民事案件中，系由于财产权或者人身权受到损害而导致损失的发生，而环境民事案件中，系环境资源受到破坏而导致人身、财产权受到侵害。该类案件民事主体诉讼的目的与其他案件民事主体诉讼的目的并无多大区别，都是使人身损害或者财产损失得到赔偿；环境功能损害的恢复，往往不是民事主体请求事项，这方面主要靠环境公益诉讼加以解决。

4. 环境公益诉讼案件

新修订的《民事诉讼法》第 55 条对污染环境的民事公益诉讼进行了规定。2016 年 2 月 25 日，最高人民法院发布《人民法院审理人民检察院提起公益诉讼案件试点工作实施办法》，除对民事公益诉讼进一步细化以

---

① 目前我国行政诉讼案件的案由仍按照《最高人民法院关于规范行政案件案由的通知》的规定，由"行政管理范围+行政行为种类"的方式确定案由，环境行政案件没有专门案由。

外,对环境行政公益诉讼也进行了明确规定。无论是环境民事公益诉讼,还是环境行政公益诉讼,与其他民事诉讼或者行政诉讼相比,更注重对环境的保护,强调维护环境公共利益。《人民法院审理人民检察院提起公益诉讼案件试点工作实施办法》对环境公益诉讼部分程序性问题进行了完善。

环境纠纷案件,大都是污染或破坏环境资源间接引发人与人之间的纠纷而导致,民事与刑事、民事与行政甚至行政与刑事法律关系交织,公益与私益交织,处理人与人之间纠纷与修复人与自然之间的关系并重。这些都对环境纠纷案件的审理工作提出了更高要求。

(二) 当前环境案件的各种审理模式

1. 环境案件审理"三审合一"模式

"三审合一"是将环境民事、行政、刑事案件划归环保法庭集中审理,包括对涉及环境与资源保护的民事与行政交叉案件、民事与刑事交叉案件进行统一审理,这是我国多数法院设立环保法庭采取的审理模式,贵阳市中级人民法院及清镇市环保法庭、东营市中级人民法院及东营经济技术开发区人民法院就属于此种模式。贵州省是我国第一个设置环保法庭的省份,已形成了比较完善的司法体系。根据《关于贵阳市中级人民法院环境保护审判庭、清镇市环境保护法庭案件受理范围的规定》,环境法庭的具体分工和职责主要是:依法审理涉及"两湖一库"的水资源保护和贵阳市所属辖区内山林、水土保护的排污侵权案件、损害赔偿案件等以及按照贵州省高级人民法院下达的指定管辖决定书,依照法律审理贵阳市所属辖区外涉及"两湖一库"的水资源环境保护、管理、侵权等民事、刑事、行政一审相关案件。

这种审理模式采用起来相对容易,在法院内部进行相应的业务分工调整后,即可很快发挥作用。这种审理模式在我国环保审判实践中是主流模式。

2. 环境案件审理"二审合一"模式

目前我国有些设立环保法庭的法院,采取了"二审合一"的审理模式。由于各地的环境问题、司法状况不同,对"二审合一"中的"二"的规定有所不同,有的特指环保民事案件和刑事案件,有的特指环保民事案件和行政案件。如福建省福州市鼓楼区法院就将环境保护的民事、行政案件纳入其受理范围。

3. 环境案件审理的其他模式

（1）只受理一类案件的环保法庭审理模式。这种类型的环保审理模式较少，即只单纯地受理某一类环保案件，如湖南省茶陵县法院就只受理涉环保问题的行政诉讼案件和非诉行政执行案件。

（2）环境保护合议庭模式。为适应环境案件急剧增长的任务，避免与《人民法院组织法》的规定相冲突，我国有些法院在民事审判庭内设立了环保合议庭，以此为环境保护提供司法支持。如江苏省无锡市惠山区人民法院成立环境保护合议庭。相对环境保护审判庭，环保合议庭的审理更为便捷，亦不额外占用法院人员编制，此种模式设立方便、灵活，具有一定的价值。

（3）环境保护巡回法庭模式。巡回法庭是一种流动性的审判模式，在域外比较常见，在我国的环境司法中引入巡回法庭不仅方便、易于操作，且能最大程度实现"服务大局、为民司法"的宗旨，是"马锡五审判方式"在环境保护司法领域的具体实践。如2004年成立的辽宁省大连市沙河口区人民法院环境保护巡回法庭、2008年成立的江苏省常州市新北区人民法院环境保护巡回法庭，即是这种模式的典型。这种模式的不足之处在于巡回法庭多与当地行政环保部门合作，且办公地点多设在行政机关内，如前所述的沙河口区人民法院环境保护巡回法庭设在沙河口区环保分局内，新北区人民法院环境保护巡回法庭设在常州市环境监测支队内，可能会因利益纠葛导致审判的独立性受损。

二 当前环境案件审理面临的现实问题及成因

任何案件的审理，都需要一定的审判组织按照审判程序适用法律规定的权利、义务规范作出裁判。因此，案件的审理模式，必然受到现行审判制度的规制，并受审判机构及其管理体制的影响。

（一）审判制度对环境案件审理模式之规制

目前我国民事、行政、刑事在实体法完备的基础上，都制定了相应的诉讼程序法，形成了三大类案件，分别由相应的审判机构专门进行审理，形成三大案件的审理模式。各程序法仅规定对应案件的诉讼程序，环保法虽然实体基本完备，但由于没有专门的环境诉讼法，环境公益诉讼案件在程序上仅有民事诉讼法的简单规定，审理程序在法律层面还没有明确规定，因而也就没有法定的环境案件审理模式。环境案件的审理只能依靠三大诉讼程序，或者是参照它们的诉讼规则。

修正后的《民事诉讼法》第 55 条对环境公益诉讼的原告作了原则性规定，但对诉讼程序并未作全面规定。最高人民法院制定的《关于审理环境民事公益诉讼案件适用法律若干问题的解释》于 2015 年实施，2016 年最高人民法院制定《人民法院审理人民检察院提起公益诉讼案件试点工作实施办法》，对环境公益诉讼进行了规定，但这仅是司法解释性的规范，并未上升至法律层面。

（二）审判机构对环境案件审理模式之影响

环境审判机构（组织）设置为法院、审判庭还是派出法庭，必然会影响到审理模式的选择和作用发挥。目前和今后将主要存在以下几种环境审判机构类型。

（1）专门的环境法院。其审理模式可以实现几类环境案件统一由一个主体主管并执行。如果将来条件成熟，其审理模式可以参照海事法院或者铁路运输法院、林业法院的审判管理模式。

（2）审判庭。在法院内设立审判庭，根据承担刑事、行政、民事案件的审理范围，有单一（只负责审理三类案件中一类）、二审合一（审理三类案件中的其中两类）、三审合一（刑事、民事、行政三类案件均审理）等模式。在各审判组织中，案件审理可采用独任制或合议制。有的法院指定专门合议庭审理环境案件。

（3）派出法庭。在派出法庭中，基层法院的派出法庭不能审理行政案件、刑事案件，只能审理环境民事案件。

（三）环保功能定位的缺失对环境案件审理模式之影响

环境案件具有本身的特点，如果按照行政区划设置的审判机构（组织），采用单一的审理模式分别对一个环境问题引发的刑事、行政、民事纠纷进行审理，很难适应当前的环保形势和审判实践的需要。在我国环境司法领域实践中，民事、刑事、行政三大诉讼类型表现出某种复合特性，在个案中形成交叉。不同法官受制于专业知识、经验等因素的影响，认识问题的角度和思维方式有所不同，裁判标准、适用证据规则存在差异，很可能造成"在民事行政裁判与刑事裁判中产生冲突或矛盾，从而出现司法标准不统一的结果"[①]。

---

① 沈跃东：《论环境法庭的裁判程序》，《东南学术》2010 年第 5 期。

环境案件审理在遵循一般审理规律的基础上，应根据案件特点，对审理模式作出一个科学的目标定位：其一，不仅保护人身权、财产权，也要有利于保护生态环境；其二，案件管辖应从环境问题的空间维度出发，着眼于环境事件的解决，而非仅以行政区划为出发点；其三，不仅只从形式上实现无关联案件的"合审"，而是本质实现一个环境问题引发纠纷的"合审"，实现保护生态环境的目的。环境污染损害的特点决定了环境案件具有高度关联性，一个环境案件，可能涉及民事（侵权、赔偿）、行政（行政处罚）、刑事（构成犯罪）诸多法律关系，因此，在实现环保司法专门化时要有整合主义的基本立场，不仅要有公法与私法的融合、管制模式与管制工具的整合，还包括在一个审判组织内实现对环境侵害关联性的应对。换言之，环境审理模式的构建目的是有利于保护生态环境，其对案件的管辖要根据自然资源的分布特点、环境污染的区域性特点确定，并非单纯将分散于民庭、行政庭、刑庭的环境民事、行政、刑事案件集中于一个审判机构或审判组织审理，而是将某一个环境问题引发的民事、行政、刑事纠纷通过整体考虑甚至由同一个审判机构一并解决，并在法律框架内采取民事、行政、刑事责任承担方式，修复被破坏的自然资源和被污染的环境，从而达到保护环境的目的。

三　环境案件审理模式之完善

环保问题日益引起重视，通过专门化的司法手段保护环境已经成为社会发展的必然。我国很多学者早就提出过建立环保法庭的构想，如全国人大代表吕忠梅2010年3月8日建议我国应借鉴国际先进经验，在中级人民法院设立环保审判庭，强化环境保护。[1] 外国学者也建议为发展环境公益诉讼，中国应设立环保法庭及环境法院。[2] 全国各地、各级法院对环保案件的审理模式进行了有益的实践探索，但仍存在这样或那样的问题，还需要进一步发展和完善。

在环保行政部门设立派出法庭或者巡回法庭，本身不是一种案件审判

---

[1] 查玮、吕忠梅：《环境案件审判应有专门规则》，《中国环境报》2010年5月10日第3版。

[2] Alex L. Wang, "Environmental Courts and Public Interest Litigation in China", *Chinese Law & Government*, Vol. 43, No. 6, 2010.

管理模式，有违司法规律且在实践大都不存在了，故不宜采用这种模式。合议庭依附于某一审判庭，即使是专门的合议庭，也难以承担起日益增多的环境案件的审理，且在诉讼程序整合、日常管理方面都存在较大制约。贵州省清镇市生态保护法庭虽然实行三审合一模式，但其定位系派出法庭。在现行体制下，由派出法庭审理行政案件、刑事案件仍会受到质疑。因而要完善环境案件审理模式，比较稳妥的办法就是对现有实践中普遍存在的专门审判庭实行"三审合一"。

要建立独立的审理模式，必须有专门的诉讼程序做支撑，必须有专门的人员来保障。

（一）进一步完善"三审合一"模式

1. 审级

环境案件具有区域性特点，有的具有流域性，环境案件管辖应考虑这一特点。现行司法制度下，无论民事、行政、刑事案件一般均由基层法院管辖。现在的基层法院法官司法能力、专业素养与过去相比有了极大提高。基层法院设立了环境审判庭，负责一般环境案件的管辖。中级人民法院设立专门审判庭，负责二审及其他三大诉讼法规定的由其管辖的案件的审理。高级法院设立专门审判庭，主要职能是总结辖区内审判经验，对辖区内审判进行指导，对极少数重大、疑难、复杂案件进行一审。

2. 地域

根据环保案件的特点及数量，高级法院应根据实际情况，确定在部分基层法院、中级人民法院设立专门审判庭，案件管辖实行跨行政区划管辖。需要注意的是，根据环境案件情况，虽然并非每个基层法院都要设立环境专门审判庭，但环境专门审判庭之间的层级应当衔接紧密，不能出现"断档"，不能出现下级法院专业审判，而上级法院还依靠传统审判模式审理的状况。如果是这样的话，环境专业审判就不够彻底，专业审判的效能也无法充分发挥出来。

3. 模式

实行"三审合一"模式，将环境民事、刑事、行政案件全部纳入专门审判庭审理，如果环境案件只是单一民事、刑事、行政案件，直接审理即可。如果涉及法律关系的交织、三类案件交织，应一并审理且一并裁判。无论何种情形，均兼顾环境保护的目的。

（二）环境公益诉讼案件的审理模式

2015年1月7日，最高人民法院制定的《关于审理环境民事公益诉讼案件适用法律若干问题的解释》，对环境民事公益诉讼案件的原告主体资格、管辖、审理程序进行了规定。《人民法院审理人民检察院提起公益诉讼案件试点工作实施办法》对法院审理由检察院提出的环境民事和环境行政公益诉讼案件作出规定。根据规定，环境民事公益诉讼以中级人民法院管辖为原则，中级人民法院认为必要可以报请高级法院指定基层法院审理；环境行政公益诉讼由基层法院管辖。笔者认为，当前我国基层法院的司法能力与过去相比有了很大提高，随着司法体制改革的不断推进，基层法院同其他审级的法院一样，受到行政或者其他干预的情况也会越来越少，环境民事公益诉讼案件审理虽然意义重大，其审理程序与其他环境案件也有不小的区别，但仍是环境案件的一种，以基层法院现有或者将来的司法能力，是能够胜任该类案件审理任务的，该类案件应以基层法院管辖为原则，这既与三大诉讼法规定相对应，也与行政公益诉讼案件管辖相对应，如果该类案件的个案确实影响大、疑难复杂，必要时可由中级人民法院提审。换句话说，环境公益诉讼案件无论是民事案件还是行政案件一审应以基层法院管辖为原则，由基层法院专门审判庭进行审理，将来设立环境法院后，由基层环境法院专门审理机构进行审理。

（三）探索制定环境诉讼特别程序法

环境组织专门化在当前我国环境保护中推动环境纠纷解决的法治化，提升环境审判专业化方面的作用已初步彰显。但是，客观地讲，环境司法的专业化水平还存在一定的发展"短板"，主要表现在机构专门化之后的审理程序和审判方式的专业化方面。有学者曾一针见血地指出，脱离了专门化的环境诉讼机制，环境案件的审理将可能成为"空壳"。[1]从实践的角度观察，当前环境案件的审理虽然已经有了一些特殊的程序规定作支撑，但总体看这些规定是不系统的，有些专业化程度还有待研究，尤其是当前的环境专门机构建设还处于初级阶段的情况下，专业化的审理功能还远未发挥出来。因此，很有必要制定相应的系统规定。最理想的模式当然是制定专门的环境诉讼特别程序法。环境诉讼法的制定并非简单地将民

---

[1] 康京涛：《环境审判模式的理论逻辑及实践检视——兼论环境案件"三审合一"的构建》，《生态经济》2015年第8期。

事、行政、刑事诉讼程序杂糅，也不是生硬地将三者割裂，而是根据环境诉讼特有的规律将三者进行系统的融合，在遵循一般诉讼规律的同时，将环境诉讼的独有规则和程序提炼出来，构建起一套完整的诉讼规则和特别程序。如果暂时条件不成熟，还可以以实施细则或司法解释的形式出台系统性的规定，目的是真正构建起符合环境审判专业化需要的特别诉讼程序和机制。

第五节　环境案件审判和执行的一体化

案件审判和执行是全面实现诉讼目的的两个重要阶段，相互衔接、相互影响。从性质上来说，审判是一种司法行为，执行则更具有行政的性质；对执行异议、申请不予执行的审查与裁决，应当属于司法的范畴，但执行过程中含有救济行为的事实不应改变其从整体上归属于行政行为的性质。民事强制执行，指国家执行机关依照法律规定的程序，对生效法律文书确定的内容，运用国家强制力量，依法采取强制措施，强制负有义务的当事人完成义务的行为。[1] 执行就是以落实和实现确定的裁决内容为目的，通过一定的程序、措施来实现权利人权利的行为与过程。执行行为是审判行为当然的、不可或缺的附属物。[2] 环境案件的裁决与执行，既有与一般案件审理与执行的共同特点，也有自身的一些特殊性，尤其需要注重审理与裁决的相互关联，围绕环境司法的理念、保护环境目的，实现审与执的协调一致。从环境司法实践看，环境民事、行政等几类案件由一个环境法庭合一管辖，案件的审理与执行工作均由环境法庭负责的，属多数情况。审判与执行的一体化是环保司法的重要趋势。

一　环境案件的执行模式现状

目前司法改革中对审理与执行的关系、模式有一定探讨，要求建立审判与执行相对分离的管理体制、工作机制。在司法实践中，案件的审判与执行由法院内部不同的机构来承担，案件的审理由业务庭来负责，执行由

---

[1]　邹川宁：《民事强制执行基本问题研究》，中国法制出版社2004年版，第1页。
[2]　江伟、赵秀举：《论执行行为的性质和执行机构的设置》，《人大法律评论》2000年第1辑。

法院的执行部门来负责。有的基层法院也赋予派出法庭执行一定案件的权力。环境资源案件的执行模式，也是在这种大背景下设置和形成的，现实中存在几种不同的样式：一是如传统的民商事案件一样，环境案件执行工作由执行局负责；二是由环境审判庭一并负责环境案件的执行；三是由环境审判庭指导，执行部门协助执行环境资源案件。

（一）一般环境案件的裁决执行情形

1. 环境案件的审执分离模式

在未成立专门环境审判组织的法院，一般采用该种模式，即环境案件作为一般的侵权纠纷或者合同纠纷处理并作出裁决后，案件经当事人申请由执行部门负责执行。这种方式较多，执行部门具有执行力量、经验的优势，尤其是采取强制措施、查控财产，对拒不执行的当事人采取罚款、拘留等措施，利用执行查控系统、失信被执行人信息发布制度等，发挥执行专门机构优势，按照这种普通模式运行，不需要改变组织结构、运行机制，变动最少、成本最小。缺点是对于环境案件的专业性重视不够，有些环境裁决事项的执行周期性长、难度大，执行效率不够高。

2. 环境审判组织指导执行，审执部分合一的模式

环境审判庭或者合议庭，根据其自身的特点和能力，负责执行部分环境案件的类型，一般性的环境案件由执行部门负责执行的模式。实践中此种情形较多，环境法庭负责执行的，主要是指环保非诉行政案件的执行，如东营中级人民法院环保庭，环保非诉执行案件执结率达到100%，先后审查执行了东营市环境保护局申请执行中石化胜利油田有限公司东辛采油厂、现河采油厂及胜利采油厂等，标的额达6560万元的环保行政处罚系列案件；审理并指导基层法院执行了标的额达1.45亿元的城市污水处理费征缴案件。[①] 环境法庭根据自身的特点和能力，对于具有环境事项特点的案件予以执行，而对于需要采取强制执行措施、查控等手段的案件，可以交由执行部门负责实施。

3. 审判与执行合一的模式

环境案件审判组织负责审理并执行生效的裁决案件，即环境案件的审理、裁决与执行由环境审判庭负责。目前的环境司法实践中，环境法庭负责执行的，执行部门给予必要的协助、配合等，尚无环境案件全部单纯由

---

① 孙佑海：《环境司法理论与实务研究》，人民法院出版社2014年版，第91页。

环境法庭执行的情形。在成立环境专门法院的情形下，可能实现环境司法的审执的全部合一模式。

（二）环境公益诉讼案件裁决的执行情形

环境公益诉讼案件裁决的执行更能体现环境案件的特点，对审执一体化要求更高。由于涉及社会公共利益，裁决执行的长期性、复杂性，对执行主体、执行过程、执行公开性的要求更高。根据执行工作中具体情形、执行主体的不同，分为以下三种。

1. 法院直接负责执行

法院作为监督、指导裁决执行的主体，通过一定的程序、措施和行为使生效裁决确定的内容得以实现。有些裁决事项如停止侵害，可以由法院执行，通过裁定禁止一定的行为，违反裁定的，可以根据情节、后果等给予罚款、拘留，甚至追究拒执罪的刑事责任。这种模式与一般民事案件的执行模式相似。这一模式的好处是以法院的公信力、强制力推进环保案件裁决内容的实现，效率较高；不足之处在于法院并非专业机构，对于一些专业性问题不一定把握到位，而且法院执行部门的时间、精力往往耗费大、效果不一定好，法院作为裁决机构，直接参与执行，也存在回避等方面的问题。

2. 被执行人执行

环境司法实践中，对环境案件的裁决有很多具有价值的创新，包括裁决内容、实现方式的创新。《民法通则》第四节对承担民事责任的方式进行了规范，列举了十种方式，如环境保护案件中常用的：停止侵害、排除妨碍、消除危险、恢复原状、赔偿损失等，可以单独或者合并判决环境案件的被告承担上述责任。实践中借鉴域外的做法，进行了富有意义的创新，尤其是判决被告为一定的行为。如贵阳清镇法院环保法庭对郎某某盗伐林木刑事案及其后的民事公益诉讼案件，[①] 法庭既支持民事赔偿，又判决被告人种树，这突破了传统的做法，不仅追究环境破坏者的行政责任或刑事责任，而且突出了具有补偿性的民事责任。种树作为恢复原状的一种办法，既是被告人可以完成的，又对恢复生态具有实实在在的裨益。该案坚持刑事处罚、经济赔偿和修复生态三管齐下，取得了积极的法律效果、

---

① 舒子贵：《环境犯罪适用非刑罚措施探析》，《贵阳市清镇法院环境保护审判工作资料汇编》，第154页。

社会效果,该案是国内较早的这方面的判例,此后还出现了放流等恢复污染河流生态的做法,对于揭示环保案件的特点、责任方式,丰富法官处理类似案件的选择,具有典型意义。被执行人种树,这种具有可执行性、符合裁决理念的责任承担方式,可以由法院监督,责令被执行人直接执行,并且通过监督其执行行为、执行态度、执行效果,发挥示范作用。

3. 委托第三方执行

对于区域性的环境污染问题的治理,如对排放污染物造成一定流域污染,或者特定污染损害后的治理,法院在对公益诉讼案件作出判决,损害赔偿款执行到位后,将案款拨付给以公益为目的的基金组织或者第三方机构,委托具有相应资质的环境中介公司完成治理污染、修复环境的工程。这一方式,可以发挥专业组织的作用,法院仅处于监督者的角色,有利于保持中立地位、维护司法的公信力。委托第三方程序时应通过招标程序,从具有资质的机构中选择确定治理机构,签订治理合同并监督治理行为,根据合同进度拨付款项,通过专家或者专业评估的可以确认完成治理任务,终结环境治理事项。这种方式虽然环节较多、周期较长,需要付出一定的成本,但对于治理难度大、周期长、专业性要求高的区域性污染问题,可以充分发挥专业机构的作用,体现公开透明的要求,因而在实践中的适用越来越广。

三种模式各有自己适用的领域,也各有自身的特点,我们应当结合环境保护案件本身的特点、情形,结合实际进行选择,下一步应当对各类型的适用情形进行规范,形成相对成熟的机制模式。

二 环境案件执行的特殊性

对环境案件审理的重视和探索起步较晚,裁决的执行更是面临很多新情况、新问题,理论及实践储备均有不足。

(一)环境案件执行的特点

环境保护纠纷案件的情形复杂,有些侵权类型、后果、影响与传统民事案件不同,甚至差异甚大,法律规定供给不足,环境权的问题尚有争论,需要探索创新的空间较大。司法实践中更是存在侵权认定难、因果关系判断难、损害评估鉴定难、修复治理难等困境,如环境污染案件,绝不仅仅是金钱赔偿问题,生态要素的修复、环境污染危害的治理，都要求将赔偿款项用于治理，化作修复环境的行为投入，从事一定的修复和更新环境的行为，并取得治理效果和恢复环境的功能。只有如此，才标志着执行事项的终结。现实中我们对环境案件执行的特点认识不足、重视不够，需要从以下几个方面加强。

1. 惩罚性与补偿性结合

对于环境污染方面的故意、严重过失等重大侵权行为，除了追究行政责任、刑事责任予以惩罚外，更重要的是环境治理修复，不能免除责任者的民事赔偿责任。从总体上看，对环境犯罪的刑事处罚偏轻。因为环境资源的形成往往经历一个漫长的过程，一旦造成较大程度的毁坏，恢复原状几乎是不可能的，能做到的就是尽量弥补而已。[①] 如果说惩罚在于使这种情形少发生，使人不敢为，但已经造成的后果却不能因此而减轻；民事赔偿在于减少、降低其损害，在民事赔偿中也应探索和体现惩罚性，使污染者在经济上不能得到便宜。

2. 坚持经济损失与生态恢复结合

即使是私益诉讼，鉴于环境的整体性和要素的流动性，有时对修复治理的需求也绝对不亚于对损害赔偿的需求。例如东营经济技术开发区法院审理的胜利油田某运输公司车辆倾覆致使鱼塘、虾池污染损害案件，承包人举证证实的水产产品减少损失得到赔偿后，其实水、池塘土壤等环境要素亦受到不同程度损害，环境案件审理中坚持了充分赔偿原则，通过指导对环境损害部分予以恢复，尽量实现水面养殖功能的全面修复。对于一些潜在损害，也应予以赔偿。同时，鉴于环境污染侵权对于人的精神状态、健康状况、生活条件等皆有较大影响，甚至还会通过遗传因素危及后代，因此，增加规定环境污染侵权精神损害赔偿是必要的。[②]

3. 注意区别法律上的结案与效果上的实现

环境案件在法律上的结案仅仅是初步的，裁决得到实施也并不一定代表工作全部完成。生态环境得到恢复、污染问题得到治理，土壤或者水的功能再现，将污染造成的后果消除，才能说实现了环境纠纷裁决的最终目标。这些需要环境法庭、环保行政机关、当事人双方的共同努力。

---

① 孙佑海：《环境司法理论与实务研究》，人民法院出版社2014年版，第35页。
② 关祥国：《环境污染损害赔偿案件审理中的问题与对策》，http://www.66law.cn/lawarticle/6483.aspx。

4. 执行方式的法定性与实施措施的灵活性

法院的执行工作应当严格依照《民事诉讼法》和执行方面的法律法规、司法解释实施。执行的主体、执行的内容、强制执行的措施，都必须于法有据。但是，由于执行环境案件裁决所承担的修复、治理任务，实现这一目标必然是综合、复杂的，执行方式、执行措施并不能穷尽，需要结合实际，根据裁决的确定内容，在环保理念指导下，按照其原则、依据实施，通过委托、分期执行等方式，实现确定的内容和目的。

(二) 环境案件中裁决与执行的关系及其相互规制

环境保护案件的执行，符合裁决与执行的一般关系，它们是实现诉讼目的相互衔接的两个阶段，相辅相成的两个环节。

1. 环保案件裁决对执行的要求更高，依赖性、指导性更强

因为环保案件具有专业性强的特点，环保案件的诉讼目的一方面是私权得到救济，但还往往涉及公共利益、环境利益，裁决的实现价值更大，如果不能实现判决事项、修复治理生态，裁判也仅仅是一纸法律空文。有时即使执行到位了赔偿款项，污染行为没有停止，污染后果没有得到治理，裁决的目的仍然落空。这一点是不同于一般民事案件的。

环境损害具有金钱赔偿不可替代、生态要素恢复困难甚至不可恢复的特点。为了防止环境侵害造成不可恢复的后果，紧急情况下，环境案件申请人可以申请禁止令，禁令被告的相关行为。[①] 在美国环保法律中，诉前禁令与永久性禁令制度值得借鉴。我国《民事诉讼法》修改后将行为纳入保全的范畴，这为禁令制度创造了法律基础与依据，对可能造成无法弥补损害、难以挽回损失的环境危险行为给予禁令制止。当然，我们还应当结合实际进行创新，视情况分别采用审理前的临时性禁令，以及审理后经过利益衡量后决定撤销临时禁令还是给予永久性禁令。

2. 环境保护案件的执行，创新方式更加多样化，理论界、实践中采取了更加宽容的态度

环境保护司法面临着法律理论供给不足、诉讼程序不够完善、新情况新问题多，同时社会环境问题严峻、群众对环境问题的关注急剧提升等情形。[②] 环境司法越来越得到重视，推进环境司法、发挥其对环境的保护、

[①] 谢伟：《浅论中国环境司法专门化与环境公益诉讼》，《经济研究导刊》2015年第7期。
[②] 峥嵘：《环境司法专门化的困境与出路》，《甘肃政法学院学报》2014年第4期。

对行政执法的矫正功能，越来越成为共识。

（三）环境公益诉讼案件执行的公开性与监督性

环境污染纠纷大多数涉及环境公益，其形成原因非常复杂，环境污染具有缓发性、累积性、复合性、潜伏性等特点。[①] 环境污染引发的公益诉讼案件，在审理的各个阶段都有不同于一般案件的程序要求，目前对环境公益案件的程序规定过于原则，缺乏相应的公开、监督方面的制度设计、程序保障。例如受理环境公益诉讼案件，现规定应当在一定期限内通报环境行政部门，我们认为还应通知所在区域居民组织，甚至应要求在一定区域、一定范围的媒体上进行公示；除应当坚持进行公开审理，提起公益诉讼的一方、与被告达成和解协议、调解协议，应当在一定范围内将调解书进行公示；必要时可以举行听证会，邀请有关专家、居民代表参加，确保其他相关方的权益和社会公众的知情权、参与权。在环境保护公益诉讼案件的执行中，也必然要求有一些不同于一般案件的程序性要求。主要是以下两个方面。

1. 公开性方面

环境公益诉讼案件的执行，一是赔偿损失的款项，应当是公开的，专项用于环境污染项目的治理，财务账目公开并接受监督。二是治理方案，由于涉及社会公共利益，周围群体的环境利益，应当公开，包括款项的拨付。三是治理的验收应当公开，接受包括专家、群众等在内的评估，经过一定的程序确认才能认可治理达标。

2. 监督性方面

一是环境污染赔偿款的管理、使用应当接受监督，该款不能由环境公益诉讼的原告占有、使用，因为其只是环境公益的代表者，诉讼终结职责履行完毕，一般不再参与治理过程，这也是其角色和保持公信力的要求。当然，还是可以监督该款项的使用、治理的实施等。二是治理的目的、过程、效果，应当接受公众的监督，确保公益性在环境公益诉讼中的贯彻始终、一体实现。

三 推进环境案件裁决与执行的一体化

探究司法裁决与执行的内在关系，才能进一步规范、完善环境案件执

[①] 谢伟：《浅论中国环境司法专门化与环境公益诉讼》，《经济研究导刊》2015年第7期。

行的一体化问题。裁决与执行是相互衔接的两个阶段。裁决的作出是当事人权利救济的一个阶段，诉讼请求得以在法律上得到认可，只有通过执行阶段实现裁决判项，损害的权利才能得到救济，诉讼的目的才能最终实现。一般来说，这些具有逻辑上的因果关系，时间上的先后顺序，但是也不是完全严格依照先后次序进行的，如诉讼保全问题，就是为了防止转移、隐匿财产或其他行为，致使判决将来不能执行，而采取的先行措施。另外，还有裁定先予执行，就更是将执行行为提前，对于事实争议不大、权利义务清楚、符合法律规定情况紧急的，可以裁定先行执行一部分的制度。

裁决与执行具有共同的司法目的，两者相辅相成。裁决是执行的内容，是执行的出发点和归宿；执行是裁决得以实现的必要保障、程序。执行应当遵照裁决的本意、判项的内容，实现判决确定的权利义务，实现对社会关系的调整。执行有自动履行、强制执行等方式，几种方式是相互衔接、关联的，强制执行是以国家强制力为保障的，也正是因为强制性的存在，裁决才更有自动履行、和解的基础和可能。执行过程中，有时也需要裁决，如执行异议的审查，申请不予执行事项的审查。

（一）域外环境司法裁决与执行对接的启示

目前美国、日本和德国，均有较为完善的环境司法体系。德国民事执行实行的是二元制，法院和执行官分别管辖一定范围内的民事执行事务。[1] 执行官属于公务人员，管辖通过扣押或者拍卖动产实现金钱债权的执行和交付。法院通过扣押第三人财产或者其他财产性权利对金钱债务进行执行，对宣誓后拒绝交出财产的债务人进行罚款。对执行官的某些活动，如强行进入当事人的住所进行搜查，提前进行授权。[2] 总之，德国民事执行权全部在法院，认为民事执行是实现或者保护具有执行名义的债权人请求而设置的强制性的司法程序。

日本宪法中明确规定了环境权，1993年制定了《环境基本法》，注重与国际环境法的融合及和他国环境法的协调。[3] 实行执行机关的二元主

---

[1] 谭秋桂：《域外民事执行权配置方式的考察与思考》，《人民法院报》2015年2月11日第4版。

[2] 同上。

[3] 孙佑海：《环境司法理论与实务研究》，人民法院出版社2014年版，第107—108页。

义，法院和执行官分别管辖一定范围内的民事执行事务：包含复杂的法律判断以及执行中可能发生的新的争执的事务由法院处理，只有处理事实问题、比较简单的事务由执行官处理。① 法院也可以把一些具体事务，如不动产勘察、拍卖等交给执行官执行，在必要时也会协助执行官执行。地方法院设置执行法官和执行官职位，执行官是设立于地方法院的公务员，由地方法院任命和指定工作。

美国佛蒙特州设有环境法院，受理与行政决定、行政执法和行政许可有关的环境案件，环境犯罪案件和环境侵权案件仍由刑事审判庭和民事审判庭受理。② 胜诉债权人发动执行程序的办法是向作出裁决的法院申请发出执行令状，然后将执行令状交给执行官执行，其中州法院发出的执行令状由县治安法官或其他官员执行；联邦法院发出的执行令状由联邦法警执行，执行中有关异议的解决由法官来裁判。③ 执行官须在法定的期限内采取执行措施并执行完毕，同时将令状回复发出法院。执行官在环境案件裁决执行实施工作中具有一定的主动性和较大的作用。如果该令状在法定期限内有未执行完毕的，期满则丧失效力，执行官不得进一步采取执行行为。当事人可以重新申请签发执行令状。法官通过执行令状实际控制民事执行程序，执行官不仅职责仅限于采取扣押、变卖等具体措施，而且受法院制约和指导。

从上述情况看，无论是英美法系国家还是大陆法系国家的司法体系，民事执行都与法院有关，没有一个民事执行权设置完全脱离法院而审执分离。法院或者法官有权裁决执行中出现的异议、争议事项；指导裁决的执行，尤其是复杂事项的执行；执行官是公务人员，负责办理具体执行事项，并协助法官办理事项和实现裁决确定内容。究其原因，法院是实质性纠纷的裁决者，熟悉案件情况、裁决的原因、依据、逻辑，对执行具有指导的能力和责任，裁决的实现是司法功能的应有之义、体现之一。相对而言，环保案件裁决与执行的联系更为紧密；裁决实现的过程复杂、长期，

---

① 谭秋桂：《域外民事执行权配置方式的考察与思考》，《人民法院报》2015年2月11日第4版。

② 李挚萍：《美国佛蒙特州环境法院的发展及对中国的启示》，《中国政法大学学报》2010年第1期。

③ 邹川宁：《民事强制执行的基本问题》，中国法制出版社2004年版，第5页。

技术性、创新性、复杂性更高，客观上需要法院环保法官的指导和把握。

域外法院的执行运作及设置，对我们具有很强的借鉴意义，我国环保纠纷案件的执行，应当坚持环保法庭主导的模式，这符合环保案件的专业性、环境保护的公益性、环保司法的特殊性。法官裁决执行中的争议事项，指导裁决的执行。必要情况下，可以由执行人员协助办理部分事项，尤其是强制措施的实施。环保案件的执行，还需要发挥中介机构、社会组织的作用，进而形成有机衔接的机制体系。

(二) 环境案件执行方式创新需求

环保案件主要有环境侵权案件、环境资源权属案件、环境资源合同案件等类型，从司法实践和司法统计来看，环境侵权类案件占到环境案件的绝大多数。环境案件不同于其他民事案件，环境具有整体性、公益性，即使个人或者法人、其他组织提起的私益诉讼，也兼具影响周围其他主体、影响社会的属性。这一点与知识产权案件有相似性，侵犯知识产权而生产、销售的产品，不仅侵犯了知识产权人的利益，也破坏了规则，破坏了知识产权保护的制度，同时侵犯了知识产权相关守约方的利益，如：除了专利权人外，合法获得专利许可使用的人，也可能因侵权人销售未经合法许可的低价侵权产品而损失市场空间、遭到损害。环境司法，除了依法审理、维护当事人双方的权益外，还需要兼顾社会利益，具有保护环境、维护社会公益的功能和使命要求。

具体而言，就是既要完成审理案件的诉讼任务、达成保护环境的目标，又要符合民事诉讼的原则、程序，需要不断进行创新和探索，以回应和解决实际问题，担负起审判机关的职责使命。环境纠纷的解决，生态环境治理、修复，具有长期性、复杂性，不同于简单的交付、赔偿、确认等，可以一次性执行完毕。以环境公益诉讼案件为例，判决赔偿损失后，该款项应当用于专项治理项目，而治理则是一个长期过程，多方参与、多种治理手段并用，还要经过治理效果评估才能确认完成。这些探索和创新，有的是科学、有效的，有些则不一定完全有相应的具体法条或依据，值得探讨。有些是富有价值的探索，但是有些不一定经得起历史的检验，需要我们进行总结、提炼，不正确的予以纠正，成熟的上升为规范性文件，吸收进法律法规、司法解释中。

(三) 推进环境司法中裁决与执行的一体化

环境司法作为独立的研究对象，开展审判实践、理论探讨，相对于传统的民商事审判起步较晚。它是在工业化造成大规模环境后果后才被重视的，并逐渐形成了自己的法律体系、治理理念、制度设置，其对环境案件裁决的执行具有重大的引导和制约作用，加强裁决与执行的对接，推进一体化是环境案件审与执发展的趋势和要求。

从政策层面，环境司法审判与执行的一体化已有导向性意见。《最高人民法院关于充分发挥审判职能作用为推进生态文明建设和绿色发展提供司法服务和保障的意见》规定，要根据环境资源保护作用的现实需要和当地的案件特点，积极探索构建刑事、民事、行政审判和立案、执行等业务部门既分工负责又紧密配合的协同审判工作机制……要加强立案、审判和执行机构之间相互配合，形成环境资源审判的整体合力。下一步关键是在政策指导下，细化政策内容，使其更具有可操作性，切实为环境司法审判与执行一体化提供助力。

加强法律制度规范上的综合考量。理论研究、立法、司法工作中，将裁决与执行作为一个整体来考察、谋划，这是环保案件裁决与执行一体化的源头和基础。只有在这样考虑和制度设计之下，才能确保环保司法的有效、协调。目前我们运行的环境司法论坛，发挥了很好的智库作用，对推进环境理论研究、完善环境立法、支持环境司法发挥了很好、很大的作用。

强化环境司法的功能和目的导向作用。司法实践中，裁决应当考虑到执行的问题，裁决内容应具有可执行性，执行应当遵从裁决的意旨，实现环境保护的目的。环境污染纠纷案件中因果关系认定难、损害评估难、治理修复费用高，环境案件的裁决应当本着保护环境的目标，大胆裁决、依法支持环境保护者的诉求。同时，也应着眼于裁决的执行性，裁决应当明确、具体、可以执行。应当避免空判，即除金钱赔偿事项依法作出外，对于行为或者其他义务的履行等判项应考虑可执行性，避免无法实现。同时，也应当避免为了好执行而降低判决的标准，不敢作出富有创新价值的判决。

推进环境司法执行机制建设，裁决与执行在机构上应当加强对接，实现一体化。审执一体化并不一定要机构合一，在环保法院建立的条件下，审执一体的主体是法院，内部仍然分为审判部门和执行部门，这也是由业务工作的性质特点决定的。一体化的推进重在机制建设，表现为环境审判与执行分立的，应当由环保法庭指导裁决执行；或者环保法庭统一负责案件的审理与执行，执行部门可以协助办理部分事项。

从环境法庭设立的情况看，多数环境法庭均负责并指导环境保护案件的执行，这也是对环境案件特点和执行规律的遵守，实践中也取得了较好的效果。清镇市法院环境法庭、东营经济技术开发区法院等环境法庭就实行跨区域管辖全市环保案件，并且将环保刑事、民事、行政案件三审合一，对于执行事项复杂、强制措施实施难度大的案件，由执行局协助环保庭办理，完成环保庭指定的协助事项。

（四）环境案件裁决执行的配套制度完善问题

从保护环境角度来看，目前，社会中介机构不足，如公益基金组织可以执行公益治理修复项目，具有政府部门、法院不具备的优势，可以形成相互配合的机制。但是，目前公益基金组织偏少，而且环境污染具有地域性，部分公益基金组织不能很好地发挥作用。同时，志愿者组织偏少，尤其是《环境保护法》修改后，对提起公益诉讼的组织，在宗旨、设置程序、年限等方面进行了限定，提出诉讼的主体较少，一定程度上制约了公益诉讼的开展。

从我国目前的实践来看，由国务院授权环境保护部负责鉴定机构的资质管理，统一评估鉴定原则、范围、程序及评估的方法标准。环境保护部与司法部对环境中介机构资质审核需要加强配合，目前存在的问题和制约主要在于，有资质的鉴定机构少，鉴定费用高昂，这些问题应尽快解决，为环境污染的行政处理提供依据，也为审判提供确定的权威标准。

此外，还涉及环境执行手段的多样性和执行能力的强化等方面的问题。相信这些在解决执行难的大背景下，会得到逐步的完善。

第十章　环境公益诉讼制度创新研究

环境公益，不同于环境众益，它是指环境因具有能直接或间接满足人类需要的各种功能所承载的公共利益，包括国家环境公益和社会环境公益。前者是指国家所有的自然资源所承载的利益，后者是指社会公共的空气、水域、绿地等生活环境和自然保护区、饮用水水源区等生态环境所承载的利益。环境公益诉讼，是指有关公民、社会组织和国家机关等有权主体，为保护国家和社会环境公共利益而提起的诉讼。之所以创设环境公益诉讼制度，是因为现有的民事权利制度、行政法律制度和诉讼法律制度不能有效保护环境公益。从环境公益诉讼的诉权基础来看，环境权为公民提起诉讼、环境权和诉讼信托为环保组织提起公益诉讼、自然资源国家所有权为自然资源资产管理机关提起公益诉讼、检察监督权为检察机关提起公益诉讼提供了诉讼资格上的正当性。环境公益诉讼是环境司法主流化的重要法宝，为突破当前环境公益诉讼立法不足、司法不力的困境，务必在明辨环境、资源、生态的区别，明确环境公益的内涵、夯实环境权的理论等基础上[①]，进一步健全和完善环境公益诉讼制度，特别是健全环境公益诉讼的原告制度、举证责任制度和环境损害赔偿制度等，构建环境行政公益诉讼制度、环境公益诉讼赔偿资金管理制度等。

第一节　环境公益诉讼的概念

概念是法律的基本构成要素，对法律概念的精准界定，是分析法律问题和进行法学研究的前提基础。迪亚斯也认为："法律概念的分析为我们研究某些关于法律性质的理论提供了基础。它可以使我们的认识更深刻，

[①] 杨朝霞：《环境司法主流化的两大法宝：环境司法专门化和环境资源权利化》，《中国政法大学学报》2016年第1期。

从而使我们更敏锐地认识到这些理论的本质。概念分析越广泛、越深入，就越能认识到这些理论的实质。"①

自 20 世纪 50 年代以来，日益严重的环境污染和生态破坏问题，使得在良好的环境中生活被当作重要的权益而受到越来越广泛的关注，并受到切切实实的行动保护，美国甚至还爆发了声势浩大的环保运动。体现在法律上，欧美各国的环境法纷纷建立了保护公共环境的公益诉讼制度，譬如美国建立了公民诉讼制度、德国建立了团体诉讼制度、英国建立了检举人诉讼制度、法国建立了协会诉讼等。我国也在新修订的《民事诉讼法》和《环境保护法》中规定了环境公益诉讼制度。

综观世界各国关于环境公益诉讼的法律实践，笔者以为，所谓环境公益诉讼，即有关国家机关、公民和社会组织等有权主体，为保护国家或社会的环境公共利益而提起的诉讼。具体而言，环境公益诉讼至少可包含如下几重含义。

第一，环境公益诉讼的目的是保护环境公共利益而非与环境相关的私人利益。环境公益诉讼不同于以维护公民、法人之人身、财产等私人利益为目的的私益诉讼，而是以保护环境公共利益为目标的诉讼，以防止、减少和救济对环境公共利益的损害。换句话说，环境公益诉讼是指对受损或有损害之虞的公共"环境"进行司法救济，而非对受损或有损害之虞的私人人身、财产进行司法救济。换言之，为救济由于环境污染和生态破坏而遭受的私人人身和财产损害所提起的诉讼，即使受害人众多且不确定，也不属于环境公益诉讼的范畴。

第二，环境公益诉讼既包括为保护国家的环境公共利益而提起的诉讼，也包括为保护社会共享的环境公共利益而提起的诉讼。为保护国家的环境公共利益而提起的诉讼，主要是指为保护国有的矿产资源、森林资源、野生动植物资源、渔业资源、遗传资源等自然资源而提起的诉讼，譬如，针对国有矿藏破坏行为，矿产资源贱卖行为，国有林滥伐、盗伐行为，野生动物乱捕滥猎行为，渔业资源污染致害或违法捕捞行为等而提起的诉讼。为保护社会的环境公共利益而提起的诉讼，主要指为保护公共的空气、水域、绿地、公园等生活环境和自然保护区、饮用水水源地、野生动物栖息

---

① ［英］迪亚斯：《法律的概念与价值》，黄文艺译，载张文显、李步云《法理学论丛》第 2 卷，法律出版社 2000 年版，第 437 页。

地、种质资源保护区或者种质资源保护地等生态环境而提起的诉讼,譬如针对土地沙化、盐渍化、贫瘠化、石漠化、地面沉降、植被破坏、水土流失、水体富营养化、水源枯竭、生物多样性减少(存在种源灭绝威胁)。

第三,依据不同的标准,可把环境公益诉讼分为不同的类型(如下表10-1所示)。首先,从诉讼的性质来看,环境公益诉讼包括环境民事公益诉讼与环境行政公益诉讼两种基本形式。要说明的是,尽管环境刑事诉讼也是为了保护环境公共利益而进行的诉讼,但不属于我们所讲的环境公益诉讼的范畴。其次,从诉讼的具体目的来看,环境公益诉讼可分为预防性环境公益诉讼(以防范环境损害的发生)、阻断性环境公益诉讼(以阻止环境损害的继续发生)和救济性环境公益诉讼(以救济已经受损的环境)三种基本形式。再次,从诉讼的动机来看,还可将环境公益诉讼分为示范性环境公益诉讼(为产生后续的社会影响、发挥示范和启蒙作用而起诉,而诉讼本身能否胜诉在所不计,甚至明知不可能胜诉而起诉)和实质性环境公益诉讼(为了切实保护遭受危害的环境公共利益而起诉)。最后,从诉讼的功能来看,还可将环境公益诉讼分为纯粹公益性环境公益诉讼和公私兼顾性环境公益诉讼。前者是指提起环境公益诉讼的原告自身同作为诉讼标的之环境公共利益之间没有直接的利害关系,如环保组织和检察机关提起的环境公益诉讼;后者是指提起环境公益诉讼的原告同作为诉讼标的之环境公共利益具有直接的利害关系,即此类公益诉讼能实现公私兼顾,如作为环境权人的公民提起的环境权诉讼。①

表 10-1　　　　　　　　环境公益诉讼的类型划分

分类标准 \ 不同类别	类别 1	类别 2	类别 3
诉讼性质	环境民事公益诉讼	环境行政公益诉讼	
诉讼目的	预防性环境公益诉讼	阻断性环境公益诉讼	救济性环境公益诉讼
诉讼动机	示范性环境公益诉讼	实质性环境公益诉讼	
诉讼功能	纯粹公益性环境公益诉讼	公私兼顾性环境公益诉讼	

---

① 徐平、朱志炜、杨朝霞:《论我国环境法庭的困境与出路》,《吉首大学学报》(社会科学版)2014年第4期。

第二节 我国环境公益诉讼的历史发展

自 20 世纪中期以来，日益严重的环境问题和渐趋高涨的环保运动，使良好的生活环境被当作一种重要的公共利益而日益受到公众的关注。体现在法律上，欧美各国的环境法纷纷建立了保护这种公共利益的环境公益诉讼制度，譬如德国的团体诉讼制度、英国的检举人诉讼制度、美国的公民诉讼制度、法国的协会诉讼制度等。①

一 我国环境公益诉讼的历史回顾

在我国，环境公益诉讼制度的建立和发展是以环境行政监管手段不足以解决日益严峻的环境问题以及建立在人身和财产权利基础上的环境侵权责任诉讼无法对环境公共利益进行有效救济的现实国情为背景的，并得益于理论研究和实践创新的共同推动。

（一）启蒙阶段（2007 年之前）：星星之火

从实践创新上看，早在 1984 年 7 月就发生了深圳环境监测站诉香港凯达有限公司环境污染案，应属于我国有据可查的最早的环境公益诉讼案例。此后，在 20 世纪 90 年代末和 21 世纪初，也发生了 1995 年黑龙江鸡西市梨树区人民政府诉鸡西市化工局等环境污染赔偿纠纷案、2000 年青岛 300 余名市民诉规划局违法行政许可案、2002 年"塔斯曼海"轮油污损害赔偿案、2003 年四川阆中市人民检察院诉群发骨粉厂环境污染纠纷案、2005 年北大贺卫方等诉吉林石化水污染案等多起环境公益诉讼案例。然而，由于缺乏理论的指导和政策的支持，只有零星发生的环境公益诉讼案例，远未形成规模效应并产生重大影响。

值得庆幸的是，在这一时期，部分敏锐的学者开始关注和加强了对环境公益诉讼的理论研究。早在 2002 年召开的"环境资源法学高级研讨会"上，学者们就提出要突破直接利害关系的制度框架，使社会公益团体或检察机关可以作为公共利益的代表而提起行政或民事公益诉讼。随后，学者们对环境公益诉讼的关注和研究日益加强，对环境公益诉讼的基

---

① 关丽：《环境民事公益诉讼研究》，博士学位论文，中国政法大学，2011 年，第 52—55 页。

础理论和制度设计等问题进行了广泛的研究和深入的探讨，为我国确立环境公益诉讼制度奠定了较为扎实的理论基础。① 2005年12月，《国务院关于落实科学发展观加强环境保护的决定》出台，首次提出要"推动环境公益诉讼"。自2007年始，各地纷纷开始进行环境司法专门化和环境公益诉讼的探索与试点，也正是从这个阶段开始，我国的环境公益诉讼开始跨入了一个蓬勃发展的探索时期。

（二）探索阶段（2007—2012年）：地方试点

2007年12月，贵阳市中级人民法院发布《关于贵阳市中级人民法院环境保护审判庭、清镇市人民法院环境保护法庭案件受理范围的规定》，并向全市发出《指定管辖决定书》，明确规定："各级检察机关、两湖一库管理局、各级环保局、林业局等相关职能部门，可作为环境公益诉讼的原告，向人民法院提起环境公益诉讼。"2008年9月，无锡市中级人民法院和无锡市人民检察院出台了《关于办理环境民事公益诉讼案件的试行规定》。② 此后，昆明、重庆等地纷纷开展了环境司法专门化和环境公益诉讼的司法创新。

应当说，环境司法专门化对于促进环境公益诉讼的发展确实发挥了十分积极的作用。清镇市环保法庭自2007年11月20日成立后，相继受理了贵阳市"两湖一库"管理局诉天峰化工公司污染水源案（2007年12月）、贵阳市检察院诉熊金志等破坏植被案（2008年6月）、中华环保联合会诉清镇市国土资源局未履行职责收回百花湖风景名胜区土地使用权案（2009年7月）、中华环保联合会和贵阳公众环境教育中心诉贵阳市乌当区定扒造纸厂污染南明河案（2010年12月）等一系列环境公益诉讼，在全国产生了重大的社会影响。③

但从总体情况来看，全国环境公益诉讼的情况并不乐观。据统计，我国2000—2013年审结的环境公益诉讼案件总计不足60起。就连作为行业翘楚而享誉全国的昆明中级人民法院的环境保护审判庭，自2008年12月

---

① 王明远：《论我国环境公益诉讼的发展方向：基于行政权与司法权关系理论的分析》，《中国法学》2016年第1期。

② 别涛：《环境公益诉讼破壳而出 "两湖一库"打响第一枪》，《中国环境报》2008年12月30日。

③ 杨朝霞：《环境司法主流化的两大法宝：环境司法专门化和环境资源权利化》，《中国政法大学学报》2016年第1期。

11日成立至2013年9月20日的5年间，也只审理了6起环境公益诉讼案件。[①] 换言之，环境公益诉讼案件总体数量不多，规模效应不大，并没有对环境司法的发展做出重要贡献、产生重大影响。究其原因，最主要是没有明确的法律依据作为支持，只在贵州、浙江、江苏等地的一些地方政府和人民法院等出台了一些规范性文件。

（三）发展阶段（2012年之后）：建章立制

2012年8月修订通过的《民事诉讼法》破解了环境公益诉讼之法律依据不足的尴尬局面，第55条明确规定："对污染环境、侵害众多消费者合法权益等损害社会公共利益的行为，法律规定的机关和有关组织可以向人民法院提起诉讼。"然而，在司法实践上，这一立法并没有使环境公益诉讼的困局发生扭转。

2014年4月24日修订通过并于2015年1月1日起实施的《环境保护法》终于改变了这一局面，第58条[②]明确授予了"依法在设区的市级以上人民政府民政部门登记、专门从事环境保护公益活动连续五年以上且无违法记录"的社会组织提起环境民事公益诉讼的起诉资格。2015年1月6日，最高人民法院公布了《关于审理环境民事公益诉讼案件适用法律若干问题的解释》，对《环境保护法》第58条作出了进一步的解释，不仅将环境公益诉讼的范围扩大到"对已经损害社会公共利益或者具有损害社会公共利益重大风险的污染环境、破坏生态的行为"，还将可提起环境公益诉讼的社会组织明确解释为"在设区的市级以上人民政府民政部门登记的社会团体、民办非企业单位以及基金会"。[③] 此外，2015年1月30日发布的《最高人民法院关于适用〈中华人民共和国民事诉讼法〉的解释》还具体规定了提起环境民事公益诉讼的起诉条件。较之2012年《民

---

① 杨朝霞：《环境司法主流化的两大法宝：环境司法专门化和环境资源权利化》，《中国政法大学学报》2016年第1期。

② 2014年《环境保护法》第58条规定："对污染环境、破坏生态，损害社会公共利益的行为，符合下列条件的社会组织可以向人民法院提起诉讼：（一）依法在设区的市级以上人民政府民政部门登记；（二）专门从事环境保护公益活动连续五年以上且无违法记录。符合前款规定的社会组织向人民法院提起诉讼，人民法院应当依法受理。提起诉讼的社会组织不得通过诉讼牟取经济利益。"

③ 杨朝霞：《环境司法主流化的两大法宝：环境司法专门化和环境资源权利化》，《中国政法大学学报》2016年第1期。

事诉讼法》而言，这两个文件无疑是伟大的进步，令无数环境法律人为之欢欣鼓舞。

2014年7月3日，为充分发挥人民法院审判职能作用为推进生态文明建设提供有力司法保障，最高人民法院印发《关于全面加强环境资源审判工作为推进生态文明建设提供有力司法保障的意见》，对环境民事公益诉讼作出了更为细致的规定。为了弥补环保组织各方面能力的不足，也为了更好地发挥检察机关在公益诉讼中的作用，2014年10月28日通过的《中共中央关于全面推进依法治国若干重大问题的决定》规定，要"探索建立检察机关提起公益诉讼制度"。2015年7月1日，第十二届全国人民代表大会常务委员会第十五次会议正式通过了《关于授权最高人民检察院在部分地区开展公益诉讼试点工作的决定》，授权最高人民检察院在北京、内蒙古等部分地区①，在生态环境和资源保护、国有资产保护、国有土地使用权出让、食品药品安全等领域开展提起公益诉讼的试点。2015年7月2日，最高人民检察院公布了《检察机关提起公益诉讼改革试点方案》②。2016年1月6日，最高人民检察院发布了《人民检察院提起公益诉讼试点工作实施办法》，对检察机关提起公益诉讼的诉讼规则作出了具体规定。2016年2月25日，最高人民法院印发了《人民法院审理人民检察院提起公益诉讼案件试点工作实施办法》。

2016年6月2日，为充分发挥人民法院审判职能作用，为加快推进生态文明建设与绿色发展提供公正、高效的司法服务和保障，最高人民法

---

① 试点地区确定为北京、内蒙古、吉林、江苏、安徽、福建、山东、湖北、广东、贵州、云南、陕西、甘肃13个省、自治区、直辖市。

② 早在2015年5月5日，中央全面深化改革领导小组第12次会议，就审议通过了《检察机关提起公益诉讼改革试点方案》。5月21日，全国检察机关行政检察工作座谈会在吉林长春召开，会议决定，最高人民检察院将提请全国人大常委会授权在部分地区开展为期两年的检察机关提起公益诉讼改革试点工作。最高人民检察院检察长曹建明表示，检察机关不宜简单直接提起公益诉讼，应当先通过诉前程序，提起公益诉讼只是法律监督的最后手段。提起民事公益诉讼之前，检察机关应当依法督促或者支持法律规定的机关或有关组织向人民法院提起民事公益诉讼。提起行政公益诉讼之前，检察机关应当先向相关行政机关提出检察建议，督促其纠正违法行政行为或依法履行职责。经过诉前程序，法律规定的机关和有关组织没有提起民事公益诉讼，社会公共利益仍处于受侵害状态的，检察机关可以提起民事公益诉讼；行政机关拒不纠正违法行为或不履行法定职责，国家和社会公共利益仍处于受侵害状态的，检察机关可以提起行政公益诉讼。刘子阳：《最高检要求准确把握公益诉讼范围》，《法制日报》2015年5月21日。

院印发了《关于充分发挥审判职能作用为推进生态文明建设与绿色发展提供司法服务和保障的意见》。

表 10-2　　　　　　　　　环境公益诉讼法律文件

	名称	发文机关	发布时间	施行时间
法律	《海洋环境保护法》第90条	全国人大常委会	1999年12月25日	
	《民事诉讼法》第55条	全国人大常委会	2012年8月31日	2013年1月1日
	《环境保护法》第58条	全国人大常委会	2014年4月24日	2015年1月1日
司法解释	《关于审理环境民事公益诉讼案件适用法律若干问题的解释》	最高人民法院	2015年1月6日	2015年1月7日
	《关于适用〈中华人民共和国民事诉讼法〉的解释》	最高人民法院	2015年1月30日	2015年2月4日
	《关于审理环境侵权责任纠纷案件适用法律若干问题的解释》	最高人民法院	2015年6月1日	2015年6月3日
相关文件	《关于全面推进依法治国若干重大问题的决定》	中共中央	2014年10月28日	
	《关于全面加强环境资源审判工作为推进生态文明建设提供有力司法保障的意见》	最高人民法院	2014年7月3日	
	《关于授权最高人民检察院在部分地区开展公益诉讼试点工作的决定》	全国人大常委会	2015年7月1日	
	《检察机关提起公益诉讼改革试点方案》	最高人民检察院	2015年7月2日	
	《人民检察院提起公益诉讼试点工作实施办法》	最高人民检察院	2016年1月6日	
	《人民法院审理人民检察院提起公益诉讼案件试点工作实施办法》	最高人民法院	2016年2月25日	
	《关于充分发挥审判职能作用为推进生态文明建设与绿色发展提供司法服务和保障的意见》	最高人民法院	2016年6月2日	

此一阶段，环境公益诉讼案例较之前明显增多，截至 2014 年 12 月，各级人民法院共受理各类环境公益诉讼案件 65 件；2015 年 1 月至 2016 年 6 月，全国法院共受理环境公益诉讼一审案件 116 件，审结 61 件。其中，

环境民事公益诉讼案件104件，环境行政公益诉讼案件12件。① 其中，最典型的案例如：2014年4月，福建连城县法院环境资源审判庭受理了由龙岩市水土保持学会和连城县林业局共同提起的全国首例生态破坏类环境公益诉讼。② 2015年6月，福建长汀法院生态庭，审理了福建省绿家园友好中心诉某养殖场污染自然保护景区案，这是自2014年《环境保护法》实施以来全国首例水污染环境民事公益诉讼案。③

二　我国环境公益诉讼的现实问题

尽管我国的环境公益诉讼在立法上不断取得了新的突破，但从全国各地近年来的司法实践来看，主要还存在如下突出问题和重大挑战。

（一）当前困境发展的不充分性和不均衡性

1. 案件总量过少

据《中国环境公益诉讼二十年实践回顾综述（1995—2014）》的不完全统计，1995—2014年总共才收集到72件受理的环境公益诉讼案件。2015年，新《环境保护法》正式开始实施，正当人们以为环境公益诉讼的春天即将来临而翘首以盼时，现实却不尽如人意：新《环境保护法》自2015年1月1日实施以后，截至2015年9月20日，全国总共才有24起环境公益诉讼案，④ 且主要是由中华环保联合会、绿发会、自然之友、贵阳公众环境教育中心、福建绿家园、重庆绿色志愿者联合会、大连环保志愿者协会等9家环保组织提起的。据不完全统计，自20世纪90年代至2016年6月，媒体公开的环境公益诉讼案件总共也才104起，远未如预期那样，发生环境公益诉讼的井喷现象。

2. 诉讼发展不平衡

纵观近年来的发展情况，环境公益诉讼案件在整体的结构分布上，存在分布不均衡、偏轻偏重等方面的问题。

一是原告类型不均衡：国家机关多，环保组织和个人少。《中国环境

---

① 最高人民法院：《中国环境资源审判》，第14页。
② 《连城县林业局、龙岩市水土保持学会与黄永华、滕继能等11人环境污染侵权纠纷一审民事判决书》（〔2014〕连民初字第1806号）。
③ 参见吴亚东《全国首例环公益诉讼案达成调解协议》，《法制日报》2015年6月5日。
④ 参见金煜《腾格里沙漠污染公益诉讼未被受理 因不符原告资格》，《新京报》2015年8月22日第11版。

公益诉讼二十年实践回顾综述（1995—2014）》统计的72起环境公益诉讼案件里，检察机关和行政机关提起的案件最多，分别达到了25件（33%）和28件（37%）；环保组织和个人起诉的环境公益诉讼案件仅占三成，分别只有17件（22%）和6件（8%）。

二是被告类型不均衡：环境行政公益诉讼案件明显少于环境民事公益诉讼。据学者统计，从诉讼性质来看，在2015年发生的环境公益诉讼案件中，环境民事公益诉讼为36起，而环境行政公益诉讼只有6起；① 2015年1月至2016年6月，环境民事公益诉讼案件104件，环境行政公益诉讼案件才12件。其中，2015年7月至2016年6月，检察机关共提起的21件环境公益诉讼案件中，环境民事公益诉讼11件，审结3件；环境行政公益诉讼10件（含环境行政附带民事公益诉讼1件），审结6件。②

三是案件类别分布不均衡：环境污染类案件（尤其是水污染案件）多，生态破坏类案件少。据学者统计，在2015年的环境公益诉讼案件中，从环境公益的类别来看，大气污染案件9期，水污染案件18起，土壤污染案件4起，非法处置固体废物案件5起，生态破坏案件7起，景观环境破坏（也是文物破坏）案件1起。从表面看，大气环境公益诉讼的数量远远少于水环境公益诉讼，但实际上我国的大气污染问题并不比水污染问题轻。

四是区域分布不均衡：东部多西部少。据学者统计，在2015年的环境公益诉讼案件中，从地域分布上看，仅贵州就有12起，山东和江苏各6起，福建4起，辽宁和天津各2起，宁夏、内蒙古、甘肃、海南、河南、湖南、安徽、浙江、四川、北京各1起。

3. 环保组织胜诉率不高

根据《中国环境公益诉讼二十年实践回顾综述（1995—2014）》的调查和统计，从审判的结果来看，检察机关和行政机关提起的环境公益诉讼案件，基本全部胜诉；环保组织提起的17起环境公益诉讼案件中，只有6起胜诉，5起调解结案，1起撤诉，1起审理结果不明，4起无统计数

---

① 参见王灿发主编《新〈环境保护法〉实施情况评估报告》，中国政法大学出版社2016年版，第104—105页。
② 最高人民法院：《中国环境资源审判》，第14页；刘子阳：《法院受理检察机关提起公益诉讼案件12件 高法要求稳妥有序推进改革试点》，《法制日报》2016年4月11日。

据；公民个人提起的环境公益诉讼中只有1起胜诉，其余均败诉。

(二) 现实原因：环境公益诉讼的制度支持和保障措施乏力

从根源上看，造成我国环境公益诉讼发展不足的诸多问题，既有立法依据上的原因，也有司法实践上的原因，主要体现在以下几个方面。

1. 未能形成健全的环境公益诉讼制度体系

立法是司法的基础和前提，当前的环境公益诉讼之所以出现如此众多的问题，最根本、最重要的原因在于，立法上存在滞后和缺漏等方面的问题，未能形成健全的环境公益诉讼制度体系。譬如，在诉讼主体上，只授予了部分环保组织的起诉资格和检察机关的试点资格，将公民、自然资源资产管理机关、大部分环保组织等主体排除在外；在诉讼对象上，只规定了针对污染环境、破坏生态的企业的环境民事公益诉讼制度，没有规定针对行政机关尤其是环境保护主管部门和发改、规划、工信、土地等产业发展和项目审批部门的环境行政公益诉讼制度；在环境损害的因果关系证明上，没有明确规定环境民事公益诉讼原告和被告双方的证明责任；在胜诉后的执行问题上，没有针对被告承担的生态环境修复费用、生态服务功能损失赔偿费等款项规定如何使用和监督的资金管理制度；等等。

2. 符合起诉条件的环保组织数量太少

据最高人民法院统计，2015年1月至2016年6月，全国各级人民法院共受理社会组织提起的环境民事公益诉讼一审案件才93件，审结50件。[①] 这主要是因为，在《民事诉讼法》和《环境保护法》等现行法律框架下，具备法定起诉资格，又有诉讼能力和起诉意愿的环保社会组织实在太少。据统计，全国目前仅有700多家NGO符合法定起诉条件，其中，既符合《环境保护法》规定的诉讼资格条件，又具备起诉能力的，加起来可能还不足30家。[②] 就河北省而言，目前仅有3家NGO组织符合法定条件，但实际具备起诉能力的可能还没有一个。[③]

3. 检察机关起诉积极性有待提高

据《中国环境公益诉讼二十年实践回顾综述（1995—2014）》统计，

[①] 最高人民法院：《中国环境资源审判》，第15页。
[②] 贺霞：《公益诉讼会出现滥诉现象吗》，《中国环境报》2015年2月4日。
[③] 杨朝霞：《环境司法主流化的两大法宝：环境司法专门化和环境资源权利化》，《中国政法大学学报》2016年第1期。

1995—2014 年，由检察机关提起的环境公益诉讼案件为 25 件，占比 33%。随后，自 2015 年 1 月至 6 月，人民法院受理检察机关探索提起环境行政公益诉讼案件 2 件。自 2015 年 7 月探索建立检察机关提起公益诉讼制度以后至 2015 年 11 月的 4 个月里，全国 13 个试点省、自治区和直辖市中，只发生少数几起由检察机关提起的环境公益诉讼；[1] 2015 年 7 月至 2016 年 6 月，全国各级人民法院总共受理检察机关提起的环境公益诉讼案件为 21 件。[2][3]

从近 20 年来我国环境公益诉讼的具体实践来看，由检察机关提起的环境公益诉讼案件数量最多、占比最大且完全胜诉（主要发生在 2008—2010 年），但检察机关所提起的环境公益诉讼大多具有较为明显的领导意志和形式主义特征。

4. 环境损害鉴定评估机构少，资金缺，能力弱，举证艰难

实践表明，环境公益诉讼的原告在证明被告存在环境侵害行为和环境遭受损害方面面临挑战，特别是在证明环境损害的范围和大小方面存在难以克服的举证障碍。究其根源，主要是因为缺少相应的鉴定评估机构，缺乏所需的鉴定评估资金。

当然，除了上述原因之外，环境公益诉讼还存在诸如地方保护主义盛行、环境司法独立性不强，法律规则不细、可操作性不强，起步太晚、发展经验和诉讼能力不足等问题。总体而言，无论是从立法层面的法律制度，还是从司法层面的具体实施来看，我国的环境公益诉讼还面临重重的阻力和障碍，亟待进行全面、深刻的检讨和反思，切实健全和完善环境公益诉讼的制度体系，提升环境公益诉讼的司法实践能力。

---

[1] 参见张国强《大连打响辽宁检察机关支持公益诉讼第一枪》，《法制日报》2015 年 6 月 8 日。

[2] 最高人民法院《中国环境资源审判》白皮书显示，自 2015 年 7 月全国人大常委会授权试点以来，截至 2016 年 6 月，试点地区检察机关共在履行职责中发现公益诉讼案件线索 1942 件，办理诉前程序案件 1106 件，向法院提起公益诉讼 30 件。其中，生态环境和资源保护领域的案件线索 1416 件，提起环境民事、行政公益诉讼案件 23 件，成为突破重点；孙莹、刘乐：《检察机关公益诉讼试点全面"破冰"》，央广网，2016 年 8 月 6 日。

[3] 最高人民法院：《中国环境资源审判》，第 14 页；刘子阳：《法院受理检察机关提起公益诉讼案件 12 件 高法要求稳妥有序推进改革试点》，《法制日报》2016 年 4 月 11 日。

第三节　环境公益诉讼的理论反思

环境公益诉讼之所以遭遇起诉少、受理寡、举证艰、分布畸、胜诉难、质量低等问题，除了有地方保护主义严重、司法不独立，鉴定评估机构少、技术不成熟，环保组织数量少、资金缺、技能差等表面原因外，也有环境公益诉讼制度不健全、规则设计不合理等深层原因。就前者而言，其主要是司法能力不足和法治环境不佳的问题，属于司法保障方面的外部因素，可通过经济技术发展和政策调整优化予以解决和消弭。就后者而言，最主要的是立法能力不足的问题，究其根源，在于环境公益诉讼的理论研究滞后，难以为环境公益诉讼立法和司法工作提供坚实的理论支撑与智力支持。因此，这是一个更为根本和关键的问题，必须下定决心予以攻克。否则，正如吴敬琏先生所说："基本问题不解决，浅尝辄止，就事论事是很难成功的。"[①]

一　若干重要概念界定不清

（一）腾格里沙漠污染环境公益诉讼案：生物多样性保护是否属于环境保护

2015年8月，中国生物多样性保护与绿色发展基金会（简称"中国绿发会"）以8家企业违法排污造成腾格里沙漠污染为由，在宁夏中卫市中级人民法院提交诉状，要求企业恢复生态环境、消除危险等。然而，宁夏中卫市中级人民法院以该会从事的"生物多样性保护"与"环境保护"无关为由，认定其不符《环境保护法》第58条规定的关于"专门从事环境保护公益活动"的原告资格要求，而拒绝受理。关于本案，周珂、王灿发、曹明德、杨朝霞等环境法学者均认为，"生物多样性保护"当然属于广义"环境保护"的范围，法院的解释过于牵强。[②] 从学理上看，中卫市中级人民法院对于"生物多样性保护"与"环境保护"的关系确实

[①] 吴敬琏：《开拓思想市场研究基本问题》（http://www.yidianzixun.com/article/0EjcoNiP? s=mb）。

[②] 参见金煜《腾格里沙漠污染公益诉讼未被受理 因不符原告资格》，《新京报》2015年8月22日第11版。

存有歪曲的嫌疑，但细究法律条文，也不是完全没有道理。这是因为，尽管《环境保护法》第 2 条①清晰界定了"环境"的概念（确实包括了野生生物），但并没有明确界定"环境保护"的概念。尽管该法第 30 条②还直接提到了"保护生物多样性"，但遗憾的是，却规定了"开发利用自然资源"的限定条件。如此一来，由于造成腾格里沙漠污染的 8 家企业，并非开发利用自然资源，而是排放污染物质，故难以适用第 30 条的规定。毕竟，法律的归法律，法学的归法学，二者本应有所不同。本案反过来说明，造成此种尴尬的根源在于，新《环境保护法》没有清晰界定环境、资源、生态的概念及其相互的关系。③

（二）古村落保护公益诉讼案：拆毁文物是否属于破坏生态

河南省郑州市上街区峡窝镇的一个千年古村，一直享有"中原第一文物古村落"美誉。2015 年 4 月，为了让位于一个名为"智能电器产业园"的项目，上街区对马固村进行整体搬迁，致使王德魁故居、张连伟民居、王洪顺民居、王广林故居、马固村教堂五处不可移动文物被拆毁。10 月，为保护马固村古村落的文化遗产，中国绿发会以马固村村委会、上街区人民政府、上街区峡窝镇人民政府和郑州市上街区文化广电新闻出版局拆毁文物和不履行法定职责、破坏生态为由，向郑州市中级人民法院提起环境公益诉讼，并被受理。对此，学者许辉以"环保法怎么成了文物保护的救命稻草"为题，提出了强烈质疑。④ 学者谭柏平撰文回应，认为"人文遗迹"是《环境保护法》第 2 条明确列举的环境要素之一，中国绿发会当然可以提起旨在保护"人文遗迹"的环境公益诉讼。⑤ 对于本案，笔者认为，作为"人文遗迹"的马固村古村落，确实属于《环境保护法》第 2 条所列举的环境要素，但对该古村落的拆毁却并不符合《环

---

① 《环境保护法》第 2 条规定："本法所称环境，是指影响人类生存和发展的各种天然的和经过人工改造的自然因素的总体，包括大气、水、海洋、土地、矿藏、森林、草原、湿地、野生生物、自然遗迹、人文遗迹、自然保护区、风景名胜区、城市和乡村等。"

② 《环境保护法》第 30 条规定："开发利用自然资源，应当合理开发，保护生物多样性，保障生态安全，依法制定有关生态保护和恢复治理方案并予以实施。"

③ 杨朝霞：《环境司法主流化的两大法宝：环境司法专门化和环境资源权利化》，《中国政法大学学报》2016 年第 1 期。

④ 参见许辉《环保法怎么成了文物保护的救命稻草》，《京华时报》2015 年 10 月 20 日。

⑤ 参见谭柏平《保护人文遗迹是环保法题中已有之义》，《京华时报》2015 年 10 月 23 日。

境保护法》第 58 条关于"污染环境、破坏生态"的适用条件。[①] 换言之,作为人文遗迹的马固村古村落可成为景观环境要素,固然可成为《环境保护法》的保护对象,却很难将古村落的拆毁归于污染环境或破坏生态的行为,适用第 58 条而提起环境公益诉讼。[②] 本案进一步说明,《环境保护法》未能清晰界定环境、资源、生态的概念及其相互的关系。

二　环境公益的范围不明

环境公共利益是环境公益诉讼的核心范畴和逻辑起点,只有能明晰环境公益诉讼所保护的环境公共利益的范围和大小,环境公益诉讼制度才有价值和意义,环境公益诉讼也才能切实启动和推行。《民事诉讼法》第 55 条和《环境保护法》第 58 条及其司法解释均对环境公益诉讼进行了规定,但到底何谓环境公共利益、具体包括哪些内容、如何界定其大小,却没有相应的规定。

(一)福建龙岩市破坏生态公益诉讼案:毁损自然资源是否属于损害公共利益

自 2011 年始,黄永华等 11 人雇请工人在连城县吉坑山场非法生产稀土矿,造成非法采矿点及邻近山场林地表层大部分遭受破坏,采矿区内山体崩塌、滑坡、水土流失严重,道路边山坡损毁,河道泥沙淤积、堵塞、水流不畅,林地损毁面积总计 28.81 亩。事发后,龙岩市水土保持学会联合连城县林业局以国家矿产资源遭受巨大损失、林业生态环境遭到严重破坏为由起诉黄永华等 11 人,要求其赔偿对造成植被破坏、山体崩塌、滑坡、水土流失等生态破坏进行生态修复所需的工程费用 633672.69 元。[③]

问题是,本案对于造成的稀土资源破坏损失 1626.15 万元和森林资源的损失,却没有提出赔偿请求。根据我国的法律规定,稀土资源属于国家所有,作为矿产资源监管机关的龙岩市或连城县资源行政管理部门理应作为矿产资源国家所有权的代表人提起矿产资源破坏赔偿诉讼。

然而,《环境保护法》第 58 条只规定"对污染环境、破坏生态,损

[①] 杨朝霞:《环境司法主流化的两大法宝:环境司法专门化和环境资源权利化》,《中国政法大学学报》2016 年第 1 期。

[②] 同上。

[③] 同上。

害社会公共利益的行为"可提起公益诉讼,但却将"毁损资源"的行为排除在公益诉讼的范围之外。此外,除了《海洋环境保护法》外,《矿产资源法》《森林法》《草原法》《渔业法》《海岛保护法》《海域使用权法》等自然资源法也没有关于自然资源公益诉讼的规定。本案中,也许是由于缺乏提起自然资源损害赔偿诉讼的法律依据,也许是由于根本没有意识到这一问题,龙岩市或连城县资源行政管理部门及林业部门并未提起自然资源破坏类环境公益诉讼。

(二) 山东德州大气污染公益诉讼案:如何确定环境公共利益的损失大小

被告振华公司成立于 2000 年,位于德州市德城区,周围多为居民小区,经营范围主要包括电力生产、平板玻璃、玻璃空心砖、玻璃深加工、玻璃制品制造等。

根据德州市环境保护监测中心站的监测,2013 年 11 月,2014 年 1 月、5 月、6 月、11 月,2015 年 2 月,振华公司排放二氧化硫、氮氧化物及烟粉尘存在超标排放情况。在此期间,德州市环境保护局和山东省环境保护厅曾五次对振华公司进行行政处罚。2015 年 3 月 23 日,德州市环境保护局责令振华公司停产整治、停止超标排放废气污染物。2015 年 3 月 24 日,中华环保联合会向德州中级人民法院提起诉讼,请求被告振华公司立即停止超标向大气排放污染物,赔偿因大气污染而导致的相关生态损害,并在省级及以上媒体向社会公开赔礼道歉。[①]

2015 年 3 月 27 日,振华公司生产线全部放水停产,并另外新选厂址,原厂区准备搬迁。2015 年 12 月,中华环保联合会与环境保护部环境规划院订立技术咨询合同,委托其对振华公司排放大气污染物致使公私财产遭受损失的数额等进行鉴定。

2016 年 5 月,环境保护部环境规划院环境风险与损害鉴定评估研究中心根据已经双方质证的法院调取的证据作出评估意见。鉴定结论为:被告企业在鉴定期间超标向空气排放二氧化硫共计 255 吨、氮氧化物共计 589 吨、烟粉尘共计 19 吨。单位治理成本分别按 0.56 万元/吨、0.68 万元/吨、0.33 万元/吨计算。生态环境损害数额为虚拟治理成本的 3—5

---

① 刘晓星:《中华环保联合会对山东晶华集团涉嫌大气污染行为提起公益诉讼 3000 万元赔偿是怎么算出来的?》,《中国环境报》2015 年 4 月 1 日。

倍，鉴定报告取参数5，虚拟治理成本分别为713万元、2002万元、31万元，共计2746万元。①

2016年6月24日，德州中级人民法院依法组成合议庭公开开庭进行了审理。在案件审理过程中，经原告中华环保联合会申请、法院予以准许，环境保护部环境规划院专家吴琼出庭，并就二氧化硫、氮氧化物、烟粉尘超标排放给大气造成的损害、污染物排放时间、污染物排放量、单位治理成本、虚拟治理成本、生态损害赔偿数额的确定以及被告投入运营设备是否会对虚拟治理成本产生影响提出专家意见。根据最高人民法院《关于审理环境民事公益诉讼案件适用法律若干问题的解释》第23条的规定，生态环境修复费用难以确定或者确定具体数额所需鉴定费用明显过高的，利用虚拟治理成本法计算得到的环境损害可以作为生态环境损害赔偿的依据。②按照规定，被告振华公司所在的环境空气二类区生态损害数额为虚拟治理成本的3—5倍，法院认定按虚拟治理成本的4倍计算生态损害数额，即2198.36万元。

问题是，本案中的环境损害赔偿数额达到了近2200万元，而这虚拟的2200万元是根据数年来的损失累积计算的。正所谓无损害即无赔偿。只有对环境公共利益造成了现实的损害，才存在损害赔偿的问题。③然而，现实中，很难确定实实在在的社会公共利益特别是可以索赔的受损的社会公共利益。大气与水体、土壤等环境要素是完全不同的，大气污染对环境公共利益造成的损害，主要体现为雾霾、森林枯萎等；此外，大气的流动性强，受风、雨等气候因素的影响很大，大风一吹，大雨一淋，大气污染物的浓度就可能显著降低，很难发现和计算受损的环境公共利益。因此，把适用于水污染、土壤污染的虚拟治理成本法机械地搬用到大气污染，是明显违背科学原则的，对被告而言也是显失公平的。

三 环境公益诉讼的诉权基础不实

根据诉讼法的基本原理，起诉者必须符合"正当当事人"的基本要求，具有诉的利益。尽管作为公益诉讼的环境公益诉讼是对传统诉讼的重大革新，

---

① 刘晓星：《中华环保联合会对山东晶华集团涉嫌大气污染行为提起公益诉讼3000万元赔偿是怎么算出来的?》，《中国环境报》2015年4月1日。
② 同上。
③ 参见常纪文《从振华污染案看环境公益诉讼问题》，《经济参考报》2016年8月9日。

但也不能完全脱离甚至违背诉讼法的基本原理。① 正所谓"没有继承便没有创新"。换言之，环境公益诉讼的起诉者必须同诉的利益具有一定的关联性，必须有一定的诉权基础或其他的正当性依据，否则就是立法的恣意。②

关于环境公益诉讼，《环境保护法》在修订过程中曾出现多次变化。2012年8月，《环境保护法》修正案草案一审稿没有规定环境公益诉讼制度。此一规定受到民间组织和专家学者等各方力量的强烈反对。2013年6月，二审稿终于规定了环境公益诉讼，将起诉资格授予"中华环保联合会以及在省、自治区、直辖市设立的环保联合会"。对此，民间组织和专家学者继续表示不满。2013年10月，三审稿将起诉资格作了适当放宽，改为授予"依法在国务院民政部门登记，专门从事环境保护公益活动连续五年以上且信誉良好的全国性社会组织"。2014年4月，在民间组织和专家学者等各方力量的巨大压力下，《环境保护法》修订案草案四审时，将起诉资格作了进一步放宽，改为授予"依法在设区的市级以上人民政府民政部门登记，专门从事环境保护公益活动连续五年以上且无违法记录的社会组织"（各次修改的具体变化，如表10-3所示）。《环境保护法》修订过程中关于环境公益诉讼条款的前后变化清晰地揭示出这样一个事实：我国对环境公益诉讼制度的研究严重滞后，以至于环境公益诉讼立法没有一个内在的依据和统一的标准。③

表10-3 《环境保护法》修改过程中公益诉讼条款的变化

环保部送审稿（2011年）	因污染损害公共环境利益的，经依法登记的环境保护社会团体、县级以上地方人民政府环境保护行政主管部门，可以依法向人民法院提起诉讼，要求污染者承担侵权责任
一次审议稿（2012年）	无
二次审议稿（2013年）	对污染环境、破坏生态，损害社会公共利益的行为，中华环保联合会以及在省、自治区、直辖市设立的环保联合会可以向人民法院提起诉讼
三次审议稿（2013年）	对污染环境、破坏生态，损害社会公共利益的行为，依法在国务院民政部门登记，专门从事环境保护公益活动连续五年以上且信誉良好的全国性社会组织可以向人民法院提起诉讼。其他法律另有其规定的，依照其规定

---

① 杨朝霞：《环境司法主流化的两大法宝：环境司法专门化和环境资源权利化》，《中国政法大学学报》2016年第1期。

② 同上。

③ 同上。

	续表
四次审议稿（2014年）	对污染环境、破坏生态，损害社会公共利益的行为，依法在设区的市级以上人民政府民政部门登记，专门从事环境保护公益活动连续五年以上且无违法记录的社会组织可以向人民法院提起诉讼
修正案终稿（2014年）	对污染环境、破坏生态，损害社会公共利益的行为，符合下列条件的社会组织可以向人民法院提起诉讼： （一）依法在设区的市级以上人民政府民政部门登记； （二）专门从事环境保护公益活动连续五年以上且无违法记录。 符合前款规定的社会组织向人民法院提起诉讼，人民法院应当依法受理。 提起诉讼的社会组织不得通过诉讼牟取经济利益

2015年7月2日，最高人民检察院公布了《检察机关提起公益诉讼改革试点方案》，将环境公益诉讼的起诉资格授予了检察机关。除此之外，有学者主张赋予环保机关提起环境公益诉讼的起诉资格。此前，《海洋环境保护法》第90条还将起诉资格授予了海洋环境监督部门。但问题是，环保组织、环保机关、海洋环境监督部门和检察机关提起环境公益诉讼的诉权基础或其他正当性依据何在？为什么与环境质量息息相关的公民，却反而无权提起环境公益诉讼？

笔者以为，正当是法治的底线价值，无疑也是首要价值，法律制度的选择和设计必须高度重视正当性问题，否则，法律极有可能失却工具理性或实践理性而被沦为多数人的暴政。历史证明，即使目的正当，若只重视手段的有效性而忽略手段的正当性，甚至不择手段，也是十分危险的。事实上，正是出于这样的逻辑，我国的环境立法往往不强调立法背后的理论基础问题（表现为不太顾及环境法的科学基础，不太考虑环境保护和经济发展的辩证统一性），不太考量制度的比较和路径的选择，不太重视立法的理论研究和顶层设计，大搞一事一立法，应急性或救火式立法，以至于常常出现立法上的顾此失彼和因小失大。这也正是我国环境公益诉讼立法乃至整个生态文明法制建设的软肋所在。

第四节 环境公益诉讼的证成和定位

面对环境公益诉讼的上述困境，我们以为，有必要从界定环境公益（环境公共利益的简称）的概念入手，并从环境公共利益的法律保护出发，对环境公益诉讼的基础问题进行剖析和论证。

一　环境公益诉讼的逻辑起点：生态、环境、资源的辨析

"生态"一词源于古希腊，不过，用于生态学的概念，最早则是由德国的生物学家海克尔（Ernst Haeckel）于1866年提出的，本意指的是自然界的琐事，即生物为了生存，彼此间产生的互动关系。现代生态学的"生态"，意指自然界诸系统之间交错复杂的关系，即在一定空间范围内，生物之间、无机环境之间以及生物与无机环境之间相互联系、相互作用而形成的统一整体，可泛指整个"自然生态系统"。① 到了现代，"生态"一词已成为社会热词，越来越广为应用，人们常常用"生态"来定义或修饰符合生态规律的事物，如"生态经济""生态旅游""生态消费"等。

要注意的是，作为人类生存和发展基础的自然要素，根据所具功能的不同，可将其分为环境、资源和生态三种形态。然而，由于认识的局限性，一直以来，无论是实践应用还是理论研究之中，几乎很少对三者进行严格的区分，要么以一个广义的环境涵盖三者，要么相互混用。譬如，对于专门的审判组织，既有称为环境法庭的，也有称为环境资源法庭的；对于本部门法的名称，既有称为环境法的，也有称为环境资源法的，不一而足。笔者以为，极有必要正本清源，厘清"环境""资源"和"生态"这三大概念之间的区别和联系。

实际上，"自然"与"环境"、"资源"和"生态"之间是"一体三用"的关系。所谓"一体"，是指环境、资源和生态实际上属于同一个事物，即自然体。所谓"三用"，是指自然体这一事物具有"环境""资源"和"生态"三个方面的功能和作用。②

首先，"环境"源于自然要素对于人类的环境支持功能，人类对这种功能的基本要求是环境质量的良好舒适（如没有被污染），且这种要求自人类产生以来基本维持不变。譬如，人类的生存和生活需要有可供呼吸的清洁空气，可供饮用的干净水源，可供工作和学习的自然采光和安静环境，可供调节体温的自然通风，可供休闲欣赏的自然景观，等等。③ 要特

---

① 杨朝霞：《生态建设应列为国家重大议程》，《中国经济报告》2015年第4期。
② 杨朝霞：《环境司法主流化的两大法宝：环境司法专门化和环境资源权利化》，《中国政法大学学报》2016年第1期。
③ 杨朝霞：《尽快补齐生态保育这块短板》，《中国生态文明》2016年第3期。

别指出的是，环境对于人类的享用而言，具有直接性（不需加工）、自由性（可自由进入和享有，不需经过许可）、公共性（主要体现为突出的非排他性和非竞争性）和无偿性（一般不需交纳费用）等典型特征。

其次，"资源"源于自然要素对于人类的资源供给功能（包括提供物质资源和能源资源，前者如提供食物、药材、木材、铁矿，后者如提供石油、用来发电的水力和风力等），人类对其的基本要求是资源供给的永续性，且这种要求受科学技术水平和经济社会发展阶段的影响较大（科技水平不同，开发利用自然资源的能力也将不同）。对于人类而言，资源的主要作用是能作为人类生存发展所需的生活资料和生产资料，可作为推动生产力发展的生产要素。[1] 要指出的是，资源对于人类而言，具有排他性、财产性（可价值化，可交易）、科技依赖性、行政许可性（对自然资源的商业性取得和使用一般需经过严格的行政程序）等典型特征。可见，环境容量可属于特殊的自然资源。这是因为，环境容量虽然具有虚拟的排他性、行政许可性、财产性等特征，但它并不像矿产资源、土地资源等自然资源一样，能真正作为生产要素参与生产过程，进而创造财富。事实上，消耗环境容量只是生产过程的副产品或外部条件而已，而非生产要素本身。[2]

最后，"生态"则源于自然要素的生态服务功能（通常通过对人类所需的"环境"和"资源"发生作用，而与人类发生间接关系）。所谓生态，是指除人以外的生物及其无机环境等组成生态系统的自然因素所构成的总体。生态要素是人类生存和发展的基础保障，尽管很多生态要素（如原始森林）不与人类直接发生关系，却是人居环境和自然资源的生产者、支持者和调节者，间接、潜在、长远地对人类的生存和发展产生影响，其功能作用不可忽视。这些功能主要包括生态调节和生态支持功能，前者如纳污净化、水源涵养、气候调节、水土保持、生物多样性维护、生物控制、洪水调蓄等，后者如初级生产、土壤形成、氧气生产、能量流动、物质循环、信息传递等。譬如，湿地生态是淡水资源的生态保障，是

---

[1] 杨朝霞：《尽快补齐生态保育这块短板》，《中国生态文明》2016年第3期。
[2] 就此而言，不能简单套用自然资源有偿使用的原则，实行排污权有偿取得。申言之，通过征收排污税（费）实现排污行为之负外部性的内部化，是正当的，也是必要的，但若再实行排污权的有偿取得，则势必存在重复征收的嫌疑了。更糟糕的是，这种排污权的有偿取得，不仅会加重企业的负担，还会阻碍排污权交易的顺利推行，乃至滋生新的寻租领域。

野生动物的重要栖息地。对生态而言,人类对其的基本要求是,维持生态平衡。不过,要注意的是,这种生态平衡,是一种以人类的需求为中心、适宜于人类生存发展的生态平衡,而不是以别的生物为中心的生态平衡。因为,任何生态平衡即使被彻底打破,经过一段时间的调整后,自会进入另一状态的生态平衡,但这种状况下的生态很可能已不适宜人类的生存。此外,还须指出的是,生态对于人类而言,具有间接性(无直接的利益,对人类的影响较为间接和隐蔽)、滞后性(对人类的影响有所迟滞,故不太受关注和重视)、动态性(在一定程度范围内可实现自我的动态平衡)。

综上所述,"环境""资源"和"生态"分别是根据自然要素("一体")之环境支持、资源供给和生态调节的三种功用("三用")而对其的称谓。毋庸置疑,广义上的环境,在内涵和外延上应当是涵盖环境、资源、生态这三个方面的。因此,就环境公益诉讼而言,无疑应包括对环境、资源、生态这三个方面的公益诉讼。

二 环境公益的界定

环境是人类生产生活的物质基础和前提条件。以环境对人的生态服务功能为理据,我们可把与环境有关的人类利益分为三类。一是人格利益。人活在环境中,人的生命和健康等人格利益同环境质量的好坏息息相关,譬如严重的空气污染可致人生病甚至死亡。二是财产利益。环境是人类生产生活的物质基础和外部条件,大部分财产的获取、维持和实现均离不开良好的环境,而环境的污染和破坏可导致财产受损,譬如养殖的鱼虾会因水污染而死亡。三是环境利益,指环境作为生态产品[①]因具有多种生态服

[①] 2012年11月,党的十八大报告指出"要加大自然生态系统和环境保护力度。要实施重大生态修复工程,增强生态产品生产能力,推进荒漠化、石漠化、水土流失综合治理,扩大森林、湖泊、湿地面积,保护生物多样性",正式提出了生态产品的概念。所谓生态产品,是指生态系统基于其非物质性生态服务功能所提供的各种自然要素及其组合体。申言之,即维系生态安全、保障生态调节功能、提供良好人居环境的自然要素,如作为人类生产生活支持基础的良好人居环境,可调节生态平衡、保障生态再生力的生态环境要素及其组合体等。生态产品具有公用性、整体性、外部性和再生性等特征。根据2010年的《全国主体功能区规划》的规定,生态功能区所提供的生态产品,其主体功能主要体现为:吸收二氧化碳、制造氧气、涵养水源、保持水土、净化水质、防风固沙、调节气候、清洁空气、减少噪音、吸附粉尘、保护生物多样性、减轻自然灾害(如蓄水防洪)等。一些国家或地区对生态功能区的"生态补偿",其实质是政府代表受益的公众购买这类地区的生态产品所提供的服务。需特别指出的是,生态产品是一个新兴的概念,涉及材料学、物理学、化学、环境学、生态学、生理学等多学科领域,因此,对生态产品的理解不同,关于生态产品的界定也就可能不同。

务功能①而蕴含的利益。② 由于环境属于典型的公共物品（具有较明显的非排他性和非竞争性），其承载的利益往往表现为公共利益。换言之，环境利益在本质上应属于公益的范畴。③

人格利益和财产利益均属于个体所有，本应属于私益的范畴，但是，当这些人格和财产利益涉及不确定多数人时，便具有了公益的某些特征（如广泛性），因而很多时候被纳入广义公益的范畴，如受产品质量问题所影响的消费者利益。为示区别，姑且把这种公益称为众益。据此，我们可把广义上的环境公共利益界分为环境众益和环境公益两大基本类型。

（一）环境众益

所谓环境众益，是指以良好环境为条件，为不确定多数人所享有的私人人格利益和财产利益所构成的利益。环境众益具有如下特性。

其一，从利益属性上看，环境众益本属于"人格"或"财产"利益，之所以称为"环境"利益，是由于它是一种与环境质量的好坏息息相关的利益（interest about environment）。譬如，大气污染致使果树死亡，果农收益受损的财产利益。④

---

① 所谓环境的生态服务功能，是指生态系统及其生态过程所形成的有利于人类生存与发展的生态环境条件及其效用，即人类从生态系统中获得的各种直接或间接的效益。具体包括产品供给功能（如供给林木、水产、矿产、野生动植物产品等）、人居保障功能（提供洁净空气、清洁水源、美丽景观等）、生态调节功能（如调节气候、纳污净化、涵养水源、水土保持、防风固沙等）、文化承载功能（如精神和宗教、故土情怀、文化遗产、灵感启发等）和生态支持功能（对前述其他功能的支持，如空气产生、物质迁移、能量传输、土壤形成、初级生产等）等。环境功能的变化"通过影响人类的安全、维持高质量生活的基本物质需求、健康，以及社会文化关系等而对人类福利产生深远的影响"。与此同时，人类福利的以上要素又与人类的自由权与选择权之间相互影响。参见联合国千年生态系统评估项目组《生态系统与人类福祉：评估框架》，张永民译，中国环境科学出版社2007年版，第56—60页；李文华等《生态系统服务功能价值评估的理论、方法与应用》，中国人民大学出版社2008年版，第42—43页。

② 杨朝霞：《论环境公益诉讼的权利基础和起诉顺位——兼谈自然资源物权和环境权的理论要点》，《法学论坛》2013年第3期。

③ 当然，对某些特定的环境要素或一定空间范围的区域环境而言，其环境功能的受益人群很少，此时则表现为私益。譬如，通风、采光往往只发生在相邻主体之间，这时的环境利益一般归为私益的范畴。再如，某实验室排放的废气只是污染了很小范围的空气，影响到少数居民的生活，此时的环境利益也可视为私益。

④ 杨朝霞：《论环境公益诉讼的权利基础和起诉顺位——兼谈自然资源物权和环境权的理论要点》，《法学论坛》2013年第3期。

其二，从存在形态上看，环境众益体现为由不确定多数人所享有的多人私益。这种公益本属于私益的范畴，但因为此类私益受影响的主体众多，体现了一定的群体性、普遍性和广泛性，于是常被视作公益。譬如，PM2.5所致的雾霾天气，使该区域的多人生病甚至死亡，① 这种健康利益便具有公益的表征。

其三，从制度保障方式上看，出于成本效益的考虑，法律上通常采用总体性、一体化的处理方式，如代表人诉讼、团体诉讼、集团诉讼等。这是因为，将环境众益作为个体私益进行分别保护和救济，不仅成本更高，还会产生有违司法统一的不良后果（类似案件被不同处理）。依此而言，以环境众益为基础的诉讼，本质上应属于环境私益诉讼的范畴。②

（二）环境公益

所谓环境公益，是指环境因具有生态服务功能而能满足人的多种需要所承载的公共性利益。此为中义上的环境公益。环境公益具有如下特性：其一，从利益性质上看，环境公益是人们对环境"本身"的利益（interest to environment），是真正的"环境"利益，而不是与环境相关的"人身"和"财产"利益；其二，从利益特性上看，环境公益具有公共性（为社会成员共同享有，具有较为典型的非排他性和非竞争性）等特征，属于客观、实在的公共利益。根据利益性质的不同，可将环境公益分为经济性环境公益和非经济性环境公益两大类型。

1. 类型一：经济性环境公益

这是指环境要素因能提供具有财产价值的产品（自然资源产品或环境容量产品）而蕴含的利益。这种公益具有直接性（与人类生产生活直接相关）、财产性（可产权化，具有交换价值）等特征，具体又可细分为两类。（1）物质性环境公益，指环境要素因提供具有经济价值的天然资源而蕴含的利益。譬如，森林资源、水资源、水产资源、野生动植物资源等自然资源均具有经济价值。（2）容量性环境公益，指环境要素因提供具有可分配的环境容量（能稀释和净化污染物质，可价值化）而承载的

---

① 据世界卫生组织估计，2011年有200多万人因吸入室内和室外空气污染中的细小颗粒而死亡，2004年是115万人，2008年是134万人。这种逐年递增的趋势不可谓不危急。

② 杨朝霞：《论环境公益诉讼的权利基础和起诉顺位——兼谈自然资源物权和环境权的理论要点》，《法学论坛》2013年第3期。

环境利益。① 譬如大气环境容量、水环境容量、碳环境容量均可作为排污指标，进行分配和交易（如排污权交易和碳汇交易）。②

2. 类型二：非经济性环境公益

这是指环境要素因能提供不具有直接经济价值③的环境公共产品而蕴含的利益，此为狭义的环境公益。这种公益具有整体性（不可分割）、公共性（非排他性和非竞争性）、开放性（利益主体不是封闭固定的，不排斥后来者共享）、弱私性（对私人的影响较小，往往无明显紧迫性，景观性利益尤其如此）、再生性（对生态产品的消费只要不超过其承载极限，就能源源不断地获取和享受其生态服务，因为作为利益源头的生态产品具有自我修复和更新的能力）等特征。④

根据利益属性的不同，可将生态性环境公益细分为两类。（1）人居性环境公益，指大自然因提供作为人类生产生活所需的良好人居环境这类生态产品蕴含的环境利益。譬如，洁净的空气、清洁的水源、良好的采光和通风、自然的声音、美好的景观，均蕴含着环境利益。（2）生态性环境公益，即大自然因提供具有调节生态平衡、保障生态再生力等生态服务功能的生态环境这类生态产品而蕴含的环境利益。譬如，作为生态产品的森林，具有净化环境、涵养水源、保持水土、调节气候、防风固沙、维护生态平衡等生态调节服务功能而蕴含的环境利益。⑤ 要注意的是，调节性环境公益中既有直接服务于人类的直接性公益（如净化空气、提供美丽的自然景观等），也有间接服务于人类的间接性公益（如保持水土、维护生态平衡等）。

对于经济性环境公益和非经济性环境公益的关系，需特别指出的是，

---

① 要注意的是，吸收和净化污染物质的环境容量，源于环境的生态调节功能，当属于调节性环境公益的范畴。然而，当环境容量被作为资源进行排污指标的分配和交易时，这部分环境容量便具有了财产属性，而属于经济性环境公益的范畴，我们姑且称其为容量性环境公益。

② 杨朝霞：《论环境公益诉讼的权利基础和起诉顺位——兼谈自然资源物权和环境权的理论要点》，《法学论坛》2013年第3期。

③ 生态性环境公益虽然不直接蕴含经济价值，但采用一定的评估技术，可折算为一定的经济价值，即所谓生态效益。

④ 杨朝霞：《论环境公益诉讼的权利基础和起诉顺位——兼谈自然资源物权和环境权的理论要点》，《法学论坛》2013年第3期。

⑤ 同上。

二者在很多时候可为同一种自然要素所承载（源于前述之"一体三用"的内在关系）。譬如，作为自然要素的河流，可因提供淡水资源和水产资源而承载物质性环境公益，可因提供排污指标而承载容量性环境公益，可因提供清洁水源和自然景观而承载人居性环境公益，还可因容纳和稀释污染物质、调节局部气候而承载生态性环境公益。

对于环境众益和环境公益的关系，需把握的是，环境众益的受损往往以环境公益的受损（受益）为前提或前奏①。不过，由于环境具有一定的自我调节、自我恢复和自我更新等功能，环境公益受损并不必然发生环境众益的受损，譬如河流因企业排放废水而遭受污染，环境公益受损，但河水的自净作用使得河流逐渐恢复清洁，并未后续产生人身和财产损害。②

对于人身、财产方面的环境众益受损，现行法律已提供了诸如特殊侵权责任（无过错责任、因果关系推定、三年诉讼时效等）、环境行政调处、代表人诉讼、团体诉讼、集团诉讼等较为全面、完善的救济方式。那么，当环境公益（特别是生态性环境公益）受到现实或潜在危害时，现行立法框架下的法律制度能否提供充分、有效的保护和救济呢？

三　环境公益诉讼制度创设的必要性：以环境利益的法律保护为逻辑主线

根据奥卡姆"剃刀原理"之"若无必要勿增实体"，只有证明现有法律制度不能有效维护环境公益，才有创设保护该利益的环境公益诉讼制度的必要性。因此，在对环境公益诉讼进行制度设计之前，有必要对环境公益诉讼进行逻辑上的证成。事实上，环境公益是一种早就客观存在的利益，只是面对现代环境危机时才稀缺，需要法律提供保护，然而，我国现行法律制度对这种新型利益的保护却捉襟见肘。

（一）环境民事制度多有不足

在现有法律体系中，作为万法之母的民法，在调整社会关系和维护合法权益方面发挥着最为重要的作用，然而，当面对环境公益时，其现有的

---

① 不过，对于某些环境侵害而言，如噪声干扰、毒气泄漏、核爆炸事故等，这两种利益的受损几乎是同时发生的，无明显的先后顺序。

② 杨朝霞：《论环境公益诉讼的权利基础和起诉顺位——兼谈自然资源物权和环境权的理论要点》，《法学论坛》2013年第3期。

权利制度便显得力不从心。①

1. 所有权制度的不足

其一，环境要素无法成为所有权的对象。按照传统所有权理论，作为所有权对象的物必须具有可支配性。然而，大气、水流、森林等环境要素，难以为人力所直接支配和控制，不能成为所有权的对象，无法通过传统民法进行保护。其二，根据传统民法"私法自治"和"所有权绝对"的原则，公民无权对他人所有的物（如水流、森林、草地等）主张维护环境质量的权利，也无权对他人过度开发利用自然资源（自然资源私有时）和胡乱排放污染物质的行为进行干涉。其三，即使对所有权进行所谓社会化（如以"财产所有"为中心改为以"财产利用"为中心）乃至生态化改造②，其环境公益保护的功能也是十分有限的。一般来说，这种生态化的改造只能将环境保护的理念融入"公序良俗原则""禁止权利滥用原则"等物权法的原则，将节约资源和保护环境的公法限制或公法义务嵌入物权制度之中，如规定所有权人不得随意丢弃垃圾废物、排放污染物质、释放噪声眩光等。这确实有一定意义，但问题是，对于他人污染和破坏环境的行为，只要未损及其所有权，该所有权人便无权起诉要求其保护环境。因此，所有权的生态化，对于环境公益保护的功能相当有限。其四，以所有权为基础的侵权救济制度，由于只是以保护财产本身的安全为中心，故也只能对环境公益实现附带性、间接性和滞后性的保护（具体见下文论述）。③

2. 人格权制度的不足

人格权是作为民事主体必备的、以人格利益为标的，并为法律所确认和保护的权利，可分为物质性人格权（包括生命权、健康权、身体权等）

---

① 参见杨朝霞《论环保机关提起环境民事公益诉讼的正当性——以环境权理论为基础的证立》，《法学评论》2011年第2期。

② 物权法的生态化是指整合物的经济价值与生态价值和其他非经济价值，并将环境保护义务纳入物权制度之中的过程，其包括物的概念的拓展、新的物权制度的建立以及已有物权制度的更新等内容。在这里，主要指对现有物权（所有权）制度进行更新或改造。至于物的概念的拓展（如把自然资源也纳入物的范畴）和新的物权制度的建立（如建立自然资源取得权），应属于新制度创设的范畴，这一点，后文另行论述。

③ 杨朝霞：《论环境公益诉讼的权利基础和起诉顺位——兼谈自然资源物权和环境权的理论要点》，《法学论坛》2013年第3期。

和精神性人格权（包括姓名权、肖像权、隐私权、名誉权等）。① 尽管环境公益同人格利益具有一致性，但毕竟不是人格权的标的，故运用人格权制度只可对环境公益进行间接、附带和有限的保护。譬如，通风、采光、景观等方面的舒适性环境公益，现行立法框架下的人格权制度便爱莫能助了。②

3. 相邻权制度的不足

相邻权是指在相互毗邻不动产的所有人或使用人之间，在通风、采光、通行等方面，任何一方为了合理行使其所有权或使用权，享有由法律直接赋予的要求其他相邻方提供便利或接受一定限制的权利。相邻权的实质是对不动产所有权或使用权的限制或延伸，是为了调和相邻不动产各方的权利冲突，谋求多位相邻不动产权利人总体利益的最大化。一般而言，相邻关系主体双方总是同处一定空间范围的环境中，在环境权尚未确立时，相邻权在处理采光、通风、恶臭、油烟、噪声等方面的环境纠纷方面一直发挥着重要的作用。③

然而，相邻权制度维护环境公益的功能有限，主要原因有以下四点。

其一，相邻权的适用范围有限。基于相邻关系原理，主张环境利益须满足以下几大条件：④ 一是对不动产享有物权；二是与另一方不动产彼此相邻，即存在相邻关系；三是不同主体对各自不动产的权利行使之间发生冲突。如此一来，相邻权保护环境利益将面临难以克服的挑战：首先，即使某不动产正遭受另一不动产权利人污染和破坏环境的不良影响，如果对该不动产不享有物权，便无权运用相邻权来保护环境。譬如，当新建的高楼遮挡了公园的阳光，损害了公园的景观时，对该公园没有物权的市民当然无权以相邻权为依据来保护此种采光和景观方面的环境公益。再如，对于道路噪声和交通尾气污染的问题，行人也不能运用相邻权来保护其声音

---

① 参见张俊浩主编《民法学原理》（上册），中国政法大学出版社 2000 年版，第 122—124 页。

② 杨朝霞：《论环境公益诉讼的权利基础和起诉顺位——兼谈自然资源物权和环境权的理论要点》，《法学论坛》2013 年第 3 期。

③ 同上。

④ 王利明教授认为，基于相邻关系原理，主张环境利益须满足以下两个条件：(1) 彼此为不动产相邻人；(2) 须为不动产权利的限制与不动产权利的扩张之间发生冲突。王利明：《物权法论》，中国政法大学出版社 1998 年版，第 444 页。

环境和大气环境。其次，环境污染侵害大多表现为污染物质进入大气、河流、海洋等环境之中，经扩散、迁移、累积、复合等效应后，造成并不相邻的远距离人身和财物损害。譬如，对于损害范围广泛的水污染、大气污染以及海洋污染等，难以运用相邻权进行环境公益以及人身和财产私益的保护。尽管曾有学者试图将现有相邻权改造为环境保护相邻权——不要求有严格的土地上的连接，可以基于环境的生物性、地理上的整体性、生态的连锁性和环境影响的广泛性而发生更大范围的"相邻"[①]——来扩大相邻关系的范围，但笔者以为这已明显偏离相邻关系制度的本意，若以此作为基础来进行环境公益的保护未免十分牵强，并有损现有民法制度的稳定性。[②]

其二，相邻权的享有以"必要方便"为前提。所谓必要方便，是指非从相邻方得到这种方便，就不能正常地行使其不动产所有权或使用权。换言之，对于要求较高的环境利益（譬如景观欣赏），相邻权制度便显得力不从心了。

其三，相邻权本质上属于不动产权利的限制或扩张，难以对环境利益进行充分和彻底的保护。相邻权以环境中的不动产为中心，而非以环境本身为中心，并以相邻不动产权利的行使存在冲突为条件，要求二者互谅互让，从而寻求两者整体利益最大化。因此，即使可依相邻权要求保护环境也只能是附属性的，不能充分和彻底，譬如不能要求赔偿环境本身的损失。[③]

其四，相邻权不能合理解决"迎向污染"（即企业污染在先，居民入住在后）的问题。相邻权制度并不考虑不动产建设的先后问题，价值衡量上不倾向任何一方，因而不能合理解决工厂污染在先、居民建房在后的环境公益的保护问题。[④]因为，按照传统的物权理论，工厂甚至还具有环境资源利用上的先占权。

[①] 该学者所谓的环境保护相邻权，是指基于环境保护的客观要求而发生的一定范围内的相邻关系，是环境物权主体具体享受的权利和承担的相应义务。参见吕忠梅《论环境物权》，载《人大法律评论》（2001年卷·第一辑），中国人民大学出版社2001年版，第287—288页。

[②] 杨朝霞：《论环境公益诉讼的权利基础和起诉顺位——兼谈自然资源物权和环境权的理论要点》，《法学论坛》2013年第3期。

[③] 同上。

[④] 参见汤欣主编《公共利益和私人诉讼》，北京大学出版社2009年版，第134页。

4. 地役权制度的不足

所谓地役权，是指为使用自己不动产的便利或提高其效益而按照合同约定利用他人不动产的权利。地役权保护环境公益存在明显不足，主要体现为：一是适用范围十分有限。地役权是以不动产（主要为土地）为中心的，其对环境公益的保护需以双方均存在不动产权利且大致毗邻为前提。然而，在现实的环境侵害当中，环境致害方和环境受害方很可能均无对应的地权（尤其是环境受害者），两者之间相距也可能很远。此时，地役权便无法或难以适用。二是地役权保护的环境利益的范围有限。地役权一般只能保护较高层次的环境利益（即高于环境质量标准的环境利益），对于基本的环境利益则不太适用（可由相邻权保护）。三是地役权的取得一般需支付对价，这显然不利于对环境公益的保护，对于经济状况不佳的公民而言，尤其如此。四是易受地役权登记效力的影响。对于地役权，未经登记，不得对抗善意第三人，因此，运用其保护环境公益，程序烦琐、成本高昂。五是地役权具有时限性。地役权往往受土地承包经营权、建设用地使用权等用益物权的使用期限或剩余期限的制约，在维护环境公益上具有难以克服的局限性。至于学者主张的公共地役权（conservation easement）①，其性质实为行政权力，而非民事权利，其本质是法律授予行政主体可以为了维护公共利益用途（如环境保护）而对私人课加一定公法义务（通常表现为对集体所有权和私人财产权施加用途限制）的权力，同民法上的地役权存在根本差别，且存在权力滥用而侵害私权的风险，需谨慎对待。②

5. 侵权责任制度的不足

在环境危机的时代，现代民法面对环境侵权问题出台了许多制度因应措施，如采用无过错责任、因果关系推定、共同危险责任、较长诉讼时效以及举证责任倒置等生态化侵权救济制度，但这些革新仍未超出直接以人身和财产利益为标的之制度框架，对环境公益的保护作用依然有限。

---

① 美国的公共地役权，是指为了特定公共利益的需要，由不动产所有者或使用权人容忍某种不利益或负担，从而使国家或公众取得一种要求不动产所有人或使用权人承担某种负担的权利。关于公共地役权的论述，参见肖泽晟《公物法研究》，法律出版社2009年版，第113—132页。

② 杨朝霞：《论环境公益诉讼的权利基础和起诉顺位——兼谈自然资源物权和环境权的理论要点》，《法学论坛》2013年第3期。

一是保护的依赖性。这是因为,以财产权为基础来保护环境,无疑需以财产的所有或占有为前提,否则无权提出保护环境的请求。譬如,对于他人损坏自然遗迹景观的行为,对其无财产权的公民便无权提出环保诉求。

二是保护的间接性和附带性,集中体现为不能对受损的环境本身进行有效保护。譬如,以财产权为权利基础的侵权救济,只能附带要求致害者停止污染、恢复环境等,以防止对财产继续造成环境损害。然而,对于已经造成的环境利益损害,却无法要求填补。①

三是保护的滞后性。由于环境侵害的累积性和扩散性,当发现现实的人身和财产损害后再启动司法程序时,环境公益的受损早已发生②。此时,即使原告提出了维护环境公益的救济请求也只能是亡羊补牢,无法进行预防性的保护。③

(二) 环境行政制度力不从心

环境的公共物品特性,使得对其的开发利用容易产生负外部性,以致市场机制在环境保护方面或者完全失灵,或者由于交易成本太高而难以适用。于是,"环保靠政府"便成了通行的做法。根据社会契约论,政府权力来源于公民的让渡和信托,当政府部门接受了公民委托后便具备了强大的公权力量。然而,受依法行政、有限政府等现代法治理念的影响,这种权力受到了诸多限制。尤其是在环保部门处于弱势机关地位的当下,面对环境公益保护的艰巨任务,即使其依法行政、勤勉执法,杜绝一切渎职、滥用、贪污等违法行政行为,也可能面临管不到、管不住和管不好等职权

---

① 譬如,2004年的四川沱江水污染事故造成了惨重的损失:约有100万人饮水受到严重影响,直接经济损失约3亿元,而沱江生态系统的恢复至少需要5年时间。然而,川化集团只用了1100多万元作为渔业赔偿,100万元作为行政罚款。对于巨大的生态损害,却无法寻求救济。尽管我国《海洋环境保护法》第90条第2款规定"对破坏海洋生态、海洋水产资源、海洋保护区,给国家造成重大损失的,由依照本法规定行使海洋环境监督管理权的部门代表国家对责任者提出损害赔偿要求",但《水污染防治法》却没有赋予环保机关就水污染所造成的河湖生态、水产资源等方面的损失代表国家提出损害赔偿的权利。

② 譬如,是否造成生命健康权的侵害须符合相应的医学标准,即以实际产生疾病或造成伤亡作为承担责任的标准,然而,造成疾病或伤亡时,环境污染和生态破坏已然十分严重,此时再去保护环境已经过迟了。

③ 杨朝霞:《论环境公益诉讼的权利基础和起诉顺位——兼谈自然资源物权和环境权的理论要点》,《法学论坛》2013年第3期。

和能力方面的困境。①

1. 环境行政主管有界

首先，在适地范围上，环保部门可能面临对造成本管辖区环境危害的相邻行政区域污染企业无执法权的困境。环境的整体性、污染物的流动性和环境行政监管的分区而治性这一矛盾，使得即使相邻行政区域（甲地）的企业排污后造成了本区域（乙地）污染损害，如果该相邻区域（甲地）的环保部门拒不执法时，本区域（乙地）的环保部门也无法对该企业执法查办，"两湖一库管理局诉天峰化工案"就是这方面的典型案例。②

其次，在适事范围上，环保部门也可能面临无执法权的困境。为防止公权力的滥用，法律往往严格规定了公权行使的适事范围，对于该范围之外的事务，环境部门无权干预，正所谓"法无授权即禁止"。譬如，对于城市的眩光污染、采光遮蔽和室内污染等问题，环保部门无权干预。③

最后，基于公法和私法分工负责、协调配合的原理，行政机关行使监督管理职权是有主管范围限制的。譬如，对于环境事件造成的巨大生态损失和产生的相关费用，环保行政机关无法运用行政权力进行补救，行政执法鞭长莫及的局限性暴露无遗。④

---

① 参见杨朝霞《论环保部门在环境民事公益诉讼中的作用——起诉主体的正当性、可行性和合理性分析》，《太平洋学报》2011年第4期。

② 在2007年贵州清镇市法院审理的"两湖一库管理局诉天峰化工厂环境公益诉讼案"中，被告位于安顺市平坝县境内，其保有的磷石膏尾矿库没有修建配套的防水、防渗和废水处理设施，其磷石膏尾矿库的渣场渗滤液通过地表、地下排入羊昌河内。依《水污染防治法》，被告实际上违反了"三同时"制度，批准该建设项目的环境影响报告书的环保主管部门有权责令其停止生产或者使用，还可并处罚款，直到环保设施验收合格。另外，依据《固体废物污染环境防治法》，该环保主管部门还有权责令被告限期治理。然而，被告所在的安顺市及其所辖平坝县的环保部门均没有对其执法，由于原告和被告分别处于贵阳市和安顺市，原告（两湖一库管理局）对被告（天峰化工厂）并无行政管辖权。此时，为了保护贵阳市的饮用水安全，两湖一库管理局除了通过内部行政程序促使被告所在地的环保部门进行执法查处外，其直接提起民事诉讼可能是最为有效的办法。

③ 杨朝霞：《论环境公益诉讼的权利基础和起诉顺位——兼谈自然资源物权和环境权的理论要点》，《法学论坛》2013年第3期。

④ 譬如，2005年11月，中石油吉林石化公司双苯厂发生爆炸，污染物流入松花江，造成重大水污染事故。5年来，国家为此累计投入治污资金78.4亿元。然而，与此形成鲜明对比的是，吉林石化公司仅被环保部门罚款100万元，并以向吉林"捐赠"500万元而轻松了事。事实上，尽管《水污染防治》第76条、第80条、第83条规定了"责令消除污染"的内容，但对于污染所造成的环境功能损害、发生的应急处理费用等，还需通过民事途径寻求解决。再说，在一定的经济技术条件下，并非所有的污染都是可以人工消除的。

2. 环境行政手段有限

受经济发展至上理念的指导，法律总是谨慎地赋予环保行政机关的权力。就我国而言，环境机关既缺乏查封、扣押等行政强制约束权，也无环境行政强制执行权①，更无"按日计罚"、行政拘留等行政处罚权。② 这使环境监管的威慑性和权威性大大降低，根本无法打击企业的违法气焰，③ 对环境公益进行有力保护。④

3. 环境行政适用条件严苛

为防止和控制行政权力的扩张，法律通常规定了权力启动和适用的严格条件。譬如，即使多家分散排放的畜禽废水可能造成环境污染，但由于单家单户分散型的养猪户并不属于集约化的畜禽养殖企业，不符合环评的范围，因此，无法启用作为环境法"撒手锏"的环境影响评价制度，造成"行政失灵"。再如，对于行政合法（如符合排放标准和总量控制标准）却客观上造成环境损害的分散型排污者⑤，环保机关无权责令其限期治理，更无权对其实施行政处罚，产生"行政失灵"。

4. 环境行政力道受限

譬如，环境行政处罚往往受到"上限"的封顶，以至于出现"守法成本高，违法（侵权）成本低"的怪状，不能有力震慑环境违法者。譬如，2011年的康菲漏油事故致840平方公里海域水质遭受污染，对周边海域也造成严重危害，但依据《海洋环境保护法》第50条，最高只可处

---

① 环保部门无行政强制执行权，对拒不履行行政处罚的当事人，环保部门只能向法院申请强制执行。但因为执行案件多，法院一方面大多人手有限，另一方面执行的意愿和动力也不强烈，往往造成案件从申请到强制执行的时间跨度较长甚至遥遥无期，导致环境违法案件得不到及时执行，污染行为不能得到及时制止。结果，污染仍在继续，投诉不断升级，群众意见增大，甚至致使矛盾激化，引发社会问题。

② 2014年4月新修订通过的《环境保护法》，在一定程度上改变了这一局面。

③ 曾发生这样的真实事例，某环保局去一家污染企业执法时，企业主气焰嚣张，当场扔出120万元现金，扬言"我把一年的罚款都给你，今年就不要再来查了"。参见傅丕毅、柴骥程《环保困局逼出治理新政 民间环境权利意识高涨》，《经济参考报》2006年12月14日第1版。

④ 杨朝霞：《论环境公益诉讼的权利基础和起诉顺位——兼谈自然资源物权和环境权的理论要点》，《法学论坛》2013年第3期。

⑤ 这是因为，即使单个污染源能实现达标排放并只造成轻微环境影响，但若在同一区域内存在多个污染源，也会由于污染的累积效应和复合效应而造成污染事故，损害环境公益。

罚 20 万元，这对康菲来说简直是九牛一毛，无法发挥惩戒作用。①

5. 环境行政风险应对不足

对于造成重大环境损害的突发性环境事故（事件）的发生，环境行政可作为的空间有限，在很多时候甚至无能为力。事实上，松花江水污染事故（2005 年）、大连输油管道爆炸火灾污染事件（2010 年）、渤海蓬莱油田溢油事故（2011 年）、广西龙江河镉污染事件（2012 年）、天津港爆炸事件（2015 年）等重大环境事件，特别是由于安全生产事故、交通事故导致的突发环境事件，都是很难通过环境行政监管来预防和控制的。

对于环境行政权主管范围有限、行政手段不足等问题，我们可以通过健全和完善环境行政立法逐步得以消解，然而，对于环境行政严格的启动条件、生态损害救济的"鞭长莫及"等局限性问题，则难以通过完善环境行政立法来解决了。②

（三）环境诉讼制度心余力绌③

环境司法同环境执法一样，也是实施环境法律、维护环境利益的基本手段，不过，其作用的发挥在很大程度上受制于原告的有无及其诉讼能力的大小。因此，在传统法律框架下，环境司法在保护环境公益方面，依然心余力绌。

一是面临没有受害者，缺失原告的挑战。譬如只有环境公益受损，但私人的人身和财产没有或尚未遭受环境侵害。

二是面临原告不适格的挑战。譬如，尽管有公民、环保组织、环保机关、检察机关等意欲提起诉讼，但由于缺乏明确的法律依据，主体不适格，无法启动司法程序维护环境公益。

三是面临人身和财产遭受损害的环境受害者放弃诉权的挑战。

四是面临起诉的环境受害者只就人身和财产损害提出诉求，未就环境利益的损害提出诉讼请求的挑战。

五是面临人身和财产遭受损害的环境受害者，由于在资金、取证、辩

---

① 杨朝霞：《论环境公益诉讼的权利基础和起诉顺位——兼谈自然资源物权和环境权的理论要点》，《法学论坛》2013 年第 3 期。

② 同上。

③ 同上。

论等方面能力明显不足，难以通过诉讼有效维护环境公益的挑战。①

此外，根据现行《行政诉讼法》的规定，公民、法人或者其他组织也不能对造成环境公益损害却未造成实际人身和财产损害的具体行政行为提起行政诉讼。可见，现行行政诉讼制度对环境公益的保护同样力不从心。

四 环境公益诉讼的功能定位

根据行政权和司法权的属性与功能的不同，就环境公益的法律保护而言，行政监管无疑是主要的法律机制，且处于"上游"的地位。只有行政机制不能解决或不愿解决之时，环境公益诉讼才作为补充和监督机制，发挥"下游"的辅助功能。切不可本末倒置，忽略和弱化环境行政监管的作用，过于抬高和强化环境公益诉讼的功能。

这是因为，相比环保组织等主体而言，行政机关更能作为公益代表，来保护环境公共利益。首先，行政机关代表环境公益具有充分的正当性：（1）基于社会契约或公共信托取得行政权；（2）行政机关的产生具有民意基础：或经直接选举产生，或经选举出来的立法机关产生；（3）行政机关的存在较为稳定，具有持久的生命力和较高的信任度；（4）行政行为须有严格的法律依据，正所谓法无授权则禁止；（5）行政行为须严格遵守法律规定的程序和具体要求；（6）具有财政上的稳定支持，追求私利的欲望较少，可能更为公正；等等。② 其次，在保护环境公益上，行政机关具有从事环境保护的人才、设备和技术，在能力上远远强于环保组织、公民、检察机关。

第五节 环境公益诉讼原告制度的创新
—— 以环境资源的权利化为路径

面对环境公益诉讼的制度困境，我们以为，只有从环境公益诉讼的诉

---

① 参见杨朝霞《论环保机关提起环境民事公益诉讼的正当性——以环境权理论为基础的证立》，《法学评论》2011年第2期。

② 胡静：《环保组织提起的公益诉讼之功能定位——兼评我国环境公益诉讼的司法解释》，《法学评论》2016年第4期。

权依据入手,通过对环境资源的权利化,夯实环境公益诉讼的诉权基础,才是正道。

一 环境公益诉讼的诉权基础

(一) 资源权(国家自然资源所有权)

众所周知,自然资源同环境具有耦合性,许多环境要素本身就是自然资源,如水体、森林、草原、土地等。因此,自然资源大多兼有经济属性和生态属性,不但可以提供具有财产价值的天然资源而承载着经济性环境公益,还具有净化环境、保持水土、调节气候等生态服务功能[1]而承载着生态性环境公益。易言之,只要保护了自然资源本身,便能在一定程度上保护相应的环境,即只要能保护自然资源的经济性环境公益,就能附带保护相应的生态性环境公益。建基于物权法生态化的已有成果,[2] 我们可通过创设资源权,来加强对环境公益的法律保护。

1. 以自然资源为权利对象而成立资源权

物权法上的物有别于物理学上的物,按照德国民法的解释,它不仅指有体物,而且指"符合既能为人所感知又能为人所控制这两个条件的物"[3]。尽管整体上的环境不能为人力所直接控制和支配,难以成为所有权的客体,但作为环境要素的自然资源,在现代科技条件下,大多可以被认识、支配并价值化而成为特定化的物,[4] 从而被物权化。

2. 资源权具有不同于物权的构造和特性

资源权包括自然资源所有权和自然资源他物权(这里主要指自然资

---

[1] 自然资源的一部分或一定层次的环境利益(如景观审美)可成为环境权的标的,由环境权人享有。对自然资源上各种利益的配置,涉及自然资源享用权(即环境权,如清洁水体权、景观权)、自然资源取用权(如取水权、捕捞权等)、自然资源使用权(如养殖权)、自然资源排用权(即排污权,如水排污权)的设置和协调问题,相当复杂,值得专门研究。

[2] 为了保护环境资源的生态属性(即生态功能),吕忠梅教授以物权法的生态化为视角,对现有制度的革新作了卓越的探索,包括构建生态性物权、环境使用权、环境保护相邻权等,具有积极的意义。参见吕忠梅《论环境物权》,载《人大法律评论》(2001年卷·第一辑),中国人民大学出版社2001年版,第264—296页。

[3] 孙宪忠:《德国现代物权法》,法律出版社1997年版,第2页。

[4] 参见吕忠梅《论环境物权》,载《人大法律评论》(2001年卷·第一辑),中国人民大学出版社2001年版,第278—279页。

源用益权，涉及对自然资源担保权的讨论）。在坚持我国自然资源国家和集体所有的前提下，自然资源用益权在理论上主要包括以下三个方面。

其一，自然资源使用权，指利用自然资源作为载体从事生产生活的权利，如土地承包经营权（包括耕地、林地和草地的承包经营权）、水域养殖权、水运航行权等。该权利的行使并不会消耗或毁损原所有物，可归入传统用益物权的范畴。[①]

其二，自然资源取用权（或称自然资源取得权），指通过某种活动直接从环境中获取自然资源作为生产生活所需的物质和能源的权利，如采矿权、采伐权、捕捞权、狩猎权、畜牧权等。该权利的行使，使得作为国家所有的自然资源由于开采、砍伐、捕捞、狩猎、放牧等行为而变为私人所有的自然资源产品。正是由于自然资源取用权的这种属性，有学者主张采用债权化的路径将其归入债权的范畴。[②] 然而，笔者以为，物权化的路径明显要优于债权化的路径：第一，从权利本身的属性及人与物的关系来看，物权比债权更能反映权利人对自然资源的支配和利用关系；第二，从权利人和国家机关的关系来看，物权的公示制度和严格的征收、征用程序相比于债权而言更有利于对抗国家机关的违法侵害行为；第三，从权利人和其他平等主体之间的关系来看，物权的对世效力明显强于债权，更有利于保障自然资源产品的交易安全。[③] 不过，需特别指出的是，由于自然资源取用权的行使必然导致作为自然资源的原所有物遭受不同程度的消耗或毁损（有的可以再生和更新），而具有不同于传统用益物权行使之非消耗性和非处置性的特征，[④] 故不可将其归入传统用益物权的范畴。[⑤]

[①] 杨朝霞：《论环境公益诉讼的权利基础和起诉顺位——兼谈自然资源物权和环境权的理论要点》，《法学论坛》2013年第3期。

[②] 朱晓勤、温浩鹏：《对矿业权概念的反思》，《中国地质大学学报》2010年第1期。

[③] 类似观点，参见吕忠梅、崔建远《准物权与资源权：民法与环境法学者的对话》，http://www.enlaw.org/pub/hjfyjw/sxkj/200607/t20060711_7861.htm。

[④] 用益物权作为他物权区别于自物权的重要特征是，用益物权人仅享有占有、使用、收益的权利，而无处置的权利，故不能对物进行处分，用益物权消灭后标的物必须以原状返回给所有权人。参见屈茂辉《用益物权制度研究》，中国方正出版社2005年版，第12页。

[⑤] 杨朝霞：《论环境公益诉讼的权利基础和起诉顺位——兼谈自然资源物权和环境权的理论要点》，《法学论坛》2013年第3期。

其三，自然资源排用权①，指利用环境容量排放生产生活所产生的废弃物质或能量的权利（此时，可将环境容量视为自然资源的孳息）。此即排污权，如水域排污权、大气排污权、碳排放权等。该权利的行使，使作为国家所有的环境容量由于排污行为而消耗或毁损（一般可以更新），故其也具有不同于传统用益物权的属性。②

3. 资源权具有维护环境公益的功能

其一，运用自然资源使用权和自然资源取用权，③来保护环境公益。譬如，渔民以养殖权或捕捞权受损为由，起诉污染渔业水域的环境致害者，请求其停止污染、恢复和治理环境等，从而保护该水域的生态环境。不过，这种诉讼在本质上以维护财产私益为根本目的，只能对环境公益实现附带性和间接性的保护，应属于环境私益诉讼，而不属于环境公益诉讼的范畴。

其二，运用自然资源所有权，来保护环境公益。根据我国《宪法》《物权法》《森林法》《水法》《草原法》和《野生动物保护法》等法律的规定，森林、草原、河流、海洋、野生动植物等自然资源均属于国家所有即全民所有（少数为集体所有），国有财产由国务院代表国家行使所有权（具体则由各级政府及其有关职能部门代为行使）。因此，当自然资源及其生态功能受到现实或潜在的环境损害时，各级政府及林业、渔业、海洋、水利、国土等职能部门，有权以国家自然资源所有权人（国家）的代表人身份而提起旨在保护资源性环境公益的环境民事诉讼（可间接保护生态性环境公益）。从理论上讲，环保部门则可以环境容量所有权（其损害体现为可分配环境容量的总量减少，主要适用于水环境容量，对于大

---

① 当然，鉴于环境容量的特殊性，可以将自然资源排用权从自然资源物权中分离出来，成立独立的环境容量利用权（即排污权）。关于环境容量利用权的界定，可以参阅相关学者的论述。参见吕忠梅《关于物权法的"绿色"思考》，《中国法学》2000 年第 5 期。

② 杨朝霞：《论环境公益诉讼的权利基础和起诉顺位——兼谈自然资源物权和环境权的理论要点》，《法学论坛》2013 年第 3 期。

③ 从理论上看，似乎也可运用排污权来保护环境公益（即提起环境容量受损之诉）。但是，就其具体实践来说，笔者以为，这几乎缺乏可操作性：一则排污权的行使（即污染物的排放）很容易超出其边界，因此法治工作的重点应是如何加强对其的监督和管理，而非保护；二则环境容量的监测十分艰难，技术依赖性很强；三则环境容量的变化易受干旱、洪水等非人为因素的干扰；四则环境容量具有动态的可恢复性。实际上，排污权的侵害主要来自公权力的滥用或懈怠。

气环境容量则较难适用①为权利基础，以环境容量国家所有权人的代表人身份提起旨在保护容量性环境公益的环境民事诉讼，如请求恢复和治理环境、赔偿环境容量损失等，典型案例如 2002 年的"塔斯曼海"轮海洋油污染案。在该案中，天津市海洋局（作为环保部门）、天津市渔政渔港监督管理处（作为资源管理部门）等分别获赔海洋生态损失 1000 万元、海洋渔业资源损失 1830 万元。②

4. 自然资源所有权诉讼的性质

由于我国的自然资源大多属于国家所有（实为全民所有）或集体所有，因此，以自然资源国家所有权人的代表人身份（权利行使主体）而提起的、旨在直接保护经济性环境公益（可间接保护生态性环境公益）的诉讼，在性质上理应属于环境公益诉讼。③

5. 自然资源所有权诉讼的功能局限性④

要注意的是，以资源权为权利基础，并不能充分预防和救济所有的环境危害，换言之，自然资源所有权诉讼在保护环境公益方面具有难以克服的局限性。

首先，适用范围的有限性。其一，许多环境要素（如大气、阳光）尚不能成为所有权的对象，不能在其上成立自然资源所有权。譬如，不能通过大气所有权来防治大气污染，保护空气环境。其二，须以自然资源遭受环境损害为前提。自然资源所有权诉讼主要适用于对自然资源自身的保护，对生态环境和人居环境之生态产品的保护明显不足。换句话说，即使发生了严重的环境污染，但若国家自然资源没有受到现实的损害，则国家机关也无权提起旨在保护环境公益的诉讼。譬如，对大气污染问题（尤其是城市 PM2.5 污染问题），由于一般不会发生自然资源受损的后果，国家环保机关除了对其进行环境执法外，难以启动环境民事公益诉讼来保护环境（以大气环境容量受损为由提起诉讼颇为牵强，难以操作）。从理论上分析，自然资源所有权诉讼主要适用于造成国家渔业资源受损的海洋、江河、湖泊的污染问题和森林资源、草原资源的破坏问题等情形。换言

---

① 这是因为大气污染的流动性、迁移性更强，大气环境容量的干扰因素更大，监测起来更难。此时，用作为环境权的清洁空气权进行保护，效果更好。

② 杨朝霞：《论环境公益诉讼的权利基础和起诉顺位——兼谈自然资源物权和环境权的理论要点》，《法学论坛》2013 年第 3 期。

③ 同上。

④ 同上。

之，自然资源所有权诉讼能较好地保护经济性环境公益，对于生态性环境公益，尤其是人居性环境公益而言，功能明显不足。其三，自然资源所有权诉讼主要适用于环境民事公益诉讼，难以适用于环境行政公益诉讼。

其次，保护的滞后性。究其原因，这同前文所述的以人身权和普通所有权为基础的传统环境侵权救济制度对人身和财产保护的局限性基本类似。这是因为，只有国家自然资源已经受到明显的损害或危险时，方可提起诉讼。换言之，以自然资源所有权为基础的侵权救济制度对经济性环境公益和生态性环境公益的保护具有难以克服的滞后性。[①]

最后，保护的间接性和附带性。原因同前文所述的以普通所有权为基础的传统环境侵权救济制度对环境公益保护的局限性相类似。这是因为，以自然资源所有权为基础的环境侵权诉讼，其诉讼标的为经济性环境公益（即自然资源本身），只能附带要求被告在一定程度上治理受损的环境（如要求停止侵害、恢复环境等），以防止对自然资源继续造成损害。然而，对于已经造成的环境品质降低、生态环境服务功能下降等方面的生态性环境公益损失，却无法要求填补。

为弥补资源权在保护环境公益上的局限，法律还必须有另外的制度设计，这就是下文所讲的环境权的创设。

（二）环境权

环境权概念是20世纪60年代人类基于对环境危机的反思和开展环境保护运动的产物。1970年，美国学者萨克斯教授在"环境公共委托论"的基础上首次提出了"环境权"的理论。[②] 与此同时，日本也提出了环境权的理念。[③] 此后，中外学者们纷纷以极大的热情对环境权理论进行了不懈的研究和不断的改进。[④] 从立法实践上看，许多国际环境宣言以及各国

[①] 杨朝霞：《论环境公益诉讼的权利基础和起诉顺位——兼谈自然资源物权和环境权的理论要点》，《法学论坛》2013年第3期。

[②] See Joseph L. Sax, "The Public Trust: a New Character of Environmental Rights", In Alfred A. Knopf (ed.) *Defending the Environment: a Strategy for Citizen Action*, New York, 1970, pp.158-174.

[③] 参见杜刚建《日本的环境权理论和制度》，《中国法学》1994年第6期。

[④] 参见叶俊荣《环境政策与法律》，中国政法大学出版社2003年版，第1—33页；蔡守秋《环境权初探》，《中国社会科学》1982年第3期；吕忠梅《沟通与协调之途——论公民环境权的民法保护》，中国人民大学出版社2005年版；吴卫星《环境权研究》，法律出版社2007年版等。然而，总的说来，环境权的研究尚未取得突破性的进展。

国内立法都对环境权作出了规定,[①] 我国的《环境影响评价法》等环境立法[②]也直接提及了环境权。在司法实践上,美国1982年的普拉赫诉马里蒂（Prah V. Marretti）案[③]、日本1976年的大阪国际机场公害诉讼案[④]和我国2001年南京紫金山景观维权案[⑤]等也作出了有益的探索。

1. 环境权的理论要点

所谓环境权,即公民等主体享有良好环境的权利。其理论要点为以下八点。

其一,环境权的权利构成。环境权的基本主体为公民包括当代和后代的公民。环境权的标的为人居性环境利益,客体为环境的人居支持功能（如身体支持、景观审美等）,对象为环境。环境权的内容主要为对良好环境的享用权。要注意的是,环境权不包括对环境容量的权利（如排污权）和对自然资源的权利（如自然资源使用权和自然资源取用权）等开发利用环境的实体权利,也不包括环境知情权和环境参与权等保障环境权

[①] 譬如,1972年《人类环境宣言》原则1宣称:"人类有权在一种能够过尊严和福利的生活环境中,享有自由、平等和充足的生活条件的基本权利。"1988年《美洲人权公约圣萨尔瓦多议定书》第11条也宣布:"每个人应有权在健康的环境中生活。"另外,据统计,全球已有60多个国家在宪法层面或直接或间接地确认了环境权。例如,韩国1980年《宪法》第35条规定:"（一）全体国民均享有在健康、舒适环境中生活的权利。国家和国民应努力保护环境。（二）环境权的内容和行使由法律规定。（三）国家应通过住宅开发等政策,努力使全体国民享有舒适的居住条件。"2002年俄罗斯联邦《环境保护法》第11条第1款规定:"每个公民都享有良好环境的权利,有保护环境免受经济活动和其他活动,自然的和生产性紧急状态的不良影响的权利,有获得可靠的环境状况信息和得到环境损害赔偿的权利。"

[②] 2002年的《环境影响评价法》第11条规定:"专项规划的编制机关对可能造成不良环境影响并直接涉及公众环境权益的规划,应当在该规划草案报送审批前,举行论证会、听证会,或者采取其他形式,征求有关单位、专家和公众对环境影响报告书草案的意见。"自《环境影响评价法》在国家立法层面第一次明确使用"环境权益"这个概念后,我国相继有多部立法直接使用这一术语,譬如,2004年的《环境保护行政许可听证暂行办法》第7条和2006年制定的《环境影响评价公众参与暂行办法》第33条等。

[③] Prah V. Maretti, 108 Wis. 2d 223, 321 N. W. 2d 182 (1982).

[④] 李鸿禧:《论环境权之宪法人权意义》,载《宪法与人权》,元照出版社1999年版,第488页。

[⑤] 《紫金山顶建"怪物",教师状告规划局》,http://city.icchina./com/news/getInfo.asp?id=25863。

实现的程序权利。①

其二,环境权的形态类型。同人格权分为一般人格权和具体人格权一样,环境权也可分为一般环境权和具体环境权。一般环境权,是指以民事主体全部人居性环境利益为标的的总括性权利,它是法律为切实保护民事主体环境权而赋予法官自由裁量权的法的技术创造,以弥补成文法规定的不足,包括环境安全和环境舒适等方面的内容。具体环境权是一般环境权的具体化,如清洁空气权、清洁水体权、安宁权、采光权、通风权、景观权等。②

其三,环境权的属性。同生命权、健康权等人格权相似,环境权也属于静态的"享有权"和防御权,而非动态的"行为权"。即以享用良好品质的环境为核心权能,重点在于防范外力对环境的侵害,其权利的行使无须付诸什么行动,也不追求通过交易行为而获取收益。从权利属性上看,若将作为生态产品的环境视为物格③较低的物,环境权可归于新型用益物权的范畴,即环境享用权。

其四,环境权具有优先于排污权(即自然资源排用权)、自然资源权(专指自然资源使用权和自然资源取用权)的优先效力。即当排污权、自然资源权和环境权发生权利冲突时,法律应当优先保护环境权。

其五,环境权的特征。环境的整体性、不可分性、区域性、开放性、运动性、难支配性等特征,使环境权具有明显的公益性和易受损性。不过,不同类型的环境权,其公益性会有所不同,譬如,清洁水权、清洁空气权、景观权则具有较强的公益性(可称为公益性环境权),采光权、通风权、安宁权的公益性较弱而私益性较强(可称为私益性环境权)。④

其六,环境权的限度。任何权利都不是无限的,环境权也只能对一定品质的环境享有权利,而不能无限扩大其权利的边界,通常可用环境质量

---

① 环境参与权、环境知情权实为确保环境权实现的功能性权利(源于环境权的效力),切忌把环境权的保护混同于环境权的构成。
② 杨朝霞:《论环境公益诉讼的权利基础和起诉顺位——兼谈自然资源物权和环境权的理论要点》,《法学论坛》2013年第3期。
③ "物格"一词,系杨立新教授首创。参见杨立新《动物法律人格之否定——兼论动物之法律"物格"》,《法学研究》2004年第5期。
④ 杨朝霞:《论环境公益诉讼的权利基础和起诉顺位——兼谈自然资源物权和环境权的理论要点》,《法学论坛》2013年第3期。

标准或环境质量指数(如空气环境质量指数 AQI)进行限定。

其七,环境权的行政保护。这主要是指通过政府及环保部门履行法定的环境保护监管职责,来保护环境权益。当然,享有环境权的公众也可以通过行使环境知情权、环境参与权、环境执法请求权等权利,参与环境行政程序,提起环境行政复议或环境行政诉讼,监督环保机关依法履行环保监管职责等形式,来维护其环境权益。

其八,环境权的侵权救济。侵害环境权的侵权行为,是指致使环境质量显著降低以致影响依法享用环境的行为,如严重的大气污染。环境权侵权责任的归责原则仍为无过错责任原则,即只要造成了环境品质的客观损害(低于环境质量标准或超过通常的忍受限度),不管有无过错,只要不存在法定免责事由,均须承担侵权责任。环境权侵权责任的构成要件有三:一是存在污染或破坏环境的行为;二是产生了环境损害的客观结果,即人居性环境利益已经遭受或很可能遭受损害;三是侵害行为与损害结果之间存在因果关系。在举证责任的分配上,仍沿用环境污染侵权责任的因果关系"举证责任倒置"规则,即由被告承担因果关系不存在的举证责任。原告(环境权人)只需证明:被告存在污染或破坏环境的行为;环境已经遭受或很可能遭受损害;致害行为与损害后果之间具有关联性;自己同受损的环境具有直接利害关系(享有相应的环境权)。环境权侵权的责任形式主要为排除侵害(包括部分排除侵害)、恢复环境、环境损害赔偿(包括替代性赔偿)等。

2. 环境权创设的法治意义

环境权的创设,为公众参与环境保护提供了坚实的权利基础和广阔的维权通道,从而有利于推进环境保护事业实现跨越式的发展。

其一,环境权的创设可以提前环境司法的介入时机,增加法律保护的第一道防线。这是因为,在公民的人身和财产尚未因污染或破坏而发生实质损害的阶段,公民就可以环境质量低于或极有可能低于环境质量标准为由,提起环境权之诉(包括民事诉讼和行政诉讼),从而对危害环境的排污企业和环保部门进行及时、有效的抗争。[①]

其二,环境权的创设,有利于走出"举证难"的困境。环境权诉讼,

---

① 杨朝霞:《论环境公益诉讼的权利基础和起诉顺位——兼谈自然资源物权和环境权的理论要点》,《法学论坛》2013 年第 3 期。

能将传统环境侵权之"污染行为—环境质量受损—人身和财产受损"的复杂因果关系证明简化为"污染行为—环境质量受损"的简单因果关系证明,从而大大降低环境侵害因果关系的证明难度,推动环境维权走出"举证难"的困境与尴尬。①

其三,能提高对环境公益保护的彻底性和有效性。这是因为,环境权直接以环境为权利对象,以环境功能为权利客体,以环境利益为权利标的,因此,当环境的服务功能受到损害时,可以根据环境权提起旨在预防和救济对环境本身的损害的诉讼,如请求恢复环境原状、治理环境污染、进行环境损害赔偿(对受损环境利益的赔偿)等。

3. 环境权诉讼的性质

鉴于环境的公共性,环境权诉讼的胜诉结果可能惠及相关不确定的众多环境权人,从而赋予了诉讼以公益的属性。因此,以公益性环境权(如清洁空气权、清洁水体权、景观权等②)为实体权利基础的环境诉讼,应属于环境公益诉讼的范畴。

4. 环境权诉讼的功能局限性及弥补措施③

环境权的创设确实能有效弥补现行法律制度对于环境公益保护不力的问题,然而,其作用也是有限的。

其一,适用范围有限。主要适用于对人居性环境公益的保护,对调节性环境公益的保护功能有限。即环境权主要适用于环境的保护,对生态的保护难以适用。这是因为,依法理,利益权利化的首要前提是利益的直接性,即只有与民事主体具有直接利害关系的利益方能被权利化。利益链条上较远的利益,通常以"法益"的形式进行保护,而不采用权利化的路径。譬如,对于纯粹经济上利益的保护,各国民法一般不采取权利化的措施。换言之,并非所有的环境公益(尤其是调节性环境公益)都可被权利化为环境权。对于偏远的生态环境(如原始森林)而言,即使发生污染或破坏,只要这种损害不是根本性的,也只是造成某些生态功能的一时

---

① 杨朝霞:《论环境公益诉讼的权利基础和起诉顺位——兼谈自然资源物权和环境权的理论要点》,《法学论坛》2013 年第 3 期。

② 另外的安宁权、采光权、通风权则主要属于私益性环境权的范畴。

③ 杨朝霞:《论环境公益诉讼的权利基础和起诉顺位——兼谈自然资源物权和环境权的理论要点》,《法学论坛》2013 年第 3 期。

受损，如发生水土流失、草地退化、温室效应①等，一般并不会直接侵害环境权本身，仅仅可能构成后续的危险而已。② 因此，即使偏远的生态要素遭受污染和破坏导致调节性环境公益受损时，也不能或难以直接提起环境权之诉。因为，环境权人要证明其生活环境会因生态环境的受损而受损或很可能受损进而使其环境权遭受侵害，将是十分困难的。当然，这只是说，对于远离城市和村庄的生态环境，作为当代人的公民是难以运用环境权提起环境公益诉讼的，但享有环境权的后代人是可以起诉的（由当代的环保组织代为起诉）。

其二，受制于环境权主体维护环境公益的起诉意愿和诉讼能力。当环境权主体不知、不愿、不敢、不会和无力主张与行使诉权甚至放弃诉权时，司法程序便无法启动，即使启动了也难以胜诉。

为摆脱这种困境，有效维护环境公益，有必要设计科学的制度补救措施。

其一，对生态环境上难以成立环境权的制度对策。对此，方法有二。一是建立环境鉴定评估制度，成立相应的机构。当生态环境受损时，环境权人可求助于有关环境鉴定评估机构，证明其生活环境的环境品质会因生态环境的受损而受损或很可能受损，从而直接运用环境权诉讼来保护这种调节性环境公益。二是通过国家机关提起自然资源所有权诉讼来间接保护这种生态性环境公益，这一点前文已有阐释，不再赘述。③

其二，对环境权主体起诉意愿和诉讼能力不足的制度对策。为确保环境公益得到有效保护，根据诉讼信托原则④，作为环境权主体的公民可将

---

① 针对温室效应，我们不宜针对气候环境而成立所谓气候环境权，因为气候利益只是一种利益链条较远的生态利益，并非一种现实而直接的环境利益。对于气候利益，环境法只能像民法以法益的形式保护某些经济利益一样，通过生态法益的形式对其进行保护，而不宜采用权利化的模式。

② 生态系统是一个具有自我更新、自我恢复功能的结构和功能系统，在一定范围和程度内，系统自身具有一定的调节能力，对来自外界比较小的冲击（污染或破坏）能够进行缓冲和自调，从而维持其动态上的稳定性。

③ 杨朝霞：《论环境公益诉讼的权利基础和起诉顺位——兼谈自然资源物权和环境权的理论要点》，《法学论坛》2013 年第 3 期。

④ 所谓诉讼信托，是指委托人将其实体权利及相应诉讼权利转移给受托人（一般为公益团体），由受托人以自身的名义（诉讼当事人的身份），为实现实体利益进行诉讼，产生的诉讼利益归于受益人的一种信托制度和诉讼制度。参见肖建华《群体诉讼与我国代表人诉讼的比较研究》，《比较法研究》1999 年第 2 期；徐卫《论诉讼信托》，《河北法学》2006 年第 9 期。

其诉权托付给有关公益团体，由其以自己的名义起诉。在美国，代行此种诉权的机关主要为国家司法部门，即检察总长。当然，在缺乏政府诉讼（检察官未起诉）的情况下，依据"私人总检察官"理论①建立起来的公民诉讼制度，"任何人"（包括公民、社会组织和有关国家机关等）都可直接向法院起诉，督促有关企业遵守环保规定，敦促有关行政机关履行法定职责，从而实施法律，保护环境公益。② 我国也可借鉴美国的公民诉讼制度，以环境权和诉讼信托为理论基础，将环境权主体的诉权信托给民间环保组织等公益团体，由其直接以自己的名义提起诉讼。此外，环保机关可基于国家环境容量所有权而提起环境容量诉讼；检察机关可基于民行检察权而提起环境检察诉讼。由于此种诉讼并非为了自身利益而是为了环境公益，因此，由这些主体提起的环境诉讼，在性质上当然属于环境公益诉讼的范畴。事实上，我国早就开始了这方面的地方实践，典型的案例如 2007 年的贵阳市"两湖一库"管理局诉贵州天峰化工公司水污染案、2009 年的广州市番禺区检察院诉东涌东泰皮革染整厂水污染案、2011 年的中华环保联合会诉贵阳市乌当区定扒造纸厂水污染案，等等。③

二 环境公益诉讼的原告范围

就环境、资源和生态的司法救济以及广义环境公益诉讼原告范围的问题，大致可按如下思路进行设计。

（一）公民：基于环境权，可提起环境公益诉讼

由于此类诉讼既能维护公民自己的环境权益，也能客观维护他人的环境权益，故应属于环境公益诉讼的范畴。要注意的是，根据公共性程度的不同，可将环境权分为公益性环境权和私益性环境权，清洁空气权、清洁水权和景观权等主要为公益性环境权，通风权、安宁权等则主要为私益性环境权。因此，以公益性环境权为基础的环境权诉讼，方才更具有环境公益诉讼的属性。此外，为防止公民的滥诉，可将公民提起

---

① 参见王名扬《美国行政法》，中国法制出版社 1995 年版，第 627—628 页。
② See 33 U.S.C. § 1365 (b) (1) (B).
③ 杨朝霞：《论环境公益诉讼的权利基础和起诉顺位——兼谈自然资源物权和环境权的理论要点》，《法学论坛》2013 年第 3 期。

环境公益诉讼课加一定的限制条件，如需具备相关专业知识和技能、无违法记录等。

（二）环保组织：基于环境权和诉讼信托，可替代公民提起环境公益诉讼

为防范享有环境权的公民不愿、不敢、不能起诉的问题，可以环境权和诉讼信托[①]为依据，授予有关环保组织提起旨在维护公共环境质量的环境公益诉讼原告资格。当然，环保组织也可与有关公民一起作为原告，共同提起环境公益诉讼。

（三）自然资源资产管理机关：基于国家自然资源所有权，可提起旨在保护自然资源和维护相关生态安全的环境公益诉讼

在我国，许多自然资源属于国家所有，因此，我们可以自然资源国家所有权为依据，授予有关自然资源资产管理机关（矿产、水、森林、草原、野生动植物、土地、水产、海洋等自然资源的资产管理部门）提起旨在保护自然资源的公益诉讼原告资格。需特别说明的是，依次而言，环保部门可作为大气、河湖、土壤等环境要素之环境容量的资产管理机关，提起旨在修复环境容量的环境公益诉讼（请求治理受污染的环境，或请求赔偿所需的污染治理费用）。

要注意的是，自然资源国家所有权不同于建筑物、构筑物等普通物的国家所有权，以自然资源国家所有权为基础的诉讼，理应属于环境公益诉讼的范畴。此外，水资源、森林资源、草原资源、野生动物资源、野生植物资源等许多自然资源兼有显著的生态属性，具有水土保持、气候调节、污染净化等重大的生态调节功能，且其资源供给功能和生态调节功能具有一荣俱荣、一损俱损的共生特性，故有关自然资源资产管理机关也可附带提起旨在维护相关生态安全的公益诉讼。当然，鉴于行政权和司法权的不同分工，具有公共权力属性的自然资源资产管理机关代表国家作为国有资产民事主体提起公益诉讼时，自应设定一定的前置程序和约束条件，如有关自然资源行政机关已经依法履行了监督管理的法定职责等。

不过，问题是，如果自然资源资产管理机关和检察机关均不起诉怎么办？从理论上讲，对于此种情形，将自然资源所有权信托给国家但保留了监督权的公民，除了可以通过投诉、举报、控告等手段督促环保机关提起

---

① 徐卫：《论诉讼信托》，《河北法学》2006 年第 9 期。

诉讼之外，还可以自然资源所有权主体（全民所有）成员的身份，像股东派生诉讼①一样，以公民自己的名义，直接提起自然资源诉讼。② 不过，在当前的国情下，为防止滥诉的发生，基于公民的诉讼信托，由社会组织代为提起自然资源诉讼，可能更为合适。

（四）检察机关：基于国家生态文明建设义务和检察权，作为替补原告提起环境公益诉讼

检察机关作为法定的监督机关，可以国家生态文明建设义务和检察权为依据，授予提起旨在保护公共环境、自然资源和维护生态安全的公益诉讼替补原告资格，从而将《民事诉讼法》第55条规定的"法律规定的有关机关和组织"加以进一步的限定和明确，形成考虑周全、系统协调的广义环境公益诉讼原告制度，推进环境公益诉讼的发展。

当然，同自然资源资产管理机关一样，具有公权力性质的检察机关提起公益诉讼也须设定一定的前置程序和约束条件，如只能作为替补原告，须履行督促有关主体纠正违法行为或履行法定的环保义务或监管职责等。此外，鉴于检察机关的公权强势性，其作为原告的环境公益诉讼规则也有必要进行重新规定，如排污行为与损害后果之间因果关系的证明仍施行"谁主张谁举证"的原则等。

三　环境公益诉讼的起诉顺位③

既然公民、环保组织、政府及其职能部门、检察机关等多类主体均有权提起环境公益诉讼，那么，如何处理其起诉顺位便成为我们接下来不得不着手解决的问题。笔者以为，应依实体权利基础的不同而作相应安排。

（一）以自然资源所有权为诉权基础的起诉顺位

其一，自然资源资产管理机关为第一顺位的原告。各级人民政府及其林业、渔业、海洋、水利、国土、环保等职能部门，作为自然资源资产监督管理机关，应当拥有以国家所有权人（国家）代表人身份提起环境公

---

① 股东派生诉讼制度又称股东代表诉讼制度，是指当公司的合法权益遭受侵害，而公司怠于诉讼时，符合法定要件的股东为公司的利益以自己的名义对侵害人提起诉讼，追究其法律责任的诉讼制度。

② 参见杨朝霞《论环境公益诉讼的权利基础和起诉顺位——兼谈自然资源物权和环境权的理论要点》，《法学论坛》2013年第3期。

③ 同上。

益诉讼的优先权。反过来说,这也是其职责所在。

其二,检察机关为第二顺位的原告。检察机关作为《宪法》所规定的法律监督机关,除了有权督促各级政府及其有关自然资源资产管理部门等及时提起诉讼外,在必要的时候,也可以直接提起环境公诉,而对环境法律的实施情况进行监督。当然,对于环境刑事附带民事诉讼,检察机关无疑应当作为第一顺位的原告。

其三,公民和环保组织为第三顺位的原告。当自然资源资产管理机关拒绝或未及时提起环境公益诉讼时,将自然资源所有权信托给国家但保留了监督权的公民除了可以通过投诉、举报、控告等手段督促环保机关提起诉讼之外,在必要的时候,也可以以自然资源所有权主体(全民所有)成员的身份,像股东派生诉讼一样,以自己的名义直接提起诉讼。

(二) 以环境权为诉权基础的起诉顺位①

其一,环境权人和环保组织为第一顺位的原告。环境权法律化(法律上正式确认了环境权)后,即使没有发生现实上的人身和财产损害,公民也可以提起公益性环境权诉讼。享有了环境权,公民便具有了环境上的直接利害关系,当然不再受《民事诉讼法》"原告是与本案有直接利害关系的公民、法人和其他组织"的阻碍。不过,需注意的是,公民起诉资格的取得应以享有环境权为要件(须自我证明)。譬如,对于2005年松花江水污染事故,远在北京的人们是很难以环境权为依据而起诉的,因为实在没有足够的理由证明其享有相应的环境权。当然,除了公民可以自己起诉之外,环保组织也可依据环境权和诉讼信托直接起诉。② 环保机关和检察机关等机关,可对公民和环保组织的诉讼活动提供支持(即支持起诉)。

其二,环保机关为第二顺位的原告。第一顺位的原告(环境权人)在合理期限内未起诉或环境权人直接请求其起诉的,环保机关为维护环境公益(环境容量)也可直接提起诉讼。环保机关未积极起诉的,检

---

① 杨朝霞:《论环境公益诉讼的权利基础和起诉顺位——兼谈自然资源物权和环境权的理论要点》,《法学论坛》2013年第3期。

② 当有多个公民、多个环保组织或公民和环保组织同时为维护环境公益而起诉时,我们可采用共同诉讼的方式,或参照《民事诉讼法》所规定的代表人诉讼方式,来解决第一顺位原告内部的冲突问题。

察机关可督促其起诉。当然，环保机关起诉的前提是，其已经勤勉履行了环境保护的法定职责，并未被相关污染企业作为被告而提起环境行政诉讼。

其三，检察机关为第三顺位的原告。当第一顺位原告（环境权人）在合理期限内未起诉，第二顺位的原告（环保机关）经督促也未能在合理期限内起诉或被作为环境行政诉讼被告而无权起诉的，检察机关可作为原告直接提起环境公益诉讼。此种情形下，检察机关作为原告提起环境公益诉讼，便成为环境公益司法保护的最后一道防线。

（三）不同顺位原告之间的协作和监督[①]

必须指出的是，起诉顺位的安排只是一种理论上的设计（以防止诉讼资源的浪费和不必要的麻烦），实践中不宜机械和僵化，而应以及时、有效维护环境公益为基本原则进行灵活处理。此外，不同顺位的原告还可作为共同原告起诉或加入已经受理的诉讼之中。

其一，可作为共同原告同时提起环境公益诉讼，相互配合，壮大诉讼的力量。譬如，公民、环保组织和环保机关可发挥各自的优势，取长补短，作为共同原告提起环境民事公益诉讼。这方面，典型的案例如2009年公民朱正茂和中华环保联合会诉江阴港集装箱有限公司饮用水污染案，2011年自然之友与重庆市绿色志愿者联合诉云南曲靖陆良化工实业有限公司铬渣污染案等。

其二，可加入环境私益诉讼，补充提出维护环境公益的诉讼请求。环保组织、环保机关、检察机关可直接加入公民提起的环境私益诉讼，补充提出维护环境公益的诉讼请求（也可不起诉，而直接支持原告提出维护环境公益的诉讼请求）。譬如，环保组织认为案件可能涉及环境公益的，可以申请加入诉讼；法院认为案件涉及"环境公益损害"的，也可基于"司法能动"原则，发布信息告知社会，允许环保组织或环保机关作为公益原告参加诉讼。在此类诉讼中，公民的诉讼请求主要指向环境私益，而公益原告的诉讼请求则指向环境公益。2002年"塔斯曼海"轮海洋油污染案就是这方面的典型案例：天津市海洋局（作为环保部门）代表国家提出了9830万元的海洋生态损失索赔请求，天津市渔政渔港监督管理处

[①] 杨朝霞：《论环境公益诉讼的权利基础和起诉顺位——兼谈自然资源物权和环境权的理论要点》，《法学论坛》2013年第3期。

(作为资源管理部门)代表国家提出了1830万元的海洋渔业资源损失索赔请求,天津市塘沽区大沽渔民协会则代表1490多户渔民提出了6288万元的海洋捕捞损失索赔请求。

其三,可加入已进行的环境公益诉讼,以协助或监督先前原告的公益诉讼行为。环保机关或检察机关已起诉的,环境权人和环保组织也有权作为原告,向法院请求参与已经进行的环境公益诉讼,以协助或监督环保机关或检察机关的诉讼行为。典型案例如"美国政府诉 AVX 公司案"(United States V. AVX Corp.):国家野生生命联盟因不信任作为原告的国家机关,遂作为另一原告加入已进行的诉讼中,以监督原告的诉讼行为。① 再如,在我国的2011年自然之友与重庆市绿色志愿者联合会诉云南曲靖陆良化工实业有限公司铬渣污染案中,在最终立案的起诉书中,曲靖市环保局由初稿中的第三人变更为共同原告,与上述两家环保组织一起提起环境公益诉讼。②

四 关于环境公益诉讼原告制度的修法建议

原告制度是诉讼法最基本的制度,几乎可以这么说,科学确定了环境公益诉讼的原告,环境公益诉讼就成功了一半。笔者以为,极有必要将现行环境公益诉讼原告制度进行修改,扩大环境公益诉讼起诉主体的范围,并明确规定可提起环境行政公益诉讼。

众所周知,《环境保护法》是生态文明建设的基本法和龙头法,有必要首先健全和完善该法的环境公益诉讼制度。具体而言,建议将《环境保护法》第58条修改为:对污染、破坏环境和生态,损害社会公共利益

---

① 美国政府诉 AVX 公司一案的诉讼时间很长,国家野生生命联盟担心联邦政府在法庭的调解中放弃原则,依《联邦民事程序规则法》第24条的规定,提出介入诉讼的动议,请求作为政府之外的原告,以协助和监督政府的诉讼行为。1989年4月27日,法院作出有限许可的同意裁决,允许其在法庭上仅就以下三个事项发表看法并进行辩论:一是对建议的同意裁决的法律请求;二是应当采取的应对自然资源损害的符合《综合环境反应、补偿和责任法》要求的措施;三是《综合环境反应、补偿和责任法》提出的清除污染的法律要求。法院还裁决,若国家野生生命联盟认为其观点与这三个方面的判决相反,可以提起上诉。后来,国家野生生命联盟确实提出了上诉,遗憾的是未能胜诉。See United States V. AVX Corp., 962 F.2d 108, 113, (1st Cir. 1992).

② 参见贺莉丹《曲靖环境公益诉讼破冰》,《新民周刊》2011年第43期。

的行政行为和民事行为，下列主体可以向人民法院提起诉讼：

（一）享有相应环境权，具备有关知识和技能、无违法和失信记录的公民；

（二）依法在设区的市级以上人民政府民政部门登记、专门从事生态文明公益活动连续五年以上且无违法记录的社会组织。

对破坏国家所有的自然资源及其生态环境的行为，有关行政机关已经依法履行监督管理职责，国家利益和社会公共利益依然处于受损状态的，有权的自然资源资产管理机关可以提起诉讼。

对前两款规定的损害国家和社会公共利益的行为，有关检察机关可以发出检察建议、督促有关单位和公民纠正违法行为、履行法律规定的职责和义务，也可以督促或者支持有关主体提起诉讼。具有下列情形之一的，有关检察机关可以向人民法院提起诉讼：

（一）检察机关发出起诉公告或者督促起诉30日后，前两款规定的公民、社会组织、自然资源资产管理机关没有起诉的；

（二）检察机关向有关行政机关发出检察建议，督促其依法履行职责，行政机关在收到检察建议书之日起两个月以内未依法履行职责，没有正当理由的。

此外，为推进环境权的法律化，更好地推进公益诉讼，建议将《宪法》第26条修改为"国家推行生态文明建设，保护和改善生活环境和生态环境，防治污染和其他公害，维护公民环境权益，促进可持续发展"。建议将新《环境保护法》第6条第1款修改为"一切单位和个人都有享用良好环境的环境权，也有保护环境的义务，并有依法获取环境信息、参与环境行政决策、监督环境影响行为和提起环境诉讼等方面的权利"。建议将《侵权责任法》第2条第2款修改为："本法所称民事权益，包括生命权、健康权、姓名权、名誉权、荣誉权、肖像权、隐私权、婚姻自主权、监护权等人身权益，所有权、用益物权、担保物权、著作权、专利权、商标专用权、发现权、股权、继承权等财产权益，以及清洁空气权、清洁水权、景观权、安宁权等环境权益。"

当然，为了更好地保护自然资源和落实自然资源国家所有权，还有必要在《环境保护法》之外全面规定以自然资源国家所有权为基础的公益诉讼制度。为此，可借鉴《海洋环境保护法》第90条第2款关于海洋水产资源和海洋生态保护的规定，对《土地管理法》《矿产资源法》《水法》《森林法》《草原法》《海域使用管理法》《海岛保护法》《野生动物保护法》《野生植物保护条例》等自然资源法和《水土保持法》《防沙治沙法》进行修改,专门规定保护自然资源及其生态安全的环境公益诉讼条款。

五 健全和完善环境公益诉讼制度的总体建议

环境公益诉讼制度的设计,最大的难点是关于原告的问题,解决了原告制度,其他问题则纲举目张了(针对不同原告,进行针对性的设计)。当前,最重要的是要健全和完善如下制度。

一是环境行政公益诉讼制度。在检察机关提起环境行政公益诉讼试点的基础上,通过修改《行政诉讼法》或者《环境保护法》,对环境行政公益诉讼问题作出规定。

二是环境损害赔偿制度。环境损害赔偿制度是环境民事公益诉讼的基石性制度,有必要尽快对环境、资源、生态的损害赔偿问题进行全面、科学的规定。

三是环境公益诉讼立案制度。具体包括环境公益诉讼的立案登记制度、立案初审制度(关联性)、立案服务制度(网上立案、预约立案、巡回立案、法律援助等)和立案监督制度等。

四是环境公益诉讼管辖制度。主要包括环境公益诉讼的常规管辖制度(级别管辖、地域管辖、移送管辖、指定管辖等)、集中管辖制度(与行政区划适当分离的相对集中管辖)等。

五是环境公益诉讼举证责任制度。其中,特别是要对环境民事公益诉讼中原告关于被告环境侵害行为与环境公共利益损害之间具有关联性的初步证明责任,进行具体推定。

六是环境公益诉讼证据制度。主要包括环境公益诉讼的鉴定评估制度[1]、专家证人制度、证据强制提供制度、证据协调衔接制度(环境行政监管证据、环境私益诉讼证据)。

---

[1] 2016年11月12日,最高人民法院环境损害司法鉴定研究基地落户天津大学法学院。参见窦玉梅《最高人民法院环境损害司法鉴定研究基地成立暨理论与实务研讨会举行》,《人民法院报》2016年11月13日。

七是环境公益诉讼赔偿资金管理制度①。建议由国家设立专门的自然资源和生态环境损害赔偿基金,进行专门管理。除此之外,还应建立和完善环境公益诉讼法院释明制度、环境公益诉讼奖励制度等。

八是环境公益诉讼支持和保障制度。主要包括司法组织制度(关于环保法庭的建设)、司法衔接制度(包括环境行政执法和环境诉讼的衔接,环境私益诉讼和环境公益诉讼的衔接,环境民事公益诉讼和环境行政公益诉讼的衔接等)、司法培训制度(包括对法官、检察官、律师等的培训)、社会组织管理制度(放开对社会组织设立的限制,特别是关于必须挂靠行政机关的限制)。

环境公益诉讼是推进环境司法主流化的重大法宝和关键武器,只有不断健全和完善环境公益诉讼的制度体系,让其作为环境行政执法的有效补充,才能切实让这个法宝真正释放其作用,才能真正让这个武器发挥其应有的威力和作用。

---

① 2014年《环境保护法》出台前,多个地方试点环境民事公益诉讼,虽然胜诉案件数量不少,但以修复生态环境为理由获赔的赔偿金通常长期闲置,个中原因,引人思考。法院在赔偿判决执行后工作结束,环保组织不敢动用该赔偿金以免被质疑起诉动机,也缺乏实施或组织生态环境修复的专业能力和监管能力,环境监管机关虽然有专业能力和监管能力,但不属于案件当事人,其结果是公益诉讼胜诉和赔偿金到位,但生态环境并没有获得修复,环境公益诉讼保护环境的目标并没有实现。参见胡静《环保组织提起的公益诉讼之功能定位——兼评我国环境公益诉讼的司法解释》,《法学评论》2016年第4期。

第十一章　环境司法制度与相关制度衔接的创新研究

中华人民共和国成立以来，我国即开始了环境司法相关工作，但开展真正意义上的环境司法活动，始于20世纪70年代末。自此，公安机关、检察机关、审判机关向环境保护事务介入，使环境保护法律法规的国家强制力得到有效保证，对推动我国环境法治的发展起到了积极作用。改革开放40多年来，我国环境司法取得长足进步，体制机制不断完善，相关制度规定不断健全，对环境保护工作的推动和保障力度不断增强。

第一节　绪　论

研究环境司法制度与相关制度的衔接问题必须首先厘清相关范畴。关于范畴问题，古希腊哲学家亚里士多德做过系统研究。在他看来，范畴是对客观事物的不同方面进行分析归类而得出的基本概念。范畴及其体系是人类在一定历史阶段理论思维发展水平的指示器，也是各门学科成熟度的标志。[1] 同理，开展环境司法制度与相关制度衔接的研究有必要厘清环境司法、衔接等基本概念，然后明确其内涵和外延，最终确定研究的主要内容。

一　衔接的含义

衔接是指事物相连接。[2] 从横向上看，衔接是一种由各有关方面组成的制度化"关系结构"：其一，衔接的形成以有关各方参与为前提；其

---

[1] 张文显：《法哲学范畴研究》，中国政法大学出版社2001年版，第1—2页。
[2] 中国社会科学院语言研究所词典编辑室编：《现代汉语词典》（第5版），商务印书馆2005年版，第1476页。

二，参与各方处于一种结构性关系之中；其三，由哪些方面参与、各方关系结构如何，均取决于衔接机制的目的。从纵向上看，衔接是一种由各有关方面参与的"行动体系"：其一，衔接是既存相关实体的行动协调机制；其二，衔接的外在表现形式是有关各方面步调一致、相互配合的共同行动；其三，衔接的运作需要一个过程，所以衔接是过程性衔接，而不只是事务性衔接；其四，衔接在运行中表现出一定的规律性，这种规律性彰显了衔接的目的。①

根据衔接的定义，经研究认为，环境司法制度与其他相关制度的衔接具有以下几方面特征。一是参与方众多，既包括相关行政机关、公安机关、检察机关、审判机关，还包括人民调解组织等。二是过渡性，衔接的目的是将案件最终过渡到一种稳定状态，因此衔接只有在特定的条件下才会发挥作用。三是程序严格，需要对程序环节作出严格规定才能发挥衔接的应有作用。四是权力或权利相互制衡，需要对相关主体的权力或权利相互制约达到平衡，以确保衔接有效。

二 环境侦查、环境检察、环境审判和环境执行的含义

《刑事诉讼法》第1081条规定，侦查是指公安机关、人民检察院对于刑事案件，依照法律进行的收集证据、查明案情的工作和有关的强制性措施。也就是说，侦查是公安机关（包括国家安全机关）和人民检察院对已决定立案的刑事案件，为了查明案情，收集证据，揭露、证实犯罪和查获犯罪人，而依照法定程序进行的一系列活动。② 检察是指国家的法律监督机关（我国专指人民检察院）为了履行法律监督职责而审查一定法律事实的活动。③ 人民检察职权主要包括制约监督侦查权、诉讼监督、法律规定刑事案件立案侦查、刑罚执行监督与监所检察四大部分。审判是人民法院实现国家审判权的活动，是指人民法院对已经起诉的案件，按照法律规定的步骤和方式、方法，全面审查证据、核实案件事实，并依法作出

---

① 刘远、汪雷、赵玮：《行政执法与刑事执法衔接机制立法完善研究》，《政法论丛》2006年第5期。
② 杨连峰主编：《中国刑事诉讼法学》，武汉大学出版社1994年版，第470页。
③ "检察"，http：//baike.baidu.com/link？url＝h－z8Dc_ im4rBQm－S1Em62vRKE_ 2x_ fxD02fQTqTKpbQ0EfuDpALZDo_ LVOPrjAHE5QkOW9IPnmUjD96E0LvYGK。

裁判的诉讼活动。① 执行是指有权的司法机关依法将有效的裁判确定的内容付诸实施的司法活动。

本书中环境侦查是指侦查机关在办理环境污染刑事案件中，依照《刑事诉讼法》《环境保护法》等法律进行的收集证据、查明案情的工作和采取有关的强制性措施。环境检察是指检察机关在办理环境案件中，行使检察权和法律监督权的活动。环境审判是指人民法院对已经起诉的环境民事、刑事和行政案件，依法进行审理并裁判的活动。环境执行是指有权的司法机关依法将有效的环境裁判确定的内容付诸实施的司法活动。

三　环境司法制度与相关制度衔接研究的主要内容

环境司法制度在我国环境法治建设中发挥着独特的作用，但是其发挥作用必须与其他制度进行衔接。就内部而言，环境侦查、环境检察、环境审判等环节必须衔接；就外部而言，环境司法制度需要与行政执法、非诉手段进行衔接，还需要财政经费保障，并发挥公众的作用。这些衔接尚存在一些问题，需要引起高度重视，进行深入研究。

就此意义而言，本书有关环境司法制度与相关制度的衔接研究主要包括以下几个方面内容。一是研究环境司法制度内部的衔接问题。即研究环境侦查、环境检察、环境审判和执行制度相互之间的衔接问题。二是研究环境司法制度与行政执法的衔接问题。环境司法专业性、技术性较强，需要与行政机关的密切配合，但是行政执法与司法制度规定不完全一致，而且国内这方面工作才刚刚起步，因此是研究的重点。三是研究环境诉讼制度与非诉解决的衔接问题。对于环境民事纠纷，非诉解决方式简便快捷、成本较低，但也面临许多困难，需要与环境诉讼制度有机衔接，从不同角度共同发挥作用。

四　环境司法制度与相关制度衔接的必要性

根据宪法和有关法律规定，司法机关和行政机关、有关社会组织的定位不同，在各自领域发挥着独特作用，要解决综合性、专业性较强的环境

---

① 杨连峰主编：《中国刑事诉讼法》，武汉大学出版社1994年版，第545页。

问题，单靠哪一个部门单打独斗均难以奏效。考察历史不难发现，司法制度与相关制度衔接较好的时期，往往是相关问题得到较好解决的时期，环境司法亦然。为此，在当前形势下，推动环境司法制度与相关制度的衔接十分必要。

第一，环境侦查、环境检察、环境审判和执行制度之间的衔接十分必要。一是落实分工负责、互相配合、互相制约的宪法规定，确保司法权正确有效地行使。按照宪法和有关法律的规定，侦查机关、检察机关、审判机关应当在各自权力边界内承担相应的责任，但为解决日益突出的环境问题，各部门必须密切配合，在程序上有效衔接、在制度上完善、在价值取向上高度一致，既大力推进生态文明建设、绿色发展，又维护社会主义法治的统一性和权威性。二是打击日益严峻的环境犯罪行为、补齐生态环境短板的客观需要。党的十八届五中全会将绿色发展确定为五大发展理念之一，提出生态环境特别是大气、水、土壤污染严重，已成为全面建成小康社会的突出短板。[①] 由于我国经济发展方式转变不到位，环境违法成本低、守法成本高，近年来环境犯罪行为日益增多，环境形势日趋严峻，为此有必要加强环境侦查、环境检察、环境审判和执行制度之间的衔接，确保有效打击环境犯罪行为，切实改善环境质量。三是完善环境司法制度机制、推进以审判为中心的诉讼制度改革的需要。一方面，环境问题的专业性、技术性较强，传统刑法和刑事诉讼法对此体现不足，为此需要根据解决环境问题的需要对现行司法制度进行改造，例如在侦查阶段检察机关提前介入，在诉讼阶段更多运用专家证人、鉴定评估等手段，在判决时更多要求进行环境修复，实行禁令制度等。另一方面，要按照中央推进以审判为中心的诉讼制度改革的要求，构建新型的环境侦查、检察、审判和执行关系。

第二，环境司法制度与行政执法的衔接十分必要。随着环境犯罪和环境违法问题的增多，迫切需要加强司法机关和行政机关的衔接合作，共同打击环境犯罪，切实执行环境行政处罚和强制措施，并加强对行政机关行政行为的监督。环境司法制度与行政执法的必要性具体表现在以下几个方面。一是发挥司法和执法优势，打击环境犯罪和违法行为的需要。行政执

---

① 习近平：《关于〈中共中央关于制定国民经济和社会发展第十三个五年规划的建议〉的说明》，http://rd.changyang.gov.cn/art/2015/11/9/art_ 936_ 346601.html。

法与环境司法虽然各自独立运行,但两者之间也存在着必然的联系。① 一方面,生态环境部门在管理一线,往往能够及时发现环境犯罪的线索,并及时进行专业判断和固定证据,为司法机关打击环境犯罪提供了有利条件;另一方面,生态环境等部门的执法活动也需要司法机关配合,环境行政处罚和强制措施等具体行政行为需要法院审查或执行,才能达到环境行政执法的目的。二是对环境司法权和行政执法权进行双向规制的需要。借助环境司法与行政执法的衔接,可有效发挥检察机关等的监督作用,促使生态环境等部门及时移送涉嫌犯罪案件,充分发挥行政执法打击违法犯罪行为的前置性过滤作用。同时,可抑制司法权的扩张,坚守司法谦抑性原则,最终把握好行政执法权与司法权的适用度,做好二者的过渡和协调,防止争相管辖或互相推诿等现象出现,保障司法和执法的公信力和权威性。② 这也对维护社会主义秩序健康有序运行,实现依法治国和绿色发展目标,保障国家长治久安具有重大实践意义。三是健全衔接制度机制、解决以罚代刑、有案不移等痼疾的需要。实践中,既存在对环境违法犯罪行为打击不力问题,又存在以罚代刑、有案不移等痼疾。由于缺乏统一的案件移送等衔接制度和机制,部分地方生态环境等部门迫于地方干预,往往不移送应向司法机关移送的涉嫌环境犯罪案件或者以行政罚款代替刑事处罚。检察机关由于缺乏足够的信息,也难以监督生态环保行政执法行为,极易滋生腐败问题。为此,有必要建立健全相关衔接制度,解决以罚代刑、有案不移和执法腐败等问题。

第三,环境诉讼制度与非诉解决的衔接十分必要。环境诉讼与非诉解决的衔接主要体现在环境民事纠纷领域,环境民事纠纷的非诉解决,也称为环境 ADR(Alternative Dispute Resolution,即选择性纠纷解决或替代纠纷解决),与环境诉讼的目的一致,但手段存在差异。为及时有效解决环境民事纠纷,两者有必要进行衔接。其必要性主要表现在以下几个方面。一是低成本、高效、灵活地解决环境民事纠纷的需要。环境民事纠纷专业性强、周期长,这决定了环境诉讼的直接成本和间接成本相较于其他的诉讼更高。许多案件处理时间长、程序烦琐、诉讼费用高,案件久拖不决,

---

① 闻志强、王春丽:《从应然层面看行政执法和刑事司法相衔接的价值所在》,《法制与经济》2013 年第 1 期。

② 同上。

受害方常常需要忍受环境污染带来的更长时间的损害，也无法及时阻却环境危害行为给环境所带来的侵害。① 而通过环境诉讼制度与非诉解决的衔接，能够使当事人以较低的成本、较高效率、灵活地维护自身权益，是解决环境纠纷的最佳替代选择。二是减轻环境诉讼压力、节约有限司法资源的需要。当前，随着公众环境意识的觉醒，我国环境民事纠纷正处于高速增长期，大量案件涌入各级法院。而各级法院普遍面临案多人少等困境，特别是我国环保审判组织尚处于建设期间，法院缺乏熟悉环境专业知识的专业人员，专门的鉴定机构的公信力不足，审判效率也难以短时间内大幅提升，② 导致各地法院环境诉讼压力较大。为此，有必要发挥非诉解决的作用，并与环境诉讼衔接配合，共同解决环境民事纠纷。三是构建多元纠纷解决机制、推进多层次多领域依法治理的需要。从发达国家经验看，非诉解决在环境纠纷处理中发挥着不可替代的重要作用。党的十八届四中全会提出，要深化基层组织和部门、行业依法治理，支持各类社会主体自我约束、自我管理。③ 应当推动信访的法治化、规范化，当事人合理合法的诉求，可以依照现有法律法规的规定得到较为合理的解决。完善多元化纠纷解决机制。加强行业性、专业性人民调解组织建设，完善人民调解、行政调解、司法调解联动工作体系。④ 强化行政机关解决同行政管理活动密切相关的民事纠纷功能。这些要求对于环境诉讼和非诉解决的衔接指明了方向，必须不断强化法律在维护群众权益、化解社会矛盾中的权威地位，对于应纳入法治轨道的案件，依法办理；对于按规定可以非诉解决的案件，尊重当事人意愿，引导通过调解等途径解决，切实推进国家治理体系和治理能力现代化。

第二节 环境司法制度与相关制度衔接的历史沿革和现状

环境司法制度与相关制度衔接具有深刻的历史和现实背景，一方面

---

① 龚哲：《环境纠纷 ADR 处理机制研究》，《清远职业技术学院学报》2015 年第 3 期。
② 同上。
③ 参见《中共中央关于全面推进依法治国若干重大问题的决定》，http://www.zaoqiang.gov.cn/zffz/zcfg1/gjfg/2015/07/02/content_334690.shtml。
④ 同上。

随着党中央、国务院和司法机关以及人民群众对环境保护问题的认识逐步加深而不断深化，另一方面随着我国司法体制改革及其与相关制度衔接不断深入而不断推进。为此，有必要对环境司法制度与相关制度衔接的历史沿革做一简要梳理。这里，主要以环境司法制度内部衔接、环境司法制度与行政执法衔接、环境诉讼制度与非诉解决衔接为主，梳理其历史沿革。

一 环境司法制度内部衔接的历史沿革和现状

环境司法制度内部衔接主要是指环境侦查制度、环境检察制度、环境审判制度和执行制度之间的衔接。

（一）历史沿革

环境司法制度内部衔接主要集中在环境刑事和民事案件领域。大致经历了以下几个阶段。

第一，萌芽阶段（1949—1978年）。这一阶段，侦查机关、检察机关、审判机关的分工、配合和制约关系缺乏明确法律规范，并且由于政治与司法之间关系不够清晰，政治形势对法律制度的影响过于强大，甚至屡屡突破宪法的规定，导致检察机关、审判机关一度被取消，司法权力运行秩序混乱。但是这一时期，我国仍然对一些破坏自然资源的犯罪行为进行了审判，侦查机关、检察机关、审判机关分工合作，就如何衔接做了有益探索，保障了自然资源的保护和合理开发利用。

第二，发展阶段（1979—2013年）。1979年《刑事诉讼法》明确规定，人民法院、人民检察院和公安机关进行刑事诉讼，应当分工负责，互相配合，互相制约。"分工负责，互相配合，互相制约"的原则在1982年《宪法》中被固定下来。随着1979年《刑法》对部分环境犯罪行为作出了规定、1997年刑法设专章对环境犯罪作出规定及2011年《刑法修正案（八）》大幅减低了环境污染犯罪的门槛，环境污染刑事案件激增，环境侦查、环境检察、环境审判建立了一系列相互衔接的制度机制，有力打击了环境犯罪行为。

第三，完善阶段（2014年至今）。2014年，党的十八届四中全会对于优化司法职权配置作出明确规定，要求健全公安机关、检察机关、审判机关各司其职，侦查权、检察权、审判权、执行权相互配合、相互制约的体制机制，推动实行审判权和执行权相分离的体制改革试点。① 特别是要求实行以审判为中心的诉讼制度改革，保证相关案件的事实证据能够经得起法律检验。为贯彻落实十八届四中全会精神，最高人民法院、最高人民检察院、公安部、国家安全部、司法部于 2016 年 8 月联合印发的《关于推进以审判为中心的刑事诉讼制度改革的意见》，对环境侦查制度、环境检察制度、环境审判制度提出了新的要求，目前，相关规则制度正在建立健全。

（二）环境侦查制度与环境检察制度衔接的现状

2013 年以来，随着《刑法修正案（八）》和最高人民法院、最高人民检察院《关于办理环境污染刑事案件适用法律若干问题的解释》的颁布，我国环境污染刑事案件呈几何倍数增长，环境侦查与环境检察之间联系日益紧密，取得积极成效。

1. 移送一大批环境污染犯罪案件

2014 年，地方各级环保部门向公安机关移送涉嫌环境污染犯罪案件总计 2180 件，超过 2013 年的 3 倍，公安机关受理 2080 件，比 2013 年多受理 1443 件，受理率达 95.4%。② 2015 年，全国环保部门向公安机关移送涉嫌环境污染犯罪案件 1685 件进行侦查，全国检察机关共批捕污染环境、非法采矿、盗伐滥伐林木等破坏环境资源犯罪嫌疑人 8365 人。③ 全国公安机关向检察机关移送了一大批环境犯罪案件，初步形成了合力打击环境犯罪的高压态势。

2. 环境污染刑事案件办理规则初步形成

各地为贯彻落实"两高"有关办理环境污染刑事案件的司法解释，加大对环境污染犯罪的打击力度，规范环境侦查和环境检察行为，出台了一系列环境污染刑事案件办理的规则。例如，2015 年，湖南省公安厅、高级人民法院、高级人民检察院、环保厅联合出台的《关于办理环境污染刑事案件的意见》规定，公安机关要坚持"以打促管"工作方针，主

---

① 参见《中共中央关于全面推进依法治国若干重大问题的决定》，http://www.zaoqiang.gov.cn/zffz/zcfg1/gjfg/2015/07/02/content_ 334690.shtml。

② 《2014 年各级环保移送案件超 9 成被公安部门受理》，http：//www.chinanews.com/fz/2015/04-15/7208147.shtml。

③ 《2015 年检察机关起诉破坏环境资源犯罪 27101 人》，http：//www.spp.gov.cn/zdgz/201603/t20160331_ 115319. shtml。

动拓展线索来源,加大对环境污染违法犯罪的立案侦办力度,做到有案必立、立案必查、查必有果。检察机关要从严把握对此类犯罪的相对不起诉处理。要建立公安机关和检察机关的联席会议制度和案件咨询制度,实行重大案件联合挂牌督办,完善案件线索移送制度,建立环保执法信息交流共享机制。

3. 侦查机关和检察机关人员能力和水平逐步提高

为提高公安机关侦查环境污染刑事案件的能力,公安部于 2015 年 5 月首次举办公安机关打击环境污染违法犯罪培训,就打击环境污染违法犯罪面临的问题及破解方法、途径等进行研讨,务求贴近实战、求真务实,提升环境污染违法犯罪案件侦办能力。来自全国各地公安机关环境安全保卫、治安管理、食药侦等部门的 140 余名代表参加培训。[①] 各地公安机关也会同检察机关多次召开会议,建立沟通协调机制,对案件办理中的重点问题进行研讨,并联合开展了形式多样的培训,逐步提升侦查机关和检察机关办理环境污染刑事案件的水平。部分地方侦查机关和检察机关近年来也注意培养环境资源等方面的专业人才,从高等院校和研究机构的环境保护法学招录毕业生,通过开展专题培训等形式,积极培养专家型、复合型人才,提高办理环境刑事和民事案件的水平。部分地方检察机关一方面选任具有环境资源专业知识或业务背景的人民监督员参与办案,另一方面聘请环境资源等领域的学者、技术人员担任顾问,由其在日常办案中协助处理一些专业性较强、技术较为复杂的难题,取得良好效果。

(三)环境检察制度与环境审判制度衔接的现状

在我国,环境检察和环境审判的衔接主要出现在办理环境刑事案件中,在检察机关立案侦查、实行民事和行政诉讼监督以及对刑罚执行监督和监所检察中也涉及与环境审判制度的衔接问题,由于这类问题特殊性不强,不作为研究的重点。

1. 环境刑事案件起诉审判数量逐步上升

近年来,各级检察机关高度重视环境刑事案件的批捕、起诉等工作,环境刑事案件的起诉数量逐步上升。2014 年,全国检察机关起诉重大环

---

① 《公安部举办首次公安机关打击环境污染违法犯罪培训》,http://www.ga.yn.gov.cn/jwxw/quanguojingxun/201506/t20150630_321169.html。

境污染事故、非法采矿、盗伐滥伐林木等犯罪嫌疑人20969人。① 全国法院审结污染环境、破坏资源等犯罪案件1.6万件。② 2015年，全国检察机关起诉涉嫌污染环境、非法采矿、盗伐滥伐林木等破坏环境资源犯罪的嫌疑人27101人，③ 同比上升29%。全国法院审结污染环境、破坏资源等刑事案件1.9万件，同比上升18.8%。④ 据统计，2014年1月至2016年6月，全国法院共受理各类环境资源一审刑事案件39594件，审结37216件，生效判决人数47087人。⑤ 2016年，各级检察机关按照最高人民检察院关于开展"破坏环境资源犯罪专项立案监督活动"的安排部署，深入开展破坏环境资源犯罪专项立案监督，强化生态环境司法保护，对环境犯罪案件的打击力度进一步加大。

2. 环境刑事案件审理规则和机构初步建立

推动环境资源审判的专业化首先应建立与之相适应的专门制度体系。根据环境犯罪案件特点所创设的诉讼制度，可以充分体现环境司法理念在制度上的延伸，能够最大限度地适应审理环境犯罪案件的实体和程序要求。⑥ 最高人民法院先后印发《关于审理破坏土地资源刑事案件具体应用法律若干问题的解释》《关于审理破坏森林资源刑事案件具体应用法律若干问题的解释》《关于审理破坏野生动物资源刑事案件具体应用法律若干问题的解释》《关于审理非法采矿、破坏性采矿刑事案件具体应用法律若干问题的解释》《关于审理破坏草原资源刑事案件应用法律若干问题的解释》等一系列司法解释和相关典型案例，联合最高人民检察院发布《关于办理环境污染刑事案件适用法律若干问题的解释》。贵州、四川、河北、山东、湖南、福建等省的部分检察机关成立专门的生态环境资源检察

---

① 《2014年全国两会最高人民检察院工作报告》，http://www.gkstk.com/article/70095394.html。

② 《周强：2014各级法院审结污染环境、破坏资源等犯罪案件1.6万件》，http://legal.people.com.cn/n/2015/0313/c42510-26687968.html。

③ 《2015年检察机关起诉破坏环境资源犯罪27101人》，http://www.spp.gov.cn/zdgz/201603/t20160331_115319.shtml。

④ 《"两高"报告：2015年审结1.9万件环境犯罪案件》，http://huanbao.bjx.com.cn/news/20160314/715816.shtml。

⑤ 中华人民共和国最高人民法院：《中国环境资源审判》白皮书，第5页。

⑥ 周珂、于鲁平：《环境资源审判理念制度的发展趋势探析》，《环境保护》2014年第16期。

机构，最高人民法院也设立了环境资源审判庭，截至 2015 年 5 月，全国法院系统共设立 385 个环境资源专业审判机构。① 此后，环境审判机构不断健全，截至 2016 年 6 月，各级人民法院设立环境资源审判庭、合议庭或者巡回法庭共计 558 个。② 部分法院在环境刑事审判中创造性地提出了与行政区域适当分离的环境刑事案件集中管辖制度、"三审合一"诉讼制度、独特的庭前会议制度、证据审查制度、完善的环境犯罪量刑程序等，初步构建了环境刑事案件的审理规则。

3. 检察和审判机关专业培训机制初具雏形

一段时间以来，各级检察机关和审判机关缺乏既懂环境保护专业知识、又具备扎实法律功底且具备丰富经验的检察官和法官。为适应形势需要，最高人民法院和最高人民检察院已启动专业培训工作，以提高检察和审判机关办理环境刑事案件的水平。2015 年 11 月，最高人民法院在福建龙岩古田召开第一次全国法院环境资源审判工作会议，会议决定设立环境资源司法实践基地，旨在培养相关专业人才，福建漳州中级人民法院等 15 个中级人民法院被列为首批 15 个环境资源司法实践基地。③ 2014 年至 2015 年，最高人民法院先后举办 3 期全国法院环境资源审判业务培训班，对全国 600 多名法官进行系统的专业培训。④ 近年来，中国政法大学、国家法官学院也加大了培训力度，举办若干专题培训班，培训了一批具有环境保护专业知识和法律知识的检察、审判人才。

（四）环境审判制度与执行制度衔接的现状

执行的依据是已经发生法律效力的判决和裁定，是司法的最后一道程序，是司法公正的最终承载，它的运行状态是一个社会法治化程度的透视和折射，它的价值实现是司法权威建立的基石。⑤ 党的十八届四中全会通过的《中共中央关于全面推进依法治国若干重大问题的决定》对审判和

---

① 《全国已设 385 个环境资源专业审判机构》，http://news.xinhuanet.com/legal/2015-05/14/c_127802017.htm。
② 中华人民共和国最高人民法院：《中国环境资源审判》白皮书，第 2 页。
③ 《最高人民法院：不断提升环境资源审判工作专门化工作水平》，http://news.sina.com.cn/c/2015-11-07/doc-ifxknivr4281484.shtml。
④ 中华人民共和国最高人民法院：《中国环境资源审判》白皮书，第 3 页。
⑤ 王晓明：《司法执行论——寻求判决转化现实之通途》，博士学位论文，吉林大学，2006 年，第 1 页。

执行的关系作出了明确规定,即"健全公安机关、检察机关、审判机关、司法行政机关各司其职,侦查权、检察权、审判权、执行权相互配合、相互制约的体制机制"。在环境民事、刑事和行政案件中,审判和执行均存在相互配合、相互制约的问题,特别在环境民事案件中表现得尤为突出,有必要加强衔接,并重点进行研究。

1. 环境审判和执行方式探索创新

最高人民法院 2014 年发布的《关于全面加强环境资源审判工作为推进生态文明建设提供有力司法保障的意见》要求,加强环境资源审判机构与立案、执行和审判监督机构之间的工作衔接;2016 年发布的《关于充分发挥审判职能作用为推进生态文明建设与绿色发展提供司法服务和保障的意见》提出,要大力强化环境资源立案、审判和执行机构之间,刑事、民事和行政三大审判之间的相互配合,形成环境资源审判的整体合力。各地人民法院不断深化恢复性司法理念,积极创新审判执行方式,探索建立符合生态环境保护需要的特别审判执行规则,运用限期修复、劳务代偿、第三方治理等方式履行生效判决确定的生态环境修复责任。例如,江苏连云港中级人民法院与市林业局等单位共同建立了 400 亩的连云港法院环境司法执法基地,对判决补种复绿的案件,集中在该基地统一执行,并委托林业部门和当地政府负责后续养护,形成了"一案一修复、一树一养护"的生态环境保护模式。① 贵阳环保法庭负责审理涉及"两湖一库"水资源保护,贵阳市所辖区域内水土、山林保护的环境污染侵权、损害赔偿、环境公益诉讼、污染环境罪等类型的刑事、民事、行政一审案件及相关执行案件,② 实现审判与执行合一。

2. 停止侵害"禁止令"和先予执行措施得到初步应用

实践证明,生态环境一旦破坏,往往事后修复困难,肇事企业也难以承受巨额的损害赔偿。为此,环境审判必须创新判决和执行方式,积极预防或者减轻环境损害,在终审判决之前裁定肇事企业停止侵害或者先予执行,以利于后续司法执行。最高人民法院 2014 年发布的《关于全面加强环境资源审判工作为推进生态文明建设提供有力司法保障的意见》要求:

---

① 《江苏法院通报环境日全省环境资源审判工作情况》,http://www.js.xinhuanet.com/2016-06/03/c_1118985444.htm。

② 肖建国:《环保审判的贵阳模式》,《中国法院报》2011 年 7 月 7 日第 5 版。

充分发挥保全和先予执行措施的预防和减损作用,对于保全和先予执行申请,要及时受理、迅速审查、依法裁定、立即执行。① 最高人民 2015 年发布的《法院关于审理环境侵权责任纠纷案件适用法律若干问题的解释》第 12 条规定,被申请人具有《环境保护法》第 63 条规定情形之一,当事人或者利害关系人根据《民事诉讼法》第 100 条或者第 101 条规定申请保全的,人民法院可以裁定责令被申请人立即停止侵害行为或者采取污染防治措施。近年来,江苏、贵州、山东等多地人民法院探索采取"环保禁令"等方式,允许申请人向人民法院申请颁发禁止令,在诉前或者诉讼中禁止污染者排污,及时制止被申请人的污染行为,取得了很好的社会效果。山东兰陵县法院制定了《兰陵县人民法院环境资源司法诉前禁止令试行办法》,并在司法实践中多次运用。对于某些因污染遭受人身伤害急需救治或者遭受损失巨大生活难以为继的情形,部分地方法院也裁决先予赔偿。

3. 环境审判和执行衔接的制度机制不断建立完善

2016 年,最高人民法院发布的《关于充分发挥审判职能作用为推进生态文明建设与绿色发展提供司法服务和保障的意见》提出,大力强化环境资源立案、审判和执行机构之间,刑事、民事和行政三大审判之间的相互配合,形成环境资源审判的整体合力。② 为落实最高人民法院关于司法执行工作的意见,解决现行审判和执行配合不紧密等问题,部分地方人民法院建立了信息互联互通、执行登记备案③等内部制度机制,要求在环境审判阶段克服单纯办案思想,加强与执行人员的信息沟通,全面获得当事人各方信息,及时追加诉讼当事人,及时采取诉讼保全措施,提高裁判文书质量和可执行性。对于某些采取先予执行措施或者环境资源审判机构案件较少的情形,明确由审判机构直接负责执行,这既可克服执行人员环境保护专业性知识不足的问题,又有利于提高执行效率。例如,贵阳中级人民法院就采取判决不受当事人诉讼请求的限制,判决主文与诉讼请求不

---

① 《关于全面加强环境资源审判工作为推进生态文明建设提供有力司法保障的意见》,http://www.chinacourt.org/law/detail/2014/06/id/147914.shtml。
② 《关于充分发挥审判职能作用为推进生态文明建设与绿色发展提供司法服务和保障的意见》,http://qdtlfy.sdcourt.gov.cn/qdtlfy/368549/506706/1358523/index.html。
③ 刘阳:《当前审判与执行工作联系中存在的问题和对策》,http://xzzy.chinacourt.org/public/detail.php?id=24636。

要求具有对应性，引入执行惩罚和奖励举报人的方式，充分发挥禁止令的制裁效用，较好地解决了环境侵权行为具有持续性、隐蔽性因而难以执行的问题。①

二 环境司法制度与行政执法衔接的历史沿革和现状

推动行政执法与相关司法制度的有机衔接十分重要，有利于依法行政和公正司法，有利于维护经济社会秩序，有利于保障人民群众切身利益。司法手段一直是加强环境保护工作的重要力量，对于实现环境法治具有不可替代的推动和保障作用。党的十八大以来，最高人民法院、最高人民检察院认真贯彻落实党的十八届三中、四中、五中全会精神和中央系列部署，先后出台一批与环境保护相关的司法解释，完善了司法管理体制，充分发挥了司法机关在环境保护法律法规实施中的独特作用，取得积极进展。地方各级司法机关高度重视环境司法工作，充分发挥各自职能，不断加大司法保障和服务力度，查办或审理了一大批环境保护相关案件，有力推动了环境保护法律法规的实施。

环境司法制度与行政执法衔接主要是指环境侦查制度、环境检察制度、环境审判制度与行政执法之间的衔接。

（一）历史沿革

改革开放以来，我国才开始重视司法与行政执法的衔接问题，环境司法制度与行政执法的衔接也随之建立。环境司法制度与行政执法的衔接大致经过了以下几个阶段。

第一，萌芽阶段（1949—2000年）。新中国成立以后，我国未就行政执法与司法的衔接作出专门规定，"文化大革命"期间，司法机关被冲击，法制彻底被破坏，也不存在衔接问题。随着改革开放以后环境问题日益突出，特别是1979年和1997年《刑法》的颁布，环境犯罪问题日渐显现，部分地方司法机关与环保、资源监管部门就衔接问题做了一些探索。《行政处罚法》等法律也陆续对司法机关和行政执法的衔接作出了规定。

第二，发展阶段（2001—2012年）。2001年4月，国务院发布《关于整顿和规范市场经济秩序的决定》，拉开了行政执法与司法衔接的序

---

① 肖建国：《环保审判的贵阳模式》，《中国法院报》2011年7月7日第5版。

幕。同年 7 月，国务院印发《行政执法机关移送涉嫌犯罪案件的规定》。①
2007 年，原国家环境总局联合公安部、最高人民检察院印发的《关于环境保护行政主管部门移送涉嫌环境犯罪案件的若干规定》，专门规定了环境执法部门依法向司法机关移送涉嫌环境犯罪案件的具体办法。② 2011年，由中共中央办公厅、国务院办公厅转发的国务院法制办、公安部等八部门《关于加强行政执法与刑事司法衔接工作的意见》，进一步明确了行政执法机关、公安机关、监察机关和人民检察院在"两法衔接"工作中的职责和工作程序。各级环保、资源监管等部门普遍开展了行政执法与司法的衔接工作，陆续出台了一批规章制度，办理了一批环境犯罪案件。

第三，完善阶段（2013 年至今）。为贯彻落实最高人民法院、最高人民检察院《关于办理环境污染刑事案件适用法律若干问题的解释》，2013年 12 月，原环境保护部、公安部联合发布的《关于加强环境保护与公安部门执法衔接配合工作的意见》提出建立衔接配合的八项制度。2015 年 3月，最高人民检察院部署开展了"破坏环境资源犯罪专项立案监督活动"，为期近 2 年，要求与原环境保护部建立联合督办案件、共同调查研究、相通情况等为主要内容的沟通协调机制。这标志着环境司法制度与行政执法的衔接不断发展完善。

（二）环境侦查制度与行政执法衔接的现状

1. 环境侦查和行政执法之间联动机制初步建立

为贯彻落实"两高"《关于办理环境污染刑事案件适用法律若干问题的解释》，2013 年 12 月，原环境保护部、公安部联合发布的《关于加强环境保护与公安部门执法衔接配合工作的意见》提出，要建立执法联络员制度，强化日常联动执法；建立完善案件移送机制，规范联动执法程序；建立环境执法的联席会议制度，必要时邀请检察机关、法制机构等相关部门参加；建立重大案件会商和督办制度，加强案件风险研判，必要时邀请检察机关、法制、安监等部门，针对案件性质、复杂程度、涉及范围、可能导致的后果等情况，进行事前风险评估研判；建立案件紧急联合调查机制，确保执法工作无缝衔接；建立案件信息共享机制，提高联动执

---

① 刘远：《行政执法与刑事司法衔接机制研究》，《法学论坛》2009 年第 1 期。
② 曾粤兴、周兆进：《论环境行政执法与刑事司法的衔接》，《青海社会科学》2015 年第 1 期。

法效率；建立奖惩机制，提高执法效率。① 各级公安和环保部门也结合地方实际出台了相关文件，绝大多数地方建立了侦查和执法联动机制。

2. 环境警察队伍初具规模

截至2015年，全国已有5个省在省一级层面成立"环保警察"队伍，地市层面成立的数量更多，省一级主要有河北的"环境安全保卫大队"，辽宁的"环境安全保卫总队"，贵州的"生态环境安全保卫总队"，山东的"食药环侦查总队"，浙江的"环境犯罪侦查大队"。部分地方整合环保和公安的力量强化对违法行为的责任追究，全国首个专门的环保警察机构是2008年11月成立的昆明市公安局环保分局。再如，针对河北省满城县许多造纸企业违法排污破坏了处于下游的白洋淀水质，当地突破干部管理体制约束，任命环保局局长兼任公安局副局长，大大提高了环保部门的综合协调能力和联合执法水平，极大遏制了白洋淀区域违法犯罪案件的高发、频发态势。2006年3月，河北省安平县环保局挂牌成立环保派出所，该派出所属于公安局编制序列但与环保局法规科合署办公，法规科科长任指导员，县公安局抽调了两名民警进驻环保局，4名环保工作人员兼任协警。截至2014年年底，河北省、市、县均建立了环保警察队伍。

3. 有力打击了环境污染犯罪行为

侦查机关和环保部门紧密配合，合力打击环境污染犯罪行为，取得积极成效。据统计，2013年地方环保部门向公安机关移送涉嫌环境污染犯罪案件总计706件，案件数量比以往10年的总和还要多，其中公安机关受理637件，案件受理率达90.2%；全国以环境污染罪判决109件，追究刑事责任186人。2014年，地方环保部门向公安机关移送涉嫌环境污染犯罪案件总计2180件，其中公安机关受理2080件，比2013年的3倍还要多，受理率为95.4%。②

（三）环境检察制度与行政执法衔接的现状

1. 联合环保部门对环境犯罪案件开展专项立案监督

自2015年3月以来，最高人民检察院专门部署"破坏环境资源犯罪

---

① 《关于加强环境保护与公安部门执法衔接配合工作的意见》，http://www.zhb.gov.cn/gkml/hbb/bwj/201312/t20131203_264324.htm。

② 《2014年环保部门向公安机关移案2180件》，http://china.caixin.com/2015-04-16/100800923.html。

专项立案监督活动",并于 2016 年 5 月召开破坏环境资源犯罪专项立案监督活动联合督导会,推动专项活动深入开展。例如,2016 年上半年,最高人民检察院向原环境保护部通报了广东练江和安徽池州环境污染有关案件办理情况,并商请提供自 2014 年以来上述地区适用一般程序作出行政处罚以及对涉嫌犯罪案件移送公安机关的情况。原环境保护部立即行动,向广东和安徽两省环保厅调度相关地区违法企业的行政处罚和移送情况。后来,最高人民检察院将上述情况交广东、安徽检察机关作为开展专项立案监督活动的线索来源,要求各地积极排查是否存在建议移送情形,并与当地环保部门加强和完善协作机制,统一执法尺度,积极探索建立快处重罚、高压震慑、全程监督和定期会商的案件查办模式,推动当地环境资源监管领域刑事司法与行政执法实现无缝衔接。①

2. 对环境执法活动的监督力度有所加大

近年来,全国检察机关切实加强对环境保护执法活动的法律监督,按照环境保护执法与司法机关衔接机制,会同有关部门集中排查破坏环境资源类案件线索的受理、立案、查处等情况,坚决监督纠正有案不移、有案不立等问题。2014 年 1 月至 2015 年 4 月,共监督行政机关移送破坏环境资源类案件 1866 件 2229 人。② 此外,各级检察机关还注意查办造成严重损害后果、恶劣社会影响的环境污染事件背后的国家机关工作人员不作为、乱作为等渎职犯罪,如甘肃、宁夏检察机关查办的腾格里沙漠污染事件背后 4 名环保部门工作人员渎职犯罪案件。③

3. 逐步健全环境检察和行政执法衔接的制度机制建设

近年来,检察机关加强与环境资源监管部门工作衔接,完善信息交流、法律咨询、案件通报机制,严肃追究犯罪,及时提出恢复受损生态环境等检察建议。④ 福建、云南、四川、江西等地检察机关与环保部门建立了环保执法配合监督机制,环保部门定期通报环境行政处罚案件的基本情况,并加强刑事案件移送和申请人民法院强制执行案件的沟通协调工作,

---

① 《环保部、最高检合力打击污染环境违法犯罪》,http://business.sohu.com/20150808/n418410717.shtml。
② 徐盈雁:《检察机关强化生态环境司法保护》,《检察日报》2015 年 6 月 17 日第 1 版。
③ 同上。
④ 曹建明:《关于最高人民检察院工作的报告》,http://www.chinanews.com/gn/2016-03-13/7795140.shtml。

检察机关依职权督促相关单位依法履职,并对环保部门的执法行为进行监督。

(四) 环境审判制度与行政执法衔接的现状

1. 审判机关对环境行政处罚的强制执行支持力度不断加大

近年来,部分地方环保部门和人民法院也建立相关联动机制,共同推动环境行政处罚的执行,取得良好效果。例如,江苏省高级人民法院与人民检察院、公安厅、原环境保护厅联合发布《关于建立实施环境执法联动工作机制的意见(试行)》,建立联席会议制度,设立联络员。再如,浙江慈溪市环保司法联动机制实施至 2015 年,人民法院已对 946 件行政处罚案件进行强制执行,查封 187 家违法经营企业,司法拘留 12 人,有效破解了环境违法案件难以执行的困境。① 再如,江苏常熟法院在环保部门申请执行某公司非诉行政执行案中,因某公司拒不履行环保部门责令停产的行政处罚,继续违法生产污染大气环境,对该公司法定代表人尹某司法拘留 15 日。②

2. 审判机关对环境行政行为的监督力度不断增大

最高人民法院要求,环境行政案件的审理既要从程序上审查行政机关的执法程序是否合法,也要从实体上审查行政许可、行政处罚等行为是否符合法定标准,特别要加强对行政机关不履行查处违反环境保护法律法规行为职责案件的审理,督促行政机关依法履职,并积极探索环境行政诉讼与民事诉讼的合并审理,不断完善环境行政诉讼证据规则和法律适用规则。③ 2014 年 1 月至 2016 年 6 月,全国法院已受理各类环境资源一审行政案件 68489 件,审结 57738 件。④ 2015 年,各级法院结合新《行政诉讼法》的施行,大力推进相关领域诉权保护和管辖制度改革,为环境司法不断注入新活力,并于 2014 年 12 月 19 日发布了第一批环境保护行政案

---

① 《三年强制执行近千件行政处罚案件》,http://news.sina.com.cn/o/2015-06-24/114631982820.shtml。

② 《全省环境资源审判工作情况通报》,http://www.jsfy.gov.cn/xwzx2014/xwfb/2015/12/04102953467.html。

③ 参见《最高人民法院关于全面加强环境资源审判工作为推进生态文明建设提供有力司法保障的意见》第 9 条的有关规定。

④ 中华人民共和国最高人民法院:《中国环境资源审判》白皮书,第 11 页。

件十大案例,产生了良好的社会反响。①

3. 环境审判支持保障环境行政执法的相关制度机制逐步建立

2012年实施的《行政强制法》对行政非诉案件申请法院强制执行的程序、时限和经费保障等作出了明确规定。针对许多环境行政非诉案件不立即执行可能造成更严重的环境污染、危害公共安全和公共利益等情形,《行政强制法》规定了先予执行制度,规定行政机关可以申请人民法院立即执行。经人民法院院长批准,人民法院应当自作出执行裁定之日起五日内执行。《最高人民法院关于全面加强环境资源审判工作为推进生态文明建设提供有力司法保障的意见》等文件也提出,依法审查环境行政非诉案件,对环境资源保护行政执法机关依法申请人民法院强制执行生效行政处罚决定,人民法院经审查裁定准予强制执行的,应当及时组织实施强制执行。

三 环境诉讼制度与非诉解决衔接的历史沿革和现状

环境诉讼制度与非诉解决的衔接主要体现在环境民事纠纷领域,对于环境刑事案件和环境行政案件较少需要强化诉讼与非诉的衔接来解决。环境民事纠纷的非诉解决,也称为环境ADR(Alternative Dispute Resolution,即选择性纠纷解决或替代纠纷解决),是环境民事诉讼外各种纠纷解决方式的总称,它既包括当事人自行或者借助第三方进行的协商和解,还包括运用专门的纠纷解决机构进行的裁决;既包括传统意义上的调解,还包括环保等有关部门主持进行的调解意见和决定等。ADR以双方当事人的合意为基础,以双方当事人为中心,为此,ADR具有实体上的高度灵活性和变化性,这保证了ADR机制运行的低成本和简易性。按照我国现行法律和实践做法,除双方当事人自行进行协商磋商外,环境民事纠纷的非诉解决主要有三种途径:一是人民调解,二是行政调解,三是信访。至于仲裁,环境民事纠纷较少涉及,故不作为研究的重点内容。

环境诉讼制度与非诉解决衔接主要是指环境诉讼制度与人民调解、行政调解、信访的衔接。

---

① 《最高法发布人民法院环境保护行政案件十大案例》,http://www.chinapeace.gov.cn/zixun/2016-03/30/content_ 11332536.htm。

(一) 历史沿革

环境民事纠纷的非诉解决,主要随纠纷非诉解决机制的不断完善而不断发展。环境诉讼制度与非诉解决的衔接,大致可以分为以下几个阶段。

第一,萌芽阶段(1949—1978年)。1978年之前的非诉解决主要是调解和信访,处处体现着政治化的倾向,体现了阶级斗争思维和斗争哲学理念,社会调整职能基本全由其承担,而不需要也没有建立与之相适应的法律制度体系。在某种意义上,1978年以前我国社会调解的空前发达和成功,也恰恰是法制不健全的产物和象征。[①] 这一阶段,部分司法机关与行政机关和调解组织还探索建立了衔接机制,解决了部分资源利用保护方面的民事纠纷。

第二,发展阶段(1979—2012年)。改革开放后,环境民事纠纷逐年增长。2000年以来,每年投诉到环保部门的环境信访和纠纷案件多达几十万件。我国环境诉讼制度与非诉解决的衔接机制逐步健全。《民事诉讼法》及其司法解释对于诉讼和非诉解决的衔接作出了明确规定。1995年,国务院发布《信访条例》,并于2005年修订。2002年,最高人民法院印发《关于审理涉及人民调解协议民事案件的若干规定》,明确了人民调解协议的性质和效力。同年,中共中央办公厅、国务院办公厅转发了最高人民法院、司法部《关于进一步加强新时期人民调解工作的意见》。2009年,最高人民法院印发《关于建立健全诉讼与非诉讼相衔接的矛盾纠纷解决机制的若干意见》。2010年,我国制定《人民调解法》。这些法律法规和文件对诉讼和非诉解决的衔接问题做出了明确回答,也同样适用于环境诉讼和非诉解决的衔接工作。

第三,完善阶段(2013年至今)。这一阶段,国家重视环境诉制度讼与非诉解决的衔接工作,非诉解决的相关制度逐渐成熟并发展完善。2013年以来,新《民事诉讼法》正式实施,与之相配套的司法解释和规范性文件陆续发布。2013年,中共中央办公厅、国务院办公厅印发《关于依法处理涉法涉诉信访问题的意见》。2014年,中央政法委印发《关于建立涉法涉诉信访事项导入法律程序工作机制的意见》等三份规范性文件。2016年,最高人民法院发布《关于人民法院进一步深化多元化纠纷解决机制改革的意见》。党的十八届四中全会进一步指出,健全社会矛盾纠纷

[①] 范愉:《当代中国非诉讼纠纷解决机制的完善与发展》,《学海》2003年第1期。

预防化解机制，完善调解、诉讼等有机衔接、相互协调的多元化纠纷解决机制。目前，我国正在按照党的十八届四中全会精神和相关法律法规规定，不断推动环境诉讼制度和非诉解决的有机衔接。

（二）环境诉讼制度与人民调解衔接的现状

人民调解，是指人民调解委员会通过说服、疏导等方法，促使当事人在平等协商基础上自愿达成调解协议，解决民间纠纷的活动。① 对于环境民事纠纷，人民调解是重要的解决手段和方式。

1. 人民调解解决环境民事纠纷的探索实践取得积极进展

湖南、山东、浙江、河北、江苏、陕西、福建、安徽等省探索运用人民调解解决环境民事纠纷，取得较好效果。浙江杭州临安市环保局和临安市司法局联合出台《关于加强环境保护纠纷人民调解工作的意见》，推进各类环境民事纠纷的有效解决，防止矛盾激化，及时化解不利于社会稳定的矛盾纠纷。② 河北省石家庄市各县（市）区均成立了环境污染纠纷人民调解委员会，来解决居民遇到的环境民事纠纷。③ 江苏省苏州市出台《关于建立健全苏州市环境保护纠纷人民调解工作机制的实施意见》，将三类环境保护纠纷纳入人民调解的受理范围。④

2. 环境民事纠纷的人民调解模式逐渐成形

综合各地环境民事纠纷人民调解的实践，相关模式逐步成型。一是成立由环保、社会管理综合治理、司法部门以及人民法院等多个部门组成的环境民事纠纷人民调解工作指导委员会，下设办公室，具体负责调解工作指导委员会的日常工作，组织对环境污染矛盾纠纷的排查、研判、防范；掌握和分析环境民事纠纷动态；开展环境矛盾纠纷调解工作的检查、评比、考核和奖惩等。二是建立了较为规范的人民调解程序。即分别听取双方当事人陈述，了解双方的要求及理由，告知当事人人民调解的性质、原则和效力以及当事人的权利义务，开展耐心、细致的说服疏导工作，达成

---

① 参见《中华人民共和国人民调解法》第2条的规定。
② 《环保局：启动环境纠纷人民调解工作》，http://news.163.com/12/0713/08/869FKPBF-00014AED.html。
③ 《如何及时化解环境纠纷？石家庄在各县（市）区成立人民调解委员会》，http://www.cenews.com.cn/gz/gzwq/201403/t20140304_765385.html。
④ 《我市环境保护纠纷化解引入人民调解机制》，http://www.maxlaw.cn/suzhou/news/839781747190.shtml。

解决纠纷的意向。调解成功的，制作书面调解协议，该协议具有法律约束力。调解不成功的，应当终止调解，告知当事人可以通过其他途径维护自己的权利。三是建立了工作例会、工作台账、回访、法院定期指导等保障制度。

3. 环境诉讼与人民调解衔接配合的制度机制建设有所推进

我国高度重视诉讼与人民调解的衔接，2002年9月，最高人民法院颁布的《关于审理涉及人民调解协议民事案件的若干规定》，对人民调解协议具有民事合同的性质予以确认，人民调解协议被赋予了更强的法律约束力。2002年9月，最高人民法院和司法部联合出台的《关于进一步加强新时期人民调解工作的意见》，将基层人民法院及其派出的人民法庭对人民调解委员会的指导进一步具体化。2004年，最高人民法院出台《关于人民法院民事调解工作若干问题的规定》，在进一步明确人民法院对人民调解负有指导义务的同时，也对人民调解配合司法部门开展调解作出了具体规定。2009年，最高人民法院颁布《关于建立健全诉讼与非诉讼相衔接的矛盾纠纷解决机制的若干意见》，该意见对诉讼和非诉讼纠纷解决机制的衔接程序作了进一步完善。[①]《人民调解法》对人民调解与诉讼的衔接作了较为系统、完整的规定。2016年，最高人民法院发布《关于人民法院进一步深化多元化纠纷解决机制改革的意见》。环境诉讼制度与人民调解的衔接配合同样应当适用上述法律法规和司法文件，相关制度机制已基本建立。

（三）环境诉讼制度与行政调解衔接的现状

行政调解是指由行政机关主持的，以自愿为原则，通过说服教育的方法，促使争议双方当事人友好协商、互谅互让、达成协议的一种活动。[②]行政调解民事争议所达成的协议，一般没有法律强制力。但行政调解在解决环境民事纠纷中的作用日益重要，具有不可替代的地位。

1. 大部分环境民事纠纷通过行政调解解决

1989年全国人大常委会审议通过的《环境保护法》规定，因环境污染损害引起的赔偿责任和赔偿金额的纠纷，可以根据当事人的请求，由环

---

① 王征：《论民事诉讼制度与人民调解制度的衔接》，硕士学位论文，华中师范大学，2015年。

② 张文显主编：《法理学》，高等教育出版社、北京大学出版社1999年版，第299页。

境保护行政主管部门处理。这里所称的处理通常理解为行政调解。虽然2014年修订的《环境保护法》删除了这一规定,但是环保部门主持的行政调解具有程序简便、成本低廉、专业程度较高等特点,在解决环境民事纠纷中依然在发挥着独特作用。据不完全统计,每年全国环保部门处理40万—50万起环境污染纠纷和信访投诉,这些案件大多数由环保部门调解,只有部分进入了诉讼程序。

2. 环境诉讼和环保部门行政调解关系日益密切

我国环境民事纠纷大多数通过环保部门的行政调解解决,主要是因为环保部门的职权使之在事实调查、认定和证据收集上具有极大优势。一旦发生纠纷,环保部门人员可能通过现场勘查、监测、取样化验、调查研究等途径,收集证据,及时查清案件真相。这些纠纷一旦进入诉讼程序,环保部门的现场勘查报告和监测数据均是重要证据,对于专业性问题,人民法院也往往会尊重环保部门的意见。对于直接进入诉讼程序的环境民事纠纷,法院的裁判结果也能推动环境行政管理,既有利于解决环境问题,还能为环保部门执法提供线索,对违法行为进行行政处罚,并采取有针对性的管理措施,防范类似情况发生。

3. 行政调解与司法确认等的衔接程序已初具雏形

最高人民法院印发的《关于进一步贯彻"调解优先、调判结合"工作原则的若干意见》,要求进一步强化行政调解与审判的协调与配合,对于未经人民调解、行政调解、行业调解等非诉讼纠纷解决方式调处的案件,要积极引导当事人先行就近、就地选择非诉讼调解组织解决纠纷,力争将矛盾纠纷化解在诉前。对经人民调解、行政调解、行业调解或者其他具有调解职能的组织调解达成的协议,需要确认效力的,有管辖权的人民法院应当依法及时审查确认;符合强制执行条件的,人民法院应当依法及时执行。[①]《最高人民法院关于建立健全诉讼与非诉讼相衔接的矛盾纠纷解决机制的若干意见》规定,经行政机关、人民调解组织、商事调解组织、行业调解组织或者其他具有调解职能的组织调解达成的具有民事合同性质的协议,经调解组织和调解员签字盖章后,当事人可以申请有管辖权

[①] 参见最高人民法院《关于进一步贯彻"调解优先、调判结合"工作原则的若干意见》,http://www.law-lib.com/law/law_view.asp?id=316915。

的人民法院确认其效力。①

(四) 环境诉讼制度与信访衔接的现状

信访,是指公民、法人或者其他组织采用书信、电子邮件、传真、电话、走访等形式,向各级人民政府、县级以上人民政府工作部门反映情况,提出建议、意见或者投诉请求,依法由有关行政机关处理的活动。② 近年来,环境信访量逐年增加,已经成为重点信访领域。环境信访中,涉法、涉诉的案件逐步增多,有必要强化环境诉讼制度与信访的衔接。

1. 涉法、涉诉环境信访案件居高不下

目前,一些风险较高的传统领域信访量开始下降,但环保领域举报投诉仍在增长。2015 年,原环境保护部的信访量增幅同比超过 10%,各地环保部门也反映环境信访量仍在快速增长。2014 年,地方各级环保部门负责同志共接待来访 12891 批次,组织干部下访 17061 批次,领导包案 6388 件。③ 其中,大量是涉法涉诉的环境信访案件。

2. 部分环境信访案件正逐步引导到司法途径解决

近几年,原环境保护部配合立法、司法机关,从私益和公益两个领域以及民事、行政和刑事三个方面不断完善环境司法机制,为环保领域推进信访法定途径优先改革提供了法治基础,其效果已经开始显现。以江苏省为例,2015 年全省各级法院受理一审环境资源案件 1482 件,同比增长 256%。其中,环境污染犯罪案件 110 件,环境民事公益诉讼案件 14 件。④ 通过司法途径办理的环境案件逐年增多,在环保部门缠访、闹访的情形逐年减少。

3. 涉法涉诉环境信访分流衔接制度稳步推进

2015 年,原环境保护部出台了《关于改革信访工作制度依照法定途径分类处理信访问题的意见》和《环保领域信访问题法定途径清单》。该意见坚持"法定途径优先",对信访人提出的投诉请求,凡是能够通过信访以外合法途径解决的,优先导入这些途径处理。江苏省环保厅也出台

---

① 参见最高人民法院《关于建立健全诉讼与非诉讼相衔接的矛盾纠纷解决机制的若干意见》,http://news.xinhuanet.com/legal/2009-08/04/content_11824109.htm。
② 参见《信访条例》第 2 条的相关规定。
③ 吴晓青:《深化改革精准施策 全力提高环境信访工作法治化水平》,《中国环境年鉴 2017》,第 56 页。
④ 《江苏年度成绩单凸显审执新亮点》,《人民法院报》2016 年 1 月 15 日第 1 版。

《江苏省分类处理环境信访诉求问题法定途径清单》，将涉法、涉诉环境信访案件进行分类，逐步导入司法途径。只有由于法律、法规不健全、历史遗留等原因，实在无法导入法定途径的，才按信访程序处理。

第三节 环境司法制度内部衔接的问题和对策研究

环境司法制度内部衔接的问题和对策研究，主要是研究环境侦查制度与环境检察制度、环境检察制度与环境审判制度、环境审判制度与执行制度的衔接问题以及推动实现以审判为中心环境司法改革存在的问题，并在此基础上提出解决对策和措施的建议。

一 环境侦查制度与环境检察制度衔接的问题和对策

（一）存在的主要问题

1. 环境犯罪案件侦查方式难以适应现实需要

环境犯罪属于近年来集中出现的新型犯罪，部分基层公安机关和民警在办理此类案件时仍然采取老一套的办案办法，比如在案件侦查方式上仍习惯使用"由案到人""以口供找证据"等老方法，尚未针对环境犯罪的特性和发展趋势，建立一系列行之有效的线索发现机制、线索分析机制、侦查办案机制，[①] 导致侦查工作陷入被动，部分环境犯罪的证据不能被及时固定，难以立案，即使立案，侦查质量也不高，不能被检察机关移送起诉，直接影响了对环境犯罪行为的打击。

2. 环境犯罪案件侦查和检察衔接的制度尚不健全

在我国，检察机关主要通过立案监督、审查批捕、退回补充侦查、审查起诉等制度对环境犯罪案件的侦查活动进行监督，也就是说，检察机关对环境侦查机关主要进行事后制约和监督。然而，这种模式在处理环境犯罪行为时具有较大的局限性。环境犯罪具有主观罪过的特殊性，因果关系的复杂性，而我国未建立环境犯罪案件侦查和检察相衔接的完善制度，无明确的环境犯罪案件批捕、移送起诉规则和标准，检察机关在侦查前期无法介入，导致大量环境犯罪案件在侦查机关侦查后，往往由于证据存在缺

---

① 刘晓敏：《食品药品与环境犯罪特点、侦查困境与对策研究》，《赤峰学院学报》（汉文哲学社会科学版）2015年第7期。

陷而无法批准逮捕，或者难以追究刑事责任，这样不仅难以打击环境犯罪，而且在一定程度上增加了环境侦查机关对检察机关的抵触情绪。①

3. 侦查和检察机关人员专业素质难以满足需要

环境犯罪的危害结果可能需要较长的时间方能显现出来，中间有一个很长的潜伏期，且危害结果与危害行为之间的因果关系不易认定。此外，环境犯罪的危险性不易于察觉，且科技含量高，常常需要借助先进的技术检测和长期的监测方能认定。② 但是侦查机关和检察机关在办理环境犯罪案件过程中，往往技术储备不足，缺乏专业人才和辅助机构，难以形成打击环境犯罪的合力。同时，侦查机关和检察机关都不同程度存在对环境刑事案件就案论案的现象，对于实践中涌现出来的新情况、新问题，特别是对环境资源领域层出不穷的犯罪行为缺乏深入细致的研究，致使侦查机关和检察机关对一些环境犯罪行为束手无策，极大影响了环境刑事案件的侦查起诉。

（二）解决对策

要解决以上问题，有必要从以下几个方面构建分工合理、协作高效的环境侦查制度和环境检察制度衔接工作机制。

1. 建立检察机关环境刑事案件案前审查制度

与普通犯罪相比，环境资源类犯罪具有危害结果的潜伏性、作用于受害人的间接性、主观罪过探究的困难性、因果关系的复杂性等多方面的特殊性，如果一味强调检察机关对侦查的被动、滞后监督，侦查机关对检察机关退侦的环境刑事案件以及提出的纠正意见，通常由于缺乏环境资源领域的专业技术手段而难以补充侦查，甚至敷衍了事。③ 要推动生态文明建设，实现经济社会的可持续发展，提高办案效率，在侦办环境刑事案件中需要对环境侦查机关和环境检察机关之间的关系做一定调整，可以考虑推动建立检察机关对环境犯罪案件的案前审查制度。即，在侦查机关和检察机关相互分离、相互制约的基础上，由检察机关指

---

① 李勇、汪丹丹：《环境资源类犯罪侦查中检警关系之思考》，《法制与社会》2013年第1期。

② 张杰、王瑞玉：《从审查逮捕角度审视环境、食药犯罪的侦查困境及解决对策》，《法制博览》2016年第3期。

③ 李勇、汪丹丹：《环境资源类犯罪侦查中检警关系之思考》，《法制与社会》2013年第1期。

点、引导侦查工作的方向、取证情况、所遇疑难问题等，推动完成既定的诉讼目的。在重大疑难环境刑事案件的侦查中，检察官可以直接参与有关证据的收集，列席现场勘验、搜查、检查、扣押等环节并及时纠正违法行为；旁听讯问犯罪嫌疑人、询问被害人、证人；列席侦查机关对重大疑难案件的讨论会，并就适用法律问题，如案件性质、罪名定性、法条适用等发表意见。①

2. 明确环境刑事案件批捕、移送起诉规则和标准

现实中，普通案件的批捕、移送起诉规则和标准难以完全适用环境刑事案件的侦查起诉。由于缺乏专门的环境刑事案件批捕、移送起诉规则和标准，环境侦查机关在侦查中往往侧重于尽快破案，通常很难做到全面收集、固定全部有效证据，从而导致部分案件证据不充分、不全面，或者证明力达不到法律规定的程度，不符合起诉的要求。② 为此，一方面有必要明确环境刑事案件的批捕标准，这一标准既应体现《刑事诉讼法》及其相关司法解释对于批捕条件的要求，又应体现环境犯罪侦办的特殊性；另一方面有必要明确环境刑事案件移送起诉的规则和标准，以利于侦查机关早作准备，配合检察机关共同打击环境犯罪行为。

3. 加强对环境侦查和检察机关人员的专项培训

根据环境犯罪的特点可知，办理此类犯罪需要侦查机关和检察机关具有丰富的专业知识和法律法规知识，而当前环境侦查和检察机关人员大多不是环境相关专业出身，对办案的方向、证据的收集固定等难免不明晰，错失取证的最佳时间。③ 在当前环境污染形势日趋恶化，社会各界要求加大环境犯罪行为惩戒力度的呼声不断高涨的背景下，迫切需要加强对现有环境侦查和检察机关人员的专项培训。一方面要培训侦查机关、检察机关人员的环境保护专业知识和特殊法律规定，培训如何做好环境刑事案件的侦查、取证、逮捕、审查起诉等各项工作；另一方面要培训如何加强环境侦查和检察机关之间的合作配合和监督，强化联合实训，切实提高环境刑

---

① 李勇、汪丹丹：《环境资源类犯罪侦查中检警关系之思考》，《法制与社会》2013年第1期。

② 同上。

③ 张杰、王瑞玉：《从审查逮捕角度审视环境、食药犯罪的侦查困境及解决对策》，《法制博览》2016年第3期。

事案件的办案质量。

二 环境检察制度与环境审判制度衔接的问题和对策

(一) 存在的主要问题

虽然相较于普通犯罪案件,环境刑事案件的数量仍然不是很多,但是随着环境保护形势的日趋严峻和司法保护的力度加大,环境刑事案件中的环境检察和环境审判的衔接问题日益突出。

1. 环境刑事案件的移送起诉和审判规则尚不完善

环境刑事案件中存在大量专业性证据,有时需要专家证人出庭作证。检察机关在环境刑事案件庭审中,由于对技术性证据了解不深,运用专家证人不力,导致示证与质证不当、无力,公诉意见过于程式化,答辩过程中说理不够,迫切需要针对环境刑事案件制定专门的检控规则。目前,最高人民法院会定期针对不同类型案件,出台指导意见或者汇编案例,归纳总结出特定的裁判规则,但由于环境刑事案件数量较少,各级法院审判经验尚不丰富,导致针对环境刑事案件的审判规则未完全建立,各地法院对环境刑事案件的裁判程序和结果存在较大差异。

2. 环境刑事案件的审前程序执行走样

刑事案件的审前程序是连接起诉程序与审判程序的重要阶段,环境刑事案件亦然。环境刑事案件的审前程序也主要包括审查起诉程序和庭前准备程序两个阶段,该程序的合理设置和有效运行对于保障审判质量、提高审判效率具有重要作用。[1] 按照修改的《刑事诉讼法》,环境犯罪的所有证据、案卷都应当移送人民法院,这样规定有助于法官事先了解案情,分流一些不符合条件的环境刑事案件,明确诉讼争议焦点。但是在实际中,部分法院在环境刑事案件的审前程序执行时走样,庭前审查的法官与庭审法官合二为一,导致法官提前形成思维定式,对案件进行预判,甚至出现"先定后审"现象,重蹈庭审流于形式的覆辙,不符合以审判为中心司法改革的方向。

3. 检察机关和审判机关人员专业素质有待提升

最近几年,检察机关和审判机关中专门从事环境资源工作的机构陆续

---

[1] 李云萍:《关于刑事审前程序的几点思考》,《人民法院报》2012年2月15日第6版。

建立，引进了一批专业技术人员。但是相对于传统的刑事和民商事审判案件，环境刑事案件数量仍然较少，部分地方对环境资源类案件重视不够，未建立专门的人才培养机制，专业知识的更新和人才培训工作跟不上需要，检察机关和审判机关普遍缺乏既懂环境保护专业知识，又懂检察和审判实务的人才，现有人员的环保专业素质亟待提升。

（二）解决对策

1. 完善环境犯罪案件的移送起诉和审判规则

一方面要完善环境刑事案件的移送起诉规则，对于移送起诉的卷宗、主要证据、起诉策略等作出规定，特别是对检察机关如何运用专家证人、环境损害鉴定评估结论等关键内容作出指导性规定，以切实提高对环境犯罪的打击力度。另一方面，要通过最高人民法院进行案例指导、出台相关指导意见和司法解释等形式，针对一些环境刑事案件审判中容易出现的问题分类别、分层次作出专门规定，推动地方各级法院环境刑事案件审判程序的专门化。

2. 细化环境刑事案件审前程序。新《刑事诉讼法》关于审前程序的修改，主要目的是排除过滤不符合条件的案件，保全、展示和依法排除非法证据，整理和明确诉讼难点、焦点问题，分流案件，合理配置司法资源等。要正确适用这一程序，既防止审前程序"空转"，更要防止检察机关和审判机关在案件庭审前沟通过多，先入为主地对环境刑事案件形成预判。为此，有必要细化环境刑事案件的审前程序，明确检审双方沟通的范围和程序，切实保证被告的正当权利。

3. 强化对检察机关和审判机关人员的专门培训培养

在近年来环境刑事案件大幅上升、专业人才短期内难以培养补充的情况下，必须强化对检察机关和审判机关现有人员的专门化培训。一方面，各级检察机关和审判机关要定期举办专门的培训或者在检察官、法官任职培训和轮训时加入相关课程，既培训环境保护法律知识和专业技术知识，又培训检审人员如何加强衔接配合等，同时建立激励机制，不断提升现职人员办理环境刑事案件的能力和水平。另一方面，推动在司法考试中大幅提高环境保护法律知识考核要求，加大考核分值，使检察机关和审判机关新加入人员基本具备办理环境刑事案件的知识储备，培养和发现人才，形成广泛的后备力量群体。

三 环境审判制度与执行制度衔接的问题和对策

(一) 存在的主要问题

1. 环境民事案件裁判文书可执行性差

部分裁判文书当事人的信息不全，身份证未经查证，企业法人登记文件存在伪造现象，导致环境民事案件一旦进入执行则困难重重。有些环境民事案件在调解过程中，责任人有可能为了逃避更多的义务，在对方当事人予以很大让步的前提下违心地达成调解协议，[①] 约定了尽早的履行期限，而审判人员未能进行查证，导致在执行过程中该义务人根本不具备履行能力，甚至逃之夭夭。还有某些环境民事案件，主审法官对环境保护专业知识不了解，在判决环境修复时未能明确履行的具体程度，导致执行时难以对修复效果进行客观检验，影响了法院判决的公信力。

2. 环境民事案件审判与执行衔接制度不健全

部分地方人民法院机械理解审判和执行相分离的原则，在环境民事案件中一味强调两者的分离，未考虑环境资源类案件的特殊性，也未出台环境民事案件审执配合的制度规范，导致审判员只管审，执行员只管执，认为"审执无关"，结果给案件审结后的执行增加了难度，案件难于执行或无法执行，甚至污染受害者打赢了官司，但是迟迟不能拿到应有的赔偿，只有不断上访或者请求行政机关处理。此外，实践当中，很多污染受害者并不知晓如何最终实现自己的合法权益，以为经过法院裁判后自己的权利便当然能够得以实现，而有些法官也未将有关执行期限和时效的法律规定，以及具体事项及时告知，使权利人错失了实现权益的机会。[②]

3. 行为保全和先予执行等措施还未得到广泛应用

许多环境民事案件中，如果能及时制止侵权行为人的污染行为，排除妨碍，消除影响，就能切实有效地减少污染危害，降低并消除因污染带来的损失。但是实践中，由于《最高人民法院关于审理环境侵权责任纠纷

[①] 刘阳：《当前审判与执行工作联系中存在的问题和对策》，http://xzzy.chinacourt.org/public/detail.php?id=24636。

[②] 刘阳：《当前审判与执行工作联系中存在的问题和对策》，http://xzzy.chinacourt.org/public/detail.php?id=24636。

案件适用法律若干问题的解释》出台较晚，许多人民法院对于行为保全存在顾虑，设置了较高的门槛，导致环境污染造成的损失持续扩大。此外，部分污染受害者生产生活较为困难，但是有的地方人民法院未告知其权利，导致污染受害者错失了先期获得救济的最佳时机。

(二) 解决对策

1. 按照执行关口前移的要求，完善相关环境民事审判规则

在环境民事审判的证据审查或法庭调查阶段，审判人员应有针对性地查清污染者的经营规模、财产状况、资金流向、偿债能力等基本事实，全面掌握污染者的执行能力状况。对于经济承担能力差的污染者，在调解和判决时应适当延长履行期限或采取分期偿付方式。要完善相关规则，对正在进行的环境侵权，如果不及时制止将会给受害者带来损失的，受害者向法院提起民事诉讼，可以请求环保部门提供污染者排污或者造成损害事实的材料，作为环境侵权的证据。要完善行为保全规则，法院经审查认定环境侵权事实成立并正在进行的，受害者可以立即申请行为保全，请求法院颁发"禁止令"，先行强制污染者停止环境侵权行为，从而及时地消除或减轻污染影响，切实保护受害者的权利。[1]

2. 制定审执既相互分离又相互衔接的配套制度和办法

党的十八届四中全会有关审判和执行既要相互制约又要相互配合的要求，为处理好环境民事审判中的审执关系指明了方向。当前，在环境审判执行领域，有必要推行"深化内分、适当外分"的工作模式，即在细化、深化法院内部机构执行分工的同时，将执行工作的一部分交由法院以外的其他部门来做。[2] 对于审判和执行相互制约而言，就是要制定配套实施办法，通过执行程序及时发现和纠正审判中出现的问题，以执行来促审判。对于审判和执行的相互配合而言，就是要配套制定信息共享联网制度，打破审判和执行的信息壁垒；要提高审判质量，提升裁判文书的可执行性；要制定执行登记备案制度，将污染者暂时没有履行能力或无法执行的案件分流出来，进行执行登记备案，待条件成熟时再执行。

---

[1] 《环境侵权案件充分利用民事诉讼中的先予执行》，http://www.legaldaily.com.cn/Legal_Guide/content/2015-01/13/content_5926199.htm?node=33641。

[2] 江必新、刘贵祥：《审判权和执行权相分离的最优模式》，http://news.sina.com.cn/o/2016-02-03/doc-ifxnzanm4050866.shtml。

3. 建立审判执行综合考核制度

把环境民事审判与执行纳入审判人员岗位考核目标并落实具体的责任。一方面审监机构可根据当事人的信访和投诉，主动对由于审判失误造成的不能执行或难于执行情况进行监督和检查；另一方面执行人员也可及时向审监机构提供审判不到位造成执行难的原因及所遇到的困难，并制定一套执行机构与审监机构共同配合抓审判监督的具体程序，以此来加强和落实对审判的管理和监督，促使审判主动与执行挂钩，为执行工作提供方便。① 执行人员要主动了解环境民事审判情况，增强环境保护知识和相关法律规定的学习，提出改进和完善的建议，共同提高审判和执行效果。

四 以审判为中心的环境诉讼制度改革的问题和对策

在司法实践中，存在办案人员对法庭审判重视不够，常常出现一些关键证据没有收集或者没有依法收集，进入庭审的案件没有达到"案件事实清楚、证据确实充分"的法定要求，使审判无法顺利进行。党的十八届四中全会决定推进以审判为中心的诉讼制度改革，目的是促使办案人员树立办案必须经得起法律检验的理念，确保侦查、审查起诉的案件事实证据经得起法律检验，保证庭审在查明事实、认定证据、保护诉权、公正裁判中发挥决定性作用。这项改革有利于促使办案人员增强责任意识，通过法庭审判的程序公正实现案件裁判的实体公正，有效防范冤假错案产生。② 为此，2016年8月，最高人民法院、最高人民检察院、公安部、国家安全部、司法部联合印发《关于推进以审判为中心的刑事诉讼制度改革的意见》，对此作出明确规定。通过认真学习领会习近平的讲话和相关法律、司法文件的规定，可以明确，以审判为中心的诉讼制度改革主要是刑事诉讼领域的改革，环境刑事诉讼虽然起步较晚，但有必要在制度构建阶段就体现和适应以审判为中心的诉讼制度改革要求。

---

① 刘阳：《当前审判与执行工作联系中存在的问题和对策》，http://xzzy.chinacourt.org/public/detail.php?id=24636。

② 习近平：《关于〈中共中央关于全面推进依法治国若干重大问题的决定〉的说明》，人民出版社2014年版，第57页。

(一) 中央关于以审判为中心的诉讼制度改革要求

1. 树立办案必须经得起法律检验的理念

我国犯罪案件长期居高不下,维护社会治安和稳定成为我国各级政府的"大局"。为有效控制犯罪,保持社会稳定这一"大局",部分司法人员在理解和执行这一原则时,往往存在"配合有余、制约较少"的现象,部分案件即使"证据不足",也会作出"留有余地"的处理。[1] 当前,要切实改变长期以来"控制犯罪"为主导的诉讼制度。也就是说,侦查、审查起诉等工作都要符合法律规定、要达到法定标准,并通过公开、公正的审判加以检验和确认,将统一但抽象的法律标准"落地"为具体的司法标准。

2. 确保侦查、审查起诉的案件事实证据经得起法律检验

党的十八届四中全会要求在诉讼全过程实行以司法审判标准为中心。尽管法律规定的刑事案件证明标准是统一的,但在侦查、审查起诉和审判三个阶段公检法机关往往理解、把握各不一致。特别是审前程序缺乏对审判程序应有的重视,审判程序缺乏对审前程序有效的制约,这是导致有的案件从源头上就出现问题,而后续程序又难以发挥制约、纠错功能的重要原因。[2] 推行以审判为中心的诉讼制度改革,首先应当统一刑事案件的办理标准,这样才能确保侦查、审查起诉的案件事实证据经得起法律检验,才能有效破解这一严重妨碍司法公正的突出问题。

3. 保证庭审在查明事实、认定证据、保护诉权、公正裁判中发挥决定性作用

庭审是实行以审判为中心诉讼制度的重要环节,充分发挥庭审的应有功能和作用,对于提高办案质量十分重要。按照党的十八届四中全会有关以审判为中心的诉讼制度改革要求,办案机关和诉讼参与人都要围绕庭审开展诉讼活动,要确保案件证据展示、质证、认证在法庭,证人、鉴定人作证在法庭,案件事实调查、认定在法庭,诉辩和代理意见发表、辩论在法庭,直接言词原则体现在法庭,当事人及其辩护、代理律师的诉讼权利

---

[1] 樊崇义:《"以审判为中心"需正确理解"分工配合制约"原则》,http://news.sina.com.cn/o/2015-09-16/doc-ifxhxzxp4365233.shtml。

[2] 沈德咏:《论以审判为中心的诉讼制度改革》,《中国法学》2015年第3期。

行使在法庭，公正裁判决定在法庭，裁判说理讲解在法庭，等等。①

(二) 存在的主要问题

1. 侦查、检察、审判机关在环境刑事案件中定位不科学

与其他刑事案件类似，环境侦查、检察和审判机关在环境刑事案件中的定位还有待优化完善。按照我国宪法及刑事诉讼法的有关规定，审判机关、检察机关和侦查机关应当"分工负责、互相配合、互相制约"，但在司法实践中，上述三机关往往强调配合，忽视制约，在办理环境刑事案件过程中经常自觉不自觉地形成"统一战线"，这样不仅导致检察机关对侦查机关侦查的环境刑事案件，在批捕和审查起诉中未能严格把关，而且法院在庭审阶段也难以发挥应有的作用，整个刑事诉讼过程呈流水线式作业，监督制约难以落到实处。②

2. 环境刑事案件中庭审中心地位不突出

环境刑事案件的审理过程中，审判难以发挥对其他诉讼程序和环节的制约作用，导致对刑事司法尺度的统一产生重大影响。一是直接言词原则未能完全贯彻，证人、鉴定人出庭率较低，对案卷笔录的证据能力实质性审查不足；二是控辩平等原则落实不到位，一些案件辩护人面临"会见难""阅卷难""调查取证难"等问题，控辩双方难以形成实质性对抗；三是法官庭审驾驭能力有待提高，法庭调查流于形式，不敢当庭质证，当庭宣判率偏低；四是人民陪审员参加审判活动不够主动，存在"陪而不审、审而不议"的现象；五是疑罪从无原则有待进一步贯彻落实，审判对侦查、起诉的制约引导有限，"层层传导"不畅。③

3. 环境犯罪案件的证据裁判规则亟待完善

根据新《刑事诉讼法》，任何人不被强迫自证其罪，但未能将这一规则包含的保障当事人沉默权的应有之义引申出来，该规则在实际运行过程中难以发挥作用；我国刑事诉讼中也没有确立自白任意性规则（以任意性为采纳自白的必要前提的观念至今没有被立法和司法机关接受），审判

---

① 周强：《保证庭审在刑事诉讼中发挥决定性作用》，《人民日报》2014年11月14日第5版。

② 索进斌、殷骏：《析"以审判为中心"诉讼制度改革面临的困境及路径选择》，http://www.snxfy.cn/Article/ShowArticle.asp? ArticleID=319。

③ 李少平：《以审判为中心的诉讼制度改革：功能定位与路径规划》，《中国审判》2015年第11期。

机关通过行使审判权规范和制约侦查行为的作用未能很好发挥;我国刑事诉讼中也没有确立传闻法则,造成证人出庭率仅有微小幅度的增长,没有真正解决证人是法庭上"珍稀动物"的状态,审判空洞化的情况仍然严重。① 这些证据裁判规则的缺失已成为环境犯罪领域推动以审判为中心的诉讼制度改革的重要瓶颈。

(三) 解决对策

1. 科学构建侦查、检察、审判机关在环境犯罪案件中的定位和权力配置

切实发挥审判应有的终局裁断功能及其对审前程序和环节的制约引导功能,切实纠正侦查机关、检察机关、审判机关"配合有余、制约不足"之偏,纠正以侦查为中心的诉讼格局之偏。② 要科学构建侦查、检察、审判机关在环境犯罪案件中的定位和权力配置,着力改变侦查机关过于强大的权力,建立以法院为核心、保障人权的"法检公"司法体制。③ 要强化检察机关对侦查机关的引导监督,检察官对警察拥有一般性的指示权、指挥权和具体指挥权。④ 可以考虑将检察机关强制措施决定权交由法院行使,由法院掌握环境刑事案件实质性判断的全部权力,体现审判的中心地位。

2. 建立符合以审判为中心诉讼制度改革要求的庭审制度

按照最高人民法院、最高人民检察院、公安部、国家安全部、司法部联合印发的《关于推进以审判为中心的刑事诉讼制度改革的意见》,当前有必要贯彻以庭审为中心的要求,实现环境刑事案件庭审实质化,突出庭审在司法审判中的地位。环境刑事审判也应当坚持将以审判为中心的诉讼模式作为改革方向。由于环境犯罪侵犯的是社会公共利益,且司法部门受案多来源于环保行政机关的移送,在庭审之前被告往往会被先入为主地认为有罪,其涉嫌的罪名在庭审之前就已经确定下来。此外,环境刑事案件的逮捕率较高,"逮捕实体化"的现象也是导致庭审虚化的原因之一。在

---

① 张建伟:《审判中心主义的实质内涵与实现途径》,《中外法学》2015年第4期。
② 沈德咏:《论以审判为中心的诉讼制度改革》,《中国法学》2015年第3期。
③ 韩大元、于文豪:《法院、检察院和公安机关的宪法关系》,《法学研究》2011年第3期。
④ 李勇、汪丹丹:《环境资源类犯罪侦查中检警关系之思考》,《法制与社会》2013年第1期。

实践中，由于检察机关内部的考评体系及国家赔偿制度方面的原因，法院在审判过程中，常常会受到检察机关的影响，作出与强制措施相对应的判决。① 要建立适应审判为中心诉讼制度改革要求的庭审制度，就必须实行全案卷宗移送制度，贯彻案件必须集中审理的规则，落实案件审判人员的责任，探索建立禁止程序"回流"的制度体系，推动一审庭审实质化，改变逮捕即判刑、取保候审则缓刑的"配合"趋势。

3. 完善现行环境刑事案件证据裁判规则

证据裁判规则为现代刑事诉讼所普遍遵循，是指认定案件事实和定罪量刑必须根据依法查明的证据进行，裁判案件要以事实为根据，认定事实要以证据为根据，证据是认定案件事实的唯一根据。没有证据不得认定事实，更不得认定犯罪。② 按照这一规则，要推动完善现行证据裁判规则，在相关法律和司法解释中确认环境犯罪嫌疑人的沉默权。在诉讼活动中，侦查机关、检察机关、审判机关和诉讼参与人，都要牢固树立重证据、重调查、不轻信口供的意识，要做到依法收集、固定、审查和运用证据，要求环境刑事案件中的鉴定人出庭作详细说明，坚持用证据说话，用证据证明案件事实，不认定没有证据支持的事实，用严密且具有足够证明力的证据链条支撑犯罪事实。重视辩解、辩护意见，健全非法证据排除制度，不仅重视收集和采信证明犯罪嫌疑人有罪的证据，而且重视收集和采信能够证明犯罪嫌疑人无罪的证据；不仅要坚持有罪则判，而且要坚持疑罪从无。③

4. 加强环境司法队伍的正规化、专业化、职业化建设

司法权是对案件事实和适用法律的判断权、裁决权，环境司法的要求更高，要求环境司法人员必须具有良好的法律素养和专业水平。要推动完善法律职业准入制度，大幅增加环境保护法律知识在考试中的分值比例，建立环境司法人员任职前培训制度。健全政法部门和法学院校、法学研究机构人员双向交流机制，建立从长期从事环境法实务和理论研究的律师、法学专家中招录环境法官、检察官的制度，增强政法队伍活力。着力构建优势互补、结构合理的环境律师队伍，完善执业保障机制，规范

---

① 董邦俊、马君子：《我国环境犯罪刑事审判程序之完善研究》，《环境保护》2016 年第 7 期。

② 周强：《保证庭审在刑事诉讼中发挥决定性作用》，《人民日报》2014 年 11 月 14 日第 5 版。

③ 同上。

执业行为,① 发挥好律师队伍在全面推进依法治国和推动绿色发展中的积极作用。

5. 全方位深化环境司法公开

实践中,有些环境刑事案件的裁判虽然是公正的、符合法律规定的,却往往会引发人们的质疑,造成群众的误解,这与司法公开不主动、不及时、不充分有关,也与司法机关对案件的解释不到位有关。在当前形势下,自媒体逐渐成为宣传工作的主战场,司法工作必须适应这一变化,增强主动公开、接受社会监督的意识,学会引导公众舆论。对于能够公开审判的环境刑事案件,要允许群众旁听,要允许新闻媒体采访报道,将能够公开的案情公之于众,并主动发声,正确引导舆论。建立检察机关在办理环境刑事案件中终结性法律文书公开制度,完善办案相关信息查询系统,让当事人通过网络实时能够查询办案流程和相关程序性信息,确保当事人和公众对案件办理的全程、实时、公开监督。② 健全环境侦查机关的对于环境刑事案件的侦办依据、程序、结果和生效法律文书公开机制,特别是对于涉及公共利益、社会关注度较高的环境刑事案件,要主动、及时公开案件办理进展和阶段性成果,尽量做到公开透明。

第四节　环境司法制度与行政执法衔接的问题和对策研究

环境司法制度与行政执法衔接的问题和对策研究,主要是研究环境侦查制度、环境检察制度、环境审判制度与行政执法的衔接问题,并在此基础上提出解决对策和措施的建议。

一　环境侦查制度与行政执法衔接的问题和对策

(一) 存在的主要问题

1. 办理环境刑事案件和行政执法案件证据标准不统一

环保部门进行行政处罚和行政强制的证据收集和认定要求不是特别

---

① 孟建柱:《在全面推进依法治国中更好地肩负起实践者推动者的责任》,《求是》2014年第23期。

② 姜伟:《保障人民群众参与司法》,《光明日报》2014年11月27日第1版。

高,与环境侦查工作的需要还有较大差距。实践中经常出现这样的问题,一方面,环保部门辛苦收集了违法企业环境犯罪的证据,但是不符合办理刑事案件的要求,被公安机关退回;另一方面,环境侦查机关由于专业壁垒和人员力量薄弱等问题,在日常工作发现环境犯罪行为存在较大困难,导致对环境犯罪行为的打击力度不够。目前,环保部门移送环境侦查机关的案件,其需要达到何种证据标准,还缺乏较为明确、清晰、细致的规定。

2. 行政执法移交移送环境侦查机关的程序有待细化

涉及环境污染犯罪的,公安机关作为侦查机关应当提前介入,以第一时间掌握证据,及时打击犯罪。虽然原环境保护部、公安部联合发布的《关于加强环境保护与公安部门执法衔接配合工作的意见》对于"建立完善案件移送机制,规范联动执法程序"等作了相关规定,但是没有对公安机关何时介入、介入到何种程度等作出规定,有时甚至出现一件案件,环保部门和公安机关均在办理,内容大量重复等问题。由于环境刑事案件移送程序不甚明确,缺乏相应的监督机制,导致环保部门在实践中往往降格为实行行政处罚,而不是移交移送给侦查机关追究刑事责任。此外,对于跨流域、跨地区的案件也难以按照"同级移送"的规则办理,即环保部门一般应将涉嫌环境污染犯罪的案件向同级公安机关移送,但是对跨流域、跨地区的案件如何确定管辖权没有明确规定,难以移送,难以打击环境犯罪。[①]

3. 行政机关和侦查机关协作机制不健全

2013年,原环境保护部联合公安部发布的《关于加强环境保护与公安部门执法衔接配合工作的意见》,要求建立完善衔接配合的七项工作机制。但是一方面这些机制较为概括,内容有待进一步明确,可操作性有待进一步增强;另一方面还有一些机制仍未建立,存在制度空白。而且在环保部门和环境侦查机关等召开的联席会议上,主要议题往往是各部门作简要情况汇报,容易流于形式,没有发挥实质性作用,起不到信息共享的应有效果。目前,各地陆续建立起了环境刑事案件情况通报制度和信息共享平台,但运行中也暴露出一些问题,例如,信息录入不及时、范围不全面

---

① 刘海鸥、罗珊:《完善环境污染案件中行政执法与刑事司法的衔接》,http://news.gmw.cn/2015-02/28/content_ 14942095.htm。

或选择性录入等,极大限制了信息共享平台的工作效能。①

4. 行政机关和侦查机关的环境损害鉴定评估等业务经费难以保障

环境损害鉴定评估是办理环境刑事案件的关键一环。由于污染物质具有复杂的迁移转化能力,环境损害鉴定评估,特别是评估对环境造成的中长期影响往往十分复杂,鉴定评估所需费用数量巨大。目前,许多地方环保等部门和公安机关未将鉴定评估费用纳入常规财政预算,或者地方财政难以承受巨额鉴定评估费用,导致公安机关在办理环境污染犯罪案件时不得不对鉴定评估费用"短斤少两",或者干脆不进行环境损害鉴定评估。

5. 行政机关和侦查机关的能力有待提高

我国环境执法人员严重不足,有的省份全省陆域平均每 105 平方千米才有 1 个环境执法人员,大量案件很难有专人负责,导致案件衔接跟踪不畅,影响办案质量,难以移交公安机关。而且由于缺乏刑事侦查权及刑事强制措施,环保部门独立办理环境污染刑事案件存在调查难、取证难、移送难等问题。公安机关由于基层警力编制有限,缺乏专职机构及人员,对环保部门移送案件如证据不足,进行补充侦察的支持也十分有限,大部分作了退案处理。此外,由于承办环境污染刑事案件的警察普遍缺乏系统的环境保护相关专业知识,对侦查过程中所遇到环境违法复杂的专业技术性难题难以准确认定,对环境违法问题的认识模糊不清,也影响了办案成效。

(二) 解决对策

1. 细化环保与公安部门衔接的七项制度

加强部门之间协调配合,落实联席会议和联络员机制,健全案件移送的协同工作机制。将不定期的联席会议改为"定期制",明确牵头部门职责及部门分工。完善案件移送机制,明确取证责任和移送证据的内容和要求。环境刑事案件的取证、鉴定责任原则上应由环保部门和公安机关根据需要承担。完善信息共享平台建设,信息共享平台应与环保部门现有的执法信息系统互联互通,以便工作各方能实时掌握行政处罚、行政强制等相关案件的信息。扩大信息共享主体,将所有参与部门都纳入平台,要求及时共享信息。同时,明确具体的部门或人员负责信息共享工作,定期更新

---

① 刘海鸥、罗珊:《完善环境污染案件中行政执法与刑事司法的衔接》,http://news.gmw.cn/2015-02/28/content_ 14942095.htm。

共享信息，妥善保存信息资料。①

2. 明确环保部门移送公安机关的案件标准

为着力解决移送移交标准不统一、宽严尺度掌握不一致等问题，可由环保部门联合公安机关作出规定，明确环保部门的行政执法和配合侦查职责，对移送证据标准进一步细化；明确公安机关对环境污染刑事案件的提前介入、配合开展执法、及时开展侦查的职责，提出办理环境污染刑事案件常见的需移交移送证据的要求。环保部门向公安机关移送涉嫌环境污染刑事案件的，应同时抄送检察机关。

3. 增强环境保护行政执法人员准确把握环境犯罪入罪标准的能力

自2013年6月19日起施行的"两高"司法解释，分别规定了"严重污染环境""后果特别严重""酌情从重处罚""酌情从宽处罚"和"有毒物质"的认定等标准。2016年12月，该司法解释经过修订，对相关认定标准作了进一步细化和明确，司法机关打击环境污染刑事犯罪的法律依据更为充分。要采取多种形式，组织环境保护执法人员认真学习"两高"司法解释，特别是新修改的司法解释，邀请专家学者和法律界人士进行专门培训辅导，使环境保护执法人员了解环境犯罪行为的特性、刑法及司法解释对环境犯罪的规定、行政执法和刑事司法衔接的要求，准确掌握涉嫌环境刑事案件的标准，着力解决证据提取和固定不及时、证据勘查与检验不专业、涉案物品处理不规范等问题。②

4. 制定环境刑事案件经费保障标准，足额保障环境损害鉴定评估等业务经费

可考虑分类别制定环境刑事案件的经费保障标准，每年根据环境刑事案件的数量和性质科学调整确定办案所需财政经费。对于特别重大的环境刑事案件，需要开展大量鉴定评估或调查取证的，还应当建立起应急保障资金机制以及经费与案件挂钩的长效机制，经费可同步相应增减。处理好与现行财税制度和政策之间的关系，在现行财税制度和政策中明确环境损害鉴定评估费用应当纳入财政预算，足额予以保障。评估机构可以视为公

---

① 刘海鸥、罗珊：《完善环境污染案件中行政执法与刑事司法的衔接》，http://news.gmw.cn/2015-02/28/content_ 14942095.htm。

② 贺震：《行政执法与刑事司法必须紧密衔接》，http://www.cenews.com.cn/fzxw/zfzs/201409/t20140909_ 780566.html。

益性单位实行税收减免,并出台环境损害鉴定评估机构的收费标准。

5. 推动在环保部门内部设立专门的环保警察

借鉴美国、德国等发达国家经验,推动在环保部门内部设立专职化的环境侦查机构,强化环保警察队伍建设,受同级公安机关业务指导。

通过立法授权环保警察对环境污染案件独立进行侦查,直接向检察机关移送起诉,接受检察机关监督。具体职责可包括:一是预防破坏环境与资源保护的违法与犯罪,主动巡查出击,成为强化生态环保领域事中、事后监管的重要力量;二是侦办查处破坏环境资源保护罪,《刑法》分则第六节破坏环境资源保护罪的所有犯罪均由其管辖;三是查处违反环保法律、法规规定的治安案件;四是为行使环境保护监管职责的行政机关工作人员的正常履职提供有力的保障,提高环境保护行政执法的权威性;五是通过法制宣传等对相关企业和人民群众进行环保宣传教育,鼓励公众大胆举报环境违法犯罪行为。为此,环保警察作为一个特殊警种,应依据《人民警察法》享有侦查权等权力,对涉嫌构成犯罪的犯罪嫌疑人可以进行刑事拘留,按规定提请检察机关批准逮捕,对存在未批先建、偷排直排等行为且拒不改正的依法进行行政拘留等。

同时,要从以下几个方面提高环境警察队伍的自身素质:一是强化现有警察环境专业培训,聘请环保部门专业执法人员及高校环境专业老师讲授专业知识,重点强化环境法学、环境科学、环境工程、主要行业工艺和产污节点等专业知识培训,迅速提升打击环境污染犯罪的能力和水平;二是考虑从环保部门抽调一部分专业执法人员,直接加入环境警察队伍,与现有警察相互配合,发挥各自所长,迅速有效形成执法战斗力;三是面向社会招录警察的考试中专门设立环境警察的职位,招录具有环保知识背景的大学毕业生,充实到环境警察队伍中。

二 环境检察制度与行政执法衔接的问题和对策

(一) 存在的主要问题

1. 环境刑事案件应移不移,以罚代刑

走司法程序,证据收集的要求高、工作量大、耗时较长,部分地方环保部门因为法律素养不够,证据准备不充分、拿不准,抱着"多一事不如少一事"的心态,就偏向于保守地采取行政处罚、行政强制措施来处理环境问题。部分地方政府,怕影响地方经济发展和财政收入,对于环境犯罪行为采取打招呼等方式，要求有关部门仅给予行政处罚，而不是移交移送到公安机关。特别是对于某些受害者不特定的环境犯罪案件的，由于缺乏有效监督，许多地方普遍存在着环境犯罪案件应移不移、以罚代刑的现象。这些问题，检察机关缺乏介入手段和机制，往往难以监督到位，致使行政执法与环境检察严重"脱节"，也难以克服地方干预的影响。

2. 重大环境案件检察机关介入过迟、取证不力

许多环境行政执法行为，检察机关缺乏监督手段和介入时机，难以进行有效监督。许多重大突发环境事件，企业直接向政府有关部门报告并接受调查处理，政府有关部门也习惯于采用行政手段来进行追究企业的责任，但是未通知检察机关提前介入。检察机关由于缺乏有效渠道了解和参与突发环境事件的调查处理，等检察机关介入调查时，事件处理往往已接近尾声，相关原始证据已难以获得，检察机关既难以对政府有关部门的调查处理行为进行有效监督，也难以查清背后可能存在的失职、渎职行为。

3. 环保部门与检察机关的协调配合缺乏制度性安排

虽然很多地方环保部门已经和检察机关联合印发了文件或者签订了相关协议，但是环保部门和检察机关的协调配合在法律制度上缺乏明确规定，也没有制度性安排。例如，最高人民检察院和生态环境部未就环境犯罪案件移送监督、联合查办渎职犯罪、打击重大环境案件背后的"保护伞"或"土政策"等专门出台文件。目前，实践中的做法由于易受领导注意力和工作重心转移等因素影响，难以成为长效保障机制。

(二) 解决对策

1. 明确环保部门与检察机关协同办案制度

在相关法律和司法解释中专门规定情况通报、案件移交、联合办案、信息反馈、责任追究等制度。检察机关可以对环境监管执法行为采取抽查等形式进行监督，督促环保部门依法实施行政执法，及时移交移送环境犯罪案件。对于重大案件，环保部门应当及时通知检察机关协同办案，提早介入案情，固定证据，督促政府及其有关部门及时履职，有效发现犯罪行为。对于环境刑事案件，检察机关应当督促公安机关依法侦查，及时移送起诉，并对法院的审判进行监督。对于行政机关移送法院强制执行的案件，及时跟踪办理，督促人民法院依法及时执行。

2. 建立环保部门与检察机关案件信息共享平台

推动信息共享，是解决检察机关和环保部门信息不对称、帮助解决环

境行政执法困难、对环保部门行为进行有效监督、查办环境刑事案件的有效手段。可以依托国务院正在推行的政府部门信息系统联网工程,建成覆盖全国的信息共享平台,从而实现无障碍对接。环保部门和检察机关可通过平台及时互通信息。当前,还可以逐步利用大数据、云计算等手段,对环保部门易出问题的环节和遇到的问题进行分析预判,检察机关有针对性地采取监督措施。

3. 检察机关内部设置专门的环保检察机构,提高办案专业水平

鉴于环境案件的专业性较强,可以参考俄罗斯、巴西等国经验,在检察机关内部设置专门的环保检察机构,实行捕、诉、监、防一体化的办案机制和环境刑事、行政、民事诉讼一体监督的机制,其主要职责不仅包括对环境犯罪的捕诉职能,而且包括对环境执法的监督预防、对人民法院环境审判和申请强制执行案件执行的监督职能。这在福建、贵州、云南等省实践中效果明显。此外,还需同时明确环保检察机构正常运行的配套保障机制和环保检察机构的责任机制,以责任促落实。因此,在监督有据、有效的基础上,该机构也将会更主动监督、积极监督、善于监督。[1]

三 环境审判制度与行政执法衔接的问题和对策

(一)存在的主要问题

1. 缺乏协调配合机制

一些环境行政非诉案件仍然难以执行。虽然《行政强制法》和最高人民法院相关文件和司法解释对于环境行政非诉案件的强制执行作出了明确规定,但是大部分地方环保部门和人民法院缺乏协调配合机制,也缺乏配套的细化制度规定,导致一些环境行政非诉案件仍然难以执行。特别是部分基层法院案件执行负担较重,缺乏专门力量保障环境行政非诉案件的及时执行,导致一些环境违法行为长期得不到纠正,甚至造成严重环境破坏。

2. 现行环境行政非诉案件先予执行规则有待完善

按照《行政强制法》的有关规定,先予执行一般需要5日以上,部分案件的先予执行周期可能会更长。现行法律有关环境行政非诉案件先予

---

[1] 戴耿喜、裴章艺:《试论环境执法检察监督之困境及消解》,《海峡法学》2015年第3期。

执行规则的不合理、周期过长，会导致一般违法行为甚至需要紧急处理的违法行为得不到及时纠正，客观上会助长环境违法行为的泛滥，也会严重影响行政效率。对于一些群众投诉较多、反响较为强烈的环境违法行为，如环保部门责令排污企业停止生产或责令油烟污染扰民严重的餐饮单位停止营业等，如排污企业和餐饮单位拒不执行而有关部门又不及时履职，往往会引发群体性事件。① 此外，由于申请法院执行和先予执行的时间拖得过长，导致环保部门对申请法院执行生效的环境行政处罚等缺乏热情，使生效的环境行政处罚因其内容长期得不到实现而成为一张空文，在客观上使违法排污企业逃避了环保法律法规确定的义务，纵容了环境违法行为，同时损害了公共利益。

3. 地方干预影响环境行政案件和环境行政非诉案件的审判与执行

部分环境行政案件的被告为环保部门甚至地方政府，为了维护行政机关的权威，实现地方党委政府的决策部署，部分基层法院迫于压力，往往会作出有利于行政机关的裁判结果。有的地方为进行宣传或迎接检查考核，往往会要求当地法院配合进行集中执行，或是延期、缓期执行某些敏感案件；有的负有环境监管职责的部门申请执行的行政处罚程序上有瑕疵，但如果法院因此不予受理或不予执行，地方党委政府意见就会很大，认为不利于生态文明建设的开展，会给法院施加压力。由于现行管理体制的原因，地方法院有时明知有瑕疵也不得不执行。②

（二）解决对策

1. 建立环境审判制度和行政执法衔接的相关制度

可以由最高人民法院和生态环境部联合印发文件或者出台配套制度规范，建立环境审判和行政执法相衔接的制度体系。这些制度可以包括环境行政非诉案件会商协调制度、重大案件督察督办制度、信息共享制度、案件移送制度、协作执行制度以及环境行政案件依法受理审判制度，特别是要探索建立与行政区划适当分离的环境行政案件管辖制度，减少地方干预。

2. 完善重大或紧急环境行政非诉案件的先予执行制度

环境污染往往具有即时性和危害后果的不可逆转性，如果不及时制止

---

① 郑琦：《基层行政机关申请人民法院强制执行具体行政行为面临的问题与对策研究》，《行政法学研究》2009年第1期。

② 同上。

环境违法行为，将会导致严重后果。因此有必要修改《行政强制法》的有关规定，进一步压缩重大紧急环境行政非诉案件的裁定和强制执行时限，简化受理执行程序。同时，配套制定重大紧急环境行政非诉案件先予执行的措施，明确环保部门和人民法院的责任分工，并建立责任追究制度。

3. 推动组建专门的环保审判组织，集中管辖环境行政非诉案件和环境行政案件

继续推动在高级、中级和基层法院设立专门的环保审判组织，探索建立专门的环境法院，由这些审判组织集中管辖环境民事、刑事和行政案件，当然也包括环境行政非诉案件的强制执行。这种方式有利于体现环境问题的复杂性和专业性特点，统一环境问题引发相关诉讼的裁判尺度，有利于专业高效地运用司法手段解决环境问题，同时在尽可能短的时间内积累大量实践经验，提升环境司法人员的专业能力和水平。

四　环境司法制度与环保垂直管理制度改革的衔接

2016年9月，中共中央办公厅、国务院办公厅正式印发了《关于省以下环保机构监测监察执法垂直管理制度改革试点工作的指导意见》（以下简称《意见》）。省以下环保机构监测监察执法垂直管理制度改革与环境司法关系密切，因此，有必要进一步深刻认识中央推进省以下环保机构监测监察执法垂直管理制度改革（以下简称"垂管改革"）的重大意义，并认真研究如何与环境司法的衔接问题。

（一）我国地方环保管理体制存在的突出问题

面对我国生态环境领域存在的突出问题，党中央、国务院高度重视，全力以赴、想方设法解决，可以说目前能想到的、能用的办法都做了，但是效果仍然不明显。大家普遍认为问题主要发生在地方。对于中央提出的建设生态文明的主张和环境保护的法律、法规，有很多地方是说一套做一套，并没有真心实意抓落实。为什么会出现这种现象呢？显然是与当前以块为主的地方环保管理体制密切相关。

在现行以块为主的地方环保管理体制下，相当数量的地方党委、政府存在着片面追求经济增长速度、以牺牲生态环境为代价、换取一时经济增长，进而突出领导者个人政绩的问题。甚至，在环境保护与经济发展出现矛盾的时候，地方党委政府往往会从本地的需求出发，实际上是从个人政

绩、仕途发展出发，干预环保部门正常工作，导致长期以来地方党委政府的环保责任难以落实。一些地方"重发展轻环保"的问题十分突出，存在严重的有法不依、执法不严、违法不究现象，导致环境污染和生态破坏的问题久治不愈，甚至愈演愈烈。

具体而言，对于做好地方环境保护工作，现行以块为主的地方环保管理体制，存在以下四个方面的突出问题。

一是难以落实对地方政府及其相关部门的监督责任。我国的县域经济十分发达，县委、县政府是主要的施政主体。当县级环保局是县级党委政府的下属部门时，在县委、县政府要求环境保护必须为经济发展让路的时候，多数县级环保局只好服从县委、县政府的工作"大局"。在绝大多数情况下，地方环保部门报喜不报忧，对地方党委政府及其相关部门实施环保监督的责任往往流于形式。

二是难以解决地方保护主义对环境监测监察执法的干预。在现行以块为主的地方环保管理体制下，地方党政领导和有关部门干扰环境监测监察执法的情况屡屡发生。这是导致环境监测监察执法工作流于形式的一个重要原因。一些地方的党政领导干部出于个人利益，打着为地方经济服务的旗号，打招呼、批条子、递材料，或者以其他明示或暗示的方式，插手干预环境保护的监测、监察、执法，甚至让环境执法机构做违反法定职责的事。这是一些地方环境污染问题迟迟得不到解决的另一个重要原因。

三是难以适应统筹解决跨区域、跨流域环境问题的新要求。区域流域的污染防治问题，不是一个地区就能够解决的。同一条河流经过几个市或几个县，客观上需要加强跨区域、跨流域管理。同一自然区域的大气污染防治，也需要协同治理。目前的按照行政区域进行管理的体制，显然无法适应这个需要。

四是难以规范和加强地方环保机构队伍建设。由于部分地方不重视环保工作，许多地方环保部门机构编制、人员素质、经费保障、车辆装备等均很落后，难以完成日益繁重的建设生态文明、打好污染防治攻坚战的任务。为了解决以上问题，党中央、国务院决定采用"垂管"体制。"垂管改革"是一个带有根本性、全局性的重大改革举措，从改革环境治理基础制度入手，解决制约环境保护的体制机制障碍，标本兼治，加大综合治理力度，推动环境质量的根本改善。

(二)"垂直管理"概念的界定

所谓"垂管",是"垂直管理"的简称。政府系统的"垂管",是指上级政府职能部门对下级政府的职能部门实行直接管理,意味着该职能部门脱离地方政府直接管理的序列,不受当地政府直接约束,而转由省级或者上级主管部门统筹管理"人、财、物、事"。当然,不同部门的垂直管理体制在具体运作过程中,还有很多差别,如可以实行全系统"垂管",也可将部门的部分业务职能局独立出来实行"垂管"等。实行垂直管理部门的共同特点就是垂直性、相对独立性,但是党务等相关工作往往仍由地方管理。

垂直管理是我国政府管理体制的一大特色,而且在行政体制改革中作为中央对地方进行调控的重要手段有逐步强化的趋势。我国目前比较重要的政府职能部门,主要包括履行经济管理和市场监管职能的部门,如海关、税务、烟草、统计、出入境检验检疫等部门实行中央或者省级以下的垂直管理。1998年人民银行撤销省级分行,设立9家大区制分行,此后,银监、证监、保监均参照实行垂直管理。2004年,国家统计局各直属调查队改制为派出机构,实行垂直管理。同年,省级以下土地管理部门实行垂直管理。2005年,国家安监总局下属的国家煤监局实行垂直管理,当然,安监局仍然属于属地化管理。

垂直管理,是强化中央政府宏观调控能力的重要措施。在政府系统之外的省以下地方人民法院,也开始了"人财物"上收到省级人民法院的司法体制改革,以防止地方对司法行为的不当干扰。人民政府的垂直管理,与人民法院进行的司法改革相辅相成,推动着我国环境保护事业的健康发展。

党的十八届五中全会通过的《中共中央关于制定国民经济和社会发展第十三个五年规划的建议》,对省以下环保机构监测监察执法垂直管理制度改革,提出了明确要求,习近平在代表中央所作的关于"十三五"规划的说明中,就有对省以下环保机构监测监察执法进行垂直管理的专门内容,[①] 而《意见》对改革方案进一步作了具体要求。

《意见》围绕如何解决地方保护主义对环境管理、监测、监察执法的

---

① 习近平:《关于〈中共中央关于制定国民经济和社会发展第十三个五年规划的建议〉的说明》,载《十八大以来重要文献选编》(中),中央文献出版社2016年版,第783页。

非法干预等问题，从建立和强化"垂管"的角度，对改革作出了具体安排。具体改革措施是：省级环保部门直接管理市（地）县的监测监察机构，承担其人员和工作经费，市（地）级环保局实行以省级环保厅（局）为主的双重管理体制，县级环保局不再单设而是作为市（地）级环保局的派出机构。①

根据《意见》，实现"垂管"后，市级环保局将改变之前的属地管理体制，实行以省级环保厅（局）为主的双重管理体制，虽然仍为市级政府工作部门，但局长、副局长均由省级环保厅局提名、审批，将领导干部提名等权力上收。而县级环保局将直接调整为市级环保局的派出机构，即市环保局的分局，由市级环保局直接管理，其"人财物"以及领导班子成员均由市级环保局直接管理。

用"垂管"的新体制代替旧体制，从三个层面破解地方保护主义对环境监测执法的干预。一是在体制上，由省级环保部门直接管理市级环境监测机构，以确保生态环境质量监测数据真实可靠；市级环保局统一管理本行政区域内的所有的环境行政执法力量，依法独立有效地行使环境执法权。二是在保障上，驻市级的环境监测机构的"人财物"管理上收到省级环保厅（局），县级环保部门的"人财物"管理上收到市级环保局。三是在领导干部管理上，由于不再设有县级政府的环保局，将其改为市环保局的分局，该环保分局领导班子统一由市级环保局直接管理；市级环保局领导班子成员统一由省级环保厅（局）主管。

（三）如何做好政府"垂管"改革与环境司法制度衔接

1. 深刻领会中央实行"垂管"的重大决策，全力推进改革

这次进行的"垂管"改革，是在党中央、国务院的直接关心和领导下进行的。党的十八届五中全会审议《中共中央关于制定国民经济和社会发展第十三个五年规划的建议》时，习近平向全会就"关于实行省以下环保机构监测监察执法垂直管理制度"问题，专门作出说明。② 这充分表明了以习近平为核心的党中央高度重视推进生态文明建设，团结带领全国各族人民努力建设美丽中国、走向社会主义生态文明新时代的坚强决心。这次改

---

① 习近平：《关于〈中共中央关于制定国民经济和社会发展第十三个五年规划的建议〉的说明》，载《十八大以来重要文献选编》（中），中央文献出版社2016年版，第783页。

② 同上。

革，中央下了极大的决心。"垂改"如果在"十三五"期间推开，涉及全国31个省所有的地市和区县。据统计，省以下"垂改"，涉及环保部门50000多人，涉及环境监测机构59000多人，涉及环境监察执法机构63000多人，总数达172000人之多。据统计，环境监测、环境执法这两支队伍，74%左右分布在市级，20%左右分布在县级。其中，执法队伍中80%的人员是参公管理，监测队伍绝大多数人是事业编制。改革后，监测队伍仍然是技术类的事业编制，执法队伍则列入行政编制，即按照公务员管理。[①] 由此可见，中央推进环保的决心之大，措施之坚决！这就要求中央编制部门会同国务院生态环境部门，认真进行试点，全力抓好落实，然后在试点基础上抓紧制定机构改革的各项方案，以保证在试点基础上，到"十三五"规划的末期使全国所有的省以下环保部门都按照新制度高效运行。

2. 运用大数据协助"垂管"改革，助力环境司法

我们已经进入大数据时代。大数据被明确为国家基础性战略资源，中央要求坚持创新驱动发展，加快大数据部署，深化大数据应用。这已成为新时期深化改革、推动政府治理能力现代化的内在需要和必然选择。未来5—10年，中国要依托大数据打造精准治理、多方协作的社会治理新模式。因此，在新形势下进行省以下环保机构监测监察执法垂直管理制度改革，绝不能走过去的老路，一定要将大数据运用与提升政府治理能力现代化紧紧相连，切实提高工作实效，实现精准改革，实施精准管理。首先，要加快政府环保信息数据互联互通和开放共享，尽快进行信息资源的整合，提升政府环保治理能力。进行试点的各个地方，一定要大力推动政府环保信息系统和公共数据互联开放共享，加快政府及其有关部门环保信息的整合，切实消除部门间、上下级之间的信息孤岛现象，努力增强政府信息的公信力，引导社会发展，为公众参与创造便利条件。其次，要挖掘新的数据科学手段。大数据、智能化、移动互联、云计算应当成为驱动体制改革、改善环境质量的重要手段。大数据这一横跨所有社会经济领域的技术变革，无疑会给当下的"垂管"改革带来更多的机遇，我们一定要把握好。例如，可以通过汇总分析大量数据，通过指标计算比对、模型筛选，可以在成千上万的企业中让"问题企业"暴露，最后筛选出若干

---

① 邹春霞、董鑫：《省以下环保机构"垂改"方案出台——省级环保部门统一监管全省环保工作》，《北京青年报》2016年9月23日第4版。

"骨干"企业，供政府部门进一步检查。这在过去认为是不可能做到的事，在当今已经不难。因此，这轮改革一定要突出技术革命的特点，绝不能沿用过去的老办法。最后，当前地方负责环境监管的有关部门运用大数据创新支撑治理的能力有待提升，理念认同、人才培养、法律法规、安全机制等问题都有待突破，应在"垂管"改革中统筹解决。

当前，人民法院和检察院正在积极推进司法大数据工作。建议环保部门在发展环保大数据时，要与司法机关的大数据做好数据共享，共同推进环境保护执法和司法工作。

3. 环保部门研究跨行政区域环境"垂管"体制改革方案时，要与环境司法流域管辖制度改革紧密衔接

这次进行的"垂管"改革，其中的一项重要任务就是解决跨区域、跨流域的环境问题。但是，从目前的改革方案看，如果将环境管理的一些权力上收到省级，虽然可以解决一些小河、小湖的跨区域、跨流域环境治理问题，但对于大江大河的跨区域、跨流域的管理，影响很小，作用不大。例如，我国长江、黄河等七大江河，都是跨省份的河流；京津冀的大气污染防治，也不是某一个省份就能够解决的。目前按行政区域分割管理的体制，导致跨行政区域或按照流域进行环境保护的全局观念不够。一些地方政府因为各自的发展阶段、利益诉求不完全一致，各自为政，导致各地在环保目标、政策标准、执法尺度方面难以统一。因此，解决跨区域、跨流域的环境污染问题，还需要在体制上有新突破。尤其是大江大河的污染防治，一些需要各省、自治区、直辖市衔接配合的事项应该由中央直接负责，但这些事项往往涉及中央多个部门，没有一个权威机构进行统筹协调，导致一些跨行政区的环境污染往往难以解决。现有的协调机制松散，缺乏体制和法律支撑，权威性不足，对于涉及各方利益的问题难以达成有效的、可执行的协议并且实施。建议在垂管改革的基础上，按照中央有关区域流域机构改革的要求完善相关体制制度和立法。尽快实现统一规划、统一标准、统一环评、统一监测、统一执法。

目前，人民法院和检察院正在积极研究和推进环境司法跨区域管辖制度的改革。建议垂管改革和区域流域机构改革与司法改革紧密衔接，相辅相成，共同把跨区域的环境污染和矛盾纠纷及时解决。

4. 认真研究与相关法律的衔接问题

省级以下环保机构监测监察执法垂直管理制度改革，涉及大量的法律

问题，尤其是全面按照新的体制运行后，相关法律的修改问题更是不能绕过。例如，诸多现行法律，明确规定县级人民政府有从事环境保护工作的职责，例如，《环境保护法》第 27 条规定，县级以上人民政府应当每年向本级人民代表大会或者其常务委员会报告环境状况和环境保护目标完成情况，对发生的重大环境事件应当及时向本级人大常委会报告，依法接受监督。第 47 条规定，县级以上政府应当建立环境污染公共监测预警机制，组织制定预警方案；环境受到污染，可能影响公众健康和环境安全时，依法及时公布预警信息，启动应急措施。第 33 条明确规定，县级政府应当提高农村环境保护公共服务水平，推动农村环境综合整治。县级政府以前开展上述工作，是有其所属的环保局等有关部门做依托的，但是在"垂管"之后，其所属的环保局被上收了，原来的县环保局改变为市环保分局，两者之间不再有隶属关系，上述工作还能否继续开展？类似的问题还有很多。虽然我们在宣传时，一再强调要通过加强改革强化地方党委和政府生态环境主体责任、党委和政府主要领导成员的主要责任，但是，作为县级政府，在其所属的环保局变更为市级环保局的分局之后，其管理环境保护工作的职责和方式发生了很大的变化。这些都需要在法律修改时，适应这个变化，并对相关法律作出相应的修改。在修改有关法律的同时，也要考虑与司法制度改革相适应，包括《人民法院组织法》《人民检察院组织法》的修改，使法律之间有机地衔接好。

第五节　环境诉讼制度与非诉解决衔接的问题和对策研究

环境诉讼制度与非诉解决衔接的问题和对策研究，主要是研究环境诉讼制度与人民调解、行政调解、信访的衔接问题，并在此基础上提出解决对策和措施的建议。

一　环境诉讼制度与人民调解衔接的问题和对策

（一）存在的主要问题

1. 人民调解方式随意性大，缺乏程序规范，难以保障污染受害者权益

人民调解并非诉讼的必经程序，因此规范性较差，随意性大。受我国

传统文化中"以和为贵"思想的影响，环境民事纠纷的人民调解更为看重的是"利益的协调"，只要当事人自愿达成的协议并不违反法律、不损害公序良俗、不侵害他人利益即可。这种模式虽然能够充分尊重当事人的意思自治，但是由于人力、物力处于强势的污染企业往往在证据、法律知识等方面处于优势地位，相对弱势的污染受害者往往被迫放弃自己的部分权益，让出实质性利益。此外，随着《人民调解法》有关经司法确认的调解协议可以强制执行的规定实行，调解协议对双方当事人而言就不再只是一纸文书，这势必对调解的过程要求更高，对调解的程序要求更规范，现行环境民事纠纷的人民调解规则已难以适应实践需要。

2. 环境民事纠纷人民调解协议的法律约束力不强，对污染受害者的吸引力较差

按照《人民调解法》和有关司法解释，人民调解协议需要经法院司法确认后才可申请强制执行，否则只具有合同的效力。然而许多污染受害者往往没有能力和意识去法院申请司法确认或者司法确认时间过长，时间成本和经济成本过高，导致许多环境民事纠纷的人民调解协议得不到严格执行，污染受害者逐渐对人民调解方式解决环境民事纠纷失去信心。此外，人民法院的司法确认本身也存在性质不明确、适用案件类型不明确、救济程序缺失等问题，许多污染企业和污染受害者对此心存顾虑，导致人民调解方式解决环境民事纠纷的吸引力变低。

3. 环境诉讼和人民调解衔接的组织机构与制度机制建设亟待加强

环境诉讼与人民调解的衔接配合需要相应的组织机构和制度机制作为保障。具备环保专业知识的调解人员是"诉调对接"的基础，目前一些基层人民调解员知识层次还不够高，对环保法律法规和政策学习理解不深，对调解业务技能掌握不全，在厘清法律关系并用准确的法言法语清楚表述当事人之间的权利义务等方面尚不能满足实践需要。此外，基层环境民事纠纷人民调解组织的人员待遇往往不高，甚至无法保障，人员评价和考核制度机制不健全，客观上也制约了环境诉讼和人民调解的有效衔接配合。

（二）解决对策

1. 建立专门的环境民事纠纷人民调解组织

与一般民事纠纷相比，环境民事纠纷专业性较强，为此许多人民法院设立了专门的环境审判机构，负责环境民事纠纷的审判。为与法院的环境审判机构对接，需要在某些环境民事纠纷较多、环境风险较大、污染和生

态破坏较严重的地方建立专门的人民调解组织,由具备环保专业知识的人员组成。同时,需要制定环境民事纠纷人民调解的程序规定,在管辖、时限、证据等方面对于诉讼和人民调解的衔接作出特殊规定,既要有利于快速解决纠纷,又要防止污染企业借助其优势地位侵害污染受害者的合法权益。

2. 提高人民调解委员会关于环境民事纠纷人民调解协议的强制执行力

针对环境民事纠纷人民调解协议法律约束力不强等问题,建议最高人民法院出台相关司法解释,对当事人申请司法确认的程序进行简化,压缩确认时限,明确司法确认主要为形式性审查,合理确定司法确认适用纠纷的类型,提出司法确认的救济程序,既提高人民调解协议的强制约束力,又保障当事人合法权益。

3. 建立司法调解与人民调解协调配合的制度机制

环境民事纠纷的司法调解和人民调解虽然性质不同,但是内容较为相似。有必要修改《最高人民法院关于人民法院民事调解工作若干问题的规定》和《最高人民法院关于进一步贯彻"调解优先、调判结合"工作原则的若干意见》,建立司法调解和人民调解相互衔接的制度,对于当事人提起的环境民事诉讼,人民法院如果在立案审查环节认为该案有调解的可能或者调解更有利于矛盾纠纷的解决,可引导当事人进行人民调解。如果调解失败,在诉讼过程中人民法院可以委托原人民调解组织进行调解或者在庭前调解等阶段吸收原人民调解员参与。

4. 制定环境诉讼与人民调解衔接的激励和考核办法

各级地方政府应该加大对环境民事纠纷"诉调对接"机制的财政支持和保障力度,保障工作经费、提高人员素质。同时,将法官与人民调解员在环境民事纠纷"诉调对接"中的工作实绩纳入考评体系,制定具体激励和考核办法,对于踏实能干、认真负责、成绩突出的,给予奖励;对于工作不负责任、拖沓扯皮、敷衍塞责的,要严肃追究有关人员责任。

二 环境诉讼制度与行政调解衔接的问题和对策

(一) 存在的主要问题

1. 受地方保护影响

部分行政调解难以维护污染受害者权益,公信力不高。对于某些

"纳税大户"或者地方重点保护企业，虽然造成严重污染和损害，部分地方党委政府往往会袒护污染企业，环保部门在行政调解过程中会被迫作出有利于污染企业的调解协议。这类环境民事纠纷即使进入诉讼环节，也存在地方保护和干预问题，部分地方人民法院不得不作出有利于污染企业的裁判。为此，污染受害者往往会选择其他手段维护自身权益，环境民事纠纷的行政调解和诉讼逐步失去公信力。

2. 环境民事纠纷行政调解协议的强制力较差

虽然最高人民法院《关于建立健全诉讼与非诉讼相衔接的矛盾纠纷解决机制的若干意见》和最高人民法院印发的《关于进一步贯彻"调解优先、调判结合"工作原则的若干意见》对于行政调解与诉讼的衔接作出了规定，但是这些文件法律位阶较低，且操作性不强，导致当事人不愿意申请司法确认，最终行政调解协议对双方当事人不具有强制约束力，许多当事人不愿意通过行政调解方式解决纠纷。

3. 环境民事纠纷行政调解与诉讼的衔接制度有待完善

目前，我国还缺乏完善的行政调解和诉讼衔接制度，环境民事纠纷的行政调解与诉讼在部分环节存在脱节现象，部分人民法院在审理环境民事纠纷案件时，不考虑行政调解结果、环保部门认定的事实以及调解期间收集的证据材料，导致诉讼与行政调解"两张皮"，既影响了人民法院裁判效率，又不利于发挥环保部门的专业优势，审判时可能出现对环保专业问题的判断不准确等问题，不利于发挥环保部门的作用。

(二) 解决对策

1. 建立行政调解协议的司法确认制度

建议修改相关法律，规定行政调解协议的司法确认制度，明确将环保部门主持形成的行政调解协议纳入可以申请司法确认的调解协议范围。出台环境民事纠纷司法确认的程序规定，明确申请主体、申请时限、管辖法院、司法确认法律效力、送达、救济措施等内容。还应相应制定相关司法解释，明确司法审查的原则，坚持法律审查为主，事实审查为辅；形式审查为主，实质审查为辅的原则。[①]

---

① 罗天华：《论司法确认存在的问题及其完善》，http://www.gy.yn.gov.cn/Article/spsw/mssp/201402/37070.html。

2. 建立司法调解与行政调解的协调配合机制

由最高人民法院和生态环境部联合印发相关文件，建立司法调解与行政调解的协调配合机制，明确规定对于当事人就环境民事纠纷向法院提起诉讼的，法院在立案审查环节如果认为该案有调解的可能或者调解更有利于矛盾纠纷的解决，可引导当事人到环保部门申请调解，环保部门有义务积极受理并进行行政调解。如果调解失败，在诉讼过程中人民法院可以委托原环保部门再次进行调解或者在庭前调解等阶段吸收环保部门的调解员参与。

3. 建立行政调解机构的组织保障体系

保障环保部门的行政调解有效开展，必须有组织保障。在某些环境民事纠纷较多、环境风险较大、污染和生态破坏较严重的地方，可以设置相对独立的环保行政调解组织，机构编制、人员管理和经费保障由环保部门负责，日常工作向环保部门负责。同时，建立领导干部干预环境行政调解活动的记录、通报和责任追究制度，克服地方干预的痼疾。

4. 构建环境民事纠纷的行政裁决制度

修改《环境保护法》《民事诉讼法》，参考日本公害纠纷行政处理制度，构建环境民事纠纷的行政裁决制度。对于特定的环境民事纠纷，经双方当事人同意，环保部门可以进行行政裁决，认定污染事实，判定责任大小，判令污染者进行赔偿。裁决送达后30日内一方或双方不服裁决的，当事人就环境民事纠纷可以直接向人民法院提起诉讼，裁决当然失效。裁决送达后30日内双方无异议，该裁决具有强制执行力，一方当事人拒不执行的，另一方当事人可以向人民法院申请强制执行。

三 环境诉讼制度与信访衔接的问题和对策

（一）存在的主要问题

1. 大量环境案件依然习惯用信访方式解决，涉法涉诉案件未导入法律程序

修订的《环境保护法》和《行政诉讼法》等法律实施后，环境信访工作外部环境发生了深刻变化。但是一些工作人员还守着老皇历办事，部分省、市环保部门不区分类型、事权一律向下转办，具体承办单位不区分类型而一律当作信访案件办理。一些单位把依法属于复议诉讼范围的事项，仍往信访渠道引导。

2. 环境领域涉法涉诉案件处理缺乏专门制度

我国还没有出台专门的法律和司法解释，也未对一些环境信访和诉讼的衔接制度作出规定。中央政法委《关于建立涉法涉诉信访事项导入法律程序工作机制的意见》属于规范性文件，缺乏具体配套落实制度。2015年原环境保护部《关于改革信访工作制度依照法定途径分类处理信访问题的意见》规定了涉法涉诉环境信访事项的分类办理制度，但其属于规范性文件，法律位阶较低，难以对司法机关和相关诉讼制度作出规定。

3. 涉法涉诉环境信访案件终结效率低

虽然中共中央办公厅、国务院办公厅《关于依法处理涉法涉诉信访问题的意见》要求建立涉法涉诉信访依法终结制度，但是仍然有相当一部分涉法涉诉环境信访案件未能得到终结，这里既有司法机关与地方党委政府以及环保部门沟通不畅，导致问题解决不到位的原因，也有司法裁定不能得到执行，污染受害者难获得赔偿的原因，还有程序过于复杂的原因。例如，基层法院对依法应当终结的涉法涉诉环境信访事项，目前采取逐级呈报的方式解决，最终须由最高人民法院审核后才能作出终结决定，这样往往导致相关案件积压，久拖不决。

4. 国家司法救助制度实施困难

现实生活中，许多污染受害者由于收集证据不及时败诉或者诉讼中生活陷入困难，导致上访。虽然中共中央办公厅、国务院办公厅印发的《关于依法处理涉法涉诉信访问题的意见》规定，对于因遭受犯罪侵害或民事侵权，无法经过诉讼获得有效赔偿，造成当事人生活困难，符合救助规定的，及时给予司法救助，[①] 但是对于涉法涉诉环境信访案件的司法救助较为困难，原因在于部分地方财政紧张，司法救助尚未纳入财政预算，而各地法院自身经费普遍紧张，司法救助与社会保障体系以及政府救济制度缺乏有效衔接，统筹力度不够，难以从根本上解决群众困难。[②]

[①] 参见中共中央办公厅、国务院办公厅《关于依法处理涉法涉诉信访问题的意见》的有关规定。

[②] 《推行诉访分离 创新信访机制——安徽黄山中院关于推进涉诉信访改革情况的调研报告》，《人民法院报》2014年9月11日第8版。

(二) 解决对策

1. 强化"法治信访"理念

要强化各级环保部门"法治信访"理念，通过培训和宣传，推动运用法治思维和法治方式解决环境信访问题、化解环境纠纷、切实维护群众合法权益。强化法律在解决环境信访案件、维护群众权益、化解社会矛盾中的权威地位，坚持法定途径优先与人民法院等司法机关完善有机衔接的矛盾纠纷化解机制，运用法律手段着力解决好群众反映强烈的突出环境问题。

2. 建立环保领域涉法涉诉信访案件导入司法程序的配套制度

环境保护涉及经济社会发展和人民群众日常生活的各个方面，既有政府职能，也有司法机关职能，有必要由环保部门会同人民法院、人民检察院建立环境诉讼与信访衔接配套的制度，作为环保领域落实《关于依法处理涉法涉诉信访问题的意见》的配套规定，规定导入司法程序的涉法涉诉环境信访案件的清单，明确司法机关对于涉法涉诉环境信访案件的审查甄别标准以及转入诉讼处理的程序。

3. 简化优化涉法涉诉环境信访案件的终结程序

确立科学的环境领域涉法涉诉信访案件的终结规则，在对人民法院涉法涉诉环境信访案件的性质、定位及启动程序的设计上，应当充分考虑当事人的程序和实体权利，充分保障当事人的合法权益，达到既对涉法涉诉环境信访案件依法作出正确的结论，又有效减轻人民法院信访压力的目的。① 积极运用释明、复查、听证、救助、解决实际问题、再审、终结等方式，不机械套用流程和程序，解决环境涉法涉诉信访的终结问题。

4. 建立并严格实施国家司法救助制度

完善现行司法救助制度，将所需救助经费纳入财政预算管理，并由中央财政视情况予以补助，保证有充足的资金对环境污染受害者进行救助。有必要规定司法救助资金分配标准，针对环境污染的每一类情形规定不同的司法救助标准，最大限度地减少司法救助资金分配的随意性。建立司法救助与民政部门救济、社会救助等的衔接制度，尽可能帮助环境污染受害者解决遇到的困难，使其不用通过上访解决其生活困难。

---

① 《建立和完善涉法涉诉信访终结成效机制之我见》，http：//blog. chinacourt. org/wp-profile1. php？p=455923。

第十二章　中国特色环境司法保障话语权创新研究

第一节　中国特色环境司法保障话语权的概念及历史回顾

一　中国特色环境司法保障话语权的解析

关于何为司法，中外学者有三种观点，分别从广义、中义、狭义上对司法作了解释。从广义上讲，所有当事人合意和国家权力保障解决纠纷的活动，如诉讼、仲裁、调解、行政裁判、司法审查、国际审判等都是"司法"，如此一来，许多非国家机关的活动都纳入了司法。从中义上讲，司法是特定机构适用法律处理诉讼案件的一种专门活动。根据我国法律规定，这一特定机构包括人民法院和人民检察院。从狭义上讲，司法仅指人民法院行使审判权的行为。《布莱克维尔政治学百科全书》就认为司法是："法院或法庭将法律规则适用于具体案件或争议。"作为居中对当事人之间的利益纠葛作出决断，维护权利最后一道屏障的司法显然"既不能受干扰，也只能仅指审判权"[①]。因此，本书所针对的仍是生态文明建设中法院审判活动中的话语权。

（一）话语权

仅从话语权一词来看，"权"有"权力"和"权利"两种解说。在法学领域中，"权力"属于公权，作为管理者的国家机关及其人员是其主体；"权利"属于私权，公民、法人或组织是其主要主体。对此，当话语与"权力"结合，组成"话语权力"时，它指的是以国家力量为后盾要

---

① 雷群安：《谈司法公正应注意的问题及改正》，《社科纵横》2005年第20卷第1期。

求别人服从的"权力";当话语与"权利"结合,形成"话语权利"时,它指的是以表达为基础并应予以保障的"权利"。综上,"话语权"包含两大内容:"一是指言说、辩论、讨论等言语上的资格,即言说资格;二是指一种表达利益、主张、诉求等行为上的资格,即行为资格。"①

而从话语权的历史渊源来看,"话语权"这个名词最早是由法国哲学家米歇尔·福柯提出来的。② 就福柯来看,所谓"话语"不仅是在语言规则下组合形成的简单词句,而且也是一种带有权利义务印记的表达,即它是一种从复杂权利义务关系中衍生出来的表达某种立场的语言结构。从此意义上说,话语权是一种通过表达立场对权利义务予以分配的权利。

综上,简而言之,话语权乃是表达意见,提出主张的权利,它通常能引起权利义务关系的分配与变化。

(二) 司法话语权与司法保障话语权

> 原告:水泵发出的噪声严重影响了我家的正常工作生活,我是编程师,我老婆还怀孕了,我的父母年纪也大了……
> 审判员(打断):原告,你是说自己和家人需要比较安静的生活环境,对吗?那么,这些影响有没有医生开具的证明呢?
> 原告:是的。我曾就噪声侵害到门诊问询,医生认为没有严重到需要长期、住院治疗的程度,只是叮嘱避免噪声侵害。

在这起噪声污染责任纠纷案中,原告为了证明本人及家人受到建在自家地下室的小区水泵发出的噪声侵害,不断强调家人的特殊情况,并在此过程中情绪越来越激烈。为了合理掌控调查的进程,法官适时打断了原告的陈述,将其要表达的意思简单抽取出来,引导当事人回到庭审的正常轨道上来,避免庭审的无限期延伸和各方陷入对无关紧要细节的纠缠。

庭审活动中,显然法官享有的是"话语权力",这是因为国家司法权这一公权力与他的话语结合在一起,所以他能适时打断当事人,自始至终牵引着对话流程,他的话语具有强大的操控力和纠偏力。而原、被告双方在法官指引下陈述、证明、辩论,行使的是"话语权利",这是公民民事

---

① 朱前星:《司法话语权的机理解析》,《聊城大学学报》(社会科学版) 2014 年第 1 期。
② 莫勇波:《论话语权的政治意涵》,《中央党校学报》2008 年第 4 期。

诉权的一种。所以司法话语权是权力和权利的统一体，其主体既包括人民这一司法话语权的本源性主体，以监督与参与的形式行使权利，也包括一般行使主体，具体有诉讼当事人、立法机关、法院、检察院、行政机关等国家机关及其工作人员，政协等其他组织或单位，范围相当广泛，还包括特殊行使性主体，即执政党，其处在引领者的话语位置。①

而在法学界耳熟能详的一句话是"司法是维护权利的最后一道屏障"，生态文明建设是一项系统工程，在这个国家治理现代化的时代里，立法、行政、司法及公众等都在其中发挥着应有的重要作用，但能提供司法保障，显示其独特话语权的当且仅当是法院这一国家机关。由此，本书针对的乃是人民法院在全面建设生态文明过程中展现的独一无二的话语权，它是人民法院在保障与实现生态文明建设中的一种资格，既包括调查事实、查明证据等言语资格，也包括予以立案、进行审理、作出判决等行为资格，是人民法院在其立案之后，从介入到退出一个法律事件的全过程。在法律范围内，任何机关、组织或个人都无权干预或剥夺这种资格。

（三）环境司法保障话语权

20世纪50年代以来，随着社会生产力的不断发展和人类开发利用自然资源的规模不断扩大，严重的环境污染和生态破坏及能源危机日益威胁着地球生态系统的平衡、人类自身的生存和发展，人们越来越关注环境问题，环境纠纷开始涌入法院。但环境案件往往涉及化学、生物、水文等科学问题，同时需要在经济利益与环境利益之间权衡，使得其已不单单是一个法律问题，因此长期陷入"立案难，审理难，判决难，执行难"的困境。近年来，随着环境法律体系越来越健全和完善，我国的环境司法也日益规范化。尤其是环境司法专门化的创新更是让司法在保护环境上发挥着重要作用，而党的十八大首次将生态文明建设提高到前所未有的战略高度更为司法保障环境权益提供了良好契机。当前，我国环境司法保障话语权呈现以下特色。

1. 生态文明建设中司法话语权环境得到改善

1982年《宪法》第26条规定虽然并不能推导出环境权的合法地位，但至少反映了国家对生态环境的重视。这一政策性宣言带来的直接后果是

---

① 参见朱前星《司法话语权的机理解析》，《聊城大学学报》（社会科学版）2014年第1期。

国家从立法、执法、司法等层面加强了对生态环境的保护，间接上推进了司法在生态文明建设中话语权的广度和深度。2012年召开的党的十八大，把生态文明建设纳入中国特色社会主义事业"五位一体"总体布局，首次将其提高到战略高度，预示着司法在不断拓深拓宽着在该领域的话语权。

2. 社会主义市场经济为司法话语权提供了新的契机

西方工业发展史证明，当经济发展到一定程度，人们就会对生态环境提出要求，而环境的治理也离不开资金的投入。司法话语权的表达欲求和展现力度在社会主义市场经济的高速发展中不断得以增强和提升，而在坚实的经济基础上，司法话语权的博弈性和真实性也逐步形成。

3. 司法话语权呈现多元化特征

随着经济主体交往的频度越来越高，在流动和对比中，主体意识、法律意识不断觉醒和升华，对司法也提出了更高的要求。高水平的话语博弈开始在司法领域展开。

二 中国特色环境司法保障话语权的历史回顾

作为典型的成文法国家，我国的司法机关严格按照现有的法律规定来处理社会冲突和纠纷。所以，我国环境司法保障话语权的发展史与环境法的发展密不可分。

（一）2014年《环境保护法》实施之前的状况[①]

我国虽于1949年12月通过了《最高人民法院组织条例》，规定了最高人民法院的组织机构设置，并于1951年9月颁布的《人民法院暂行组织条例》规定了人民法院分为三级，实行三级两审终审制，1954年9月全国人大颁布的《人民法院组织法》，比较全面地规定了人民法院的组织和职权，但是直到1979年五届全国人大二次会议通过《人民法院组织法》，法院系统才基本建立起来。也正是在1979年的9月13日《环境保护法（试行）》得以颁布和试行，也拉开了我国环境纠纷司法救济的序幕，明确了对污染或破坏环境的责任人追究行政责任、经济责任，直到刑事责任。王娟诉青岛市化工厂案是1979年《环境保护法（试行）》颁布以来人民法院审理的第一起环境污染侵权案件，处理该案的是青岛市中级

---

① 该部分参见陈学敏《环境司法制度研究》，博士学位论文，武汉大学，2013年。

人民法院。《民法通则》于 1986 年颁布、1987 年 1 月 1 日开始施行，该法第 126 条规定明确了司法机关从民事审判领域对环境的司法保障"话语权"。在此期间，我国的环境问题越来越严重，1979 年颁行的《环境保护法（试行）》已不能适应现实发展的需要。于是，1989 年 12 月 26 日经过修改完善的《环境保护法》开始施行，其中第五章专章规定了环境法律责任。只是在《行政诉讼法》颁布之前，环境行政诉讼案件一直由民事审判庭和经济审判庭依据《民事诉讼法》进行审理。1990 年 10 月 1 日《行政诉讼法》的颁行标志着我国行政诉讼制度的正式建立。从此以后，随着环境行政案件的增多，法院在具体环境行政行为上的话语权明显增强。

在环境刑事诉讼上，1997 年《刑法》才专章设立了"破坏环境资源保护罪"一节，将对土地、大气、水体、森林及其他自然资源的严重破坏行为确定为刑事犯罪，加大对其处罚力度。而在此之前，环境刑事犯罪主要依据的是 1979 年的《刑法》，如苏州市中级人民法院于 1979 年 10 月 27 日审理的环境刑事第一案——张长林泄毒案，其参照适用的就是 1979 年已颁布但是尚未实施的《刑法》第 115 条。[①]

在此期间，司法在维护环境权益上主要存在如下问题。

1. 弱势群体参与司法的有限性

（1）弱势群体参与司法缺乏制度保障。组织制度、表达制度、沟通保障的缺乏使他们很难"把各种需要整合的语境与他们自身所处的明确的生活世界协调起来"[②]，从而让弱势群体的司法参与度大打折扣。

（2）弱势群体参与司法缺乏经济保障。经济上的劣势在一定程度上影响了弱势群体接受教育的机会，他们的法律知识和法律意识普遍不高，不清楚自己享有哪些诉讼权利，更遑论去行使自己的司法参与权了。利益诉求因为参与渠道的狭仄与梗阻处于整体性失语状态；而弱势群体诉诸司法的积极性更在高昂的诉讼成本面前大打折扣。对大多数弱势群体而言，维权代价过高使他们即使知道如何维权，也会望权兴叹。

（3）弱势群体参与司法缺乏媒体和法律上的有效支持。一旦处于劣

[①] http://hj.people.com.cn/2008/02/24/364449.html.

[②] Habermas, *The Theory of Communicative Action*, Vol. 2, trans. by Thomas Mccarthy, Boston: Beacon Press, 1987, p. 139.

势地位的弱势群体不能有效参与司法程序时,他们就越来越依赖媒体来替他们发声。然而,真相是强势群体往往掌控着媒体,弱势群体被边缘化,很难在媒体话语中取得一席之地,只能成为沉默的大多数。

2. 司法话语权的差别待遇

(1) 司法话语进入的差别待遇。就腾格里沙漠污染事件,绿发会首先向宁夏回族自治区中卫市中级人民法院提交诉讼,法院以起诉人主体资格不适格为由不予受理,绿发会不服,向宁夏高级人民法院提起上诉,高院维持原裁定。环保 NGO 在接近法院大门时尚且困难重重,更遑论公民个人了。"很多环境纠纷一旦酿成群体性事件,对社会的稳定带来极大影响,当地的政府干预就成为必然,很多这类纠纷也因此很难进入司法程序。即使进入了司法程序,也只是走走过场,因为党委政府已经把案件定性了,法官根本无法决定怎么判。"①

(2) 司法话语权诉求的差别待遇。长期以来我国法官在审理案件过程中,一直坚持"以经济建设为中心",我国法律也一直调整的是人与人之间的经济利益关系,因此,在对环境要素进行考量时,他们多注重环境要素的经济功能,轻视或无视环境要素的生态功能。故在司法实践中,法官对环境损害的认定和对环境损害赔偿责任的确定都以是否造成经济损失为标准,对非直观的生态功能损害视而不见。

(3) 司法话语救济的差别待遇。环境民事公益诉讼是指环保 NGO 等原告对污染或破坏环境的经济主体提起的诉讼,其目的不是个人获得赔偿,而是修复被污染或破坏的生态环境,而环境行政公益诉讼是指环保 NGO 等原告对相关行政机关提起的诉讼,其目的是纠正行政机关不作为或怠于作为的行为。从已有的环境公益诉讼结果看,相较于环境民事公益诉讼,环境行政公益诉讼案件不是进不了法院大门,就是被驳回起诉,或者即使准予立案,也被驳回诉讼请求。正是由于这种差别性待遇使得公民在环境矛盾无法获得有效司法途径解决的情况下,往往转而采取其他方式,群体性事件就此酿成。

3. 司法话语的制式化

我国是典型的成文法国家,一份完整的裁判文书通常包括文书首部、案件事实与法律关系、裁判理由与裁判依据、裁判结果、文书尾部,这种

---

① 陈学敏:《环境司法制度研究》,博士学位论文,武汉大学,2013 年,第 79 页。

模式使得判决词千篇一律；此外，司法领域外的政治压力也使司法话语不可避免遭到强力过滤。重重障碍下单调、空洞、僵化成为人们对司法话语的第一印象，毫无个性、索然无味、缺少灵活性，扼杀了司法话语表达的内蕴和弹性。司法话语的贫乏与制式化在一定程度上扭曲了司法裁判，影响了人们对司法的信任。

为解决上述问题，20 世纪 90 年代起环境司法专门化开始在我国局部地区试行，主要表现为环境法庭、环境合议庭或环境巡回法庭等形式，多采用"三审合一"或"四审合一"的审判模式，集中处理环境案件。而 2015 年 7 月最高人民法院环境资源审判庭成立更是标志着我国自下而上的环境司法专门化开始走上自上而下+自下而上的全面化模式。

（二）2014 年《环境保护法》实施之后的状况

2014 年《环境保护法》被称为"史上最严环保法"，既为人民法院在环境案件中正确处理经济发展和环境保护的关系提供了法律准绳，也为人民法院发挥最后一道屏障的作用来保护生态环境提供了强有力的法律武器。实施一年多，仅仅是全国 456 个环境审判机构就受理环境资源民事案件 50331 件，审结 42464 件，其中环境污染损害赔偿案件 2595 件；受理环境资源类行政案件 29999 件，结案 20279 件；受理环境民事公益诉讼案件 45 件，审结 17 件。人民法院在生态文明建设中的司法保障话语权越来越有力。其具体体现为以下五点。

第一，救济受害者，惩罚加害者，维护环境权益，这是法院基本职责和一般功能，历史发展到今天，在环境问题日益严重已经开始影响到人类的生存和发展时，国民因为环境权利受损向司法机关提起诉讼，不管法院面对这么多棘手的新型纠纷是多么不情不愿，作为权利救济的最后一道屏障，其必须肩负起这一重任。2018 年，全国法院审结污染环境犯罪案件 2204 件，环境资源案件 25.1 万件，并在环境修复上进行探索创新。

第二，加强了环境资源审判有关的制度建设。在法院的审判体制、机制、程序、理念及相关的理论研究方面形成了环境资源审判"五位一体"的基本格局，加强了一体化的建设。当前，各地法院已根据工作实际需要稳步推进设立环境资源审判庭或合议庭、巡回法庭。截至 2018 年 9 月，各级人民法院设立环境资源审判专门机构 1040 个，其中 22 家高级法院、

105家中级法院、258家基层法院设立了环境资源审判庭。[①] 完善案件管辖制度，探索跨行政区划环境司法管辖；试行案件归口审理模式，即"三审合一"，并及时总结经验；积极稳妥推进环境公益诉讼，积极支持检察机关试点提起环境公益诉讼。2015年一年受理的环境公益诉讼案件是过去七年的总和，有50多件。还受理了检察院提起的公益诉讼8件。

第三，制定相关的司法解释，如《关于审理环境民事公益诉讼案件适用法律若干问题的解释》《关于审理环境侵权纠纷案件适用法律若干问题的解释》等，以保证2014年《环境保护法》的实施，增强2014年《环境保护法》的可操作性。

第四，向社会公布了一批典型环境案例。最高人民法院分别于2015年2月5日和12月29日发布了环境保护行政案件十大案例、环境资源十大侵权案例；2015年12月18日，福建省高级人民法院对2014年《环境保护法》实施后的全国首例环境民事公益诉讼案进行公开开庭宣判，以判决明确支持生态环境受到损害至恢复原状期间服务功能损失的赔偿请求，进一步提高了破坏生态行为的违法成本。法院以鲜活的案例进行普法宣传，指导公民、法人和其他组织辨明哪些行为是法律允许的，哪些是法律禁止的，从而更好地守法。

第五，加强队伍建设与理论研究，同时加强了与国际社会关于环境司法保护方面的交流。2015年5月19日，最高人民法院环境资源司法研究中心正式揭牌，以构建环境资源法治领域的一流智库、核心智库为目标，聘任了中心学术委员会委员、研究员以及环境资源审判咨询专家，以期在环境司法的重大决策中发挥参谋助手作用，为环境资源审判提供理论和技术支撑。在中国人民大学、武汉大学设立环境资源司法理论研究基地，探索环境司法理论研究、人才培养新模式。2015年11月7日，在福建省上杭县召开第一次全国法院环境资源审判工作会议，在包括清镇市人民法院、武汉海事法院、福建龙岩中级人民法院、福建漳州中级人民法院等在内的15家中级、基层法院设立最高人民法院环境资源审判实践基地。周强院长则在博鳌亚洲论坛环境司法分论坛上提出："地球是人类唯一的家园，环境和资源问题是国际社会面临的共同挑战。各国司法界要加强环境

[①] 《交答卷　议改革　展愿景——第二次全国法院环境资源审判工作会议综述》，https：//www.chinacourt.org/article/detail/2018/11/id/3583405.shtml。

资源审判的务实合作，预防和减少跨境污染。每个国家在环境资源审判方面都有很多经典的案例，要充分利用现代手段，通过互联网络建立交流平台，分享经验，共同推动完善环境司法体系，保障人类的共同利益。"

第二节 环境司法保障话语权的国际经验与教训

一 环境司法保障话语权的国际经验

(一) 美国对环境话语权的控制

提起1984年发生在印度的博帕尔毒气泄漏案相信大家并不陌生。造成事故的化工厂由"联合碳化印度有限公司"所拥有和经营，而该公司是美国联合碳化公司在印度设立的子公司。虽然泄漏事故造成2000多人死亡，20多万人受到损害，造成巨大的经济损失，并对周边环境带来了毁灭性破坏，但当受害者和印度政府在美国纽约南部联邦地方法院向美国联合碳化公司提起总额约为31.2亿美元的索赔诉讼，美国法院最终以"不方便法院"驳回了原告的诉求。现实中，作为发展中国家的印度的侵权赔偿法在赔偿数额上远远低于作为发达国家的美国。这就意味着，以前者的标准来补偿受害者是让受害者承受了来自美国这样一个发达国家的先进技术所导致的环境事故的恶劣后果，但却无法享受该国较高赔偿标准的庇佑。结果是印度政府只有与联合碳化公司谈判，达成一项赔偿协议：后者赔偿4.7亿美元将被免予追究其他连带责任。这一赔偿额不足原来要求的1/7，平均到每一个受害人身上只有1000多美元。

随后，美国更是在1991年的《国家安全战略报告》中将环境视为其国家利益组成部分，并认为在政治冲突中各种全球生态环境问题所起的作用不容小觑。对此，为消除环境问题对美国造成的损害或威胁，保护美国国家利益，美国有义务督促世界各国来共同承担责任，"必须领导大家一起来保护最终决定全球繁荣与和平的地球环境"。于是，美国对任何发生在他国的、他国之间的、地区性的乃至全球性的事件，如赤道带国家大规模砍伐热带雨林等进行干预，其标准是它们对美国的环境安全造成损害、威胁或者潜在威胁。

而在应对全球气候变化上，无论是从美国本应承担的责任来说，还是从美国自身的能力来看，美国都是国际气候谈判中的关键行为体，如果美国对此不作为或消极作为,将严重影响全球应对气候变化的行动。老布什政府时期美国虽参与了《联合国气候框架公约》,但不愿意对具有法律约束力的减排目标和时间表作出承诺,而最终形成了《联合国气候框架公约》中的一个"自愿目标",即附件一所列国家温室气体排放量到2000年应恢复到1990年的水平。作为世界上最大的温室气体排放国,如果美国能够实质性地减少温室气体的排放,将对其他国家起到很好的领导和示范作用。国际社会于1997年达成了《京都议定书》,世界上很多国家批准了该议定书,但它迟迟未达到能够生效的要求,其中美国的退出使其游离于框架之外,大大影响了整个议定书生效的时间和进程,也使得议定书在限制温室气体排放方面的有效性大打折扣。

(二)欧盟国家对环境话语权的争取

早在20世纪70年代,欧盟诸国已导入环境公益诉讼制度,只是该制度被称为环境保护集体诉讼制度。1992年环境与发展大会通过的《里约环境与发展宣言》原则十规定:"环境问题应通过全体市民的参与,得到最恰当的处理",并对"有效获取环境信息""参与各项决策进程"及"救济的有效手段"作出了规定。为落实《里约环境与发展宣言》,1998年联合国欧洲经济委员会通过了《奥胡斯公约》,它设置了保障包括非政府组织在内所有市民的三项权利以使环境权具有实效性,这三项权利是:环境信息获取权、环境决策参加权和获得司法参与权。其中,规定司法参与权的第9条要求加盟国确保包括环境团体在内的市民对违反环境法规的行为在程序及实体上的瑕疵所提的诉求,都能够得到由法院及/或独立公正的审查机关的审查。《奥胡斯公约》在欧盟的通过促进了欧盟及欧盟各国公益诉讼的扩大。欧盟为保证《奥胡斯公约》的执行性,先于2003年通过了《新环境信息公开指令》(2003/4/EC)《有关市民参与环境的计划、序幕的指令》(2003/35/EC),并提起了《有关环境的司法参与指令案(草案)》[COM(2003)624],后于2006年通过《关于欧盟机关适用奥胡斯公约的规则》(NO.1367/2006)。这样,根据《奥胡斯公约》及欧盟指令,包括环境团体在内的市民就有了一定司法参与途径。实践中,欧盟诸国也是通过判例或立法措施,扩大环境诉讼的原告适格。但是公益诉讼的案件数量,并没有我们想象的那么多,其原因既有制度方面的,也有社会、文化层面的,但不管怎样,以司法控制规制的方式能预防、纠正违法或不当行为。虽然也有德国、荷兰等这些国家一直对原告适格作出诸多限制，其他国家在扩大原告适格方面所采用的方法、范围各不相同，但健全公益诉讼制度已成为具有共性的措施，就连德国也限定性地导入了公益团体诉讼。① 从性质上看，欧盟的环境团体诉讼属于针对欧盟行政机关的公法诉讼，这是一种纯粹的公益诉讼，由于取消了利益关联要求，放宽了原告资格，所以对有资格提起公益诉讼的环境团体设定了比较严格的标准。②

此外，欧洲法院作为欧盟内部的司法机关，欧盟的各机构、成员国和一定条件下的个人均有权向其提起诉讼，以司法程序解决环境纠纷。实践中，欧洲法院已受理了数十起成员国违反欧盟环境法的案例。除了在各成员国之间建立环境决策机制，欧盟还与东欧国家、环波罗的海各国、环地中海国家建立了环境合作机制，为解决相互间的环境纠纷提供了法律依据。

总之，虽然长期以来，在国际政治立场上，欧盟常常附和美国，被形象地称为"经济巨人、政治侏儒"③。但到气候变化谈判时，"欧盟一直以最积极的态度突出于其他国家和集团，强调自己在保护全球环境领域中的领导地位，这不仅表现在其政治言辞上，还体现在实际行动中"④，以极大的自主性和独立性发挥着在全球环境保护领域中的领导地位。20世纪90年代以来，随着欧盟"不仅关注内部的一体化进程，还对外部世界的事务有越来越大的兴趣，（欧盟）参与全球事务的意识越来越强，其全球作用亦越来越大"⑤。

二 环境司法保障话语权的国际教训

（一）发展中国家对环境话语权问题的缺失

当前，随着全球经济一体化，跨国环境问题愈演愈烈，发达国家与发

---

① 参见［日］大久保规子《环境公益诉讼与行政诉讼的原告适格——欧盟各国的发展情况》，汝思思译，《交大法学》2015年第4期。
② 参见吴卫星《环境公益诉讼原告资格比较研究与借鉴——以美国、印度和欧盟为例》，《江苏行政学院学报》2011年第3期。
③ ［英］保罗·肯尼迪：《未雨绸缪：为21世纪做准备》，何力译，新华出版社1984年版，第255页。
④ 郑爽：《欧盟将如何履行〈京都议定书〉》，《中国能源》2002年第10期。
⑤ 林甦：《欧盟共同外交和安全政策与中国——欧盟关系》，法律出版社2002年版，第23页。

展中国家频频在大气污染、酸雨、边境河流污染、越境废物污染、外来物种入侵、共有自然资源开发利用等问题上产生矛盾与冲突。目前国际上有两类处理环境争端的机构：一类是以常设仲裁法院、国际法院环境事务庭、国际海洋法法庭为代表的通过法律程序解决纠纷的机构；另一类是以联合国、WTO、欧盟、美洲国家组织、非洲统一组织等为代表以国际组织身份对其成员国间的环境纠纷进行裁判和调解的机构。一般说来，有相当部分国家为避免法律方式带来的束缚，不愿意将争端提交到法院审理，于是多通过政治方式解决相互间的争端，而这直接受到国际关系力量对比和国际经济秩序的制约，但当前公正、和平、有序的国际新秩序远未形成，国际无政府状态及伴随这一状态产生的单边主义、霸权主义和弱肉强食，加上国际环境纠纷往往是经济利益、政治利益、社会利益和环境利益的交织体，具有发展权与环境权、国家主权的交叉性，常常使发展中国家在国际环境事务上处于下风。

在国际环境事务中，最根本的一条是"共同而有区别的责任和各国能力"原则。但发达国家总是试图淡化"区别"，转而强调"共同责任"，从而要求新兴国家承担减排责任。发展中国家虽坚持保留"共同而有区别的责任"原则，但一直拿发达经济体的历史责任来立论，道义优势逐渐消失。如在达成《联合国气候变化框架公约》的道路上，国际社会先后举行了五轮六次谈判，而"发达国家很大程度上将政治目标置于优先地位，而环境目标仅仅是象征性的。在发达国家阵营内部，尽管各利益集团存在一定分歧，但在发展中国家参与全球减排问题上的立场是基本一致的"[1]。历次谈判的争议焦点都集中在财政来源和技术等方面，突出反映了发达国家和发展中国家之间在解决问题途径上的差异。在温室气体的排放问题上，发展中国家希望工业化国家承担起应当承担的作用，美国则拒绝任何有约束力的限制排放措施，最后《联合国气候变化框架公约》引入了一个"自愿目标"。

总之，在有关国际环境问题上，一些工业化国家，尤其是美国，不断要求发展中国家承担新的义务。

---

[1] 陈迎：《〈京都议定书〉的前途及其国际经济和政治影响》，《世界经济与政治》2001年第6期。

（二）中国在国际环境司法领域的缺位

作为 77 国集团的重要代表，虽然中国始终坚持为发展中国家和最不发达经济体谋求福利，但不可否认的是，当今全球环境治理由发达国家主导，以 G7 为核心的"精英俱乐部"将中国等发展中国家排除在外，后者属于被动接受治理的"弱势群体"。多年来，中国在很多国际环境问题上处于"失声"的状况。典型的事例就是绿色贸易壁垒和跨境污染转移。以美国、日本、欧洲为代表的发达国家和地区凭借在科技、环保上的优势，设置了严苛的安全卫生标准和绿色认证标志，以法律为名筑起了保护本国贸易的绿色壁垒，我国的农业、纺织等产品很难突破层层的壁垒。另外，外国污染物则以贸易为幌子进入我国境内，如 1996 年北京、上海、新疆等多地都发生了以边角料为名进口洋垃圾事件；或将在本国无法销售和使用的产品出口到我国，如 2011 年日本福岛核辐射事件不久，青岛、大连、上海、广州、深圳、海口 6 个城市的港口就来了 6 艘装满日本海产品的货轮，而日本厚生劳动省已检测出这些鱼类体内的放射性物质超标；或利用我国环境门槛低将在公司生产过程中污染密集的环节迁入我国，或将一些优势减弱的设备和产品出口到我国，如苹果公司，它留在美国的都是产品的研发、设计、销售等轻污染或无污染环节，产品的生产则在我国广东。2010 年，137 名苹果供应商员工被查出正己烷中毒；或借我国引进外资和技术的优惠政策，以投资为名进入我国，如可口可乐、今麦郎这些曾登上我国环保部门黑名单的外资企业在我国一方面享受着税收优惠，另一方面"入乡随俗"，大钻我国不完善法律的漏洞，用污染换利润。

第三节 构建中国特色环境司法保障话语体系的必要性

一 生态文明建设的需要

党的十七大报告首次把"建设生态文明建设"写进执政纲领中，党的十八大报告再次提出生态文明建设，并将其提高到前所未有的战略高度。生态文明建设的要义在于解决环境问题、保护环境权益。而要做到这一点，实现人与自然的和谐，"取决于三个方面的努力：一是转变观念，即树立生态文明观；二是充分利用现代环境保护科学技术手段；三是实行环境法治,即用法律规范人的环境行为,解决环境纠纷,实现环境正义"①。作为促进生态文明建设的重要手段,环境法治主要包括三个方面的内容。一是建设完善的环境法律体系,使环境保护活动有法可依、有规可循。这是环境法治的前提。二是严格执行环境法律的规定。这是环境法治实现关键。三是严格追究环境违法、犯罪行为人的法律责任。这是环境法治基本保证。② 这三个方面第一项是环境立法,第二项是环境执法,第三项是环境司法,充分证明生态文明的建设实质乃是生态制度的建设,是一项系统工程。而环境问题的普遍与频发证明了在传统管理模式下,政府在环境事务上的单打独斗,已经无法满足公众日益分散的信念和日趋分化的利益所产生的多样化需求,复杂利益交织产生的社会矛盾和纠葛让本就力不从心的政府更加手忙脚乱。国家治理体系现代化的提出正是为了解决现实层面政府能力的有限与社会事务治理的难度之大之间的矛盾。此时,在有法可依前提下,法院的参与就必不可少了。尽管在现实中,协商、调解、行政处理、仲裁等各种诉讼外环境纠纷解决方式纷纷涌现,且在现代社会中所占的比例越来越大,但作为一种最后的、最权威的救济途径,诉讼在解决环境纠纷、恢复生态环境、保障公民环境权益方面占据着无可动摇的优势。相较于其他纠纷解决方式,独立的司法权和高效的司法运作机制在调整和缓解各种相互冲突的利益(不管是私益还是公益)上更稳定,更权威。一个国家如果缺乏司法这种利益衡量机制,"那么这种权益的调整就会取决于或然性或偶然性(而这会给社会团结与和谐带来破坏性后果)或取决于某个有权强制执行它的决定的群体的武断命令"③。

二 积极应对西方国家利用强势话语权

作为发展中国家,中国广阔的市场前景、优惠的招商引资条件使得许多跨国公司流入国内,但较低的环境标准使中国面临着跨国公司通过技术转移带来的环境风险。从国际上看,各国通常遵循地域管辖原则,不干涉

---

① 王树义:《论生态文明建设与环境司法改革》,《中国法学》2014年第3期。
② 张新宝、庄超:《扩张与强化:环境侵权责任的综合适用》,《中国社会科学》2014年第3期。
③ [美]博登海默:《法理学——法律哲学与法律方法》,邓正来译,中国政法大学出版社1999年版,第399页。

本国跨国公司在海外的子公司行为，承认受东道国国家法律的约束。所以，增强中国应对国际环境问题的话语权，使加害者承担应有的责任，离不开国与国之间的环境合作，通过制定有关环境问题的条款，推行更为严格的环境监管制度，将"不方便法院"原则可能造成的不利后果降到最低。同时积极完善国内相关的环境法律制度，包括环境标准制度、严格责任原则、环境信息披露制度、环境责任保险制度等，[①] 以缩小与发达国家在环境法律上的差距。

在国际层面上，中国需要积极利用多边区域谈判和其他国际活动更主动谋求与自身实力相当的地位，持续深化"南南合作"水平，扩大与南半球国家的贸易和投资合作，从行动上给予更多支持，为中国创造有利的国际环境，提升中国在国际环境治理上的参与度与话语权。同时，我国应警惕发达国家在环境问题上的单边主义倾向，坚决反对以国际法义务为借口干涉他国主权。在国际经济与环境合作交流上，一方面遵循我国已加入的国际环境公约要求，另一方面抓紧国内配套环境立法工作，同时在认真研究全球化跨国性环境资源问题上，以维护我国资源开发利用的主权与环境权益为指导，以有效的法律制度防止与应对"生态侵略"。

三 肯定环境司法保障现状的重要举措和基本手段

企业组织追逐利润的本性固然造成了环境污染与破坏，但究其根源在于公权力的不当决策为企业打开了方便大门，提供了可乘之机。从实践中看，人们的权利主要受到两种形式的侵害：一种是来自权利冲突所致的损害，一种是来自权力滥用所致的损害。前者中侵害人与受害人处于平等的关系，属于民法调整的范围，这在我国有着比较长的历史，相关规定比较完善，而后者的侵害特点是侵权一方往往是拥有国家权力的机关，其产生侵害的原因在于侵权人不当或非法运用了手中掌握的国家权力，属于对国家权力的滥用。各个国家对此的救济制度虽有所不同，但基本建立了法院审查机制，现代法治国家并不是一个没有纷争和冲突的国家，而是在矛盾发生后予以解决和疏导的路径。司法是连接国家与社会之间的主要桥梁，是检测法律制度是否完善的测量仪，是实现公平与正义的必经之路，

[①] 姜明、蔡守秋：《博帕尔案的不方便法院原则研究——兼谈跨国公司环境法律责任问题》，《华中科技大学学报》（社会科学版）2009年第4期。

鉴于司法权在国家权力体系中的重要地位及在保障人权方面的特殊作用，司法机关必须履行自己的职责。司法机关在适用法律的过程中，可以发现法律的漏洞，从而促进立法的完善，而其对行政行为合法性的审查则起着监督行政机关依法行政的作用，达到制约权力和保障权利的效果。可见，行使有度的司法权，不仅能重构社会秩序和形成调整新型社会关系的规则，还能维护公众权益，实现司法的公正与效率。"生态破坏是最为严重的环境破坏，是对自然系统的根本性破坏，而对待生态系统破坏的行为，仅仅依靠行政处罚力度不够，环境司法是生态文明建设的重要手段和基础。"[1]

四 环境司法体制的特殊要求[2]

司法体制反映的是一国司法机关的设置、职能划分，以及司法机关与其他机构之间的关系等。司法体制中存在的诸多问题与人们的观念、现行法律、社会环境、历史传统等诸多因素是分不开的。从我国的司法体制来看，我国司法机关由单一的部门设置，没有欧洲大陆的民事法院、刑事法院和行政法院等的差别，在受案范围上各种性质的案件均可在一套司法系统内解决。另外，我国司法系统内部并没有欧洲或美国联邦和州司法系统内部那样的复杂关系，我国的单一制的国家结构体制也有助于促进司法系统内部自上而下的权威和谐，尤其从最高人民法院的作用来看，它对于下级法院的指导，虽然理论上并不具备判例法传统中的约束力，但在实践中却很大程度上对下级法院产生了督促和规范的作用，在维护法制统一方面发挥着重要作用。但是，中国特色的司法体制也存在中国特色的困境与瓶颈。其中很重要的一个方面就是司法地方化问题。由于我国的法院基本上依托于行政区划而建立，这种司法区划与行政区划高度重叠的设置方式带来了不少弊端。这在环境纠纷领域尤为明显。长期以来，我国的环境案件都是根据具体案由由三大传统审判庭予以处理，与其他普通民事、行政、刑事案件没有任何分别。20世纪90年代以来，专门化的环境审判机构开始在我国陆续出现，集中处理环境案件，体现了人民法院力图解决这种弊端、改善司法环境的积极态度。自此，由普通审判机构与专门化环境审判

---

[1] 郄建荣：《我国已建立环保法庭95个》，《法制日报》2012年11月20日第6版。
[2] 参见陈学敏《环境司法制度研究》，博士学位论文，武汉大学，2013年。

机构共同处理环境纠纷成为我国并行不悖的一种司法现象。与域外很多国家和地区不同的是，我国的专门化环境审判机构脱胎于普通法院，是普通法院的组成部分，在人员、组织和制度方面均不具有独立性，所以，有学者指出，中国当前的专门化环境资源审判机构"是在保持中国司法组织内部权力架构与基本运作机制的延续性上实现的，它并非是一个断裂之后的重启，而是一个基本延续的事实性的规范性转向"①，由此形成了在环境案件上独具特色的司法保障话语体系。

第四节 创新中国特色司法保障话语体系性的基本思路和总体要求

一 明确环境司法的价值导向

"在社会历史领域内进行活动的，全是有意识的、经过思虑或凭激情行动的、追求某种目的的人；任何事情的发生都不是没有自觉的意图，没有预期的目的的。"② 环境案件的特殊性决定了环境司法价值的独特性。

传统三大诉讼中，刑事诉讼的目的是"惩罚犯罪，保护人民，保障国家安全和社会公共安全，维护社会主义秩序"，通过对罪犯的惩罚实现对受害人合法利益和社会秩序的保护；民事诉讼的目的是"保护诉讼当事人权利……确认民事权利义务关系、制裁民事违法行为，保护当事人的合法权益"，显然这是典型的保护私人利益的诉讼；行政诉讼的目的是"保护公民、法人和其他社会组织的合法权益，维护和监督行政机关依法行使职权"，主要是通过对具体行政行为的合法审查来维护私人的合法权益。目前，我国尚未有独立的环境诉讼程序，已有的环境民事诉讼、环境刑事诉讼和环境行政诉讼遵循的是传统的民事诉讼法、刑事诉讼法和行政诉讼法，环境案件与其他普通案件并无区别。实践中，涉及刑事责任的环境案件，法院仅仅根据案情依法定罪量刑，予以人身罚或财产罚；涉及环境侵权的案件，法院仅仅依法裁定被告停止侵害、赔偿损失；涉及行政诉讼的环境案件，法院仅仅依法审查行政机关具体行政行为是否合法。这种

---

① 储殷：《中国司法的"翻译"式增长》，《社会科学研究》2009年第2期。
② 《马克思恩格斯全集》第4卷，人民出版社1995年版，第243页。

处理结果,也并没有违反法律规定,实际上被告人也受到了制裁、受害人也得到了赔偿,甚至行政机关也被判令重新作出具体行政行为,但深究下去,在现有的环境纷争中,无论是否有具体的受害人,都会对环境造成有形或无形的破坏,即使追究了加害者的责任,生态损害依然存在,甚至还在继续。因此,如何弥补这种生态损害直接决定着生态文明建设的成效,也是衡量一国所进行的生态文明建设是"真生态文明"还是"伪生态文明"的主要标尺。根据马克思主义生态文明观,要实现生态系统平衡,要求我们通过恢复或重建等举措,对环境污染或生态破坏进行有效治理,使人类生存环境得到根本的改善,显然生态修复是解决生态损害的不二选择。在当今世界环境权高扬和我国构建生态文明社会的契机下,作为维护权利最后一道屏障的司法机关,也必须在环境审判中对此作出回应,其司法保障话语体系的构建当以生态修复为价值导向。

二 遵循司法规律

哈贝马斯认为,一个话语只有满足三个条件,才能有效地置身于日常生活并被有效地表达:"言说者所言必须是可领会的(隐含的),同时还必须满足如下要求:他的陈述是真实的(如果没有陈述,也必须满足陈述性内容的存在性这一先决条件);他的意向表达是真诚的或真切的;他们的话语(即他的言语交往)符合或适宜被认可的规范性关联域(或者,它与之相适宜的规范性关联域本身是合法的)。"[①] 因此,环境司法保障话语权要获得正当性,赢得社会公众的认可,必须遵循司法的内在规律性。

(一) 司法的中立性

无论我们如何给法官定位,都逃脱不了其是居中解决纠纷的裁决者这一基本角色,这就意味着,不管是审核证据、查清事实,还是适用法律、作出裁决,法官必须保持不偏不倚的中立地位,唯"法律"是从,不受任何其他国家机关、社会团体及个人的干预和影响。如,在环境公益诉讼中,不能因为一方是代表公益的环保 NGO,一方是造成污染的企业而使判决偏向环保 NGO,从而使罪罚不当。

---

① [德] 尤尔根·哈贝马斯:《交往与社会进化》,张博树译,重庆出版社 1989 年版,第 13 页。

(二) 司法的被动性

托克维尔说过:"从性质上说,司法权自身不是主动的。要想使它行动,就得推动它。向它告发一个犯罪案件,它就惩罚犯罪的人;请它纠正一个非法行为,它就加以纠正;让它审查一项法案,它就予以解释。但是它不能自己去追捕犯罪、调查非法行为和纠察事实。如果它主动出面以法律的检查者自居,那它就有越权之嫌。"① 司法机关绝不能因为环境状况不容乐观而越俎代庖,主动介入环境纠纷中去,甚至为了解决当前环境资源审判庭"少案可审""无案可审"的尴尬境地,或者为扩大环境公益诉讼的影响力而主动寻找案源,"炮制"案件,其牺牲的不仅仅是司法公信力,更是司法公正的流失。我们认为,环境公益诉讼在性质上应作为"行政机关不作为的消毒剂"(antidote to agency inaction),为公众接近环境司法正义提供更多机会,促进环境法律实施。环境公益诉讼的目的只是对环境行政机关实施法律不足的弥补,而非削弱或阻碍环境行政机关实施法律。实施环境法律的主体仍应是行政机关。司法机关必须牢记权利保障最后一道屏障的"身份",秉持"不告不理"原则。

(三) 司法的终局性

当事人把纠纷提交到法院,就是要消弭彼此间的冲突,重新确定权利义务关系,因此他们的最终期望就是拿到法院的最终产品即案件的判决。对此,"法官必须依据事实与法律,对案件作出一种'一分为二'、'非黑即白'式的判决"②。被法律界称为"穷尽司法救济"的案件——平湖蝌蚪案就是一个典型的例子。早在1994年春天,浙江平湖俞明达养殖的蝌蚪开始陆续死亡,几个月后,270万尾蝌蚪全部死亡。平湖环保局向他提供的水污染事实与数据直指养殖场上游的5家污染厂,俞明达在与5家工厂交涉无果后,于1995年12月提起诉讼,索赔48.3万元。虽司法部鉴定科学技术研究所应平湖市法院出具了鉴定结论,证实蝌蚪之死与5家染化厂的排污有直接的不可推卸的因果关系,但如此清楚的事实,竟过了漫漫14年的诉讼:打遍四级法院,历经三级检察机关抗诉,全国人大代表

---

① [法] 托克维尔:《论美国的民主》(上卷),董国良译,商务印书馆1997年版,第110页。

② 胡玉鸿:《在政治、法律与社会之间——经典作家论法官的角色定位》,《西南政法大学学报》2004年第6期。

4次对最高法院履行监督职责。直至2009年，俞明达才拿到最高法院改判的判决书，获得包括利息在内的近百万元赔偿。久拖不决、效力反复的裁决带来的是司法公信的流失，伤害的是司法公正。

三 坚持基本原则

党的十八大将生态文明建设提高到一个战略高度，这一提法经过党的十八届三中全会、十八届四中全会等多次会议的健全与完善，内容日渐丰富，路径更加明晰。但是生态文明建设中司法保障话语权必须以发展的眼光，站在原则性的高度，理性把握和深层理解中国司法在生态文明建设中话语权的基本要求。

（一）环境法治原则

关于何为法治，古往今来众说纷纭，其中当以亚里士多德的提法最深入人心：现实中的法律得到普遍服从，而所服从的法律又应该是良法。故司法机关虽是国家机关，也必须服从法律，在法治的轨道上定纷止争、维持秩序。首先就是要承认法律至上，既认可法律是公民的最高导向，也坚持法律是司法的不二法门。

所以，不管是环境资源审判机构等环境司法专门化，还是跨区域环境司法管辖的构想，都必须符合我国宪法、组织法等法律。在这方面美国的经验教训值得我们借鉴。众所周知，公民诉讼（Citizen's Suit）发端于美国，其国民也曾对该制度寄予厚望。在最高法院大法官沃伦带领下，美国联邦法院开始了美国司法史上最为强劲的司法能动主义，但结果是公众借由公益诉讼解决的那些社会问题依然存在，而法院的能动扩张使联邦法院"快要被卷宗淹没了"，既浪费了有限的司法资源，也在一定程度上侵蚀和破坏了其他政府部门的机能。所以，虽然严格按照法律规定处理环境案件让法院束手束脚，甚至可能造成个人公正与实质正义的背离，显得消极而僵化，但与缺乏判断标准的"任意"创新相比，可能会更有利于维护法律尊严、树立司法权威，因为公众所缺乏的正是在一定的时空条件下相对确定的可以预期的规则。[1] 从当下中国的情势看，以司法保障生态文明建设如果确实因时代的变迁、现实的需要作出一定改革创新，那就应先行

---

[1] 参见张晏《中国环境司法的现状与未来》，《中国地质大学学报》（社会科学版）2009年第9期。

局部试点,总结经验,尔后条件成熟时适时在法律上作出变更,走一条摸索—实践—充分实践—法律制度"法律经验主义"的循序渐进之路。

(二) 权利本位原则

权利是法律的基本目标取向。在中国生态文明建设过程中,保护权利,限制权力是司法保障话语权的目标追求。"权利需要得到权力的确认和保障,权利上升到法需要权利的集束化成为权力,从而使权利具有了普遍性。权力只不过是权利的集束化,是特定地位的权利,是权利的特殊形式而已。"① 所以,也有学者干脆称"权利即包括权力在内,权力也是一种权利"②。以划定权力边界的形式限制权力,在维护公共利益的同时,通过阻碍公权力对私权利的侵蚀而实现对公民权利的保障;反之,明确法不仅直接表现为权利,并强化对权利的保护,扫除权利对抗权力的障碍,实质上是在监督和制约权力。在司法保障话语权的语境中,权利本位原则发挥的是一种平衡功能,涉及权力与权利之间的博弈。既然权力来源于权利,根本上统一于权利,司法保障话语权作为司法权力的派生也不例外,从此意义上说,司法保障话语权也是权利的集合体,要实现其正当化,具备真正意义上的资格,避免永远处于"主观性资格"状态,它就必须得到社会的认可。生态文明建设过程中,权利本位原则在司法保障话语权中有两层含义。其一,司法保障话语权应平等满足社会主体的权利需求。司法保障话语权存在的目的在于平等实现诉权,而诉权属于基本人权。在司法保障话语场域,司法权力以追求法律面前人人平等为价值指向,是保护和增进人类权利的理性运行形式。司法保障话语权的目的在于实现人们的环境权利。对此,康德指出:作为"平等行为"的实现,在权利的语境中,"权利为全部条件,根据这些条件","确实能够和其他人的有意识的行为自由相协调"。③ 其二,司法保障话语权下环境权利是通过权利与权力的平衡而实现的。要达至司法保障话语权系统内权利与权力的内洽性平衡,在维护权利之外,也必须对权力予以节制。这就意味着,一方面对于权力而言,法无明文规定即禁止,不能越界;另一方面,对于权利而言,

---

① 文正邦:《有关权利问题的法哲学思考》,《中国法学》1991年第2期。
② 郭道晖:《试论权利与权力的对立统一》,《法学研究》1990年第1期。
③ [德] 伊曼努尔·康德:《法的形而上学原理》,沈叔平译,商务印书馆1991年版,第40页。

虽法无明文禁止即为允许，但要防止滥用。所以，限制权力和以法律规制权利的滥用是一枚硬币的两面，缺一不可。

（三）公正原则

对公众来说，司法公正是理所当然的，当是中国司法保障话语权的根本追求。正是担心人们通常会忽略自以为熟识的事物，所以才在此强调公正原则在当代中国司法保障话语权基本原则体系中的核心位置。

西方启蒙思想家无不把司法与公正联结在一起，认为司法制度乃是人类公正价值的体现，公正是司法制度体系的最高价值和目标。美国学者罗尔斯在其著作《正义论》中更是明确提出："公正是社会制度的第一位价值，正如真理作为思想体系的第一位价值一样。"[①] 我国也始终将司法公正作为历次司法改革的首要目标。生态文明建设中的司法公正不再是抽象的理论问题，而是具体操作与实践的问题，即司法将以何种方式来实现和维护司法公正及在此基础上的社会整体公正。虽然正如博登海默所说："公正有一张普罗透斯似的脸，变幻无常，并且具有极不相同的面相"[②]，但在马克思主义经典作家看来，公正的基本精神是一切人，或至少是一个国家的一切公民，或一个社会的一切成员都应当是平等的。[③] 可见，公正的核心在于平等，司法公正的核心就是司法平等。生态文明建设中的司法平等具体表现为环境公平，是指在使用和保护环境资源上，包括当代人和后代人在内的所有主体一律平等，享有同等的权利，承担同等的义务；任何主体的环境权利受到侵害时都能得到及时有效的救济，任何主体从事对环境有影响的活动时，负有防止对环境造成损害，并对违反环境义务的行为予以及时纠正的义务。在当今环境问题日益严重的社会，环境公平已经演化为考量社会公平的标杆、尺度。

既然，"当人们不知道何者为公正时，人们求助于司法；当人们无法达于公正时，人们求助于司法；当公正受到破坏，人们求助于司法；恢复被破坏了的公正，特别是对于弱者而言更是如此。于是，西方人干脆管大法官们叫公正，中国人称主审的衙门为'大理院'，称主审的人为'理

[①] ［美］约翰·罗尔斯：《正义论》，何怀宏等译，中国社会科学出版社1988年版，第1页。

[②] ［美］博登海默：《法理学——法律哲学与法律方法》，邓正来译，中国政法大学出版社1999年版，第493页。

[③]《马克思恩格斯全集》第1卷，人民出版社1956年版，第240页。

官'，审判官员的理想人格为'青天'"①。那么，如何实现司法公正呢？这涉及程序公正与实体公正之间的关系问题，即行为手段、过程公正与行为目的、结果公正之间的关系。由于"程序形式导致实质上的公正解决，或至少是，适当形式的程序大大增加了公正解决的可能性"②。所以，在程序公正与实体公正发生冲突时，前者对后者具有优先性，它决定了法治与恣意的人治之间的基本区别。否则司法公正就无从谈起。这从中国生物多样性保护与绿色发展基金会（以下简称绿发会）提起8家企业污染腾格里沙漠的环境民事公益诉讼案件就可看出。2015年8月13日，绿发会向中卫市中级人民法院提交起诉书，要求8家涉嫌违法排污、污染腾格里沙漠的企业"承担停止侵权、消除危险、恢复原状、赔偿损失、赔礼道歉等民事责任"，中卫市中级人民法院认为绿发会不具备提起环境公益诉讼的资格，理由是依据《环境保护法》第58条和《关于审理环境民事公益诉讼案件适用法律若干问题的解释》第4条，提起环境公益诉讼的主体必须满足"章程确定的宗旨和主要业务范围是维护社会公共利益，且从事环境保护公益活动"的条件。但绿发会提供的章程确定的宗旨和主要业务范围，虽是维护社会公共利益，但没有同时规定业务范围是从事环境保护公益活动。因此裁定"不予受理"。绿发会又向宁夏高级法院提起上诉，该院于2015年11月6日作出"驳回上诉，维持原裁定"的决定，理由与中卫市中院如出一辙。2015年11月24日，绿发会向最高法院提出再审申请，12月3日，最高法院对不予受理裁定再审立案。2016年1月29日，最高法院作出终审裁定，撤销宁夏高级法院和中卫市中级人民院的民事裁定，由中卫市中级人民法院立案受理。正是司法程序保证公众权利得到平等、合理的保障，防止司法的反复无常与专横武断，形成超然、居中、独立和理性的制度空间。因此，在生态文明建设的司法保障话语权中注入司法公正原则，将公正之平等本质、公正之程序优先凸显出来，以各种方式让社会公众包括当事人和律师的司法话语输送到法院，以便法官最大限度地接近客观真实，遵循公正原则来揭示、阐释与演绎生活

---

① 胡玉鸿：《司法公正的理论根基——经典作家的分析视角》，社会科学文献出版社2006年版，第4—5页。

② ［英］尼尔·麦考密克等：《制度法论》，周叶谦译，中国政法大学出版社2004年版，第178页。

的理性秩序，更好扮演社会纠纷的裁决者，也就不会在行使司法保障话语权上产生那么多的弊端。这样，司法公正的内在价值才能最终获得外在的公信力。

（四）本土及融通原则

生态文明建设这一提法原本就具有浓厚的中国特色，但放眼国际，处理好环境保护与经济发展之间的关系已成为衡量一个国家现代化程度的重要指标。本土及融通原则在司法保障话语权原则体系中的技术性和工具性含量显而易见，是具有方法论意义的原则，对其他基本原则的贯彻起着辅助作用。

本土强调的是中国的现实环境需要，否则，言必谈"西方"、论"域外"，离开了本土资源就没有"中国"二字可言了。中国的司法保障话语权当从中国本土司法实践的资源当中生成、积淀和演化而来。在这个主观与客观相统一的过程中，一方面要遵循司法保障话语权的内在规律，以实际需要为导向，充分利用中国现有法治资源；另一方面要审慎抉择，吸取和发展中国的司法话语资源，实现本土话语资源的现代性转化。从当代法官的审判思维来看，"以经济建设为中心"的影响根深蒂固，在对环境要素进行考量时，注重环境要素的经济功能，轻视或无视环境要素的生态功能。环境诉讼的目的与普通民事诉讼、刑事诉讼、行政诉讼的目的无二，生态修复理念无法占据一席之地。而实际上，从中国传统生态文化看，无论是儒家的"天人合一"、道家的"道法自然"、释家的"众生平等"，都从不同侧面揭示了"万物相连、包容共生，平衡相安、和谐共荣，平等相宜、价值共享，永续相生、真善美圣的生态文化思想精髓"[①]，共同构建了中国天人和谐的精神家园。中国要顺利推进生态文明建设，平衡人们已经失衡的物质世界和精神世界，谋求可持续的生存和发展，必须学会从传统生态文化中汲取精髓，实现文化模式的转向或文化价值的重构。

融通，即中西融会贯通，尤其在当今"互联网+"的时代，中西方早已是一个共依共存、冲突交融的全息有机体，要形成取长补短的自洽性话语系统，必须展开内在的信息交流与共享。其实，中西方司法话语具备融通性的条件，英国哲学家罗素早在1922年就在其著作《中国问题》中指出，中国话语"在丝毫未受欧洲影响的情况下，完全独立地发展了自己

[①] 江泽慧：《弘扬生态文化，推动生态文明，建设美丽中国》，《人民日报》2013年1月11日第4版。

的传统，因而具有与西方截然不同的优点和缺点。中西双方都应该保留自己的长处，借鉴对方的长处，绝不能学习对方的短处和保留自己的短处，人们一定希望看到两者逐渐结合在一起"①。所以，我国引入了环境公益诉讼制度（Environmental Public Interest Litigation），而美国是现代环境公益诉讼制度的创始国。但是美国环境公益诉讼案件的原告资格十分宽泛，该规定最早见于 1970 年的《清洁空气法》，其明确任何人都可以提起诉讼，而不需要证明有任何法律上的利害关系或利益遭到了侵犯，这就是著名的"公民诉讼条款"，且美国公民诉讼的可诉范围非常明确，由法律明确界定。在我国，能提起环境公益诉讼的只能是法律规定的机关和有关组织，且限定在环境民事公益上。这也反映了中西方司法话语的差异性，但正是这种差异性构成了融通的基础。历史证明，越是有差异的事物越需要求同存异、保存特色、发展自身，而不能自我封闭。在此过程中，既要挖掘司法保障话语的本土资源，又要正视域外司法话语的精髓，既要警惕司法话语的保守主义，又要反对司法话语的历史虚无主义。

第五节　创新中国特色环境司法保障话语体系的现实路径和改革建议

"作为逻辑语言的司法"，需要司法话语的"承载和展示"。② 而"互联网+"的兴起不断拓展着司法话语权的表达空间。"21 世纪最重要的特征是网络话语的兴起，计算机网络将全世界紧密联系在一起，安全又便利的表达方式，使得网络一跃而成司法话语权的绝佳表达途径。"③ 网络的开放性、易于浏览性及分散性使司法话语权不仅及于官方，还能深入民间，形成博大宽广的网络司法话语场。而环境公益诉讼的确立为司法在生态文明建设中的话语权提供了另类空间。"改革开放以来，一个重要特征即是社会组织的兴起，为司法话语博弈提供了更多的话语资源。"④ 另外，

---

① ［英］伯特兰·罗素：《中国问题》，秦悦译，学林出版社 1996 年版，第 2 页。
② 汪习根：《司法权论——当代中国司法权运行的目标模式、方法与技巧》，武汉大学出版社 2006 年版，第 10 页。
③ 熊培云：《重新发现社会》，新星出版社 2010 年版，第 269—271 页。
④ 梁治平：《国家、市场、社会：当代中国的法律与发展》，中国政法大学出版社 2006 年版，第 72 页。

司法话语权的表达形式越来越多样化。随着民众参与司法的机会和渠道的增加,司法机关也采取了更为包容的司法话语权博弈对策,如组建环境专家库等。

一 创新中国特色环境司法保障话语体系的现实路径

(一) 司法政策

司法政策是法院用以积极回应党和国家重要方针政策的一种形式。最高人民法院副院长江必新指出:"所谓司法政策,是指国家司法机关为了实现一定的目的而采取具体的、积极的司法策略和措施。"① 从此意义上说,司法政策是国家有关政策在司法实践领域中的具体体现,是国家政策的组成部分。司法保障话语权深受司法政策的影响,即便在法治良好的美国,对于堕胎案在美国联邦最高法院的不同时期所采取的态度、作出的判决也是大相径庭的。主要是由于在不同时期,美国联邦最高法院的九名大法官中保守派和激进派的比例不同,而且每个时期的司法环境不同,司法政策也因此迥异。

近年来我国出台了不少有关生态文明建设的国家政策,如表 12-1 所示。

表 12-1　　　　　　　　生态文明建设的国家政策一览

时间	标题	主要内容
2012 年 11 月 8 日	《坚定不移沿着中国特色社会主义道路前进　为全面建成小康社会而奋斗》	全面落实经济建设、政治建设、文化建设、社会建设、生态文明建设"五位一体"总体布局
2013 年 4 月 25 日	习近平总书记在十八届中央政治局常委会会议上的讲话	生态文明建设不仅仅是经济问题,里面有很大的政治
2013 年 5 月 24 日	习近平总书记在中央政治局第六次集体学习时的讲话	生态环境保护是功在当代、利在千秋的事业;牢固树立"生态红线"的观念
2013 年 11 月 12 日	《中共中央关于全面深化改革若干重大问题的决定》	加快生态文明制度建设;建设生态文明,必须建立系统完整的生态文明制度体系,实行最严格的源头保护制度、损害赔偿制度、责任追究制度,完善环境治理和生态修复制度,用制度保护生态环境

---

① 江必新:《构建和谐社会与司法政策的调整》,《人民论坛》2005 年第 11 期。

续表

时间	标题	主要内容
2014年10月23日	《中共中央关于全面推进依法治国若干重大问题的决定》	最高人民法院设立巡回法庭,探索设立跨行政区划的人民法院和人民检察院,探索建立检察机关提起公益诉讼制度;实现经济发展、政治清明、文化昌盛、社会公正、生态良好
2015年3月24日	中央政治局会议	首次提出"绿色化",将新型工业化、城镇化、信息化、农业现代化"四化"战略变成"五化"战略
2016年1月18日	在中央党校省部级主要领导干部学习贯彻十八届五中全会精神专题研讨班开班式上的讲话	生态环境没有替代品,用之不觉,失之难存
2017年10月10日	《决胜全面建成小康社会 夺取新时代中国特色社会主义伟大胜利》	强调"发展"是科学发展,必须坚定不移贯彻创新、协调、绿色、开放、共享的发展理念,明确坚持人与自然和谐共生,指出建设生态文明是中华民族永续发展的千年大计

最高人民法院则以"意见""批复""解答""会议纪要""复函""规定""通知"等形式将这些国家政策的精神体现出来。

表12-2　　最高人民法院保护生态环境司法政策一览

时间	文件名	主要内容
2007年	《关于为构建社会主义和谐社会提供司法保障的若干意见》(法发〔2007〕2号)	三、化解社会矛盾,促进社会和谐 10.妥善审理环境侵权案件,促进人与自然和谐。加大涉及资源、环境方面纠纷案件的审理力度,依法严厉惩处重大环境污染事故、非法采矿、盗伐林木、非法占用农用地、非法捕猎等污染环境、破坏资源的违法犯罪行为,推动社会循环经济体系、资源开发利用补偿机制和生态环境恢复补偿机制的建立和完善
2009年	《二〇〇九年人民法院工作要点》(法发〔2009〕1号)	二、围绕党和国家工作大局,为经济平稳较快发展提供有力司法保障 6.研究解决各种新类型案件。要坚决贯彻节约资源和保护环境的基本国策,依法处理好有关资源开发、环境保护等方面的案件,有效制裁浪费资源、污染环境等违法犯罪行为,推动节能减排工作的开展,促进人与自然的和谐发展。深入研究因经济利益关系调整和民生等问题引发的群体性纠纷和各种社会公共事件的法律应对问题,妥善处理进入司法程序的各种新类型案件,确保取得良好的办案效果

续表

时间	文件名	主要内容
2010 年	《关于为加快经济发展方式转变提供司法保障和服务的若干意见》	妥善审理各类环境保护纠纷案件，保障和服务推进节能减排和环境保护。依法受理各类因环境污染引起的损害赔偿纠纷案件，正确适用环境侵权案件举证责任分配规则，准确认定环境污染与损害后果之间的因果关系，确保环境侵权受害人得到及时全面的赔偿；及时审理环保行政诉讼案件，加大对环保非诉行政案件的审理执行工作力度，支持和监督环保行政执法机关依法履行环保职能；依法受理环境保护行政部门代表国家提起的环境污染损害赔偿纠纷案件，严厉打击一切破坏环境的行为；妥善处理土地、矿产等自然资源开发利用中出现的矛盾纠纷，依法保障权利人的合法权益，支持对废弃矿地的合理开发利用，促进资源型企业的转型升级。严格执行环境资源保护法律法规，依法保障和促进循环经济和节能环保产业的发展，坚决制裁污染环境、破坏林业资源、草原资源、生物资源等违法犯罪行为，促进社会经济可持续发展。在环境保护纠纷案件数量较多的法院可以设立环保法庭，试行环境保护案件专业化审判，提高环境保护司法水平
2014 年	《关于全面加强环境资源审判工作 为推进生态文明建设提供有力司法保障的意见》（法发〔2014〕11 号）	八大方面。明确了新形势下全面加强环境资源审判工作的重大意义，环境资源审判工作的指导思想、基本原则和目标任务，如何充分发挥环境资源审判职能工作，要求大力推进环境民事公益诉讼，有序推进环境资源司法体制改革，建立健全环境资源司法工作规制，加大环境资源司法公开和宣传力度，大力加强环境资源审判队伍建设
2015 年	《关于充分发挥审判职能作用 切实维护公共安全的若干意见》（法发〔2015〕12 号）	四、做好涉民生案件审判工作，切实保障人民群众合法权益 11. 强化生态环境司法保护。保护生态环境，建设美丽中国，事关广大人民群众的生命健康，事关中华民族的永续发展，是实现中华民族伟大复兴中国梦的重要内容。全面加强环境资源审判工作，扎实推进生态环境建设，回应民众关切，增进人民福祉。依法惩治污染环境、乱砍滥伐、非法猎杀野生动物、乱采滥挖矿产等破坏环境资源犯罪。依法公正审理环境侵权案件，落实全面赔偿规定，探索建立环境修复、惩罚性赔偿等制度，依法严肃追究违法者的法律责任。充分保障环境公益诉讼原告诉权，及时受理依法审理环境公益诉讼案件；会同检察机关积极稳妥地开展检察机关提起公益诉讼的试点工作，有效维护国家利益和社会公共利益
2018 年	《关于深入学习贯彻习近平生态文明思想为新时代生态环境保护提供司法服务和保障的意见》	各级人民法院要以习近平生态文明思想为指导，树立新时代环境资源司法理念，探索创新审判执行方式，推动生态环境整体保护、系统修复、区域统筹、综合治理

2015年7月2日,最高人民检察院通过《检察机关提起公益诉讼改革试点方案》,该方案明确规定了试点案件的范围、诉讼参加人、诉前程序、提起诉讼和诉讼请求等。其中,针对生态环境和资源保护领域的案件提起行政公益诉讼是试点案件范围重点。它也扩大了法院受理环境公益诉讼的案件范围,强化了法院在生态文明建设中的司法保障话语权。

但研究也发现,有些"政策制定时信息获取不足、经济分析缺乏、利益保护的简单化处理等是导致类似公共政策出现意外后果的主要原因。而在根本上是源于公权力机构对自身能力的过度自信以及对私权主体行为复杂性的认识不足"[①]。可见,由于政策本身可能存在瑕疵,因此,司法机关在追随公共政策时必须保持一定的警惕性,防止公共政策的意外后果在整个社会引发"多米诺骨牌效应",为全社会拉起一条必要的"警戒线"是司法应当承担的责任。

由于司法政策毕竟不是司法解释,没有办法在司法文书中直接引用,但它早已无形中印在了法官的脑海中,让他们在"自由心证"过程中以此来权衡和考量各种利益纷争,最终的司法裁判依据的则是与该司法政策精神高度契合的法律规范。这就是司法政策在司法实践中发生作用的方式:一种"避实就虚"的"隐形"方式,但并不影响司法政策对司法实践产生了实质性作用。最高人民法院的工作报告就深刻反映了司法机关是如何将国家政策的精髓渗透于司法政策中、内化于审判实践中,一步步强化自身在生态文明建设中的作用。

表12-3　　　　最高法院历年工作报告(2007—2019)一览

时间	主要内容
2007年	2006年工作回顾:依法审理行政案件,维护行政相对人的合法权益,加强对涉及城市建设……自然资源和环境保护等行政案件的审理。 2007年工作安排:第一,依法履行审判职能,为构建社会主义和谐社会提供司法保障。依法审理环境侵权案件……维护公平竞争、合法有序的市场经济秩序,保障经济社会又快又好地发展
2008年	2008年工作安排:继续做好各项审判和执行工作,努力化解矛盾纠纷,维护社会和谐稳定,依法审理环境侵权案件……维护公平竞争、合法有序的市场经济秩序,保障经济社会又快又好地发展
2009年	2009年工作安排:一是着力服务大局,为保持经济平稳较快发展提供司法保障,依法审理涉及资源、环境保护方面的案件,促进生态文明建设

---

① 参见应飞虎《权利倾斜配置研究》,《中国社会科学》2006年第3期。

续表

时间	主要内容
2010 年	2010 年工作安排：加大对破坏资源、污染环境等违法犯罪行为的制裁力度，促进可持续发展。依法妥善审理民间借贷、环境保护等与群众生产生活密切相关的案件，推进社会矛盾化解工作，切实保障人民利益
2011 年	2010 年工作回顾：依法惩治破坏资源、污染环境的犯罪行为，制定审理油污损害赔偿案件司法解释，探索建立环境公益诉讼制度，推动地方法院设立环保法庭，依法促进生态文明建设，各级法院共审结环境污染损害赔偿等案件 12018 件，同比上升 2.83%。 2011 年工作安排：五是依法审理各类环境保护纠纷案件，促进节能减排和循环经济的发展，为建设资源节约型、环境友好型社会提供司法保障
2013 年	过去五年的主要工作：在相关案件较为集中的地区设立劳动争议、金融、环保等专门合议庭或审判庭。 2013 年工作安排：依法审理涉及环境保护、资源开发等案件，推进美丽中国建设
2014 年	2013 年工作回顾：依法惩治危害食品安全和污染环境犯罪。发布关于办理污染环境刑事案件的司法解释，加大惩处污染环境犯罪力度。公布……以及胡文标、丁胜投放危险物质污染环境犯罪等典型案例，有力威慑犯罪分子。审结资源开发、环境保护案件 2464 件，推进环境公益诉讼，促进美丽中国建设。 2014 年工作安排：高度重视审理……环境保护等方面的案件，妥善化解相关矛盾纠纷
2015 年	2014 年主要工作回顾：出台加强环境资源审判工作的意见。各级法院审结污染环境、破坏资源等犯罪案件 1.6 万件。最高人民法院设立环境资源审判庭，发布环境民事公益诉讼司法解释，各级法院审结资源开发、环境保护民事案件 3331 件。江苏省高级人民法院审结泰州市环保联合会提起的环境民事公益诉讼案，判处 6 家企业赔偿环境修复费用 1.6 亿元。 2015 年工作安排：二是主动适应经济发展新常态。妥善化解……环境资源……等领域的矛盾纠纷，为经济社会发展营造公平正义的法治环境
2016 年	2015 年依法履职情况：保护人民群众环境权益。从严惩治污染环境罪，审结污染环境、破坏资源等犯罪案件 1.9 万件，同比上升 18.8%。发布审理环境侵权案件司法解释和审理检察机关提起公益诉讼案件实施办法，各级法院审结涉环保民事案件 7.8 万件，着力服务保障绿色发展。江苏等地法院试行"劳务代偿""异地补植"等责任承担方针，增强环境资源案件审判效果。加强环境公益诉讼工作，福建法院审结新《环境保护法》施行后首例环境民事公益诉讼案件。 2016 年工作安排：一是充分发挥审判职能，积极推动新发展理念的贯彻落实……健全环境资源司法制度，依法审理公益诉讼案件，推进美丽中国建设
2017 年	2016 年工作回顾：服务绿色发展。制定为绿色发展提供司法服务的意见，保障生态环境安全。会同最高人民检察院制定办理环境污染刑事案件司法解释，依法制裁乱垦滥伐、破坏耕地、污染环境等行为。各级法院审结一审环境资源案件 13.3 万件。福建、江西、贵州法院积极服务保障国家生态文明试验区建设。加强京津冀、长江流域等重点区域环境司法保护，青海玉树法院设立三江源法庭，运用司法手段保护"中华水塔"。依法审理检察机关、公益组织提起的公益诉讼案件。山东德州法院审结全国首例大气污染公益诉讼案件，判令被告赔偿 2198 万余元用于环境修复。 2017 年工作安排：一是充分发挥审判职能作用……健全环境资源审判机制，服务美丽中国建设

续表

时间	主要内容
2018 年	过去五年的主要工作：严惩……污染环境犯罪……制定办理环境污染刑事案件司法解释，依法从严惩治污染环境犯罪，审结相关案件 8.8 万件。服务美丽中国建设。出台为长江流域生态文明建设与绿色发展提供司法保障等意见，制定环境公益诉讼等司法解释，审结环境民事案件 48.7 万件，坚决维护生态环境安全。依法审理生态环境损害赔偿案件 1.1 万件，检察机关提起的环境公益诉讼案件 1383 件、社会组织提起的环境公益诉讼案件 252 件。江苏、浙江、贵州等法院探索实施环境修复司法举措，促进生态保护。宁夏法院审结腾格里沙漠环境污染公益诉讼系列案，责令 8 家企业投入 5.69 亿元修复受损生态环境。 2018 年工作建议：……三是依法审理经济领域各类案件，为经济高质量发展营造良好法治环境……完善环境资源审判机制，促进绿色发展
2019 年	2018 年主要工作：贯彻新发展理念，服务保障经济高质量发展……严惩污染环境犯罪，审结相关案件 2204 件。制定服务新时代生态环境保护意见，审结环境资源案件 25.1 万件。完善生态环境损害赔偿程序规则，探索适用补植复绿、增殖放流等环境修复司法举措。湖北重庆、青海等地法院建立环境资源审判协作机制，促进长江流域生态环境保护修复，共同守护绿水青山。 2019 年工作安排：……二是充分发挥审判职能作用，服务保障经济持续健康发展和社会大局稳定……依法审理金融、脱贫攻坚、环境资源等案件，服务三大攻坚战

最高人民法院制定的《人民法院第四个五年改革纲要（2014—2018）》更是明确规定：探索建立与行政区划适当分离的司法管辖制度。在机构设置方面，进一步推动环境资源审判机构建设。

从司法实践看，当前，人民法院处理环境纠纷遇到的困境主要是三大方面。一是司法权层面的压力。很多环境问题都牵涉到政府行政行为，或者是充当了"污染大户"的"保护伞"，或者是怠于行使职责，"而以我国法院在国家权力结构中所处的位置，它们所享有的实证意义上的司法权常常不允许它们完全'从法律的角度'来处理这些纠纷"[①]。二是司法能力层面的压力。从理论上讲，法院具备处理纠纷的能力，但实践中，法院在当前社会调控体系中所处的实际地位决定了其无法单枪匹马解决一些纠纷，加上环境问题与经济发展问题"剪不断，理还乱"的错综复杂的关系，法院若严格按照法律程序来处理此类纠纷，法律效果有了，社会效果可能大打折扣，甚或可能在社会上引起更大范围的不满情绪，在种种因素的推波助澜下，被误认为与政府或企业是"一丘之貉"，公信力严重下滑。三是司法技术层面的能力。随着环境法律法规的健全，尤其是环境公

---

① 吴泽勇：《群体性纠纷的构成与法院司法政策的选择》，《法律科学》（西北政法大学学报）2008 年第 5 期。

益诉讼制度的确立，法院受理环境案件的范围越来越明晰。但是环境问题专业性强，涉及物理、化学、生物、水文等方面的知识，法院在处理此类纠纷时会遇到各种各样的难题。这其中既有事实认定方面的，尤其是因果关系的认定，也有法律适用方面的，两类问题相互交织，使环境案件结案时间普遍偏长。而环境司法政策具有的灵活性、开放性、及时性和针对性既能起到弥补法律漏洞的作用，避免法院在面对新问题时陷入束手无策的窘境，还能回应社会需求，贯彻和落实国家大政方针，有效指导人民法院的环境司法工作。

（二）司法解释

司法政策是一种不稳定的欠完善的法律实践状态。它转向"法治"的内在趋向会以司法政策法律化的形式体现出来，主要表现为在法律和司法政策指导下，最高人民法院颁行较为稳定、具有普遍约束力的司法解释，促成司法政策的具体化、规范化、标准化和成文化，从而从具体的司法实践活动中超脱出来，发挥宏观指导作用。

我国的司法解释制度独具本土特色，这种制度设计"不仅实行判例法的英美法系没有，即使是实行成文法的大陆法系也没有"[①]。关于司法解释工作，最高人民法院曾于1997年7月1日发布《关于司法解释工作的若干规定》，对司法解释的性质、效力、分类和程序作了明确规定，以更好规范司法解释工作。时隔十年之后，1997年《关于司法解释工作的若干规定》被最高人民法院于2007年3月23日颁布的《关于司法解释工作的规定》所取代。

随着国家对环境保护的日益重视，近年来最高人民法院就发布了如表12-4所示的有关环境审判的司法解释。

表12-4　　　最高人民法院关于环境案件的司法解释一览

时间	标题	主要内容
2012年12月22日	《关于审理破坏草原资源刑事案件应用法律若干问题的解释》（法释〔2012〕15号）	共计7条
2013年6月17日	《关于办理环境污染刑事案件适用法律若干问题的解释》	共计12条，细化了对环境污染违法行为的认定

① 陈兴良：《司法解释功过之议》，《法学》2003年第8期。

续表

时间	标题	主要内容
2015年1月6日	《关于审理环境民事公益诉讼案件适用法律若干问题的解释》（法释〔2015〕5号）	共计25条，细化了环境民事公益诉讼案件的诉讼主体、案件管辖、举证责任分担、责任承担方式以及与私益诉讼的关系
2015年2月4日	《关于适用〈中华人民共和国民事诉讼法〉的解释》（法释〔2015〕5号）	十三、公益诉讼。第284—291条，共计8条，明确了诉讼条件、管辖法院、结案方式等
2015年6月1日	《关于审理环境侵权责任纠纷案件适用法律若干问题的解释》（法释〔2015〕12号）	共计19条，解决了司法实践中环境污染责任规则原则、责任构成以及数人侵权责任划分等法律适用不统一等问题
2016年3月1日	《关于海事法院受理案件范围的规定》（法释〔2016〕4号）	将"海洋及通海可航水域开发利用与环境保护相关纠纷案件"从"2001年规定"中的"其他海事海商纠纷案件"部分单列出来作为一大类案件
2016年11月28日	《关于办理非法采矿，破坏性采矿刑事案件适用法律若干问题的解释》（法释〔2016〕25号）	共计16条。细化了什么是"未取得采矿许可证""情节严重""情节特别严重"等内容
2016年12月23日	《关于办理环境污染刑事案件适用法律若干问题的解释》（法释〔2016〕29号）	共计18条。明确了什么是"严重污染环境""后果特别严重"，以及从重处罚、共同犯罪等内容
2017年12月29日	《关于审理海洋自然资源与生态环境损害赔偿纠纷案件若干问题的规定》（法释〔2017〕23号）	共计13条。规定了审理海洋自然资源与生态环境损害赔偿纠纷案件的管辖、起诉主体等内容
2019年6月5日	《关于审理生态环境损害赔偿案件的若干规定（试行）》	共计23条。明确了生态环境损害赔偿案件的适用范围、起诉主体、诉讼衔接等内容

最高人民法院发布司法解释，其目的就是要统一各级法院的法律适用。它无不经过对审判经验的总结、征求相关部门和行业的意见的过程。我国地域辽阔，各地经济发展水平不同，对环境要求的差异性大，实践中难免会出现处理环境案件标准不一的问题，设立环境资源审判机构的地区对环境公益诉讼案件的态度就是明证。此时，要实现相似案件相似处理，维护环境司法的权威，就需要司法解释的适时出现了。

(三) 司法建议

所谓司法建议，根据《中华法学大辞典》，其是指"司法机关在办理案件过程中,遇损害国家、社会和其他公民合法权益的情形,但又不属于自己的权限范围时,向有关单位或个人提出的应当采取某种措施的具体建议"①。作为审判权延伸的一种方式,司法建议以裁判外的手段来维护社会秩序,通过引导社会规则的形成来参与社会管理创新。实践中,司法建议多以法律意见书的形式出现,且已经超越了法律规定的"处分或处理"的建议内容,针对社会经济领域中的宏观问题或基于类型化案件整理提出司法建议的情况屡见不鲜。如,在中华环保联合会、贵阳公众环境教育中心诉贵阳市A造纸厂水污染责任案中,清镇人民法院环境保护法庭在对被告排污行为进行证据保全过程中发现,在被告所在地附近还有其他几家纸厂向南明河排放污水,污染了南明河,但原告并未将这些纸厂列为被告。为一并解决南明河污染问题,环境保护法庭向乌当区环保局发出了法律意见书,要求环保局对这些纸厂进行查处,并及时将处理结果复函环保法庭。之后,乌当区环保局给环境保护法庭进行了回复,对相关几家纸厂进行了行政处罚并采取了限期治理等措施。在本案判决影响下,政府关停了被告贵阳市A造纸厂,并对其他位于南明河畔不符合国家产能要求的纸厂进行整改合并,明令达到国家产能和环保要求后,再开始生产,为生态文明建设转向低消耗、低污染、低排放、高效益的产业结构和发展方式的"产业升级"提供了有力的司法保障。

再如,2013年,针对环境污染日益严重问题,嘉兴海宁法院就提出了关于综合治理环境污染的司法建议。海宁法院认为治理环境污染,在处罚上加大力度无可厚非,还应从源头上治理。于是,向市环保局建议其与工商登记、税务登记、投资建设、供水供电等部门建立联动机制,对相关部门办理登记审批手续进行环保审批引导。如一旦发现某企业必须经过环保审批而未经审批的,电力、水务部门就不与其签订合同,而工商部门在企业申请办理营业执照时,应告知其先向环保部门申请环评,拒不申请的,工商部门应将该情况向环保部门通报。司法建议提出后,在不到1个月的时间内,海宁环保局就与工商、电力水务等部门建立了对接机制,且有两家企业在当年被"拒签"供水供电合同。② 而2015年,重庆市渝北

---

① 《中华法学大辞典》(简明本),中国检察出版社2003年版,第598页。
② 参见孙佳丽《2013年浙江法院发送了868份司法建议》,《青年时报》2014年1月10日第11版。

区人民法院为加大对耕地违法犯罪行为的打击力度,确保国家"耕地红线"战略决策的有效执行,针对环境资源审判工作中的非法占用、破坏耕地等违法犯罪行为,向铜梁区、大足区国土资源和房屋管理局作出渝北法建〔2015〕4号司法建议书,建议其及时就被告铜梁县祥达建材有限公司是否存在违反土地管理法规,非法占用土地、擅自改变土地用途等问题、行政处罚决定履行情况进行核查,并指出一旦发现可能存在土地犯罪行为,应及时移送司法机关侦查。此司法建议书同时还抄报送了上级法院、市国土行政主管部门及相关公安机关、检察机关。①

传统上的司法建议多采用法律规定的个案建议形式,实践中也有以"白皮书""蓝皮书""绿皮书"等多种形态出现具有建议内容与效果的文书。2013年10月17日,昆明市中级人民法院向社会发布了《2013年度昆明环境司法保护情况报告》绿皮书,对昆明法院环保审判开展情况、创新做法及审判效果予以通报,这在全国尚属首次。2015年6月2日,昆明市中级人民法院就昆明中级人民法院近年来审理环境案件的基本情况、昆明法院环境资源审判工作的特色及今后的工作思路和工作重点,第二次向社会发布《昆明中院环境资源司法保护情况报告》绿皮书。这种做法拓宽了昆明中级人民法院与社会各界沟通交流的渠道,让党委、政府、人大、政协以及社会各界较为全面地了解昆明市两级法院的环境司法保护状况,增强公众的环境知情权与参与权,推动形成"保护环境,人人有责"的共识。学者们对司法建议形成的创新做法给予了高度评价:"将过去个案式的司法建议书向普适性的白皮书式司法建议书的拓展,这一司法创新无疑将提升司法监督的影响力,有利于督促行政机关更好地依法履行职责,保障公民合法权益。"②

(四) 司法裁决

作为维护社会正义的最后一道屏障,法院承担着保护公民合法权利和社会秩序的重要职能。随着公民权利意识的觉醒和提高,公众对法院司法工作的关注度越来越高,泰勒指出:对当事人来说,法律是其法律义务的

---

① 参见《重庆渝北法院首次作出环境司法建议书剑指耕地违法犯罪》,2015年10月,法制网(http://www.legaldaily.com.cn/)。
② 刘武俊:《法院白皮书式司法建议值得提倡》,《人民法院报》2006年1月22日。

陈述。这一陈述仅仅是司法判决。① 现实主义法学"法律乃判决之集合"的命题对我们的启迪是：一国的司法审判状况，进而是其法治状况，不能仅从已颁布实施的成文法的数量来判定，而应当从已经作出的判决在多大程度上体现了诉讼公正来判定。② 司法的正当性和权威性由此得以彰显。即便在大陆法系，多数民法典也会与大量的判例配套适用。至于那些因体系构造原因而高度概括的规范，更是离不开判例。③ 粗线条的法律适用和千篇一律的裁判文书意味着各行其是的裁决。同案不同判的差异性司法结果影响着司法的终局性，最终削弱了司法的权威性。判例的精妙之处就在于"是法官对具体案件事实的评价与裁判，其内容、性质、程度都是具体的、明确的，易于把握，可比性强，为法官树立了翔实可鉴的样板，有利于同样案件同等处理，有利于维护法律的统一性"④。由于法治社会中的任何个人，在主动或被动地接触到裁判文书时，是在事实上接受了由这种载体传播的法律文化和司法公正。立法机关可以修改法律，重新处理某项问题，行政机关也可以在连续执行政策的基础上调整自己的规划，而法官不能改变主意而把某项判决收回并加以更改。所以，用以体现、记录司法公正的裁决书的质量就至关重要。判决书的优劣也因此成为衡量一个法官职业素质高低的重要指标。在回顾自己长达半个多世纪的法律实践时，阿尔弗雷德·丹宁勋爵深有感触地说："要想在与法律有关的职业中取得成功，你必须尽力培养自己掌握语言的能力。"⑤ 判决书要获得公正的认可，具有更强的说服力，必须有严密的论证和充分的说理。一份语焉不详、漏洞百出的判决书会让人有各种猜想，产生极其恶劣的社会影响，大大损害司法权威并招致司法公信力的流失。而一份论证严谨、说理充分、案件事实的叙述和证据的分析翔实的判决书则在让公众体味到司法公正的同时，自觉遵守法律，起到良好的教育和引导作用。从 2011 年起最高人民法院开始发布一些具有典型指导意义的案例。其中 2013 年 1 月 31 日发布的第四批案例中，王召成等非法买卖、储存危险物质案，为准确理解和

---

① 转引自刘星《法律是什么》，广东旅游出版社 1997 年版，第 83 页。
② 唐仲清：《司法审判的法社会学分析》，《现代法学》2002 年第 5 期。
③ 参见姚辉《民事指导性案例的方法论功能》，《国家检察官学院学报》2012 年第 1 期。
④ 武树臣：《判例法与我国法制建设》，载《武树臣法学文集》，中国政法大学出版社 2003 年版。
⑤ ［英］A. 丹宁：《法律的训诫》，杨百揆等译，群众出版社 1985 年版，第 32 页。

适用《刑法》第 125 条第 2 款提供了指导，明确了剧毒化学氰化钠等属于《刑法》规定的毒害性物质，非法买卖毒害性物质不需要兼有买进和卖出的行为。当然，作为成文法国家，包括最高法院裁判在内的各级法院裁判仅对个案有效，即只具有"个案既判力"，这就意味着下级法院没有遵循上级法院已生效裁判的义务。但"相似案件相似判"决定了参考这类指导性案例大有必要。卡尔·拉伦茨在《德国民法通论》中就指出："法官在适用法律时，仅仅将法律视为一个固定不变的数据是不够的……法官在适用法律时，必须从需要裁判的具体案情以及该案情所提出的特殊问题出发，不断地对法律中包含的判断标准进行明确化、精确化和具体化。"① 当某类纠纷处理规则经过多个裁判予以重复肯定时，就会逐渐加深和强化人们对它的接受度，并最终普遍遵循。"而它之所以被遵循，并不是因为人们担忧否则就会败诉，而是人们认为这条规则是一项毋庸置疑的法律要求。"②

环境诉讼作为一种现代型诉讼，其影响的广度和深度都远远超过普通诉讼，尤其在目前，环境诉讼在我国尚处于摸索阶段，树立社会主体对环境诉讼的认可和信任，必须在司法裁决中统一法律适用和裁判尺度。"当人们知道这些原则和规则将被一视同仁地适用于所有的人身上时，他们就情愿使自己的要求服从于这些原则和规则。这样做是符合人类尊严的，反之，如果他们被掌握着有组织社会的权力的人在没有法规的情况下，把每一件事情都当作一个特殊问题来处理，对他们任意加以践踏，他们是要坚决反抗的。"③ 同样的道理，当类似环境案件取得类似裁判结果时，司法机关对环境诉讼的态度实际上在被不断重述、沿袭和发展，就会以一种渐进的方式影响和改变社会主体对环境诉讼的态度，"本案如果被诉诸法庭，法院将会对此作出何种裁判"的念头会不断在当事人脑海中浮现，诉讼结果的预期大大增加，环境司法公信力得以树立。2015 年，最高人民法院发布了十大环境侵权典型案例（见表 2-5）。

---

① ［德］卡尔·拉伦茨：《德国民法通论》，王晓晔、邵建东等译，法律出版社 2003 年版，第 14 页。
② 同上书，第 16 页。
③ ［美］庞德：《通过法律的社会控制》，沈宗灵等译，商务印书馆 1984 年版，第 26 页。

表 12-5　　2015 年最高人民法院发布的十大环境侵权典型案例一览

名称	相关法院	亮点
1. 北京市朝阳区自然之友研究所、福建省绿家园环境友好中心诉谢知锦等4人破坏林地民事公益诉讼案	受理法院：福建省南平市中级人民法院，福建省高级人民法院二审维持了一审判决	该案是2014年《环境保护法》实施后全国首例民事公益诉讼，涉及的问题包括原告主体资格的审查，环境修复责任的承担及生态环境服务功能损失的赔偿
2. 中华环保联合会诉德州晶华集团振华有限公司大气污染民事公益诉讼案	受理法院：山东省德州市中级人民法院	该案是2014年《环境保护法》实施后人民法院受理的首例针对大气污染的环境民事公益诉讼，体现了司法机关与环境保护行政主管部门的联动、协调，实现了环境问题的多元共治
3. 常州市环境公益协会诉储卫清、常州博世尔物资再生利用有限公司等土壤污染民事公益诉讼案	受理法院：江苏省常州市中级人民法院	邀请环境保护专家担任人民陪审员，委托专业机构进行鉴定评估，制作生态环境修复方案，技术专家+专业机构；引入第三方治理模式
4. 曲忠全诉山东富海实业股份有限公司大气污染责任纠纷案	受理法院：山东省烟台市中级人民法院 二审法院：山东省高级人民法院二审 最高人民法院再审	本案判决在《最高人民法院关于审理环境侵权责任纠纷案件适用法律若干问题的解释》颁行之前，充分体现了审判实践在推进环境规则形成过程中的作用。为运用科普资料、国家标准以及专业机构的鉴定报告等作出事实认定、综合过错程度和原因力的大小、合理划分责任范围，在事实查明方法和法律适用的逻辑、论证等方面提供了示范
5. 沈海俊诉机械工业第一设计研究院噪声污染责任纠纷案	受理法院：安徽省蚌埠市禹会区人民法院	引导公众在依法保障其合法权益的同时，承担一定范围和限度内的容忍义务，只要产生的噪声没有超过国家规定的环境噪声排放标准就不构成噪声污染侵权
6. 袁科威诉广州嘉富房地产发展有限公司噪声污染责任纠纷案	受理法院：广东省广州市越秀区人民法院 广东省广州市中级人民法院二审维持了一审判决	警示生产经营者应在机械设备的设计、建造、安装及日常运营过程中关注噪声是否达标
7. 梁兆南诉华润水泥（上思）有限公司水污染责任纠纷案	受理法院：广西壮族自治区上思县人民法院 广西壮族自治区防城港市中级人民法院二审维持了一审判决	对促进行政、司法联动，发挥行政文书的证明作用，解决环境侵权案件的举证难问题具有示范作用
8. 周航诉荆门市明祥物流有限公司、重庆铁发遂渝高速公路有限公司水污染责任纠纷案	受理法院：重庆市渝北区人民法院 重庆市第一中级人民法院二审维持了一审判决	对高速公路的运营、管理单位提高认识，完善机制，履行环境保护义务具有规范、引导作用

续表

名称	相关法院	亮点
9. 吴国金诉中铁五局（集团）有限公司、中铁五局集团路桥工程有限责任公司噪声污染责任纠纷案	受理法院：贵州省清镇市人民法院 贵州省贵阳市中级人民法院二审肯定了一审法院以养殖手册及专家意见确定本案实际损失的做法	在确定环境损害数额问题上充分运用专家证言，确定基础数据，建立损失计算模型
10. 李才能诉海南海石实业有限公司粉尘污染责任纠纷案	受理法院：海南省海口市琼山区人民法院	（一）探寻当事人个人利益与生态环境保护根本利益的交汇点，促成双方当事人和解；（二）注重环境治理、修复，向环境保护主管部门发出司法建议；（三）将法律援助与司法救助对接

除此之外，司法裁决还能促进公共政策的形成。在环境诉讼这类新型诉讼中，很容易出现法律的漏洞甚或空白，法官根据环境正义、衡平理念、公序良俗等法律原则对法律适用进行解释，作出裁决，实际上超出了对个案的处理，具有判例法的作用，其在处理某个环境纠纷涉及的社会问题所采用的思路和方式会产生涟漪作用，影响到环境法领域政策的制定和执行。这与司法程序的特征不无关系。与行政程序不同的是，现代司法程序具有专业化、公开化等特征，重视对当事人提交证据的审查，在庭审中充分保障当事人举证质证权利的保障，调动了程序参加者的积极性，这在一定程度上保证了审判结果的理性化。尤其是环境诉讼，其将涉及环境权益的复杂问题引入审判过程，诉讼参与人在或为公益，或为私益的动机驱使下，会尽其所能收集各种对己方有利的证据以赢得胜诉。这些证据为法官作出理性裁判提供了丰富的信息，辅之以现代司法程序的保障，环境诉讼在确保环境决策理性化上发挥着不言而明的比较优势。行政机关若能在制定决策时充分参考法院在审理环境案件中积累的经验和收集的信息，就能在一定程度上避免顾此失彼、片面强调某种利益、有损环境公平正义。

当然，基于公众掌握的审判信息不全面，社会对司法行为和裁判结果的理解往往停留在表面，也正如此，公众很容易对司法行为和裁判结果产生误解。此类误解的消除离不开裁判文书的公开，让公众了解法官是如何采信证据、认定事实、内心判断及适用法律的，否则，公众就会质疑司法公正性，并用朴素的道德观念评判司法行为。

二 创新中国特色环境司法保障话语体系的改革建议

(一) 建立司法话语诉求机制

从历年的《中国环境统计公报》看，多年来我国环境信访案件居高不下，远远超过法院受理的环境诉讼案件。两者的惊人反差说明了相较于运用传统的向政府求助的方式来维护自身权益，我国民众对运用环境诉讼手段维护自己合法权益的兴趣寥寥。这其中固然与环境诉讼制度的缺陷脱不了关系，也折射出了环境意识的薄弱。在中华环保联合会起诉江阴港集装箱有限公司的这起环境公益诉讼第一案中，大多数黄田港村村民对码头带来的"红粉"污染很是愤怒，但却出人意料地对诉讼结果表现冷淡。原因很简单：诉状中只要求停止侵害，没有提出直接的赔偿。可见当前我国公民的环境意识还处于原初状态：不知道、不关心环境公益。国家通过各种途径，包括但不限于网络、电视等媒介加大环保宣传力度，以群众喜闻乐见的方式开展环境教育就大为必要了。公民的环境意识得到提高，才会积极主动地行使环境参与权，此时就需要打通话语交流的进入端口，扫除公众参与司法的障碍。

(二) 提供坚实的物质保障

按照《诉讼费用交纳办法》的规定，当事人交纳诉讼费用确有困难的，可以申请司法救助。但是法律援助制度在我国尚属新生事物，法律援助机构性质、职责不明，加上国家财政能力有限，根本无法做到保障每一位经济困难的当事人均能平等获得法律援助，这使那些被投到公开市场"购买"法律服务的弱势群体要么被拦截在司法大门前，要么因自身不具备专业环境法律知识，又请不起律师为自己辩护，在诉讼中处于被动地位，最终以败诉而归。为避免某些弱势群体在司法过程中失语乃至被边缘化，国家可设立环境诉讼基金，提供强大的物质支撑，弭平公众参与诉讼的差别待遇。如棚濑孝雄所说："至于由于贫富差距而造成的法律服务不均的问题，可以通过增加律师人数、强化职业竞争来降低法律服务的价格，以及通过诉讼支援团体、财政援助、成功薪酬制来调节委托人的支付能力等方式加以减缓和解决。"[①]

[①] [日] 棚濑孝雄:《纠纷的解决与审判制度》，王亚新译，载季卫东《当事人在法院内外的地位和作用》"代译序"，中国政法大学出版社1994年版，第13页。

（三）改革司法体制

我国传统的司法体制带有明显的官僚化特征，司法话语的制式化十分严重。而司法机关要能在环境诉讼的运行与发展中发挥最为重要、最为独特的作用，必须依法独立行使审判权，这是保障法院作出判断和决定的首要条件，也是保障司法权制约其他公权力、维护权利的条件。它意味着，司法机关可在合乎法律统治的前提下，衡平各种不同的利益需求，对不同问题作出不同判断。司法权力的去地方化是对地方利益的潜规则试错行为加以限制，逐渐将这些利益导向在正规制度中寻求表达。其实无论是限制与束缚司法权，还是深化与拓展司法权，司法得到其他权力的足够尊重都是一个不可或缺的前提条件。

结　　语

环境司法充当的是一面折射生态文明建设这一政治火焰的冰镜，既要能为生态文明建设保驾护航，反射这种战略性目标的光，又要保持在法治的轨道上运行，尽量将政治性要求翻译为法律语言，躲避政治化的热。法院当以司法政策、司法解释、司法建议、司法裁决等形式，在合法、理性、平衡、善意的前提下，通过司法保障话语权表达渠道的增加与拓宽，加深民众对案件事实和司法过程的了解，从而能在认知司法的基础上积极参与其中，有效监督司法行为，实现司法的公正与效率。

我们认为，如果希望法院在环境治理中有力量担负起威慑污染或破坏行为的重任，就应该为司法提供更多资源，以使其更好地依法独立公正地行使审判权；如果希望法院在疏解环境纠纷、维护环境利益中发挥作用，就应该对法院多一份信任，少一些猜忌；如果法院希望在生态文明建设中通过参与配置社会资源证明自身的价值，并提升自己的公信力，就不能避重就轻，将环境纠纷拦截在"法的门前"。

主要参考文献

［美］艾布拉姆·查耶斯：《公诉中法官的作用》，金云峰译，载冯立军选编《美国法学最高引证率经典论文选》，法律出版社2008年版。

白泉民：《生态环境司法的发展趋势》，《人民司法》2015年第1期。

［日］北村喜宣：《环境法》，有斐阁2015年版。

曹险峰：《中国侵权责任法的侵权构成模式——以"民事权益"的定位与功能分析为中心》，《法学研究》2013年第6期。

陈吉宁：《以改善环境质量为核心 全力打好补齐环保短板攻坚战》，《中国环境报》2016年1月14日。

陈瑞华：《司法权的性质——以刑事司法为范例的分析》，《法学研究》2000年第5期。

陈晓明：《论修复性司法》，《法学研究》2006年第1期。

陈学敏：《环境司法制度研究》，博士学位论文，武汉大学，2013年。

程啸、张发靖：《现代侵权行为法中过错责任原则的发展》，《当代法学》2006年第1期。

［英］戴维·米勒、韦农·波格丹诺编：《布莱克威尔政治学百科全书》（中译本），中国政法大学出版社1992年版。

邓可祝：《澳大利亚环境法院专家证人制度研究——以新南威尔士州土地与环境法院为例》，《上海政法学院学报》（法治论丛）2012年第3期。

邓思清：《论检察机关的民事公诉权》，《法商研究》2004年第5期。

丁晓华：《澳大利亚的土地和环境法院》，《法治论丛》2005年第20卷第2期。

丁岩林：《超前抑或滞后——环保法庭的现实困境及应对》，《南京大学法律评论》2012年第2期。

董邦俊、马君子：《我国环境犯罪刑事审判程序之完善研究》，《环境保护》2016 年第 7 期。

杜群：《日本环境基本法的发展及我国对其的借鉴》，《比较法研究》2002 年第 4 期。

［美］E. 博登海默：《法理学：法律哲学与法律方法》，邓正来译，中国政法大学出版社 1999 年版。

［日］宫本宪一：《环境经济学》，朴玉译，生活·读书·新知三联书店 2004 年版。

顾铮铮、周科、刘英：《资质出借者环境侵权之责任承担》，《法律适用》2016 年第 2 期。

《国务院关于印发"十三五"生态环境保护规划的通知》，《中华人民共和国国务院公报》2016 年第 35 期。

韩大元、于文豪：《法院、检察院和公安机关的宪法关系》，《法学研究》2011 年第 3 期。

韩德强：《环境资源审判工作的现状分析及建议》，《人民司法》2014 年第 19 期。

何爱平、石莹、赵涵：《生态文明建设的经济学解读》，《经济纵横》2014 年第 1 期。

［日］黑川哲志：《环境行政的法理与方法》，肖军译，中国法制出版社 2008 年版。

胡静：《环保组织提起的公益诉讼之功能定位——兼评我国环境公益诉讼的司法解释》，《法学评论》2016 年第 4 期。

胡静、刘恩赐：《澳大利亚环境法的实施手段》，《环境经济》2012 年 Z1 期。

胡铭、曹怡骏：《论生态文明建设的司法保障机制》，《学习论坛》2014 年第 7 期。

胡岩：《法律视野下的德国环境保护》，《甘肃政法学院学报》2010 年第 3 期。

胡云腾：《环境污染刑事司法解释理解与适用》，人民法院出版社 2014 年版。

黄娜：《环保非政府组织参与环境司法的现状研究》，《中国环境法治》2015 年第 2 期。

季卫东：《法治中国》，中信出版社 2015 年版。

贾卫列：《生态文明的由来》，《环境保护》2009年第13期。

江必新：《构建和谐社会与司法政策的调整》，《人民论坛》2005年第11期。

江平：《民法的回顾与展望》，《比较法研究》2006年第2期。

蒋香兰：《新南威尔士州〈环境犯罪与惩治法〉的立法特色及启示》，《中国地质大学学报》（社会科学版）2013年第1期。

孔伟艳：《制度、体制、机制辨析》，《重庆社会科学》2010年第2期。

李建华、蔡尚伟：《"美丽中国"的科学内涵及其战略意义》，《四川大学学报》（哲学社会科学版）2013年第5期。

李建华、管洪博：《大规模侵权惩罚性赔偿制度的适用》，《法学杂志》2013年第3期。

李少平：《以审判为中心的诉讼制度改革：功能定位与路径规划》，《中国审判》2015年第11期。

李文清、王成、刘海滨：《国内外环境警察制度的现状及启示》，《环境保护》2014年第10期。

李勇、汪丹丹：《环境资源类犯罪侦查中检警关系之思考》，《法制与社会》2013年第1期。

李挚萍：《环境修复法律制度探析》，《法学评论》2013年第2期。

李佐军：《推进供给侧改革 建设生态文明》，《党政研究》2016年第2期。

梁慧星：《民法总论》，法律出版社2011年版。

林俊盛：《论行政诉讼起诉期限的适用范围——以行政诉讼类型化为视角》，《甘肃行政学院学报》2012年第6期。

凌潇、严皓：《法官的选择性司法行为——以环境侵权诉讼中的司法鉴定为例》，《四川理工学院学报》（社会科学版）2012年第6期。

刘风景：《司法解释权限的界定与行使》，《中国法学》2016年第3期。

刘国红：《生态环境保护案件跨区集中审理研究——以贵州黔南中院为视角》，《贵州法学》2014年第11期。

刘远：《行政执法与刑事司法衔接机制研究》，《法学论坛》2009年第1期。

刘远、汪雷、赵玮：《行政执法与刑事执法衔接机制立法完善研究》，《政法论丛》2006 年第 5 期。

卢建军：《司法鉴定结论使用中存在问题及解决途径——兼论我国诉讼专家辅助人制度的建构和完善》，《证据科学》2010 年第 6 期。

吕忠梅：《环境司法理性不能止于"天价"赔偿：泰州环境公益诉讼案评析》，《中国法学》2016 年第 3 期。

吕忠梅、张忠民、熊晓青：《中国环境司法现状调查——以千份环境裁判文书为样本》，《法学》2011 年第 4 期。

吕忠梅等：《侵害与救济——环境友好型社会中的法制基础》，法律出版社 2012 年版。

[美] 罗斯科·庞德：《法理学》（第三卷），廖德宇译，法律出版社 2007 年版。

[美] 庞德：《通过法律的社会控制》，沈宗灵译，商务印书馆 1984 年版。

罗丽：《环境侵权中共同侵权行为责任研究——以日本法为视角》，《法律适用》2005 年第 2 期。

孟建柱：《在全面推进依法治国中更好地肩负起实践者推动者的责任》，《求是》2014 年第 23 期。

欧阳爱辉：《澳大利亚法律在公司破产活动中进行的环境保护》，《当代经济管理》2010 年第 9 期。

潘岳：《生态文明知识读本》，中国环境出版社 2013 年版。

曲冬梅：《环境检察专门化的思考》，《人民检察》2015 年第 12 期。

任理轩：《坚持绿色发展——"五大发展理念"解读之三》，《人民日报》2015 年 12 月 22 日。

汝亚国：《德国环境立法的经验教训及其对我国的启示》，《法学论坛》2013 年第 5 期。

沈德咏：《论以审判为中心的诉讼制度改革》，《中国法学》2015 年第 3 期。

时永才主编：《无锡法院环保审判理论与实践（2008.5—2013.12）》，人民法院出版社 2014 年版。

孙宪忠：《物权法总论》，法律出版社 2003 年版。

孙佑海：《环保法庭真的无事可做吗?》，《环境经济》2014 年第

9期。

孙佑海：《生态文明建设需要法治的推进》，《中国地质大学学报》（社会科学版）2013年第1期。

孙佑海：《生态文明与法治建设》，《法制日报》2012年8月29日。

唐红：《环境侵权诉讼中惩罚性赔偿制度之引入及其规制》，《人民司法·应用》2014年第21期。

汪劲：《中国环境法治三十年：回顾与反思》，《中国地质大学学报》（社会科学版）2009年第5期。

王灿发：《论生态文明建设法律保障体系的构建》，《中国法学》2014年第3期。

王灿发、林燕梅：《我国政府环境信息公开制度的健全与完善》，《行政管理改革》2014年第6期。

王灿发主编：《中国环境诉讼——典型案例与评析》，中国政法大学出版社2015年版。

王成：《侵权法的规范体系及其适用——以〈侵权责任法〉第5条的解释适用为背景》，《政治与法律》2011年第1期。

王刚：《论生态文明建设的司法保障及其构建——以强化和改进审判职能为中心》，《青藏高原论坛》2014年第1期。

王利明：《惩罚性赔偿研究》，《中国社会科学》2000年第4期。

王利明：《侵权行为法研究》（上卷），中国人民大学出版社2004年版。

王明远：《论我国环境公益诉讼的发展方向：基于行政权与司法权关系理论的分析》，《中国法学》2016年第1期。

王琦：《我国法官遴选制度的检讨与创新》，《当代法学》2011年第4期。

王树义：《论生态文明建设与环境司法改革》，《中国法学》2014年第3期。

王伟光主编：《科学发展观概论》，人民出版社2009年版。

王文华：《重大环境污染事故罪构成要件研究》，《河北法学》2009年第9期。

王旭光：《环境损害司法鉴定中的问题与司法对策》，《中国司法鉴定》2016年第1期。

王涌：《所有权概念分析》《中外法学》2000 年第 5 期。

吴成功、陈立伟：《我国庭前程序改革的法理思考及其完善》，《法律适用》2007 年第 12 期。

吴泽勇：《群体性纠纷的构成与法院司法政策的选择》，《法律科学》（西北政法大学学报）2008 年第 5 期。

习近平：《生态兴则文明兴——推进生态建设打造"绿色浙江"》，《求是》2003 年第 13 期。

夏凌：《德国环境法的法典化项目及其新发展》，《甘肃政法学院学报》2010 年第 3 期。

夏凌、金晶：《瑞典环境法的法典化》，《环境保护》2009 年第 1 期。

谢伟：《德国环境团体诉讼制度的发展及其启示》，《法学评论》2013 年第 2 期。

徐春：《对生态文明概念的理论阐释》，《北京大学学报》（哲学社会科学版）2010 年第 1 期。

徐平、朱志炜、杨朝霞：《论我国环境法庭的困境与出路》，《吉首大学学报》（社会科学版）2014 年第 4 期。

徐卫：《论诉讼信托》，《河北法学》2006 年第 9 期。

徐祥民：《从科学发展看环境法的使命》，《中州学刊》2016 年第 6 期。

［古希腊］亚里士多德：《政治学》，吴寿彭译，商务印书馆 1965 年版。

杨波、朱加嘉：《补偿性生态恢复在环境侵权裁判中的运用》，《人民司法·案例》2013 年第 14 期。

杨朝霞：《生态文明建设的内涵新解》，《环境保护》2014 年第 4 期。

杨凯：《关于构建"三审合一"审判模式的法理学思考》，《环境保护》2014 年第 16 期。

杨立新：《环境侵权司法解释对分别侵权行为规则的创造性发挥——〈最高人民法院关于审理环境侵权责任纠纷案件适用法律若干问题的解释〉第 3 条解读》，《法律适用》2015 年第 10 期。

杨伟民：《建设生态文明 打造美丽中国》，《人民日报》2016 年 10 月 14 日。

姚辉：《民事指导性案例的方法论功能》，《国家检察官学院学报》

2012 年第 1 期。

应飞虎:《权利倾斜配置研究》,《中国社会科学》2006 年第 3 期。

於方、田超、张衍燊:《我国环境损害司法鉴定制度初探》,《中国司法鉴定》2015 年第 5 期。

袁春湘:《2002 年——2011 年全国法院审理环境案件的情况分析》,《法制资讯》2012 年第 24 期。

[日] 越智敏裕:《环境诉讼法》,日本评论社 2015 年版。

张宝:《环境司法专门化的建构路径》,《郑州大学学报》(哲学社会科学版) 2014 年第 6 期。

张锋、陈晓阳:《环境损害赔偿制度的缺位与立法完善》,《甘肃社会科学》2012 年第 5 期。

张贵才、董芹江:《公益诉讼调查核实程序有待完善》,《检察日报》2016 年 9 月 18 日。

张红振等:《环境损害评估:构建中国制度框架》,《环境科学》2014 年第 10 期。

张文显主编:《法理学》(第四版),高等教育出版社、北京大学出版社 2011 年版。

张文郁:《行政诉讼中团体诉讼之研究》,台湾《月旦法学杂志》2004 年第 8 期。

张新宝、庄超:《扩张与强化:环境侵权责任的综合适用》,《中国社会科学》2014 年第 3 期。

张晏:《中国环境司法的现状与未来》,《中国地质大学学报》(社会科学版) 2009 年第 5 期。

赵卫民:《无锡:创新司法,保护环境》,《中国审判》2013 年第 6 期。

赵卫民、郭继光:《程序框架:环境公益民事诉讼的特殊制度设计》,《中国环境法治》2014 年第 2 期。

赵星:《我国环境行政执法对刑事司法的消极影响与应对》,《政法论坛》2013 年第 31 卷第 2 期。

峥嵘:《环境司法专门化的困境与出路》,《甘肃政法学院学报》2014 年第 4 期。

郑学林、林文学、王展飞:《〈关于审理环境民事公益诉讼案件适用法律若干问题的解释〉的理解和适用》,《人民司法》2015 年第 5 期。

中共环境保护部党组:《构建人与自然和谐发展的现代化建设新格局——党的十八大以来生态文明建设的理论与实践》,《求是》2016 年第 12 期。

周海浪:《污染环境罪的主观责任探疑》,《人民司法》2012 年第 23 期。

周宏春:《生态文明建设应成为重要任务》,《中国发展观察》2012 年第 9 期。

周珂、于钧泓:《绿色司法是环境保护新机制的重要保障》,《人民司法》2016 年第 1 期。

朱前星:《司法话语权的机理解析》,《聊城大学学报》(社会科学版) 2014 年第 1 期。

朱庆育:《民法总论》,北京大学出版社 2013 年版。

朱晓勤、温浩鹏:《对矿业权概念的反思》,《中国地质大学学报》(社会科学版) 2010 年第 1 期。

竺效:《论无过错联系之数人环境侵权行为的类型——兼论致害人不明数人环境侵权责任承担的司法审理》,《中国法学》2011 年第 5 期。

Alan Murdie, *Environmental Law and Citizen Action*, London, Earthscan Publications Ltd., 1993.

Alex L. Wang, "Environmental Courts and Public Interest Litigation in China", *Chinese Law & Government*, 6 (2010).

Han M. Osofsky, "The Continuing Importance of Climate Change Litigation", 1 *Climate L.* 3 (2010).

Michael Gething, "A Pathway to Excellence for a Court-Part 1: Defining the Pathway", 17 *J. Jud. Admin*, 237, 242 (2008).

PeterH. Lehner, "The Efficiency of Citizens Suits in Albany Law," *Environmental Outlook Journal*, Vol. 2, 1995.

R. N. Talbot, *Land and Environment Court Expert Witness Practice Direction*, Urban Development Institute of Australia Expert Witness Forum, Friday 8 August 2003.

后　　记

　　本书为国家社科基金重大项目"全面推进生态文明司法保障机制研究"（项目编号：2014ZDA073）的重要研究成果之一。本项目的获批和顺利开展得益于我国法学界重要学者的大力支持。该项目研究贯彻严谨的学术态度和脚踏实地的学术作风，取得了丰硕成果，受到了法学界的高度关注。本书是该项目理论成果的完整呈现。

　　本项目自2014年7月立项以来，根据研究计划分阶段积极推进研究工作，2014年6月至2014年12月为研究资料收集阶段，并在课题研究的同时不断进行实时补充和更新，保证研究的前瞻性。2014年12月至2015年6月为调研阶段，课题组立足于在环境司法方面进行有益探索并成为环境司法"标杆"的司法机关，并对相关政府部门、企事业单位以及社会公众进行了调研、访谈，了解国内生态环境司法保障机制的最新发展成果；通过在海外工作的课题组成员的长期努力，对国外生态环境司法保障机制方面的情况进行科学借鉴，为课题研究开拓国际视野。研究过程中根据课题研究的需要先后举办开题会议、研讨会议、项目推进会议、审稿协调会议、项目外聘专家的论证会议等，科学合理分配工作任务，根据实际协调工作进度，并邀请专家提出意见并进行修改完善。

　　在课题组的辛勤努力下形成了研究报告——《全面推进生态文明司法保障机制研究》，共计十二章，约56万字的最终成果。依托本项目研究，课题组成员在核心期刊公开发表学术论文十五篇，其中三项阶段性研究成果获得党和国家领导人以及多位省部级以上领导批示，并被有关实际部门采纳。

　　该项目在孙佑海教授的主持下组建了来自天津大学、最高人民法院、生态环境部、水利部、中国科学院、山东省高级人民法院、东营市中级人民法院、武汉市中级人民法院、无锡市中级人民法院、国家法官学院、中国政法大学、北京林业大学、江南大学、山东大学等单位的优秀研究团队。

本书在研究报告的基础上形成。各部分作者如下：

绪论：孙佑海、孙淑芬（天津大学，法学院教授、博导；天津大学，博士研究生）；

第一章全面推进生态文明建设概述：唐忠辉（水利部、法学博士）；

第二章全面推进生态文明建设与环境司法保障机制：唐忠辉（水利部、法学博士）；

第三章我国环境司法保障机制的历史沿革：刘爱萍（山东法官培训学院，教授）、牟华（山东法官培训学院，副教授）；

第四章环境审判的实践探索：周科（无锡市中级人民法院，副庭长）；郭继光（无锡市中级人民法院，法官），刘英（无锡市中级人民法院，法官助理）；刘丹（江阴市人民法院，副庭长）；

第五章环境司法保障的域外经验：李晓民（国家法官学院，副院长）；王立（国家法官学院，教授）、陈学敏（天津大学，讲师）、代杰（天津大学，副教授）；许兰（中国政法大学，教授）；宋峻杰（湖北经济学院，副教授）；叶阳（最高人民法院，审判员）。

第六章环境司法保障机制构建的基本理论：程多威（中国科学院科技战略咨询研究院，助理研究员）；

第七章环境司法实体制度创新研究：张式军（山东大学法学院，教授）；李宁（山东法官培训学院，副教授）；

第八章环境司法组织制度创新研究：鞠吉瑞（山东法官培训学院，副教授）、常淑静（山东法官培训学院，教授）；

第九章环境诉讼制度创新研究：陈立田（东营市经济技术开发区人民法院，副院长，法学博士）、张式军（山东大学法学院，教授）、鞠吉瑞（山东法官培训学院，副教授）；余晓龙（山东法官培训学院，讲师）、李宁（山东法官培训学院，副教授）；

第十章环境公益诉讼制度创新研究：杨朝霞（北京林业大学，副教授，法学博士）；

第十一章环境司法制度与相关制度衔接的创新研究：李丹（生态环境部改革办，处长）；

第十二章中国特色环境司法保障话语权创新研究：韩德强（最高人民法院中国应用法学研究所刑事行政审判研究部，主任）；

全书由孙佑海教授提出研究思路和写作提纲，主持研究修改，最后统稿。

本书直面我国全面推进生态文明建设对建立完善环境司法保障机制的迫切需要，梳理挖掘我国环境司法存在的问题，尤其是制约我国环境司法功能发挥的深层次因素，对环境司法专门化、环境诉讼程序特别化、生态环境损害赔偿制度、环境司法话语权等问题进行了全面研究。与此同时，提出理论框架，并针对突出问题提出建立完整的环境司法保障机制和制度体系的方案构想。本书可以作为从事生态文明司法研究及环境资源法学研究的学者和立法、执法、司法等实务部门工作人员参考用书。

本书的出版，特别感谢中国社会科学出版社领导和梁剑琴编辑的大力支持，自此一并致谢。

二〇二〇年七月二十九日